साथ जुड़ें साथ पढ़ें

डॉ. भीमराव आंबेडकर

विधिवेत्ता, अर्थशास्त्री, राजनीतिज्ञ और समाजसुधारक डॉ. भीमराव आंबेडकर का जन्म 14 अप्रैल, 1891 को महू, मध्य प्रान्त, ब्रिटिश भारत (अब डॉ. आंबेडकर नगर, मध्य प्रदेश) में हुआ था। उन्होंने मुम्बई विश्वविद्यालय से बी.ए. किया। कोलंबिया विश्वविद्यालय से एम.ए. पी-एच.डी. और लंदन स्कूल ऑफ़ इकोनॉमिक्स से डीएस.सी. की उपाधि प्राप्त की। उन्होंने अछूतों (दलितों) से सामाजिक भेदभाव के विरुद्ध अभियान चलाया। श्रमिकों, किसानों और महिलाओं के अधिकारों का समर्थन किया। वे स्वतंत्र भारत के प्रथम विधि एवं न्याय मन्त्री, भारतीय संविधान के जनक एवं भारत गणराज्य के निर्माताओं में से एक थे।

6 दिसम्बर, 1956 को उनका निधन हुआ।

रतन लाल

सुपरिचित लेखक और अध्येता रतन लाल द्वारा लिखित, सम्पादित व अनूदित कई पुस्तकें प्रकाशित हैं, जिनमें प्रमुख हैं—'और कितने रोहित', 'Kashi Prasad Jayaswal : The Making of a 'Nationalist' IIistorian', 'वंचित भारत : संशय, सवाल और संघर्ष'; 'काशी प्रसाद जायसवाल संचयन' (तीन खंडों में), 'श्रद्धांजलि', 'समालोचना', 'भारतवर्ष का अंधकार-युगीन इतिहास' (लेखक : काशी प्रसाद जायसवाल), 'एक था डॉक्टर एक था संत' (सह-अनुवाद), 'सदन में शरद यादव : प्रतिनिधि भाषण' (सह-सम्पादन) (सम्पादित-अनूदित)। 'हंस', 'प्रतिमान', 'आलोचना', 'बनास जन', 'नई धारा' आदि पत्रिकाओं में उनके शोध लेखों का प्रकाशन हुआ है।

सम्प्रति : हिन्दू कॉलेज, दिल्ली विश्वविद्यालय में इतिहास के एसोसिएट प्रोफेसर और यूट्यूब चैनल 'आंबेडकरनामा' के ऑनरेरी एडिटर।

ई-मेल : lalratan72@gmail.com

धर्मान्तरण

आंबेडकर की धम्म यात्रा

डॉ. भीमराव आंबेडकर

संकलन एवं भूमिका

रतन लाल

प्रस्तावना

कृष्ण मोहन श्रीमाली

राजकमल पेपरबैक्स

राजकमल पेपरबैक्स में
पहला संस्करण : फरवरी, 2025
दूसरा संस्करण : मई, 2025

राजकमल पेपरबैक्स : उत्कृष्ट साहित्य के जनसुलभ संस्करण

राजकमल प्रकाशन प्रा. लि.
1-बी, नेताजी सुभाष मार्ग, दरियागंज
नई दिल्ली-110 002
द्वारा प्रकाशित

शाखाएँ : अशोक राजपथ, साइंस कॉलेज के सामने, पटना-800 006
पहली मंजिल, दरबारी बिल्डिंग, महात्मा गांधी मार्ग, प्रयागराज-211 001
1, अनमोल सोराबजी सन्तुक लेन, धोबी तलाव, मरीन लाइंस, मुम्बई-400 002
वेबसाइट : www.rajkamalprakashan.com
ई-मेल : info@rajkamalprakashan.com

विकास कम्प्यूटर एंड प्रिंटर्स
ट्रॉनिका सिटी-201 102
द्वारा मुद्रित

मूल्य : ₹650

DHARMANTARAN : AMBEDKAR KI DHAMMA YATRA
by Dr. Bhim Rao Ambedkar
Anthology by Ratan Lal

ISBN : 978-93-6086-374-6

क्रम

प्रस्तावना

बात शायद बहुत पुरानी है। लगभग तीस वर्ष पूर्व जब मैं दिल्ली विश्वविद्यालय के इतिहास विभाग में स्नातकोत्तर स्तर के छात्रों को प्राचीन भारतीय धर्मों के इतिहास के विभिन्न रूपों और उनके ऐतिहारिक आयामों पर व्याख्यान देता था, तब रतन लाल के उत्तेजक बौद्धिक सवालों की झड़ियों से कक्षा के वातावरण में गर्माहट का संचार हो जाता था। मार्क्सवाद, लेनिनवाद, समाजवाद और गांधी जी से प्रेरित इस नवयुवक की धर्म सम्बन्धी जिज्ञासाओं के हल खोजने के लिए अक्सर आत्म-मंथन करना पड़ता था। अब लगता है कि बात उतनी भी पुरानी नहीं है, क्योंकि रतन से ऐसे धार्मिक और बौद्धिक वार्तालापों का सिलसिला उन व्याख्यानों के बाद भी उनके द्वारा डॉक्टर की उपाधि अर्जित करने के बाद अविरल रूप से चलता रहा और आज भी जारी है। उनके द्वारा संकलित और संपादित प्रस्तुत प्रबन्ध *धर्मान्तरण : आंबेडकर का 'धर्मद्रोह'* इसी सिल्सिले का अत्यन्त महत्त्वपूर्ण पड़ाव है।

भारत में धर्मान्तरण का इतिहास बहुत पुराना है। जब ढाई हज़ार वर्ष पहले महात्मा बुद्ध ने इसिपतन (प्राचीन सारनाथ, वाराणसी) स्थित मिगदाय (मृग पार्क) में अपना *धम्म-चक्क-पवत्तन* (प्रथम उपदेश) देते हुए पाँच ब्राह्मणों को अपने *धम्म* में शामिल किया तो वह धर्मान्तरण नहीं तो और क्या था? वर्तमान युगीन छठी-सातवीं शताब्दियों में भारत में इस्लाम धर्म के आगमन से पहले भी शैव, वैष्णव, जैन, इत्यादि अनेक भारतीय धर्मों के हज़ारों सालों के इतिहास में ऐसे ही अनेकानेक धर्मान्तरणों के उदाहरण उपलब्ध हैं। यह तो सामान्य जनजीवन की नैसर्गिक प्रक्रिया का ही अंग था। अत: यह चिन्तनीय और विचारणीय

विषय हो जाता है कि गत सौ वर्षों में धर्मान्तरण सांस्कृतिक और राजनीतिक मुद्दा बनकर क्यों उभरा है।

बीसवीं सदी के भारतीय इतिहास में डॉक्टर भीमराव आंबेडकर द्वारा किया गया धर्मान्तरण ऐतिहासिक मीलस्तंभ है। "दुर्भाग्य से मैं अस्पृश्य हिन्दू का दाग़ लेकर पैदा हुआ हूँ पर मैं अपने आपको हिन्दू कहलाते हुए नहीं मरूँगा"—यह घोषणा आंबेडकर ने अक्तूबर 1935 में येवला से की थी। परन्तु हिन्दू धर्म के प्रति उनकी अकुलाहट की यात्रा कम-से-कम पन्द्रह वर्ष पूर्व 1920 में ही शुरू हो गई थी। इस यात्रा की परिणति छत्तीस साल बाद 14 अक्तूबर, 1956 में नागपुर में हुई, जब उन्होंने लाखों भारतीयों के साथ पंचशील के पाठ और 22 प्रतिज्ञाओं का ज्ञापन करते हुए विधिवत बौद्ध धर्म स्वीकार किया। बौद्ध धर्म के विगत इतिहास के दौरान उभरे हीनयान, महायान और तंत्रयान के समान यह आंबेडकर द्वारा स्थापित बौद्ध धर्म का 'नवयान' बना।

आंबेडकर ने बौद्ध धर्म ही क्यों चुना? वे हिन्दू धर्म के कटु आलोचक थे और उसमें निहित वर्ण, जाति एवं अस्पृश्यता के मुद्दों पर अनेक मोर्चों पर लड़ रहे थे। इन सभी प्रश्नों को लेकर गांधी से उनका वैचारिक द्वन्द्व भी चला। अपनी मानसिक ऊहा-पोह में आंबेडकर ने सिक्ख, इस्लाम और ईसाई धर्मों के रूप में उपलब्ध विकल्पों पर गम्भीर मंथन किया। वे ऐसे धर्म की खोज में थे जहाँ इंसान का स्वाभिमान सुरक्षित हो और उसे समानता का अधिकार मिले। भीमराव को बौद्ध धर्म में ऐसे उज्ज्वल भविष्य की असीम सम्भावनाएँ नज़र आईं। उन्हें लगा कि ईसा, मुहम्मद और कृष्ण कि तरह बुद्ध ने अलौकिक या दैवीय हैसियत की अनुचित माँग नहीं की और सामान्य जन बनकर ही अपने धार्मिक सिद्धान्तों का प्रचार किया। आंबेडकर के लिए बुद्ध मोक्षदाता नहीं अपितु मात्र मार्गदर्शक हैं, जो स्वयं को किसी भी प्रकार की कटुतम आलोचना के लिए भी उपलब्ध कराते हैं। इसीलिए आंबेडकर ने बुद्ध सम्बन्धी सावरकर की शरारत पूर्ण आलोचनाओं को 'गरल वमन' (ज़हर उगलना) कहा और ऐसी अनर्गल मान्यताओं का तिरस्कार भी किया।

डॉक्टर रतन लाल ने इस प्रबन्ध में आंबेडकर की इस विलक्षण धर्मान्तरण यात्रा का दक्षतापूर्वक तर्कपरक विश्लेषण करते हुए वर्तमान

राजनीतिक और सांस्कृतिक परिप्रेक्ष्य में उसके ऐतिहासिक महत्त्व और उसकी प्रासंगिकता को रेखांकित किया है। साथ ही 'आंबेडकरवादी' संगठनों और राजनीतिक दलों की कार्यशैली पर भी तीखे सवाल उठाए हैं।

आंबेडकर के इस 'धर्मद्रोह' रूपी संकलन में उनके 75 से अधिक शोधपरक लेखों, व्याख्यानों, साक्षात्कारों, ज्ञापनों, इत्यादि के आधार पर डॉक्टर लाल ने धर्मान्तरण सम्बन्धित अनेक मुद्दों को उजागर किया है। पाठक को झकझोरने के लिए 'मन्दिर प्रवेश की बजाय आर्थिक, शैक्षिक व सामाजिक सुधार पर अधिक ध्यान दें', 'भाग्य के भरोसे न रहो, अपनी शक्ति पर भरोसा रखो', 'लोगों की धर्म भीरुता का फायदा उठानेवालों से चौकस रहें', 'जो धर्म इंसान के साथ इंसानों जैसा व्यवहार नहीं करता उसे धर्म कैसे कहा जाए?', 'हिन्दू धर्म के भगवानों की पूजा न करें', 'धर्मान्तरण का एक उद्देश्य है अस्पृष्यों में व्याप्त जातिभेद को नष्ट करना', 'बुद्धिवाद ही हमारे धार्मिक, सामाजिक और राजनीतिक जीवन की बुनियाद होनी चाहिए', 'बुद्ध या कार्ल मार्क्स', 'मनुष्यों के बीच प्रेम, करुणा के आधार पर सम्बन्ध जोड़नेवाले बौद्ध धर्म का केन्द्रीय सिद्धान्त है समता', इत्यादि जैसे अनेक लेखनों को यहाँ जुटाया गया है।

आशा है की डॉक्टर रतन लाल का यह संकलन भारत के आम जन को आंबेडकर तुल्य 'धर्मद्रोह' के लिए प्रेरित और प्रोत्साहित करेगा।

—कृष्ण मोहन श्रीमाली
भूतपूर्व प्रोफ़ेसर, इतिहास विभाग
दिल्ली विश्वविद्यालय

भूमिका

भारत में सदियों से धर्मान्तरण होता रहा है। लेकिन बीसवीं सदी में यह एक व्यापक धार्मिक, सांस्कृतिक, राजनीतिक मुद्दा बना और इसके प्रतीक बने आंबेडकर, जब उन्होंने हिन्दू धर्म छोड़ने की घोषणा की। अभी हाल के दिनों में भारतीय राजनीति में दक्षिणपंथ के उभार के साथ उत्तर प्रदेश, मध्य प्रदेश और उत्तराखंड जैसे राज्यों में धर्मान्तरण विरोधी कड़े क़ानून बने हैं और धर्मान्तरण को दंडनीय अपराध बनाया गया है। यदि कोई अन्य धर्म से हिन्दू धर्म में धर्मान्तरित हो तो वह 'घर-वापसी' है, लेकिन हिन्दू से किसी अन्य धर्म में जाने पर एक कठिन प्रशासनिक प्रक्रिया से गुज़रना अनिवार्य कर दिया गया है। इसके अलावा छोटी-छोटी बातों पर एक जाति/समुदाय विशेष की भावनाएँ छुई-मुई की तरह आहत होती रहती हैं। ऐसी स्थिति में हिन्दू धर्म और धर्मान्तरण के सन्दर्भ में आंबेडकर को पढ़ना और समझना अत्यन्त प्रासंगिक हो जाता है।

आंबेडकर विविध विषयों पर ख़ूब लिखते और बोलते थे। विविध विषयों पर उनके लेखन, व्याख्यान, ज्ञापन, साक्षात्कार तक़रीबन पन्द्रह हज़ार पृष्ठों के स्थूलकाय खंडों में प्रकाशित हैं (इंग्लिश में 17 वॉल्यूम, एक अन्य वॉल्यूम आंबेडकर के पत्रों का संकलन है, हिन्दी में पत्रोंवाले संकलन को छोड़कर 40 वॉल्यूम) हिन्दी संस्करण उपलब्ध कराने के लिए भारत सरकार के सामाजिक न्याय और अधिकारिता मंत्रालय का शुक्रिया। ये इतने विस्तृत और विखंडित हैं कि एक आम पाठक के लिए एक ही विषय पर एक ही जगह सभी सामग्री प्राप्त करना मुश्किल है। एक ही विषय पर उनके विद्वत् शोध भी हैं, आम लोगों के बीच दिये गए व्याख्यान और पत्र-पत्रिकाओं में प्रकाशित लेख भी। हिन्दू धर्म की उनकी कटु आलोचना और बौद्ध धर्म में उनके धर्मान्तरण की प्रक्रिया ऐसा ही विषय है। प्रस्तुत संकलन में 1920 से लेकर 1956 तक धर्मान्तरण के सन्दर्भ में आंबेडकर के व्याख्यानों के साथ-साथ ज्ञापन, साक्षात्कार, लेख आदि को शामिल किया गया है, जिससे साढ़े

तीन दशक में धर्म को लेकर उनके विचारों की ऐतिहासिक यात्रा को रेखांकित किया जा सके और यह समझने की कोशिश की जा सके कि धर्म और धर्मान्तरण जैसे गूढ़ विषय पर वे अपने श्रोताओं (अस्पृश्य, अधिकांश अशिक्षित) से कैसे संवाद स्थापित करते थे। मूल स्रोत का उद्धरण हर पाठ के अन्त में दिया गया है और भूमिका में जहाँ-जहाँ आंबेडकर को उद्धृत किया गया है, उसका उद्धरण प्राथमिक स्रोत से दिया गया है। आंबेडकर की धर्मान्तरण सम्बन्धी गतिविधियों के भौगोलिक क्षेत्र की मैपिंग की जाए तो उसमें महाराष्ट्र से लेकर—उत्तर प्रदेश, दिल्ली, मद्रास, कर्नाटक, बर्मा, लंका, नेपाल आदि क्षेत्र शामिल हैं।

आंबेडकर के श्रोता, उनके दर्शक, उनका कार्य समूह और उनकी प्रमुख चिन्ता का विषय अछूत समुदाय ही था। आंबेडकर ने 1916 में (25 वर्ष की आयु में) कोलंबिया यूनिवर्सिटी में अपना पहला मौलिक निबन्ध जाति विषय पर लिखा (Caste in India : Their Mechanism, Genesis and Development), जिसके अनुसार जाति की तुलना वर्ग या नस्ल से नहीं की जा सकती, यह अपने आप में एक अनोखी सामाजिक श्रेणी है—एक बन्द काल-कोठरी, एक सजातीय विवाही वर्ग।[1] एक अन्य अवसर पर उन्होंने इसका वर्णन इस प्रकार किया, "एक ऐसी व्यवस्था जिसमें जितना ऊपर जाएँ उतना मान-सम्मान है, जितना नीचे खिसकें उतनी घृणा अपमान।"[2] 1919 में आंबेडकर ने चुनाव सुधारों की साउथबरो समिति के समक्ष एक लिखित गवाही प्रस्तुत की थी। यह उनका पहला आधिकारिक ज्ञापन था। आंबेडकर का तर्क था कि अछूत समुदाय मुस्लिम, ईसाई और सिक्ख की तरह सछूतों से एक पृथक सामाजिक समूह है...ब्रिटिश सरकार ने उस समय आंबेडकर के लिखित गवाही पर कोई ख़ास तवज्जो तो नहीं दी, लेकिन उनकी यह प्रस्तुति दस वर्ष बाद, 1930 में पहले गोलमेज़ सम्मेलन में उनके निमंत्रण का आधार बन गई।[3] मूकनायक के अपने पहले सम्पादकीय में भी उन्होंने जाति की व्याख्या एक बन्द सीढ़ीविहीन बहुमंज़िला के रूप में की।

बहरहाल, आंबेडकर ने हिन्दू धर्म छोड़ने की घोषणा 1935 में की और 1956 में बौद्ध बने। लेकिन यह प्रक्रिया 1920 में ही शुरू हो गई थी। मार्च 1920 की माणगाँव में शाहूजी महाराज के साथ मंच साझा करते हुए अपने भाषण में उन्होंने हिन्दू धर्म पर गम्भीर सवाल उठाए और कहा, "जन्म आधारित श्रेष्ठता और पवित्रता के कारण

---

1. अरुंधति रॉय, *एक था डॉक्टर एक था संत,* राजकमल प्रकाशन, नई दिल्ली, 2019, पृ. 95-96
2. वही. पृ. 19
3. वही, पृ. 101-02

गुणहीन ब्राह्मणों का भी कल्याण हुआ और ग़ैर-ब्राह्मणों पर जन्म आधारित अयोग्यता और अपवित्रता के कारण गाज गिरी हुई है। उनके पास विद्या नहीं है, इसलिए वे पिछड़ गए हैं। फिर भी विद्या और धन हासिल करने के रास्ते उनके लिए खुले हुए हैं...हमारे बहिष्कृत वर्ग की स्थिति बहुत चिन्ताजनक हो गई है। लम्बे समय से अयोग्य और अपवित्र माने जाने के कारण प्रगति के दो महत्त्वपूर्ण कारण नैतिक आत्मबल और स्वाभिमान बिलकुल लुप्त हो गए हैं।"[1] हालाँकि इस सभा में उन्होंने धर्मान्तरण की बात नहीं की, फिर भी गाँव के कुलकर्णी, तलाठी लोगों ने अस्पृश्यों में यह बात फैला दी कि सभा धर्मान्तरित लोगों की है और उसके अध्यक्ष भी धर्मान्तरित हैं। इस अफ़वाह की वजह से सभा में ज़्यादा भीड़ इकट्ठा नहीं हो पाई।

आंबेडकर ने धर्मान्तरण की अनौपचारिक घोषणा मई 1924 में सोलापुर ज़िले के बार्शी में हुए बंबई प्रान्तीय बहिष्कृत सम्मेलन में की। अस्पृश्यों की तुलना रोम और यूनान के दासों से करते हुए उन्होंने कहा, "रोम का इतिहास इस बात की गवाही देता है कि ग़ुलाम लोग ग़ुलामी से मुक्त होकर स्वतंत्र नागरिक की स्थिति में जा पहुँचे, मगर भारत के इतिहास में अस्पृश्यों से स्पृश्य बनने का एक भी उदाहरण नहीं दिखाई देता। रोमन समाज की ग़ुलामी की प्रथा, एक काल विशेष की स्थिति थी, उससे छुटकारा पाने के कई रास्ते थे। इसके विपरीत अस्पृश्यता त्रिकालबाधित स्थिति है और उससे मुक्ति का कोई रास्ता नहीं है।"[2] अर्थात् किसी भी काल में इसकी समाप्ति की कोई गुंजाइश नहीं है। अस्पृश्यों की मुक्ति के लिए उन्होंने तीन मार्ग सुझाए : देशान्तर, धर्मान्तरण, नामांतर। देशान्तर की सीमाओं से आंबेडकर परिचित थे क्योंकि सबके लिए यह सम्भव नहीं था। इसलिए उन्होंने इस देश में रहकर भी अस्पृश्यता निर्मूलन के रास्ते खोजने की वकालत की। दूसरे विकल्प के रूप में उन्होंने धर्मान्तरण की बात की और अस्पृश्यों के लिए इस्लाम धर्म को स्वीकार करना अच्छा विकल्प बताया। नामांतर के सम्बन्ध में आंबेडकर ने यूटोपियाई आदर्श प्रस्तुत किया। मसलन सभी जाति के लोगों को अपने जातिवाचक नाम छोड़कर एक ही सर्वसाधारण नाम—हिन्दू—अपनाना चाहिए।[3] लेकिन आज की वैश्विक परिस्थिति पर ध्यान दिया जाए तो देशान्तर, धर्मान्तरण, नामांतर किसी से जातीय दमन और भेदभाव में कमी नहीं आ रही, यह अब वैश्विक समस्या बन गई है।

---

1. *बाबासाहेब डॉ. अम्बेडकर सम्पूर्ण वाङ्मय,* खंड 38, पृ. 2
2. वही, पृ. 13
3. वही, पृ. 15

1920 के दशक में हुए हिन्दू-मुस्लिम दंगों के सन्दर्भ में आंबेडकर ने 1925 के तेलुगु समाचार संक्रान्ति विशेषांक में एक महत्त्वपूर्ण लेख प्रकाशित किया—'जाति और धर्मान्तरण'।[1] मोपला विद्रोह को सन्दर्भित करते हुए उन्होंने लिखा कि यहाँ तक कि हिन्दू-मुस्लिम दंगों में यह प्रमाणित हो गया कि हिन्दुओं ने मुसलमानों से वहाँ ही मार नहीं खाई, जहाँ वे संख्या बल में कमज़ोर थे, वरन् वहाँ भी मार खाई, जहाँ वे बहुत बड़ी तादाद में थे। जाति-व्यवस्था को इसकी वजह मानते हुए उन्होंने लिखा कि जितनी अधिक जातियाँ होंगी, उतनी ही अधिक एकांतिकता होगी और हिन्दू समाज में उतनी ही अधिक कमज़ोरी होगी। यदि हिन्दू समाज जीवित रहना चाहता है तो उसे अपनी संख्या बढ़ाने पर नहीं सोचना चाहिए, वरन् उसे अपनी सघनता बढ़ाने पर सोचना चाहिए, जिसका अर्थ है जातियों को समाप्त करना। जाति का विनाश प्रकाशित करने से पूर्व आंबेडकर का यह महत्त्वपूर्ण बयान है, यहाँ वे जाति के विनाश के साथ जातीय एकता की बात कर रहे थे। अस्पृश्यता और धर्मान्तरण की स्वाभाविक प्रक्रिया को रेखांकित करते हुए उन्होंने लिखा, "मुसलमानों के सौभाग्य से, सात करोड़ के लगभग ऐसे लोग हैं, जो एक बहुत बड़ा समुदाय है, जो कि किसी गिनती में ही नहीं, जो कि हिन्दू कहे जाते हैं, किन्तु उनका हिन्दू धर्म से कोई जुड़ाव नहीं है, और उनकी हालत इतनी असह्य बना दी गई है कि उन्हें आसानी से इस्लाम स्वीकार करने के लिए राजी किया जा सकता है। इनमें से कुछ इस्लाम में चले गए हैं तथा और भी अधिक अभी जानेवाले हैं।"[2] हालाँकि 1927 में महाड़ आन्दोलन के दौरान अछूतों पर हिंसक हमले के बाद उन्होंने कहा कि इस्लाम स्वीकार करने के बाद हम बाज़ी पलट सकते हैं—लेकिन इस्लाम के सन्दर्भ में अपने सुझाव को बढ़ावा देने या ख़ुद इसका पालन करने के लिए कोई क़दम नहीं उठाया।

धर्मान्तरण का पहला आधिकारिक प्रस्ताव आंबेडकर की अध्यक्षता में 29 मई, 1929 मध्यप्रान्त और वर्हाड अस्पृश्य परिषद के सम्मेलन में पारित हुआ। हालाँकि यह तय नहीं हुआ कि कौन सा धर्म अपनाया जाए।[3] आंबेडकर ने कुछ वर्षों तक धर्मान्तरण की बात नहीं की। पूना समझौते पर हस्ताक्षर करने के दो साल बाद 1934 में वह धर्म-परिवर्तन के विकल्प पर लौटे।[4] येवला घोषणा से पहले कई

---

1. *बाबासाहेब डॉ. अम्बेडकर सम्पूर्ण वाङ्मय,* खंड 10, पृ. 356
2. वही
3. वही, पृ. 165-66
4. अशोक गोपाल, *अ पार्ट अपार्ट द लाइफ़ एंड थॉट ऑफ़ बी. आर. आंबेडकर,* नवयान पब्लिशिंग, नई दिल्ली, 2023, पृ. 488

ऐसी घटनाएँ हुईं, जिन्होंने येवला घोषणा की पृष्ठभूमि का निर्माण किया। महाड़ आन्दोलन (20 मार्च, 1927) और कालाराम मन्दिर प्रवेश (1930) आन्दोलन के ज़रिये आंबेडकर ने यह साबित करने का प्रयास किया कि अस्पृश्य हिन्दू नहीं है, जिसकी अभिव्यक्ति पहले और दूसरे गोलमेज़ सम्मेलन (नवम्बर 1930-दिसम्बर 1931) में हुई। आंबेडकर ने दृढ़ता से अस्पृश्यों के लिए पृथक निर्वाचन क्षेत्र की माँग की। अगस्त 1932 में कम्युनल अवार्ड की घोषणा हुई, अस्पृश्यों के पृथक निर्वाचन क्षेत्र की माँग को स्वीकारा गया, सितम्बर 1932 में यरवदा जेल में गांधी का आमरण अनशन, और अन्ततः पूना समझौता। इस दौरान भारत में अपूर्व राजनीतिक हलचल रही। आंबेडकर को द्रेशद्रोही, देश के लिए घातक, हिन्दू धर्म विघातक तथा हिन्दू-हिन्दू में फूट डालनेवाला इत्यादि कहा गया और धमकियाँ भी दी गईं।[1]

आंबेडकर को अस्पृश्यों की मुक्ति के लिए कई मोर्चों पर एक साथ लड़ना था। पूना पैक्ट से मिले राजनीतिक अधिकार को सुरक्षित भी करना था और अस्पृश्यों को हिन्दू धर्म के दायरे से, अन्धविश्वास और पाखंड से बाहर भी निकालना था। ज़ाहिर है, इसके लिए उन्हें सचेत 'सेना' और 'सेनापतियों' की भी ज़रूरत थी और लोगों को सतर्क और जागरूक भी करना था। आंबेडकर का प्राथमिक जनाधार और श्रोता उनका अपना अस्पृश्य समाज था। पूना पैक्ट और येवला अधिवेशन के बीच आंबेडकर ने अस्पृश्यों की कई सभाएँ कीं।[2] अस्पृश्यों और ख़ासतौर पर महारों के बीच दिये गए इन भाषणों पर नज़र डालें तो आंबेडकर यहाँ एक शिक्षक के रूप में नज़र आते हैं। बिना आक्रोश किये वे अपने लोगों को समझा रहे थे। सबसे पहले उन्होंने अपने ऊपर लगे आरोपों का जवाब दिया, "पिछले सौ सालों से सुधारक हो या दुर्धारक, उग्रवादी हों या उदारवादी, राष्ट्र के नाम पर अपनी जाति के लोगों का पेट पाला जा रहा है। उन लोगों ने मेरे समाज के लिए कुछ भी नहीं किया है। फिर वे मुझसे ही राष्ट्र के कार्य की उम्मीद क्यों करते हैं? मुझे अपने समाज की सेवा करनी चाहिए। महाड़, नासिक और अन्य जगहों पर हुए सत्याग्रहों से मुझे यक़ीन हो चला है कि हिन्दू लोगों के अन्तःकरण पत्थर-गारे से बनी दीवार की तरह मुर्दा है। वे इंसान को इंसान समझना, दूसरों को उनके हक़ देना ज़रूरी नहीं समझते। पत्थर की दीवार पर सिर पटकेंगे तो ख़ून ही निकलेगा। दीवार की कठोरता कम नहीं होगी। इसीलिए इस बारे में मेरा पूरी तरह मत परिवर्तन हो चुका है।"[3] आंबेडकर

1. *बाबासाहेब डॉ. अम्बेडकर सम्पूर्ण वाङ्मय,* खंड 38, पृ. 289-90
2. वही, खंड 38, पृ. 289-90, पृ. 354-357, पृ. 363-64, पृ. 375-380, पृ. 403-412
3. वही, खंड 38, पृ. 290

सार्वजनिक रूप से गांधी की आलोचना नहीं करना कहते थे। उन्होंने पूना क़रार को अस्पृश्यों के जीवन का एक अविस्मरणीय प्रसंग मानकर उसे सामाजिक क्रान्ति कहा और अपने श्रोताओं से बार-बार मन्दिर प्रवेश और भाग्य का फल जैसी मूर्ख आत्मवंचक कल्पनाओं से बचने की अपील की। उन्होंने अपने श्रोताओं को सचेत किया कि अपने कष्टों से उबरने के लिए भाग्य, भगवान, अवतार, आडम्बर, अन्धविश्वास एवं पाखंड से दूर हो राजनीति और क़ानून बनाने की शक्ति पर ज़्यादा ज़ोर दें और शिक्षा तथा अपनी आर्थिक उन्नति पर ज़्यादा ध्यान दें।

आंबेडकर हिन्दू धर्म की कटु आलोचना कर रहे थे, लेकिन अपने पत्रों में कई तरह के प्रतीकों का इस्तेमाल भी कर रहे थे। एक महत्त्वपूर्ण प्रतीक 'जय भवानी' है। 1930-1936 के बीच 17 पत्र ऐसे हैं जिसमें 'जय भवानी' लिखा हुआ और 'देवी' का प्रतीक बना हुआ है (इसे दुर्गा, भारत माता के रूप में पढ़ा जा सकता है)। इनमें से 16 पत्र आंबेडकर के क़रीबी मित्र भाऊराव को और एक पत्र बॉम्बे के गवर्नर को लिखा गया है।[1] 'जय भवानी' एक युद्ध घोष का प्रतीक था, जिसका इस्तेमाल शिवाजी ने भी किया था और बाद में बागियों ने भी। सम्भवत: आंबेडकर इसी अर्थ में 'जय भवानी' का प्रयोग कर रहे थे। 1936 के बाद आंबेडकर के लेटरहेड पर उनके भवन 'राजगृह' का प्रतीक छपता है और साथ ही राजगृह लिखा हुआ भी है। अपने भवन राजगृह को बनाने के लिए आंबेडकर और उनकी पत्नी ने सितम्बर 1930 में भूमि पूजन किया। यह समारोह पारम्परिक रूप से निर्माण कार्य शुरू करने से पहले हिन्दुओं द्वारा किया जाता है। मुख्य पुजारी पलाय शास्त्री थे, जो बदलापुर के एक ब्राह्मण पुजारी थे और चावदार टैंक मामले में बचाव पक्ष के गवाह थे... बाद में कुछ लोगों ने आंबेडकर से पूछा कि उनके जैसे 'तर्कवादी' ने इसमें भाग क्यों लिया? कथित तौर पर उन्होंने जवाब दिया, 'यदि कोई तर्कवादी अपनी पत्नी, बच्चों, समाज और अपने समय के बारे में नहीं सोचता है, तो वह कुछ भी हासिल नहीं कर पाएगा।'[2] राजगृह 1933 में बनकर तैयार हुआ। भवन पाश्चात्य शैली में तैयार हुआ, लेकिन इसका नाम बिलकुल विपरीत—राजगृह, जिसे बौद्धों का नगर माना जाता है (इसी शैली पर 1950 में उन्होंने औरंगाबाद में मिलिंद कॉलेज का निर्माण करवाया)। ज़ाहिर है, सार्वजनिक रूप से बौद्ध बनने से दो दशक से ज़्यादा

---

1. देखें, *डॉ. बाबासाहेब आंबेडकर राइटिंग्स एंड स्पीचेज,* खंड 21, पृ. 24-25, 31-37, 39-40, 41-42, 43-44, 48, 57-69, 70, 87
2. अशोक गोपाल, *अ पार्ट अपार्ट द लाइफ़ एंड थॉट ऑफ़ बी. आर. आंबेडकर,* नवयान पब्लिशिंग, नई दिल्ली 2023, पृ. 486

पहले आंबेडकर के मन में बुद्ध थे, जिसका उल्लेख आंबेडकर ने अपने संस्मरण में बाद के दिनों में बार-बार किया है। लेकिन जब राजगृह का निर्माण हो रहा था, आंबेडकर बौद्ध बनने से बहुत दूर थे। उन्हें सबसे पहले इस बात पर दृढ़ निर्णय लेना था कि क्या वह एक हिन्दू के रूप में जाने जानेवाले व्यक्ति बने रहेंगे?

पूना पैक्ट के बाद गांधी और आंबेडकर दोनों ने सोचा कि पूना पैक्ट न केवल अस्पृश्यों का राजनीतिक प्रतिनिधित्व सुनिश्चित करेगा बल्कि इससे अस्पृश्यता के उन्मूलन में भी मदद मिलेगी। इस आशय से 25 सितम्बर, 1932 को बंबई में मदन मोहन मालवीय की अध्यक्षता में एक सभा हुई, जिसमें एक छोटी समिति के गठन की घोषणा हुई और देश भर में पूना पैक्ट की स्वीकार्यता बढ़ाने, अस्पृश्यता और सामाजिक असमानता को दूर करने के लिए 25 लाख रुपये इकट्ठा करने का निर्णय लिया गया। इसके बाद सैकड़ों हिन्दुओं ने मिलकर 30 सितम्बर, 1932 को बंबई में ही अखिल भारतीय अस्पृश्यता विरोधी लीग का गठन किया। उद्योगपति और गांधी के वित्तपोषक जी.डी. बिरला को अध्यक्ष बनाया गया। 3 नवम्बर, 1932 को इसके केन्द्रीय बोर्ड का गठन किया गया, जिसमें आंबेडकर और एम.सी. राजा सहित आठ सदस्य थे। कार्य का दायरा भी परिभाषित किया गया। लेकिन जल्दी ही मालवीय द्वारा की गई महाउद्घोषणा को नज़रअन्दाज़ कर दिया गया। यह तय हुआ कि लीग अछूतों के 'उत्थान' के लिए काम तो करेगी, लेकिन यह जाति व्यवस्था और सहभोज के उन्मूलन जैसे सामाजिक सुधारों को बढ़ावा नहीं देगी।[1] एक महीने बाद ही स्पष्ट हो गया कि लीग के काम के दायरे को कम करने में गांधी की भूमिका थी। हालाँकि गांधी लीग के केन्द्रीय बोर्ड के सदस्य नहीं थे, फिर भी एक महीने बाद (9 दिसम्बर, 1932) ही उन्होंने लीग का नाम बदलकर सर्वेंट्स ऑफ़ द अनटचेबल्स सोसाइटी कर दिया और बाद में इसका हिन्दी नाम हरिजन सेवक संघ कर दिया गया। इस तरह अपने स्थापना के सौ दिन के अन्दर ही, अस्पृश्यता को दूर करने का कार्यक्रम औपचारिक रूप से एक कल्याणकारी प्रयास में बदल गया। जब आंबेडकर को अस्पृश्यता विरोधी लीग के एक ऐसी संस्था में परिवर्तित होने के बारे में पता चला जो केवल हरिजन नाम के लोगों के लिए कुछ 'सेवा' करेगी, तो उन्होंने ख़ुद को इससे अलग कर लिया। इस तरह अक्टूबर 1932 में गांधी आंबेडकर मुलाक़ात में लीग के कार्य और अस्पृश्यता उन्मूलन के बीच जो बातचीत हुई थी, उसका औचित्य ख़त्म हो गया।[2]

---

1. अशोक गोपाल, *अ पार्ट अपार्ट द लाइफ़ एंड थॉट ऑफ़ बी. आर. आंबेडकर*, नवयान पब्लिशिंग, नई दिल्ली, 2023, पृ. 488
2. वही, पृ. 488-89

जब अस्पृश्यता विरोधी उद्देश्यों को कमज़ोर किया जा रहा था तब आंबेडकर भारत में नहीं थे। गोलमेज़ सम्मेलन में भाग लेने के लिए लंदन चले गए थे। आंबेडकर के लीग से बाहर निकलने से गांधी पर कोई फ़र्क़ नहीं पड़ा क्योंकि उनके लिए अस्पृश्यता के ख़िलाफ़ आन्दोलन आवश्यक रूप से सवर्ण हिन्दुओं के लिए और उनके द्वारा एक आन्दोलन था। पुनः यरवदा जेल में गांधी-आंबेडकर मुलाक़ात हुई (4 फरवरी, 1933) और गांधी ने आंबेडकर से मन्दिर प्रवेश बिल पर सुब्बारायन और रंगा अय्यर के विधेयक को समर्थन देने, स्पृश्य हिन्दुओं को अपने पापों का प्रायश्चित्त करने और हिन्दूवाद का शुद्धीकरण करने का अवसर माँगा, तब आंबेडकर ने इनकार किया और कहा, अछूतों ने आर्थिक, शैक्षणिक और राजनीतिक क्षेत्रों में प्रगति की तो मन्दिर में प्रवेश स्वतः हो जाएगा।[1] बकौल आंबेडकर मन्दिर प्रवेश विधेयक में कुछ भी क्रान्तिकारी नहीं था। यह वास्तव में एक दिखावा था। आंबेडकर ने अपने प्रेस वक्तव्य में कहा, "अपने मन्दिरों को खोलना या न खोलना आपके लिए विचार करने का प्रश्न है, न कि मेरे लिए। यदि आपको लगता है कि मानव व्यक्तित्व की पवित्रता का सम्मान न करना बुरा व्यवहार है, तो अपने मन्दिर खोलें और सज्जन बनें। यदि आप एक सज्जन व्यक्ति के बजाय एक हिन्दू बनना चाहते हैं, तो दरवाज़े बन्द कर लें और अपने आप को धिक्कारें, क्योंकि मुझे आने की कोई परवाह नहीं है।[2] गांधी ने 14 फरवरी, 1933 को एसोसिएटेड प्रेस को दिये एक लम्बे साक्षात्कार में आंबेडकर के प्रेस वक्तव्य का जवाब दिया। सबसे प्रासंगिक वाक्य था, "जब डॉ. आंबेडकर वर्णाश्रम से ही लड़ना चाहते हैं, मैं उनके ख़ेमे में नहीं हो सकता, क्योंकि मेरा मानना है कि वर्णाश्रम हिन्दू धर्म का अभिन्न अंग है।"[3]

अन्य मुद्दों की तरह गांधी अस्पृश्यता को भी हृदय परिवर्तन का मसला ही मानते रहे। वे सम्भ्रान्तों से अपेक्षा करते हैं कि वे अपने कु-संस्कारों को त्यागकर मानव गरिमा के अनुरूप व्यवहार करें। गांधी के लिए चतुर्वर्ण व्यवस्था समस्यापरक नहीं है, अपितु पंचम वर्ण का अस्तित्व कष्टदायक है। गोया पाँच का समीकरण यदि चार में बदल जाए तो गांधी सन्तुष्ट होंगे। अन्य हलक़ों की तरह यहाँ भी गांधी को सामाजिक-सम्बन्धों में सत्ता का खेल नहीं दिखता।[4] उलटे, 'भारत के इतिहास

1. *बाबासाहेब डॉ. अम्बेडकर सम्पूर्ण वाङ्मय,* खंड 35, पृ. 56-57
2. *डॉ. बाबासाहेब आंबेडकर राइटिंग्स एंड स्पीचेज,* खंड 9, पृ. 10
3. अशोक गोपाल, *अ पार्ट अपार्ट द लाइफ़ एंड थॉट ऑफ़ बी. आर. आंबेडकर,* नवयान पब्लिशिंग, नई दिल्ली, 2023, पृ. 494
4. देखें, पार्थ चटर्जी, *नेशनलिस्ट थॉट एंड दि कोलोनियल वर्ल्ड : अ डेरिएटिव डिस्कोर्स, 1986,* पृ. 94-95

में पूँजीपति और श्रमजीवियों के सम्बन्ध बुरे नहीं रहे हैं। चार वर्णों की व्यवस्था केवल धार्मिक दृष्टि से ही नहीं, बल्कि आर्थिक और राजनीतिक दृष्टि से भी की गई।"[1] आंबेडकर को न तो अछूतोद्धार में दिलचस्पी थी और न ही उनके मन्दिर प्रवेश आन्दोलन में। जाति और अस्पृश्यता के प्रश्न को आंबेडकर हृदय परिवर्तन का नहीं बल्कि सामाजिक-राजनीतिक-सांस्कृतिक मसला समझते थे और उनका मानना था अस्पृश्यता जाति व्यवस्था का एक सह-उत्पाद है और जब तक जातियाँ हैं तब तक दलित बहिष्कृत रहेंगे ही। जाति व्यवस्था के विनाश के अलावा कोई भी चीज़ बहिष्कृत लोगों को मुक्ति नहीं दिला सकती। इस तरह, पूना पैक्ट पर हस्ताक्षर करने के बमुश्किल छह महीने बाद, गांधी और आंबेडकर खुलकर एक-दूसरे के विपरीत ध्रुवों पर खड़े हो गए। दरार पूरी हो गई थी।

वर्ण, जाति और अस्पृश्यता के सवाल पर गांधी और आंबेडकर के बीच मतभेद को रेखांकित करते हुए अरुंधति रॉय लिखती हैं, "गांधी और आंबेडकर के बीच वर्ण, जाति और अस्पृश्यता का विवाद कोई नया नहीं था। दोनों व्यक्ति अपनी पीढ़ी के अग्रदूत थे, एक ऐसे गहन सामाजिक, राजनीतिक और दार्शनिक टकराव का जो बहुत पहले शुरू हुआ और अभी तक जिसका अन्त नहीं हुआ।"[2] गांधी यथास्थिति के 'संत' हैं, आंबेडकर जाति का सम्पूर्ण ख़ात्मा चाहते हैं।[3]

आंबेडकर ने पूना पैक्ट की योजना में कुछ बदलावों पर चर्चा करने के लिए 23 अप्रैल, 1933 को यरवदा जेल में गांधी से दोबारा मुलाक़ात की। लेकिन किसी प्रकार के संयुक्त प्रयास पर पहुँचने के लिए उनके पास अब कोई आम आधार नहीं था। 8 से 29 मई, 1933 तक, गांधी ने 'हरिजनों के उत्थान के लिए एक महान यज्ञ' के रूप में उपवास किया। जब अनशन समाप्त हुआ, तो 3 जून को घोषणा की कि गांधी को 'भयानक परीक्षा' से मुक्त कर दिया गया है। लेकिन आंबेडकर ने कोई टिप्पणी नहीं की।[4]

आंबेडकर ने हरिजन सेवक संघ के लिए धन जुटाने हेतु नवम्बर 1933 से अगस्त 1934 तक गांधी द्वारा किये गए कठिन, राष्ट्रव्यापी दौरे में भी कोई हिस्सा नहीं लिया। कई स्थानों पर गांधी को सवर्ण हिन्दुओं के कड़े विरोध का सामना

---

1. *सम्पूर्ण गांधी वाङ्मय,* खंड 22, पृ. 484
2. अरुंधति रॉय, *एक था डॉक्टर एक था संत,* राजकमल प्रकाशन, नई दिल्ली, 2019, पृ. 33
3. वही, पृ. 35
4. अशोक गोपाल, *अ पार्ट अपार्ट द लाइफ़ एंड थॉट ऑफ़ बी. आर. आंबेडकर,* नवयान पब्लिशिंग, नई दिल्ली, 2023, पृ. 495

करना पड़ा। जून 1934 के तीसरे सप्ताह में जब वह पुणे पहुँचे, तो काले कपड़े पहने और काले घोड़े पर सवार एक व्यक्ति के नेतृत्व में सैकड़ों हिन्दुओं ने शहर में मार्च किया और लोगों से उनका स्वागत न करने का आग्रह किया क्योंकि वे 'हिन्दू धर्म के विध्वंसक' थे। 25 जून को, जब वह पुणे के नगरपालिका हॉल में एक बैठक के लिए कार में जा रहे थे, तो एक बम हमले से बच गए, क्योंकि बम ग़लत कार पर फेंका गया था। विस्फोट में एक पुलिसकर्मी सहित पाँच लोग घायल हो गए। इन घटनाओं से पता चलता है कि गांधी रूढ़िवादिता को हिलाने की कोशिश कर रहे थे। लेकिन आंबेडकर पहले ही दिशा बदल चुके थे।[1]

पूना क़रार के बाद हिन्दू महासभा में भी हलचल थी। आंबेडकर के विचारों को जानने के लिए जुलाई 1933 में हिन्दू महासभा की एक बैठक बुलाई गई थी, जिसमें हिन्दू महासभा के कई पदाधिकारी शामिल थे। आंबेडकर ने अस्पृश्यों की सोचनीय हालत के लिए पुनः हिन्दुओं को ज़िम्मेदार ठहराया। मुंजे आंबेडकर को अपने पक्ष में मिलाना चाहते थे और यहाँ तक कि उन्होंने हिन्दू महासभा के अध्यक्ष पद का ऑफ़र भी दिया, लेकिन आंबेडकर ने इसे अस्वीकार कर दिया।[2]

धर्मान्तरण को लेकर कई तरह की अफ़वाहें भी थीं। 13 सितम्बर, 1933 को सूबेदार सवादकर को मराठी में लिखे गए पत्र से पता चलता है कि आंबेडकर ने अपने सहयोगी जी.ए. गवई से कई बार बात की थी कि मैं न तो हिन्दू धर्म में रहनेवाला हूँ और न ही अपने आप को हिन्दू कहनेवाला हूँ। उन्होंने ज़ोर देकर यह भी कहा कि वे मुस्लिम नहीं बनने जा रहे हैं और 'कोई तीसरा धर्म' चुनने जा रहे हैं। उन्होंने सवादकर से कहा कि वर्तमान में उनका झुकाव बौद्ध धर्म की ओर है। भारत वापसी के दौरान गवई ने एक मराठी पत्रिका में दावा किया कि आंबेडकर मुस्लिम बनने जा रहे हैं। आंबेडकर चकित थे कि उस मूर्ख ने झूठ लिखा है।[3]

जनवरी 1934 में लंदन से भारत लौटने के दो महीने बाद आंबेडकर ने एक निर्णायक क़दम उठाया। 3 मार्च, 1934 को भाऊराव गायकवाड़ को पत्र लिखकर उन्होंने कहा, "नासिक सत्याग्रह को पूरी तरह से रोक देना चाहिए। मैंने मन्दिर-प्रवेश आन्दोलन इसलिए शुरू नहीं किया कि मैं चाहता था कि डिप्रेस्ड क्लासेज उन

---

1. अशोक गोपाल, *अ पार्ट अपार्ट द लाइफ़ एंड थॉट ऑफ़ बी. आर. आंबेडकर*, नवयान पब्लिशिंग, नई दिल्ली, 2023, पृ. 495-96
2. *बाबासाहेब डॉ. अम्बेडकर सम्पूर्ण वाड्.मय*, खंड 38, पृ. 401-02
3. अशोक गोपाल, *अ पार्ट अपार्ट द लाइफ़ एंड थॉट ऑफ़ बी. आर. आंबेडकर*, नवयान पब्लिशिंग, नई दिल्ली, 2023, पृ. 501

मूर्तियों के उपासक बन जाएँ जिनकी उन्हें पूजा करने से रोका गया था...मैं डिप्रेस्ड क्लासेज को सलाह दूँगा कि वे हिन्दू समाज का अभिन्न अंग बनने के लिए सहमति देने से पहले हिन्दू समाज और हिन्दू धर्मशास्त्र में पूरी तरह बदलाव पर ज़ोर दें। मैंने मन्दिर-प्रवेश सत्याग्रह केवल इसलिए शुरू किया क्योंकि मुझे लगा कि डिप्रेस्ड क्लासेज को सक्रिय करने और उन्हें उनकी स्थिति के बारे में जागरूक करने का यह सबसे अच्छा तरीक़ा था। चूँकि मेरा मानना है कि मैंने वह उद्देश्य प्राप्त कर लिया है, अब मेरे लिए मन्दिर में प्रवेश का कोई उपयोग नहीं है। मैं चाहता हूँ कि डिप्रेस्ड क्लासेज अपनी ऊर्जा और संसाधनों को राजनीति और शिक्षा पर केन्द्रित करें। मुझे आशा है कि उन्हें दोनों के महत्त्व का एहसास होगा।"[1]

आंबेडकर ने अभी तक गांधी के लिए पूरी तरह से दरवाज़ा बन्द नहीं किया था। 1934 में जब गांधी हरिजन सेवक संघ के दौरे पर बंबई गए, तब 16 जून को आंबेडकर ने अपने सहयोगियों के साथ उनसे मुलाक़ात की। आंबेडकर की दिलचस्पी हरिजन बस्तियों में गांधी द्वारा दिये गए उपदेशों में नहीं थी। उन्होंने गांधी से कहा कि 'हरिजन सेवक संघ' का प्राथमिक लक्ष्य हरिजनों के लिए सम्पूर्ण नागरिक अधिकार प्राप्त करना होना चाहिए। आंबेडकर यह भी चाहते थे कि संघ हरिजनों के साथ होनेवाले दुर्व्यवहार के विरुद्ध कार्रवाई करे। गांधी जी ने कहा कि उन्हें ख़ुशी होगी यदि डॉक्टर प्रत्येक घटना के बारे में पूरी जानकारी उन्हें भेज सकें।[2]

पूना समझौता के बाद भी हिन्दुओं का अस्पृश्यों के अधिकारों के प्रति ढुलमुल रवैया और अस्पृश्यों के प्रति हिन्दुओं के व्यवहार से आंबेडकर को लग रहा था कि धर्मान्तरण के अलावा उनके पास कोई विकल्प नहीं है। येवला अधिवेशन से तेरह महीने पहले ही उन्होंने अपनी मंशा ज़ाहिर कर दी थी, "पिछले दो सालों से मैं इस सवाल पर गहराई से सोच रहा हूँ और मुझे पूरा यक़ीन होता जा रहा है कि अगर मुझे अपना स्वाभिमान ज़िन्दा रखना हो, समता के वातावरण में साँस लेनी हो तो मैं ख़ुद को हिन्दू नहीं कहला सकता। अगर मैं हिन्दू नहीं तो ख़ुद को क्या कहला सकता हूँ? ईसाई कहलाऊँगा, मुसलमान कहलाऊँगा या बौद्ध कहलाऊँगा, यह मैं आज आपको नहीं बता सकता। आज तक यदि मैं हिन्दू रहा तो आपके साथ और केवल आपके लिए। आपकी अशिक्षा के कारण आपका साथ छोड़ जाता, तो मानो मैं आपको अन्धा कर जाता। इसका अहसास था, इसलिए मैं आज तक आपके साथ

1. *बाबासाहेब डॉ. अम्बेडकर सम्पूर्ण वाङ्मय,* खंड 35 , पृ. 194
2. अशोक गोपाल, *अ पार्ट अपार्ट द लाइफ़ एंड थॉट ऑफ़ बी. आर. आंबेडकर,* नवयान पब्लिशिंग, नई दिल्ली, 2023, पृ. 502

रहा। लेकिन जल्द ही हम इस बात के बारे में सच-झूठ का फ़ैसला करेंगे और जो भी करना हो, वह सब मिलकर एक साथ करेंगे। अगर ऊँची चट्टान से खाई में कूदना हो तो सब साथ में कूदेंगे। आज तक इस बात को जानिए और अपने मन में पक्का करके रख लें कि हमारे साथ हिन्दुओं का किस तरह का बर्ताव है।"[1] स्पष्ट है कि आंबेडकर सामूहिक धर्मान्तरण की तैयारी कर रहे थे। येवला घोषणा के पूर्व तक आंबेडकर चतुर राजनीतिज्ञ और धैर्यशाली नेता की तरह हिन्दू धर्म पर प्रहार करते रहे, आलोचना की, सुधार के हर मौक़े दिये और साथ ही जितना सम्भव हुआ, अस्पृश्यों के लिए राजनीतिक अधिकार हासिल करने के लिए हिन्दुओं और अंग्रेज़ों से माँगें करते रहे।

1935 के मध्य यह अफ़वाह फैल गई कि वह सार्वजनिक जीवन से सेवानिवृत्त हो रहे हैं। सार्वजनिक जीवन से संन्यास लेने के बारे में आंबेडकर के जो भी विचार थे, उन्हें जल्द ही एक महत्त्वपूर्ण निर्णय से नकार दिया गया। अगस्त 1935 में, उन्होंने बॉम्बे प्रान्त के गृह सचिव हेनरी नाइट को लिखा कि वह हिन्दू धर्म छोड़ने की घोषणा करके कालाराम मन्दिर सत्याग्रह को औपचारिक रूप से समाप्त कर देंगे। दो महीने बाद नाइट ने आंबेडकर को पत्र की याद दिलाई, 11 अक्टूबर, 1935 में लिखे पत्र में आंबेडकर ने नाइट से कहा कि वह इसे नहीं भूले हैं। इस बीच, येवला में अनुयायियों की ऐतिहासिक सामूहिक बैठक की तैयारी हो चुकी थी।[2]

आंबेडकर द्वारा भाऊराव गायकवाड़ को लिखे गए पत्रों से पता चलता है कि येवला सम्मेलन आयोजित करने की योजना 1932 से ही चल रही थी।[3] आख़िरकार 13 अक्टूबर, 1935 को वह ऐतिहासिक दिन आ ही गया, जब आंबेडकर ने येवला में अपनी ऐतिहासिक घोषणा की। अस्पृश्य समाज की असहनीय पीड़ा का विस्तृत वर्णन करते हुए आंबेडकर ने हिन्दू धर्म छोड़ने की घोषणा इन शब्दों में की : "दुर्भाग्य से मैं भी अस्पृश्य हिन्दू का दाग लेकर ही पैदा हुआ। हालाँकि यह बात मेरे वश में नहीं थी। लेकिन यह हीन दर्ज़ा झटककर स्थिति को सुधारना मेरे वश में है और मैं वह करूँगा ही, इस बारे में किसी को किसी तरह की आशंका नहीं होनी चाहिए। आज साफ़ तौर पर मैं आपसे कह रहा हूँ कि मैं अपने आप को हिन्दू कहलाते हुए नहीं मरूँगा। हिन्दू धर्म के त्याग के बाद अस्पृश्य कौन-सा धर्म अपनाएँगे,

---

1. *बाबासाहेब डॉ. अम्बेडकर सम्पूर्ण वाङ्मय,* खंड 38, पृ. 412
2. अशोक गोपाल, *अ पार्ट अपार्ट द लाइफ़ एंड थॉट ऑफ़ बी. आर. आंबेडकर,* नवयान पब्लिशिंग, नई दिल्ली, 2023, पृ. 508
3. वही, पृ. 508

यह पूरी तरह उनकी अपनी मर्ज़ी पर निर्भर करेगा। उन्हें सिर्फ़ इस बात का ध्यान रखना होगा कि वे उसी धर्म को स्वीकार करें, जिसमें उन्हें समानता का अधिकार प्राप्त हो।"[1] हालाँकि धर्मान्तरण की घोषणा आंबेडकर की व्यक्तिगत घोषणा थी, अन्य अस्पृश्यों को उनकी मर्ज़ी पर छोड़ा गया था। लेकिन यह व्यक्तिगत घोषणा भी सामाजिक ही थी, जो उनके लम्बे सामाजिक अनुभव की स्वाभाविक परिणति थी। व्यक्ति बहु-पहचान से साथ पैदा होता है, लेकिन भारत में जातीय पहचान ही प्रमुख सामाजिक पहचान होती है।

हिन्दुओं पर धर्मान्तरण की सम्भावित प्रतिक्रिया पर टिप्पणी करते हुए अरुंधति रॉय ने लिखा है, "धर्म-परिवर्तन की धमकी, ख़ासकर उस वक्त, वह भी आंबेडकर जैसे कद्दावर अछूत नेता द्वारा, सुधारवादियों के लिए इससे ज़्यादा बुरी ख़बर कोई और नहीं हो सकती थी।"[2] हालाँकि भारतीय इतिहास में धर्म-परिवर्तन कोई नई बात नहीं थी, जाति के कलंक से बचने के लिए अछूत और अन्य अपमानित मेहनतकश जातियों ने सदियों पहले अन्य धर्मों को अपनाना शुरू कर दिया था। मुस्लिम शासन काल में जातीय दंश की वजह से दसियों लाख लोगों ने इस्लाम धर्म अपनाया था। बाद में दसियों लाख लोग सिक्ख और ईसाई धर्म में शामिल हो गए थे (हालाँकि भारतीय मुस्लिम, सिक्ख और ईसाई सभी धर्म जातीय पूर्वग्रह से ग्रसित हैं)। लेकिन बीसवीं सदी में भारत के राजनीतिक सन्दर्भ में धर्म-परिवर्तन या हिन्दू धर्म से निकलने के मायने ही बदल गए...'हिन्दू बाड़े' से बड़ी संख्या में अछूतों का पलायन, 'हिन्दू' बहुसंख्यक के लिए प्रलयंकारी साबित हो सकता था।[3] अछूतों को पाला बदलने से हर हाल में रोकना था, समाहित करना था। उन्हें बड़े घर के अन्दर लाना था, लेकिन उन्हें रखना नौकरों के क्वार्टर में था।[4] आंबेडकर की धर्म-परिवर्तन की घोषणा इस अर्थ में अनूठी थी कि धर्म के साथ जाति के प्रश्न को पहली बार एक राजनीतिक-सांस्कृतिक मुद्दा बनाया गया था।

आंबेडकर के धर्मान्तरण की घोषणा की विभिन्न मंचों, संगठनों और व्यक्तियों के बीच विस्फोटक प्रतिक्रिया हुई। मीडिया में भी विस्तृत चर्चा हुई। द पीपल, इंडियन विटनेस, जन्मभूमि, प्रजामित्र, ज़ाम-ए-जमशेद, नवाकाल, द कांग्रेस सोशलिस्ट, संघशक्ति, सत्यशोधक रत्नागिरी, लोकसत्ता, केसरी, सुबोध पत्रिका जैसे अख़बारों ने

1. *बाबासाहेब डॉ. अम्बेडकर सम्पूर्ण वाङ्मय,* खंड 38, पृ. 416
2. अरुंधति रॉय, *एक था डॉक्टर एक था संत,* राजकमल प्रकाशन, 2019, पृ. 48
3. वही, 50
4. वही, 52

अपने-अपने तरीक़े से धर्मान्तरण की आलोचना की।[1] वहीं दूसरी तरफ़ लोकमान्य, ज्ञानप्रकाश, विहार, सेवक, राष्ट्रवीर, दीन मित्र, विविध वृत्त जैसे पत्रों में धर्मान्तरण के समर्थन में लेख लिखे गए।[2] सुधारवादी विचारोंवाले ब्राह्मण नाटककार अनंत हरि गद्रे द्वारा संपादित पत्रिका 'निर्भीड' ने भी आंबेडकर का समर्थन किया। निर्भीड ने कुछ उत्तेजक कार्टून और धर्मान्तरण के विषय पर गीतों के साथ एक नाटक भी प्रकाशित किया। एक कार्टून में व्यथित आंबेडकर को 'समानता के जल' के लिए प्यासा दिखाया गया था, जिसे एक मौलाना और एक ईसाई पुजारी पानी दे रहे थे, जबकि एक शंकराचार्य घटनास्थल से भाग गए। नाटक में आंबेडकर अपने सहयोगियों श्रीनिवासन और सोलंकी, कुछ चंभर नेताओं और गांधी के साथ बातचीत कर रहे थे। अन्त में, एक पात्र यह कहने के लिए प्रवेश करता है कि आंबेडकर की घोषणा से बेपरवाह शंकराचार्य गहरी नींद में सो रहे हैं और खर्राटे ले रहे हैं। निर्भीड ने हिन्दू धार्मिक हस्तियों पर हमले का प्रतिकार (Counterbalance) करते हुए कई लेख भी प्रकाशित किये। दिसम्बर 1935 में सावरकर ने महारों में जातिवाद, हिन्दू देवताओं के प्रति उनकी आसक्ति और धर्मान्तरण की निरर्थकता पर एक लेख लिखा था।[3]

मराठी पत्रिकाओं ने आंबेडकर के धर्मान्तरण पर विभिन्न नेताओं के बयान भी छापे। गांधी, एम.सी. राजा, जी.ए. गवई, पी.एन. राजभोज, पी. बालू, नारायण काज़रोलकर, बालकृष्ण देवरुखकर, के.के. साकट और उनके ब्राह्मण गुरु एस.एम. माटे के अलावा 'हरिजन सेवक संघ' से जुड़े कई गुजराती नेताओं ने हिन्दू धर्म त्यागने के आह्वान का विरोध किया। गोलमेज़ सम्मेलन में आंबेडकर के सहयोगी आर. श्रीनिवासन और बॉम्बे विधान परिषद में आंबेडकर के सहयोगी पी.जी. सोलंकी ने भी ऐसा ही किया। संयोग से सोलंकी ने 1925 में ईसाई धर्म अपना लिया था और कहा था कि इससे उनकी सामाजिक स्थिति पर कोई फ़र्क़ नहीं पड़ा। हालाँकि, उन्होंने जल्द ही अपना रुख़ बदल दिया और आंबेडकर के साथ मिल गए। एन.सी. केलकर और पुणे के कुछ प्रमुख ब्राह्मणों ने आंबेडकर से अपने फ़ैसले पर पुनर्विचार करने का आग्रह करते हुए एक अपील जारी की, अस्पृश्यता विरोधी प्रयासों के परिणाम

---

1. ख़ैरमोडे, *बाबासाहेब डॉ. आंबेडकर : जीवन और चिन्तन,* सम्यक प्रकाशन, 2017, भाग 6, पृ. 232-37
2. वही, पृ. 237-42
3. अशोक *गोपाल, अ पार्ट अपार्ट द लाइफ़ एंड थॉट ऑफ़ बी. आर. आंबेडकर,* नवयान पब्लिशिंग, नई दिल्ली, 2023, पृ. 532

कम-से-कम अगली पीढ़ी को दिखाई देंगे। लेकिन भाला भोपटकर ने कहा कि यह सभी के लिए अच्छा होगा यदि आंबेडकर और उनके अनुयायी जितनी जल्दी हो सके दूसरा धर्म अपना लें। दूसरी तरफ़ वी.आर. शिंदे, ग़ैर-ब्राह्मण नेता भास्करराव जाधव, हैदराबाद के डीसी नेता बी.एस. वेंकटराव, मद्रास से एन. शिवराज और बंगाल से जोगेंद्रनाथ मंडल, और भारतीय जाटव सभा, मऊ (संयुक्त प्रान्त), आदि हिन्दू परिषद, कानपुर, अखिल केरल थिय्या यूथ लीग और बॉम्बे प्रान्त में कुछ चंभर नेताओं ने धर्म-परिवर्तन का समर्थन करते हुए बयान जारी किये।[1]

जब सारे विश्व में धर्मान्तरण की घोषणा का प्रचार-प्रसार हुआ तब ईसाई, इस्लाम एवं सिक्ख धर्म के बड़े-बड़े प्रतिनिधि आंबेडकर से मिलने आने लगे और उन्हें अपने-अपने धर्मों में शामिल करने का प्रयास करने लगे। आर्य समाज के नेता पंडित श्रुतबंधु शास्त्री अपनी सुपुत्री को आंबेडकर के पुत्र के लिए देने को तैयार थे, लेकिन वे कभी अपनी पुत्री को दिखाने के लिए राजगृह नहीं लाए।[2] अमृतसर के स्वर्णमन्दिर के उपाध्यक्ष सरदार दिलीप सिंह ठोबिया ने बाबा साहब को अमृतसर से तार भेजकर निवेदन किया कि सिक्ख धर्म समता पर आधारित एकेश्वरवाद को मानता है, अत: आप इस धर्म को स्वीकार करें। धर्मानंद कोसंबी ने उनके निवास राजगृह में जाकर उनसे भेंट की। दोनों के बीच बौद्ध धम्म पर गहन विचार-विमर्श हुआ। धर्मानंद कोसंबी को लगा कि अभी आंबेडकर किसी भी धर्म से बँधे हुए नहीं हैं, परन्तु उनका झुकाव बौद्ध धर्म की ओर है।[3] आगा ख़ाँ ने अपनी एक सभा में अपने अनुयायियों से कहा कि अस्पृश्य हिन्दू धर्म को छोड़कर दूसरा धर्म स्वीकार करना चाहते हैं। इसलिए हमारा कर्तव्य है कि हम उन्हें अपने धर्म में लाकर उनका सर्वांगीण विकास करें। इस कार्य के लिए हमारे पंथ के युवकों को कार्य करना चाहिए। ऐसा कर वे इस्लाम के सेवक कहलाएँगे। परन्तु आगा ख़ाँ के अनुयायियों ने ऐसा कोई प्रयत्न नहीं किया।[4]

महाबोधि सोसाइटी, बनारस के महासचिव ने आंबेडकर को तार भेजकर निवेदन किया था, "यदि आपने धर्मान्तरण का निश्चय कर ही लिया है तो कृपया आप बौद्ध धर्म स्वीकार करें। पूरे एशिया महाद्वीप में बौद्ध हैं, इनमें जातिभेद नहीं

---

1. अशोक गोपाल, *अ पार्ट अपार्ट द लाइफ एंड थॉट ऑफ बी. आर. आंबेडकर,* नवयान पब्लिशिंग, नई दिल्ली, 2023, पृ. 533
2. ख़ैरमोडे, *बाबासाहेब डॉ. आंबेडकर : जीवन और चिन्तन,* सम्यक प्रकाशन, 2017, भाग 6, पृ. 94
3. वही, 95
4. वही, पृ. 96

है और यदि इस धर्म को अपना लिया तो हमारे धम्म प्रचारक आपके सहयोग के लिए भेजे जाएँगे।"[1] खालिद गौबा, जो पहले हिन्दू आर्य समाजी थे, ने आंबेडकर को तार भेजकर इस्लाम धर्म स्वीकार करने की विनती की। उन्होंने लिखा, "इस धर्म में आपको तथा आपके समाज को सम्पूर्ण अधिकार दिये जाएँगे।"[2] दूसरी तरफ़ आंबेडकर की घोषणा से नासिक के सनातनी हिन्दू इसलिए प्रसन्न हो रहे थे कि अब अस्पृश्य उनकी रथयात्रा में बाधा उत्पन्न नहीं करेंगे, जिससे रथयात्रा समारोह बिना किसी बाधा के सम्पन्न होगा।[3] उधर कुछ हिन्दू नेताओं ने अस्पृश्यों को मनाने के लिए पाँव पूजन, जनेऊ पहनाओ कार्यक्रम और अन्तर्जातीय विवाह और सहभोज का भी प्रस्ताव पास किया। लेकिन आंबेडकर ने इन कार्यक्रमों में कोई रुचि नहीं दिखलाई। सहभोज और अन्तर्जातीय विवाह कार्यक्रम का मदन मोहन मालवीय ने घोर विरोध किया।[4]

भारत में जाति व्यवस्था सभी धर्मों में है। आंबेडकर का स्पष्ट विचार था कि मुसलमान बनते ही हम एक-दो दिन में नवाब बननेवाले नहीं हैं, सिक्ख धर्म स्वीकार करने पर भी हम तुरन्त सरदार बननेवाले नहीं हैं और ईसाई बनने पर हम पोप नहीं बन जाएँगे। अर्थात हम किसी भी धर्म को अपनाएँ, हमें अपने स्वाभिमान और उज्ज्वल भविष्य के लिए संघर्ष करना ही होगा।[5] आंबेडकर दृढ़निश्चयी थे, "अब यदि हिन्दू अपने परमेश्वर को भी मेरे साथ खड़ा कर दें तो भी मैं हिन्दू धर्म में नहीं रहूँगा। स्पृश्य हिन्दू, अस्पृश्यों के लिए कुछ करें या न करें परन्तु यह तो निश्चित है कि अब मैं हिन्दू धर्म का त्याग करूँगा।"[6]

आंबेडकर के धर्मान्तरण की घोषणा पर त्वरित प्रतिक्रिया गांधी की ओर से आई। एसोसिएटेड प्रेस को दिये गए साक्षात्कार में उन्होंने कहा, "यदि उन्होंने यह भाषण दिया है और सभा में संकल्पबद्ध हिन्दुत्व से सब नाता तोड़ने व कोई ऐसा और धर्म जो उनको समता की गारंटी दे सके का प्रस्ताव पारित किया है मैं इस घटना को दुर्भाग्यपूर्ण मानता हूँ...धर्म कोई घर या अंगवस्त्र नहीं है, जो जब जी चाहे बदल ले। यह तो हमारे शरीर तथा आत्मा का एक अभिन्न अंग है। धर्म किसी भी

1. ख़ैरमोडे, *बाबासाहेब डॉ. आंबेडकर : जीवन और चिन्तन,* सम्यक प्रकाशन, 2017, भाग 6, पृ. 98
2. वही, पृ. 98
3. वही, पृ. 99
4. वही, पृ. 103-112
5. वही, पृ. 106
6. वही, पृ. 107

जन को उसके सृजनकर्ता से जोड़ता है, जबकि शरीर नश्वर है और इसका नाश होता है। परन्तु धर्म का अस्तित्व तो मृत्यु के बाद भी है।"[1] आंबेडकर ने पलटवार किया "हमने अभी निर्णय नहीं लिया है कि किस धर्म को अपनाएँगे, क्या योजना व साधन का हम प्रयोग करेंगे, परन्तु गहन विचार तथा विचारों के आदान-प्रदान के पश्चात् हम इस दृढ़ निर्णय पर पहुँचे हैं कि हिन्दू धर्म हमारे हित में नहीं है... धर्म आवश्यक है, गांधी जी की इस बात से तो मैं सहमत हूँ। परन्तु यह बात कि मनुष्य को अपने पूर्वजों के धर्म से ही जुड़े रहना चाहिए, चाहे वह धर्म उसकी सोच में अति अरुचिकर हो और जो उसके नैतिक व्यवहार के मापदंड पर खरा न उतरता हो, चाहे जीवन में प्रगति तथा कुशलक्षेम के लिए प्रेरित न करता हो, से मैं सहमत नहीं हूँ।"[2]

आंबेडकर के धर्मान्तरण की घोषणा पर गांधी ने हरिजन में 26 अक्टूबर, 1935 को ऑन इट्स लास्ट लेग-शीर्षक से एक लेख लिखा। एक तरफ़ उन्होंने सुधारकों के प्रयासों की सीमाओं पर प्रश्न उठाए, हिन्दू धर्म एक भयंकर अग्नि परीक्षा से गुज़र रहा है। इसका विनाश व्यक्तिगत धर्मान्तरण से नहीं, सामाजिक धर्मान्तरणों से भी नहीं, बल्कि तथाकथित सवर्ण हिन्दुओं के द्वारा हरिजनों को न्याय से अधर्मी रूप से वंचित रखने के कारण होगा। अतः धर्मान्तरण की प्रत्येक धमकी सवर्णों के लिए एक चेतावनी है कि अगर वे समय रहते नहीं जागते तो बहुत देर हो जाएगी। दूसरी तरफ़ पढ़े-लिखे अस्पृश्यों पर धर्मान्तरण के प्रभाव की चर्चा करते हुए लिखा, "मैं प्रबुद्ध हरिजनों से उनकी अपनी ख़ातिर यह आग्रह करूँगा कि धर्मान्तरण की धमकी के नीचे वे भौतिक लाभ नहीं ढूँढ़ें। और सुधारकों को किसी भी धमकी के आगे किसी हालत में नहीं झुकना चाहिए, उनको सवर्ण हिन्दुओं के हाथों हरिजनों के लिए न्याय दिलाने का निरन्तर प्रयास करते रहना चाहिए।"[3] गांधी के अनुसार धर्म कोई लेन-देन का मामला नहीं था। लेकिन हरिजन सेवक संघ की भूमिका की चर्चा करते हुए उन्होंने लिखा, "छुआछूत मिटाने के लिए सबसे बड़ी संस्था हरिजन सेवक संघ है। यह यथासम्भव हरिजनों को नौकरी देता है। ***हरिजन जिन नौकरियों के उपयुक्त हैं और जिनके लिए वे अपने को प्रस्तुत करते हैं, आमतौर पर ऐसे नौकरियों की कोई कमी नहीं है*** (ज़ोर हमारा)।"[4] हालाँकि

1. *बाबासाहेब डॉ. अम्बेडकर सम्पूर्ण वाङ्मय,* खंड 37, पृ. 94
2. वही, पृ. 95
3. वही, पृ. 532
4. वही, पृ. 531

गांधी ने यह स्पष्ट नहीं किया कि हरिजन किन नौकरियों के लिए उपयुक्त हैं और कौन सी नौकरी है जिसकी कमी नहीं है। दिलचस्प है ठीक उसी समय गांधी के पुत्र हरिलाल गांधी ने 29.05.36 को इस्लाम धर्म स्वीकार किया, लेकिन अपने पुत्र के सम्बन्ध में उन्होंने वैसी प्रतिक्रिया नहीं दी।

26 अक्टूबर, 1935 को शंकराचार्य (डॉ. कुर्तकोटि) की अध्यक्षता में नासिक प्रोग्रेसिव हिन्दुओं द्वारा चुने गए शिष्टमंडल और आंबेडकर के बीच एक बैठक हुई। उस समय भारत सरकार का अधिनियम 1935 आ चुका था। कुर्तकोटि की अध्यक्षता में हुए एक सम्मेलन में पारित संकल्प आंबेडकर के समक्ष प्रस्तुत किये गए, जिसमें उन प्रयासों का उल्लेख था जिससे अस्पृश्यता मिटाने का प्रयास किया जा सके। लेकिन आंबेडकर का तर्क था कि 'हिन्दू सामाजिक प्रणाली' के मूल में धर्म है, जैसा कि 'मनुस्मृति' में बताया गया है। ऐसा होने की वजह से मुझे नहीं लगता कि हिन्दू समाज से असमानता को मिटा पाना सम्भव होगा, जब तक कि 'स्मृति' धर्म के मौजूदा आधार को हटाकर, उसकी जगह कोई बेहतर नींव न डाली जाए। परन्तु मुझे उम्मीद नहीं है कि हिन्दू समाज किसी ऐसे बेहतर आधार पर अपने धर्म का पुनर्निर्माण कर पाएगा। आंबेडकर ने धर्म-परिवर्तन का अपना लक्ष्य स्पष्ट किया कि उनका इरादा सामूहिक और अखिल भारतीय स्तर पर धर्मान्तरण का है, चाहे उसमें जितना समय लगे। आंबेडकर ने स्पष्ट किया कि मैं किसी नये सम्प्रदाय की शुरुआत करने की ज़िम्मेदारी नहीं लूँगा और न ही मैं अपने समुदाय के लोगों को इसमें शामिल होने की सलाह दूँगा...बौद्ध धर्म अपनाने के रास्ते में कुछ हमें कठिनाइयाँ हैं। आंबेडकर का मानना था कि हरिजन समुदाय को किसी सशक्त समुदाय में पूरी तरह से समा जाना चाहिए। उन्होंने आर्य समाज न अपनाने का निर्णय लिया और सिक्ख धर्म अपनाने के प्रश्न पर विचार-विमर्श किया।

आंबेडकर के धर्मान्तरण की घोषणा के बाद दो महत्त्वपूर्ण घटनाएँ घटीं, पहला अस्पृश्यों पर अत्याचार और उत्पीड़न की घटना में इज़ाफ़ा और दूसरा धर्मान्तरण समर्थकों की संख्या में बढ़ोतरी। आंबेडकर पुनः अपने प्रमुख श्रोताओं (अस्पृश्यों) की ओर मुड़े। दिसम्बर 1936 से जुलाई 1939 के बीच आंबेडकर ने बंबई, पुणे, अहमदनगर, अमरावती, कल्याण आदि जगहों पर कई सभाओं को सम्बोधित किया।[1] लेकिन इस बार एकदम नये तेवर में, अपने सम्बोधनों में एक तरफ़ उन्होंने हिन्दू

1. *बाबासाहेब डॉ. अम्बेडकर सम्पूर्ण वाङ्मय,* खंड 38, पृ. 418-423, पृ. 424-430, पृ. 431-32, पृ. 433-441, पृ. 458-59, पृ. 465-506, पृ. 507-512, पृ. 518-528, पृ. 529-532, पृ. 238-240

धर्म पर ताबड़तोड़ हमले किये। दूसरी तरफ़ अपने अनुयायियों को चेताया, सतर्क किया और धमकाया भी। आंबेडकर ने धर्मान्तरण पर पुन: अपनी स्थिति स्पष्ट की, "अब स्पृश्य हिन्दू मेरे सामने अगर भगवान को भी लाकर खड़ा कर दें तब भी मैं हिन्दू धर्म छोड़कर जानेवाला हूँ...धर्मान्तरण करने से हमारे लिए स्वर्ग के द्वार खुलेंगे, या हम पर अमृत की धारा बरसेगी, ऐसा मेरा बिलकुल भी कहना नहीं है। हमारे सिक्ख, ईसाई या मुसलमान होने पर भी अपना भविष्य बनाने के लिए हमें लड़ना तो पड़ेगा ही...लड़ाई करने के लिए हमें अपनी संघशक्ति को बढ़ाना होगा। निजी फ़ायदे के लिए हमें चोरी-चोरी धर्म-परिवर्तन नहीं करना है। जहाँ जाएँगे वहाँ सिर पर कफ़न बाँधकर लड़कर अपने लिए जगह बनानी होगी। इसी निश्चय के साथ हमें धर्मान्तरण करना है। कल हम लोग जब मुसलमान या ईसाई बनेंगे तब वे लोग हमें महार ईसाई कहकर अलग चर्च में जाने के लिए कहेंगे, तब हम चर्च में आग लगा देंगे। मैं कोई सीधा-सादा इंसान नहीं हूँ। जहाँ भी जाऊँगा काँटे की तरह चुभता रहूँगा। अस्पृश्यों के बीच जातिभेद ख़त्म करने की पुन: अपील की कि जातिभेद नष्ट करना स्वराज पाने की कोशिश से भी पवित्र काम है।"[1] आंबेडकर ने अपने अनुयायियों को चेताया भी "धर्म बदलना हँसी-ठिठोली नहीं है। वह कोई तमाशा नहीं है। ढोलक बजाकर केवल गा-बजाकर करने जैसा वह कोई कार्यक्रम नहीं है। धर्मान्तरण बहुत ही गम्भीर विषय है।"[2] आंबेडकर अपने श्रोताओं को धर्मान्तरण के लिए मानसिक रूप से तैयार करने की कोशिश कर रहे थे, ख़ास तौर पर युवा वर्ग को। उनकी नज़र में अस्पृश्यों की असहाय स्थिति का एक ही निवारण था—धर्मान्तरण। लेकिन इसके लिए चारित्रिक शुद्धता और शिक्षा महत्त्वपूर्ण शर्त थी। आंबेडकर के लिए धर्मान्तरण के वही मायने थे, जो सवर्ण हिन्दुओं के लिए स्वराज के मायने थे।

30 मई - 1 जून, 1936 को येवला में आयोजित अखिल बंबई इलाक़ा महाड़ परिषद में धर्मान्तरण के सवाल पर आंबेडकर ने जो भाषण दिया उसे ऐतिहासिक माना जाता है। यह उनका सबसे लम्बा भाषण है, जिसे मुक्ति कौन पाथे के नाम से जाना जाता है।[3] अपने अध्यक्षीय भाषण में आंबेडकर ने धर्मान्तरण से जुड़े सभी पहलुओं और प्रश्नों का विस्तार से विश्लेषण किया और अब तक जितने व्याख्यान हुए थे उसका निचोड़ प्रस्तुत किया। आंबेडकर ने 1924 में बार्शी में दिये गए वक्तव्य की पुनरावृति की, "अस्पृश्यता रोज़मर्रा की बात है, नैमित्तिक या कभी-कभार की

---

1. *बाबासाहेब डॉ. अम्बेडकर सम्पूर्ण वाङ्मय,* खंड 38, पृ. 428
2. वही, पृ. 431
3. वही, पृ. 465-506

बात नहीं। साफ़ तौर पर कहना हो तो स्पृश्य और अस्पृश्य के बीच कलह रोज़मर्रा की है, और वह हमेशा, त्रिकालबाधित रहनेवाली है। विष का अमृत नहीं बनाया जा सकता। हिन्दू धर्म में रहते हुए, जातिभेद को नष्ट करेंगे, कहना लगभग विष को अमृत बनाने की बात कहने जैसा ही है। धर्म-परिवर्तन एक तरह से नामांतरण ही है। मुलसमान या ईसाई या बौद्ध कहलाना, सिक्ख कहलाना धर्मान्तरण तो है ही, नामांतरण भी है। वह सच्चा नामांतरण है। देश को जितना स्वराज का महत्त्व है, उतना ही अस्पृश्यों के लिए धर्म-परिवर्तन का महत्त्व है। धर्मान्तरण और स्वराज इन दोनों का अन्तिम उद्देश्य एक ही है।"[1]

अपने व्याख्यान को समाप्त करते हुए आंबेडकर ने कहा कि हिन्दू धर्म मेरी बुद्धि की कसौटी पर खरा नहीं उतरता। हिन्दू धर्म मेरे स्वाभिमान को रास नहीं आता। लेकिन आप लोगों को आध्यात्मिक लाभ के साथ ऐहिक लाभ के लिए भी धर्म-परिवर्तन करना ज़रूरी है...इंसानियत पानी हो तो धर्म-परिवर्तन करें। संगठन बनाना हो तो धर्मान्तरण करें। समता पानी हो तो धर्म-परिवर्तन करें। आज़ादी पानी हो तो धर्म-परिवर्तन करें। गृहस्थी में सुख लाना है तो धर्म-परिवर्तन करें। आंबेडकर ने सोच-समझकर सामूहिक धर्मान्तरण की अपील की। बुद्ध के स्वयं प्रकाशित बनो के उपदेश से अपने लम्बे व्याख्यान को ख़त्म किया। स्पष्ट था कि अछूतों को किसी 'बाहरी' स्रोत से शक्ति प्राप्त करनी थी, और वे ऐसा किसी अन्य प्रभावशाली धार्मिक समूह में विलय करके कर सकते थे। आंबेडकर ने अछूतों के लिए उपलब्ध विकल्पों का उल्लेख नहीं किया और किसी नये विश्वास की स्थापना या सम्प्रदायों में शामिल होने को स्पष्ट रूप से ख़ारिज कर दिया। उन्होंने संयुक्त प्रान्त में आदि हिन्दू आन्दोलन के नेता 'स्वामी' अछूतानंद के साथ एक सार्वजनिक बैठक को भी सम्बोधित किया था। लेकिन उन्होंने आदि धर्म आन्दोलन जैसे विकल्पों पर बिलकुल भी विचार नहीं किया। उनकी रुचि केवल बड़े अनुयायियों वाले स्थापित धर्मों में थी।[2] जैसा कि अपेक्षित था, आंबेडकर के भाषण ने राष्ट्रीय मीडिया में हलचल मचा दी। ख़ैरमोडे द्वारा एकत्र की गई पत्र-पत्रिकाओं और अख़बारों की रिपोर्टिंग से पता चलता है कि कई अन्य पत्रिकाओं ने भी आंबेडकर के भाषण पर ध्यान दिया और पक्ष-विपक्ष में लेख और सम्पादकीय छापे।[3]

---

1. *बाबासाहेब डॉ. अम्बेडकर सम्पूर्ण वाङ्मय*, खंड 38, पृ. 479
2. अशोक गोपाल, *अ पार्ट अपार्ट द लाइफ़ एंड थॉट ऑफ़ बी. आर. आंबेडकर*, नवयान पब्लिशिंग, नई दिल्ली, 2023, पृ. 516
3. ख़ैरमोडे, *बाबासाहेब डॉ. आंबेडकर : जीवन और चिन्तन*, सम्यक प्रकाशन, 2017, भाग 6, पृ. 150-162

महाड़ परिषद् में सिर्फ़ महाड़ों की सभा किसी माँग को लेकर नहीं बुलाई गई थी, उसके पीछे आंबेडकर को यह अपेक्षा थी कि यदि अन्य जातियाँ धर्मान्तरण को लेकर गम्भीर हैं तो अपनी-अपनी जातियों की सभा करें। स्पष्ट है कि आंबेडकर अब महारों के अलावा अन्य अस्पृश्य जातियों में जनाधार बढ़ाने की कोशिश में थे। इसके बाद मातंग, संत, चमार जैसी जातियों ने स्वत: धर्मान्तरण में समर्थन में सभाएँ कीं, जिसमें धर्मान्तरण के समर्थन के साथ-साथ राजनीतिक, आर्थिक और सामाजिक उन्नति के कई प्रस्ताव पास किये गए। आंबेडकर इन सभाओं में बतौर प्रमुख वक्ता शामिल हुए।

कमाठीपुरा के सेक्स वर्कर्स के बीच 16 जून, 1936 को आंबेडकर का दिया गया व्याख्यान महत्त्वपूर्ण और विवादास्पद है।[1] आंबेडकर के लिए यह सम्मेलन महार सम्मेलन से भी ज़्यादा महत्त्वपूर्ण था। ख़ैरमोडे के अनुसार सेक्स वर्कर आंबेडकर से अपनी मुक्ति के लिए कुछ उपदेश सुनना चाहते थे। लेकिन आंबेडकर के 'उपदेश' उनके कानों के लिए मधुर संगीत नहीं थे। उन्होंने उन्हें डाँटा, "आप अगर हमारे साथ आना चाहते हैं, अपने जाति बन्धुओं के साथ धर्मान्तरण करना चाहते हैं तो पहले आपको अपना यह दुर्गंध से भरा जीवन-क्रम छोड़ देना होगा। अपने मलिन तरीक़ों का आपको त्याग करना होगा। यह यदि आप करने के लिए तैयार हों, तभी आप हमारे साथ आएँ। वरना आप हमारे साथ ना आएँ। मर्ज़ी हो तो आप जहाँ हैं, वहीं रहें। मुसलमान या ईसाई बनें। हमें उसमें कोई आपत्ति नहीं होगी। लेकिन अगर हमारे साथ आप आना चाहें तो आपको काया, वाचा, मन की शुद्धता कर इस त्रिशुद्धि से शुचिर्भूत होकर ही आपको हमारे साथ आना होगा। वरना मैं आपको साफ़-साफ़ बताता हूँ कि आप हमारे साथ नहीं आ सकेंगे। अगर आप अपना पुराना जीवन-क्रम उसी तरह चलाते हुए महार जाति को बट्टा लगाने का काम जारी रखनेवाली हों, अपना काम उसी तरह करनेवाली हों तो मैं आपको चेतावनी देता हूँ कि हज़ारों युवा स्वयंसेवकों को तैयार कर मैं कमाठीपुरा से आपको हमेशा के लिए हटवा दूँगा। महिला समाज का अलंकार हैं, यह आपको जानना होगा। हर समाज महिलाओं के चरित्र का बहुत अधिक सम्मान करता है। हर किसी की यह उम्मीद होती है कि अपनी गृहस्वामिनी जननेवाली महिला उत्तम कुल की हो। कमाठीपुरा का जीवन-क्रम देखें तो वह स्त्री जीवन को कलंक लगानेवाली है। आपको अपनी जाति के बारे में गर्व क्यों नहीं महसूस होता है, ख़ुद को भ्रष्ट करनेवाला और अपनी जाति को कलंकित करनेवाला जीवन आप क्यों नहीं छोड़

1. *बाबासाहेब डॉ. अम्बेडकर सम्पूर्ण वाङ्मय,* खंड 38, पृ. 529-532

देतीं? आपके इस लांछनापूर्ण धन्धे की वजह से पूरे महार समाज को कितनी शर्म में डुबो दिया है, इसके बारे में तुम्हें अहसास नहीं है। हमें हर घड़ी आपके कारण अपमान से गर्दन झुकानी पड़ती है। इतना कहकर भी अगर आप नहीं सुनेंगे तो मैं आपको यहाँ से भगा देने से पीछे नहीं हटूँगा। इसीलिए आप तुरन्त जाग जाएँ और इस हीन चरित्रकर्म का त्याग करें।"[1]

पाठ को सीधे पढ़ने से पता चलता है कि महिलाओं के बारे में उनके विचार रूढ़िवादी, मर्दवादी, बुर्जुआ धारणाओं से गम्भीर रूप से प्रभावित थे। लेकिन, इसका अन्य पठन भी सम्भव है। आंबेडकर महिलाओं से अपना 'गन्दा काम' छोड़ने का आग्रह कर रहे थे, इसका तात्पर्य था कि वे उन्हें ऐसे लोगों के रूप में देखते थे जो लोगों के जीवन को बदल सकते थे। उनके येवला घोषणापत्र में निहित अतुलनीय स्वतंत्रता, अपमान और दुर्व्यवहार की शिकार शोषित महिलाओं के लिए भी उपलब्ध थी। धर्मान्तरण के लक्ष्य तक पहुँचने के प्रयास से किसी को भी बाहर नहीं रखा गया था। यदि वे अपने अतीत को छोड़ने के लिए सहमत हुए तो धर्मान्तरण केवल धार्मिक रूपान्तरण नहीं था बल्कि एक नैतिक परिवर्तन भी था। साथ ही, आंबेडकर के सम्बोधन में, अस्पृश्यता और अछूत महिलाओं के बड़े पैमाने पर यौन शोषण के बीच सम्बन्ध पर ग़ुस्सा और उस सम्बन्ध को नष्ट करने का उत्साह देखा जा सकता है। बहरहाल, कथित तौर पर दर्शकों ने आंबेडकर के 'उपदेश' का स्वागत नहीं किया। ख़ैरमोडे द्वारा घटना के कुछ साल बाद एकत्र की गई जानकारी के अनुसार, महिलाओं को प्रलोभन देकर सभा में लाया गया था, महिलाएँ गालियाँ देती हुई दामोदर हॉल से बाहर चली गईं और सड़क पर हंगामा मचाया। कुछ मराठी पत्रिकाओं ने ग़रीबी और सेक्स वर्क के बीच के सम्बन्ध और 'पतित महिलाओं' के लिए कुछ संगठनों द्वारा किये जा रहे कल्याणकारी कार्यों को अनदेखा करने के लिए आंबेडकर की आलोचना की। ख़ैरमोडे के अनुसार वेश्याओं के हंगामे से आंबेडकर इतना चिढ़ गए थे कि इसके बाद उन्होंने इन वेश्याओं के विषय में कभी पहल नहीं की।[2] हालाँकि बाद के दिनों में, यहाँ तक कि धर्मान्तरण के दिन भी अपने व्याख्यान में कई बार आंबेडकर वेश्याओं का मज़ाक़ उड़ाते रहे। स्त्री-विमर्श के लिहाज़ से इसे एक अन्तर्विरोध दर्ज किया जा सकता है। कमाठीपुरा में वेश्याओं को सम्बोधित करते हुए उन्हें 'इज़्ज़त' और मर्यादा के दायरे में देखा।

1. *बाबासाहेब डॉ. अम्बेडकर सम्पूर्ण वाङ्मय,* खंड 38, पृ. 529-532
2. ख़ैरमोडे, *बाबासाहेब डॉ. आंबेडकर : जीवन और चिन्तन,* सम्यक प्रकाशन, 2017, भाग 6, पृ. 167-175

लेकिन बुद्ध का वैशाली की चर्चित वेश्या आम्रपाली के गृह आगमन और खाना खाने पर कोई टिप्पणी नहीं की।

बाद के दिनों में बौद्ध साहित्य और मनुस्मृति में महिलाओं की स्थिति का तुलनात्मक अध्ययन पेश करते हुए आंबेडकर ने निष्कर्ष निकाला, "मुझे आशा है कि आप पक्षपातशून्य एवं निष्पक्ष रूप से अनुभव करेंगे कि बुद्ध को महिलाओं की ख़राब स्थिति के लिए ज़िम्मेदार नहीं माना जा सकता।" यदि बुद्ध ने महिला को उन्नत बनाने के लिए कोई प्रयास किया है तो यह प्रयास उसको उन्नत कर पुरुष के समक्ष लाना है। महिलाओं की अधोगति के लिए उन्होंने मनुस्मृति के प्रावधानों को ज़िम्मेदार माना।

6 मार्च, 1936 के अन्त में लाहौर के 'जात-पात तोड़क मंडल' ने आंबेडकर को सूचना दी कि उन्होंने अपनी सभा को मई के मध्य तक स्थगित कर दिया है। आंबेडकर ने अपने अध्यक्षीय भाषण में संशोधन करने से मना कर दिया था। आंबेडकर ने अपने इस ऐतिहासिक भाषण को एनिहिलेशन ऑफ़ कास्ट शीर्षक से मई 1936 में स्वयं प्रकाशित करवाया। आंबेडकर के तर्क का ज़ोर यह था कि हिन्दू भयानक जाति प्रथाओं का पालन करते थे इसलिए नहीं कि वे अमानवीय थे, बल्कि इसलिए कि वे गहरे धार्मिक लोग थे जो केवल अपने धर्मग्रंथों का पालन करते थे। हिन्दुओं को विश्वास दिलाया गया था कि उनके ग्रंथों में कालातीत ज्ञान है, और उन्हें चुनौती नहीं दी जानी चाहिए। यही कारण है कि सदियों से धर्म सुधारकों के प्रयासों से भी जाति का उन्मूलन नहीं हो सका और समाधान यह था कि सम्पूर्ण धर्मग्रंथों पर डायनामाइट लगाया जाए। चूँकि जाति का विनाश मुंबई सम्मेलन के तुरन्त बाद बाज़ार में पहुँच गई थी, इसलिए इसने मीडिया का उतना ध्यान आकर्षित नहीं किया। तथ्य यह है कि पुस्तक का शीर्षक हिन्दू धर्म पर हमले के बजाय जाति पर हमले का सुझाव देता है, इसलिए यह कम परेशान करनेवाला लग सकता था। 5 जून, 1936 को प्रकाशित एक संपादकीय में बॉम्बे क्रॉनिकल ने इस पुस्तक का इस विषय पर साहित्य में एक मूल्यवान योगदान के रूप में स्वागत किया, हालाँकि अख़बार ने यह नहीं सोचा कि जाति को नष्ट करने के लिए सभी शास्त्रों की पवित्रता को नष्ट करना आवश्यक था। गांधी ने इस पुस्तक पर त्वरित प्रतिक्रिया दी, जो हरिजन में 11 और 18 जुलाई, 1936 को प्रकाशित हुआ। आंबेडकर ने गांधी के तर्कों का खंडन किया और अपने मत पर अडिग रहे।[1] जाति के विनाश

1. विस्तृत चर्चा के लिए देखें, अशोक गोपाल, *अ पार्ट अपार्ट द लाइफ़ एंड थॉट ऑफ़ बी. आर. आंबेडकर,* नवयान पब्लिशिंग, नई दिल्ली, 2023, पृ. 518-531

पर टिप्पणी करते हुए अरुंधति रॉय ने लिखा है, "उनके अनेकों ग्रंथों में, जाति का विनाश सबसे मौलिक पाठ है। इस तर्क का निशाना हिन्दू कट्टरपंथी या चरमपंथी नहीं हैं, बल्कि वे लोग हैं जो स्वयं को नरमपंथी समझते थे, वे जिन्हें आंबेडकर ने 'हिन्दुओं में सर्वोत्तम' की संज्ञा दी थी, और कुछ शिक्षाविद् जिन्हें 'वामपंथी हिन्दू' के नाम से पुकारते थे...जब जाति का विनाश प्रकाशित हुआ, उस व्यक्ति ने जिसे अक्सर 'हिन्दुओं में महानतम, कहा जाता है—महात्मा गांधी—उद्वेलित होकर आंबेडकर को प्रत्युत्तर दिया'।"[1]

एनिहिलेशन ऑफ़ कास्ट और धर्मान्तरण के आह्वान के ख़िलाफ़ जो कुछ भी प्रकाशित हुआ था, और आंबेडकर ने जो जवाब दिया था, उसका विस्तृत संकलन ख़ैरमोडे ने किया है।[2] उदाहरण के लिए, वाई.एन. केलकर कई ऐतिहासिक कार्यों के लेखक थे, और उन्होंने आंबेडकर को महारों के पेशवा उत्पीड़न के बारे में एनिहिलेशन में अपने बयान का समर्थन करने के लिए दस्तावेज़ी सबूत पेश करने की चुनौती दी थी। कुछ सार्वजनिक भाषणों में, एस. एम. माटे ने कहा था कि आंबेडकर ऐसे सबूत पेश करने में असमर्थ हैं। आंबेडकर ने 6 जून, 1936 को केसरी में अपना जवाब प्रकाशित किया, "पेशवा उत्पीड़न की कहानियाँ महारों और विशेष रूप से भारत में पीढ़ियों से चली आ रही थीं, जिसे कहानियों/अफ़वाह के रूप में ख़ारिज नहीं किया जा सकता, इतिहास के अनेक साधनों में से दंत कथाएँ भी एक साधन हैं जिसे इतिहासकार स्वीकार करते हैं।"[3] ख़ैरमोडे ने ऐसे कई उदाहरण एकत्रित किये हैं, जिनमें ब्राह्मण सिर्फ़ अस्पृश्यों के साथ ही नहीं बल्कि कायस्थ, सुनार एवं अन्य जातियों के साथ भेदभाव और क्रूर व्यवहार करते थे।

धर्म-परिवर्तन के सम्बन्ध में आंबेडकर ने विभिन्न प्रान्तों में अपने सहकर्मियों से परामर्श किया कि उनके लिए कौन सा धर्म अपनाना उचित रहेगा। उनके मित्रों तथा सहकर्मियों का मानना था कि सिक्ख धर्म अपनाने के लिए आंबेडकर को हिन्दू सभा के नेताओं का समर्थन लेना चाहिए क्योंकि हिन्दू सभा के नेताओं का मानना था कि सिक्ख धर्म कोई पराया धर्म नहीं है। यह हिन्दू धर्म की ही संतान है और इसीलिए हिन्दुओं तथा सिक्ख के आपस में विवाह होते थे और सिक्खों को हिन्दू महासभा का सदस्य होने की अनुमति थी। तदनुसार 18 जून, 1936 को आंबेडकर

---

1. अरुंधति रॉय, *एक था डॉक्टर एक था संत,* राजकमल प्रकाशन, नई दिल्ली, 2019, पृ. 32
2. ख़ैरमोडे, *बाबासाहेब डॉ. आंबेडकर : जीवन और चिन्तन,* सम्यक प्रकाशन, 2017, भाग 6, पृ. 262-300
3. वही, पृ. 267-68

ने हिन्दू महासभा के अध्यक्ष बी.एस. मुंजे से मुलाक़ात की। आंबेडकर ने सभी मुद्दे स्पष्ट किये और मुक्त रूप से मुंजे से बात की। अगले दिन आंबेडकर के विचारों के सारांश का एक वक्तव्य बनाकर मुंजे को सौंपा गया, जिन्होंने व्यक्तिगत रूप से इसका अनुमोदन किया।

अस्पृश्यों और सवर्णों के दृष्टिकोण से आंबेडकर ने इस्लाम, ईसाइयत और सिक्ख धर्म का तुलनात्मक विवरण पेश करते हुए कहा कि इस्लाम और ईसाई अस्पृश्यों के लिए फ़ायदेमन्द है और सिक्ख धर्म उनकी तुलना में कम। दूसरी तरफ़ हिन्दुओं के दृष्टिकोण से सिक्ख धर्म सबसे अच्छा है। यदि दलित वर्ग इस्लाम या ईसाइयत अपनाते हैं, तो वे न केवल हिन्दू धर्म से बाहर हो जाएँगे, बल्कि हिन्दू संस्कृति से भी बाहर हो जाएँगे। दूसरी ओर, यदि वे सिक्ख धर्म अपनाते हैं, तो वे हिन्दू संस्कृति के भीतर ही रहेंगे। यह हिन्दुओं के लिए कोई कम फ़ायदे की बात नहीं है। ईसाइयत अपनाने से दलित वर्ग राष्ट्रीयता से वंचित हो जाएँगे। यदि वे इस्लाम अपनाते हैं तो मुस्लिमों की संख्या दोगुनी हो जाएगी और मुस्लिम प्रभाव का ख़तरा भी सच हो जाएगा। यदि वे ईसाइयत अपनाते हैं तो ईसाइयों की संख्या पाँच से छह करोड़ हो जाएगी। इससे देश में अंग्रेज़ों की पकड़ मज़बूत होने में सहायता मिलेगी। दूसरी ओर, यदि दलित वर्ग सिक्ख धर्म अपनाते हैं, तो वे देश के प्रारब्ध को कोई नुक़सान नहीं पहुँचाएँगे, बल्कि इसे सहायता ही प्रदान करेंगे। उनका विराष्ट्रीयकरण भी नहीं होगा। इस प्रकार यह देश के हित में होगा कि दलित वर्ग यदि अपना धर्म-परिवर्तन करना चाहते हैं तो उन्हें सिक्ख धर्म अपनाना चाहिए। तीसरा प्रश्न यह है कि यदि दलित वर्गों का सिक्ख धर्म अपनाना हिन्दुओं के हित में है, तो क्या हिन्दू, सिक्ख धर्म को भी दलित वर्गों के लिए उतना अच्छा विकल्प बनाने के लिए तैयार हैं, जितने इस्लाम तथा ईसाई धर्म हैं? यदि हाँ, तो ज़ाहिर है, उन्हें उन कठिनाइयों को दूर करने का प्रयास करना चाहिए जो इस्लाम तथा ईसाई धर्म अपनाने के मुक़ाबले सिक्ख धर्म अपनाने में सामने आ रही हैं। ये अभाव वित्तीय, सामाजिक तथा राजनीतिक हैं।[1]

आंबेडकर भारत की बहुलतावादी संस्कृति से परिचित थे, हिन्दू धर्म त्यागने की बात कर रहे थे और उस पर प्रहार भी कर रहे थे, लेकिन अस्पृश्यों से किस 'हिन्दू संस्कृति' से बाहर हो जाने, हिन्दू संस्कृति तथा सभ्यता के भविष्य के प्रति अपनी किस ज़िम्मेदारी की बात कर रहे थे, स्पष्ट नहीं है। फिर भारत में क्रमशः पहली और सातवीं शताब्दी से ईसाइयों और मुसलमानों का अस्तित्व है, फिर इन

1. *बाबासाहेब डॉ. अम्बेडकर सम्पूर्ण वाङ्मय,* खंड 35, पृ. 227-231

दोनों में से कोई भी धर्म अपनाने पर अस्पृश्य विराष्ट्रकृत कैसे हो जाते, यह भी स्पष्ट नहीं है। क्या आंबेडकर अभी भी हिन्दू धर्म में सुधार के लिए आशान्वित थे? यहाँ स्पष्ट करना ज़रूरी है कि आंबेडकर-मुंजे प्रस्ताव से पहले 6.8.1931 को गांधी-आंबेडकर मुलाक़ात हुई थी। बातचीत के दौरान आंबेडकर ने स्पष्ट रूप से कहा था, "गांधी जी मेरा कोई स्वदेश नहीं है!...मैं इस भूमि को अपना स्वदेश और इस धर्म को अपना कैसे कह सकता हूँ जिसमें हमसे कुत्तों-बिल्लियों से भी ख़राब व्यवहार किया जाता है, जहाँ हमें पीने को पानी नहीं मिल सकता। कोई भी आत्मसम्मानी अछूत इस देश पर गौरव नहीं करेगा। इस देश द्वारा हम पर किया गया अन्याय और दी गई पीड़ा इतनी अधिक है कि अगर जानबूझकर अथवा अज्ञानतावश हम इस देश के प्रति विश्वासघात के शिकार होते हैं, तो उसका उत्तरदायित्व एकमात्र उस पर ही होगा। मुझे देशद्रोही कहलाए जाने का कोई दुःख नहीं है क्योंकि हमारे कार्य का उत्तरदायित्व उस भूमि पर है जो मुझे देशद्रोही कहती है। आप जैसा कहते हैं इस देश के लिए सहायक अथवा लाभप्रद अगर मैंने कोई राष्ट्रीय सेवा की है तो यह मेरे बेदाग अन्तःकरण के कारण है न कि मुझमें किसी देश प्रेम की भावनाओं के कारण। अगर अपने लोगों, जिन्हें सदियों से इस देश में कुचला गया है, के लिए मानवाधिकारों की प्राप्ति के अपने प्रयास में मैं इस देश का कोई अपकार करता हूँ तो यह कोई पाप नहीं होगा।"[1] आंबेडकर-गांधी विमर्श में आंबेडकर के लिए राष्ट्र और धर्म गौण विषय था, फिर पाँच वर्ष की अवधि के भीतर धर्मान्तरण के मुद्दे पर आंबेडकर के विचारों में राष्ट्र और धर्म महत्त्वपूर्ण बनकर उभरा! हालाँकि, अक्टूबर 1951 में अनुसूचित जाति संघ का घोषणापत्र जारी करते हुए उन्होंने स्पष्ट रूप से लिखा था, "अन्य राजनीतिक दलों के सम्बन्ध में, अनुसूचित जाति का रवैया आसानी से समझा जा सकता है। अनुसूचित जाति संघ हिन्दू महासभा या राष्ट्रीय स्वयंसेवक संघ जैसी प्रतिक्रियावादी पार्टियों के साथ गठबंधन नहीं करेगा।"[2] शायद ईसाई और इस्लाम दोनों धर्मों का उद्गम स्थल विदेश होने के कारण आंबेडकर ऐसा मानते हों। बहरहाल, इस समय बौद्ध धर्म पर स्पष्ट रूप से विचार नहीं किया गया क्योंकि यह अन्य तीन धर्मों की तुलना में कोई 'लाभ' प्रदान नहीं करता था। जैसा कि आगे देखेंगे, आंबेडकर ने हिन्दू धर्म के साथ-साथ ईसाई, इस्लाम, सिक्ख तीनों धर्मों को अस्वीकार किया और बौद्ध धर्म ही क्यों, इसका स्पष्टीकरण दिया।

---

1. *बाबासाहेब डॉ. अम्बेडकर सम्पूर्ण वाङ्मय,* खंड 35, पृ. 53-54
2. वही, पृ. 396

आंबेडकर-मुंजे प्रारूप के अनुसार यदि आंबेडकर और उनके अनुयायी इस्लाम और ईसाई धर्म की तुलना में सिक्ख धर्म को स्वीकार करने के लिए तैयार हैं तो मुंजे निम्नलिखित बिन्दुओं पर आपत्ति नहीं करेंगे : (1) दलित वर्गों के सिक्ख धर्म में धर्मान्तरण पर : (2) धर्मान्तरित सिक्खों को अनुसूचित जाति की सूची में सम्मिलित करने पर, और (3) पूना समझौता में दिये गए प्रावधान के अनुसार ग़ैर-सिक्ख और दलित वर्गों के धर्मान्तरित सिक्खों के मध्य खुली प्रतिस्पर्धा द्वारा पूना समझौते के राजनीतिक अधिकारों का दलित वर्गों द्वारा लाभ उठाने पर।

जब इस समझौते का विवरण सार्वजनिक हुआ, तो हंगामा मच गया। एम.सी. राजा ने मुंजे के पत्र पर आपत्ति जताते देते हुए लिखा, "हिन्दू महासभा के अध्यक्ष होने के नाते आपसे हर कोई यह अपेक्षा रखता है कि इन वर्गों की नागरिक एवं सामाजिक असमर्थताओं को दूर करते हुए दलित वर्गों की सामाजिक दशा में सुधार करें और अन्य आराधकों की भाँति हिन्दू मन्दिरों में उनके लिए पूजा का अधिकार हासिल करें तथा पूरे भारत में गांधी द्वारा चलाए गए हरिजन आन्दोलन को आगे बढ़ाएँ। ऐसा करने की बजाय आप जो कर रहे हैं वह क्या है? आप दलित वर्गों का बँटवारा कर रहे हैं और धार्मिक रूप से उन्हें सिक्खों के साथ जोड़ते हुए राजनीतिक रूप से हिन्दू ही बनाए रख रहे हैं। मुझे ऐसा प्रतीत होता है कि दलित वर्गों के हित पर विचार नहीं किया जा रहा, परन्तु हिन्दुओं और सिक्खों के साम्प्रदायिक हितों में योजनाएँ बनाई जा रही हैं। हम भेड़ और जानवर नहीं हैं, जिनका इस प्रकार विनिमय किया जाए और विभिन्न सम्प्रदायों के नेताओं के बीच पारस्परिक आदान-प्रदान के परिणामस्वरूप एक राजनीतिक दल से दूसरे राजनीतिक दल में हाँक दिया जाए...मैं राजनीतिक चालबाज़ी में किसी भी प्रकार से हिस्सेदार नहीं बनूँगा, जैसा कि आपके पत्र में प्रस्तावित है। मैं हिन्दू महासभा से अनुरोध करूँगा कि वे दलित वर्ग के लिए हिन्दूवाद एवं हिन्दू समाज में बने रहना आसान बनाएँ, न कि किसी दूरस्थ गंतव्य पर उन्हें पहुँचाने की व्यवस्था में लग जाएँ।[1] हरिजन नेता एवं सचिव अखिल भारतीय दलित वर्ग लीग के पी. एन. राजभोग ने भी आपत्ति दर्ज करते हुए लिखा कि पूना समझौते के अन्तर्गत मिलनेवाले लाभ हिन्दूवाद से भागनेवाले लोगों को नहीं मिलना चाहिए।[2] स्पष्ट है कि गवर्नमेंट ऑफ़ इंडिया एक्ट 1935 के अनुसार पहली बार प्रान्तीय चुनाव का माहौल था। इसलिए आरोप-प्रत्यारोप और भ्रम की स्थिति थी। कुल मिलाकर तर्क दिया जा रहा था कि या तो वे हिन्दू रहें

---

1. *बाबासाहेब डॉ. अम्बेडकर सम्पूर्ण वाड्मय,* खंड 35, पृ. 477-78
2. वही

और पूना सन्धि के अन्तर्गत विशेषाधिकार पाएँ या फिर वे हिन्दू न रहें और उन विशेषाधिकारों को छोड़ दें।

24 जुलाई, 1936 को टाइम्स ऑफ़ इंडिया में आंबेडकर का एक विस्तृत साक्षात्कार छपा, जिसमें उन्होंने हिन्दुओं के हर प्रश्नों का क्रमवार जवाब दिया। मसलन, 'हिन्दू चुनाव-क्षेत्र' जैसी कोई चीज़ मौजूद ही नहीं है। इस तरह के किसी चुनाव-क्षेत्र का ज़िक्र न तो साम्प्रदायिक अधिनिर्णय में है, न ही पूना सन्धि में, यहाँ तक कि भारत सरकार अधिनियम, 1935 में भी इसका कोई ज़िक्र नहीं है, जो मताधिकार तथा निर्वाचन प्रक्रिया को संचालित करता है। जो भी रियायत दी गई है वह अनारक्षित निर्वाचन क्षेत्र से दी गई है, जिसमें केवल हिन्दू ही नहीं, बल्कि पारसी, यहूदी, जैन, बौद्ध तथा कई अन्य समुदाय भी आते हैं। आंबेडकर ने तर्क दिया यह मानना ग़लत है कि हिन्दुओं ने कोई बलिदान किया है क्योंकि यदि ऐसा है तो अनारक्षित चुनाव-क्षेत्रों में आनेवाले अन्य कई समुदायों ने भी दलित वर्ग को यह तथाकथित रियायत दी है। अर्थात् पूना सन्धि तथा भारत सरकार अधिनियम, 1935 के अन्तर्गत की गई राजनीतिक व्यवस्थाओं का धर्म से कोई लेना-देना नहीं है। बकौल आंबेडकर हिन्दू धर्म का कोई एक मानक नहीं है और मज़ाकिया लहज़े में कहा, "आप चाहें तो मुझे वैधानिक हिन्दू कह सकते हैं, लेकिन मैं अपने राजनीतिक अधिकारों पर दृढ़ रहूँगा, चाहे मेरी धार्मिक भाव-प्रवणता की गहराई कितनी भी हो।"[1] अपने तर्क के समर्थन में आंबेडकर ने पंजाब से आदि-धर्मियों तथा रामदासियों के उदाहरण दिये, जहाँ यह प्रमाणित होने के बावजूद कि वे हिन्दू नहीं हैं, 'अनुसूचित जाति' के रूप में वर्गीकृत किये गए हैं। आदि-धर्मियों ने तो औपचारिक रूप से सरकार को सूचित किया कि वे हिन्दू नहीं हैं और तब भी वे आम निर्वाचन-क्षेत्र में 'अनुसूचित जाति' के अन्तर्गत रखे गए हैं। इसी प्रकार 'रामदासी' धर्म से सिक्ख हैं, किन्तु अनारक्षित निर्वाचन-क्षेत्रों में 'अनुसूचित जातियों' के अन्तर्गत वर्गीकृत हैं। आंबेडकर के अनुसार इन सब बातों से यही ज़ाहिर होता है कि निर्वाचन वर्गीकरण का धर्म से कोई लेना-देना नहीं है।[2]

आंबेडकर-मुंजे प्रस्ताव और उसके बाद एम. सी. राजा, मुंजे, गांधी इत्यादि के बीच हुए पत्राचार को बिना अनुमति के राजा ने अख़बारों में प्रकाशित करवा दिया था, जिसमें राजा ने धर्मान्तरण को लेकर आंबेडकर पर कई गम्भीर आरोप लगाए थे। आंबेडकर ने इन आरोपों का सिलसिलेवार जवाब दिया : 1. पत्र-व्यवहार

---

1. *बाबासाहेब डॉ. अम्बेडकर सम्पूर्ण वाङ्मय,* खंड 35, पृ. 232-237
2. वही

को प्रकाशन के लिए भेजना अभद्र कृत्य, 2. सिक्ख धर्म अपनाने की बात कोई अति-गोपनीय नहीं, 3. राय बहादुर राजा की उपेक्षा करते हुए, आंबेडकर और राय बहादुर श्रीनिवासन को अस्पृश्यों का प्रतिनिधित्व करने के लिए गोलमेज़ सम्मेलन में आमंत्रित किया जाना, जिससे राजा के मन में आंबेडकर के प्रति द्वेष, विरोध और आलोचना। आंबेडकर ने स्पष्ट रूप से कहा कि धर्म-परिवर्तन सिर्फ़ आध्यात्मिक अभियान नहीं है, "मैं श्री राजा से पूछना चाहूँगा कि क्या वे केवल आध्यात्मिक कारणों से हिन्दू समुदाय में बने रहना चाहते हैं। यदि उनकी आध्यात्मिक सन्तोष के अलावा और कोई आकांक्षा नहीं है, तो उन्हें विधान-मंडल में सीटों के आरक्षण से हासिल होनेवाले राजनीतिक तथा भौतिक लाभों की चिन्ता नहीं करनी चाहिए। यदि वे हिन्दू बनकर जीने और हिन्दू बनकर मरने के इतने इच्छुक हैं, तो वे आरक्षित सीटों की कामना क्यों करते हैं? हिन्दू धर्म के लिए अपना प्रेम प्रदर्शित करते रहे, लेकिन जब तक वे किसी और धर्म को नहीं अपनाते वे एक 'परियाह' बनकर जीते रहेंगे और 'परियाह' ही मरेंगे।"[1]

आंबेडकर ने गांधी और मालवीय पर पलटवार करते हुए कहा कि श्री गांधी और श्री मालवीय में अस्पृश्यों के धर्म-परिवर्तन के विरुद्ध कुछ कहने का नैतिक साहस नहीं है। वे पूना सन्धि पर हस्ताक्षर करते समय किये गए वायदों को पूरा कर पाने में असफल रहे हैं। अस्पृश्यता उद्धार के लिए गांधी द्वारा सुझाए गए हिन्दू के हृदय परिवर्तन की तुलना प्लेग जैसी बीमारी से करते हुए आंबेडकर ने चुटकी ली, "भाइयो, रुको और मेरी बात सुनो! इस रोग से मत डरो। म्यूनिसिपल कमेटी के कर्मचारियों को अपने कर्तव्यों में की गई लापरवाही के लिए एक दिन ज़रूर प्रायश्चित्त करना होगा, प्लेग उन्मूलन के लिए कोई योजना निश्चित रूप से तैयार की जाएगी। तब तक आप लोग इंतज़ार करो। घर और चूल्हा छोड़ने की जल्दी मत करो।"[2] बकौल आंबेडकर इस कहावत में जो चतुराई है, उसी तरह की सलाह गांधी ने अस्पृश्यों के लिए दी है। राजगोपालाचारी ने धर्म-परिवर्तन के इस अभियान को 'शैतानी' क़रार दिया था। इसका जवाब देते हुए आंबेडकर ने कहा, "श्री राजगोपालाचारी को तो लगता है ग़ुस्से का एक और दौरा पड़ गया है। इस वृद्धजन को तो लगता है कि पैने-निरर्थक शब्दों, जो कि गढ़ते रहने की इन्हें आदत है, के अत्यधिक प्रयोग से अपाचन हो गया है...जो हिन्दू हिन्दुत्व के भविष्य के विषय में चिन्तित हैं, वे अवश्य विस्मित हो रहे होंगे कि क्या सिक्ख

1. *बाबासाहेब डॉ. अम्बेडकर सम्पूर्ण वाङ्मय,* खंड 35, पृ. 239
2. वही, पृ. 240

धर्म अपनाने को 'शैतानी' क़दम कहनेवाले महान हिन्दू ब्राह्मण राजगोपालाचारी का दिमाग़ ठिकाने नहीं है।"[1]

नवम्बर 1935 में नासिक के हिन्दुओं के साथ अपनी बैठक के दौरान आंबेडकर ने कहा था कि वे सिक्ख धर्म पर विचार कर रहे हैं। सिक्ख धार्मिक नेताओं को पहले से ही उनकी रुचि का आभास था, और उन्होंने उत्साहपूर्वक प्रतिक्रिया व्यक्त की। शिरोमणि गुरुद्वारा प्रबन्धक समिति, अमृतसर की कार्यकारी समिति, जो पंजाब में सभी सिक्ख पूजा स्थलों का प्रबन्धन करती थी, ने भी अनुकूल प्रतिक्रिया दी। मार्च 1936 में, इसने तथाकथित अछूत वर्गों को सिक्ख धर्म में दीक्षा देने के सम्बन्ध में चार प्रस्ताव पारित किये, और एक 'प्रचार मिशन' स्थापित करने का निर्णय लिया। इस उद्देश्य के लिए अप्रैल 1936 में अमृतसर में एक बड़ा सम्मेलन आयोजित किया गया, जिसमें आंबेडकर ने भाग लिया और ऐसा प्रतीत होता है कि इस क़दम ने लाहौर सम्मेलन में उनके भाषण को रद्द करने के जात-पात तोड़क मंडल के निर्णय को सील कर दिया है। अमृतसर सम्मेलन में विचार-विमर्श के परिणामस्वरूप सर्ब हिन्द सिक्ख मिशन नामक एक संगठन का गठन हुआ और मिशन की गतिविधियों को वित्तपोषित करने के लिए दान के रूप में लाखों रुपये एकत्र किये गए। कुछ महीने बाद, आंबेडकर ने अपने बेटे यशवंत और भतीजे मुकुंद सहित एक समूह को अमृतसर जाकर सिक्ख धर्म का अध्ययन करने के लिए भेजा। सिक्ख मिशन के साथ उनके जुड़ाव का एक ठोस परिणाम यह था कि इसने उच्च शिक्षा प्रदान करने के लिए मुंबई के माटुंगा में गुरु नानक खालसा कॉलेज स्थापित करने के साथ 'ग़ैर-सिक्ख' राज्य में सिक्ख संस्कृति को लोकप्रिय बनाने का भी निर्णय लिया। आंबेडकर ने इस परियोजना में गहरी रुचि ली, और माना जाता है कि कॉलेज के भव्य भवन का डिज़ाइन उन्होंने ही तैयार करवाया था, जो कथित तौर पर रोम में विक्टर इमैनुअल स्मारक (अल्टारे डेला पैट्रिया) से प्रेरित था। लेकिन आंबेडकर ने सिक्ख धर्म को बढ़ावा देने के लिए कोई क़दम नहीं उठाया, और कुछ महार जो उनसे परामर्श किये बिना अति उत्साह में सिक्ख बन गए थे, उन्हें उपेक्षित छोड़ दिया गया। उनमें से एक, शंकरदास बर्वे जो सरदार अमरसिंह बन गए, ने आंबेडकर पर बुरे हमले लिखकर जवाबी कार्रवाई की। आंबेडकर ने कभी भी सार्वजनिक रूप से यह खुलासा नहीं किया कि उन्होंने सिक्ख धर्म में रुचि कब और क्यों खो दी।[2]

---

1. *बाबासाहेब डॉ. अम्बेडकर सम्पूर्ण वाङ्मय,* 35, पृ. 240
2. अशोक गोपाल, *अ पार्ट अपार्ट द लाइफ़ एंड थॉट ऑफ़ बी. आर. आंबेडकर,* नवयान पब्लिशिंग, नई दिल्ली, 2023, पृ. 547-49

इस सम्बन्ध में सोहनलाल शास्त्री, जो 1935-37 के दौरान आंबेडकर से जुड़े थे, ने अपने संस्मरणों में खुलासा किया है कि उन्होंने मज़हबियों की स्थिति के बारे में एक लेख लिखा था, जिसे सम्भवत: आंबेडकर ने पढ़ा था। लेख को किसी समाचार पत्र ने प्रकाशन के लिए स्वीकार नहीं किया था, लेकिन शास्त्री इसे एक उर्दू समाचार पत्र में प्रकाशित करवाने में क़ामयाब रहे और उन्होंने मुद्रित लेख की एक प्रति अंग्रेज़ी अनुवाद के साथ मुंबई में आंबेडकर को भेजा। शास्त्री ने लिखा, "मैं नहीं कह सकता कि मेरे लेख का बाबासाहेब पर क्या प्रभाव पड़ा। लेकिन यह सच है कि बाबासाहेब ने सिक्ख धर्म में धर्मान्तरण के आन्दोलन को अचानक समाप्त कर दिया। ग़ौरतलब है कि 4 फरवरी, 1933 को जनता ने 'सिक्ख समाज में अस्पृश्यता की बीमारी' पर पहले पन्ने पर एक लेख छापा था।"[1] ख़ैरमोडे द्वारा प्रदान की गई जानकारी से पता चलता है कि आंबेडकर का सिक्ख मिशन से जुड़ाव कुछ वर्षों तक जारी रहा और 1940 के आसपास ही पूरी तरह समाप्त हो गया। इस विच्छेद के बारे में न तो आंबेडकर ने और न ही सिक्ख समाज ने कभी सही बात सामने रखी, हालाँकि कई तरह की अफ़वाहें फैली हुई थीं।[2] आंबेडकर ने कभी भी अपने अनुयायियों से सिक्ख धर्म अपनाने का आग्रह नहीं किया, लेकिन काफ़ी समय तक वे इस विचार में उलझे रहे। उनके लेखन और भाषणों में सिक्ख धर्म के सिद्धान्तों का कोई ठोस सन्दर्भ नहीं है और यह स्पष्ट है कि वे मुख्य रूप से इस विकल्प पर इसलिए विचार कर रहे थे क्योंकि इससे अनुसूचित जातियों का 'अराष्ट्रीयकरण' नहीं होगा।

इस्लाम और ईसाई को न चुनने के उनके पास अन्य महत्त्वपूर्ण कारण भी थे, जिसका ज़िक्र अशोक गोपाल ने विस्तार से किया है।[3] 1920 के दशक की शुरुआत में, आंबेडकर का इस्लाम के प्रति सकारात्मक दृष्टिकोण था क्योंकि उनका मानना था कि इसमें 'सभी को गले लगाने की शक्ति' है। लेकिन 1929 में उन्होंने भारत में मुस्लिम नेताओं का एक परेशान करनेवाला पहलू देखा। अजमेर के एक आर्य समाजी सदस्य हर बिलास सारदा द्वारा केन्द्रीय विधानमंडल में एक विधेयक पेश किया गया, जिसमें लड़कियों और लड़कों के लिए विवाह की आयु क्रमश: चौदह और अठारह वर्ष निर्धारित की गई थी। इसे सारदा विधेयक के नाम से जाना जाता

1. अशोक गोपाल, *अ पार्ट अपार्ट द लाइफ़ एंड थॉट ऑफ़ बी. आर. आंबेडकर*, नवयान पब्लिशिंग, नई दिल्ली, 2023, पृ. 550
2. ख़ैरमोडे, *बाबासाहेब डॉ. आंबेडकर : जीवन और चिन्तन*, सम्यक प्रकाशन, 2017, भाग 6, पृ. 226
3. अशोक गोपाल, *अ पार्ट अपार्ट द लाइफ़ एंड थॉट ऑफ़ बी. आर. आंबेडकर*, नवयान पब्लिशिंग, नई दिल्ली, 2023, पृ. 551-554

है। मुस्लिम सदस्यों ने इसका कड़ा विरोध इस आधार पर किया कि यह इस्लामी सिद्धान्त के विरुद्ध था। बाल विवाह निरोधक अधिनियम 1929 के रूप में क़ानून लागू होने के बाद मुस्लिम नेताओं ने एक आन्दोलन शुरू किया, जो सविनय अवज्ञा आन्दोलन से प्रभावित हुआ। 24 दिसम्बर, 1932 को जनता में प्रकाशित एक पत्र में लंदन से लिखते हुए आंबेडकर ने लिखा कि इस घटना ने उन्हें सामाजिक सुधार के प्रति मुस्लिम नेताओं के रवैये के बारे में पहला बड़ा झटका दिया। बाद में, तीसरे गोलमेज़ सम्मेलन के दौरान, उन्होंने सामाजिक सुधार की दिशा में नेताओं को जाल में फँसाया। सनातनी हिन्दुओं ने मन्दिर-प्रवेश बिल के ख़िलाफ़ समर्थन माँगने के लिए मुस्लिम प्रतिनिधियों से सम्पर्क किया और ज़ाहिर तौर पर उनसे सकारात्मक प्रतिक्रिया मिली। इस घटना से, आंबेडकर ने सीखा कि तुर्की के कमाल पाशा के विपरीत, भारतीय मुसलमानों के नेता सनातनी हिन्दुओं की तरह छोटे दिमाग़वाले और प्रतिगामी हो सकते हैं। इसलिए, उन्होंने इस्लाम में धर्मान्तरित अछूतों को बेहद सतर्क रहने की सलाह दी। दो साल बाद, उन्हें मुसलमानों के बीच जाति-मानसिकता का व्यक्तिगत अनुभव हुआ, जिसे उन्होंने वेटिंग फॉर ए वीज़ा में याद किया, "एक व्यक्ति जो हिन्दुओं के लिए अछूत है, वह मुसलमान के लिए भी अछूत है।"[1]

शिक्षा और स्वास्थ्य के क्षेत्रों में ईसाइयों द्वारा किये जा रहे काम की वजह से ईसाई धर्म के प्रति आंबेडकर का दृष्टिकोण अधिक सकारात्मक था। फिर भी, वह अछूतों को ईसाई धर्म की सिफ़ारिश करने के लिए इच्छुक नहीं थे क्योंकि यह अछूत धर्मान्तरित लोगों की सामाजिक स्थिति में कोई बदलाव लाने में विफल रहा था। उन्होंने लिखा, "...धर्म-परिवर्तन से धर्मान्तरित अस्पृश्य के सामाजिक दर्ज़े में कोई परिवर्तन नहीं हुआ। भले ही कोई अस्पृश्य ईसाई बन गया हो पर आम हिन्दू की नज़रों में वह अस्पृश्य ही रहता है।"[2] धर्मान्तरित भारतीय ईसाइयों के बीच भी जातिभेद, नस्ल, संस्कार, रहन-सहन वैसे ही बने हुए थे, जैसे हिन्दुओं में थे। ईसाइयों के बीच शिक्षित लोग बड़े पैमाने पर स्पृश्य वर्ग से थे, और वे 'ईसाइयों के निम्न या अछूत वर्ग' की परवाह नहीं करते थे। भारतीय ईसाइयों के दो वर्गों के बीच कोई रिश्तेदारी नहीं थी। क्षेत्रों में भारतीय ईसाइयों के बीच भी कोई रिश्तेदारी नहीं थी। एक प्रान्त के ईसाई दूसरे प्रान्तों के ईसाइयों की तुलना में स्थानीय हिन्दुओं के अधिक क़रीब महसूस करते थे।[3] आंबेडकर एक अन्य कारण से भी ईसाई धर्म

1. *बाबासाहेब डॉ. अम्बेडकर सम्पूर्ण वाङ्मय,* खंड 25, पृ. 19
2. वही, खंड 10, पृ. 415
3. वही, पृ. 422-23

में धर्मान्तरण में रुचि नहीं रखते थे। उनकी संख्या कम होने के कारण और शिक्षा, स्वास्थ्य और उनकी कई अन्य ज़रूरतों के लिए सरकार के बजाय उनके मिशनों पर उनकी निर्भरता के कारण, भारतीय ईसाई 'सार्वजनिक जीवन में एक ताक़त' नहीं थे।[1]

स्पष्ट है कि 1940 के दशक के शुरुआती दिनों तक धर्मान्तरण के मुद्दे पर आंबेडकर का दृष्टिकोण चिन्ताओं से भरा था। वह हिन्दू धर्म को छोड़ने के बारे में दृढ़ थे, लेकिन कोई भी विकल्प उनकी सभी आवश्यकताओं को पूरा नहीं करता था। हिन्दू धर्म को त्यागने के उनके कारण बहुत गहरे थे, लेकिन एक विकल्प के रूप में उनका चुनाव व्यावहारिक विचारों से प्रेरित था। वह अस्पृश्यों को हिन्दुओं से अलग करने के लिए दृढ़ थे, लेकिन वह नहीं चाहते थे कि ऐसा विधायिकाओं में आरक्षण खोने की क़ीमत पर हो। तेज़ी से बढ़ते साम्प्रदायिक माहौल में, वह इस बात से भी चिन्तित थे कि अगर आबादी का एक बड़ा हिस्सा इस्लाम में परिवर्तित हो गया तो हिन्दुओं का क्या होगा। वह धर्मान्तरण के बारे में दृढ़ थे, लेकिन वह इस पर सोचने के लिए समय देना चाहते थे। आंबेडकर के जागरूकता अभियान का दलितों पर पड़े प्रभाव का उल्लेख दलित मराठी लेखक शंकरराव खरात और वसंत मून ने अपनी आत्मकथाओं में किया है, जिसका परिणाम बीस साल बाद देखने को मिला, जब नागपुर में आंबेडकर के साथ लगभग 5,00,000 लोगों ने बौद्ध धर्म अपना लिया।[2]

1940 तक धर्मान्तरण और आंबेडकर के विमर्श के केन्द्र-बिन्दु उनके प्राथमिक श्रोता (अस्पृश्य वर्ग), कांग्रेस और हिन्दू महासभा के नेता और अन्य धर्मों के गुरु और समाज-सुधारक थे। 1940 के दशक के शुरुआती दिनों से आंबेडकर का रुझान बौद्ध धर्म की ओर होने लगा था। बौद्ध धर्म और अन्य धर्मों का तुलनात्मक अध्ययन जारी था। आंबेडकर अपने वैचारिक फ़लक को फैलाने के लिए अब विभिन्न मंचों पर बौद्ध धर्म के बारे में लिखने/बोलने और इंटरव्यू देने लगे थे। साथ-साथ कॉलेज/विश्वविद्यालयों में बौद्धिकों और छात्रों के साथ संवाद भी स्थापित कर रहे थे। 1940 से लेकर अक्टूबर 1956 तक धर्मान्तरण को लेकर देश के अन्दर आंबेडकर की गतिविधियों में काफ़ी विविधता रही। मसलन, बौद्ध धर्म और अस्पृश्यता की उत्पत्ति के अन्तर्सम्बन्ध पर आंबेडकर का द बंबई क्रॉनिकल को दिया गया इंटरव्यू (24 फरवरी, 1940)[3], अपने जीवन दर्शन पर आकाशवाणी पर सम्बोधन

---

1. *बाबासाहेब डॉ. अम्बेडकर सम्पूर्ण वाड्.मय,* खंड 10, पृ. 422
2. अशोक गोपाल, *अ पार्ट अपार्ट द लाइफ़ एंड थॉट ऑफ़ बी. आर. आंबेडकर,* नवयान पब्लिशिंग, नई दिल्ली, 2023, पृ. 555
3. *बाबासाहेब डॉ. अम्बेडकर सम्पूर्ण वाड्.मय,* खंड 35, पृ. 295-298

(3 अक्टूबर, 1954)[1] मुझे बौद्ध धर्म क्यों प्रिय है विषय पर बीबीसी पर इंटरव्यू (12 मई, 1956)[2], भारत का इतिहास बौद्ध धर्म और ब्राह्मण धर्म के संघर्ष के अलावा कुछ नहीं विषय पर मद्रास रैशनल सोसाइटी द्वारा आयोजित कार्यक्रम में व्याख्यान (24 सितम्बर, 1944)[3], बौद्ध विहार के प्रति बौद्ध भिक्खुओं और अनुयायियों के कर्तव्य के बारे में सारनाथ में बौद्ध भिक्खुओं और अनुयायियों से अपील (24 नवम्बर, 1954)[4], हिन्दू धर्म में भगवान, आत्मा के लिए स्थान और मनुष्य के लिए नहीं विषय पर बंबई में व्याख्यान (14 जनवरी, 1955)[5], मनु और याज्ञवल्क्य पर दिल्ली विश्वविद्यालय में छात्रों को सम्बोधन (10.04.1948)[6], प्रजातंत्र के दो शत्रु—तानाशाही और आदमी-आदमी में भेद करनेवाली संस्कृति विषय पर बंबई के सिद्धार्थ कॉलेज में छात्रों को सम्बोधन (3 अप्रैल, 1955)[7], औरंगाबाद के मिलिंद कॉलेज में विद्या, प्रज्ञा, करुणा, शील और मैत्री विषय पर छात्रों को सम्बोधन (12 दिसम्बर, 1955)[8], 'बुद्ध एवं उसका धर्म' विषय पर महाबोधि सोसाइटी के जर्नल (मई 1950 अंक) में एक लम्बे और तुलनात्मक लेख का प्रकाशन।[9]

आंबेडकर की बुद्ध में रुचि की वजह नैतिक और राजनीतिक थी। बुद्ध के नैतिक सिद्धान्त उन्हें आकर्षित करते थे और बुद्ध और उनके धम्म में उन्होंने कहा कि धम्म के पास पवित्रता प्रदान करने के लिए एक मार्गदर्शक है, लेकिन उन्होंने इसे केवल अच्छे जीवन के लिए नहीं बढ़ावा दिया, और निश्चित रूप से व्यक्तिगत मोक्ष के साधन के रूप में नहीं। उनके लिए, ब्रिटिश शासन से राजनीतिक स्वतंत्रता प्राप्त करने के बाद भारत में सामाजिक लोकतंत्र की स्थापना के लिए धम्म आवश्यक था। इस तर्क की उनकी पहली अभिव्यक्ति "बुद्ध जयंती आनी तीचे राजकीय महत्त्व" (बुद्ध जयंती का राजनीतिक महत्त्व) में थी, जो उन्होंने मई 1941 में बुद्ध जयंती के अवसर पर जनता में लिखा था। लेख को दो भागों में विभाजित किया गया था : बुद्ध के जीवन का सारांश और उनके सन्देश के

1. *बाबासाहेब डॉ. अम्बेडकर सम्पूर्ण वाङ्मय,* खंड 37, पृ. 476
2. वही, खंड 40, पृ. 504-05
3. वही, खंड 39, पृ. 419-421
4. वही, खंड 40, पृ. 489-492
5. वही, पृ. 371-378
6. वही, खंड 37, पृ. 364-366
7. वही, खंड 40, पृ. 379-380.
8. वही, पृ. 397-400
9. वही, खंड 36, पृ. 478-489

'महान राजनीतिक महत्त्व' की चर्चा। उन्होंने जो कहानी संक्षेप में सुनाई, वह सदियों से चली आ रही कहानियों का अनुसरण करती है। वह कहानी जो साँची स्तूप जैसे स्मारकों में पत्थर पर उकेरी गई हैं और बौद्ध धर्म की कई किताबों में पुनरुत्पादित की गई हैं। आंबेडकर ने उस कहानी में केवल एक उल्लेखनीय बात कही। उन्होंने कहा कि पहली बार जब सिद्धार्थ महल से बाहर निकले, तो वह न केवल शहर में घूमने गए थे बल्कि इसकी 'सामान्य सामाजिक स्थिति' के बारे में भी जानने गए थे। अपने लेख के दूसरे भाग में, उन्होंने बुद्ध के कार्यों के बारे में चर्चा की। आंबेडकर ने स्थापित किंवदन्ती से अलग रुख़ अपनाया। उन्होंने लिखा कि बुद्ध कोई अन्य धार्मिक नेता नहीं थे। उन्होंने उस समय के ब्राह्मणवादी धर्म के सम्बन्ध में 'क्रान्तिकारी रुख़' अपनाया था। उन्होंने वेदों को ज्ञान के अन्तिम स्रोत के रूप में ख़ारिज कर दिया और ब्राह्मणों द्वारा बड़ी संख्या में आयोजित पशु बलि का विरोध किया। उन्होंने किसी तरह के भगवान तक पहुँचने के साधन के रूप में धर्म को बढ़ावा भी नहीं दिया। बुद्ध ने इसी कारण से चतुर्वर्ण को भी अस्वीकार कर दिया था। आंबेडकर ने तर्क दिया कि उनका धर्म लोकतंत्र के लिए सबसे उपयुक्त है। ब्राह्मणवादी धर्म और लोकतंत्र परस्पर विरोधी हैं। अगर हम लोकतंत्र चाहते हैं, तो चतुर्वर्ण को ख़त्म करना होगा। मेरा मानना है कि 'चतुर्वर्ण के कीटाणुओं को नष्ट करने के लिए बुद्ध के दर्शन से ज़्यादा घातक कोई रसायन नहीं है'। आंबेडकर फिर उस विषय पर लौट आए जो 1920 के दशक से उनके दिल के क़रीब था : हिन्दू समाज की 'आन्तरिक शक्ति'। अपने पहले दिये गए तर्क को दोहराते हुए उन्होंने इस आन्तरिक शक्ति की बात 'समाज के सभी सदस्यों के बीच भाईचारे के रिश्तों से उत्पन्न होनेवाले समाज के द्रव्यमान' के रूप में की। उन्होंने कहा कि इस मामले में हिन्दू समाज बुरी तरह से कमज़ोर हो गया है। यह एक ऐसे इंसान की तरह है जिसका 'पेट फूला हुआ है, अंग सिकुड़े हुए हैं, गाल खिंचे हुए हैं, आँखें धँसी हुई हैं और कंकाल जैसा ढाँचा है।' अगर इस इकाई को, जिसके पास 'लोकतंत्र की गाड़ी' चलाने की इच्छा तो थी, लेकिन ताक़त नहीं थी, ताक़त हासिल करनी थी, तो उसे सबसे पहले सदियों से जमा हुए ब्राह्मणवादी धर्म के 'कीचड़' से छुटकारा पाना था। एकमात्र 'डॉक्टर' जो यह काम कर सकता था, वह गौतम बुद्ध थे। उन्हें याद करना और उनकी 'दवा' का सेवन करना ही भारत में लोकतंत्र की स्थापना का एकमात्र तरीक़ा था। इस तरह आंबेडकर ने उन सभी प्रमुख चिन्ताओं को जोड़ा, जिन्होंने 1942 तक उनके सार्वजनिक जीवन को निर्देशित किया था।

बुद्ध उनके विचारों में एक केन्द्रीय स्थान पर आ गए, जो उनके बाद के लेखन और भाषणों में भरपूर रूप से परिलक्षित हुआ।[1]

1942-1949 के मध्य बुद्ध जयंती मनाने से सम्बन्धित प्रमाण इंग्लिश और हिन्दी संकलनों में सम्भवत: प्रकाशित नहीं हैं। मई 1950 से जून 1956 के बीच दिल्ली, बंबई और सोपारा जैसे शहरों में 8 बार बुद्ध जयंती मनाई गई, जिनमें आंबेडकर ने अपने 20 वर्षों के विभिन्न धर्मों के अध्ययन का निचोड़ पेश किया।[2] आंबेडकर के इन भाषणों, लेखों और इंटरव्यू का विश्लेषण किया जाए तो कई महत्त्वपूर्ण बातें स्पष्ट होती हैं। धर्मान्तरण की प्रक्रिया 1956 में पूरी हुई, लेकिन आंबेडकर अपने व्याख्यानों में कई बार अपने बचपन की स्मृतियों में जाते हैं, जब स्कूल पास करने के बाद दादा केलुस्कर ने उन्हें बुद्धचरित की एक कॉपी भेंट की थी और कहते हैं कि बौद्ध धर्म के प्रति उनका पागलपन बहुत पुराना है। चूँकि उनके प्रमुख श्रोता ज़्यादातर अशिक्षित थे, इसलिए कई बार वे इतिहास का अति-सरलीकरण कर उन्हें समझाने की कोशिश करते हैं। मसलन, भारत का इतिहास और कुछ नहीं बल्कि ब्राह्मण और बौद्ध धर्म के बीच संघर्ष का इतिहास है। मुख्य विषय हैं ब्राह्मण और बौद्ध धर्म का तुलनात्मक अध्ययन और अपने श्रोता को साधारण भाषा में हिन्दू धर्म त्यागने की वजह समझाना है। जो कि उसमें समाहित वर्ण, जाति, अस्पृश्यता और उस पर आधारित श्रेणीगत असमानता है और इसकी जड़ें धर्मशास्त्रों में हैं। दूसरी तरफ़ बौद्ध धर्म समतामूलक है। बौद्ध क्रान्तिकारी थे और ब्राह्मण क्रान्ति विरोधी। बौद्ध धर्म और ब्राह्मण धर्म में यही अन्तर था। विश्व के इतिहास में, बुद्ध स्वतंत्रता, समता, बन्धुत्व का सन्देश देनेवाले प्रथम व्यक्ति थे। आंबेडकर ने इस बात पर बार-बार बल दिया कि 'पुरानी दुनिया' की अपेक्षा 'नई दुनिया' को धर्म की ज़्यादा ज़रूरत है और धर्म की ज़रूरत अमीरों से ज़्यादा ग़रीबों को है क्योंकि यह उन्हें अपने जीवन के लिए आशा प्रदान करता है। आंबेडकर ने धर्म की आवश्यकता को समझाते हुए कहा कि समाज को एकजुट रखने के लिए या तो क़ानून की मंजूरी होनी चाहिए या नैतिकता की मंजूरी होनी चाहिए। इनके बिना, समाज का टुकड़े-टुकड़े हो जाना निश्चित है। सभी समाजों में क़ानून बहुत छोटी भूमिका निभाता है। इसलिए नैतिकता के अर्थ में धर्म हर समाज में शासी सिद्धान्त बना रहना चाहिए।

---

1. अशोक गोपाल, *अ पार्ट अपार्ट द लाइफ़ एंड थॉट ऑफ़ बी. आर. आंबेडकर,* नवयान पब्लिशिंग, नई दिल्ली, 2023, पृ. 660-662
2. *बाबासाहेब डॉ. अम्बेडकर सम्पूर्ण वाङ्मय,* खंड 40, पृ. 170-173, पृ. 199-201, पृ. 309-311, पृ. 381-388, पृ. 389-396, पृ. 407-411, पृ. 412-414, पृ. 415-420

धर्म और नैतिकता के सवाल पर आंबेडकर गांधी के नज़दीक दिखते हैं, लेकिन दोनों के धर्म अलग-अलग हैं और उनमें मौलिक अन्तर भी है।

सभी धर्मों का तुलनात्मक अध्ययन करने के बाद आंबेडकर इस निष्कर्ष पर पहुँचे कि ईसा, मुहम्मद एवं कृष्ण की तरह बुद्ध ने कभी भी अलौकिक या दैवीय हैसियत की अनुचित माँग नहीं की। उसने एक मनुष्य के पुत्र के रूप में जन्म लिया और सामान्य जन बने रहने पर सन्तुष्ट थे और एक सामान्य जन के रूप में अपने धार्मिक सिद्धान्तों का प्रचार किया...बुद्ध मार्गदर्शक हैं और अन्य मोक्षदाता। अन्य धार्मिक गुरुओं के शब्द ईश्वर के शब्द हैं और अचूक हैं, उन पर प्रश्न नहीं किया जा सकता, बुद्ध ने ऐसा दावा नहीं किया, उनके विचारों में हर समय सुधार के लिए जगह है। अन्य धर्मों में जो स्थान देवता का है, बौद्ध धर्म में वही स्थान सदाचार का है। वास्तव में यह कहा जा सकता है कि बुद्ध विश्व में पहले अध्यापक थे, जिसने सदाचार को धर्म का सार एवं नींव बनाया है। उनके धर्म ने आधुनिक युग में धर्म के चुनाव के लिए तीन परीक्षण पास किये : (क) विज्ञान के अनुसार, (ख) एक नैतिक संहिता जो स्वतंत्रता, समानता और बन्धुत्व के सिद्धान्तों को मान्यता देती थी, और (ग) 'ग़रीबी को बढ़ाने' से इनकार। आंबेडकर ने कहा कि विद्यमान धर्मों में से ही विकल्प चुनना होगा और सिर्फ़ बौद्ध धर्म ही इन सभी परीक्षाओं में खरा उतरता है। दूसरे शब्दों में केवल बौद्ध धर्म ऐसा धर्म है, जो विश्व धारण कर सकता है क्योंकि बुद्ध ने सिर्फ़ अहिंसा की ही शिक्षा नहीं दी, बल्कि अपने धर्म के रूप में सामाजिक सुधार, बौद्धिक स्वतंत्रता, तार्किकता की स्वायत्तता, आर्थिक स्वतंत्रता और राजनीतिक स्वतंत्रता का पाठ पढ़ाया है। इसके बाद बौद्ध धर्म के प्रचार को चरितार्थ करने के लिए आंबेडकर ने तीन उपाय सुझाए : आमजन को समझने के लिए साधारण भाषा में बौद्ध धर्म की बाइबिल तैयार की जाए, भिक्खु संघ के संगठन, उद्‌देश्यों एवं लक्ष्यों में परिवर्तन किया जाए और विश्व बौद्ध मिशन स्थापित किया जाए।

लेकिन आंबेडकर का बौद्ध धर्म मौलिक बौद्ध धर्म से अलग है। वे बार-बार अपने श्रोताओं से कहते हैं कि मैं धम्म दीक्षा के बारे में एक किताब तैयार कर रहा हूँ और कुछ शर्तें होंगी, जिसे मानने के बाद ही धम्म में प्रवेश मिलेगा। बौद्ध धर्म की दीक्षा लेने के बाद उसके नियमानुसार चलना होगा। तलवार की धार पर चलनेवाले पाँच अनुयायी भी मिले तो बहुत हुआ। आंबेडकर ने वर्तमान में भिक्खु संघ की कार्यशैली पर सवाल उठाए, "वर्तमान दशा में भिक्खु संघ बौद्ध धर्म के प्रचार के लिए किसी काम का नहीं है। प्रथमत: यहाँ अत्यधिक भिक्खु हैं। इनमें से

अधिकतर केवल साधु एवं संन्यासी हैं, जो अपना समय ध्यान-चिन्तन या निठल्लेपन में व्यतीत कर रहे हैं, उनमें न तो ज्ञान है और न ही सेवा-भावना...अभी भी संघ निठल्लों की एक बहुत बड़ी जमात है। हम कुछ ही भिक्खु चाहते हैं और हम उच्च शिक्षित भिक्खु चाहते हैं—भिक्खु संघ ईसाई पुरोहिताई विशेषकर रोमन कैथोलिक सम्प्रदाय की कुछ विशेषताएँ ग्रहण करें। ईसाई धर्म एशिया में सेवा भावना, शिक्षा एवं चिकित्सा के माध्यम से फैला है। ऐसा इसलिए सम्भव हो पाया है क्योंकि ईसाई पुरोहित न केवल धार्मिक ज्ञान में ही पारंगत है बल्कि वे कला एवं विज्ञान में भी पारंगत हैं। वास्तव में प्राचीन समय में यह भिक्खुओं के आदर्श थे। वर्तमान के भिक्खुओं को पुराने आदर्शों को पुनः अंगीकार करना होगा।" बुद्ध जयंती के साथ-साथ बौद्ध मेले का आयोजन भी धर्मान्तरण का एक हिस्सा था। 14 जनवरी, 1951, बंबई के वरली इलाक़े में बुद्धिस्ट सोसाइटी ने मेला आयोजित किया, जिसमें आंबेडकर ने पुनः हिन्दू धर्म पर हमला बोला।[1]

बौद्ध धर्म को 'नई दुनिया' के लिए एक आवश्यक धर्म के रूप में बढ़ावा देने के लिए आंबेडकर ने अन्य एशियाई देशों के प्रमुख बौद्धों से सम्पर्क किया। 25 मई, 1950 से 6 जून तक 'सिलोन बुद्धिस्ट कांग्रेस' द्वारा सिलोन (श्रीलंका) की पुरानी राजधानी कैंडी में 'विश्व बुद्ध परिषद' का आयोजन किया गया था। बतौर क़ानून मंत्री आंबेडकर इस कार्यक्रम में भाग लेने श्रीलंका पहुँचे और 10 जून तक विभिन्न कार्यक्रमों में हिस्सा लिया। 26 मई, 1950 के दिन यहाँ के 'टेंपल ऑफ़ दि ट्रघथ' नामक विहार में 27 देशों के बौद्धधर्मीय प्रतिनिधि इकट्ठा हुए और उन्होंने बौद्ध धर्म के पुनरुत्थान के बारे में चर्चा की। अपने संक्षिप्त सम्बोधन में आंबेडकर ने अपने दौरे का निश्चित प्रयोजन स्पष्ट करते हुए तीन उद्देश्यों की चर्चा की। पहला उद्देश्य था, बौद्ध समारोह देखना, दूसरा यह देखना कि बौद्ध धर्म का पालन विशुद्धता में कहाँ तक किया जा रहा है, तीसरा यह पता लगाना कि बुद्ध द्वारा स्थापित भिक्षुओं की व्यवस्था समाज की कितनी सेवा कर रही है। अन्त में उन्होंने अपील की कि जिन देशों में बौद्ध धर्म विद्यमान है, उन्हें त्याग करना चाहिए, मिशन स्थापित करना चाहिए, धन एकत्र करना चाहिए ताकि वे केवल उपदेशों का प्रसार करने के काम पर ही आगे नहीं बढ़ें बल्कि स्त्री-पुरुषों को अष्टांगी मार्ग ग्रहण करने के लिए प्रेरित भी करें।[2]

---

1. *बाबासाहेब डॉ. अम्बेडकर सम्पूर्ण वाङ्मय,* खंड 40, पृ. 194-96
2. वही, पृ. 174-75

भारत में बौद्ध धर्म का उदय और अस्त विषय पर कोलंबो के यंग मेन्स बुद्धिस्ट एसोसिएशन में छात्रों के सामने 6 जून, 1950 के दिन आंबेडकर का विचार प्रवर्तक और क्रान्तिकारी भाषण हुआ। वैदिक-ब्राह्मण धर्म में अन्तर्निहित हिंसा और असमानता के सन्दर्भ में बौद्ध धर्म के उदय की तुलना फ्रांस की क्रान्ति से करते हुए उन्होंने कहा कि फ्रांस के लिए फ्रांस की राज्यक्रान्ति का जितना महत्त्व है उतना ही महत्त्व मानव-जाति के लिए बौद्ध धर्म के उदय का है। आंबेडकर ने बौद्ध धर्म के पतन के दो महत्त्वपूर्ण कारण प्रस्तुत किये : ब्राह्मणों का षड्यंत्र और दूसरा, मुसलमानों का आक्रमण। उन्होंने इस बात का भी विश्लेषण किया कि हिन्दुओं पर आक्रमण के बाद भी हिन्दू धर्म क्यों बचा रहा और बौद्ध धर्म क्यों विलुप्त हुआ।[1] 10 जून, 1950, सिलोन शेड्यूल्ड कास्ट्स फेडरेशन की ओर से आयोजित कार्यक्रम में उन्होंने स्पष्ट रूप से अपील की कि बौद्ध धर्म स्वीकार करने में ही अस्पृश्यों की मुक्ति का मार्ग है और सिलोन की बौद्धधर्मीय जनता से कहा कि अस्पृश्य वर्गीय बन्धुओं को आप मन से जोड़कर बौद्ध धर्म में शामिल कर लें और अपनाए हुए बच्चे की तरह उनके हितों की रक्षा करें। आंबेडकर ने अस्पृश्यों से भी अपील की कि सिलोन बौद्धधर्मीय देश है, इसलिए यहाँ 'अस्पृश्यों का संगठन' बनाकर आपको यहाँ अलग से संगठित होने की ज़रूरत नहीं है। भारत में शेड्यूल्ड कास्ट्स फेडरेशन है, इसलिए आपको उनका अनुकरण करने की ज़रूरत नहीं। बौद्धधर्मीय देश में ख़ुद को अस्पृश्य समझने की ज़रूरत नहीं।[2]

4 दिसम्बर, 1954 को रंगून (बर्मा, वर्तमान म्यांमार) में तीसरे अन्तरराष्ट्रीय बौद्ध सम्मेलन का आयोजन हुआ। आंबेडकर ने अपनी वार्ता दो भागों वाले ज्ञापन के रूप में तैयार की थी : ज्ञापन के पहले भाग में भारत में बुद्ध धर्म के प्रचार का 12 सूत्री कार्यक्रम और भारत में बौद्ध आन्दोलन की रूपरेखा का ब्योरा प्रस्तुत किया और ज्ञापन के दूसरे भाग में दक्षिण भारत में भारतीय बौद्धों की स्थिति के बारे में वर्णन प्रस्तुत किया। आंबेडकर ने इस बात पर बल दिया कि बर्मा के बुद्धिस्ट शासन कौंसिल के बाहर भारत पहला देश हैं जहाँ मुख्य प्रयास किया जाना चाहिए क्योंकि भारत में बुद्ध को किसी वीज़ा या पासपोर्ट की ज़रूरत नहीं। अपने व्याख्यान में आंबेडकर ने अपने द्वारा किये गए कार्यों की भी चर्चा की, "पार्लियामेंट में था, तभी बौद्ध धर्म के पुनरुत्थान के लिए कुछ बातें मैंने कर दी हैं। मैं भारतीय संविधान का शिल्पकार हूँ। मैंने वह संविधान बनाया है। एक बात यह कि उसमें पालि भाषा

1. *बाबासाहेब डॉ. अम्बेडकर सम्पूर्ण वाङ्मय,* खंड 40, पृ. 182-83
2. वही, पृ. 184-85

के उत्थान का प्रबन्ध मैंने कर रखा है और दूसरी बात यह कि राष्ट्राध्यक्ष के रजवाड़े के ऊपर गौतम बुद्ध के उपदेशों में से पहला चरण-धम्मचक्र परिवर्तन लिखा दिया है। भारतीय पार्लियामेंट पर भारत सरकार के प्रतीक के रूप में अशोक चक्र को संविधान में मान्यता दिला दी है। यह सब करते हुए हिन्दू, मुसलमान, ईसाई और पार्लियामेंट के अन्य सदस्यों की ओर से कोई विरोध नहीं हुआ। इतना सुस्पष्ट और हर मुद्दे का विश्लेषण मैंने पार्लियामेंट में किया था। इतना करके मैं रुका नहीं, बंबई शहर में मैंने सिद्धार्थ नाम से एक बड़े कॉलेज की स्थापना की है। इसी प्रकार अजंता-वेरूल जाते समय रास्ते में पड़नेवाले औरंगाबाद शहर में भी दूसरे कॉलेज की स्थापना की। बंबई के कॉलेज (सिद्धार्थ) में 2900 और औरंगाबाद के कॉलेज में 500 छात्र पढ़ रहे हैं।" आंबेडकर ने प्रश्न किया : इस तीसरे अन्तर्राष्ट्रीय अधिवेशन में इकट्ठा आए अट्ठाइस राष्ट्रों में से क्या किसी एकाध राष्ट्र ने ऐसा किया है।[1] रंगून में प्रवास के दौरान आंबेडकर ने वहाँ रहनेवाले आन्ध्र प्रदेश शेड्यूल्ड कास्ट्स फेडरेशन के लोगों को भी सम्बोधित किया।[2]

रंगून से लौटने के बाद आंबेडकर ने 25 दिसम्बर, 1954, को देहू रोड के बुद्ध विहार में बुद्ध की मूर्ति की स्थापना की। इस अवसर पर उन्होंने कहा, हमारा महाराष्ट्र भी 100 प्रतिशत बौद्धधर्मीय था।[3] बर्मा से लौटने के बाद आंबेडकर ने बौद्ध धर्म के प्रचार के लिए शिक्षण संस्थान बनाने की योजना प्रस्तुत की। उनकी इस योजना में बिना किसी भेदभाव के नामांकन और धर्म के साथ अन्य सम्बद्ध विषयों के तुलनात्मक पर विशेष ज़ोर था। उनका विश्वास था कि अन्य धर्मों का वैज्ञानिक रूप से अध्ययन किये बिना कोई भी बौद्ध धर्म का सही मायनों में समर्थन नहीं कर सकता। उन्होंने अस्पृश्यों से अपील की कि आपके बनाए मन्दिर में आप बुद्ध की मूर्ति की स्थापना कीजिए।[4] इसके अलावा एक प्रेस और विश्व भर के प्रतिष्ठित विद्वानों के समूह को पालि एवं अन्य भाषाओं में लिखी गई बौद्ध पुस्तकों को अंग्रेज़ी में अनुवाद करने के लिए नियुक्त करने और उन्हें शिक्षणालय द्वारा प्रकाशित करने की योजना थी। बौद्ध धर्म के अध्ययन में छात्रों और शोधार्थियों की विशेष रुचि जागृत करने के लिए 10,000 रुपये पुरस्कार राशिवाली निबन्ध प्रतियोगिता की भी योजना थी।[5] आंबेडकर ने मैसूर रियासत के तत्कालीन प्रमुख से

1. *बाबासाहेब डॉ. अम्बेडकर सम्पूर्ण वाङ्मय,* खंड 37, पृ. 479-485
2. वही, खंड 40, पृ. 364-65
3. वही, पृ. 366-370
4. वही, खंड 40, पृ. 342
5. वही, खंड 35, पृ. 425-26

भी मुलाक़ात की, और मदरसा/मठ स्थापित करने के लिए बेंगलुरु में पाँच एकड़ ज़मीन देने का अनुरोध किया, जो स्वीकार कर ली गई।

धम्म दीक्षा के बारे में आंबेडकर ने डी. वाली सिन्हा, महासचिव, महाबोधि सोसाइटी, कलकत्ता को दिनांक 16 फरवरी, 1955 को पत्र लिखा। बौद्ध धर्म के प्रसार के लिए ईसाई धर्म का उदाहरण देते हुए उन्होंने लिखा ईसाई मत में दो अनुष्ठान होते हैं : (1) बपतिस्मा, जो कि ईसाई धर्म को स्वीकार करने की दीक्षा है, (2) पादरी की नियुक्ति। भारत में बौद्ध धर्म के प्रचार के लिए नया आन्दोलन चलाने के लिए ईसाई मत का अनुकरण करना होगा। बौद्ध धर्म में इस भयंकर बुराई को हटाने के लिए मैंने एक सूत्र तैयार किया है, जिसे मैं धम्म दीक्षा कहता हूँ। हर कोई जो बौद्ध धर्म में अपना धर्मान्तरण करना चाहता है, उसे इस अनुष्ठान से गुज़रना होगा अन्यथा उसे बौद्ध नहीं माना जाएगा।[1] मई 1955 में आंबेडकर ने बौद्ध पूजा के लिए मन्दिरों की स्थापना, बौद्ध धर्म के प्रसार के लिए कार्यकर्ताओं की तैयारी, बौद्धालयों की स्थापना और 'एक नई व्यवस्था' बनाने के लिए बुद्धिस्ट सोसाइटी ऑफ़ इंडिया की स्थापना की, जिसके अध्यक्ष वे स्वयं थे।

उस समय कई लोग बौद्ध धर्म की शरारतपूर्ण आलोचना कर रहे थे। सावरकर उन्हीं में से एक था। उसका जवाब देते हुए आंबेडकर ने कहा, "असल में मैं नहीं जानता कि वे कहना क्या चाहते हैं? बुद्ध बुरे व्यक्ति थे? ऐसा उनका कहना है क्या? अगर वह कहना चाहते हैं कि बौद्ध धर्म का प्रसार करनेवाले राजा बुरे थे तो उन्हें अपनी राय साफ़ शब्दों में रखनी चाहिए। मैं उन्हें जवाब देने के लिए तैयार हूँ। केसरी में प्रकाशित किये गए—'बौद्धों की आततायी अहिंसा का शिरच्छेद' में उन्होंने कुछ साफ़ तौर पर कहा नहीं है...सावरकर जैसे नादान और ग़ैर ज़िम्मेदार लोगों की बातों पर हमें ध्यान नहीं देना चाहिए। कुछ लोग कहते हैं कि सावरकर ने गरल वमन (ज़हर उगला) किया। लेकिन मेरा कहना है कि सावरकर ने अपने पेट के नरक को वमन किया। कोई भले कितनी ही दुर्भावना से प्रेरित आलोचना करें, मेरा मार्ग निश्चित है। मैं बौद्ध धर्म स्वीकार करने जा रहा हूँ।"[2]

24 मई, 1956 को आंबेडकर ने मुम्बई में आयोजित समारोह में भाग लिया। परेल के नारे पार्क में लगभग 75,000 लोगों की एक सभा को सम्बोधित करते हुए, उन्होंने अपनी तुलना बाइबिल के मूसा से की, जिन्होंने गुलामों को आज़ाद कराया था। उन्होंने कहा, "मूसा को गम्भीर चुनौतियों का सामना करना पड़ा। शायद मुझे

1. *बाबासाहेब डॉ. अम्बेडकर सम्पूर्ण वाङ्मय,* खंड 35, पृ. 427
2. वही, खंड 40, पृ. 407-411

भी भारी परेशानी का सामना करना पड़ सकता है। लेकिन फिर भी, यह निश्चित है कि मैं अपने अछूत समुदाय के साथ बौद्ध धर्म अपनाऊँगा। उस धर्म में एक कमी यह थी कि उपासक (सामान्य शिष्य) के लिए कोई दीक्षा-विधि नहीं थी; परिणामस्वरूप, उपासक का मन धर्म के लिए पूरी तरह से तैयार नहीं था। लेकिन मेरे धर्म में उपासक को भी धम्म दीक्षा मिलेगी।"[1]

24 मई, 1956, बंबई, 2500वीं बुद्ध जयंती के अवसर पर आंबेडकर ने अक्टूबर महीने में बंबई में सामूहिक धर्मान्तरण की सार्वजनिक घोषणा की, लेकिन चार महीने बाद, 23 सितम्बर, 1956 को, उन्होंने नई दिल्ली से प्रेस को यह संक्षिप्त बयान जारी किया, "मेरे बौद्ध धर्म अपनाने की तारीख़ और स्थान अब अन्ततः तय हो गया है। यह दशहरा के दिन, 14 अक्टूबर, 1956 को नागपुर में होगा।"[2]

14 अक्टूबर नागपुर में पंचशील के पाठ और 22 प्रतिज्ञा से धर्मान्तरण की प्रक्रिया शुरू हुई और आंबेडकर ने विधिवत बौद्ध धर्म स्वीकार किया। उनमें से आठ शपथों में हिन्दू धर्म और उसकी मान्यताओं और प्रथाओं से पूर्ण अलगाव का उल्लेख था, दो शपथ समानता के बारे में थीं। बाकी बातें बुद्ध के धम्म के प्रति प्रतिबद्धता के बारे में थीं, लेकिन पूरी तरह से उस तरह से नहीं जिस तरह से पारम्परिक रूप से इसकी पुष्टि की गई थी। पंचशील शपथें दोहराई गईं, लेकिन हत्या से दूर रहने की शपथ को सकारात्मक रूप से इस प्रकार रखा गया कि 'मैं सभी जीवित प्राणियों के प्रति दयालु रहूँगा और उनकी देखभाल करूँगा।' त्रिशरण शपथें पूरी तरह से दोहराई नहीं गईं। इसके बजाय, निम्नलिखित शपथों के माध्यम से बौद्ध धर्म के प्रति प्रतिबद्धता की पुष्टि की गई : मैं किसी भी तरह से बुद्ध के सिद्धान्तों और शिक्षाओं के विपरीत कार्य नहीं करूँगा...मैं बुद्ध द्वारा सिखाए गए अष्टांगिक मार्ग का पालन करूँगा। मैं बुद्ध द्वारा प्रतिपादित दस पारमिताओं का पालन करूँगा। बौद्ध धर्म के तीन सिद्धान्तों...प्रज्ञा (बुद्धि), शील (चरित्र) और करुणा के अनुरूप अपना जीवन जीने का प्रयास करें...दृढ़ता से विश्वास करें कि बुद्ध धम्म ही सद्धम्म है। मुझे विश्वास है कि मैं एक नये जीवन में प्रवेश कर रहा हूँ। इसके बाद मैं बुद्ध की शिक्षाओं के अनुसार आचरण करने की प्रतिज्ञा करता हूँ।

---

1. *बाबासाहेब डॉ. अम्बेडकर सम्पूर्ण वाङ्मय,* खंड 40, पृ. 407-411
2. धर्मान्तरण के सम्बन्ध मई 1956 से लेकर अक्टूबर 1956 के बीच हुए पत्राचार, कार्यक्रम की तैयारी की पूरी प्रक्रिया के लिए देखें, ख़ैरमोडे, *बाबासाहेब डॉ. आंबेडकर : चिन्तन और मनन,* भाग 12 और प्रदीप आगलावे-संजय गजभिए, *बाबासाहेब डॉ. आंबेडकर की धम्मक्रान्ति।*

बीस साल के चिन्तन के बाद, जिस दौरान उन्होंने इस्लाम के साथ-साथ ईसाई धर्म का भी अध्ययन किया, आंबेडकर बौद्ध धर्म की ओर उन्मुख हुए थे। इसमें भी उन्होंने अलग तरीक़े से ही प्रवेश किया। वे शास्त्रीय बौद्ध धर्म के प्रति चौकन्ने और सावधान थे, जिसमें बौद्ध धर्म के दर्शन को युद्ध और अकल्पनीय क्रूरता के औचित्य को साबित करने के लिए इस्तेमाल किया जाता है (उदाहरण के लिए श्रीलंका, म्यांमार)...। आंबेडकर के बौद्ध धर्म को 'नवयान बौद्ध धर्म' या चौथा मार्ग के नाम से जाना जाता है, जो धर्म और धम्म के बीच फ़र्क़ करता है (कुछ लोग इसे भीमयान भी पुकारते हैं)। आंबेडकर ने कहा, "धर्म का उद्देश्य दुनिया की उत्पत्ति को समझना है।" बहुत कुछ कार्ल मार्क्स के अन्दाज़ में बोलते हुए उन्होंने कहा, "धम्म का उद्देश्य दुनिया का फिर से निर्माण करना है। बौद्ध धर्म में दाख़िल होना उनका सबसे इंक़लाबी क़दम था, इसने पश्चिमी उदारवाद और उसकी विशुद्ध भौतिकवादी दृष्टि से उनके प्रस्थान को चिन्हित किया।"[1]

15 अक्टूबर, 1956 को धर्मान्तरण के अवसर पर आंबेडकर का मराठी में भाषण हुआ। अपने सम्बोधन में आंबेडकर ने अपने विरुद्ध उठाए गए कई महत्त्वपूर्ण सवालों का जवाब दिया। मसलन नागपुर को ही क्यों चुना? धर्मान्तरण करने में आपने इतना समय क्यों लिया इत्यादि। इन प्रश्नों का आंबेडकर ने स्पष्ट और तार्किक जवाब दिया। ब्राह्मण और बौद्ध धर्म में पुनः अन्तर स्पष्ट करते हुए उन्होंने कहा, "मुझे लगता है कि मैं जेल से रिहा कर दिया गया हूँ। इस देश में ऐसे हालात हैं, जो हमें आनेवाले हज़ारों साल तक के लिए हताश कर देंगे। जब तक यह स्थिति है, तब तक हमारी प्रगति के लिए कोई उत्साह नहीं हो सकता है। इस मामले में इस धर्म में बने रहकर हम कुछ नहीं कर सकते हैं। यह आशा का दिन है। यह उत्थान और उन्नति का मार्ग है। यह नया रास्ता नहीं। यह कहीं से लिया गया नहीं है। यह रास्ता यहीं से है। यह पूर्णतः भारतीय है। समय के परिवर्तन के साथ परिवर्तन का प्रावधान है। यह उदारता किसी अन्य धर्म में नहीं। ग़रीब और उत्पीड़ित लोगों को दुख से मुक्त करना ही बौद्ध धर्म का प्रमुख काम है। कार्ल मार्क्स उससे अलग क्या कहते हैं जो बुद्ध कह रहे हैं? भगवान बुद्ध ने कुछ भी टेढ़े-मेढ़े ढंग से नहीं कहा।" 16 अक्टूबर, 1956 को चन्दा (चंद्रपुर) में एक और सम्मेलन का आयोजन शाम के समय किया गया। इसमें भी एक और धर्म-परिवर्तन अनुष्ठान किया गया और लगभग तीन लाख लोगों का धर्म-परिवर्तन किया गया। लेकिन गला ख़राब होने की वजह से आंबेडकर का व्याख्यान नहीं हुआ।

1. अरुंधति रॉय, *एक था डॉक्टर एक था संत*, पृ. 138

दिनांक 30 अक्टूबर, 1956, आंबेडकर ने भिक्षुओं की कार्यशैली के बारे में महाबोधि सोसाइटी, कोलकाता के सचिव वलीसिन्हा को पत्र लिखा, "भिक्खुओं को यह जानकर अत्यन्त प्रसन्न होना चाहिए कि काफ़ी कार्य जो उनके द्वारा किया जाना था, पूर्ण हो चुका है। भिक्खुओं के साथ केवल एक समस्या है कि वे जन-समुदाय की भाषा सीखने पर ध्यान नहीं देते हैं। मेरा विचार है कि संघ को अपने दृष्टिकोण में परिवर्तन करना होगा और वैरागी बनने की बजाय उन्हें ईसाई धर्म प्रचारकों, सामाजिक कार्यकर्ताओं और सामाजिक प्रचारकों की भाँति बनना होगा। जैसाकि मैंने आज कहा कि वे न तो आर्य हैं और न ही समाज के उपयोगी सदस्य हैं। यह वास्तविकता उनके मस्तिष्क में डालनी होगी और उनको यह एहसास कराना होगा कि वे बुद्ध की सेवा भली-भाँति उसके धम्म के प्रचारक बनकर कर सकते हैं। जहाँ तक भारतीय युवाओं की मानसिकता के सम्बन्ध में मेरा विचार है, उनको मठवासीय जीवन के आदर्श सीखने के लिए प्रेरित करना बहुत कठिन है। इसके लिए उत्तम उपाय यह है कि हम जापानी विवाहित पुरोहितों की तरह एक वर्ग सृजित कर सकते हैं, जैसा प्रोटेस्टेंट ईसाइयों ने किया है। बंबई में धर्म-परिवर्तन अनुष्ठान सम्भवत: दिसम्बर में होगा, इसके क्रिसमस की छुट्टियों के दौरान होने की अधिक सम्भावना है ताकि अनेक लोगों के पास यात्रा की सुविधा हो जो कि उनको इस अवधि के अलावा नहीं मिल सकती।"[1] हालाँकि, आंबेडकर की यह इच्छा पूरी न हो सकी।

नवम्बर 1956 चतुर्थ विश्व बौद्ध सम्मेलन में भाग लेने के लिए वे अपनी पत्नी और कुछ सहयोगियों के साथ आंबेडकर काठमांडू गए। हिन्दू राष्ट्र नेपाल के शाही दरबार में नेपाल नरेश के सामने बौद्ध धर्म की श्रेष्ठता के बारे में भाषण देना एक क्रान्तिकारी घटना थी। इस भाषण में बौद्ध धर्म की ओर देखने का अपना मौलिक दृष्टिकोण उन्होंने स्पष्ट किया। भाषण का निर्धारित विषय था : बौद्ध धम्म में अहिंसा का स्थान। लोगों का आग्रह था कि वे बुद्ध या कार्ल मार्क्स पर भाषण दें। इस विषय पर आंबेडकर द्वारा दिया गया त्वरित भाषण है अर्थात् पहले से लिखकर तैयार नहीं किया गया भाषण। आंबेडकर ने बौद्ध धर्म और साम्यवाद का तुलनात्मक अध्ययन प्रस्तुत किया। साम्यवाद का पर्याय बौद्ध धर्म ही है, बल्कि बौद्ध धम्म ही एकमात्र सर्वोत्तम जीवन मार्ग है, यह बताना बेहद आवश्यक है। आंबेडकर ने कहा कि मार्क्स ने जो भी सिद्धान्त दिये, बुद्ध ने 2500 वर्ष पूर्व ही उसका प्रतिपादन कर दिया था। आंबेडकर के अनुसार मार्क्सवाद और बौद्धवाद के

---

1. *बाबासाहेब डॉ. अम्बेडकर सम्पूर्ण वाङ्मय,* खंड 35, पृ. 442-444

बीच सिर्फ़ एक अन्तर था, जो बुनियादी था, "साम्यवाद (यानी दुख के अस्तित्व को मानते हुए निजी सम्पत्ति को नष्ट करने का तत्त्व) को स्थापित करने के लिए साम्यवादियों का बताया मार्ग धर्म के आचरण के विरुद्ध है। विरोधियों की हत्या करने का मार्ग है। और इसी में बुद्ध और कार्ल मार्क्स के उपायों में मौलिक फ़र्क़ नज़र आता है। बुद्ध नैतिक शिक्षा और प्रेम से लोगों का मन जीतने पर ज़ोर देते हैं। मार्क्सवाद की तुलना में बौद्ध धर्म का मार्ग मंद गतिवाला और लम्बी दूरीवाला है। लोगों को यह उबाऊ लगने की भी सम्भावना है क्योंकि इस मार्ग से सफलता बड़ी देरी से प्राप्त होती है। लेकिन यह बात भी सच है कि यह मार्ग सुरक्षित है।"

आंबेडकर ने 1936 में इंडिपेंडेंट लेबर पार्टी बनाई थी, जिसके घोषणापत्र और कार्यक्रमों में मार्क्सवाद का प्रभाव था। उन्होंने दावा भी किया था कि भारत के सभी वामपंथियों ने मार्क्स की उतनी किताबें नहीं पढ़ीं होंगी, जितनी उन्होंने पढ़ी हैं। वर्ग और जाति के सवाल पर भारतीय कम्युनिस्टों के साथ उनकी एक बुनियादी असहमति थी। बौद्ध धर्म की बढ़ती वकालत और द्वितीय विश्वयुद्ध के बाद यूरोप और एशिया में साम्यवाद के प्रसार की पृष्ठभूमि में दिया गया यह व्याख्यान दर्शाता है कि आंबेडकर ने 'मार्क्सवादी समाजवाद' को बौद्ध धर्म के प्रसार के लिए ख़तरा माना था। उनका मानना था कि दोनों प्रणालियों का लक्ष्य एक ही था, अन्यायपूर्ण सामाजिक सम्बन्धों के कारण होनेवाली मानवीय पीड़ा का अन्त। लेकिन उन्हें डर था कि मार्क्सवाद ने एक त्वरित, हिंसक समाधान का वादा किया था जो कई लोगों को आकर्षित कर सकता है। यह इस विश्वास पर आधारित था कि 'मार्क्सवादी समाजवाद' का अर्थ आवश्यक रूप से शोषित श्रमिकों द्वारा राज्य का हिंसक अधिग्रहण है जो 'सर्वहारा वर्ग की तानाशाही' स्थापित करेगा। यह मार्क्स के बारे में ग़लत व्याख्या थी, लेकिन यह उस समय प्रचलित लोकप्रिय धारणा को प्रतिबिम्बित करता था। उस धारणा से, आंबेडकर यह तर्क देने के लिए आगे बढ़े कि यद्यपि बुद्ध और मार्क्स ने शोषण के ख़िलाफ़ बात की थी, लेकिन बुद्ध द्वारा सुझाए गए साधन दीर्घकाल में बेहतर थे। आंबेडकर का विचार था कि निस्सन्देह, सोवियत संघ में 'कम्युनिस्ट तानाशाही' ने 'अद्‌भुत उपलब्धियाँ' दर्ज की थीं, और 'रूसी तानाशाही सभी पिछड़े देशों के लिए अच्छी होगी', लेकिन कोई 'स्थायी तानाशाही' नहीं होनी चाहिए क्योंकि मानवता केवल आर्थिक मूल्य नहीं चाहती। समानता प्राप्त करने के प्रयास में समाज, स्वतंत्रता और भाईचारे का त्याग नहीं कर सकता, जैसा कि तानाशाही में होता है। उन्होंने तर्क दिया कि केवल बुद्ध के मार्ग का उद्‌देश्य मनुष्य के स्वभाव को बदलना था, ताकि 'मनुष्य स्वेच्छा से, बल या दबाव के प्रयोग

के बिना, भाईचारे, स्वतंत्रता और समानता पर आधारित समाज का निर्माण' कर सके। आंबेडकर ने माना कि स्वभाव में बदलाव से सभी लक्ष्य पूरे नहीं किये जा सकते। कभी-कभी, बल के एक ज़िम्मेदार उपयोग की आवश्यकता होगी। उनके लिए यह बुद्ध के रास्ते के अन्तर्गत ही था। आंबेडकर ने कहा, बुद्ध ने पूर्ण अहिंसा का समर्थन नहीं किया। बुद्ध न्याय के पक्ष में थे और जहाँ न्याय की आवश्यकता थी, उन्होंने बल के उपयोग की अनुमति दी। मसलन, राष्ट्र की रक्षा के लिए युद्ध और हिंसा। आंबेडकर ने प्रेममूलक और घृणामूलक हिंसा में भी अन्तर स्पष्ट किया। कार्ल मार्क्स मज़दूरों की क्रान्ति के द्वारा दुनिया बदलना चाहते थे...कुछ उसी अन्दाज़ में आंबेडकर दुनिया बदलना चाहते थे, लेकिन रक्तहीन धम्मक्रान्ति के द्वारा। यदि मार्क्स का साम्यवाद एक यूटोपियाई आदर्शवाद था, तो शायद प्रेम, करुणा, बन्धुता, समता पर आधारित समाज का निर्माण भी एक यूटोपियाई आदर्श ही प्रतीत होता है। सबसे ताज़ा उदाहरण, श्रीलंकाई सरकार का बौद्ध धर्म संस्करण है, जिसका चरम 2009 में पहुँचा, जब चालीस हज़ार तमिलों का नरसंहार किया गया और तीन लाख लोगों का आन्तरिक विस्थापन हुआ।

भिक्षुओं की कार्यशैली पर आंबेडकर ने एक बार पुनः प्रश्न उठाया और यहाँ आंबेडकर का आदर्श ईसाइयों के गिरजाघर की व्यवस्था है। उदाहरण देते हुए उन्होंने कहा कि वहाँ हर हफ़्ते लोग इकट्ठा होते हैं। वहाँ वे प्रार्थना करते हैं। उनका धर्मगुरु बाइबिल के किसी विषय पर प्रवचन करता है। आपको यह सुनकर आश्चर्य लगेगा कि ईसाई धर्म का क़रीब 90 प्रतिशत हिस्सा तत्त्वत: और रचनात्मक नज़रिये से देखा जाए तो बौद्ध धम्म से ही लिया गया है। ईसाइयों ने बौद्ध धर्म की नकल उतारी है, इसमें कोई शक नहीं। लेकिन धर्म प्रसार के लिए ईसाइयों द्वारा स्वीकृत मार्ग की बौद्ध लोग अपने धम्म प्रसार के लिए नकल करें तो इसमें कोई हर्ज़ नहीं होना चाहिए।

काठमांडू सम्मेलन के बाद आंबेडकर और उनके साथियों ने एक बहुत ही कठिन लेकिन महत्त्वपूर्ण यात्रा की। सबसे पहले वे काठमांडू से सिद्धार्थनगर (भैरहवा) तक एक छोटे विमान से गए, और वहाँ से धूल भरी सड़क पर बस से 25 किलोमीटर की यात्रा करके लुंबिनी पहुँचे, जहाँ बुद्ध का जन्म हुआ था। वहाँ आंबेडकर ने प्रसिद्ध अशोक स्तंभ को गले लगाया, जिस पर ब्राह्मी शिलालेख है, जो बताता है कि सम्राट अशोक ने ईसा पूर्व तीसरी शताब्दी में 'यह दिखाने के लिए स्थापित किया था कि धन्य व्यक्ति (बुद्ध) का जन्म यहीं हुआ था', उस स्थान का उन्होंने दौरा किया था। यात्रा दल फिर काठमांडू लौट आया, पटना के लिए उड़ान भरी, और

ट्रेन से बोधगया के लिए रवाना हुआ, जहाँ बुद्ध को ज्ञान प्राप्त हुआ था। महाबोधि महाविहार में—जो उन्नीसवीं शताब्दी के अन्तिम दशक में हिन्दुओं और बौद्धों के बीच नियंत्रण के लिए लम्बे समय तक चले संघर्ष का स्थल था—आंबेडकर ने बुद्ध की मूर्ति के सामने घुटने टेके और प्रार्थना की। 23 नवम्बर की शाम को, वह और उनके साथी सारनाथ जाने के लिए पटना से वाराणसी तक ट्रेन से गए, जहाँ बुद्ध ने अपना पहला उपदेश दिया था। उन्होंने प्राचीन धम्मेक स्तूप पर तिब्बती भिक्षुओं के साथ प्रार्थना करते हुए एक घंटा बिताया। उस रात उन्होंने सारनाथ के मुख्य मन्दिर, मूलगंधकुटी विहार में प्रार्थना की। अगली शाम, उन्होंने बड़ी संख्या में उनसे मिलने आए लोगों को सम्बोधित किया। धम्मेक स्तूप के पास खड़े होकर, आंबेडकर ने उनसे कहा, 'जिस तरह नदियाँ समुद्र के साथ एक हो जाती हैं, उसी तरह बुद्ध के समाज में जातिभेद मिट जाते हैं, और सभी लोग एक हो जाते हैं।'

सारनाथ में अपने प्रवास के दौरान, आंबेडकर ने दो बार बनारस हिन्दू विश्वविद्यालय के छात्रों को भी सम्बोधित किया। 1916 में मदन मोहन मालवीय द्वारा स्थापित विश्वविद्यालय को 'वैदिक, हिन्दू, बौद्ध, जैन, इस्लामी, सिक्ख, ईसाई, पारसी और अन्य सभ्यताओं के धर्म, साहित्य, इतिहास, विज्ञान और कला के अध्ययन को बढ़ावा देने' का काम सौंपा गया था। लेकिन आंबेडकर ने बी.एच.यू. के छात्रों से कहा कि विभिन्न विचारधाराओं को अपनाना सम्भव नहीं है। अपने पहले सम्बोधन में उन्होंने उनसे कहा, 'यदि आप अपनी शिक्षा को केवल अपना पेट भरने का साधन नहीं मानते हैं, तो आपको या तो भारत के संविधान के ख़िलाफ़ विद्रोह का आह्वान करना होगा या वैदिक और ब्राह्मण ग्रंथों को त्यागना होगा।' अपने दूसरे सम्बोधन में उन्होंने बताया कि किस प्रकार बुद्ध ने वैदिक धर्म का विरोध किया था। बनारस हिन्दू यूनिवर्सिटी में आंबेडकर के दोनों व्याख्यान ब्राह्मण धर्म के विरुद्ध विद्रोह था, फिर भी यह शान्तिपूर्ण तरीक़े से सवाल-ज़वाब के साथ कार्यक्रम सम्पन्न हुआ। आज के दौर में उस तरह के कार्यक्रम की कल्पना भी नहीं की जा सकती। 26 नवम्बर को आंबेडकर और उनके साथी वाराणसी से गोरखपुर गए और सड़क मार्ग से कुशीनगर गए, जहाँ बुद्ध का निधन हुआ था। कुशीनगर के रहनेवाले भिक्खु चन्द्रमणि ने उनके रहने की व्यवस्था एक गेस्ट हाउस में की थी। आंबेडकर परिनिर्वाण स्तूप का दौरा करने के इच्छुक थे, जिसमें महापरिनिर्वाण की अवस्था में लेटे हुए बुद्ध की एक विशाल मूर्ति है, लेकिन वह स्तूप तक जानेवाली कुछ सीढ़ियाँ नहीं चढ़ सके। उन्होंने हार नहीं मानी। अगली सुबह, वह साइट पर वापस आए, और अपने सहयोगियों के साथ उसे पकड़कर,

सीढ़ियों से ऊपर चले गए। मन्दिर के अन्दर, वह बुद्ध की छवि के सामने घुटनों के बल गिर गए, और गहरी आवाज़ में त्रिशरण और पंचशील का पाठ किया। फिर, अपने चेहरे से आँसू बहाते हुए, वह काफ़ी देर तक मूर्ति को देखते रहे, जैसा कि सविता आंबेडकर ने याद किया है।[1]

30 नवम्बर, 1956 को नई दिल्ली लौटने के बाद आंबेडकर का व्यस्त कार्यक्रम था। उन्होंने मथुरा रोड पर बौद्ध मूर्तियों की एक प्रदर्शनी का दौरा किया; दलाई लामा के स्वागत के लिए महरौली के बौद्ध केन्द्र 'अशोक मिशन' में आयोजित एक कार्यक्रम में भाग लिया; राज्य सभा में भाग लिया; और 16 दिसम्बर को एक सामूहिक रूपान्तरण कार्यक्रम के लिए मुंबई जाने की यात्रा योजना पक्की की। 5 दिसम्बर की शाम को उन्होंने जैन धर्मगुरुओं के एक प्रतिनिधिमंडल से बात की। उस रात उन्होंने द बुद्धा एंड हिज धम्मा की प्रस्तावना पर काम किया। अगली सुबह, जब सविता आंबेडकर चाय की ट्रे लेकर उनके कमरे में गईं, तो उन्होंने उन्हें अभी भी बिस्तर पर लेटे हुए देखा, उन्हें जगाने की कोशिश की, लेकिन कोई प्रतिक्रिया नहीं हुई। उसने एक नौकर से रत्तू को उसके घर से लाने के लिए कहा। जब वह पहुँचे तो वह हिन्दी में चिल्लाई, 'बाबा साहब हमें छोड़कर चले गए।'[2] उस रात शव को विमान से मुंबई ले जाया गया। शहर शोक में डूब गया। 2,00,000 से अधिक मिल मज़दूर काम पर नहीं गए। शहर की आधी से अधिक मिलें दिन भर के लिए बन्द रहीं। गोदी में लोडिंग और अनलोडिंग का काम ठप हो गया। हज़ारों लोग राजगृह में एकत्र हुए, जहाँ पार्थिव शरीर रखा गया था। दोपहर के आसपास, अन्तिम संस्कार जुलूस दादर चौपाटी समुद्र तट के पास शिवाजी पार्क श्मशान की ओर बढ़ने लगा। भिक्षु की पोशाक में लिपटा हुआ शव खुले और फूलमालाओं से लदे ट्रक में रखा गया था। सिर के पास बुद्ध की एक हाथी दाँत की मूर्ति रखी गई थी। शोक यात्रियों के साथ धीरे-धीरे चलता हुआ क़ाफ़िला देर शाम श्मशान घाट पहुँचा। समुद्र तट का पूरा हिस्सा लोगों से भरा हुआ था। बहुत से लोग घने अँधेरे में समुद्र में घुटनों तक खड़े थे। इससे पहले कि आंबेडकर के बेटे यशवंत ने उनकी चिता को मुखाग्नि दी, भाऊराव गायकवाड़ ने सभा से अपील की कि वे मुंबई में बड़े पैमाने पर धर्मान्तरण कराने की बाबासाहेब की इच्छा को पूरा करें। हज़ारों लोगों ने हाथ उठाकर अपनी इच्छा प्रकट की। आनन्द कौसल्यायन ने त्रिशरण और

1. अशोक गोपाल, *अ पार्ट अपार्ट द लाइफ़ एंड थॉट ऑफ़ बी. आर. आंबेडकर*, नवयान पब्लिशिंग, नई दिल्ली, 2023, पृ. 744
2. वही, पृ. 744-45

पंचशील शपथ दिलाई, इसके बाद बाईस शपथ हिन्दी में बोली गईं। अगली सुबह, जब राख एकत्र की गई, तो एक और सहज सामूहिक धर्मान्तरण समारोह हुआ। 1971 में, इस स्थल पर चैत्य भूमि नामक एक स्मारक का उद्घाटन किया गया। 6 दिसम्बर को महापरिनिर्वाण दिवस पर यहाँ लाखों लोग आते हैं।[1]

1942 में अनुसूचित जाति महासंघ की स्थापना के बावजूद आंबेडकर ने महासंघ के कार्यों में कम रुचि ली। सत्ता के गलियारों के बाहर, उनका अधिकांश समय और ऊर्जा अन्य लक्ष्यों पर केन्द्रित थी : पीपुल्स एजुकेशन सोसाइटी (पीईएस) के तहत मुंबई और औरंगाबाद में कॉलेज स्थापित करना, निबन्ध और पुस्तकों पर काम करना और बौद्ध धर्म को बढ़ावा देना। उन्होंने मुंबई में 'अछूतों के लिए एक सामाजिक केन्द्र' स्थापित करने का भी प्रयास किया, ताकि 'आन्दोलन को जारी रखने के लिए आवश्यक सभी सामाजिक गतिविधियों का समन्वय किया जा सके' और एक प्रकाशन केन्द्र, एक सार्वजनिक हॉल और मुंबई आनेवाले स्वयंसेवकों के लिए कमरे बनाए जा सकें। इसके लिए इमारत फ़ंड के नाम पर धन जुटाया गया, 1,11,228 रुपये 4 आना और 3 पैसे एकत्र करने में चौदह वर्ष लगे। एकत्र किये गए एक-एक पैसे का हिसाब देते हुए उन्होंने कहा, "अस्पृश्य समाज के इतिहास में इतनी बड़ी रकम जुटाने का यह पहला अवसर है। इसमें हम लोगों द्वारा दी गई रकम 31,709 रुपये और 4 आना ही है। बाकी 75,500 रुपया मैंने ऊँची जाति के अपने दोस्तों से इकट्ठा किया है।"[2] उन्होंने ख़र्च किये गए एक-एक पैसे का विवरण भी दिया और 'चंदा-चोरों' की भर्त्सना भी की। एक ट्रस्ट बनाया गया और 1944 में दादर में चित्रा थिएटर के पीछे एक प्लॉट ख़रीदा गया। हालाँकि, एक प्रिंटिंग प्रेस के लिए एक अस्थायी संरचना के निर्माण के अलावा, योजना सफल नहीं हुई। जुलाई 1945 में स्थापित पीईएस के लक्ष्यों में बौद्ध धार्मिक संघों की स्थापना या समर्थन करना, अनुसूचित जाति के बीच शिक्षा में रुचि को बढ़ावा देना शामिल था। मई 1955 में, आंबेडकर ने 'बौद्ध पूजा के लिए मन्दिरों की स्थापना', 'बौद्ध धर्म के प्रसार के लिए बौद्ध मदरसों की स्थापना' और 'एक नई व्यवस्था बनाने' के लिए बौद्ध सोसाइटी ऑफ़ इंडिया की स्थापना की, जिसके अध्यक्ष वे स्वयं थे। 4 फरवरी, 1956 से, जनता, वह पत्रिका जो लगभग पच्चीस वर्षों तक आंबेडकर आन्दोलन का मुखपत्र रही, प्रबुद्ध भारत बन गई।

1. अशोक गोपाल, *अ पार्ट अपार्ट द लाइफ़ एंड थॉट ऑफ़ बी. आर. आंबेडकर,* नवयान पब्लिशिंग, नई दिल्ली, 2023, पृ. 745-747
2. *बाबासाहेब डॉ. अम्बेडकर सम्पूर्ण वाङ्मय,* खंड 40, पृ. 269

उनकी मृत्यु के कारण एक साल बाद ये सभी योजनाएँ रुक गईं, लेकिन फिर भी ये महत्त्वपूर्ण हैं क्योंकि इनसे पता चलता है कि आंबेडकर बौद्ध धर्म का पालन करने के बारे में न केवल विचार के स्तर पर बौद्धिक स्वीकृति के रूप में, बल्कि विश्वास को बढ़ावा देने और सुदृढ़ करने के लिए संस्थानों के निर्माण में दिलचस्पी ले रहे थे। उनका बौद्ध धर्म एक ईश्वरविहीन धर्म था, जिसमें आत्मा-परमात्मा के लिए कोई जगह नहीं थी और न ही कोई आडम्बर-कर्मकांड-पाखंड था, लेकिन फिर भी इसे एक धर्म बनना था। आस्था की सचेत स्वीकृति उनके लिए मायने रखती थी। 'अच्छे' की तलाश करने के लिए मन को प्रशिक्षित करना धार्मिकता के मार्ग पर पहला क़दम था।

आंबेडकर तीन विशिष्ट सिद्धान्तों—स्वतंत्रता, समानता और बन्धुत्व—पर आधारित धर्म चाहते थे। अन्ततः उन्हें बुद्ध की शिक्षाओं में अपनी आवश्यकताओं से मेल खानेवाला धर्म मिल गया। विश्व को धर्म का राज्य बनाने के लिए धम्म आवश्यक था। लेकिन यह पर्याप्त नहीं था। इसे सद्धम्म बनना था। ऐसा तब हो सकता है जब शिक्षा सभी के लिए खुली हो; जब सीखना, प्रज्ञा (बुद्धि) की ओर ले जाता है, पांडित्य की ओर नहीं; जब प्रज्ञा शील (नैतिकता) द्वारा निर्देशित होती है; जब शील, करुणा से संचालित होती है; जब करुणा मैत्री बन जाती है, सभी जीवित प्राणियों के प्रति प्रेमपूर्ण दया; जब सभी सामाजिक बाधाएँ हटा दी जाएँगी; जब जन्म नहीं बल्कि योग्यता ही मनुष्य का पैमाना हो; और जब समानता एक जीवित विश्वास बन जाती है। ऐसे समाज का प्रयास आंबेडकर का मिशन बन गया। लोकतांत्रिक समाज के निर्माण के लिए न तो क़ानून और न ही राजनीति पर्याप्त थी। जो अनिवार्य था वह सद्धम्म था, या स्वतंत्रता, न्याय, समानता और भाईचारे के मूल्यों द्वारा निर्देशित एक व्यापक और साझा सामाजिक विवेक। यह आंबेडकर के अन्तिम विचारों का सार था, जिसे उनके जीवन के अन्तिम सप्ताहों में मूर्त रूप दिया गया।

उसी अवधि में जब आंबेडकर बौद्ध धर्म को बढ़ावा देने की कोशिश कर रहे थे, नेहरू की पहल के तहत भारत सरकार ने उस दिशा में बड़े प्रयास किये। सार्वजनिक स्थानों को बौद्ध नाम—गौतम हॉल, बुद्ध पार्क, कनिष्क हाउस—दिये गए। बुद्ध जयंती पर सार्वजनिक अवकाश की घोषणा की गई। बोधगया, साँची और नालंदा जैसे स्थानों पर बौद्ध स्थलों की बहाली और स्थानीय भाषाओं में बौद्ध ग्रंथों के प्रकाशन के लिए धन आवंटित किया गया। बुद्ध पर लम्बी फीचर फ़िल्म का निर्माण किया गया, और त्योहारों, सम्मेलनों, कला प्रदर्शनियों और अन्तर्राष्ट्रीय

कार्यक्रमों की एक साल से अधिक लम्बी शृंखला की योजना बनाई गई। आंबेडकर ने बुद्ध जयंती की छुट्टी के लिए नेहरू को धन्यवाद दिया, लेकिन उन सरकारी कार्यक्रमों से दूर रहे। बुद्ध के सन्देश की उनकी व्याख्या ज़ाहिर तौर पर नेहरू जो पेश करने की कोशिश कर रहे थे उससे बहुत अलग थी। जब वे द बुद्ध एंड हिज धम्म को छपाई के लिए तैयार करने के क़रीब थे तभी उन्होंने नेहरू से सम्पर्क किया। 14 सितम्बर, 1956 को, उन्होंने प्रधानमंत्री को एक पत्र लिखा, जिसमें उन्हें 'पंडित जी' के रूप में सम्बोधित किया, और उनसे उनकी पुस्तक की लगभग पाँच सौ प्रतियों की ख़रीद की व्यवस्था करने का अनुरोध किया, ताकि छपाई की लागत को आंशिक रूप से पूरा किया जा सके। नेहरू ने उत्तर दिया कि बौद्ध धर्म से सम्बन्धित पुस्तकों के प्रकाशन के लिए आवंटित धनराशि समाप्त हो गई है।[1] 'द बुद्ध एंड हिज धम्म' आंबेडकर के जीवन काल में प्रकाशित न हो सका।

आंबेडकर का 'धर्मद्रोह' मूलतः ब्राह्मण/हिन्दू धर्म के ख़िलाफ़ विद्रोह था। भारत में बौद्ध धर्म को पुनः स्थापित करने के लिए आंबेडकर ने हर तरह से प्रयास किए—भाषण और ज्ञापन दिया, लेख और किताबें लिखीं, संस्थाएँ बनाईं। आंबेडकर ने बौद्ध संस्थाओं और भिक्षुओं की कार्यशैली पर गम्भीर सवाल उठाए, जो आज भी उतने ही प्रासंगिक हैं। आंबेडकर ने अपने अनुयायियों से जो अपेक्षाएँ की थीं वे पूरी हो पाईं? जो रास्ते आंबेडकर ने दिखाए थे, वैसे ही नवयान का प्रसार प्रचार हो पाया? 140 करोड़ से ज़्यादा आबादीवाले भारत में बौद्धों की संख्या 0.7 प्रतिशत क्यों है? बौद्धों में जाति व्यवस्था ख़त्म हो पाई? जिन्होंने सामाजिक, सांस्कृतिक, और राजनीतिक तौर पर आंबेडकर की विरासत का दावा किया, उन्होंने बौद्ध धर्म के प्रसार के लिए कितने कार्य किए? चालीस साल से कई 'आंबेडकरवादी' राजनीतिक दल और संगठन मिशन मूवमेंट चलाए जाने का दावा कर रहे हैं और करोड़ों चन्दा ले रहे हैं, फिर दक्षिणपंथ (ख़ासतौर से महाराष्ट्र और उतर प्रदेश में) का उभार क्यों है? उत्तर प्रदेश में सूरज पाल जाटव जैसे संतों का उदय और उसकी सभाओं में लगातार लाखों की भीड़ उत्तर प्रदेश के आंबेडकरवादी संगठनों और दलों की प्रासंगिकता और कार्यशैली पर गम्भीर प्रश्न खड़ा करता है।

—रतन लाल

---

1. *बाबासाहेब डॉ. अम्बेडकर सम्पूर्ण वाङ्मय,* खंड 40, पृ. 717-18

धर्मान्तरण : आंबेडकर की धम्म यात्रा

1

समाज जीवन में निरपेक्ष कर्तव्य भावना से संघर्ष करना चाहिए

मई 1924

सोलापुर ज़िले के बार्शी में बंबई प्रान्तीय बहिष्कृत सम्मेलन में डॉ. आंबेडकर द्वारा दिया गया भाषण—

हम धन्यभागी हैं कि अस्पृश्यता ने हमें ग़ुलाम का दर्ज़ा नहीं दिया। अन्यथा परचून की दुकान की चीज़ों या जानवरों की तरह हमारी भी ख़रीद-फ़रोख़्त होती। लेकिन इस तरह की ग़ुलामी के हम शिकार नहीं बने, इसके लिए सन्तोष प्रगट करने की ज़रूरत नहीं है। यदि इस तरह की ग़ुलामी होती तो उससे हम जल्दी ही छूट जाते। प्राचीन काल में यूनान और रोम में ग़ुलामी की प्रथा थी। कई कारणों से उस देश को लोगों पर ग़ुलाम बनने की नौबत आती थी और एक बार मनुष्य ग़ुलामों की सूची में शामिल होता था तो उसकी स्थिति किसी जड़ वस्तु की तरह हो जाती थी और वह सारे नागरिक अधिकारों से वंचित हो जाता था। हिन्दुस्तान के अछूत लोग रोमनों की तरह जड़ वस्तुओं की स्थिति में नहीं पहुँचे, इस दृष्टि से कोई कहे कि भारत की अस्पृश्यता रोमन और यूनान की ग़ुलामी की प्रथा से अच्छी है तो वह एक प्रकार से सही भी होगा। लेकिन एक अन्य दृष्टि से देखें तो अस्पृश्यता, ग़ुलामी की प्रथा से भी ज़्यादा बुरी स्थिति है। रोम का इतिहास इस बात की गवाही देता है कि ग़ुलाम लोग ग़ुलामी से मुक्त होकर स्वतंत्र नागरिक की स्थिति में जा पहुँचे, मगर हिन्दुस्तान के इतिहास में अस्पृश्यों से स्पृश्य बनने का एक भी उदाहरण नहीं दिखाई देता। रोमन समाज की ग़ुलामी की प्रथा, एक काल विशेष की स्थिति थी,

उससे छुटकारा पाने के कई रास्ते थे। इसके विपरीत अस्पृश्यता त्रिकालबाधित स्थिति है और उससे मुक्ति का कोई रास्ता नहीं है। जो जन्म से अस्पृश्य है वह मृत्यु तक अस्पृश्य ही रहेगा, इस कठोर नियम के कारण सदियाँ गुज़र जाने के बावजूद अस्पृश्य समाज अस्पृश्य ही है। इसके अलावा कई मामलों में भी यह कहना पड़ेगा कि हिन्दुस्तान की अस्पृश्यता रोमनों की ग़ुलामी की प्रथा से भी ज़्यादा बुरी है। यह कहने में कोई एतराज़ नहीं है कि रोम में ग़ुलामी की प्रथा ग़ुलामों की प्रगति में जितना बाधक थी, उससे कई गुणा ज़्यादा हमारी अस्पृश्यता हमारी प्रगति में बाधक बन रही है। हम पर आरोप लगाए जाते हैं कि ये गन्दा व्यवसाय करते हैं, जानवरों को काटते-छीलते हैं। गटर-नालों की सफ़ाई करते हैं, गन्दे कपड़े पहनते हैं, अभक्ष भक्षण करते हैं, अनेक प्रकार के बीभत्स देवी-देवताओं की पूजा करते हैं, ऐसे एक-दो नहीं बल्कि नौ लाख आरोप हम पर लगाए जाते हैं। आरोप करना बहुत आसान है, मगर आरोप करनेवाले इस बात का विचार नहीं करते कि इन आरोपों के लिए ज़िम्मेदार कौन है?

सच कहा जाए तो आरोप लगानेवाले ही उसके लिए ज़िम्मेदार हैं। मानव समाज की एक के बाद एक कई पीढ़ियाँ ख़त्म हो जाती हैं, मगर अगली पीढ़ी अपनी पिछली पीढ़ी से रीति-रिवाज, धर्म भावना आदि सारी संस्कृति सीख लेती है। यही कारण है कि समाज के घटक लुप्त होने पर भी समाज निरन्तर चलता रहा है। आज के हिन्दू समाज में इस तरह का संगठन बिलकुल नहीं हो पाता। हमारे इन तथाकथित भू-देवताओं के साथ हमारे नज़दीकी सम्बन्ध तो कभी बन ही नहीं पाए तो फिर हम उनके रीति-रिवाज कैसे ग्रहण करें? उपनिषदों के सिद्धान्त वे हमें बताने को तैयार ही नहीं हैं तो हमारी मरी माता की पूजा के संस्कार जाएँगे कैसे? अगर उनका आदेश है कि हम वेद न सुनें तो हमसे लावणी (नौटंकी) छूटेगी कैसे? यदि उन्होंने तय किया कि हमारा उपनयन संस्कार करके जनेऊ पहनाई जाए तो क्या हम शुचिर्भूत नहीं रहेंगे? सारांश यह है कि हम पर आरोप लगाया जाता है कि हममें बहुत बुराइयाँ हैं तो हम पूछते हैं कि अच्छाई की सीख हमें कब किसने दी? ब्राह्मणों के बच्चों में ब्राह्मणों के रीति-रिवाज या हममें से ईसाई बने लोगों में ईसाई रीति-रिवाजों का चलन कैसे होता है? और ब्राह्मणों के रीति-रिवाजों का संस्कार हम अस्पृश्यों में क्यों नहीं होता? इस पर बारीकी से विचार करें तो आसानी से समझ में आने जैसी बात है कि इस तरह के संस्कार के लिए दोनों पक्षों में प्रेम, नज़दीकी व अन्योन्य सम्बन्ध होने चाहिए। अस्पृश्यता के कारण हिन्दू समाज के उच्च वर्णियों के साथ इस तरह का सम्बन्ध प्रगाढ़ होना सम्भव नहीं है। इस कारण

हर समाज के अच्छे-बुरे रीति-रिवाज उस समाज के साथ चिपके रहते हैं। रोमन समाज की ग़ुलामी की प्रथा में ऐसी अस्पृश्यता का समावेश न होने के कारण उच्च वर्णियों की जीवन शैली हमेशा उनके आँखों के सामने रहती थी और इतना ही नहीं वे उसका अनुसरण करते थे।

अस्पृश्यता के कारण ऐसा व्यवहार होने से हमारे सभी लोगों का ध्यान इस बात पर केन्द्रित है कि कैसे यह कलंक दूर हो। इसके लिए कई तरह के उपाय सुझाए जाते हैं। कुछ लोगों का कहना है कि अस्पृश्य लोग देशान्तर करें। ऐसा सुना जाता है कि जिस दिन निराश्रित सहायकारी मंडल की स्थापना हुई, उस दिन एक उच्चवर्णीय व्यक्ति ने विचार प्रकट किये कि ये अस्पृश्य लोग अपनी पीड़ा को लेकर किसी दूसरे देश में क्यों नहीं चले जाते? सन्तोष की बात यह है कि ऐसे तिरस्कारयुक्त उपदेश देनेवाले लोग आज उच्च वर्ग में बहुत ज़्यादा नहीं हैं। यह कहने में हर्ज़ नहीं है कि यदि हम केवल अपने लोगों के हितों के नज़रिये से विचार करें तो देशान्तर का यह सुझाव काफ़ी हितकारी है। रोटी के चौथाई टुकड़े के लिए सारे गाँव के छोटे-बड़ों की लातें खाने की बजाए फिजी, ईस्ट अफ्रीका, न्यू गिनी आदि देशों में जाकर अपना भाग्य आजमाना कभी भी हितकारी ही होगा। दुर्भाग्य की बात यह है कि भारत के लोग जब विदेशों में जाते हैं तो उन्हें वहाँ के लोगों के बराबर अधिकार प्राप्त नहीं होते। मगर फिर भी मुझे विश्वास है कि विदेश में हिन्दुस्तानी होने की वहज से जो तकलीफ़ होगी, वह अपने देश में हिन्दू होने के कारण मिलनेवाली तकलीफ़ से कभी भी ज़्यादा नहीं होगी। इसमें भी कोई शंका नहीं है कि हमारे देश में हिन्दू धर्म के बंधनों के कारण धनार्जन के जो रास्ते बन्द हैं, वे पूरी तरह खुल जाएँगे और हम लोगों की आर्थिक स्थिति में सुधार आएगा।

लेकिन सभी लोगों के लिए देशान्तर करना सम्भव नहीं है। थोड़े-बहुत लोग ही यह कर सकते हैं। इसलिए इस देश में रहकर भी अस्पृश्यता निर्मूलन के रास्ते खोजने चाहिए। इसी तरह का दूसरा मार्ग है—धर्मान्तरण। किसी भी धर्म की ओर हमें सैद्धान्तिक दृष्टि के अलावा व्यावहारिक दृष्टि से भी देखना चाहिए। मेरी राय है कि हिन्दू धर्म किसी भी धर्म से तत्त्व के आधार पर हार खानेवाला नहीं है। सभी में एक ही आत्मा का वास है, यह हिन्दू धर्म का मूल सिद्धान्त है। यदि इस उदात्त सिद्धान्त के आधार पर समाज की रचना होती तो जिस तरह दीपक यह भाव नहीं रखता कि केवल घर के लोगों को प्रकाश देता रहेगा और दूसरों को अँधेरा या जिस तरह वृक्ष उसे काटनेवाले और उसे पानी देनेवाले दोनों को ही छाया देता है या जिस तरह से गाय की प्यास बुझानेवाला पानी शेर के लिए विष बनकर उसे

मार नहीं डालता, उसी तरह अगर हिन्दुओं में भी समबुद्धि होती तो अच्छा होता, लेकिन हिन्दू समाज का व्यावहारिक रूप कितना घिनौना हो गया है? आचार और विचार में कहीं तालमेल है क्या? क्या यह आश्चर्यजनक नहीं है कि जो लोग सभी में एक ही आत्मा के वास होने की बड़ी-बड़ी घोषणाएँ करते हैं उन्हीं लोगों ने मनुष्य जैसे दूसरे मनुष्य को अपवित्र और अस्पृश्य माना, लेकिन इससे भी ज़्यादा ग़ुस्सा दिलानेवाली बात यह है कि जो लोग हिन्दू धर्म में आस्था नहीं रखते, उन्हें उच्चवर्णीय हिन्दू समदृष्टि से देखते हैं। ईसाई अपवित्र भी नहीं और अस्पृश्य भी नहीं। उच्चवर्णीय हिन्दू उनके स्पर्श से प्रदूषित नहीं होते, न ही उनके मातहत काम करने में कमतर महसूस करते हैं। इसी तरह यह कहना पड़ेगा कि एक तरह से मुसलमान हिन्दू समाज की किसी भी बहुत छोटी जाति से भी ज़्यादा अस्पृश्य और अपवित्र हैं क्योंकि कोई भी हिन्दू गोहत्या करके उसके मांस से अपनी जीविका नहीं चलाता। मुसलमानों और ईसाइयों में ऐसा करने पर कोई पाबन्दी नहीं है। फिर भी महार, मांग और धेड आदि हिन्दुओं की तुलना में उन्हें स्पर्श योग्य माना जाता है। उनके और उच्चवर्णीय हिन्दुओं में हर तरह का बाह्य व्यवहार होता है। उनके बच्चे एक ही स्कूल, एक ही क्लास में पढ़ते हैं। वे एक ही रास्ते से आते जाते हैं। एक कुएँ से पानी भरते हैं और अन्य मामलों में समान वृति से व्यवहार करते हैं। मगर हम हमारे वैदिक धर्म का अनुकरण करनेवालों के आचार-विचार का हिन्दू लोग हमारा तिरस्कार करते हैं। इतना ही नहीं हमें जानवरों से भी बदतर माना जाता है।

यह सवाल उठना स्वाभाविक है कि जिस धर्म के सिद्धान्त इतने ऊँचे मगर जिसका व्यवहार इतना नीचतापूर्ण हो तो क्या उस धर्म में रहने से हमारी उन्नति होगी? लेकिन इस सवाल का जवाब देना कठिन है कि क्या हम लोगों को धर्मान्तरण करना चाहिए? मैं इस विवादास्पद सवाल में नहीं जाना चाहता कि धर्म मनुष्य के लिए आवश्यक है या नहीं। मगर इतना सच है कि कुछ लोगों के लिए और विशेषकर हिन्दुओं को धर्म प्राणों से प्रिय है। लेकिन जिस धर्म में मनुष्यता न हो वह धर्म किस काम का? जो धर्म अपने अनुयायियों के भौतिक और पारलौकिक सुखों के द्वार खोलने के बजाय उन्हें बन्द करके लोगों को अध:पतन की ओर ले जाए उस धर्म से चिपके रहने में क्या अर्थ है? मुझे समझ में नहीं आता कि यदि ये लोग धर्मान्तरण करने के बाद ही हमें मनुष्य मानकर हमारे साथ समानता का व्यवहार करने लगेंगे तो फिर हमें धर्मान्तरण क्यों नहीं करना चाहिए? वायकोम सत्याग्रह का ही एक उदाहरण लीजिए—जिस रास्ते पर अस्पृश्य वर्ग को जाने की मनाही है उस रास्ते पर ईसाई, मुस्लिम और अन्य ग़ैर हिन्दुओं को जाने की खुली छूट है।

इस भेदभाव के बारे में पूछने पर छाती ठोंककर कहा जाता है कि चूँकि अस्पृश्य हिन्दू है, इसलिए उनके रास्ते पर से गुज़रने पर पाबन्दी है। यदि यही हिन्दुओं के नियम हैं तो हम आज ही धर्म का त्याग करके और धर्मान्तरण करके अपनी मुक्ति क्यों न कर लें? मेरा विश्वास है कि यदि आज हम धर्मत्याग करें तो हमारे लिए इस्लाम धर्म का स्वीकार करना अच्छा रहेगा। जो हिन्दू हमारा तिरस्कार करते हैं, वही हमारा सम्मान करेंगे। हम आज जिस तरह बहिष्कृत हैं, वैसे रहने के बजाय एक बड़े समाज का अंग बनकर हम थोड़े ही समय में अपनी प्रगति कर लेंगे।

देशान्तर और धर्मांतर के अलावा नामांतरण को अस्पृश्यता निवारण का नया उपाय बताया जाता है। हाल ही में सुझाव आया है कि अस्पृश्य अपने को आदि हिन्दू कहें। इसमें मतभेद केवल इस बात को लेकर है कि कौन सा नाम ज़्यादा अच्छा है। यह बहुत कुछ पसन्द, इच्छा, मौज़ का सवाल है। इसलिए यह निर्णायक रूप से नहीं कहा जा सकता कि इस मसले को वाद-विवाद से हल किया जा सकता है। ऐसा होने के बावजूद यह नहीं कहा जा सकता कि नामांतरण का मुद्दा निरर्थक है। मेरी राय है कि यह कहना अतिशयोक्ति नहीं होगा कि नाम में ही सारा निचोड़ है। इसके कई कारण हैं।

अस्पृश्यों में जातिभेद को लेकर जो मतभेद हैं, उसमें यह मान लिया जाता है कि जातिभेद और अस्पृश्यता शाखात्मक है और इसके अनुसार रोटी-बेटी के व्यवहारों का भिन्न शाखात्मक होने के कारण लोग पालन करते हैं। यदि इस तर्क में ज़रा भी सच्चाई है तो क़ानून द्वारा रोटी-बेटी के व्यवहार की छूट दी गई तो हमें उस पर अमल की तैयारी दिखानी चाहिए। लेकिन यह निर्विवाद है कि लोग इस तरह कि तैयारी दिखाते नहीं। आपस में बेटी व्यवहार करने का क़ानून पास होकर तीन साल गुज़र गए, लेकिन कहीं सुनाई देता कि इस क़ानून का लाभ लेने की कोशिश की गई हो। मेरी राय में इसका असली कारण यह है कि जातिभेद और अस्पृश्यता भिन्न शाखात्मक न होकर भावनात्मक हैं। इसलिए हमें यदि उसे ख़त्म करना है तो शाखाओं पर प्रहार न करते हुए नामों का उन्मूलन करने का अभियान चलाना चाहिए। मैंने कई बार विचार किया कि इस भावना को कैसे ख़त्म किया जा सकता है। सोच-विचार करने के बाद मेरी पक्की राय बनी कि अस्पृश्यता और जातिभेद यह नाम में ही समाए हुए हैं। उच्चवर्णीय हमारा तिरस्कार करते हैं तो केवल हमारे नाम के कारण। महार कहने पर सुननेवालों में मन में एक तरह से तिरस्कार की भावना पैदा होती है। मराठा कहने पर अलग भावना उत्पन्न होती है, ब्राह्मण कहने पर सुननेवाले के मन में आदर की भावना जागती है। कोई इन बातों को ग़लत नहीं

कह सकता। इस मामले में धेड़ जाति का उदाहरण दिया जा सकता है। यह बताने की ज़रूरत नहीं है कि गुजरात के धेड़ जाति के लोगों को अस्पृश्यता कितनी तीव्रता से झेलनी पड़ती है, फिर भी बंबई आने पर वे दक्षिणी मराठा के पड़ोस में रहते हैं। इतना ही नहीं, मैंने तो उनमें रोटी का व्यवहार चलते हुए देखा है।

यह सभी जानते हैं कि दूसरी तरफ़ अगर महाराष्ट्र का कोई अस्पृश्य गुजरात जाता है तो दक्षिणी कहकर वह ब्राह्मणों के भोजनालय में रह सकता है। हाल ही के दो-तीन वर्षों में पूरा मद्रास पेट भरने के लिए बंबई आ गया है और उसमें मद्रास के बहुत सारे अस्पृश्य लोग भी हैं। लेकिन ये मद्रास के अस्पृश्य बंबई के हिन्दू विश्रांति गृहों, धर्मशाला में आराम से खाते-पीते हैं। उन पर कोई पाबन्दी नहीं है। एक क्षेत्र का अस्पृश्य दूसरे क्षेत्र में जाने पर स्पृश्य बन जाता है। इस अजीब बात की वजह खोजने पर यह दिखाई देता है कि सभी क्षेत्रों में अस्पृश्यता के चिह्न और लक्षण एक जैसे नहीं हैं। एक जगह के लक्षण दूसरे क्षेत्र को पता नहीं है। लक्षणों, चिह्नों के अभाव में एक प्रान्त का अस्पृश्य दूसरे प्रान्त में स्पृश्य माना जाता है। मनुष्य या जाति के तौर पर वह अस्पृश्य नहीं है। समाज में यह एक परम्परा है कि एक ख़ास तरह का नाम धारण करनेवाले लोग अस्पृश्य माने जाते हैं। जिनके पास यह नाम नहीं है उन्हें स्पृश्य माना जाता है। वैसे अस्पृश्य आदमी की शारीरिक संरचना, चमड़ी, रूपरंग में स्पृश्य आदमी की तुलना में ऐसा अलग कुछ भी नहीं है कि पहली बार देखने पर जिस तरह 'सिंधी' लोगों को यूरोपियनों से या इन दोनों को चीनी और जापानियों से अलग किया जाता है, उसी तरह अस्पृश्यों को स्पृश्यों से अलग किया जा सके। नाम के अलावा अस्पृश्यता की पहचान का और कोई चिह्न नहीं है। इसलिए, मेरी राय में नामांतरण करना उचित है।

यहाँ तक नामांतरण का समर्थन करनेवालों के साथ मेरी राय मिलती है। मगर मेरी समझ में नहीं आता कि बंबई क्षेत्र के अस्पृश्य वर्ग को आदि-हिन्दू कहला कर क्या हासिल होगा? यदि इसका उद्‌देश्य अस्पृश्य वर्ग की सभी जातियों का एकीकरण है तो बहिष्कृत नाम में क्या बुराई है? मुझे सन्देह है कि इससे अच्छा दूसरा अर्थपूर्ण उपनाम दिया जा सकता है। यदि नई नीति का उद्‌देश्य यह है कि आदि नाम लगाने से अस्पृश्यता चली जाएगी तो यह केलव भ्रम है। कई बार महार लोग शर्म के कारण किसी के पूछने पर बताते हैं कि मैं चोखा हूँ। उसी तरह चमार, मैं रोहदास हूँ, कहते हैं, मगर वे एक नाम के कारण जितने अस्पृश्य हैं उतने ही दूसरे नाम के कारण भी अस्पृश्य हैं। मद्रास में अस्पृश्य वर्ग अपने को आदि द्रविड़ कहता है, लेकिन इस कारण उनकी अस्पृश्यता जाने का कोई प्रमाण नहीं है। यह पूरी तरह

से सही है कि अस्पृश्यता और जातिभेद नाम में ही समाए हुए हैं और ये नाम ख़त्म किये बग़ैर चलेगा नहीं। केवल जातिवाचक नाम हम छोड़ दें तो उससे कुछ नहीं होगा। हमारे साथ सभी जाति के लोगों को अपने जातिवाचक नाम छोड़कर सभी को एक ही सर्वसाधारण नाम को अपनाना चाहिए। मेरी राय में सभी को स्वयं को केवल हिन्दू ही कहना चाहिए और जातिसूचक उपनाम निकाल देने चाहिए। कोई अपने आपको ब्राह्मण, मराठा, चमार, महार, मांग आदि न कहकर केवल हिन्दू कहे। इससे समाज में समता पैदा होने से एकता पैदा होगी। हिन्दू कहने से कोई किसी का तिरस्कार नहीं करेगा। कोई किसी को नीचा और किसी को श्रेष्ठ नहीं मानेगा। इसके अलावा लोगों का एक दूसरे के प्रति सहानुभूति जाति पर आधारित नहीं होगी और समाज से अन्याय, अनेकता, संवेदनहीनता ख़त्म हो जाएँगी। आज मराठा होने पर ही अन्य मराठे उससे सहानुभूति दिखाते हैं। इसी तरह ब्राह्मण, ब्राह्मण के अलावा किसी और के प्रति सहानुभूति दिखाने को तैयार नहीं होता। लेकिन जहाँ सभी हिन्दू होंगे, वहाँ सहानुभूति में कोई बाधा ही नहीं होगी। मुस्लिम समाज में दिखाई देनेवाली एकता की वजह क्या है, यही है। उनमें मुसलमान होना काफ़ी है। वह अपना हो गया। मेरा ऐसा मानना है कि ऐसा हिन्दुओं में भी होने के लिए समान नाम होना चाहिए और वह हिन्दू हो।

जब यह परिवर्तन होगा वह शुभ दिन होगा। लेकिन महत्त्वपूर्ण सवाल यह है कि परिवर्तन लाने के लिए क्या किया जाए।

कई मामलों में तो सरकारी क़ानून बनाए बग़ैर सामाजिक अन्याय का निर्मूलन होना असम्भव है। इस कारण सामाजिक और धार्मिक मामलों में जहाँ क़ानून बनाकर सुधार करने के बारे में भ्रम की स्थिति है, उनके बारे में अंग्रेज़ सरकार ने माना है कि जाति और रूढ़ियों के बारे में क़ानूनी शिकंजा कसा जाना हमें मंजूर नहीं है। मैं मानता हूँ इस दृष्टि से बहुत ख़ुशी की बात यह है कि हिन्दुस्तान को स्वराज मिलने का अवसर आया है। क्योंकि ब्रिटिश क़ानूनी हुकूमत हमारे लिए हो तो बाधा और न हो तो अराजकता की तरह है। हमारे लोगों को स्वराज से बहुत डर लगता है। हमें आज़ादी से डर लगता है, ऐसा लगता है कि स्वराज का रूपान्तरण पेशवाई में होगा। लेकिन यह किन विचारों को दर्शाता है? क्योंकि पेशवाई स्वराज और आज के स्वराज में काफ़ी फ़र्क़ है। पेशवाई में एक बार स्थापित राजवंश राज करता था। वे जनता की राय से शासन नहीं करते थे। भावी स्वराज में सरकार जनता की राय से चलनेवाली होगी और उसमें कोई हमेशा के लिए राजा नहीं हो सकता। इस तरह के स्वराज में यदि जनता के हितों की अनदेखी हुई, उनकी सुरक्षा दूसरे किसी भी

प्रकार की राजनीति में नहीं होगी, ऐसा पूरे विश्व का अनुभव है और इसी वजह से लोकसम्मत स्वराज ही सर्वोत्तम प्रशासनिक राज व्यवस्था है। मुझे आश्चर्य होता है कि हम लोग ऐसे स्वराज से क्यों डरते हैं? इसके विपरीत उसकी प्राप्ति के लिए हम प्रयत्न करें यह बहुत ज़रूरी है। आपको इस बात पर ग़ौर करना चाहिए कि मेरा स्वराज से तात्पर्य क्या है।

आज हिन्दुस्तान में स्वराज को लेकर जो मतभेद हैं, वे मुख्य रूप से इस बात को लेकर है कि अंग्रेज़ों से सत्ता धीरे-धीरे ली जाए या एकमुश्त। सारा ज़ोर इसी मुद्दे पर है। इस बात पर कोई विचार नहीं कर रहा कि हमें प्राप्त सत्ता स्वराज किस की राय से चले। सोचिए यदि सत्ता एक ही वर्ग की राय से चलती रही तो क्या अंग्रेज़ी शासन में जो हालत है उससे भी दस गुना ज़्यादा बुरी स्थिति नहीं हो जाएगी?

इसलिए सत्ता का सवाल जितना महत्त्वपूर्ण है, शायद उससे भी ज़्यादा महत्त्वपूर्ण मुद्दा राय का है और जिस तरह हमारे स्वराजवादियों ने इस मुद्दे को गौण मानकर उसकी उपेक्षा की है, उससे स्पष्ट है कि उन्हें जनता की राय की कितनी परवाह है। लेकिन हमें इस मुद्दे पर ज़ोर देना चाहिए क्योंकि यदि स्वराज आनेवाला है तो हमें भी दूसरों के बराबरी के अधिकार मिलने चाहिए। ऐसे अधिकार प्राप्त करने के लिए हमें वोट (मत) देने का राजनीतिक अधिकार हासिल करना चाहिए। मेरा मानना है कि अभी वोट के अधिकार को इतना संकुचित कर दिया गया है कि सारे हिन्दुस्तान में वह केवल दो प्रतिशत लोगों को ही हासिल है। इस तरह हमारा दोहरा लाभ होनेवाला है। पहला, आज लॉ कौंसिल की तरफ़ से होनेवाली उपेक्षा नहीं होगी, जो लोग हमारे वोट देने के कारण चुनकर आएँगे वे हमारे हितों की उपेक्षा नहीं कर पाएँगे। कारण यह है कि उनकी लगाम हमारे हाथों में होगी। वोट के अधिकार से केवल इतना ही लाभ होगा ऐसा नहीं है। उससे दूसरा महत्त्वपूर्ण फ़ायदा है वोट के अधिकार से वर्णाश्रम धर्म पर भारी प्रहार होगा। राजनीति में समान आश्रम होने के बाद सामाजिक स्तर पर वर्णाश्रम धर्म का बने रहना सम्भव नहीं है। राजनीतिक क्षेत्र में एक ब्राह्मण पर यदि भंगी से वोटों की भीख माँगने की नौबत आई तो वर्णाश्रम धर्म कहाँ रह जाएगा। इस रंक से राजा बनने के राजमार्ग को पहले हमें अपनाना चाहिए। कुछ वर्ष पहले तक ब्रिटेन में भी मज़दूरों की हमारे जैसी ही दयनीय स्थिति थी। 1860 तक वे इस उम्मीद पर चुपचाप बैठे थे कि लिबरल उनका उद्धार करेंगे। लेकिन यह समझ में आने पर कि जो दूसरों पर निर्भर रहा वह डूबा, जिसने जी-ज़ान से मेहनत की वह सफल हुआ, इस तरह से प्रेरित हो उन्होंने अपना उद्धार स्वयं करने का फ़ैसला किया। अपने इस काम के

लिए उन्होंने वोट के अधिकार को महत्त्वपूर्ण स्थान दिया था और उस अधिकार को पाने के लिए अपनी सारी ताक़त लगा दी। आख़िरकार उनकी जीत हुई और वे सत्तारूढ़ हुए और अपनी सोच के अनुरूप सामाजिक, आर्थिक और राजनीतिक सुधार कर रहे हैं। इसका मुख्य कारण यह है कि वोट का अधिकार बड़े पैमाने पर हासिल हुआ। यदि हमने इस ढंग से कोशिश की तो हम भी प्रगति कर सकते हैं।

लेकिन हमें यह नहीं भूलना चाहिए कि हम जिस उद्देश्य को सामने रखते हैं, उसके बुनियादी सिद्धान्तों को अपने विरोधियों के सामने पेश कर देने भर से काम ख़त्म नहीं हो जाता। जिन लोगों को किन्हीं भीषण हालात से गुज़रना पड़ता है, वे लोग पहले सिद्धान्त पर वाद-विवाद करने लगते हैं। हर कोई ऐसा सैद्धान्तिक विवाद करने लगता है कि क्या हम मनुष्य नहीं है? कुत्ते-बिल्लियाँ क्या हमसे ज़्यादा श्रेष्ठ हैं? असल में इसमें ग़लत कुछ भी नहीं है, लेकिन कई लोगों को लगता है कि सिद्धान्त बघार देने से हमारा काम हो गया और हम जीत गए। लेकिन यह भ्रम है। केवल सिद्धान्त बघारने से काम नहीं चलता क्योंकि सिद्धान्तों का प्रतिपादन होते ही उसका अपने आप दुनिया पर असर नहीं होता। यह असर पैदा करना पड़ता है। इसलिए, असर पैदा करने के लिए केवल सिद्धान्तों के प्रतिपादन के बजाय उन पर अमल के लिए आवश्यक संगठन तैयार करना, उससे भी ज़्यादा ज़रूरी है। जब तक संगठन नहीं बनता तब तक हम जिन सिद्धान्तों के लिए संघर्ष कर रहे हैं, वे सिद्धान्त हमारे विरोधियों को स्वीकार भी हो जाएँ तो भी उन पर अमल नहीं होगा और हमारी बातें अरण्यरोदन की तरह शुष्क साबित होंगे। जिस तरह भाग्य की गाड़ी को हाँकने के लिए प्रयत्नरूपी सारथी होना चाहिए, उसी तरह सिद्धान्तों का प्रभाव पैदा करने के लिए संगठन होना ज़रूरी है।

यह सब देखकर मुझे लगता है कि हम में संघशक्ति पैदा करने के लिए हम सभी अस्पृश्य जातियों की एक विशाल संस्था होना ज़रूरी है। ऐसी संस्था बननी चाहिए। इस संस्था के ज़रिये दो तरह के काम होंगे—एक, हमारे सार्वजनिक कार्यों के लिए लगनेवाला धन इकट्ठा करना आसान होगा। एक कहावत है कि "ग़रीब की इच्छाएँ पैदा होते ही मर जाती हैं।" बहुत से लोगों को इस बारे में सन्देह है कि हमारा समाज ग़रीब होने के कारण उसके द्वारा यह काम कैसे हो पाएगा? लेकिन मेरी राय में यह कहावत केवल व्यक्तियों पर लागू होती है, समाज पर लागू नहीं होती। बूँद-बूँद से समुद्र बनता है, यह दूसरी कहावत भी सबने सुनी ही होगी। हमारा समाज हालाँकि ग़रीब है, मगर संख्या की दृष्टि से ताक़तवर है। हम में से चौबीस लाख लोगों में से कम-से-कम दो लाख लोगों ने हर वर्ष आठ आने दिये तो हर

वर्ष एक लाख रुपयों का कोष तैयार होगा और इसी तरह हर वर्ष एक लाख रुपये जमा होते रहे तो अपनी उन्नति होने में ज़रा भी समय नहीं लगेगा। लेकिन इसके लिए एक केन्द्रीय संस्था होना ज़रूरी है। एक ज़िम्मेदार संस्था के ज़रिये एक स्थायी फ़ंड इकट्ठा करने का काम होगा। इतना ही नहीं अपनी नीतियाँ तय करके उन्हें लोगों तक पहुँचाना भी आसान हो जाएगा। आज हमारी हालत ऐसी है कि जिसे थोड़ी बहुत जानकारी होती है, वह अपने आप को नेता समझने लगता है और उसे लगता है कि उसका नाम चमकना चाहिए। इतना ही नहीं, कोई संस्था के ज़रिये काम करने को तैयार नहीं होता। कारण यह है कि संस्था में होने से उनका नाम नहीं चमकता। इस कारण हम असंगठित हैं, हर कोई अपना नाम आगे करने के लिए सबूत दिखा रहा है। दूसरी बात यह है हालाँकि हम इस देश में रहते हैं, हम पर तरह-तरह के अन्याय किये जा रहे हैं। हम अल्पसंख्यक नहीं है, तब भी सरकार हमारी तरफ़ ध्यान नहीं देती या हमारी बातें सुनने को तैयार नहीं हैं। इसके विपरीत उनकी अगर इच्छा हुई तो वे हम पर दया करेंगे और कोई टुकड़ा डाल देंगे। माँगने से हमें कुछ नहीं मिलेगा, यह हमारा हाल है। मुसलमान लोगों को कितना पुचकारा जा रहा है। इसका कारण है, उनकी संगठित शक्ति और संस्थाएँ। यदि हमारी कोई संस्था होती तो अपने झूठे नेताओं पर लगाम लगाकर उन्हें एक दिशा देती। इतना ही नहीं, दूसरों के द्वारा हमारी जो उपेक्षा है, वह न हो पाती।

इस संस्था को फ़ंड इकट्ठा करके हमारे अस्पृश्य वर्ग में अन्दरूनी सुधार करना शुरू करना चाहिए। केवल अस्पृश्यता के ख़िलाफ़ शिकायत करने का कोई लाभ नहीं होगा। हम भूल जाते हैं कि आज हिन्दू समाज में जातिभेद के साथ-साथ गुणभेद भी हैं ही और जातिभेद ख़त्म भी जाए, तो भी गुणभेद तो रहने ही वाला है। आज सभी अस्पृश्य वर्ग के लोगों को यदि ब्राह्मण भी कहा जाए तो भी उनमें से कोई व्यक्ति परांजपे के बराबर बैठने लायक़ भी नहीं हो पाए हैं। कारण यह है कि जातिभेद भले ही ख़त्म हो जाए तो भी गुणभेद बाकी है। कभी-कभी मुझे ऐसा लगता है यदि जातियों के बीच जितना गुणभेद बढ़ गया है, वह यदि इतना न बढ़ा होता तो यह जातिभेद इतने दिनों तक टिक नहीं पाता। कारण यह है कि सभी जातियों के लोग समान मात्रा में गुणवान होते तो वे एक जाति के वर्चस्व को कबूल नहीं करते, गुणभेद न होता तो जातिभेद कभी का ज़मींदोज़ हो गया होता। इसलिए मुझे हमेशा यह कहने की इच्छा होती है कि अन्य लोग जिस तरह हम से जाति में श्रेष्ठ हैं, उसी तरह वे व्यावहारिक गुणों में भी श्रेष्ठ हैं। इसलिए हमें अपने लोगों में व्यावहारिक गुणों की अभिव्यक्ति करने की कोशिश करनी चाहिए और हममें से कई

लोगों को सख़ेद आश्चर्य होता है कि हम लोग जातिभेद के कारण आगजनी वग़ैरह नहीं करते, अपने पर होनेवाले अन्याय को ख़त्म करने के लिए हंगामा नहीं करते। लेकिन इसमें आश्चर्य की कोई बात नहीं है। हम यह नहीं कर पाते आदि आक्रोश युक्त बातें सुनकर भी हम उत्तेजित नहीं होते तो इसका कारण यह है कि उन्हें इस अन्याय का अहसास नहीं है। यदि कोई मनुष्य किसी पद के लिए योग्य होने पर जातिभेद के कारण उसे वह पद प्राप्त नहीं होता तो ऐसे आदमी को जातिभेद का दंश महसूस होता है। यह उसे अनुभव होने लगता है और वह आन्दोलनों के मार्ग को समझने लगता है और उसका समर्थक बन जाता है। जो उस पद तक जाने के योग्य नहीं होगा, उसे जातिभेद का उग्र स्वरूप कैसे समझ में आएगा? जातिभेद हो या न हो, वह जहाँ है वहीं रहेगा। इसलिए हमारे लोगों की योग्यता बढ़ाने की हमें चिन्ता करनी चाहिए। यदि गुणों में समता आई तो जातिभेद में समाई हुई अस्पृश्यता बहुत दिनों तक टिक नहीं पाएगी।

हमारे समाज को इस तरह तैयार होना चाहिए फिर हम जिस तरह की सामाजिक या आर्थिक स्थिति चाहते हैं, उस स्थिति को प्राप्त करने में हमें ज़्यादा समय नहीं लगेगा। हो सकता है आपको यह विचार बचकाना लगे, लेकिन मुझे इसमें काफ़ी तथ्य नज़र आता है।

अभी का समय इस देश की दृष्टि से आपातकाल जैसा है। 1917 में जब स्वराज की नींव डालने की शुरुआत हुई तब से इस देश में तीन ख़ेमे बन गए हैं—(1) यूरोपियन लोगों का (2) मुस्लिम लोगों का (3) हिन्दुओं का। 1917 से पहले राजनीतिक मामलों में हिन्दू और मुसलमानों का 36 का आँकड़ा था, अब वह 63 का हो गया है और दोनों में भयंकर प्रकार का सगापन पैदा हो गया है। दोनों ने एकजुट होकर अंग्रेज़ों से स्वराज की पहली किस्त ले ली है। लेकिन बँटवारे के समय भाइयों में भी तनाव पैदा हो गए हैं। स्वराज माँगने पर किसको बड़ा हिस्सा मिलेगा, यह संघर्ष का मुद्दा बन गया है। इस सवाल का जवाब यही है कि जिसकी जनसंख्या ज़्यादा होगी उसे ही स्वराज का ज़्यादा हिस्सा मिलेगा। मुसलमानों को अपनी जनसंख्या ज़्यादा हो, यह लगना स्वाभाविक है। उसी तरह यह भी स्वाभाविक है कि हिन्दू सोचें कि वह कम न हों। दोनों पक्षों की नज़र हम पर है। हमारे सिवाय न मुसलमानों को विजय मिल सकती है और न हिन्दुओं की नैया पार लग सकती है। आज अगर हम हिन्दू रहे तो ही आर्य धर्म की संस्कृति इस देश में जीवित रहेगी। इसके विपरीत अगर हम हिन्दू से मुसलमान हो गए तो इस देश में यवन संस्कृति का बोलबाला होगा। यह बात आज हिन्दू और मुसलमान दोनों ही

जानते हैं। यदि ऐसा न होता तो वायकोम में ब्राह्मण वर्ग अस्पृश्य जातियों के लिए सत्याग्रह करने को तैयार न होता या मुस्लिम लोग करोड़ों रुपये ख़र्च करके हमें उनके धर्म की दीक्षा देने की उत्सुक न होते। आज हम सबसे नीचे हैं, फिर भी इस हिन्दू-मुस्लिम संस्कृति के संग्राम में हमारी संख्या को देखते हुए हमारी रसद मदद बहुत महत्त्वपूर्ण है और अगर हमने अपने में संघशक्ति पैदा की तो हम जो माँगेंगे, वह हमें मिलेगा। मेरा विश्वास है कि आज की बीसवीं सदी में जिन हिन्दुओं को अस्पृश्यता नष्ट करने के लिए कहने पर जवाब देते हैं कि धूल खा रहे पुराणों से पूछते हैं। वही लोग इस संघर्ष के कारण उन पुराणों को जलाकर हमें समाविष्ट कर लेंगे क्योंकि इसका कोई इलाज नहीं है, वक़्त ही ऐसा आ गया है।

हमारा समाज हर तरह से पिछड़ा हुआ है। आर्थिक दृष्टि से पिछड़ा हुआ है, मानसिक शक्ति में पिछड़ा हुआ है। जिस समाज के लोगों को राजनीतिक, सामाजिक और धार्मिक असमानता और अन्याय से अनगिनत यातनाएँ हो रही हैं। जिससे सारे लोगों को गहन अन्धकार ने घेरा हुआ है। जिस विपत्ति के कारण होनेवाली यातनाएँ सहनी (झेलनी) पड़ रही है और उसे दूर कैसे करें यह समझ में नहीं आ रहा। इन लोगों के सभी क्षेत्रों में चल रहे जीवन कार्य का आख़िर क्या परिणाम होगा, यह कह पाना मुश्किल है। इसके लिए उन लोगों को जिन्होंने स्थिति को साफ़-साफ़ समझ लिया है और जिनके मन में कर्तव्य बुद्धि और परोपकार की भावना पूरी तरह से जागृत हुई है उन्हें अपने समाज के जीवन के संघर्ष में, अपने समाज का अस्तित्व बचाने के लिए निरपेक्ष भावना से दिन-रात प्रयत्न करना चाहिए। इन विचारों को समझने के बाद भी जो चुप बैठे रहेंगे, वे अपने भाइयों पर विपन्नावस्था लाने और उनका नाश करने के ज़िम्मेदार होंगे। इसलिए शिक्षित बन्धुओं यदि तुम्हें औरों से और भावी पीढ़ी से श्रेष्ठ कहलवाना हो, अपने आज के हालात को सुधारकर अपने बच्चों का भविष्य भी सँवारने की इच्छा हो, अपने नौनिहालों की (नाती-पोतों की) स्थिति बुरी न हो ऐसी अगर आपकी इच्छा हो, तो जिस बुराई और दुराचार के कारण अपने लोगों की बुद्धि का, कीर्ति का और परिस्थिति का विनाश हो रहा है, उसे दूर करना, उसका यथाशक्ति निर्मूलन करना आपका कर्तव्य बनता है। यह कर्तव्य आपको ज़रूर और ज़रूर पूरा करना चाहिए, इतना कहकर मैं अपना वक्तव्य पूरा करता हूँ।

[*बाबासाहेब डॉ. अम्बेडकर सम्पूर्ण वाङ्मय,* खंड 38, पृ. 13-23]

2

जातिप्रथा और धर्म-परिवर्तन

हिन्दू समाज की वर्तमान उथल-पुथल का कारण है, आत्म-परिरक्षण की भावना। एक समय था, जब इस समाज के अभिजात वर्ग को अपने परिरक्षण के बारे में कोई डर नहीं था। उनका तर्क था कि हिन्दू समाज एक प्राचीनतम समाज है, उसने अनेक प्रतिकूल शक्तियों के प्रहार को झेला है, अत: उसकी सभ्यता और संस्कृति में निश्चय ही कोई अन्तर्निहित शक्ति और दमख़म होगा; तभी तो उसकी हस्ती बनी रही। अत: उनका दृढ़ विश्वास था कि उनके समाज का तो सदा जीवित रहना निश्चित है। लगता है कि हाल की घटनाओं ने उनके इस विश्वास को झकझोर दिया है। हाल ही में समूचे देश में जो हिन्दू-मुस्लिम दंगे हुए है, उनमें देखा गया है कि मुसलमानों का छोटा-सा गिरोह हिन्दुओं को पीट ही नहीं सकता, बल्कि बुरी तरह पीट सकता है। अत: हिन्दुओं का अभिजात वर्ग नये सिरे से इस प्रश्न पर विचार कर रहा है कि अस्तित्व के संघर्ष में क्या इस प्रकार जीवित रहने का कोई मूल्य है। जो गर्वीला हिन्दू सदा ही यह राग अलापता रहा है कि उसके जीवित रहने का तथ्य इस बात का प्रमाण है कि वह जीवित रहने में सक्षम है, उसने कभी शान्त मन से यह नहीं सोचा कि जीवित रहना कई प्रकार का है और सभी का मूल्य एक जैसा नहीं होता। हम शत्रु के सामने सीना तानकर और उसे जीतकर अपना अस्तित्व कायम रख सकते हैं अथवा हम पीछे हटकर और स्वयं को सुरक्षित स्थान में छिपाकर भी अपना अस्तित्व कायम रख सकते हैं। दोनों ही स्थितियों में अस्तित्व बना रहेगा। लेकिन निश्चय ही दोनों अस्तित्वों में आकाश-पाताल का अन्तर है। महत्त्व अस्तित्व के तथ्य का नहीं है, बल्कि अस्तित्व के स्तर का है। हिन्दू जीवित रह सकते हैं, लेकिन प्रश्न यह है कि वे आज़ाद लोगों के रूप में जीवित रहेंगे या गुलामों के रूप में। लेकिन मामला इतना निराशाजनक लगता है कि मान भी लें कि

वे जैसे-तैसे ग़ुलामों के रूप में जीवित रह सकते हैं, फिर भी यह पूर्णत: निश्चित नहीं दीख पड़ता कि वे हिन्दुओं के रूप में जीवित रह सकते हैं, क्योंकि मुसलमानों ने न केवल उन्हें बाहुबल के संघर्ष में मात दी है, बल्कि सांस्कृतिक संघर्ष में भी मात दी है। हाल के दिनों में इस्लामी संस्कृति के प्रसार के लिए मुसलमानों ने एक नियमित और तेज़ अभियान चलाया है। कहा जाता है कि धर्म-परिवर्तन के अपने आन्दोलन द्वारा उन्होंने हिन्दू धर्म के लोगों को अपनी ओर करके अपनी संख्या में भारी वृद्धि कर ली है। मुसलमानों का कैसा सौभाग्य! अज्ञात कुल के कोई सात करोड़ लोगों की एक विशाल संख्या है। उन्हें हिन्दू कहा तो जाता है, पर उनका हिन्दू धर्म से कोई ख़ास घनिष्ठ सम्बन्ध नहीं है। हिन्दू धर्म ने उनकी स्थिति को इतना असहनीय बना दिया है कि उन्हें सहज ही इस्लाम धर्म ग्रहण करने के लिए फुसलाया जा सकता है। उनमें से कुछ तो इस्लाम में शामिल हो रहे हैं और अन्य अनेक शामिल हो सकते हैं।

हिन्दू अभिजात वर्ग के मानस में खलबली मचाने के लिए यह काफ़ी है। यदि हिन्दू संख्या में अधिक होने पर भी मुसलमानों का सामना नहीं कर सकते, तो उस समय उनकी क्या दुर्गति होगी, जब उनके अनुयायियों की संख्या इस्लाम धर्म ग्रहण कर लेने के कारण और घट जाएगी। हिन्दू अनुभव करने लगे हैं कि उन्हें अपने लोगों को इतर धर्म में जाने से रोकना होगा। उन्हें अपनी संस्कृति को बचाना होगा। इससे शुद्धि आन्दोलन या लोगों को पुन: हिन्दू धर्म में लेने के आन्दोलन की उत्पत्ति हुई।

कुछ रूढ़िवादी लोग इस आन्दोलन का विरोध इस आधार पर करते हैं कि हिन्दू धर्म कभी भी धर्म-प्रचार करनेवाला धर्म नहीं था और हिन्दू को जन्म से ही ऐसा होना चाहिए। इस दृष्टिकोण के पक्ष में कुछ कहा जा सकता है। जहाँ तक स्मृति या परम्परा पहुँच सकती है, उस काल से आज तक कभी भी धर्म-प्रचार हिन्दू धर्म का व्यवहार पक्ष नहीं रहा है। मिशनों के निवेदन-दिवस 3 दिसम्बर, 1873 को वेस्टमिन्स्टर एब्बे की ओर से महान जर्मन विद्वान और प्राच्यविद् प्रो. मैक्स मूलर नें जो अभिभाषण दिया था, उसमें उन्होंने ज़ोरदार शब्दों में कहा था कि हिन्दू धर्म, धर्म-प्रचार करनेवाला धर्म नहीं है। अत: जो रूढ़िवादी वर्ग स्वार्थ परायणता में विश्वास नहीं करता, वह अनुभव कर सकता है कि शुद्धि के उनके विरोध का सुदृढ़ आधार है, क्योंकि उस प्रथा का हिदू धर्म के सर्वोपरि मूल सिद्धातों से प्रत्यक्ष विरोध है। लेकिन वैसी ही ख्यातिवाले अन्य विद्वान हैं, जो शुद्धि आन्दोलन के पक्षधरों का समर्थन करते हैं। उनकी राय है कि हिन्दू धर्म, धर्म-प्रचार करनेवाला धर्म रहा है और वह ऐसा हो सकता है। प्रो. जौली ने अपने लेख 'डाई औसब्रेदुग

डेर इंडिसचेन फुल्टर' में उन साधनों और उपायों का विशद् वर्णन किया है, जो देश के आदिवासियों के बीच हिन्दू धर्म के प्रचार-प्रसार के लिए प्राचीन हिन्दू राजाओं एवं प्रचारकों ने अपनाए हैं। प्रो. मैक्स मूलर के तर्क का खंडन करनेवाले दिवंगत सर अल्फ्रेड लयाल ने भी यह सिद्ध करने का प्रयास किया कि हिन्दू धर्म ने धर्म का प्रचार किया है। केस की सम्भाव्यता निश्चय ही जौली और लयाल के पक्ष में दीख पड़ती है, क्योंकि जब तक हम यह नहीं मानते कि हिन्दू धर्म ने निश्चय ही कुछ-न-कुछ प्रचार व प्रसार का कार्य किया, तब तक इस बात का आकलन नहीं किया जा सकता कि किस प्रकार उसका प्रसार एक ऐसे विशाल महाद्वीप में हुआ, जिसमें अपनी-अपनी विशिष्ट संस्कृति वाली विभिन्न जातियाँ बसी हुई हैं। इसके अलावा कतिपय यज्ञों तथा यागों के प्रचलन को तभी स्पष्ट किया जा सकता है, जब यह मान लिया जाए कि ब्रात्यों (पतितों, अनार्यों) की शुद्धि के लिए अनुष्ठान थे। अत: हम निरापद रूप से यह निष्कर्ष निकाल सकते हैं कि प्राचीन काल में हिन्दू धर्म ने धर्म का प्रचार व प्रसार किया। लेकिन किसी कारणवश उसके ऐतिहासिक क्रम में काफ़ी समय पूर्व यह कार्य बन्द हो गया था।

मैं इस प्रश्न पर विचार करना चाहता हूँ कि किस कारण हिन्दू धर्म, धर्म-प्रचार करनेवाला धर्म नहीं रहा। इसके अलग-अलग स्पष्टीकरण हो सकते हैं। मैं अपना निजी स्पष्टीकरण प्रस्तुत करना चाहता हूँ। अरस्तू ने कहा है कि मनुष्य एक सामाजिक प्राणी है। अपने कथन के समर्थन में अरस्तू के तर्कों का जो भी औचित्य रहा हो, पर इतना तो सच है कि यह तो सम्भव ही नहीं है कि कोई व्यक्ति शुरू से ही इतना व्यक्तिवादी हो जाए कि वह स्वयं को अपने संगी-साथियों से एकदम अलग-थलग कर ले। सामाजिक बंधन मज़बूत बंधन है और वह आत्म-चेतना के विकास के साथ ही गहरा जुड़ा हुआ है। प्रत्येक व्यक्ति की अपनी और अपने हित की चिन्ता में दूसरों की तथा उनके हितों की मान्यता शामिल है और एक प्रकार के प्रयोजन के लिए उसका प्रयास, चाहे उदार हो या स्वार्थपूर्ण, उस हद तक दूसरे का भी प्रयास है। सभी अवस्थाओं में व्यक्ति के जीवन, हितों और प्रयोजनों के लिए सामाजिक सम्बन्ध का मूल महत्त्व है। अपने जीवन की सभी परिस्थितियों में वह सामाजिक सम्बन्धों की ओजस्विता को अनुभव करता है और समझता है। संक्षेप में, जैसे पानी के बिना मछली ज़िन्दा नहीं रह सकती, वैसे ही वह समाज के बिना ज़िन्दा नहीं रह सकता।

इस तथ्य से यह निष्कर्ष निकलता है कि इससे पूर्व कि कोई समाज किसी का धर्म-परिवर्तन कर सके, उसे यह देखना ही होगा कि उसके गठन में ऐसी व्यवस्था

हो कि परदेसियों को उसका सदस्य बनाया जा सके और वे उसके सामाजिक जीवन में भाग ले सकें। उसका उपयोग इस प्रकार का होना ही चाहिए कि उन व्यक्तियों के बीच कोई भेदभाव ना हो, जो उसमें पैदा हुए हैं और जो उसमें बाहर से लाए गए हैं। उसका हर स्थिति में खुलेदिल से स्वागत होना ही चाहिए, ताकि वह उसके जीवन में प्रवेश कर सके और इस प्रकार उस समाज में घुलमिल और फल-फूल सके। यदि परदेसी के बारे में धर्म-परिवर्तन सम्बन्धी ऐसा कोई प्रावधान नहीं होगा तो तुरन्त यह प्रश्न उठ खड़ा होगा कि धर्म-परिवर्तन करनेवाले को कहाँ स्थान दिया जाए। यदि धर्म-परिवर्तन करनेवाले के लिए कोई स्थान नहीं होगा, तो न तो धर्म-परिवर्तन के लिए कोई न्योता दिया जा सकता है और न ही उसे स्वीकार किया जा सकता है।

धर्म-परिवर्तन करके हिन्दू धर्म ग्रहण करनेवाले के लिए हिन्दू समाज में क्या कोई स्थान है? अब हिन्दू समाज के संगठन में जातिप्रथा की प्रधानता है। प्रत्येक जाति में सजातीय विवाह होते हैं और प्रत्येक दूसरे का विरोध करती है। या यूँ कहिए कि वह केवल उसी व्यक्ति को अपना सदस्य बनाती है, जो उसके भीतर पैदा होता है और बाहर के किसी व्यक्ति को अपने भीतर नहीं आने देती। चूँकि हिन्दू समाज जातियों का परिसंघ है और प्रत्येक जाति अपने-अपने अहाते में बन्द हैं, अत: उसमें धर्म-परिवर्तन करनेवाले के लिए कोई स्थान नहीं है। कोई भी जाति उसे अपनी जाति में शामिल नहीं करेगी। किस कारण हिन्दू धर्म, धर्म प्रचारक धर्म नहीं रहा, इस प्रश्न का उत्तर इस तथ्य में खोजा जा सकता है कि उसने जातिप्रथा का विकास किया। जातिप्रथा और धर्म-परिवर्तन परस्पर विरोधी हैं। जब तक सामूहिक धर्म-परिवर्तन सम्भव था, तब तक हिन्दू समाज धर्म-परिवर्तन कर सकता था, क्योंकि धर्म-परिवर्तन करनेवाले इतनी अधिक संख्या में होते थे कि वे एक ऐसी नई जाति का गठन कर सके जो स्वयं उनके बीच में से सामाजिक जीवन के तत्त्व प्रदान कर सकें। लेकिन जब सामूहिक धर्म-परिवर्तन की गुंजाइश न रही और केवल व्यक्ति का धर्म-परिवर्तन किया जा सका तो अनिवार्य था कि हिन्दू धर्म, धर्म प्रचारक धर्म नहीं रहा, क्योंकि उसका सामाजिक संगठन धर्म-परिवर्तन करनेवालों के लिए कोई स्थान नहीं बना सका।

किस कारण हिन्दू धर्म, धर्म प्रचारक धर्म नहीं रहा, इस प्रश्न की व्याख्या मैंने इसलिए नहीं की है कि एक नई व्याख्या देकर विचार की मौलिकता का श्रेय प्राप्त कर सकूँ। मैंने प्रश्न की व्याख्या करके उसका उत्तर दिया है, क्योंकि मैं अनुभव करता हूँ कि दोनों का शुद्धि आन्दोलन से अति महत्त्वपूर्ण सम्बन्ध है। चूँकि इस

आन्दोलन के पक्षधरों के प्रति मेरी गहरी सहानुभूति है, अतः मैं कहना ही चाहूँगा कि उन्होंने अपने आन्दोलन की सफलता के मार्ग की बाधाओं का विश्लेषण नहीं किया है। शुद्धि आन्दोलन का उद्देश्य है कि वह हिन्दू समाज की संख्या में वृद्धि करे। कोई समाज इसलिए सशक्त नहीं होता कि उसकी संख्या अधिक है, बल्कि इसलिए होता है कि उसका गठन ठोस होता है। ऐसी मिसालों की कमी नहीं है, जहाँ धर्मोन्मत्तों के एक संगठित सशक्त दल ने असंगठित धर्मयोद्धाओं की एक बड़ी सेना को छिन्न-भिन्न कर दिया है। हिन्दू-मुस्लिम दंगों में भी यह सिद्ध हो चुका है कि हिन्दुओं की वहीं पिटाई नहीं होती, जहाँ उनकी संख्या कम है, अपितु उस स्थान पर भी मुस्लिम उन्हें पीट देते हैं, जहाँ उनकी संख्या अधिक होती है। मोपलाओं का मामला संगत है। केवल उसी से पता चल जाना चाहिए कि हिन्दुओं की कमज़ोरी उनकी संख्या की कमी नहीं है, बल्कि उनमें एकजुटता का अभाव है। यदि हिन्दू समाज की एकजुटता को सशक्त करना है तो हमें उन शक्तियों से निपटना होगा, जिन पर उसके विघटन का दायित्व है। मेरी आशंका है कि हिन्दू समाज की एकजुटता के स्थान पर यदि केवल शुद्धि का सहारा लिया गया तो इससे और अधिक विघटन होगा। उससे मुस्लिम सम्प्रदाय नाराज़ हो जाएगा और हिन्दुओं को कोई लाभ भी नहीं होगा। शुद्धि के कारण जो ऐसा व्यक्ति आएगा, वह बेघर ही रहेगा। वह अलग-थलग एकाकी जीवन ही बिताएगा और उसकी किसी के प्रति न कोई विशिष्ट निष्ठा होगी और न ही कोई ख़ास लगाव होगा। यदि शुद्धि के कारण हिन्दू शिविर के भीतर श्रद्धानंद की मलकाना जैसी विशाल खेप आ भी जाए तो उससे केवल यही होगा कि वर्तमान संख्या में एक और जाति की वृद्धि हो जाएगी। अब देखिए, जितनी अधिकता जातियों की होगी, हिन्दू समाज का उतना ही अधिक अलगाव और विलगाव होगा और वह उतना ही अधिक कमज़ोर होगा। यदि हिन्दू समाज जीवित रहना चाहता है तो उसे सोचना ही पड़ेगा कि वह संख्या में वृद्धि न करें, बल्कि अपनी एकात्मता में वृद्धि करे और उसका अर्थ है, जातिप्रथा का उन्मूलन। जातिप्रथा का उन्मूलन हिन्दुओं का सच्चा संघटन है। जब जातिप्रथा के उन्मूलन से संघटन की प्राप्ति हो जाएगी तो शुद्धि की ज़रूरत ही नहीं रहेगी और यदि शुद्धि की भी गई तो उससे वास्तविक शक्ति प्राप्त होगी। जातिप्रथा के रहते वह सम्भव नहीं होगा और यदि शुद्धि को अमल में लाया गया तो वह हिन्दुओं के वास्तविक संघटन और एकात्मता के लिए हानिकर सिद्ध होगी। लेकिन जैसे-तैसे हिन्दू समाज का अति क्रान्तिकारी तथा प्रबल सुधारक जातिप्रथा के उन्मूलन की अनदेखी करता है। वह धर्मान्तरित हिन्दू के पुनः धर्मान्तरण जैसे निरर्थक उपायों

की वकालत करता है। वह कहता है कि खानपान में परिवर्तन किया जाए और अखाड़े खोले जाएँ। किसी दिन तो हिन्दुओं को इस बात का आभास होगा कि वे न तो अपने समाज को बचा सकते हैं और न ही अपनी जातिप्रथा को। आशा की जाती कि वह दिन अधिक दूर नहीं है।

> जाति-भावनाओं से आर्थिक विकास रुकता है। इससे वे स्थितियाँ पैदा हो जाती हैं, जो कृषि तथा अन्य क्षेत्रों में सामूहिक प्रयत्नों के विरुद्ध हैं। जात-पाँत के रहते ग्रामीण विकास समाजवादी सिद्धान्तों के विरुद्ध रहेगा। इसलिए जातिवाद के कारण जो बड़े-बड़े इज़ारे बन गए हैं, उन्हें तोड़ा जाए और ज़मीन उन लोगों में बाँट दी जाए, जो उसे जोतते हैं या सामूहिक खेती कर सकते हैं, जिससे शहरों और गाँवों में तेज़ी से विकास हो।
>
> **—भीमराव आंबेडकर**

[मूलतः तेलुगु समाचार स्पेशल नम्बर में प्रकाशित, नवम्बर 1926
बाबासाहेब डॉ. अम्बेडकर सम्पूर्ण वाङ्मय, खंड 10, पृ. 355-360]

3

अस्पृश्यों द्वारा दिया गया धर्म-परिवर्तन का नोटिस

29 मई, 1929

बुलढाणा जिला के पातुर्डा में मध्यप्रान्त और वर्हाड अस्पृश्य परिषद का सम्मेलन हुआ था। यह कार्यक्रम कई मायनों में रेखांकित करने योग्य है। सम्मेलन शाम 7 बजे शुरू हुआ था और सम्मेलन से पहले रा. बक्षुरामजी दाभाड़े की कन्या कु. कवतिकाबाई का ब्याह सखाराम इंगले के साथ सम्पन्न हुआ जो कि अस्पृश्य वर्ग के लिए उदाहरणस्वरूप था क्योंकि यह विवाह परिष्कृत तरीके से और कम खर्चे में किया गया था। इस अवसर पर अस्पृश्य वर्ग के नेता और ब्राह्मणेतर पार्टी के नेता दोनों ही मौजूद थे। करीब डेढ़ हजार लोगों की मौजूदगी में डॉ. आंबेडकर ने अपनी बात रखते हुए कहा—

इस ज़िले के अस्पृश्य वर्ग के तथा ब्राह्मणेतर वर्ग के नेताओं ने मिलकर विशेष रूप से अस्पृश्यता निवारण की जी-तोड़ कोशिश की। लेकिन उन्हें इस काम में सफलता नहीं मिली। उलटे पुरोहित भिक्षुतंत्र से प्रत्यक्ष एवं परोक्ष रूप से उन पर कई तरह से अत्याचार किये गए और उनके आन्दोलन को कुचल देने की कोशिश की गई। नेताओं के बारे में अख़बारों में झूठमूठ ख़बरें फैलाना, अस्पृश्य वर्ग में फूट डालना आदि निंदनीय तरीक़ों को अपनाकर उन्होंने मानो उस आन्दोलन को नेस्तनाबूद करने की कसम खाई हो। उनके इन आत्यंतिक अत्याचारों, अन्याय और छल-कपट से तंग आकर इस ज़िले के कुछ हिस्सों के हज़ारों अस्पृश्य धर्म-परिवर्तन करने का मन बना चुके हैं। उन्होंने इस प्रकार का एक नोटिस भी स्पृश्य वर्ग के नाम भेज दिया है। लेकिन स्वार्थी अन्तःकरण

वाले भिक्षुतंत्र को इससे कोई फ़र्क़ नहीं पड़ा। इस बात का पता ही न होने का नाटक करनेवाले शुद्धि वालों और हिन्दूसभा वालों ने तो उनके दुखों की रत्ती भर भी परवाह नहीं की।

धर्म-परिवर्तन के बारे में अपने अस्पृश्य बन्धुओं की क्या राय है, यह जानने के लिए जलगाँव तहसील के अस्पृश्य वर्ग के नेताओं ने इस परिषद का आयोजन किया था। इस परिषद में पहले दिन धर्म-परिवर्तन के प्रस्ताव पर विचार-विमर्श हुआ। उससे पता चला कि पूरा बहिष्कृत समाज इसके लिए तैयार है। प्रस्ताव पर सभी की अनुकूल प्रतिक्रिया थी। ब्राह्मणेतर पार्टी के नेताओं ने इस पर समर्थन के स्वरूप ज़ोरदार भाषण कर प्रस्ताव के पक्ष में राय दी। अध्यक्ष साहब द्वारा जनता की राय जानने हेतु प्रस्ताव वोटिंग के लिए प्रस्तुत किया तब उस प्रस्ताव को सबने स्वीकार किया, किसी ने विरोध नहीं किया। इस तरह पहले दिन का कामकाज ख़त्म हुआ।[1]

[*बाबासाहेब डॉ. अम्बेडकर सम्पूर्ण वाङ्मय,* खंड 38, पृ. 165-66]

1. *बहिष्कृत भारत,* 21 जून, 1929

4

धर्म एवं पुरोहितों को समुचित नियंत्रण में लाया जाए

बेलगाँव में प्रवास के दौरान मैंने बंबई में कुछ पारसियों द्वारा संघ के गठन हेतु एक आन्दोलन आरम्भ करने के बारे में सुना है, जिसका मुख्य उद्देश्य पुजारी के लिए जाति के आधार का उन्मूलन है। यह माना गया है कि भारत के अधिसंख्यक शिक्षित युवा इसे तत्परतापूर्वक स्वीकार करेंगे। मुझे नहीं लगता कि पारसी जन-समुदाय की कार्यपद्धति पर चर्चा हेतु मुझे आमंत्रित किया जाएगा। लेकिन मेरे पारसी मित्र आश्वस्त रहें कि हिन्दू पुरोहित वर्ग किसी भी रूप में पारसी पुरोहित वर्ग से नैतिक, शैक्षिक अथवा किसी अन्य प्रकार से औसत पारसी पुरोहित वर्ग के सदस्य से श्रेष्ठ नहीं है।

चक्रगति में गतिरोध

विरासती हिन्दू पुरोहितों के विरुद्ध दोषारोपणों की संख्या अत्याधिक एवं भयावह है। वह हमारी सभ्यता के चक्र में एक बाधा है। मनुष्य पैदा होता है, विवाह करता है, एक परिवार का मुखिया बनता है एवं समय आने पर मृत्यु को प्राप्त हो जाता है। हर समय पुजारी जिन्न के रूप में दिखाई देता है। उसके स्वयं द्वारा बनाए शास्त्रों एवं स्मृतियों के अनुसार नियत क्रूर नियमों के अतिक्रमण की सजा क्रूरता से दी जाती है, जिसे 99 प्रतिशत बर्दाश्त नहीं कर सकते। शैतान पुरोहितों ने समाज से निर्वासन या बहिष्कार किये जाने का हथियार स्वयं द्वारा निर्मित किया हुआ है। इसका निष्पादन पुजारी द्वारा निष्ठुरता, निर्ममता एवं क्रूरता से किया जाता है। मुझे यह स्वीकार करना होगा कि कामचलाऊ ब्राह्मण विधि-विधान, मानवता का एक घृणित प्रतिरूप है। उसके प्रति हमारी जो छवि है, उसे वह भी जानता है। वह अदृश्य

शक्तियों एवं नि:सहाय व्यक्तियों के बीच-बिचौलिये की लज्जाजनक भूमिका निभाता है और इसके माध्यम से आजीविका चलाता है। दार्शनिक भलीभाँति पूछ सकते हैं कि क्या यह भ्रष्ट वर्ग दिल से स्वीकार्य है? लेकिन इस प्रश्न का जो भी उत्तर हो, समाज के महत्त्वपूर्ण अवयवों पर आश्रित एवं उनका भक्षण करनेवाले परजीवी को बिना रोक एवं नियंत्रण के अब और अधिक कार्य करने की अनुमति नहीं दी जा सकती। हम भारत में अंग्रेज़ों द्वारा किये गए सुधार का अनुकरण करें एवं धर्म तथा पुजारियों को उचित नियंत्रण में लाएँ तथा उसकी पदवी एवं अनियंत्रित वृद्धि को रोकें।

प्रभावी महत्त्वपूर्ण कार्य

जन साधारण के मध्य प्रचलित अन्धविश्वासी प्रथाओं के विरुद्ध प्रभावी क़ानून बनाया जाना अत्यन्त आवश्यक है। अन्धविश्वासों का समर्थन पुजारी करते हैं। देवी-देवताओं को अपव्ययी भेंट, मृत्यु पर लम्बी अवधि तक शोक एवं अनेक अनुष्ठान, जन्म एवं विवाहों पर बहुविधि समारोह, असंवेदनशील जातिगत भाव जैसी कुछ अव्यावहारिक एवं निरर्थक प्रथाएँ हैं, जिनमें पुजारी आनन्दित होते हैं। जैसे विवाह का आनन्दपूर्ण अवसर हो अथवा मृत्यु का अवपूर्ण अवसर पुजारियों द्वारा दोनों में समान रूप से लाभ उठाया जाता है, एक पारसी संवाददाता ने उत्कृष्ट रूप से बताया है कि कुछ पुजारी प्रार्थना करते हैं, ताकि वे अपने शिकार को फँसाने में सफल हों। मेरा मानना है कि पुरोहिताई की बुराइयों की विषय सूची वास्तव में भयावह है। इसके पूर्णतया उन्मूलन को एक ध्येय के रूप में दृष्टिगत रखा जा सकता है, लेकिन हम अपने इस सार्वजनिक हित के अभियान को इतनी जल्दी प्रारम्भ नहीं कर सकते। मैं कुछ प्रतिष्ठित पारसियों द्वारा संगठित रूप से उठाए गए क़दमों का हार्दिक रूप से स्वागत करता हूँ। यह वास्तव में आश्चर्यजनक है कि पारसी समुदाय पुजारियों के जाल में कितना जकड़ा हुआ है।

कुछ पारसी मित्रों द्वारा किये गए आकलन से पाया गया है कि एक निर्धन पारसी परिवार में किसी के जीवित रहने की अपेक्षा उसकी मृत्यु के पश्चात् एक वर्ष तक मृतक के परिवार पर आर्थिक बोझ अधिक होता है। एक पारसी समाचार पत्र में 'हाल ही में एक व्यक्ति का दृष्टान्त दिया गया था जो जीवित रहते हुए बड़ी कठिनाई से एल्युमीनियम का एक गिलास ख़रीद सका था, लेकिन जब उसकी मृत्यु हुई तो पुरोहित ने दबाव डाला कि उसके अन्तिम संस्कार में एक चाँदी का गिलास होना चाहिए। मैंने इसका उदाहरण यह दर्शाने के लिए दिया है कि पारसियों

ने अपनी व्यावहारिक बुद्धिमत्ता से भारत को पुरोहितों की छल रूपी बुराई से मुक्ति दिलाने में अग्रणी भूमिका निभाई है एवं मुझे कोई सन्देह नहीं है कि सभी प्रबुद्ध हिन्दू, मुसलमान एवं ईसाई पुरोहितवाद के उन्मूलन के इस महान एवं उत्कृष्ट कार्य में शामिल होंगे और इसमें उन्हें अपने पारसी भाइयों की तुलना में कम मशक़्क़त करनी पड़ेगी।'[1]

[*बाबासाहेब डॉ. अम्बेडकर सम्पूर्ण वाङ्मय,* खंड 36, पृ. 388-89]

1. द *बंबई क्रानिकल,* नवम्बर-08, 1929

5

भगवान के दर्शन के बिना कोई मरता नहीं

बेलगाँव ज़िले के चिकोडी तालुके के निपाणी गाँव में डॉ. बाबासाहेब आंबेडकर को मानपत्र देने और थैली अर्पण करने के समारोह की तैयारियाँ चल रही थीं। इसी सिलसिले में 23 मई, 1932 के दिन तीन बजे के आसपास कोल्हापुर से निपाणी जाते समय क. कागल, ज. कागल के अस्पृश्य समाज द्वारा महारवाड़ा की तक्के की इमारत में पान-सुपारी का कार्यक्रम पहले से ही रखा था। डॉ. बाबासाहेब आंबेडकर मोटर से क़रीब साढ़े तीन बजे के आसपास जब आ रहे थे, तब उनके स्वागत के लिए कागल जागीर से अस्पृश्य समुदाय के चार-पाँच हज़ार लोग इकट्ठा हुए थे। लोग गाँव से चार-पाँच फ़र्लांग की दूरी पर इकट्ठा हुए थे। डॉ. साहब की मोटर आते ही अस्पृश्य समाज ने ज़ोर-ज़ोर से जय-जयकार करते हुए तथा बैंड बजाते हुए चले। गाड़ी के पीछे लाठीधारी स्वयंसेवक थे, जो पीछे से जयकार कर रहे थे। मोटर के चारों तरफ़ भी एक-दूसरे के हाथ पकड़कर लोगों ने चेन बना ली थी। पूरे बन्दोबस्त के साथ सब जयकार करते हुए जा रहे थे। इसके अलावा क़रीब चार-पाँच हज़ार दर्शक इकट्ठा हुए थे। इस तरह के बन्दोबस्त के साथ डॉ. बाबासाहेब आंबेडकर का जुलूस निकल पड़ा था। समारोह की जगह पर जुलूस आते ही महिलाओं और पुरुषों ने ज़ोर-ज़ोर से जयघोष किया। मोटर से उतरकर सिंहासन पर विराजमान होते ही मि. भीमराव संताजी कांबले मास्टर ने समयाभाव के कारण गौरव के दो शब्द ही कहे और फिर पुष्पहार अर्पण किया गया।

तय कार्यक्रम के अनुसार तारीख़ 23 मई, 1932 के दिन कर्नाटक राज्य के बहिष्कृत वर्ग की विभिन्न संस्थाओं की ओर से डॉ. बी.आर. आंबेडकर

को दि.ब. लट्ठे एम.ए., एल.एल.बी. की अध्यक्षता में मानपत्र देने का कार्यक्रम सम्पन्न हुआ। इस कार्यक्रम के लिए बेलगाँव, धारवाड़, कोल्हापुर और सांगली आदि ज़िलों से क़रीब 7-8 हज़ार जनसमुदाय इकट्ठा हुआ था। बैंड के सुस्वर धुन पर कोल्हापुर नगर की सीमा से सभा मंडप तक जुलूस आने के बाद मानपत्र प्रदान करने के कार्यक्रम की शुरुआत हुई। समारोह में मंच पर मे. बागडे वकील, पुणे, भाऊराव पाटील, सातारा, दात्तोबा पोवार, कोल्हापुर, गणेशाचार्य वकील कोल्हापुर, मलगौडा पाटील बेनाडीकर और अन्य काफ़ी लोग वहाँ इकट्ठा हुए थे।

शुरुआत में स्वागत के पद्य गाने के बाद में मारुतीराव ने अध्यक्ष की सूचना रखी। उनकी सूचना को बेलगाँव के रावसाहब पापाणा ने समर्थन दिया। उसके बाद दि.ब. लट्ठे ने तालियों की गड़गड़ाहट के बीच अध्यक्ष स्थान ग्रहण किया। इसके बाद डॉ. बाबासाहेब आंबेडकर ने जवाबी भाषण दिया। उन्होंने कहा—

दि.ब. लट्ठेसाहब और सज्जनो!

आपने मुझे यहाँ ले आने का अवसर तैयार किया, इसके लिए मैं आपका आभारी हूँ।

आज देश में देशद्रोही, देश के लिए घातक, हिन्दू धर्म विघातक तथा हिन्दू-हिन्दू में फूट डालनेवाला जिसे कहा जाता है, देश का सबसे बड़ा दुश्मन अगर किसी को कहा जा रहा हो, तो वो मैं ही हूँ। लेकिन यह आंधी-तूफ़ान का वातावरण जब शान्त होगा, गोलमेज़ सम्मेलन के कार्य की यदि आज के मेरे आलोचक ध्यानपूर्वक छानबीन करेंगे तो उन्हें यह बात माननी ही होगी कि डॉ. आंबेडकर ने राष्ट्र के लिए कुछ किया ही है। यह बात आजकल का दूषित वातावरण बदलने के बाद भी अगर उन्होंने नहीं मानी तो मैं उन्हें फूटी कौड़ी की क़ीमत नहीं दूँगा। मेरे काम पर मेरे दलित समाज को विश्वास है। यही सबसे बड़ी उपलब्धि, सबसे बड़ी बात मैं समझता हूँ। और जिस समाज में मेरा जन्म हुआ है, जिनके बीच मेरा उठना-बैठना है, जिनके बीच ही मुझे मरना है उन्हीं के लिए मैं काम कर रहा हूँ, करता रहनेवाला हूँ। आलोचना करनेवालों की मुझे फ़िकर नहीं है। मुझ पर आरोप है कि मैं देश का काम नहीं करता। पिछले सौ सालों से सुधारक हो या दुर्धारक, उग्रवादी हों या उदारवादी, राष्ट्र के नाम पर अपनी जाति के लोगों का पेट पाला जा रहा है। उन

लोगों ने मेरे समाज के लिए कुछ भी नहीं किया है। फिर वे मुझसे ही राष्ट्र के कार्य की उम्मीद क्यों करते हैं? मुझे अपने समाज की सेवा करनी चाहिए।

महाड़, नासिक और अन्य जगहों पर हुए सत्याग्रहों से मुझे यक़ीन होता चला है कि हिन्दू लोगों के अन्तःकरण पत्थर-गारे से बनी दीवार की तरह मुर्दा है। वे इंसान को इंसान समझना, दूसरों को उनके हक़ देना ज़रूरी नहीं समझते। पत्थर की दीवार पर सिर पटकेंगे तो ख़ून ही निकलेगा। दीवार की कठोरता कम नहीं होगी। इसीलिए इस बारे में मेरा पूरी तरह मत परिवर्तन हो चुका है। आज तक हमें हिन्दुओं के भगवान के दर्शन नहीं हुए, इसलिए हम मरे नहीं या आज तक हिन्दुओं के मन्दिरों में जानेवाले गधे, कुत्ते, बिल्लियाँ वग़ैरह प्राणी इंसान बने नहीं। वे यदि हमें छूना नहीं चाहते, तो हम भी उन्हें अपने को छूने नहीं देंगे।

अबके बाद हम केवल सरकारी अधिकारियों के तंबू गाड़नेवाले या साफ़-सफ़ाई करनेवाले नहीं रहेंगे। अन्य लोगों की तरह हम भी राजनीतिक सत्ता को हाथ में लेंगे, और अपनी सामाजिक स्वतंत्रता को स्थापित करेंगे। हम निश्चय करते हैं कि अबके बाद हम किसी के भी गुलाम नहीं रहेंगे।

उसके बाद डॉ. आंबेडकर ने भाषण पूरा किया। फिर यह समारोह 7-8 हज़ार लोगों की तालियों की गूँज के साथ समाप्त किया।[1]

[*बाबासाहेब डॉ. अम्बेडकर सम्पूर्ण वाङ्मय,* खंड 38, पृ. 289-90]

1. *जनता,* 25 जून, 1932

6

मन्दिर जाने से आपका उद्धार नहीं होगा

28 सितम्बर, 1932

पुणे में हुए समझौते के बाद बंबई का अखिल अस्पृश्य समाज डॉ. बाबासाहेब आंबेडकर का भाषण सुनने बहुत ही उत्सुक था। अस्पृश्य समाज की बेचैनी को इस बात से समझा जा सकता है कि यह कार्यक्रम रात में आयोजित हुआ था और वहाँ पर करीब 15 हजार लोग मौजूद थे। रात 10 बजे डॉ. आंबेडकर वहाँ पहुँचे थे। कार्यक्रम शुरू होने के बाद सबसे पहले अध्यक्षीय भाषण श्री देवराव नाईक का हुआ। उन्होंने कहा—

महात्मा गांधी की घोर प्रतिज्ञा के कारण पूरा हिन्दुस्तान हिल गया था और उनकी प्रतिज्ञा का स्वरूप इतना भयंकर था कि अस्पृश्यों के नेता डॉ. आंबेडकर अगर उनकी बात न मानते तो गांधी जी की जान खतरे में पड़ सकती थी। लेकिन गांधी जी की बात मान लेने का मतलब था कि इतने परिश्रम से अस्पृश्यों ने आत्मसुरक्षा के लिए जो भी कुछ हासिल किया था, उसे गँवा देना। और न मानने का मतलब था महात्मा गांधी की जान लेने का इल्जाम झेलना। ऐसी विपरीत स्थितियों में अस्पृश्य समाज, ख़ासकर ख़ुद डॉ. बाबासाहेब फँसे हुए थे। लेकिन अस्पृश्यों के सौभाग्य से इन दोनों बातों को ठीक तरह से हल करते हुए डॉ. आंबेडकर ने अपनी भूमिका निभाई। महात्मा गांधी जी के प्राण या अस्पृश्यों के स्वसुरक्षा के अधिकार गँवाने के संकट को उन्होंने मात दी। उनकी जीत पददलित समाज के उज्ज्वल भविष्य का द्योतक ही थी। आज अस्पृश्य समाज को वे अधिकार मिले हैं, जो उन्हें पहले कभी नहीं मिले थे यह बात सही है, लेकिन आज हिन्दू समाज

में सदियों से चली आ रही अस्पृश्यता क़ानूनन नष्ट हुई तो इन अधिकारों का फल पा लिया, इस भ्रामक कल्पना में न रहें। अस्पृश्य समाज आज पूरे हिन्दू समाज को इस बात का विश्वास दिला ले कि जब तक हिन्दू समाज का हिस्सा बन चुकी अस्पृश्यता को वे पूरी तरह मिटा नहीं देंगे, तब तक चैन की साँस नहीं लेंगे। अपना भाषण पूरा करने से पहले अध्यक्ष ने एक प्रतिज्ञा की कि आज से चार महीनों के भीतर अगर जनता पत्र के पाँच हज़ार सदस्य नहीं बने तो वे संपादक का पद भार स्वीकार नहीं करेंगे।

ताली की भारी गड़गड़ाहट से जनसमुदाय ने डॉ. बाबासाहेब आंबेडकर का स्वागत किया। इसके बाद उन्होंने अपना भाषण शुरू किया—

आठ दिनों पहले अस्पृश्य समाज पर जो संकट मँडरा रहा था, उसका खुलासा अध्यक्ष ने अपने भाषण में किया ही है। आज उस संकट से अस्पृश्य समाज बाहर निकल चुका है। इतना ही नहीं, उस आपदा से शक्तिहीन न होते हुए वह आज और अधिक बलवान हुआ है।

पहले गोलमेज़ सम्मेलन के समय अस्पृश्यों के लिए हमने कुछ ख़ास माँगें रखी थीं। आप उन माँगों के बारे में जानते ही हैं। दूसरे सम्मेलन में जब उन माँगों की बात निकली, तब सभी हिन्दू प्रतिनिधियों ने तथा ख़ुद महात्मा गांधी ने भी उन माँगों का कड़ा विरोध किया। ऐसे में अस्पृश्यों के अधिकारों की रक्षा का कोई मार्ग सामने नहीं था। सभी तरफ़ से जिन्हें समाज ने दलित बनाया हो, जो आर्थिक रूप से पंगु थे, धार्मिक रूप से कमज़ोर थे, सामाजिक दृष्टि से जो कीड़े-मकोड़े की तरह क्षुद्र माने गए थे और कूड़े-कचरे की भाँति राजनीति में इस समाज को कुछ रियायतें देने के लिए अगर हिन्दू समाज तैयार नहीं है, तो भावी स्वराज में जब राजनीतिक सत्ता का बड़ा हिस्सा हिन्दुओं के हाथ आएगा तब उस दुर्बल समाज का क्या होगा इस बात की चिन्ता मुझे घेर रही थी। उस समय मैंने सबको ताकीद दी कि अगर भावी समाज में अस्पृश्यों को ज़रूरी रियायतें नहीं मिलनेवाली हैं तो ऐसे समाज के निर्माण के लिए वह अपनी सम्मति कदापि नहीं देगा। दूसरे सम्मेलन के समय मैंने अस्पृश्यों के लिए माँगें प्रस्तुत कीं। उन्हें प्रधानमंत्री तक पहुँचाया। इसके बावजूद प्रधानमंत्री ने जो न्याय किया उसमें मेरी माँग के अनुसार अलग चुनाव क्षेत्र केवल कुछ जगहों के लिए ही मंजूर हुआ

था। अपनी माँग के अनुसार सारी जगहें भले हमें नहीं मिली थीं लेकिन जो कुछ मिल रहा था, उसी में सन्तोष किया जा सकता था। मुझे लग रहा था कि अब आगे के कामों के बारे में सोचना होगा। संकटों का सामना भले करना पड़ा लेकिन अस्पृश्यों के कल्याण का कुछ कार्य मेरे हाथों हुआ, ऐसा मुझे लगा था। मैंने राहत की साँस ली थी। जंगली जानवर के चंगुल से छूटकर जब कोई हिरन सुरक्षित जगह पहुँचकर राहत की साँस लेता है, कुछ उसी तरह की मानसिक स्थिति मेरी हुई थी। तभी महात्मा गांधी की प्रतिज्ञा के बारे में जानकारी मिली। अस्पृश्यों के सौभाग्य से इस बार महात्मा जी ने काफ़ी सहयोगपूर्ण नीति अपनाई थी। हिन्दू नेताओं के साथ जो सुलह हुई उसमें अस्पृश्यों को काफ़ी फ़ायदा पहुँचा है। पंजाब प्रान्त में अस्पृश्यों को आठ जगहें मिलीं, जबकि पहले उन्हें वहाँ एक भी जगह नहीं मिली थी। अन्य प्रान्तों में भी और जगहें मिलीं। केन्द्रीय विधिमंडल में अस्पृश्यों के लिए 18 प्रतिशत जगहें आरक्षित की गईं, यह दूसरा फ़ायदा हुआ। इस बारे में प्रधानमंत्री ने जो न्याय किया था, उसमें कोई ज़िक्र नहीं था। उन्होंने जो निर्णय दिया था, उसमें अस्पृश्यों के लिए अत्यन्त हानिकारक और जोखिम भरी एक कमी रह गई थी। 20 वर्षों के बाद ये सारी रियायतें अपने आप ख़त्म हो जानेवाली थीं। 20 सालों में स्थितियों में बहुत ज़्यादा फ़र्क़ तो आनेवाला नहीं था। इन बीस सालों में हज़ारों सालों से जो अत्याचार हो रहे थे, वे ख़त्म तो नहीं होनेवाले थे। आम हिन्दू समाज का नज़रिया जब तक नहीं बदलता तब तक अस्पृश्यों के लिए लागू की गईं ये रियायतें वापस लेना यानी जड़ें जमाने की कोशिश कर रहे पौधे को जड़ से उखाड़ने जैसा था। नये सुलहनामे के अनुसार यह बदला गया है। अब यह तय किया गया है कि हिन्दू समाज और अस्पृश्यों की परस्पर सहमति से ही ये रियायतें ख़त्म की जाएँगी। हिन्दू समाज अगर अपनी प्रत्यक्ष कृतियों से अस्पृश्यों का विश्वास हासिल करेगा तो अस्पृश्य अपने आप ये रियायतें छोड़ देंगे। वरना ये रियायतें लागू रहेंगी। यह सब तो ठीक है, लेकिन यह जो मौक़ा मिला है उसका सही इस्तेमाल आप नहीं करेंगे तो अंधों के सामने रत्न रखने जैसी स्थिति होगी। जो कुछ मिला है, उसका सही उपयोग आपको करना होगा। सत्ता में अपनी भागीदारी का सही चित्र सामने आने के लिए आप स्वराज की अगली बंबई विधि कौंसिल का चित्र आँखों के आगे ले आइए। किसी भी पार्टी के पास 200 में से 115 जगहें जब तक न हों, वह राज नहीं कर सकती। इस प्रान्त में सबसे अधिक जगहें हिन्दुओं के हिस्से आई हैं और वे अलभग 100 हैं। इन सौ को आपकी 15 जगहों के बग़ैर काम चलाना सम्भव नहीं होगा।

मुसलमान या अन्य छोटे समूहों के बारे में तो बात करना भी बेकार है। मतलब यही कि आपके हाथ में अलौकिक शक्ति आई है। उसका इस्तेमाल आप अपनी आर्थिक उन्नति के लिए करें। एक और सूचना मैं देना चाहता हूँ, जो महत्त्वपूर्ण है और उस पर ध्यान देना ज़रूरी है। आज हर जगह आपके लिए मन्दिरों के दरवाज़े खोले जाने के बारे में चर्चा है। इस काम को करने की इच्छा रखनेवालों के अच्छे उद्देश्यों के बारे में मुझे कोई आशंका नहीं है। हालाँकि आप यह न भूलें कि मन्दिर में जाने से आपका उद्धार नहीं होनेवाला है। मन्दिर की मूर्ति के इर्द-गिर्द डोलनेवाली आध्यात्मिक भावना से अधिक पेट का गड्ढा कैसे भरा जाए, इस बारे में आपको ज़्यादा सोचना चाहिए। खाने के लिए अनाज नहीं, तन ढकने के लिए ज़रूरी कपड़े नहीं, शिक्षा पाने की व्यवस्था नहीं, धन के अभाव के कारण बीमारी का इलाज करना सम्भव नहीं, ऐसी दीन-हीन स्थिति में हमारा समाज फँसा हुआ है। इन स्थितियों में बदलाव लानेवाले, जीवन के ज़रूरी सुख पाने के उद्देश्य को ध्यान में रखकर आपको अपना अगला कार्यक्रम तय करना होगा। मन्दिरों में जाने के मार्ग खुल गए, अस्पृश्यता हटी केवल इसलिए जो हक़ मिले हैं, उन्हें गँवाना ठीक नहीं होगा। 'आज हमारी जो स्थिति है वह हमारे भाग्य का फल है' जैसी मूर्ख और आत्मवंचक कल्पनाओं से अपने आपको मुक्त कीजिए। मुझे पक्का विश्वास है कि इस तरह की कल्पनाओं से छुटकारा पाकर हममें से हर व्यक्ति अगर राजनीति पर ध्यान रखकर मिले हुए हर राजनीतिक मौक़े का सही-सही उपयोग करेगा तो अपने समाज के दुख ज़रूर दूर होंगे। एक और महत्त्वपूर्ण बात यह है कि जिन नेताओं को आप चुनकर ले आएँगे, उन पर पूरा विश्वास करें, तो वे आपके सच्चे मार्गदर्शक बनेंगे। जिनका हित आपके हित से अलग नहीं होगा और जो स्वार्थी नहीं हैं, ऐसे ही लोगों को आप अपना नेता चुनें। अन्य पार्टियों की अंजुलि से पानी पीनेवाले या उनके काम करनेवाले लोग आप में बस फूट ही डालेंगे। आपको गुमराह करेंगे। वे आपको दग़ा ही देंगे। ऐसे ढोंगी नेताओं से आप बचके रहिए। आगे हमें बहुत काम करने हैं। आज हमारे पास कोई स्थायी संस्थाएँ नहीं हैं, सभी आन्दोलनों का केन्द्रीय स्थान बनाने लायक़ जगह नहीं, और काम करनेवाले लोगों की भी कमी है। इन दिक़्क़तों को मात करने के लिए 2 लाख रुपयों का फ़ंड जोड़ने का संकल्प मैंने किया है। हर वयस्क स्त्री-पुरुष को इसमें इज़ाफ़ा करना होगा। मुझे यक़ीन है कि ठान लेने पर आप केवल बंबई में इतनी रकम जुटा सकेंगे। साथ ही, जनता पत्र की बिक्री आपको बढ़ाने की कोशिश करनी होगी। यह हमारा मुखपत्र है। इसी पत्र

के द्वारा जनता में हम जान फूँकनेवाले हैं। इसीलिए इस पत्र को स्वावलम्बी बनाना आपका कर्तव्य है।"

इस तरह बाबासाहेब ने क़रीब घंटे भर तक भाषण दिया। वहाँ इकट्ठा हुए लोग उनके भाषण का हर शब्द रत्नों की तरह सँजो रहे थे। बाद में अध्यक्ष, बाबासाहेब तथा अन्य लोगों के प्रति आभार प्रकट किया गया। क़रीब बारह बजे सभा बर्ख़ास्त हुई।[1]

[*बाबासाहेब डॉ. अम्बेडकर सम्पूर्ण वाङ्मय,* खंड 38, पृ. 354-357]

1. *जनता,* 8 अक्टूबर, 1932

7

मन्दिर प्रवेश की बजाय आर्थिक, शैक्षिक व सामाजिक सुधार पर अधिक ध्यान दें

डॉ. बी.आर. आंबेडकर कल पूना आए और विधान परिषद् में कुछ समय बिताया, लेकिन उन्होंने यह किसी को नहीं बताया कि उन्हें यरवदा जेल में श्री गांधी से मिलने की अनुमति दी गई है। तथापि, शाम को उन्होंने इस अनुमति (परमिट) का उपयोग किया और लगभग डेढ़ घंटा श्री गांधी के साथ बिताया। बाद में किसी व्यावसायिक काम से वे सावंतवाड़ी के लिए निकल गए। वे 26 अक्टूबर को बंबई लौटेंगे और उम्मीद है कि 7 नवम्बर को इंग्लैंड के लिए रवाना हो जाएँगे।

डॉ. आंबेडकर का मानना है कि गोलमेज़ सम्मेलन 22 नवम्बर से पहले शुरू नहीं हो पाएगा, क्योंकि शिष्टमंडल के कई सदस्यों के लिए 12 नवम्बर तक लंदन में उपस्थित हो पाना असम्भव होगा। दलित वर्गों तथा सवर्ण हिन्दुओं के बीच वर्तमान स्थिति को देखते हुए, राजनीति और सामाजिक कल्याण को अलग-अलग कर पाना तो कठिन है, फिर भी समझा जाता है कि परमिट की शर्तों के तहत विशिष्ट राजनीति पर रोक थी, इसलिए पूरे सन्धि पर कोई बात नहीं हो पाई।

तथापि डॉ. आंबेडकर ने श्री गांधी के सामने अस्पृश्यता-विरोधी लीग के भावी गठन, इसकी प्रान्तीय तथा ज़िला समितियों और इसकी सामान्य प्रगति पर अपने विचार रखे। उन्होंने समितियों के गठन का मामला उठाया और बेहद गम्भीरता से अपना दृष्टिकोण रखा कि इन समितियों में अधिकांश लोग दलित वर्गों से होने चाहिए। उनका मत था कि दलित वर्गों की आवाज़ प्रबल होनी चाहिए और ऐसा कुछ भी नहीं किया जाए जो उन्हें अरुचिकर लगे। यदि उनके उत्थान के कार्य को सन्तोषजनक तरीक़े से चलाना है, तो सवर्ण हिन्दुओं को चाहिए कि वे दलित वर्गों की सहायता करें, जिससे वे स्वयं अपना भला सोच सकें, न कि उन्हें हर तरीक़े से

सवर्ण हिन्दुओं के आदर्शों का अनुसरण करने के लिए प्रेरित करके उनका उत्थान करने का प्रयास करें।

विशेष जनगणना

उन्होंने भारत में दलित वर्गों की एक विशेष जनगणना कराने के लीग के प्रस्ताव की ओर भी श्री गांधी का ध्यान आकर्षित किया और कांग्रेस नेता को बताया कि इस तरह का कोई क़दम उठाने की आवश्यकता नहीं है।

साक्षात्कार के दौरान श्रीमती सरोजिनी नायडू उपस्थित थीं और श्री गांधी तथा जो लोग साक्षात्कार के बाद डॉ. आंबेडकर से मिले, उन्हें ऐसे संकेत प्राप्त हुए कि श्री गांधी ने अस्पृश्यता-विरोधी लीग समितियों के गठन के डॉ. आंबेडकर के प्रस्ताव को पसन्द किया है।

यरवदा से मिली ताज़ा ख़बर के अनुसार श्री गांधी 'पूरी तरह से स्वस्थ' हैं और डॉ. आंबेडकर ने अपने मित्रों से कहा कि कांग्रेसी नेता पूर्णत: जीवन्त हैं और पूरी तरह से सामान्य स्वास्थ्य लाभ कर चुके हैं।

आर्थिक असमानताएँ
अपने समुदाय को डॉ. आंबेडकर की सलाह

एक साक्षात्कार में डॉ. आंबेडकर ने कहा कि "अस्पृश्यता-विरोधी आन्दोलन में निश्चित रूप से कुछ शिथिलता आई है।" लेकिन, चूँकि यह आन्दोलन केवल अस्पृश्यों के मन्दिर-प्रवेश तथा सवर्ण लोगों के साथ खाने-पीने पर रोक हटाने से सम्बन्धित था, इसलिए मैं इस तथ्य से बहुत व्याकुल हुआ हूँ कि इन्होंने लोगों के बीच काफ़ी वैर-भाव पैदा कर दिया है और उन्हें ठोस लाभ नहीं पहुँचाया है।

"अस्पृश्यता-विरोधी लीग तथा इस उद्देश्य के लिए काम कर रहे लोगों का ध्यान मन्दिर-प्रवेश और साथ खाने-पीने की बजाय अस्पृश्यों के आर्थिक, शैक्षिक तथा सामाजिक विकास पर होना चाहिए। कुएँ खोलने और अस्पृश्यों के बच्चों को पब्लिक स्कूलों में भर्ती करने के लिए इनके द्वारा सार्वजनिक दृष्टिकोण विकसित किया जाना चाहिए।"

बेलगाँव ज़िले का हवाला देते हुए, "जहाँ दलित वर्ग के लोगों द्वारा स्वयं अपने लिए एक अलग कुएँ के निर्माण के लिए अनुरोध किया गया है, उन्होंने

कहा कि बोर्ड को ऐसा अनुरोध मंजूर नहीं करना चाहिए। अस्पृश्यों को सामान्य सार्वजनिक कुओं से पानी लेने के अपने अधिकार पर डटे रहना चाहिए। उन्होंने सन्देह प्रकट किया कि इस मामले में दलित वर्गों को ज़रूर किसी स्वार्थी दल ने अपने प्रभाव में लिया है।"[1]

[*बाबासाहेब डॉ. अम्बेडकर सम्पूर्ण वाङ्मय,* खंड 35, पृ. 216-17]

1. द *टाइम्स ऑफ़ इंडिया,* 19 अक्टूबर, 1932

8

परम्परा से चले आ रहे कामों को छोड़, शिक्षा पाने की कोशिश करें

28 अक्टूबर, 1932

बंबई के ओपोलो बंदरगाह स्थित सर कावसजी जहाँगीर हॉल में अस्पृश्य नेता डॉ. पी.जी. सोलंकी की अध्यक्षता में एक सभा हुई थी। जहाँ पर बंबई के ऋषि समाज की ओर से डॉ. बाबासाहेब भीमराव आंबेडकर को मानपत्र दिया गया। मानपत्र लेने के बाद डॉ. आंबेडकर ने कहा—

यह मानपत्र केवल मुझे ही अकेले को दिया जा रहा है, इस बात के लिए मैं क्षमाप्रार्थी हूँ। अछूत वर्ग का जो भी काम हो रहा है वह सब केवल मुझ अकेले से हो रहा है, यह किसी का कहना हो तो वह झूठ है। इस काम के लिए जितना श्रेय आप मुझे दे रहे हैं, उससे ज़्यादा श्रेय डॉ. सोलंकी और मेरे साथ काम करनेवाले लोगों को दिया जाना चाहिए। डॉ. सोलंकी मेरे साथ काम करते हैं। पिछले तीन सालों में मैंने कौंसिल में कुछ भी काम नहीं किया। लेकिन डॉ. सोलंकी साहब ने कौंसिल में अस्पृश्य वर्ग की बहुत मदद की है। पुणे में हिन्दू नेताओं के साथ हमारी जो बातचीत हुई उस दौरान भी डॉ. सोलंकी ने मेरी बहुत मदद की। यह उनका बड़प्पन है कि जो मानपत्र उन्हें दिया जा रहा था, वह मुझे दिया जाना चाहिए, ऐसा उन्होंने इस सभा के आयोजकों से कहा। आख़िर मैं आप लोगों से यही कहना चाहता हूँ कि पुणे में हिन्दू नेताओं के साथ जो अनुबंध हुआ उसके अनुसार हमारा जो भी फ़ायदा हुआ है, उसका उपयोग हमारे लोग कैसे करवा लेंगे यह मेरी समझ में नहीं आ रहा है। संसार में मानव को जो सुख-दुख भोगना

पड़ता है, वह सब ईश्वर की इच्छा के अनुसार ही होता है। अपनी दारिद्रता अपने ही लिए बनी है, ऐसा लोग मानते हैं। इसके लिए मैं सभी लोगों से कहना चाहता हूँ कि इस तरह अपने आप को नीच मानने की आदत छोड़ दें। एक बात ध्यान में रखें कि राजनीतिक क्षेत्र में जो यह बड़ा बदलाव हुआ है, वह उच्च वर्ण के हिन्दू लोगों को स्वीकार्य नहीं है इनकी नज़र में इसकी कोई क़ीमत नहीं है। वे लोग इस देश के राज्यकर्ता बने हैं। उसके लिए फिर हिन्दू लोगों की ग़ुलामी में हमें जकड़ने की स्थिति नहीं आएगी, क्योंकि इससे आगे जो भी क़ानून बनेंगे वे अस्पृश्यों की सहमति से ही बनेंगे। यह एक सामाजिक क्रान्ति है। मैं आपको बता दूँ कि अस्पृश्य वर्ग को जो अधिकार मिले हैं, उन्हें लूटने की कोशिश उच्च वर्ग के हिन्दू करेंगे। समता की बुनियाद पर महात्मा गांधी के साथ मिलकर जो सुलहनामा तैयार किया गया है, वह हिन्दू लोगों को पसन्द नहीं है, यह मैं जान चुका हूँ। गांधी जी ने अनशन किया तो उन्हें बचाने के लिए ही हिन्दुओं को इस सुलहनामे को मानना पड़ा था। इसके बावजूद मुझे डर है कि हमारे हाथ आई सत्ता को झटक लेने की कोशिश वे करेंगे। मैं उम्मीद करता हूँ कि हाथ आई सत्ता को आप यूँ ही गँवा नहीं देंगे।

दूसरी एक और महत्त्वपूर्ण और अपनेपन की सूचना मैं आपको दे रहा हूँ कि मैं सहभोजन और मन्दिर प्रवेश के ख़िलाफ़ नहीं हूँ। लेकिन आपको इस राह से राजनीतिक अधिकार नहीं मिलेंगे। आपको घर चलाने की आवश्यकता है। हमें रोटी, बदन पर कपड़ा, रहने के लिए अच्छे घर की ज़रूरत है। जिस तरह उच्च वर्ण के हिन्दू लोग अपने बच्चों को शिक्षा देते हैं, उसी तरह अपने बच्चों को शिक्षा देने की बेहद ज़रूरत है, और उनकी तरह हमें भी सभी तरह की सरकारी नौकरियों के क्षेत्र में प्रवेश की कोशिश करनी चाहिए। हम अगर यह करने में सफल रहे तभी हमारा कल्याण होगा।

आख़िर में ऋषि मंडली को मैं एक ममताभरी सूचना देता हूँ कि अपने अस्पृश्य वर्ग में जो जातिभेद हैं, उन्हें ख़त्म करने की हमें कोशिश करनी चाहिए। अस्पृश्यों में सामाजिक सुधार की कोशिशें करनी चाहिए। बुनियाद मज़बूत हो तो घर लम्बे समय तक टिका रहता है। ऋषि समाज अस्पृश्य वर्ग की बुनियाद है। इसीलिए उनका कार्य अस्पृश्य वर्ग के लिए आदर्श रूप होना चाहिए। ऋषि समाज यदि घोषणा कर दे कि न हम किसी छोटी जात के हैं और न हम किसी ऊँची जात के हैं, तो अस्पृश्य वर्ग में बहुत जल्द सुधार होने लगेंगे। दूसरी बात यह कि उच्च वर्ण के लोगों ने हमें यह सोचने की आदत डाल रखी है कि पीढ़ी-दर-पीढ़ी भंगी (मेहतर) का काम करना

हमारा ही काम है। इसी वजह से हमारी मानसिकता, मनोवृत्ति ऐसी हुई है। लेकिन मैं आपको साफ़-साफ़ बता देता हूँ कि हमारी ऐसी मानसिकता बनने के लिए हमारी आर्थिक स्थिति ही ज़िम्मेदार है। भंगी का काम पीढ़ी-दर-पीढ़ी करनेवालों को अब यह काम करना छोड़ देना चाहिए। अच्छी शिक्षा हासिल करनी चाहिए।

अपनी स्थिति में यदि कुछ फेर-बदल परिवर्तन करने हों तो अस्पृश्यता को जड़ सहित नष्ट करना होगा। तभी हम कोई बदलाव ला सकते हैं। इसीलिए उच्च वर्ण के हिन्दुओं की बातों पर ज़्यादा ध्यान देने के बजाय, हमें अपने कल्याण के बारे में सोचना चाहिए। ख़ैर, आपने आज मुझे जो मानपत्र दिया है उसके लिए आभार व्यक्त कर मैं अपना भाषण समाप्त करता हूँ।"[1]

[*बाबासाहेब डॉ. अम्बेडकर सम्पूर्ण वाङ्मय,* खंड 38, पृ.363-64]

1. *जनता,* 5 नवम्बर, 1932

9

मुझे उस धर्म पर क्यों गर्व हो—मुझे इस धर्म पर गर्व क्यों होना चाहिए

बेलार्ड पायर में डॉ. बी.आर. आंबेडकर को गांधी से यरवदा जेल में मिलने का अनुरोध करते हुए एक तार मिला। डॉ. आंबेडकर ने गांधी को वापस तार भेजा कि वे दिल्ली से लौटने पर उनसे मिलेंगे। अगले दिन डॉ. आंबेडकर को रंगून के डॉ. बा मॉ का एक तार मिला जिसमें कहा गया कि "बर्मा के पृथकतारोधी नेता अगले सप्ताह विधानसभा सत्र के दौरान भारतीय नेताओं से मिलने जा रहे हैं। वे आपके और अन्य नेताओं के साथ बर्मा की संवैधानिक स्थिति पर चर्चा करने के लिए चिन्तित हैं। इसलिए, हम आपसे दिनांक 4 और 5 फरवरी को दिल्ली में प्रतिनिधिमंडल से मुलाक़ात करने का अनुरोध करते हैं। कृपया वहाँ आपसे सम्पर्क करने में हमें समर्थ बनाने के लिए अपना दिल्ली का पता तार द्वारा भेज दें। यू चिट हैंग, 80 हार्मिटेज रोड, रंगून—यू चिट हैंग और डॉ. बा मॉ को उत्तर दें।" देश के सभी भागों से डॉ. आंबेडकर के कार्यालय में कई बधाई सन्देश प्राप्त हुए थे। उनमें से एक दलित वर्गों और अपने गृह राज्य के लोगों के अधिकारों और स्वतंत्रता के लिए गोलमेज़ सम्मेलन में दिये गए निर्भीक वक्तव्य पर आभारपूर्वक अपने महान नेता को बधाई देते हुए एर्नाकुलम के थिया युवाजन समाज से था।

डॉ. आंबेडकर तत्काल वायसराय द्वारा बुलाए गए गोलमेज़ सम्मेलन में प्रतिनिधियों की औपचारिक बैठक में भाग लेने के लिए बंबई से दिल्ली रवाना हुए।

दिल्ली से उनकी वापसी के बाद उन्होंने गांधी को तार भेजा कि वे उनसे 4 फरवरी को मिल पाएँगे। गांधी ने डॉ. आंबेडकर को तार द्वारा 3 फरवरी को सूचित किया; "तार अभी-अभी प्राप्त हुआ, कल 12:30 बजे सही रहेगा—गांधी।" यह स्पष्ट है कि डॉ. आंबेडकर दिल्ली में बर्मा के शिष्टमंडल

से मुलाक़ात नहीं कर सके क्योंकि वे यरवदा जेल में 4 फरवरी, 1933 को गांधी से मिलना चाहते थे।

एस.एन. शिवतारकर, डोलास, उपासम, काउली, घोरपडे और केशवराव जेधे के साथ डॉ. आंबेडकर ने 4 फरवरी को 12.30 बजे यरवदा जेल में प्रवेश किया। प्रसन्नचित्त मुद्रा में गांधी उठे और आगन्तुकों का स्वागत किया। कुछ देर बाद, बातचीत मन्दिर में प्रवेश के प्रश्न की ओर मुड़ गई। गांधी ने डॉ. आंबेडकर से डॉ. सुब्बारायन और रंगा अय्यर के विधेयक को समर्थन देने का अनुरोध किया। डॉ. आंबेडकर ने सुब्बारायन के विधेयक से कुछ भी सम्बन्ध रखने से बिलकुल अस्वीकार कर दिया, क्योंकि विधेयक में निन्दा के रूप में अस्पृश्यता की चिन्ता नहीं की गई थी। उसमें केवल यह उल्लेख किया गया था कि अगर जनमत ने मन्दिर में प्रवेश का पक्ष लिया तो मन्दिरों को दलित वर्गों के लिए खोला जाना चाहिए। परन्तु उसमें मन्दिर में देवी-देवताओं की पूजा करने के उनके अधिकार के बारे में कुछ नहीं कहा गया।

उन्होंने गांधी से कहा कि दलित वर्ग जाति प्रथा के क्रम में 'शूद्र' नहीं होना चाहते और आगे कहा कि वे वास्तव में स्वयं को हिन्दू नहीं कह सकते। उन्होंने पूछा क्यों, उन्हें उस धर्म पर गर्व होना चाहिए, जिसने अवक्रमित स्थिति में होने की निन्दा की है। अगर उस प्रथा को बने रहना है, तो उनके लिए मन्दिर में प्रवेश के लाभों का कोई मतलब नहीं है।

गांधी ने कहा कि उनके अनुसार जाति प्रथा ख़राब प्रथा नहीं है। उन्होंने अपनी बात जारी रखी। "स्पृश्य हिन्दुओं को अपने पापों का प्रायश्चित्त करने और हिन्दूवाद का शुद्धीकरण करने का अवसर दें। इस प्रश्न से तटस्थ नहीं रहें। सनातनियों और सरकार को इसका लाभ होगा। अगर यह सुधार होता है तो अछूत का समाज में उत्कर्ष होगा।"

डॉ. आंबेडकर गांधी से असहमत थे। वे आश्वस्त थे कि अगर अछूतों ने आर्थिक, शैक्षणिक और राजनीतिक क्षेत्रों में प्रगति की तो मन्दिर में प्रवेश स्वतः हो जाएगा।"[1]

[*बाबासाहेब डॉ. अम्बेडकर सम्पूर्ण वाङ्मय*, खंड 35, पृ. 56-57]

1. *कीर*, पृ. 226-27

10

लोगों की धर्म भीरुता का फ़ायदा उठाने वालों से चौकस रहें

4 मार्च, 1933

रात 9.30 बजे बंबई के सैंडहर्स्ट रोड (बोरीबंदर) के पास जी.आई.पी. रेलवे के खुले मैदान में अस्पृश्य वर्ग की एक सभा का आयोजन किया गया था। कार्यक्रम की अध्यक्षता श्री ग्रेट आर.डी. कवली, बी.ए., एल.एल.बी ने की थी और इसकी अध्यक्षता का प्रस्ताव रा. पुंजाजी जाधव ने रखा था। इस कार्यक्रम में अखिल भारतीय अस्पृश्य वर्ग के नेता डॉ. बाबासाहेब आंबेडकर को मानपत्र दिया गया था। इस कार्यक्रम की खास बात यह थी कि बाबासाहेब को मानपत्र देने से पहले लोगों के बीच इसे पढ़कर सुनाया गया था। यह मानपत्र मूलत: मराठी भाषा में था, जिसमें डॉ. आंबेडकर के लिए दीर्घायु होने की कामना करनेवाले 85 लोगों के नाम थे। मानपत्र इस तरह का था—

जातिभेदविध्वंसक, समाजक्रान्तिकारक, हितमार्गदर्शक, मूकनायक
डॉ. भीमराव रामजी आंबेडकर
एम.ए., पी-एच.डी., डी.एस.सी., बार ऍट लॉ
एम.एल.सी.जे.पी., बंबई

परमप्रिय डॉ. बाबासाहेब! आपके चरणों में, मूलरूप से नासिक ज़िले के निवासी अस्पृश्य माने जानेवाले, बंबई के सैंडहर्स्ट रोड (बोरीबंदर) के पास जी.आई.पी. रेलवे चाल में रहनेवाले आपके सभी आज्ञाकारी और विनम्र अनुयायियों का सप्रेम जोहार सादर है!

आपका हर क्षण बहुत अमूल्य है, इसके बावजूद हम ग़रीबों की उत्कट इच्छा के अनुसार आपने आज यहाँ आने की कृपा की, हमने बड़ी धन्यता महसूस की। हम आपके बड़े आभारी हैं।

आप बड़े गुणवान हैं, साथ ही बड़े धैर्यशाली हैं। आपकी असीम बुद्धिमत्ता की तथा आपकी वीरता को कसौटी पर कसनेवाले तथा उसका परिचय देनेवाले कई छोटी-बड़ी घटनाएँ अब तक के आपके जीवन में आ चुकी हैं। आपकी यशोदायी छात्रदशा, महाड़ और नासिक सत्याग्रह के समय का आपका स्फूर्तिदायक नेतृत्व, समाज के हित के लिए गोलमेज़ सम्मेलन में आपका किया हुआ काम, पुणे समझौते के समय प्रकट हुआ आपका प्रबल आत्मविश्वास, आपकी असीम बुद्धिमत्ता और प्रचंड वीरवृत्ति का परिचय देनेवाले आपके जीवन के कुछेक प्रसंगों में से एक है। सफल छात्र, चतुर राजनीतिज्ञ और धैर्यशाली नेता के रूप में आपकी जो कीर्ति है, वह इन प्रसंगों से अजर-अमर होकर आसमान तक फैली है। जैसे-जैसे समय बीतेगा वैसे-वैसे आपका कीर्तिदीपक अधिकाधिक प्रज्वलित होता रहेगा, यह निश्चित है।

महाराज, आपने हमारा मार्ग प्रशस्त किया है। हमारे हृदय में नई चेतना की दिव्य ज्योति जगाई है। युगों-युगों के अज्ञान एवं अन्धकार को भेदकर प्रकाश देनेवाली और पहले कभी किसी से हमें न मिली नई ज्ञानदृष्टि आपने हमें दी है। केवल दुनिया की नज़र में ही नहीं वरन् ख़ुद हमारी नज़रों में भी हमारी क़ीमत आपने बढ़ाई है, हममें आपने स्वाभिमान जगाया है। आत्मसम्मान के महत्त्व को आपने हमें समझाया है।

आप हमारे अनन्य नेता हैं, हमारे सही मार्गदर्शक हैं, हमारे सन्मित्र हैं, हमारा सब कुछ आप हैं। हमारे भगवान, हमारा धर्म, हमारी राजनीति और हमारा समाजीकरण आपके शब्दों में और आपकी नीति में समाया हुआ है।

सम्माननीय महाराज, हम ग़रीब हैं, लेकिन हमारा आपके प्रति प्रेम, आपके प्रति हमारी निष्ठा और हमारा आप पर विश्वास समर्थ और अटल है। उनके बल पर आप जिस मार्ग पर कहेंगे, उस मार्ग पर, फिर वह भले कितना ही कठिन क्यों न हो, चलने की हम हृदयपूर्वक और दृढ़ संकल्प होकर कोशिश करेंगे, इस तरह का आश्वासन आपको देने की इजाज़त हम ख़ुद ले रहे हैं। हमारी निष्ठा का, कृतज्ञता का और हम सबकी तरफ़ से आपको खुलेआम दिये आज के आश्वासन के और आज के इस अविस्मरणीय दिन के एक छोटे से स्मारक के रूप में तथा एक छोटे से सबूत के रूप में,

फूल नहीं फूल की पंखुड़ी के रूप में सही हम यह मानपत्र आपके चरणों में सादर अर्पण कर रहे हैं। कृपया इसको स्वीकार कर हमें कृतार्थ करें।[1]

उसके बाद अध्यक्ष के हाथों डॉ. बाबासाहेब आंबेडकर को मानपत्र अर्पण किया गया। साथ ही चाँदी की एक कप-प्लेट और माला और गुलदस्ता देकर डॉ. बाबासाहेब का सम्मान किया गया। इसके बाद डॉ. बाबसाहेब आंबेडकर भाषण देने के लिए उठ खड़े हुए। पहले उन्होंने अपना सम्मान किये जाने का धन्यवाद दिया। उन्होंने कहा—

इस सम्मान पत्र में मेरे गौरव में जो भी कुछ लिखा गया है, वह कहाँ तक सच है, यह कहना कठिन है। लेकिन, एक बात सच है कि मेरी प्रशंसा में अलंकारयुक्त भाषा का प्रयोग करते हुए आपने अपने जैसे ही एक इंसान को अच्छे गुणों से परिपूर्ण ईश्वर बना दिया है। इसे अगर सच मान लिया जाए, तो कहना पड़ेगा कि आपकी भावनाएँ स्वहितनाशक हैं। मैं यही मानता हूँ और इसीलिए एक चेतावनी के रूप में पहले दो शब्द कहना ज़रूरी मानता हूँ। किसी को ईश्वर बनाकर अपने उद्धार का भार उस पर डालने से आप अपने कर्तव्य से मुँह मोड़ लेते हैं। इस भावना से अगर आप चिपके रहे तो आप प्रवाह के साथ बहनेवाले लकड़ी के तने बन जाएँगे। आपके अन्दर की शक्ति बेकार हो जाएगी और फिर इस नये युग में आपको मिली राजनीतिक सत्ता बेकार जाएगी। आज तक आपने इस नादान भावना को अपने मन में घर बनाने दिया और इसीलिए उसने आपके वर्ग का सत्यानाश किया है। इससे आगे जाकर मैं यही कहूँगा कि इस तरह की नादान भावना ने आपका ही नहीं पूरे हिन्दू समाज का नाश किया है। अपने इस हिन्दुस्तान की हीनता का कोई कारण होगा तो वह यह दैवत्व ही है।

अन्य देशों के लोग समाज में अगर कोई बखेड़ा खड़ा हो जाए, या समाज पर कोई संकट आ जाए, तो एकता से तथा पूरे सामर्थ्य से अपना उद्धार मुक्ति करवा लेते हैं। लेकिन हमारे धर्म ने हमारी यह धारणा बना दी है कि इंसान कुछ नहीं कर सकता। समाज पर जब कोई बड़ा संकट आता है या समाज की प्रगति अवरुद्ध हो जाती है तब भगवान अवतार लेकर आते हैं और संकट का निवारण करते हैं। इस कारण लोग मिल-जुल कर संकट का सामना करने के बजाय ईश्वर के अवतार का इंतज़ार करते रहते हैं।

1. *डॉ. बाबासाहेब आंबेडकर को समर्पित मानपत्र* : संपादक शंकरराव हातोले, पृ. 12-13

हमारा हिन्दू धर्म पुरातन है, ऐसी शेख़ी बघारते कहा जाता है कि ग्रीक, रोमन आदि पुरातन और प्रसिद्ध राष्ट्र नष्ट हुए लेकिन हमारा हिन्दू समाज अभी भी जीवित है। हालाँकि केवल ज़िन्दा रहने का कोई महत्त्व नहीं। इंसान इज़्ज़त के साथ जीता है या नहीं, इसका महत्त्व है। इस नज़रिये से देखें तो हिन्दू समाज ने ज़िन्दा रहकर क्या दिग्विजय किये हैं, इस बारे में सोचना होगा। अन्य लोगों का दासत्व स्वीकारने के अलावा हमने किया ही क्या है? इस तरह जीने का कोई मतलब नहीं है। किसी का ग़ुलाम होकर 100 साल जीने से मर्दानगी के साथ दो दिन जीना कई गुना बेहतर है। दो लोगों की टक्कर में एक अगर पलायन करता भी है, तो वह भागकर ज़िन्दा रहता है, और दूसरा दुश्मन को हराकर ज़िन्दा रहता है। पलायन करनेवाला या दासत्व को स्वीकार करनेवाला अपने किये से क्या हासिल करता है? वह दूसरे का ग़ुलाम बनता है, स्वत्व भूल जाता है, ग़ुलामों की संख्या बढ़ाता रहता है और नामर्दों की फ़ौज खड़ी करता है, नामर्दगी फैलाता है। क्या मरना इससे बेहतर नहीं होता? हिन्दू समाज दूसरों का दास बनकर ही क्यों जीवित रहा, इस बारे में सोचें तो एक बात ध्यान में आती है और मेरा यह दृढ़ विश्वास है कि हर बार उसने अपनी आज़ादी/मुक्ति के लिए ईश्वर का इंतज़ार किया।

इस दुनिया में ईश्वर हो या ना हो, इस बात पर विचार करने की तुम्हें कोई ज़रूरत नहीं है। पर एक बात निश्चित है कि इस दुनिया में जो कुछ घटता है वह सब इंसान का ही किया-धरा होता है। कुछ पढ़े-लिखे लोग अन्य लोगों को अज्ञान के अँधेरे में रखते हैं, उन्हें ईश्वर की झूठी कल्पनाओं के पीछे लगाकर, उनकी धर्म में विश्वास करने की आस्था, आदत का फ़ायदा उठाते हैं और अपना उल्लू सीधा करते रहते हैं। क्योंकि, इस उपाय से आपकी संगठन की शक्ति ख़त्म होती है और आप बकरियों की तरह खोखली भावनाओं में उलझकर रह जाते हो और आपको पूरी तरह लूटने के इरादे में उन्हें सफलता मिलती है। आज हमारी हालत दीन-हीन हुई है। इस स्थिति से बाहर निकलकर अपना फ़ायदा करवाना हो तो ऐसी मिथ्या कल्पनाओं से अपने आप को मुक्त रखना आवश्यक है। आप सबको, महिलाओं और पुरुषों को इस बात पर यक़ीन रखना होगा कि आपका उद्धार करने के लिए कोई और आनेवाला नहीं है। मैं भी आपका उत्थान नहीं कर सकता। अगर ठान लो तो आप स्वयं समर्थ बनकर अपना उन्नति/उत्थान कर सकते हैं। एक बात कहने में मुझे बड़ी ख़ुशी हो रही है कि अपने वर्ग में सभी तरफ़ वातावरण में आन्दोलन की हवा चल रही है। हालाँकि इस तरह जागृति होने के बावजूद आपको मैं एक और महत्त्वपूर्ण बात बताना चाहता हूँ कि अबके बाद आपका भविष्य अन्य किसी बात

में नहीं, राजनीति में ही है। पंढरपुर, त्र्यंबकेश्वर, काशी, हरिद्वार आदि जगहों की यात्रा कर या शनिमाहात्म्य, शिवलीलामृत, गुरुचरित्र आदि पोथियों का पाठ कर या एकादशी, सोमवार आदि व्रत कर, आपका उत्थान नहीं होगा। आपके माता-पिता पिछले हज़ारों सालों से यही सब करते आए हैं। इसके बावजूद क्या आपकी दयनीय स्थिति में बाल भर का भी फ़र्क़ आया है? वही, पहनने के लिए फटे कपड़े, खाने के लिए अधपकी रोटी के टुकड़े, ढोरों से गन्दा आपका रहन-सहन, मुर्गियों की तरह रोगों के कारण फटाफट दम तोड़ने की निर्बलता ने आज तक आपका पीछा नहीं छोड़ा है। सोचिए क्या यही आपकी अब तक की हालत नहीं रही है? एक दवा से अगर रोग काबू में नहीं आता तो क्या दूसरी दवा नहीं करनी चाहिए? क्या वैद्य को नहीं बदलना चाहिए? आज तक आपने जो मन्दिरों में कई मीलों तक पैदल चलकर चक्कर लगाए, वे काम नहीं आए हैं और न ही आपके व्रत आपकी ज़िन्दगी भर की ख़स्ताहाली भुखमरी को हटा पाए हैं।

इन हालात को बदलने का, अपने उद्धार का केवल एक उपाय अब आपके पास है और वह है राजनीति, क़ानून बनाने की शक्ति! आपको भरपेट खाना नहीं मिलता, छोटे से घर में भीड़-भाड़ के बीच आपको जीना पड़ता है, पैसा कमाने के साधन आपको नहीं मिलते, बेकारी में दिन गुज़ारने पड़ते हैं, इसके क्या कारण हैं? आपका अपना भाग्य या आपका भगवान? असल में ये दोनों बातें इसके लिए ज़िम्मेदार नहीं हैं। आपको रोटी, कपड़ा, मकान, शिक्षा देना देश के क़ानून बनानेवालों का काम है। और इस सत्ता के कामकाज में आगे आप भी शामिल होनेवाले हैं। अपना जीवन सुखदायक बनाने के लिए योग्य क़ानून आपको तैयार करवा लेने चाहिए। मान लीजिए रेलवे की चाल में आपके हर परिवार को केवल एक कमरा मिलता है, लेकिन नये क़ानून से आपको यहाँ दो-दो कमरे भी मिल सकते हैं।

अपने बच्चे को पढ़ाने के लिए आपके पास पैसा नहीं है लेकिन क़ानूनन आपके बच्चे के पढ़ने की व्यवस्था की जा सकती है, बशर्ते उस आशय का क़ानून बने। आप में से कई लोग बेकार हैं। सभी लोगों को काम दिलाना या काम नहीं हो, तब उनका ख़र्च चलाना सरकार का फ़र्ज़ है। इस तरह का क़ानून अगर बनेगा तो बेकारी में भूखे पेट मरने की नौबत आप लोगों पर नहीं आएगी।

अमीर लोग जब बीमार होते हैं, तो इलाज करके, दवा खाकर ठीक हो जाते हैं। ग़रीबों की दवा वग़ैरह की व्यवस्था क़ानून द्वारा की जा सकती है। सार-संक्षेप यही है कि फ़िलहाल सभी सुखों का भंडार क़ानून ही है। इसीलिए हम सबको क़ानून बनाने

की शक्ति पूरी तरह सीख लेनी चाहिए। इसीलिए जाप, तपस्या, पूजन, अर्चन करने से अपना ध्यान हटाकर, राजनीति का आँचल थामने से ही आपका उद्धार होनेवाला है। आज यही बात मुझे आपको बतानी थी और मैंने वह साफ़तौर पर आपसे कही है।

कुछ दिनों पूर्व कांग्रेस के तथा वरिष्ठ वर्ग के लोग कहा करते थे कि हमारी माँगों के अनुसार स्वराज न मिले तो हम उसे चलाने में मदद नहीं देंगे। लेकिन आज से अलग ही भाषा बोल रहे हैं।

असहयोग कर जेल में सज़ा भुगत रहे कांग्रेस के एक नेता ने कल ही सरकार से माफ़ी माँगकर अपनी मुक्ति करवा ली। अब बाहर आकर वह कह रहे हैं कि महात्मा गांधी का असहयोग आन्दोलन ग़लत है। मैं अब कभी भी असहयोग नहीं करूँगा। इससे पूर्व महात्मा गांधी के ख़ास शिष्य श्री राजगोपालाचारी ने घोषणा की है कि नये सुधार मिलेंगे, तो कांग्रेस जहाँ तक सम्भव हो उनको स्वीकार करेगी। मराठी भाषा के 'केसरी' अख़बार के केलकर का कहना है कि चाहे अधूरे हों, तब भी हम नये सुधारों को स्वीकार करने के लिए तैयार हैं।

कहने का तात्पर्य यही है कि ये लोग अपनी पहले कही हुई भाषा या बात बदल रहे हैं। सोचने की बात यह है कि यह जो मतपरिवर्तन उनका हुआ है, उसकी वजह क्या है? इस सवाल का जवाब एकदम सीधा/सरल है। अब बाहिष्कार करनेवालों को लगने लगा है कि अगर उन्होंने अपना बाहिष्कार जारी रखा तो सत्ता जब आएगी तब अन्य समाज के लोग उस पर काबू कर लेंगे। इसीलिए, अनचाहे सुधार भी स्वीकारने के लिए वे तैयार हो गए हैं। कहने का मतलब यही कि जो लोग बाहिष्कार कर रहे थे, वे भी अपना हित साधने के लिए तैयार हैं।

इसके बाद हिन्दुस्तान में जो लड़ाई जारी रहेगी, वह अंग्रेज़ों और हिन्दुस्तानियों के बीच न चलकर हिन्दुस्तान के अगड़े और पिछड़े लोगों के बीच होनेवाली है। आप शायद कहें कि पिछड़ा वर्ग बहुसंख्या में है, इसलिए उन्हें अगड़ों से डरना नहीं चाहिए। लेकिन आपको एक बात ध्यान में रखनी होगी कि कोई समाज बहुसंख्यक है, केवल इसी से बात नहीं बननेवाली। उस समाज के लोगों का शिक्षित, जागरूक और स्वाभिमानी होना भी ज़रूरी होता है, तभी उस समाज की ताक़त बढ़ेगी। वरना किसी मिल मालिक या किसी अमीर साहूकार द्वारा आपको घूस दी और उसके एवज़ में आप लोगों ने उन्हें अपने वोट बेच दिये तो आपके समाज की विशिष्टता नष्ट ही होगी। किराए पर लाए गए लोग, आपके समाज का कल्याण बिलकुल नहीं कर सकते। हमेशा एक बात अपने मन में जागृत रखें कि हमारे समाज की भी कोई विशेषता रही है। साथ ही आपसी मतभेद भुलाकर हमें अपनी संगठनात्मक

शक्ति को बढ़ाना होगा। हालात का ज्ञान रखना होगा। इसके लिए समाज के हर व्यक्ति को चाहिए कि वह हर रोज़ 'जनता' अख़बार ख़रीदे। 'जनता' समाचार-पत्र का ग्राहक बने। इससे आपका परिस्थितियों के बारे में ज्ञान बढ़ेगा। ख़ुद का फ़ायदा किस चीज़ में है, यह जानने के लिए हालात का ज्ञान होना बेहद ज़रूरी है। आख़िर में वालिंटियर समता सैनिक दल के बारे में मुझे कुछ सूचनाएँ देनी हैं। ज्ञानवान और जानकर आदमी ही वालंटियर बन सकता है, यह हमारा विश्वास है। केवल ख़ाकी रंग के कपड़े पहनकर कोई वालंटियर नहीं बनता। अपने समाज को ज्ञानवान बनाना वालंटियरों का प्रमुख कर्तव्य है। अनपढ़ लोगों को 'जनता' अख़बार पढ़कर सुनाना, उसका मतलब समझाना यह उनका काम है। मुझे आशा है कि वे अपना कर्तव्य निभाएँगे। आप सब लोगों के प्रति फिर से धन्यवाद व्यक्त कर मैं अपना भाषण पूरा करता हूँ।"[1]

[*बाबासाहेब डॉ. अम्बेडकर सम्पूर्ण वाङ्मय,* खंड 38, पृ. 375-380]

1. *जनता,* 11 मार्च, 1933

11

हिन्दू समाज अपनी शक्ति का उपयोग ईमानदारी से समाज सुधार के लिए करे

हिन्दू महासभा बराबर ये आरोप लगाता रहता था कि आंबेडकर अस्पृश्यों के वास्तविक प्रतिनिधि नहीं हैं। हिन्दू नेताओं ने विलायत में 'वाइट पेपर' के बारे में विचार-विमर्श कर उसकी व्यर्थता ब्रिटिश जनता के सामने उजागर करने के लिए मीटिंग बुलाई गई थी। इस काम के लिए एक प्रचारक मंडल नियुक्त करना था। इस मीटिंग में डॉ. गौर, डॉ. आंबेडकर, डॉ. मुंजे, सच्चिदानंद सिंह और पं. नानकचंद आदि मौजूद थे। सबकी बातें सुनने के बाद डॉ. बाबासाहेब आंबेडकर अपनी बात रखने के लिए उठे तो सभी नेताओं को उनका पक्ष जानने की उत्सुकता हो रही थी। वहीं डॉ. मुंजे तो डॉ. आंबेडकर को अपने पक्ष में शामिल करने की हर सम्भव कोशिश कर रहे थे। इस मीटिंग में बाबासाहेब ने अपना जो पक्ष रखा वो इस प्रकार है—

हिन्दुस्तान में आज जो अस्पृश्य वर्ग अस्तित्व में हैं, उसकी सर्वांगीण उन्नति के लिए पृथक चुनाव क्षेत्र की माँग की जा रही है, तो उसके लिए पूरी तरह से हिन्दू समाज ही ज़िम्मेदार है। आज यदि हम संयुक्त हिन्दू समाज की स्थिति का सूक्ष्म अवलोकन करें तो ध्यान में आएगा कि अस्पृश्य समाज को संयुक्त चुनाव क्षेत्र से अपनी आज़ादी पाना कभी भी सम्भव नहीं होगा। खुली आँखों से यह स्थिति देखने के बाद जिसका स्वाभिमान जागृत हुआ, जो स्वावलंबन के महत्त्व को जानता है, उसे केवल मजबूरी के कारण ही अलग चुनाव क्षेत्र की माँग करनी पड़ी। हिन्दू नेताओं ने अस्पृश्य समाज का केवल अपने स्वार्थ के चलते ही इस्तेमाल किया।

मुसलमानों के राजनीतिक अधिकारों की बात सामने आते ही स्पृश्य हिन्दुओं के डर ने फिर सिर उठाया और एक बार फिर अस्पृश्यों के प्रति उनका प्यार उमड़ पड़ा। उनका यह प्यार केवल दिखावे का था। सो, मैं अपने हिन्दू नेताओं से सिर्फ़ इतना ही कहना चाहता हूँ कि हिन्दू समाज अपनी कृति से अस्पृश्य समाज का विश्वास संपादन करे। मुसलमानों के साथ भिड़ने में अपना समय और शक्ति का अपव्यय न करें। अपने समाज के सामाजिक विकास पर ही अपनी सारी शक्ति व्यय करें। इस तरह अगर हिन्दू समाज अपने कार्यक्रम का भविष्य में आयोजन करेगा तो अस्पृश्य समाज को भी हिन्दू समाज के साथ मिलकर कार्य करने में उत्साह, उम्मीद पैदा होगी।

डॉ. आंबेडकर के भाषण के बाद डॉ. मुंजे का भाषण हुआ। उन्होंने डॉक्टर साहब के भाषण से मौक़ा उठाते हुए उनसे हिन्दू महासभा का अध्यक्ष पद स्वीकारने की विनती की। लेकिन डॉ. मुंजे को एक बात हमेशा ध्यान में रखनी होगी कि ऐसे प्रलोभनों का डॉ. आंबेडकर कभी शिकार नहीं बननेवाले। महात्मा गांधी जी के साथ क़रार करते हुए भी उन्होंने कभी ख़ुद के मानापमान को या अपनी कीर्ति को महत्त्व नहीं दिया। अपने समाज के सर्वांगीण हित के लिए जो बातें सहायक होंगी केवल वही वे आज तक करते आए हैं। हिन्दू महासभा वालों को यह बात हमेशा ध्यान में रखनी चाहिए।[1]

[*बाबासाहेब डॉ. अम्बेडकर सम्पूर्ण वाङ्मय,* खंड 38, पृ. 401-02]

1. *जनता,* 15 जुलाई, 1933 भाषण का स्थान और तारीख़ नहीं दी गई है।

12

कितने दिनों तक ग़ुलामी का अपमान सहें?

19 सितम्बर, 1934

पुणे समझौते को याद करने के लिए बंबई के परेल इलाके में पोयबावड़ी के कामगार मैदान में सार्वजनिक सभा रात में आयोजित की गई थी। अस्पृश्य समाज के दस हजार से भी ज्यादा लोग इस सभा में मौजूद थे। कार्यक्रम की अध्यक्षता कर रहे डॉ. बाबासाहेब आंबेडकर ने लोगों को सोचने पर मजबूर करनेवाला और नई चेतना भरनेवाला अपना भाषण शुरू किया—

पिछले लगभग दो हज़ार सालों से कभी अस्पृश्य समाज को देश के समाज का अभिन्न हिस्सा नहीं माना गया। कोई राजनीतिक या सामाजिक कार्य उपस्थित हो तो उस कार्य के बारे में सोचने का मौक़ा अस्पृश्य समाज को कभी नहीं मिला। महाराष्ट्र की राजनीतिक घटनाओं को देखा जाए तो ध्यान में आएगा कि ब्राह्मण, कायस्थ, मराठा आदि जातियों को ही इन बातों के बारे में सोचने का ठेका दिया गया था।

इस काम में महार का योगदान सिर्फ़ सूचना देने भर तक ही सीमित था। यानी कि जासूसी से अधिक उनकी कोई भूमिका नहीं थी। अन्य जातियों को आमंत्रण पहुँचाने के बाद बहुत हुआ तो वे दरवाज़े के बाहर बैठकर अन्तर्गृह में चल रही घटनाओं का अन्दाज़ा ले सकते थे। अन्दर किन बातों पर सोच-विचार चल रहा है, इसके बारे में उन्हें जानकारी भी नहीं हुआ करती थी।

अस्पृश्य समाज की भी अन्य मानव-प्राणियों की तरह ही ज़रूरतें हैं, उनके पास भी मन है, अन्य मानवों की तरह ही दुःख-सुख उन्हें भी महसूस होता है, यह

ख़याल कभी स्पृश्य समाज को आया ही नहीं। इस कारण अस्पृश्य समाज को देश के सामाजिक हो या राजनीतिक क्रियाकलापों में हिस्सा लेने का मौक़ा ही नहीं मिला। धरती के किसी भी देश में दिखाई न देनेवाली इस विपरीत पद्धति ने हिन्दुस्तान में कई शतकों से जड़ें जमा रखी थीं। इस दौरान समाजशास्त्रियों ने, शासकों ने और तत्त्वज्ञों ने इस समाज को विनाश की तरफ़ ले जानेवाली विचारधारा पर अंकुश लगाते हुए उसे नया मोड़ देने की कभी भी कोशिश नहीं की। इसका अस्पृश्य समाज पर बुरा असर हुआ और उनका जीवन कष्टकर, स्वाभिमानशून्य और हतबल तो हुआ ही लेकिन उसका बुरा असर पूरे देश को, ख़ासकर हिन्दू समाज को भुगतना पड़ा है। लेकिन अब ज़माना बदल चुका है। 1930 के साल में अस्पृश्य नेता को गोलमेज़ सम्मेलन में हिस्सा लेने के लिए हिन्दुस्तान के राज्यकर्ताओं ने आमंत्रित किया। मेरे मतानुसार, तभी से इस युग के बदलाव का समय शुरू हुआ। पूर्वकालीन हिन्दू समाज के ज़माने में जो नहीं घटा था, मुगलकाल में जो नहीं घटा था, मराठों के हिंदवी स्वराज में नहीं घटा था, वह बीसवीं शती में घटा है।

हिन्दुस्तान की आगामी राज्य व्यवस्था के बारे में विभिन्न समाजों के साथ सोच-विचार करते हुए राज्यकर्ताओं को लगा कि अस्पृश्य समाज को दूर रखना यानी उस बारे में सभी विचारों को दूर रखने जैसा था। साथ ही, उन्हें लगा विचार-विमर्श से लिए जानेवाले निर्णयों में अगर अस्पृश्य समाज के मतों को, उनकी आकांक्षाओं को भी शामिल नहीं किया गया, तो वे निर्णय अधूरे रह जाएँगे। इतना ही नहीं, अंग्रेज़ राज्यकर्ताओं को इस बात का अहसास हो चुका था कि इस तरह खड़ी की जानेवाली शासन व्यवस्था को कभी असल लोकतंत्र का स्वरूप प्राप्त नहीं हो सकता। और इसीलिए उन्होंने अस्पृश्यों के प्रतिनिधि को अब तक के इतिहास में अस्पृश्यों को अप्राप्त समानता, तथा उच्च माने जानेवाले अन्य वर्गों के समान सम्मान प्राप्त हुआ। देश के हित सम्बन्धों के साथ अस्पृश्य वर्ग के हित सम्बन्धों के जुड़े होने का तथा उनके हक़ों की रक्षा किये बग़ैर देश की प्रगति होना असम्भव है, इस बात का अहसास पूरे हिन्दू समाज को हुआ। अस्पृश्यों के प्रतिनिधि को अन्यों के साथ देश का भविष्य गढ़ने का मौक़ा मिला। इसी बदले हुए समय की नींव मज़बूत करने के इरादे से आपके प्रतिनिधियों ने भविष्य काल के अपने उज्ज्वल इतिहास का प्रारम्भ किया। इस तरह की शुरुआत करना उनके लिए आसान नहीं था। अपने समाज के अधिकारों को स्थापित करने के लिए उन्हें बाकी लोगों के साथ संघर्ष करना पड़ा।

दूसरे गोलमेज़ सम्मेलन से पूर्व जातियों की आपसी लड़ाइयों से तब तंग आ चुके थे, हताश हो गए थे। हम सब महात्मा गांधी के आगमन का इंतज़ार कर

रहे थे। गांधी जी को पक्षातीत माना जाता था, इसलिए सबको उम्मीद थी कि वे इस झगड़े का निपटारा करेंगे। ख़ुद मुझे भी उम्मीद थी कि अस्पृश्यों के न्यायिक अधिकारों को स्वीकार कर उन्हें राजनीति में योग्य अवसर दिये जाएँगे। फ़र्क़ बस इतना होगा कि किसी को एक पत्तल मिलेगी, तो किसी को दो, मगर मेरे समाज के हिस्से में कम-से-कम एक दोना, कटोरी तो अवश्य आएगी, ऐसी मुझे उम्मीद थी, लेकिन मेरी उम्मीद झूठी साबित हुई।

महात्मा गांधी ने जब मुझे सीधे-सपाट शब्दों में बताया, 'मुसलमानों को जो चाहिए वह मैं उन्हें दूँगा, ईसाइयों को जो चाहिए मैं उन्हें दूँगा, यूरोपियन, एंग्लो इंडियनों के हक़ भी मैं मान लूँगा, सिक्खों की माँगें मानी जाएँगी, लेकिन अस्पृश्यों का तिनके बराबर का हक़ भी मैं नहीं मानूँगा', तब मैं भौचक रह गया। महात्मा गांधी के जैसे बर्ताव का उदाहरण मुझे पूरे इतिहास में दिखाई नहीं देता। लेकिन महाभारत के एक प्रमुख प्रसंग की याद आए बग़ैर नहीं रहती। कौरव-पांडवों का झगड़ा न बढ़े, जहाँ तक हो सके आपसी सौहार्द के साथ मामला निपट जाए, ख़ून-ख़राबा न हो इसके लिए श्रीकृष्ण ने दुर्योधन से बातचीत की थी, यह हम सब जानते हैं। उस समय दुर्योधन ने साफ़-साफ़ कहा था कि पाँच पांडवों को आधा राज्य तो दूर की बात है, मैं पाँच गाँव तक नहीं दूँगा। उसी तरह का जवाब मुझे भी दिया गया। उसके बाद क्या हुआ आप सब जानते हैं।

अस्पृश्य समाज के न्यायपूर्ण हक़ों की माँग को अंग्रेज़ सरकार मान गई थी और उन माँगों के आधार से जातिगत निर्णय लेने की प्रक्रिया में उन्होंने अस्पृश्यों को शामिल किया था। इस निर्णय के सार्वजनिक होने के बाद अपने पापों को धो देने के लिए या कहिए कि मन की ग्लानि को मिटाने के लिए या फिर अपने हाथों हुए अन्याय के परिमार्जन के लिए महात्मा गांधी ने प्राणांतिक उपोषण किया और सब जानते हैं कि उस उपोषण का अन्त पुणे क़रार में हुआ। उसी अनुबंध की स्मृति को ताज़ा करने के लिए हम सब आज यहाँ इकट्ठा हुए हैं।

इस समझौते के भविष्य के बारे में आज कुछ लोगों ने जो डर व्यक्त किया है, वह निराधार है। उन्हें शक है कि जाति सम्बन्धी निर्णयों पर कई तरफ़ा आघात होने के कारण सरकार अगर उसे रद्द करेगी तो हो सकता है पुणे अनुबंध को लागू करने में बाधाएँ आएँ। मैं फिर से ज़ोर देकर कहता हूँ कि इस तरह का डर या आशंका बिलकुल निराधार है। पुणे क़रार में डरने जैसी कोई बात नहीं है। राष्ट्रीय सभा ने घोषित किया है कि 'वाइट पेपर' को इनकार कर अगर उसे जला दिया जाता है तो जाति सम्बन्धी लिये गए निर्णय अपने आप नष्ट होंगे। हमें इस विवाद

में जाने की ज़रूरत नहीं है। आपको इस बात से डर लग रहा है कि जातीय निर्णय अगर रद्द होते हैं तो पुणे क़रार भी नष्ट होगा? तार्किक नज़रिये से या क़ानून के नज़रिये से इस तरह के डर का शिकार होने की कोई ज़रूरत नहीं है। क्यों? यह मैं आपको बताता हूँ। अंग्रेज़ सरकार के कम्युनल अवार्ड के पाँचवें अनुच्छेद में स्पष्ट रूप से दर्ज किया गया है कि 'जातियों के बीच जो विवाद थे उनका आपसी सामंजस्य से निपटारा न होने के कारण सरकार को यह निर्णय देना पड़ रहा है।' यानी कि अगर यह विवाद आपस में सुलझ जाता तो सरकार को कम्युनल अवार्ड की ज़रूरत नहीं पड़ती। और, अगर भविष्य में कभी हिन्दुस्तान में जातियों के बीच आपसी सामंजस्य के बाद सुलह हो जाए तो सरकार उनके द्वारा लिये गए निर्णय को ज़रूर स्वीकार लेगी। पुणे क़रार इसी तरह का समझौता है और इस समझौते को सरकार ने मान्यता दी है। कम्युनल अवार्ड में केवल प्रान्तीय कौंसिलों की जगहों के बँटवारे के बारे में बताया गया है। उसमें वरिष्ठ विधि कौंसिल की जगहों का ज़िक्र नहीं है। पुणे समझौते में इन दोनों ही कौंसिलों की जगहों का बँटवारा हुआ है और जब सरकार ने पुणे समझौते को मान्यता प्रदान की, उसी समय सरकार ने कम्युनल अवार्ड (जाति पर आधारित फ़ैसला) की प्रान्तीय कौंसिलों की सीटों के विभाजन की जगह पुणे क़रार के प्रान्तीय सीटों के बँटवारे को सही माना तथा वरिष्ठ विधि कौंसिल के बारे में पुणे समझौते में शामिल की गई बातों को स्वीकार किया। और उसी सिद्धान्त के अनुसार बाद में 'वाइट पेपर' में पुणे समझौते में दी गई वरिष्ठ कौंसिल की सीटों के बँटवारे की संख्या तय की गई। यानी पुणे समझौते में हिन्दू और अस्पृश्यों में हुए सामंजस्य के सिद्धान्त को सरकार ने कम्युनल अवार्ड की पाँचवीं धारा के तहत मान्यता दी और उस पर अपनी मुहर लगाई। इस समझौते में सरकार या हिन्दू कोई परिवर्तन करना चाहें तो वह ऐसा नहीं कर सकते। यह परिवर्तन हिन्दू और अस्पृश्यों के बीच आपसी चर्चा से ही किया जा सकता है। अन्य किसी भी तरीक़े से परिवर्तन नहीं हो सकता, और इसलिए आपको नि:शंक रहने में कोई हर्ज़ नहीं है।

अब हिन्दुओं की तरफ़ से शायद बताया जाए कि जब दो पार्टियों के बीच अनुबंध किया जाता है, तब उनमें से कोई भी पार्टी संकट में नहीं होनी चाहिए। महात्मा गांधी जी ने अपने प्राणों की बाज़ी लगा दी और इसीलिए उनके प्राण बचाने की ज़िम्मेदारी मुझ पर आन पड़ी। उस दौरान पूरा हिन्दू समाज मुझ पर भड़क उठा था। चारों तरफ़ से मुझे घेरा जा रहा था कि मैं किसी तरह झुक जाऊँ और समझौता करवा दूँ। देश के कई युवा मुझे जान से मारने के लिए तैयार हुए थे।

बंगाल के अत्याचारी युवकों से मुझे धमकी भरे ख़त मिल रहे थे। मुझे बताया जा रहा था कि किसी भी तरह से अगर महात्मा गांधी के प्राणों पर संकट आएगा, तो मुझे ज़िम्मेदार ठहराया जाएगा और इतना ही नहीं, इसके लिए पूरे अस्पृश्य समाज को भी ज़िम्मेदार ठहराकर हिन्दुओं की तरफ़ से बदला लिया जाएगा। मेरी आँखों के सामने इस तरह की भीषण तसवीर साफ़ थी। ऐसे हालात में प्रतिपक्ष के साथ लेन-देन करते हुए मुझे समझौते पर हस्ताक्षर करने पड़े। ऐसे हालात में अपने प्राण संकट में होने के कारण समझौते पर हस्ताक्षर करने पड़े यह कहने का हक़ अगर क़ानूनन किसी को है, तो वह केवल मुझे है इसमें कोई शक नहीं।

पुणे अनुबंध की सभी बातें भले ही मेरे मतानुसार नहीं तय हुई हों, लेकिन इस तरह का हक़ बजा लाने के लिए मैं तैयार नहीं हूँ। पुणे समझौते के बारे में मैं ईमानदार रहना चाहता हूँ। इस तरह पूरा अस्पृश्य समाज पुणे क़रार का पालन करने के लिए तैयार है, लेकिन हिन्दुओं के बारे में मैं यह यक़ीन के साथ नहीं कह पाऊँगा। हिन्दू समाज के कई ज़िम्मेदार नेता और संस्थाओं के हाल के आन्दोलन देखने और उनके वक्तव्य सुनने के बाद मेरे मन में आशंका पैदा हुई है कि हिन्दू समाज पुणे समझौते पर ईमानदारी से अमल भी करेगा? इसीलिए मैं कहता हूँ कि हमें जागरूक रहते हुए अपने अधिकारों की रक्षा करनी चाहिए।

आज के कुछ वक्ताओं ने पुणे समझौते को गांधी-आंबेडकर समझौता कहा। लेकिन यह बात ग़लत है। इस समझौते पर महात्मा गांधी के हस्ताक्षर नहीं हैं, महात्मा गांधी हिन्दुओं के नेता नहीं माने जाते। सही मायनों में हिन्दुओं के नेता हैं पं. मदन मोहन मालवीय जी। अखिल भारतीय हिन्दू समाज के नेता के रूप में उस समय उन्हीं के नेतृत्व में बातचीत चल रही थी। इसी नाते क़रार पर पहले हस्ताक्षर उन्हीं के हैं। अपने सर्वमान्य नेता के शब्दों के प्रति अगर हिन्दू समाज के मन में सम्मान नहीं है, तो कहना पड़ेगा कि उस समाज के जैसा कृतघ्न और बेशर्म समाज कोई दूसरा नहीं होगा, हालाँकि मुझे उम्मीद है कि हिन्दू नेता अपने कहे का मान रखेंगे।

मुझे लग रहा है कि आज आप सब लोग यहाँ इकट्ठा हुए हों तो वह यह दिखाने के लिए कि अस्पृश्य समाज अपने कहे शब्दों का सम्मान करता है, लिहाज़ रखता है। लेकिन साथ ही मैं आपसे यह कहना चाहता हूँ कि पिछले साल से पुणे क़रार दिन मनाने की जो प्रथा आप लोगों ने शुरू की है, उसे केवल एक प्रथा के रूप में न मनाएँ। साल भर में किसी दिन एक जगह इकट्ठा होकर अन्य उत्सव मनाते हैं, उसी तरह यह उत्सव भी मनाना, 2-5 वक्ताओं के भाषणों का आयोजन

कर ख़ुश हो जाना काफ़ी नहीं है। यह दिन इतने सादे और हीन तरीक़े से मनाया जाने लायक़ नहीं है। पुणे क़रार अस्पृश्यों के जीवन का एक अविस्मरणीय प्रसंग है। इस क़रार के द्वारा हमारे समाज ने दबंग माने जानेवाले हिन्दू समाज को हमारा अस्तित्व मानने पर मजबूर किया। इसीलिए इस दिन को हम अपने राजनीतिक दिन के तौर पर मनाएँ। पुणे क़रार के अनुसार अपने समाज को मिले अधिकार सही ढंग से प्रयोग में लाए जा रहे हैं या नहीं, यह देखने के लिए आज के दिन हमें इकट्ठा होना चाहिए।

बंबई प्रान्त के लिए आपको 15 उम्मीदवारों की ज़रूरत है। इन उम्मीदवारों का चुनाव करते समय आपको ख़ास ध्यान रखना होगा। आपको सोचना होगा क्या यह उम्मीदवार हमारे समाज का सच्चा प्रतिनिधि है? अगर इन 15 प्रतिनिधियों में से 5 पूँजीपतियों के वश में हुए और अन्य 5 हिन्दू समाज के हाथों की कठपुतली बन गए तो बाकी बचे 5 उम्मीदवार क्या काम कर पाएँगे? इसीलिए इन 15 प्रतिनिधियों के बारे में आपको काफ़ी दक्ष (सतर्क, चौकस, सावधान) रहना होगा। तभी जो अधिकार हमें मिले हैं, उनका सही उपयोग किया जा सकेगा। अस्पृश्य समाज की कुछ प्रगति होगी।

आनेवाले समय में हर किसी को कर्तृत्ववान बनने की कोशिश करनी होगी। पिता के नाम को भुनाने की लालसा को त्यागकर ख़ुद कुछ कर दिखाने की महत्त्वाकांक्षा मन में रखनी चाहिए। इस बारे में एक सादा दृष्टान्त दे रहा हूँ एक सुभेदार के बेटे की कहानी मुझे याद आ रही है। उसकी ज़िद थी कि लोग उसके पिता की तरह उसे भी सूबेदार बुलाएँ। इसके लिए उसने अपने कमरे के दरवाज़े पर लिखे नामपट्ट में भी सूबेदार की उपाधि लिख रखी थी। जो सूबेदार कहकर बुलाता उसी के यहाँ वह जाता। ज़ाहिर है कि लोग जानते थे कि उसके पिता ने सेना में मेहनत की थी, जिसके सम्मानस्वरूप उन्हें यह उपाधि दी गई थी। बेटे ने वह नहीं कमाई थी, इसलिए लोग उसे यह उपाधि बहाल करने के लिए तैयार नहीं थे। उस शख़्स ने किसी भी तरह अपनी योग्यता बढ़ाने की कोशिश नहीं की। अपनी मूर्खता का केवल प्रदर्शन कर वह लोगों की हँसी-ठट्ठा का कारण बना। इसीलिए, भूतकालीन बड़प्पन के बारे में झूठा, वृथा गर्व करना बेकार है। बड़प्पन लाने के लिए इंसान को ख़ुद ही कोशिश करनी चाहिए। बाप का बड़प्पन बेटे के काम नहीं आएगा। और योग्यता पाने का बेहतर उपाय है शिक्षा हासिल करना।

अगर उच्च शिक्षा का अभाव हो तो उच्च पद की नौकरियाँ आपको कैसे मिलेंगी? हाल ही में सरकार ने एक नोटिस निकालकर बताया है कि मुसलमान

समाज के लिए अलग-अलग विभागों में जगहें आरक्षित रखी गई हैं। उन जगहों के लिए लायक़ उम्मीदवार चुनना मुसलमान समाज में सम्भव है। अस्पृश्य समाज के लिए भी इस तरह का प्रबन्ध करने के लिए सरकार यदि तैयार भी है तो उन जगहों के लिए योग्य उम्मीदवार हमारे समाज में कहाँ से मिलेंगे? सरकार से अगर हमें यह जवाब मिले कि आपके समाज के लिए नौकरियाँ आरक्षित की जानी चाहिए यह बात सही है, लेकिन आप लोगों की जनसंख्या भले अधिक हो, उसमें पढ़े-लिखे लोगों की कमी होने की वजह से इस तरह की व्यवस्था करना सम्भव नहीं है, तो हम क्या कर सकते हैं? इसीलिए मेरा कहना यही है कि अगर ऊँचे पद की नौकरियाँ पाकर समाज में अपनी प्रतिष्ठा बढ़ाना चाहते हैं, तो अपने बच्चों को योग्य शिक्षा दिलाना हर व्यक्ति का कर्तव्य है।

पाठशाला की शिक्षा के साथ-साथ देश में क्या कुछ हो रहा है, इसकी जानकारी रखना भी ज़रूरी है। यह हमारे समाज का संक्रमण काल है, बदलाव का समय है। अस्पृश्य समाज आज पुराने ज़माने से नये ज़माने में प्रवेश कर रहा है। ऐसे महत्त्वपूर्ण समय में हमें बड़ी सावधानी बरतनी होगी। अलग-अलग क्षेत्रों में क्या हो रहा है, अपनी उन्नति के मार्ग में या हमारे बनाए हुए प्रगति के खाने की पूर्ति में कौन अड़ंगा डाल रहा है, अपने समाज में प्रतिपक्ष के क्या मंसूबे हैं, नासिक में क्या हो रहा है, नागपुर की तरफ़ क्या घटित हो रहा है, या फिर कोंकण में क्या चल रहा है, इस बारे में यथार्थ ज्ञान पाकर हम सबमें एक संवेदना उत्पन्न होनी चाहिए। उसके अनुसार हमें उपाय योजना भी करनी होगी। अपने समाज के एक ज़ोरदार, आज़ाद ख़यालों वाला तथा स्वावलम्बी अख़बार के बग़ैर यह सब करना सम्भव नहीं है। इस कार्य की ओर ध्यान देकर आपमें से हर किसी को अपना अख़बार जीवित रखना अपना कर्तव्य है, ऐसा लगना ज़रूरी है। और शिक्षा से सम्बन्धित इस कार्य में हमें एक बात का ख़ास ख़याल रखना होगा कि उसमें परावलंबित्व ज़रा भी न हो।

अस्पृश्य समाज के लड़के-लड़कियों को छात्रवृत्ति देने को लेकर आजकल हर कहीं हल्ला मचा हुआ है। नारेबाज़ी की जा रही है। फिर उन्होंने कहा, मुझे बड़ा डर लग रहा है कि स्पृश्य वर्ग से मिल रही आर्थिक मदद के कारण ग़ुलामी वृत्ति पनपेगी। छात्रवृत्ति स्वीकारने वाले कमज़ोर दिल के बच्चे छात्रवृत्ति देनेवाले वर्ग का दास ही बनेंगे। मनुष्य, प्राणी पैसों का दास बनता है। महाभारत की कहानी का उदाहरण लीजिए। भीष्माचार्य जैसे सत्यनिष्ठ व्यक्ति जानते थे कि कौरवों का पक्ष न्याय का पक्ष नहीं है। पांडवों की माँगें न्यायपूर्ण ही हैं, फिर भी पांडवों के वनवास

काल में कौरवों की चाकरी करके उनका अन्न खाने की वजह से भीष्म कौरवों का पक्ष छोड़ नहीं सके। उन्हें पांडवों का नाश करने के लिए सिद्ध होना पड़ा।

लॉर्ड लोथिअन की अध्यक्षता में फ्रेंचाइजी कमिटी पर काम करने के दौरान हम पंजाब गए थे। अस्पृश्य समाज की ओर से गवाही देने के लिए कुछ पढ़े-लिखे लोग पंजाब में हैं क्या, यह पूछते हुए हमारी खोज जारी थी तब कॉलेज में पढ़ाई कर रहे कुछ बच्चे हमें मिले। आर्य समाज द्वारा चलाए जा रहे छात्रावास में रहकर वे अपनी पढ़ाई पूरी कर रहे थे और उसी समाज द्वारा दी जा रही छात्रवृत्ति से उनका ख़र्चा चलता था। उन बच्चों ने मुझे बताया कि आर्य समाज की ओर से उन्हें साफ़-साफ़ बताया गया था कि समाज जैसे बताए, वैसी गवाही अगर वे नहीं देंगे, तो छात्रावास से उन्हें भगा दिया जाएगा, और शिक्षा के लिए दी जानेवाली मदद एकदम बन्द कर दी जाएगी। इस धमकी के कारण ज़ाहिर है कि वे हतबुद्धि हुए। उनका वास्तविक मत उस दिन कमेटी के दफ़्तर में मैं दर्ज नहीं कर पाया। इससे आप जान जाएँगे कि जिनसे हमें अपने खोए हुए अधिकार वापस लेने हैं, उनसे मदद की उम्मीद करना धोखादायी है।

आख़िर में मैं आपसे एक महत्त्वपूर्ण बात कहता हूँ। महात्मा गांधी से अस्पृश्यता निवारण के बारे में जब मेरी बातचीत हुई उस समय उन्होंने मुझसे कहा कि कई शतकों से हिन्दू समाज में अस्पृश्यता जड़ें जमाकर बैठ चुकी हैं इसलिए वह जल्दी से नष्ट नहीं हो सकती। इसलिए आप हिन्दू समाज को थोड़ा समय दें। कई शतकों पुरानी रीति अचानक नष्ट नहीं हो सकती। उनकी यह बात बिलकुल सच है। उसे नष्ट करने के लिए लगातार कोशिशें करते रहना चाहिए यह भी सच है। लेकिन पहले यह जान लेना ज़रूरी है कि वह रीति नष्ट करना यानी करना क्या है? महात्मा गांधी जी ने मन्दिर प्रवेश का आन्दोलन शुरू किया तब उन्होंने कहा कि अस्पृश्यों को मन्दिर में प्रवेश कराने का उद्देश्य रखते हुए हिन्दू धर्म की अत्यन्त पवित्र जगह में अगर उनको प्रवेश दिया गया तो अस्पृश्यता अपने आप नष्ट हो जाएगी। मन्दिर, कुएँ, तालाब, विद्यालय आदि के द्वार फिर उनके लिए अपने आप खुल जाएँगे। उनकी इस सोच का मतलब यही था कि अस्पृश्यता की जड़ पर ही वार करके अपने समाज पर उसकी जो जकड़ है, उसे ढीला करना। उनकी नज़र में मन्दिर प्रवेश ही इस समस्या को हल करने की पहली और आख़िरी सीढ़ी थी। मैं इस सोच को नहीं मानता। अस्पृश्यता चातुर्वर्ण्य समाज व्यवस्था की बुनियाद पर खड़ी इमारत है। हिन्दू समाज में फैला जातिभेद उसका प्रतिबिंब है। हिन्दू समाज को ग्रस (निगल) लेनेवाली इस कल्पना को ख़त्म कर समाज के हर व्यक्ति को

जब तक समान शिक्षा का अधिकार नहीं दिया जाता या फिर जातिभेद की मूल कल्पना को ही जब तक विरोध नहीं किया जाता, तब हिन्दू समाज का सर्वोपरि विकास असम्भव है। अस्पृश्यता की जड़ें हिन्दू समाज की सतह पर ही केवल नहीं फैली हैं, वह जातिभेद की इस कल्पना में गहरे भीतर तक गई हैं और वहाँ जड़ें जमा चुकी हैं। अस्पृश्यता को जड़ समेत अगर नष्ट करना हो तो जातिभेद की इस जड़ को उखाड़ फेंकना होगा। मेरी बुद्धि इतनी मंद नहीं कि मैं यह जान न सकूँ कि यह बेहद कठिन कार्य है और इसमें काफ़ी समय लग सकता है। मेरा बस यही कहना है कि इसी को अपना जीवनोद्देश्य बनाकर या इसे प्रमुख तत्त्व मानकर जो भी ज़रूरी लगें, वे उपाय कीजिए। आपको क्या उपाय करने चाहिए, इस कार्य के ब्योरे के बारे में मेरा कोई ख़ास आग्रह नहीं है। अलग-अलग जगहों में, अलग समय पर, विभिन्न समाजों में वह भिन्न-भिन्न हो सकता है, लेकिन ख़ेद की बात यह है कि हिन्दू समाज को यह तत्त्व ही मान्य नहीं है। क्या किया जा सकता है?

हिन्दू धर्म में बेहद बुरी स्थिति में जो समाज है, उस अस्पृश्य समाज को यह जानने और तय करने का न्याय युक्त स्वनिर्णय का अधिकार होना ही चाहिए कि अपने पर कौन से अत्याचार हो रहे हैं और उनसे मुक्त होने के लिए क्या करना चाहिए। लेकिन हिन्दू समाज इस बात को मानने के लिए ही तैयार नहीं है। अस्पृश्य समाज को आज तक ग़ुलामी में रखकर भविष्य में वे किन हालात में रहेंगे, यह तय करने का अधिकार हिन्दू समाज अपने हाथ में रखना चाहता है। राजनीतिक क्षेत्र में डोमिनियन स्टेटस यानी उपनिवेशी स्वराज का ध्येय सामने रखते हुए हिन्दुस्तानी किश्तों में राजनीतिक अधिकार ले रहे हैं। उसी प्रकार अगर अस्पृश्य समाज अपना ध्येय तय करते हुए उसे किश्तों में लेने के लिए हम तैयार हैं, यह कह रहा है। लेकिन इन हालात में बुनियादी फ़र्क़ है। अंग्रेज़ सरकार ने हिन्दुस्तान को डोमिनियन स्टेटस देते हुए अपनी बराबरी का दर्ज़ा देकर उसी तरह से उसके साथ बर्ताव करने का अपना इरादा क़बूला है। लेकिन हिन्दू समाज मन का ऐसा बड़प्पन तक दिखाने के लिए तैयार नहीं है। इतना ही नहीं अस्पृश्य समाज को वे अपना कहने के लिए तैयार तक नहीं हैं।

महात्मा गांधी के आमरण अनशन के बाद वरिष्ठ विधि कौंसिल में एक हिन्दू मन्दिर प्रवेश का बिल लेकर आए थे। महात्मा गांधी के अनशन के बाद हर जगह लोगों में यह बात फैल रही थी कि हिन्दुओं के मन में अस्पृश्यों के बारे में प्रेम उमड़ पड़ा है। मन्दिर प्रवेश का बिल बिना किसी तरह के विरोध के पास होगा, इस तरह की बड़ाई भी हाँकी जा रही थीं। लेकिन अस्पृश्य समाज उस बिल के

भविष्य को लेकर बेफ़िक्र था क्योंकि उस बिल में उनकी उन्नति का मार्ग प्रशस्त करनेवाला कुछ भी नहीं था। यह बिल हिन्दुओं के मन्दिर के बारे में था, इसलिए उसके बारे में सोच-विचार की उन्हें ज़रूरत नहीं थी। इसीलिए न तो जब यह बिल विधिमंडल के सामने था, तब और न उसके निरस्त होने के बाद कभी उन्होंने उस बारे में फ़िकर की। बिल अगर पास होता तो अस्पृश्य समाज ख़ुशी से न तो पागल हो जाता और न ही बिल को वापस लिया गया, इसलिए उन्हें कोई ख़ेद नहीं हुआ। उनका रुख़ बस यही था कि आप अपने मन्दिर के बारे में जानिए, हमें क्या! मन्दिरों जैसे धार्मिक स्थल निर्माण कर, अस्पृश्यों के लिए उन्हें खोलकर उनका प्रेम हासिल करना अथवा उन्हें बन्द कर उनमें अस्पृश्यों के प्रवेश पर पाबन्दी लगाना हिन्दुओं का काम है, हमारा नहीं। लेकिन इतना सयाना हुआ तो वह हिन्दू धर्म नहीं होगा! आख़िर हुआ वही जो होना था। बिल के पक्ष में कम वोट मिलने की वजह से नहीं वरन् पूरे हिन्दू समाज की ओर से हुए क़रारे विरोध के कारण बिल बनानेवाले इतनी हिम्मत भी नहीं जुटा पाए कि चर्चा के लिए ही सही बिल पेश करते। उस बिल को बग़ल में दबाकर रंगा अय्यर को वहाँ से नौ-दो ग्यारह होना पड़ा। हमने हिन्दू धर्म को अपना हृदय खोलने का मौक़ा दिया, और तटस्थ रहकर जो हुआ उसे देखते रहे।

लेकिन अब इस बिल की मौत के बाद हमें सबक लेना होगा। हिन्दू समाज के मन में क्या है, यह अब हमारे सामने पूरी तरह खुल चुका है। अस्पृश्य समाज को वह अपना कहने के लिए तैयार नहीं है, यह भी हम जान चुके हैं। इस तरह हिन्दुओं की तरफ़ से दुत्कारे जाने के बाद हम कब तक उनकी पूँछ पकड़कर चलते रहेंगे? आज कोई अस्पृश्यों को हिन्दू समाज का अभिन्न अंग मानने के लिए तैयार नहीं है। जूतों का जितना ज़रूरी हो उतना इस्तेमाल करने के बाद आख़िर उन्हें घर के बाहर ही उतारकर रख दिया जाता है, ज़रूरत न हो तो उसे फेंक दिया जाता है। आज हिन्दू लोग आपको पैर के जूते से ज़्यादा नहीं समझते। आपके साथ ग़ुलामों की तरह ही पेश आने का उनका पक्का निश्चय है। अगर ऐसा है तो यह अत्याचार आप कितने समय तक बर्दाश्त करेंगे? क्या आज की स्थिति आपके स्वाभिमान के अनुकूल है? स्वाभिमानहीन ग़ुलाम अपनी या अपने समाज की कभी उन्नति कर पाया है? इस सवाल पर आप अच्छी तरह से सोच लीजिए। अपने को हिन्दू कहलाने के एवज में क्या आप ज़िन्दगी भर ग़ुलाम ही रहना पसन्द करेंगे? इस सवाल पर सोचने के बाद मेरा मन अपने को हिन्दू कहलाने की इजाज़त नहीं देता है।

पिछले दो सालों से मैं इस सवाल पर गहराई से सोच रहा हूँ और मुझे पूरा यक़ीन होता जा रहा है कि अगर मुझे अपना स्वाभिमान ज़िन्दा रखना हो, समता

के वातावरण में साँस लेनी हो तो मैं ख़ुद को हिन्दू नहीं कहला सकता। अगर मैं हिन्दू नहीं तो ख़ुद को मैं क्या कहला सकता हूँ? ईसाई कहलाऊँगा, मुसलमान कहलाऊँगा या बौद्ध कहलाऊँगा, यह मैं आज आपको नहीं बता सकता। आज तक यदि मैं हिन्दू रहा तो आपके साथ और केवल आपके लिए। आपकी अशिक्षा के कारण आपका साथ छोड़ जाता, तो मानो मैं आपको अंधा कर जाता। इसका अहसास था, इसलिए मैं आज तक आपके साथ रहा। लेकिन जल्द ही हम इस बात के बारे में सच-झूठ का फ़ैसला करेंगे और जो भी करना हो, वह सब मिलकर एक साथ करेंगे। अगर ऊँची चट्टान से खाई में कूदना हो तो सब साथ में कूदेंगे। आज तक इस बात को जानिए और अपने मन में पक्का करके रख लें कि हमारे साथ हिन्दुओं का किस तरह का बर्ताव है।

आख़िर आज आपने यहाँ मुझे अपना मन खोलकर बोलने का मौक़ा दिया इसके लिए मैं आप सबके प्रति आभार व्यक्त करते हुए आपसे विदा लेता हूँ।[1]

[*बाबासाहेब डॉ. अम्बेडकर सम्पूर्ण वाङ्मय,* खंड 38, पृ. 403-412]

1. *जनता,* 20 अक्टूबर, 1934

13

अस्पृश्य हिन्दू के रूप में पैदा हुआ, लेकिन मैं हिन्दू के रूप में नहीं मरूँगा

12 अक्टूबर, 1935

डॉ. बाबासाहेब आंबेडकर नासिक पहुँचे। सुबह 11 बजे स्टेशन से शहर तक उन्हें बड़े जुलूस में ले जाया गया। इस दौरान रास्ते में कई जगहों पर उन्हें भोज भी दिया गया। नासिक रोड में उनके नाम से एक सार्वजनिक ग्रंथालय बनाया गया था, जिसका डॉ. आंबेडकर ने अपने हाथों से उद्घाटन किया और वहाँ मौजूद लोगों के बीच अपनी बात रखते हुए कहा—

"स्वावलम्बी बनो। अपने पैरों पर खड़े होकर अपनी प्रगति का कार्य करो। मुझे यदि कुछ हो जाता है तो मेरे पीछे आन्दोलन चलाने के लिए लोग तैयार रहें।" रात नौ बजे रविवार पेठ की, हीरालाल गली में सहभोज हुआ। उसमें देशपांडे ही अकेले कांग्रेस वाले थे। रविवार 13 अक्टूबर, 1935 के दिन डॉ. बाबासाहेब नासिक से विंचूर गए। राह में जितने गाँव थे वहाँ लोगों ने उन्हें फूल-मालाएँ पहनाईं, गुलदस्ते दिये। विंचूर में स्पृश्य वर्ग की तरफ़ से भी उन्हें चाय-पार्टी दी गई। सुबह वे येवला म्युनिसिपालिटी से मानपत्र स्वीकारने के लिए गए। मानपत्र का जवाब देते हुए उन्होंने कहा, हमारे आन्दोलन से स्पृश्य वर्ग के दृष्टिकोण में बदलाव होगा और वे हमारे साथ अपनेपन से पेश आएँगे, ऐसा तो लगता नहीं! इसलिए हम हिन्दुओं से अलग रहकर अपनी प्रगति के लिए स्वावलंबन से संघर्ष करते रहेंगे।

13 अक्टूबर, 1935 के दिन नासिक ज़िले के येवला में बंबई इलाक़ा दलित वर्गीय परिषद हुई। परिषद के स्वागताध्यक्ष श्री अमृतराव रणखांबे थे। परिषद की

शुरुआत रात 10 बजे हुई। इस परिषद में क़रीब दस हज़ार लोग इकट्ठा हुए थे। स्वागताध्यक्ष के भाषण के बाद परिषद के अध्यक्ष डॉ. बाबासाहेब आंबेडकर ने अपने भाषण में घोषणा की कि अस्पृश्य धर्मांतर करें।[1]

येवला में 13 अक्टूबर, 1935 को हुए 'बंबई इलाक़ा दलित वर्गीय परिषद' में परिषद के अध्यक्ष डॉ. बाबासाहेब आंबेडकर ने अपने भाषण में दलितों को सवर्ण हिन्दुओं के अत्याचारों से मुक्ति पाने के आख़िरी उपाय के तौर पर धर्म-परिवर्तन की जो सलाह दी उसे सुनकर हर हिन्दू के अन्त:करण में खलबली मची होगी। इस अवसर पर केवल अध्यक्षीय भाषण में ही इस मार्ग के अवलंब के बारे में कहा नहीं गया है, वरन् परिषद ने भी अध्यक्ष की सलाह को अपनाते हुए हिन्दू धर्म के अस्पृश्य माने गए द्वारा हिन्दू धर्म का त्याग कर जिस धर्म में समानता के अधिकार मिलेंगे, उसी धर्म को अपनाने का प्रस्ताव मंजूर किया गया। हिन्दू धर्म के जिन अन्यायों के कारण डॉ. आंबेडकर जैसे व्यक्ति को भी धर्म-परिवर्तन करने का निर्णय लेना पड़ा, और इन अन्यायों के लिए जो कारण हैं, उन सनातनियों की इंसानियत से कोई वास्ता न रखनेवाली ख़ूँख़ार मानसिकता के बारे में भी विचार किया जाना आवश्यक है। डॉ. आंबेडकर की इस सोच की ज़िम्मेदारी इन सनातनियों पर है, इस बात को हमें भूलना नहीं चाहिए। अस्पृश्यों पर हिन्दू धर्म में कितना अन्याय हो रहा है, इस अन्याय से अपने को मुक्ति दिलाने के लिए उन्होंने जो कोशिशें कीं वे सब सवर्ण हिन्दुओं के कारण किस तरह नाक़ामयाब रहीं, आदि बातें उन्होंने अपने निर्णय को घोषित करने से पहले विस्तार से बताईं। सामाजिक, आर्थिक, शैक्षणिक, राजनीतिक आदि हर मामलों में दलितों पर दबाव है। हिन्दू धर्म के इस दबाव के कारण मनुष्य होने के नाते मिलनेवाले अधिकारों को हासिल करना भी असम्भव हुआ है, अब तक किया गया अव्वल दर्ज़े का स्वार्थ त्याग भी व्यर्थ साबित हुआ है। पिछले पाँच सालों में नासिक के कालाराम के मन्दिर में दलितों को प्रवेश दिलाने के बहाने हिन्दू समाज में उन्हें समान अधिकार और दर्ज़ा दिलाने के लिए उन्होंने जो कोशिशें कीं, सत्याग्रह का उपाय किया, लेकिन इन सब उपायों का उच्चवर्णीयों पर कोई असर नहीं हुआ। इन सभी बातों का ज़िक्र करते हुए डॉ. आंबेडकर ने आगे कहा—

"सादे मूलभूत अधिकार हमें मिलें, इसलिए स्पृश्य माने गए हिन्दू लोगों को मनाने की बेकार कोशिशों में हमने जो धन इकट्ठा किया था, वह भी ख़र्च हो गया। उन्होंने हमारी बहुत बेइज़्ज़ती की, लेकिन वह भी हमने सही। लेकिन यह स्वार्थ

1. *डॉ. भी. रा. आंबेडकर चरित्र : चां. भ. ख़ैरमोडे,* खंड 6, पृ. 84-85

त्याग बेकार ही सिद्ध हुआ। आज तक हमने चुपचाप और शान्ति से जो परेशानियाँ झेलीं, उनका थोड़ा सा भी असर हिन्दू लोगों के हृदय पर नहीं हुआ। हम यदि किसी दूसरे धर्म के अनुयायी होते और तब भी उदर निर्वाह के हमारे वही काम होते जो आज हैं तो हिन्दू लोगों की क्या यह हिम्मत होती कि वे तब भी हमारे साथ वैसा ही व्यवहार करते जैसे आज कर रहे हैं?

हिन्दू धर्म में जन्म लेने के कारण, हमारे जीवन पर जो धब्बा लगा है, वही हमारे विकास और उन्नति का अड़ंगा बना हुआ है। हमारे अपमान की, सवर्ण हिन्दू हम पर जो अत्याचार करते हैं, उसकी यही एक वजह है। अगर यही बात है, तो केवल उस धर्म का ठप्पा लगाकर बैठे रहने से क्या फ़ायदा? इंसान की तरह रहने की भी अगर हमें इजाज़त नहीं है, उस हिन्दू धर्म के कलश का एक हिस्सा बनकर हम अपनी ज़िन्दगी क्यों बिताएँ? ऐसे हालात में इस तरह के धर्म में रहने के बजाय, जिसमें हमें किसी तरह की मान-हानि नहीं सहनी पड़े, ऐसे धर्म का हम क्यों न अवलंब करें? अपना दर्ज़ा नीचा मानकर बर्ताव न करना पड़े, ऐसे धर्म का स्वीकार करना क्या ठीक नहीं रहेगा?

हिन्दू धर्म के त्याग के बाद अस्पृश्य कौन-सा धर्म अपनाएँगे, यह पूरी तरह उनकी अपनी मर्ज़ी पर निर्भर करेगा। उन्हें सिर्फ़ इस बात का ध्यान रखना होगा कि वे उसी धर्म को स्वीकार करें, जिसमें उन्हें समानता का अधिकार प्राप्त हो।

दुर्भाग्य से मैं भी अस्पृश्य हिन्दू का दाग लेकर ही पैदा हुआ। हालाँकि यह बात मेरे वश में नहीं थी। लेकिन यह हीन दर्ज़ा झटक कर स्थिति को सुधारना मेरे वश में है और मैं वह करूँगा ही इस बारे में किसी को किसी तरह की आशंका नहीं होनी चाहिए। आज साफ़ तौर पर मैं आपसे कह रहा हूँ कि मैं अपने आप को हिन्दू कहलाते हुए नहीं मरूँगा।

हिन्दू धर्म में अपना समान दर्ज़ा स्थापित करने के लिए सत्याग्रह का मार्ग अपनाकर कुछ मिलनेवाला नहीं है। उस राह की अब ज़रूरत भी नहीं है। हमें अपना मार्ग अब हिन्दू धर्म से अलग और आज़ाद माना जाना चाहिए। ज़ाहिर है कि नागरिकता और राजनीतिक अधिकारों के लिए हमें अपनी लड़ाई जारी रखनी ही होगी। और इसके लिए आपसी मतभेद, आन्तरिक कलह भुलाकर एक होकर संगठित ढंग से अपना उद्देश्य हासिल करने की कोशिश करना, यही हमारा आज का कर्तव्य होना चाहिए।

नए संविधान में दलित वर्ग अपने हक़ ज़ोरदार ढंग से पेश करें इसके लिए सच्चे, अपनी धुन के पक्के प्रतिनिधियों का चुनाव करना बहुत ज़रूरी है। हिन्दू धर्म

की शृंखलाओं से जकड़े न रहते हुए आज़ादी से अपने कर्तव्य तय करने की अपनी इच्छा है, यह दलित वर्ग दुनिया को स्पष्टता से बता दें, यही मेरी उनसे विनती है।[1]

इस भाषण को समर्थन देने का प्रस्ताव डॉ. बाबासाहेब ने रखा और उसे सबने समर्थन दिया। प्रस्ताव ख़ुद बाबासाहेब लिखकर ले आए थे।[2]

येवला परिषद में प्रस्तुत किया गया प्रस्ताव

अस्पृश्य और स्पृश्य माने गए वर्गों में समता और संगठन बनाने के उद्देश्य से उतनी सामर्थ्य न होते हुए भी इंसान और धन की अपरिमित हानि को सहकर भी बंबई इलाक़े के अस्पृश्य वर्गों ने महाड़ के चावदार तालाब के पास और नासिक के कालाराम मन्दिर के सामने सत्याग्रह किया। कालाराम मन्दिर का सत्याग्रह पिछले पाँच सालों से लगातार चलाया गया है। लेकिन स्पृश्य हिन्दुओं का ज़रा भी मत परिवर्तन नहीं हुआ है। इतना ही नहीं, स्पृश्यों और अस्पृश्यों में भी होने जा रहे संगठन को और उससे उत्पन्न होनेवाली हिन्दू ताक़त की भी उन्हें बिलकुल भी परवाह नहीं है, यह उन्होंने अपने बर्ताव से साबित कर दिया है। इसीलिए अस्पृश्यों की इस परिषद में यह प्रस्ताव मंजूर किया जा रहा है कि हिन्दुओं को मनाने की उनकी कोशिशों का कोई असर नहीं हो रहा है इसलिए अब इसके बाद वे अस्पृश्य वर्ग अपनी शक्ति को इस काम पर बर्बाद न करें। सत्याग्रह की मुहिम अब बन्द कर दी जाए। स्पृश्य वर्ग से अपने समाज को अलग कर लें। तथा परिषद के मत में, अस्पृश्य अब हिन्दुस्तान के अन्य समाज में अपने समाज को सम्मानजनक और समान स्थान दिलाने के लिए पूरी निष्ठा से कोशिश करें।[3]

डॉ. बाबासाहेब आंबेडकर का नपा-तुला, मुद्दों पर केन्द्रित भाषण और उसके अनुसार रखे गए प्रस्ताव के कारण युवा वर्ग ख़ुश हुआ। धर्म में आस्था रखनेवाले बूढ़े और महिलाओं को इस घोषणा ने चकित किया। इसके बावजूद डॉ. बाबासाहेब ने जिस वेदना और ममता भरे कठोर शब्दों के साथ भाषण दिया था, वह सुनकर उन्होंने भी इस प्रस्ताव को अपनी मंजूरी दी। हिन्दू लोग अस्पृश्यों को निचले पायदान का हिन्दू मानकर उनके साथ ग़लत व्यवहार करते हैं और दूसरे धर्म में उन्होंने प्रवेश किया तो इस परेशानी से उन्हें मुक्ति मिलेगी। अपने बलबूते वे अपनी रोज़ी-रोटी

---

1. *विविध वृत्त* : 20 अक्टूबर, 1935
2. *डॉ. भी. रा. आंबेडकर चरित्र :* चां. भ. ख़ैरमोडे, खंड 6, पृ. 84-85
3. *जनता,* 15 फरवरी, 1936

कमाएँगे। शिक्षित होकर अपनी प्रगति हासिल करेंगे। एक घंटे तक इस विषय पर डॉ. बाबासाहेब ने भाषण दिया। सब लोग मंत्रमुग्ध होकर उनका भाषण सुन रहे थे। तालियों की गड़गड़ाहट के बीच प्रस्ताव मंजूर किया गया।

डॉ. बाबासाहेब और उनके सहयोगी येवला से लौट आए। और नासिक में जब वे रुके हुए थे, तब मंगलवार, दिनांक 15 अक्टूबर, 1935 और 16 अक्टूबर, 1935 को भंगी (मेघवाल) लोगों ने उन्हें चाय और भोजन पार्टी दी। डॉ. बाबासाहेब और उनके सहयोगियों ने अपने साथ भोजन करते हैं, यह देखकर उन्हें बहुत आनन्द और उत्साह हुआ।

[*बाबासाहेब डॉ. अम्बेडकर सम्पूर्ण वाङ्मय*, खंड 38, पृ. 414-17]

14

डॉ. आंबेडकर के येवला भाषण पर गांधी जी की प्रतिक्रिया

वर्धा, 15 अक्टूबर

एसोसिएटेड प्रेस प्रतिनिधि ने गांधी जी से डॉ. आंबेडकर के भाषण के बारे में साक्षात्कार पर प्रतिक्रिया चाही, गांधी जी ने कहा, "वह भाषण जिसके लिए डॉ. आंबेडकर को उत्तरदायी ठहराया जा रहा है, उस पर उसे विश्वास नहीं हो रहा। यदि उन्होंने यह भाषण दिया है और सभा में संकल्पबद्ध हिन्दुत्व से सब नाते तोड़ने व कोई ऐसा और धर्म जो उनको समता की गारंटी दे सके का प्रस्ताव पारित किया है, तो मैं इन दोनों घटनाओं को दुर्भाग्यपूर्ण मानता हूँ, विशेषत: तब जब कभी-कभार हुई, कोई छुटपुट घटना को छोड़कर अस्पृश्यता अन्तिम साँसें गिनने में है।

मैं डॉ. आंबेडकर जैसी पुण्य आत्मा और उच्च शिक्षा प्राप्त मनुष्य के प्रति कापिथा तथा दूसरे गाँवों में उनके साथ किये गए अत्याचार के क्रोध का अनुमान लगा सकता हूँ।

परन्तु धर्म कोई घर या अंगवस्त्र नहीं है, जो जब जी चाहे बदल लो। यह तो हमारे शरीर तथा आत्मा का एक अभिन्न अंग है। धर्म किसी भी जन को उसके सृजनकर्ता से जोड़ता है, जबकि शरीर नश्वर है और इसका नाश होता है। परन्तु धर्म का अस्तित्व तो मृत्यु के बाद भी है।

अगर डॉ. आंबेडकर की ईश्वर में आस्था है तो मैं उन्हें प्रेरित करना चाहूँगा कि वे अपने रोष को शान्त कर अपनी स्थिति पर पुन: विचार करें और अपने पूर्वजों के धर्म का आकलन उसके अपने महत्त्व व गुणों के आधार पर करें, न कि अविश्वस्त अनुयायियों की कमजोरियों के आधार पर।

अन्त में, मैं आश्वस्त हूँ कि उनके तथा उनके साथ जिन्होंने संकल्प किया था और जो उन्होंने सोचा है, वे उसमें सफल नहीं हो पाएँगे क्योंकि दसियों लाख अनपढ़ देहाती हरिजन लोग जब पाएँगे कि डॉ. आंबेडकर और उसके अनुयायियों ने पूर्वजों की धरोहर आस्था को अपना मानने से इनकार कर दिया है विशेषकर जब वे अपने और सवर्ण हिन्दुओं के साथ भले-बुरे जीवन के क्षणों को पेड़ तथा लता के मानिंद सम्बन्धों का स्मरण करेंगे"—एन.पी.।

गांधी जी की प्रतिक्रिया पर डॉ. आंबेडकर का मत

बंबई, 15 अक्टूबर

एसोसिएटेड प्रेस के प्रतिनिधि ने जब डॉ. आंबेडकर को, नासिक भाषण पर गांधी जी का वक्तव्य दिखाया, तो उन्होंने घोषणा की "हमने अभी निर्णय नहीं लिया है कि किस धर्म को अपनाएँगे, क्या योजना व साधन का हम प्रयोग करेंगे, परन्तु गहन विचार तथा विचारों के आदान-प्रदान के पश्चात हम इस दृढ़ निर्णय पर पहुँचे हैं कि हिन्दू धर्म हमारे हित में नहीं है।"

उन्होंने कहा, "असमानता ही वह तथ्य है जो बहस का आधार है और उसकी भी शाखाएँ हैं, इनके चलते दलित जातियाँ कभी भी पनप नहीं सकीं। कोई यह भी न सोचे कि मैंने यह क्रोधवश कहा है या काविथा गाँव या किसी भी और स्थान पर दलितों के साथ हुई ज्यादतियों के विरोध में रोष और आवेगवश किया है। यह गहरे चिन्तन और सोच-समझ से लिया गया निर्णय है। धर्म आवश्यक है, गांधी जी की इस बात से तो मैं सहमत हूँ परन्तु यह बात कि मनुष्य को अपने पूर्वजों के धर्म से ही जुड़ा रहना चाहिए, चाहे वह धर्म उसकी सोच में अति अरुचिकर हो और जो उसके नैतिक व्यवहार के मापदंड पर खरा न उतरता हो, चाहे जीवन में प्रगति तथा कुशलक्षेम के लिए प्रेरित न करता हो, से मैं सहमत नहीं हूँ।"

उनसे यह पूछने पर कि वे धर्म-परिवर्तन कब तक करने की सोच रहे हैं या यह एक व्यक्तिगत निर्णय तक रहेगा या जनसमूह धर्म-परिवर्तन होगा, उसके उत्तर में डॉ. आंबेडकर ने कहा, "मैंने धर्म-परिवर्तन करने का अपना मन बना लिया है। अगर जनसमूह इसके लिए आगे नहीं आता तो मुझे इसकी चिन्ता नहीं है। इसका निर्णय उन्हें लेना है। अगर उन्हें यह अच्छा लगेगा तो वे मेरा अनुसरण करेंगे और अगर अच्छा नहीं लगेगा तो वे मेरे उदाहरण पर नहीं चलेंगे। मेरी

अपनी सलाह है कि गांधी जी इस विषय पर दलितों को अपनी रूपरेखा निर्धारित करने का अवसर दें। काविथा कोई छुटपुट या इक्का-दुक्का घटना नहीं है परन्तु यह तो हिन्दुओं के पूर्वजों के धर्म की कार्य प्रणाली का आधार है।"[1]

[*बाबासाहेब डॉ. अम्बेडकर सम्पूर्ण वाङ्मय,* खंड 37, पृ. 91-95]

1. *बंबई क्रानिकल,* 10 अक्टूबर, 1935

15

डॉ. बी.आर. आंबेडकर द्वारा धर्मान्तरण की घोषणा पर गांधी जी का लेख

26 अक्टूबर, 1935

'हरिजन' में *ऑन इट्स लेग,* शीर्षक से प्रकाशित अपने लेख के जरिए गांधी जी ने बताया—

"कुछ आलोचक यह कहने से हिचके नहीं हैं कि डॉ. आंबेडकर की यह धमकी कि एक हिन्दू के तौर पर मरने के बजाय वह किसी अन्य धर्म को स्वीकार कर लेंगे, के उत्तर में मेरा यह दावा करना निरर्थक था कि कविथा के बावजूद, छुआछूत अपने अन्तिम चरण में है। वास्तव में मेरे दावे का समर्थन कविथा स्वयं करती है। कविथा अपने जन्म से तब तक शान्तिपूर्वक रहती रही है, जब तक कि अपनी सीमाओं को न जानते हुए किसी अति उत्साही कार्यकर्ता ने कविथा के हरिजनों को अपने बच्चों को स्थानीय स्कूलों में भेजने की चुनौती नहीं दे डाली, हालाँकि वह जानता था कि कुछ सवर्ण उसका विरोध करेंगे। दूसरी जगहों की तरह उसने यहाँ भी आशा की थी कि हरिजन अपने बच्चों को सार्वजनिक स्कूलों में भेजने के अपने अधिकार की रक्षा करेंगे। लेकिन कविथा के सवर्णों ने यह दिखाया कि वे समय की भावना को मान्यता नहीं देते।

"कुछ वर्ष पहले तक कविथा की घटना पर किसी का ध्यान नहीं जाता! तब केवल थोड़े-से सुधारक थे। ये थोड़े-से अधिकतर कस्बों और शहरों में मिलते थे। अब भगवान की कृपा से उनकी संख्या बढ़ रही है और अब वे प्रत्येक गाँव में मिलते हैं। लेकिन कुछ पहले हरिजनों को किसी भी हालत में छुआछूत का विरोध

करने को प्रेरित नहीं किया जा सकता था। सवर्णों की ही तरह यही उनकी भी आस्था का अंग था। इन स्तंभों में छुआछूत के ख़िलाफ़ अभियान की साप्ताहिक प्रगति के पर्याप्त प्रमाण हैं। हालाँकि असाधारण प्रगति हुई है, पर कविथा और ऐसी ही घटनाओं से प्रदर्शित होता है कि अनेक स्थानों पर इसका प्रभाव अधिकांश सवर्णों पर नहीं पड़ा है। यह तथ्य सुधारकों तथा हरिजनों के लिए चेतावनी है कि सवर्णों के कठोर हृदयों को पिघलाने के लिए अभी बहुत कुछ किया जाना है।

आगे यह कहा जाना चाहिए कि कविथा त्रासदी को सामने लाने और उसे अखिल भारतीय महत्त्व देने का काम सवर्ण सुधारकों ने ही किया था। मैंने सवर्ण चेतना को हरिजनों के क्रोध से अधिक आन्दोलित किया है। मुझे शर्म और दुख के साथ यह नोट करना पड़ता है कि अब कविथा के हरिजन अपने अधिकारों के लिए आन्दोलन नहीं करना चाहते हैं। उनकी सहायता करने के तमाम प्रस्तावों के बावजूद वह कविथा नहीं छोड़ेंगे। ईमानदारी के साथ मेहनत करके कहीं दूसरी जगह अपनी रोज़ी-रोटी कमाना केवल कुछ के लिए आसान है। सुधारकों ने अपनी सुरक्षा में उनको कविथा छोड़ने को प्रेरित करने के जो प्रयास किये थे, वे असफल रहे हैं।

धर्म की जन्मजात अपर्याप्तता के चलते नहीं, बल्कि उसने अनेक अनुयायियों के विवेकहीन पूर्वग्रहों के कारण, यदि धर्मान्तरण सही हो तो भी वर्तमान उदाहरण में यह उस उद्देश्य को विफल कर सकता है जिसकी यह सेवा करना चाहता है। डॉ. आंबेडकर जैसे साहसी लोगों के अलग होने से हरिजनों की प्रतिरक्षाएँ केवल कमज़ोर पड़ती हैं। हम जानते हैं कि ग़ैर-हिन्दू हरिजन, चाहे वह कितना ही प्रतिष्ठित क्यों न हो, हिन्दू हरिजनों की मदद नहीं कर पाएगा। अपने अपनाए हुए धर्म में वे अब भी बहुत अलग हैं। भारत के लोगों पर भारतीय प्रकार की छुआछूत का इतना अधिक प्रभाव है।

"डॉ. आंबेडकर के क्रोध से सुधारक को निरुत्साह नहीं होना चाहिए, उनको और अधिक प्रयास करने चाहिए। क्योंकि जहाँ यह सही है कि छुआछूत विरोधी कार्यकर्ताओं की संख्या में भारी वृद्धि हुई है, वही इसमें कोई सन्देह नहीं कि युगों के पूर्वग्रहों पर काबू पाने के लिए यह संख्या अब भी बहुत छोटी है। फिर भी कोई भी अभियान, जिसने छुआछूत विरोधी अभियान का आकार ले लिया है, और जिसमें छोटी-सी भी अप्रिय घटना सारी दुनिया का ध्यान खींच सकती हो, तो केवल अपने अन्तिम चरण में ही हो सकता है। मानवता अब और अधिक समय तक दुख नहीं झेल सकती है।"[1]

1. भारत सरकार, महात्मा गांधी की संकलित रचनाएँ, प्रकाशन विभाग, सूचना एवं प्रसारण मंत्रालय, नई दिल्ली, खंड एलएक्स 11, पृ. 64-65 पुनर्मुद्रित विस. डॉ., पृ. 299-301

21 मार्च, 1936 के 'हरिजन' में प्रकाशित लेख में बापूजी के विचार

डॉ. आंबेडकर ने धर्मान्तरण की धमकी के रूप में हिन्दू समाज के बीच जब से एक बम-सा फेंक दिया है, उनको प्रस्तावित क़दम उठाने से रोकने के लिए ज़बरदस्त कोशिशें की जा रही हैं। डॉ. आंबेडकर की धमकी का प्रभाव उन हरिजनों पर भी पड़ा है, जो साक्षर हैं और अख़बार पढ़ सकते हैं। उन्होंने पदों, वजीफ़ों या ऐसी ही माँगों के साथ हिन्दू संस्थाओं या सुधारकों से बात करना शुरू कर दिया है। और उनके साथ यह लिखा है कि उनकी माँग को अस्वीकार किये जाने की स्थिति में लेखक दूसरा धर्म अपनाने को मजबूर होगा, क्योंकि उस धर्म के प्रतिनिधियों की ओर से सहायता का प्रस्ताव किया गया है।

इसमें कोई सन्देह नहीं कि ये धमकियाँ मज़बूत हैं और उनके लिए चिन्ता का विषय है जो अपने पुरखों के धर्म का ज़रा ख़याल करते हैं। लेकिन जो लोग हिन्दूवाद से, या इस मायने में किसी भी धर्म से अपनी आस्था खो चुके हैं, उनके साथ समझौता करने से कुछ हासिल होनेवाला नहीं। धर्म लेन-देन का मामला नहीं। यह तो व्यक्ति पर निर्भर करता है कि वह किस धर्म का होकर रहना चाहता है। वह उसको किसी भी आकार या रूप में नहीं ख़रीदता। या इस प्रकार की अभिव्यक्ति का प्रयोग आत्मा की वस्तुओं के सम्बन्ध में किया जा सकता है, तो धर्म केवल अपने रक्त से ख़रीदा जा सकता है। अत: यदि कोई हरिजन हिन्दू धर्म को छोड़ना चाहता है तो वह ऐसा करने के लिए पूरी तरह से स्वतंत्र है।

सुधारक को अपना हृदय टटोलने की ज़रूरत है। धर्म छोड़ने का कारण क्या उसका अपना या उसके पड़ोसियों का व्यवहार है? अगर यह है और अगर अनुचित पाया जाता है तो उसे (व्यवहार को) बदलना चाहिए।

यह एक स्वीकृत तथ्य है कि अपने आपको सनातनी कहलानेवाले बहुत अधिक हिन्दुओं का व्यवहार सारे भारत में हरिजनों के लिए परेशानी और उत्तेजना का कारण है। आश्चर्य यह है जितने हरिजनों ने हिन्दू धर्म छोड़ दिया है, उससे कहीं ज़्यादा ने क्यों नहीं छोड़ा है? इससे पता लगता है कि हिन्दू धर्म के प्रति या इसके अन्तर्निहित गुणों के प्रति उनकी निष्ठा का, कि उसी धर्म के नाम पर अमानवीयताएँ झेलने के बावजूद दसियों लाख हरिजन उसी से चिपके हुए हैं।

हरिजनों की यह अद्‌भुत निष्ठा और उनका असाधारण धैर्य, प्रत्येक सवर्ण हिन्दू के लिए यह देखना आवश्यक बनाता है कि हरिजनों के साथ वही व्यवहार होता है जो अन्य हिन्दुओं के साथ होता है। इसलिए सवर्णों के सामने रास्ता एक

ओर तो यह है कि जो हरिजन हिन्दू धर्म छोड़कर जाना चाहते हैं उनको नौकरी या वजीफ़े की शक्ल में रिश्वत देने की पेशकश करके जाने से रोकने की कोशिश करें, और दूसरी ओर इस बात पर ज़ोर दें कि जीवन के प्रत्येक क्षेत्र में हरिजनों के साथ न्याय किया जाता है। वास्तव में सुधारक को हरिजनों की आवश्यकताओं को पहले से समझना चाहिए और उनकी शिकायत तक इंतज़ार नहीं करना चाहिए। छुआछूत मिटाने के लिए सबसे बड़ी संस्था 'हरिजन सेवक संघ' है। यह यथासम्भव हरिजनों को नौकरी देता है। हरिजन जिन नौकरियों के उपयुक्त हैं और जिनके लिए वे अपने को प्रस्तुत करते हैं, आमतौर पर ऐसी नौकरियों की कोई कमी नहीं है। हज़ारों हरिजनों के सामने सबसे बड़ी परेशानी पीने और घर के इस्तेमाल के लिए साफ़ पानी के अभाव की, सार्वजनिक स्कूलों तथा अन्य संस्थाओं में प्रवेश न मिलने और गाँवों में लगातार दुखी किये जाने के साथ-साथ अन्त में उपासना के मन्दिरों में घुसने से इनकार किये जाने को लेकर है। ये असमर्थताएँ हरिजनों के विशाल बहुमत के जीवन की कठोर सच्चाइयाँ हैं। अगर वे हिन्दू धर्म को समूह के तौर पर छोड़ते हैं, तो वे ऐसा उन आम असमर्थताओं के चलते करेंगे जो उन पर हिन्दू समाज के कोढ़ियों का छाप लगाती हैं। हिन्दू धर्म एक भयंकर अग्नि परीक्षा से गुज़र रहा है। इसका विनाश व्यक्तिगत धर्मान्तरण से नहीं, सामाजिक धर्मान्तरणों से भी नहीं, बल्कि तथाकथित सवर्ण हिन्दुओं के द्वारा हरिजनों को प्राथमिक न्याय से अधर्मी रूप से वंचित रखने के कारण होगा। अतः धर्मान्तरण की प्रत्येक धमकी सवर्णों के लिए एक चेतावनी है कि अगर वे समय रहते नहीं जागते तो बहुत देर हो जाएगी।

"एक शब्द अधीर और अभावग्रस्त हरिजनों से। हिन्दू संस्थाओं या व्यक्तियों से सहायता प्राप्त करने के लिए मिलते समय उनको धमकियों का इस्तेमाल नहीं करना चाहिए। उनको अपने मामले की शक्ति पर भरोसा करना चाहिए, जो सुनवाई की माँग करता है। हरिजनों के बहुमत को यह नहीं पता कि धर्म-परिवर्तन का क्या अर्थ हो सकता है? वे चुपचाप उस सतत अधोगति को झेलते रहते हैं, जिसे अपने स्वार्थ को पूरा करने के लिए उन पर थोप दी गई है। वे चाहे शिकायत करें अथवा नहीं, हिन्दू सुधारकों को उनका ध्यान रखना चाहिए। जो अधोगति को जानने तथा महसूस करने के लिए प्रबुद्ध और यह जानते हैं कि धर्म-परिवर्तन का क्या अर्थ है, वे या तो बहुत भले हिन्दू हैं जो अपने पूर्वजों के धर्म को छोड़ नहीं सकते हैं और वे हर प्रकार की सहायता के योग्य हैं, या वे हैं जो धर्म के प्रति उदासीन हैं और हिन्दू धर्म में बने रहने के बदले सवर्ण हिन्दुओं से किसी मदद का दावा नहीं करते। अतः मैं प्रबुद्ध हरिजनों से उनकी अपनी ख़ातिर यह आग्रह करूँगा कि धर्मान्तरण

की धमकी के नीचे वे भौतिक लाभ नहीं ढूँढ़ें। और सुधारकों को किसी भी धमकी के आगे किसी हालत में नहीं झुकना चाहिए, उनको सवर्ण हिन्दुओं के हाथों हरिजनों के लिए न्याय दिलाने का निरन्तर प्रयास करते रहना चाहिए।"[1]

[*बाबासाहेब डॉ. अम्बेडकर सम्पूर्ण वाङ्मय,* खंड 37, पृ. 529-532]

1. भारत सरकार, महात्मा गांधी की संकलित रचनाएँ, प्रकाशन विभाग, सूचना एवं प्रसारण मंत्रालय, नई दिल्ली, खंड एलएक्स 11, पृ. 281 पुनर्मुद्रित पृ. 306-308

16

'स्मृति' धर्म का आधार हटाया जाए

26 अक्टूबर, 1935

"मतदान योग्यता कम कर दिये जाने से नये संविधान के तहत वास्तविक सत्ता सवर्ण हिन्दुओं के हाथ में चली जाएगी, किन्तु वे सामाजिक सुधार के विरुद्ध हैं। वे मौजूदा रीति-रिवाजों तथा प्रचलनों को बदलने के जरा भी इच्छुक नहीं होंगे। मेरी शिकायत विशेष रूप से उनके विरुद्ध है न कि समाज सुधारकों के विरुद्ध यहाँ तक कि कांग्रेस के उम्मीदवार भी चुनाव नहीं जीत पाएँगे, यदि उन्होंने इस बात की घोषणा कर दी, कि जीतने पर वे अस्पृश्यता को खत्म करने के लिये कानून बनाएँगे। मैं कांग्रेस को चुनौती देता हूँ, कि वे इस मुद्दे पर चुनाव जीतकर दिखाएँ।"

नासिक प्रोग्रेसिव हिन्दुओं के शिष्टमंडल के साथ बैठक में डॉ. आंबेडकर ने ये बातें कही थी। इसके बाद 10 नवम्बर को भी प्रगतिशील हिन्दुओं के शिष्टमंडल ने भूतपूर्व एम.एल.सी. श्री आर.जी. प्रधान के नेतृत्व ने डॉ. आंबेडकर से उनके निवास पर मिला था। दोनों बैठकों का नासिक प्रोग्रेसिव हिन्दुओं ने सारांश निकालते हुए एक अधिकृत वक्तव्य जारी किया था, जिसका सार कुछ इस तरह से है—

प्रगतिशील के विचार

प्रारम्भ में शिष्टमंडल ने नासिक हिन्दू प्रोग्रेसिव सिटिजंस द्वारा श्री शंकराचार्य (डॉ. कुर्तकोटि) की अध्यक्षता में हुए एक सम्मेलन में पारित संकल्प डॉ. आंबेडकर के समक्ष प्रस्तुत किये। ये संकल्प इस प्रकार हैं—(क) "सार्वजनिक मन्दिरों, यात्रा के सार्वजनिक स्थलों और तीर्थों से सम्बन्धित मुद्दे काफ़ी विवादास्पद तथा तुरन्त व्यावहारिक उपलब्धि के दायरे से बाहर होने की वजह से इस मुद्दे के सम्बन्ध

में सार्वजनिक दृष्टिकोण में बदलने के लिए हरसम्भव प्रयास किया जाना चाहिए। (ख) इस सम्बन्ध में सार्वजनिक दृष्टिकोण में बदलाव लाने के अलावा हम मुद्दे को यहीं रोककर, व्यक्तिगत तथा सामूहिक रूप से प्रचार, रचनात्मक कार्यों तथा अन्य माध्यमों द्वारा सतत तथा निर्भीक प्रयास किये जाने चाहिए, जिससे हरिजनों को ग़ैर-हरिजन हिन्दुओं की बस्तियों में रहने की आज़ादी मिल सके, स्कूल, कुओं, होटलों, धर्मशालाओं जैसे सार्वजनिक स्थानों से अस्पृश्यता को मिटाया जा सके और कुल मिलाकर, अन्य सभी मामलों में अस्पृश्यता को हिन्दू समाज से निकाल बाहर किया जा सके।"

श्री प्रधान ने डॉ. आंबेडकर के प्रति शिष्टमंडल के सदस्यों का गहरा प्रेम तथा सम्मान व्यक्त किया और इस बात की घोषणा की कि येवला में डॉ. आंबेडकर के भाषण से उत्पन्न हुई समस्या को वे उनके सहयोग तथा परामर्श से हल करने के लिए उत्सुक हैं।

श्री प्रधान ने कहा कि वे सभी डॉ. आंबेडकर को अपना धर्म-परिवर्तन करने से रोकना चाहते हैं। श्री प्रधान ने डॉ. आंबेडकर को श्री शंकराचार्य का उनके प्रति गहरा प्रेम सम्प्रेषित किया।

'स्मृति' धर्म के आधार को मिटाओ : डॉ. आंबेडकर की माँग

तीन घंटे से भी अधिक समय तक चली इस बातचीत में डॉ. आंबेडकर ने कहा, "किसी धर्म का पराभौतिक आधार चाहे जो भी हो, जिन धार्मिक सिद्धान्तों पर लोगों की नैतिक प्रणाली तथा सामाजिक प्रथाएँ निर्भर करती हैं, उन्हें ही उस धर्म का मुख्य तत्त्व माना जाना चाहिए। यद्यपि, हिन्दुत्व परम ब्रह्म की संकल्पना पर आधारित है, तथापि हिन्दू समुदाय की प्रथाएँ 'मनुस्मृति' में उल्लिखित असमानता के सिद्धान्तों पर आधारित हैं। कुछ लोगों का मानना है कि समाज के लिए धर्म आवश्यक नहीं। मेरा मत यह नहीं है। मेरा मानना है कि जीवन और समाज के व्यवहार के लिए धर्म का आधार आवश्यक है। 'हिन्दू सामाजिक प्रणाली' के मूल में धर्म है, जैसा कि 'मनुस्मृति' में बताया गया है। ऐसा होने की वजह से मुझे नहीं लगता कि हिन्दू समाज से असमानता को मिटा पाना सम्भव होगा, जब तक कि 'स्मृति' धर्म के मौजूदा आधार को हटाकर, उसकी जगह कोई बेहतर नींव न डाली जाए। परन्तु मुझे उम्मीद नहीं है कि हिन्दू समाज किसी ऐसे बेहतर आधार पर अपने धर्म का पुनर्निर्माण कर पाएगा।"

आगामी संविधान में हरिजनों की स्थिति का ज़िक्र करते हुए डॉ. आंबेडकर ने कहा कि नये संविधान के अन्तर्गत विधान मंडलों की मदद से सामाजिक सुधार तथा अस्पृश्यता मिटाने के प्रयासों को आगे नहीं बढ़ाया जा सकेगा।

हिन्दू धर्म छोड़ने के बारे में डॉ. आंबेडकर ने कहा, "व्यक्तिगत रूप से मैं धर्म-परिवर्तन करने के लिए अपना मन बना चुका हूँ। अभी मैं आपको यह नहीं बता सकता कि मैं कौन सा धर्म अपनाऊँगा। किन्तु, मैं धर्म-परिवर्तन के ज़रिये कोई निजी लाभ नहीं पाना चाहता। यह कोई व्यक्तिगत प्रश्न नहीं है और मैं पूरी अस्पृश्य जाति, नहीं तो उसके एक बड़े हिस्से को अपने साथ ले जाना चाहता हूँ। मैं नहीं चाहता कि कुछ लोग कोई एक धर्म या सम्प्रदाय अपनाएँ तथा अन्य कोई दूसरा। क्योंकि, मैं इस समुदाय को बिखरने नहीं देना चाहता। अपने समुदाय के हितों को ध्यान में रखते हुए, यह आवश्यक है कि यह समुदाय किसी सशक्त एवं जीवन्त समुदाय में समाये। मेरा इरादा धर्म-परिवर्तन के इस आन्दोलन को अखिल भारतीय बनाने का है। यदि मेरा समुदाय मेरा अनुसरण न करे, तो मैं अकेले ही अपना धर्म-परिवर्तन कर लूँगा। इसमें चार से पाँच वर्ष तक लग सकते हैं और इस अवधि के दौरान आप लोग जो करना चाह रहे हैं, कर सकते हैं। अन्तिम निर्णय लेने से पहले हम इस बात पर ग़ौर अवश्य करेंगे कि आपके प्रयासों को कितनी सफलता मिली है। मैं मानता हूँ कि आप लोगों के सामने काफी बड़ा काम है। किन्तु, यदि यह लक्ष्य प्राप्त करने में बहुत लम्बा समय लगता है, तो इतने लम्बे समय तक इंतज़ार करने के लिए हम तैयार नहीं हैं।"

नया सम्प्रदाय

अपने एक नये वर्ग की रचना करने और इसे अन्य लोगों के साथ-साथ समान आधार तथा प्रतिष्ठा के साथ अस्पृश्यों के लिए भी खोल देने के सम्बन्ध में डॉ. कुर्ताकोटि द्वारा रखे गए प्रस्ताव के बारे में डॉ. आंबेडकर ने कहा, "मैं किसी नये सम्प्रदाय की शुरुआत करने की ज़िम्मेदारी नहीं लूँगा और न ही मैं अपने समुदाय के लोगों को इसमें शामिल होने की सलाह दूँगा। डॉ. कुर्ताकोटि यदि ऐसी इच्छा रखते हों, तो वे नया सम्प्रदाय शुरू करें और इसे स्पृश्य लोगों में प्रसार पाने दें, फिर हम इसके बारे में सोचेंगे। मैं आज यह कह पाने की स्थिति में नहीं हूँ कि यदि यह सम्प्रदाय स्थापित हो गया, तो हरिजन इसके विषय में क्या सोचेंगे। इसके बारे में उनका दृष्टिकोण इसे अपनानेवाले लोगों की संख्या

और इस बात पर निर्भर करेगा कि यह किस हद तक हरिजन समुदाय के उत्थान और संवर्धन देता है। हम इसे अपनाने या न अपनाने पर फिर बिलकुल उसी तरह विचार करेंगे, जैसे कि हम किसी अन्य सम्प्रदाय को अपनाने या न अपनाने के विषय में सोच सकते हैं, किन्तु यह सम्प्रदाय किसी जीवंत धर्म का ही होना चाहिए।

हमारे बौद्ध धर्म अपनाने के रास्ते में कुछ कठिनाइयाँ हैं। मेरा मानना है कि हरिजन समुदाय को किसी सशक्त समुदाय में पूरी तरह से समा जाना चाहिए। इसने आर्य समाज न अपनाने का निर्णय लिया है। सिक्ख धर्म अपनाने के प्रश्न पर हम विचार कर सकते हैं।

'हरिजन सेवक संघ' के प्रति हरिजनों के दृष्टिकोण के विषय में डॉ. आंबेडकर ने कहा, "हरिजन सेवक संघ द्वारा अस्पृश्यता मिटाने के प्रयास को आगे बढ़ा पाने की सम्भावना नहीं है। वह संघ कांग्रेस का एक भाग मात्र है।"

डॉ. आंबेडकर ने आगे कहा, "प्रजातंत्र भारत के लिए उचित नहीं है और लोकप्रिय सरकार देश का भला नहीं कर पाएगी। भारत को किसी तानाशाह की ज़रूरत है—कोई कमाल पाशा या मुसोलिनी। मुझे आशा थी कि श्री गांधी एक तानाशाह का स्थान हासिल कर पाएँगे, लेकिन मुझे निराशा हुई। मेरी शिकायत यह नहीं है कि श्री गांधी तानाशाह हैं बल्कि यह है कि वे तानाशाह नहीं हैं। मेरे मन में कमाल पाशा के लिए अथाह सम्मान है, उसी ने तुर्की को एक सशक्त देश बनाया है। मुस्लिम ही वे लोग हैं, जिनके धार्मिक विचारों और रिवाजों में हस्तक्षेप करना सबसे अधिक जोखिम का काम है और कमाल पाशा ने यह सफलतापूर्वक कर दिखाया। कमाल पाशा जैसे सशक्त नेतृत्व के बिना भारत का भला नहीं हो पाएगा। लेकिन इस तरह की परिस्थितियों में, सामाजिक तथा धार्मिक मामलों में ऐसा कोई तानाशाह मिलना असम्भव है, इसलिए मैं भारत के भविष्य को लेकर हताश हूँ।

युवा पीढ़ी

युवा पीढ़ी और हरिजनों के रवैये के विषय में बात करते हुए डॉ. आंबेडकर ने कहा, "युवा पीढ़ी से भी मुझे कोई उम्मीद नहीं है, जिसका ध्यान पूरी तरह से ऐशो-आराम की तरफ़ है और आदर्शवाद में उसकी कोई ख़ास दिलचस्पी नहीं है। इसलिए इस पीढ़ी में से रानाडे, तिलक या गोखले जैसे आदर्शों तथा सिद्धान्तों तथा कार्य करनेवाले पुरुष मिलने की कोई सम्भावना नहीं है। यह सोचकर भी मैं निराशा से भर जाता हूँ।

"संक्षेप में, अस्पृश्य समुदाय में पैदा होने के नाते मैं इसके हितों के लिए लड़ना अपना पहला कर्तव्य समझता हूँ और भारत के प्रति मेरा कर्तव्य इसके बाद आता है। धर्म की मेरी अपनी संकल्पना के अनुसार मेरे ठोस धार्मिक मत हैं, किन्तु हिन्दुत्व में मेरा कोई विश्वास नहीं है और आडम्बर से मुझे नफ़रत है। इसलिए मैंने हिन्दुत्व त्यागने का फ़ैसला किया है, किन्तु मैं यह तुरन्त नहीं करना चाहता, क्योंकि मैं अपने समुदाय को साथ लेकर चलना चाहता हूँ। हरिजन फ़ौज आज मार्च नहीं कर रही है और वह उचित मौक़े का इंतज़ार कर रही है। इस बीच 'स्पृश्य' लोग अपने द्वारा बताए गए मार्ग पर अपने प्रयास जारी रख सकते हैं।[1]

[*बाबासाहेब डॉ. अम्बेडकर सम्पूर्ण वाङ्मय,* खंड 35, पृ. 223-226]

1. *द टाइम्स ऑफ़ इंडिया,* 30 नवम्बर, 1935

17

जो धर्म इंसान के साथ इंसानों जैसा व्यवहार नहीं करता उसे धर्म कैसे कहा जाए?

8 दिसम्बर, 1935

आज निर्भीडकर के जीवन का बड़ा ही विशेष और संस्मरणीय दिन था। रात को बम्बई के फोरस रोड में जयरामभाई स्ट्रीट के पुरारी ढोर चाल में बाबासाहेब आए थे। जिसके लिए घोषणा की गई थी कि धर्म-परिवर्तन की घोषणा के नायक डॉ. बाबासाहेब आंबेडकर का बम्बई में पहली बार धर्मान्तरण के विषय पर भाषण होनेवाला है। उस सभा में दस हजार श्रोता समुदाय के सामने अपनी बात रखने का मौका निर्भीडकर को भी मिला, जिसे वो अपना परम भाग्य मानते हैं। जिसका जिक्र करते हुए वे कहते हैं कि उनके जीवन में जितने भाग्य के क्षण आए होंगे, उनमें यह सबसे ऊँचा मौका था।

बीते रविवार को रात में 'सोमवंशीय गुरुदत्त प्रासादिक भजन समाज' की ओर से होनेवाले बत्तीसवें सालाना दत्त जयंती उत्सव का आयोजन किया गया था। पिछले 32 सालों से यह उत्सव बड़े धूमधाम के साथ मनाया जाता रहा है। इस उत्सव में हज़ारों अस्पृश्य बन्धु-भगिनी उपस्थित रहते थे, बड़ी भीड़ लगती थी। इस उत्सव की शुरुआत स्व. माधवनाथ मोरे जी ने की थी। उनके हालियाँ प्रबन्धन मंडल में श्री बालाजी सुडकाजी मोरे, शंकरराव आडेजाधव, माधवराव पारधे, गंगारामपंत मुकादम और रेवजीबुवा डोलस आदि प्रमुख नेता थे। प्रबन्धन मंडल ने इस वर्ष भी बड़े धूमधाम से उत्सव का आयोजन किया था, जो बहुत ही आनन्द की बात थी। उनकी इस उज्ज्वल

धर्मबुद्धि के लिए हम उन्हें और उनके साथियों को स्पृश्य हिन्दू समाज की ओर से बहुत-बहुत साधुवाद देते हैं।

इस वर्ष दत्त जयंती उत्सव कुल चार दिनों तक धूमधाम से मनाया गया। पहले दिन यानी शनिवार, दिनांक 7 को श्रीयुत किसन देवीदास बोवा (13वीं गली, कमाठीपुरा), रामजी रावजी बोरकर (ताडवाडी), रामजी धोंडूजी भालेराव (औचित्यवाडा), रामचन्द सदूजी रणदिवे (बटाट्याची चाल) आदि प्रसिद्ध भजनकारों के प्रबन्धन में संगीत भजन प्रस्तुत किये गए।

दूसरे दिन हम जिस सभा का वर्णन करने के लिए यह लेख लिख रहे हैं, वह भव्य सार्वजनिक सभा हुई। तीसरे दिन पालखी के जुलूस और भोजन के समारोहों की घोषणा की गई थी। इस उत्सव के लिए हज़ारों रुपये ख़र्च किये जाते हैं, और अस्पृश्य समाज कार्यक्रम का आनन्द लेता है। इस तरह के उत्सव की एक बहुत ही महत्त्वपूर्ण सभा के लिए हाज़िर रहते हुए भाषण करने का मौक़ा हमें मिला यह हमारे सौभाग्य की ही बात थी। इस साल का यह समारोह अगर आख़िरी समारोह साबित हुआ तो हमें जो मौक़ा मिला है वह बहुत ही भाग्यशाली है, इसमें कोई दो राय नहीं।

इस सभा में उपस्थित रहने के लिए पिछले रविवार रात नौ बजे के आसपास हम सभास्थल पर पहुँचे। देवी के एक छोटे से मन्दिर के सामने सभा का स्थान सजाया गया था। मन्दिर के सामनेवाली चौड़ी सड़क सभा के लिए नियोजित की गई थी। मन्दिर के ऊपर कपड़े का एक बोर्ड टँगा हुआ था जिस पर बड़े अक्षरों में लिखा था 'बत्तीसवाँ दत्त जयंती उत्सव' मैनेजर-रेवजीबोवा डोलस। मन्दिर के सामने पड़नेवाला रास्ता पताकाओं से, काग़ज़ के फूलों से बनी छत से, तरह-तरह के झंडों से सजाया गया था। सड़क पर श्रोताओं के बैठने की व्यवस्था की गई थी। वहाँ बाईं तरफ़ महिलाएँ बैठी हुई थीं। मन्दिर के सामने एक बड़ा और सजा हुआ मंच था। उस पर गलीचे और जमखाने फैलाये गए थे। मंच के बीच में एक चौकोर मेज़ रखी गई थी और उसके पीछे मखमल से सजी दो कुर्सियाँ रखी थीं। मंच पर अन्य मेहमानों के लिए हरे मखमल के कोच लगाए गए थे। मंच के आसपास और भी कोच, कुर्सियाँ और बेंच थे। हम जब पहुँचे तब सभास्थल पर पाँच हज़ार से अधिक श्रोता इकट्ठा हुए थे। उनमें अस्पृश्यों का अनुपात ज़्यादा था इसके बावजूद पाँच-पचास मुसलमान, पाँच-दस ईसाई, एक बूढ़ा पारसी जैसे दूसरे धर्म के लोग भी बीच-बीच में

दिखाई दे रहे थे। एक सज्जन हमें बड़े प्रेम से मंच के कोच पर बैठा गए। हमारे पड़ोस में श्री अडांगले, और श्री वडवलकर बैठे थे, सो बातचीत में बहुत मज़ा आया। ये अस्पृश्य बन्धु आजकल हमारे परम मित्र हो बैठे हैं। डॉ. आंबेडकर और उनके साथियों को ले आने के लिए श्री रेवजी बोवा गए थे। इसीलिए बीच के ख़ाली समय में कुछ मनोरंजन के कार्यक्रम पेश किये गए। हम जब गए तब एक लड़का बड़ी मीठी आवाज़ में गा रहा था। उसके बाद श्री फालके ने एक पोवाड़ा गाकर सुनाया। उसके बाद जलसे का भी छोटा सा कार्यक्रम हुआ। इस तरह अलग-अलग तरह के कार्यक्रम चल रहे थे, फिर भी सभी श्रोताओं का ध्यान डॉ. बाबासाहेब आंबेडकर की तरफ़ लगा हुआ था। श्रोताओं की संख्या बढ़ते-बढ़ते दस बजे के आसपास दस हज़ार तक पहुँच गई। आख़िर सवा दस के आसपास सभास्थल के पास दो भव्य मोटरें पों-पों करते हुए आकर खड़ी हुईं। इन मोटरों से अपने दोस्तों के साथ डॉ. आंबेडकर आए। आंबेडकर के आने की ख़बर मिलते ही तालियों की गड़गड़ाहट से आसमान गूँज उठा। श्रोताओं ने बाबासाहेब का जितनी गर्मजोशी से स्वागत किया, उसे देखकर किसी किरीट कुंडलधारी सार्वभौम राजा को भी उनसे जलन होती। लगातार उनके नाम की जय बोली जा रही थी, तभी डॉ. आंबेडकर मंच पर रखी मखमली दरबारी कुर्सी पर जाकर बैठे। उनके पड़ोसवाली कुर्सी पर सभा के अध्यक्ष श्री देवराव नाईक बैठे। प्रि. दोंदे, श्री सुरबा टिपणीस, बापूसाहब सहस्त्रबुद्धे, आदि लोग उनके आसपास वाले कोच पर जाकर बैठ गए। अस्पृश्यों के एक और सम्माननीय नेता डॉ. सोलंकी को लाने के लिए मोटर गई थी, उनके आने तक जलसा जारी रखा गया। थोड़े समय के बाद डॉ. सोलंकी आए। व्यवस्थापक मंडल ने उनका भी भली-भाँति स्वागत किया। लोगों ने भी तालियों की गड़गड़ाहट से अपनी सहमति दर्ज की। डॉ. सोलंकी डॉ. आंबेडकर के पड़ोसवाली कुर्सी में स्थानापन्न हुए और उसके बाद श्री रेवजी बोवा ने कार्यक्रम की शुरुआत की। अध्यक्ष की सूचना को समर्थन दिये जाने के बाद श्री देवराव नाईक ने छोटा सा भाषण दिया। उसके बाद श्री सुरबा टिपणीस का भाषण हुआ।

इसके बाद अध्यक्ष की ओर से डॉ. बाबासाहेब आंबेडकर को भाषण देने के लिए आमंत्रित किया गया। डॉ. आंबेडकर हाथ में एक छोटी छड़ी लेकर टेबल के सामने आकर खड़े हुए। तालियों की गड़गड़ाहट से पूरा वातावरण गूँज उठा। बाबासाहेब का सिर खुला था, सिर पर उन्होंने कुछ

पहना नहीं था। उनकी पोशाक भी बहुत ही सादी थी। लॉन्ग क्लाथ का पाजामा और सोलापुरी चेक्स का कोट उन्होंने पहन रखा था। अत्यन्त गम्भीर स्वर में उन्होंने कहा—

सभापति महोदय, भाइयो और बहनो,

शुरुआत में ही मुझे एक-दो बातों का खुलासा करना होगा। पिछले साल के उत्सव में मैं नहीं आया था। इस साल भी दत्त जयंती जैसे उत्सवों में भाषण करना ठीक नहीं। लेकिन रेवजी बुवा ने जब आश्वासन दिया है कि यह आख़िरी उत्सव होगा, तो मैं आया हूँ, इस जगह धर्म-परिवर्तन जैसे विषय पर बोलना भी ठीक नहीं। लेकिन मुझे अब कुछ बोलना तो पड़ेगा। धर्मान्तरण के बारे में मेरे मत पक्के हैं। मैं धर्मान्तरण करूँगा ही, लेकिन अभी थोड़ा रुका हुआ हूँ, ताकि आपका मन जान सकूँ। आप सब, सात करोड़ लोग अगर धर्म-परिवर्तन करेंगे तो ही मैं भी करूँगा। एक भी व्यक्ति पीछे ना रहे। थोड़ा-थोड़ा करके किसी दूसरे धर्म में जाओगे तो आपका नुक़सान होगा। सात करोड़ लोगों को एक साथ धर्म-परिवर्तन करना होगा। दस हज़ार मुसलमान बनें, चार हज़ार ईसाई बनें तो इस तरह की फूट से कल्याण नहीं होगा। आपमें से केवल कुछेक लोग ही मेरे साथ अन्य धर्म में आए, तो मैं आपका कल्याण नहीं कर सकता। आप अगर सब लोग आओ तो मैं आपका कुछ हित कर सकता हूँ, सबका निश्चय होने में थोड़ा समय तो लगेगा ही! मैं उतनी रुकने के लिए तैयार हूँ। लेकिन यह समय मैं अस्पृश्यों को दे रहा हूँ, स्पृश्यों को नहीं! सब आ-आकर मुझसे पूछते हैं, आपसे कोई नहीं पूछता होगा। मुझे बताना पड़ता है। लेकिन उसका मतलब यह नहीं कि धर्म-परिवर्तन का मेरा निश्चय बदलने वाला है। मेरा निश्चय पक्का है। लेकिन मुझे आपका क्या विचार है, इसका पता चलना चाहिए। हिन्दू धर्म कोई धर्म नहीं है। यह तो रोग है, महारोग है! हम जहाँ बैठे थे,उस ओर मुड़कर उन्होंने कहा, इस रोग से हम नहीं, हिन्दू लोग ग्रस्त हैं। हम अस्पृश्यों ने क्या पाप किया है? कुछ भी तो नहीं। जो भी पाप किये हैं वे स्पृश्यों ने किये हैं। उनके फल हमें भुगतने पड़ रहे हैं। इसीलिए हमें दूर जाना होगा। हिन्दू अगर इस रोग से अपने को मुक्त करना चाहते हों, तो वे भी हमारे साथ आएँ। हमसे कहा जाता है कि अस्पृश्यता नष्ट करने की कोशिश कीजिए, लेकिन यह सम्भव नहीं है। हिन्दू धर्म, धर्म ही नहीं रहा है। अगर कोई यह मानता है कि हिन्दू धर्म है तो वह आकर मुझे यह प्रमाणित कर दिखाए। हिन्दू धर्म ज़हर है। ज़हर अमृत में

बदलना असम्भव है। जिस धर्म के लोग अस्पृश्य वर्ग के लोगों के साथ समानता का व्यवहार नहीं करते, इंसानियत के साथ पेश नहीं आते, उसे धर्म कैसे कहा जाए? ज़हर को अमृत बनाने का तरीक़ा अगर कोई जानता हो तो वह मुझे बताए। वैसे, ज़हर को अमृत में बदलना सम्भव ही नहीं। कोई व्यंजन अगर नमकीन हो जाए, खट्टा हो जाए तो उसे ठीक किया जा सकता है। मैं ख़ुद खाना पकाना सीख गया हूँ। बहनों की तरह मैं भी बढ़िया खाना पका लेता हूँ। शायद आपको पता न हो, कभी अगर और कोई काम न मिले तो कम-से-कम बावर्ची का काम कर सकूँगा, यह सोचकर मैंने खाना बनाना सीख लिया है। कोई व्यंजन अगर ज़्यादा नमकीन हो जाए तो उसमें से नमक की मात्र कैसे कम की जा सकती है, यह मैं उन्हें बता सकता हूँ। नमकीन चीज़ जब पक रही हो तब उसमें काग़ज़ का एक टुकड़ा डाल कर रखें, तो उस व्यंजन का नमक कम हो जाता है (तालियाँ)। कहने का उद्देश्य यही है कि बाकी सब कुछ बदला जा सकता है, लेकिन ज़हर को अमृत नहीं किया जा सकता। अभी परसों मुझे गुजराती में लिखा एक ख़त मिला है। उसमें जो लिखा गया है, वह जानेंगे तो हिन्दू धर्म ज़हर है इस बारे में आपको भी यक़ीन हो जाएगा। गुजरात के एक गाँव में जैन छात्रों का एक बोर्डिंग है। वहाँ क़रीब बीस बच्चे रहते हैं। उनकी देखभाल के लिए एक बूढ़े जैन सुपरिंटेंडेंट की नियुक्ति की गई है। उस बोर्डिंग के परिसर में एक अस्पृश्य दम्पती काम करते थे। उनका तीन-चार साल का एक बच्चा था। उसे पीठ पर लादकर वे बोर्डिंग की तरफ़ काम के लिए जाते वक़्त ले जाया करते थे। एक दिन उस बच्चे को बोर्डिंग के परिसर में खेलने के लिए छोड़कर माँ-बाप कहीं बाहर काम के लिए गए। यहाँ बच्चा खेलते-खेलते बोर्डिंग के दरवाज़े के पासवाले पानी के छोटे से हौज़ के पास पहुँचा। यह हौज़ दो-ढाई फ़ीट चौड़ा और चार-पाँच फीट गहरा था। दुर्भाग्य से वह बच्चा हौज़ पर चढ़ा और सन्तुलन खो जाने के कारण हौज़ में गिर गया। यह बात बोर्डिंग में रहनेवाले 20 बच्चों ने तथा उनके बूढ़े अध्यापक ने देखी। लेकिन उन्होंने बच्चे को हौज़ से बाहर निकाला नहीं। बच्चों ने यह ख़बर उस बच्चे के माता-पिता तक पहुँचाई। बड़ी देर के बाद माँ-बाप आए और उन्होंने उस बच्चे को बाहर निकाला। फिर वे उसे अस्पताल लेकर गए। डॉक्टर ने बच्चे की जाँच के बाद बताया कि बच्चा दो घंटे पहले ही मर चुका है। अब सवाल यह है कि उन बीस जैन बच्चों ने और उनके उस बूढ़े अध्यापक ने बच्चे को पानी से बाहर क्यों नहीं निकाला? इसका जवाब यही है कि वह बच्चा अस्पृश्य जाति में पैदा हुआ था। ऐसा है यह हिन्दू धर्म। उससे इंसानियत की उम्मीद करना बेकार है। अस्पृश्यों को हिन्दू समाज से कभी भी न्याय

नहीं मिलेगा। हिन्दू धर्म कोढ़ है। उससे अगर अस्पृश्य अपने आप को बचाना चाहते हैं, तो उनके सामने धर्म-परिवर्तन का ही रास्ता है। नासिक के नादूर गाँव की घटना के बारे में आप सब लोगों ने पढ़ा ही होगा। महार जाति की दो महिलाओं के पास घास के दो छोटे गट्ठर मिले। धर्मान्तरण की घोषणा से चिढ़े हुए मराठों ने उन महिलाओं पर मराठों के खेतों से घास काटकर लाने का आरोप जड़ा। उन महिलाओं ने कई तरीक़ों से विनती करते हुए बताया कि ऐसा नहीं है, लेकिन लोगों ने उनकी एक न सुनी। उन्हें पीड़ाएँ दी गईं। लेकिन इतने से भी उन मराठों का मन नहीं भरा। उन्होंने महारों के खेतों में अपने ढोरों को छोड़ दिया। महारों की खड़ी फ़सल को तहस-नहस कर दिया। अस्पृश्यों के साथ स्पृश्य समाज ऐसा ही बर्ताव करता आया है। इसीलिए मैं कहता हूँ कि हिन्दू धर्म नर्क है। मुझे आपके धर्मान्तरण के बारे में निर्णय लिये जाने की प्रतीक्षा है। मुझे आपका नेता होने की ज़रूरत नहीं है, और किसी तरह की कोई उम्मीद नहीं। अपनी उन्नति साधना मेरे अपने हाथों में है। मेरे साथ अगर धर्म-परिवर्तन करना हो तो सभी मिलकर आइए। यहाँ एकाध दो महीनों में बंबई इलाक़े के महार लोगों की परिषद होनेवाली है। और आख़िर हिन्दुस्तान के सभी अस्पृश्यों की परिषद होगी। इसमें समय ज़रूर लगेगा। जितने समय की ज़रूरत हो सकती है, उतना समय मैं आपको दे रहा हूँ। उतने समय में योग्य निर्णय लीजिए। धर्म-परिवर्तन करना यानी करना क्या है? यह आज बताने का कोई मतलब नहीं है। जिस मकान में आप रह रहे हैं उसे ख़ाली करना है इसका अगर आप निर्णय ले लें तो आगे किस मकान में जाना है यह तय किया जा सकता है। आप हिन्दू धर्म में रहते हैं, क्योंकि आप निर्बुद्ध, मूर्ख हैं आपको किसी बात की शरम नहीं है। आप नहीं जानते कि इंसानियत कैसी होती है, इसीलिए आप अब तक इस धर्म में हैं। इतना कहकर मैं अपना भाषण पूरा करता हूँ।

इतना कहकर अचानक डॉ. आंबेडकर ने अपना भाषण पूरा किया। गम्भीर होकर वे अपनी जगह पर जाकर बैठ गए। भाषण पूरा करने के समय उनका चेहरा बहुत ही गम्भीर और ग़ुस्से से तमतमाया हुआ लग रहा था। वे इतना भावविह्वल हो गए थे कि उनके मुँह से आगे कोई शब्द ही निकल नहीं पा रहा था। उन्होंने अचानक भाषण ख़त्म तो किया, लेकिन श्रोताओं के मन पर उसका बेहद गहरा असर हुआ। उनके बात करने का तरीक़ा एकदम सीधा-सादा और मुँहतोड़ था। तीखे शब्दों से वे श्रोताओं के दिल को चीरते चले गए। विशिष्ट, मध्यम स्वर में उन्होंने अपना पूरा भाषण किया। आवाज़ में कोई उतार-चढ़ाव नहीं, आलंकारिक भाषा का नखरा नहीं। उन्होंने बहुत ही छोटे और अलग-अलग वाक्यों का प्रयोग

किया। भाषण के बाद बिना ज़्यादा कुछ बोले सभा बर्खास्त हुई। अध्यक्ष ने समारोह का समापन वाला भाषण न करते हुए, एक तरह से डॉ. बाबासाहेब आंबेडकर के बारे में अपना आदर व्यक्त किया। इतना ही नहीं, इससे पीछे उनकी कूटनीति भी थी। अध्यक्ष ने भाषण नहीं किया, इसलिए श्रोताओं के मन पर डॉ. बाबासाहेब आंबेडकर के शब्द ज़्यादा देर तक असर करते रहे। आख़िर में केवल फूलमालाएँ और गुलदस्ते समर्पण करने का कार्यक्रम हुआ। डॉ. आंबेडकर, डॉ. सोलंकी, श्री देवराव नाईक आदि सभी नेताओं को क़रीब पचास फूलमालाएँ एवं गुलदस्ते भेंट किये गए। समारोह पूरा होने के बाद लोगों ने डॉ. आंबेडकर आदि नेता लोगों की भीड़ में रास्ता बनाते हुए अपनी मोटर की तरफ़ बढ़ चले।[1]

[*बाबासाहेब डॉ. अम्बेडकर सम्पूर्ण वाङ्मय,* खंड 38, पृ. 418-423]

---

1. *निर्भीड,* 15 दिसम्बर, 1935

18

धर्म-परिवर्तन से सभी अल्पसंख्यकों का कल्याण होगा

येवला में डॉ. बाबासाहेब आंबेडकर की अस्पृश्यवर्गीय परिषद में धर्म-परिवर्तन की घोषणा के बाद हिन्दुस्तान में बड़ी हलचल मची। उस घोषणा के कारण स्पृश्य हिन्दू समाज हिल गया था और अस्पृश्य लोगों की ओर से दिन-ब-दिन अधिक संख्या में उनके निर्णय का स्वागत और बहुत से लोगों का समर्थन मिल रहा था। महाराष्ट्र से समर्थन देने के लिए 11 और 12 जनवरी, 1936 को पुणे में अहिल्याश्रम के भव्य मैदान में अखिल महाराष्ट्रीय अस्पृश्य युवक परिषद की बैठक हुई थी, जिसमें बाबासाहेब आंबेडकर थोड़ा विलम्ब से पहुँचे थे। जिससे लोगों में थोड़ी निराशा फैल रही थी। इसीलिए मंडप के मुख्य हिस्से में अध्यक्ष की कुर्सी के पास एक कुर्सी पर डॉ. आंबेडकर की फोटो रखी थी, जिस पर फूलों की माला चढ़ाई हुई थी। इस सम्मेलन की अध्यक्षता मद्रास के प्रसिद्ध नेता रा. रा. प्रो. शिवराज, बी.ए., बी.एल. ने किया था। शाम 5:30 बजे सम्मेलन की शुरुआत हुई, जिसमें दस हजार महिलाएँ और पुरुष मौजूद थे। सभा में कुछेक स्पृश्य हिन्दू, मुसलमान और सिक्ख समाज के लोग भी थे। सर गोविंदराव माडगावकर, रा. सा. त्रिभुवन सेठ किराड, श्री भाऊराव पाटील, श्री शांताराम पोतनीस, मि. अशरफ अली, मीर मुन्शी, भालदार, श्री आर.बी. भागवत, डॉ. वि.म. बनाम अण्णासाहेब नवले, सरदार दरबारसिंह, सुभेदार घाटगे, सुभेदार धुत्रे, महाड़ के श्री सुरेंद्रनाथ टिपणीस, श्री अ.वि. चित्रे, श्री सीताराम लांडगे, अमृतसर के सरदार गुरुमुखसिंह, स. तुलसी सिंह, स. दिवाण सिंह, स. नारायण सिंह, स. इन्द्र सिंह, स. तेज सिंह, स. सुमेर सिंह, वे. अग्रवाल, एस.एस. जगताप, मि. जे.टी. आल्हार,

मि. ससाने, श्री तात्याबा शिंदे आदि लोग उपस्थित थे और इनके अलावा बाहर से आए कई प्रतिनिधि भी मौजूद थे।

महाराष्ट्र अस्पृश्य युवक सम्मेलन में डॉ. सोलंकी के भाषण के बाद अस्पृश्य वर्ग के लोकप्रिय नेता बाबासाहेब आंबेडकर बोलने के लिए खड़े हुए। उनके स्वागत में करीब पाँच मिनट तक लगातार तालियों की गड़गड़ाहट गूँजती रही। शंख-तुरही जैसे वाद्य भी बज रहे थे। इस दौरान डॉ. आंबेडकर को देखने के लिए लोगों में इतनी ठेलमपेल मची थी कि स्वयंसेवकों के लिए भीड़ को काबू में रखना मुश्किल हो गया था। पाँच मिनट तक बाबासाहब को देखने के बाद सबको शान्ति मिली और वहाँ थोड़ी व्यवस्था कायम हो सकी। उसके बाद डॉ. बाबासाहेब ने अपनी गम्भीर आवाज में भाषण शुरू किया। उन्होंने कहा—

सभापति महोदय, मेरे भाइयो और बहनो,

आज यहाँ अध्यक्ष द्वारा शर्त रखी गई है कि हर वक्ता को अपना भाषण शुरू करने से पहले अपनी जाति बतानी होगी। (अपने हाथ में बँधी घड़ी का बेल्ट दिखाते हुए) मेरे हाथ के इस काले धागे से आपको मेरी जाति का पता चल ही गया होगा। (लोगों की हँसी की आवाज़) आज की सभा में मेरे अलग से भाषण की कोई ज़रूरत है, ऐसा मुझे नहीं लगता। इस परिषद के आयोजन का निर्णय जब लिया गया तब मैंने सुझाव दिया था कि यहाँ के युवक इस सभा का अध्यक्ष स्थान स्वीकारें। चूँकि मुझे अब युवाओं में नहीं गिना जा सकता, इसलिए मैंने अध्यक्ष स्थान स्वीकार नहीं किया था। लेकिन आज एक कारण पर तो मुझे बोलना ही पड़ेगा और वह कारण है, आज की सभा के अध्यक्ष प्रो. शिवराज के प्रति आभार व्यक्त करना। प्रो. शिवराज जी के पीछे कॉलेज के कई काम पूरे करने की ज़िम्मेदारी होने के बावजूद वे अपनी दिक़्क़तों को नज़रअन्दाज़ कर यहाँ पधारे और अपनी परिषद को उन्होंने समृद्ध किया इसके लिए उनको धन्यवाद देना मेरा कर्तव्य है। जातिभेद की तरह ही इस देश में ज़बरदस्त प्रान्त भेद भी है। अपनी उन्नति के लिए इस देश के सभी प्रान्तों के अस्पृश्यों में संगठन होना ज़रूरी है। लेकिन प्रान्तों के बीच जो भाषा भेद हैं, वे अस्पृश्यों की एकता के लिए घातक हैं। उस नज़रिये से देखें तो बंबई इलाक़े के और महाराष्ट्र के अस्पृश्य समाज ने मद्रदेश के अस्पृश्य नेता को अध्यक्ष पद दिया, यह बड़े आनन्द की बात है। संगठन के नज़रिये से भी यह बड़ी

अच्छी बात है। (तालियाँ)। मैं उम्मीद करता हूँ कि इसके बाद भी हममें से युवा और अधेड़ सभी इस तरह का संगठन बनाकर, इस देश के अस्पृश्य समाज में प्रेम और सहकारिता की भावना को बल प्रदान करेंगे।

फ़िलहाल अस्पृश्यों का यानी अपना जो आन्दोलन चल रहा है उसे सँपेरे का तमाशा या 'वन मैन शो' (One Man Show) ही कहा जाता है। किसी भी समाज में एक व्यक्ति द्वारा शुरू किया गया आन्दोलन सफलता की चोटी तक पहुँच ही नहीं पाता। इसलिए यदि अपना आन्दोलन आप सफल बनाना चाहते हैं, तो यदि किसी एक व्यक्ति के हाथ में खेल के सूत्र रहें तो उम्मीद के अनुसार सफलता नहीं मिल सकती। इसमें कई सहयोगियों की ज़रूरत है। खेल खेलते समय अगर एक सँपेरा मर गया, तो उसकी जगह उसका ढोल लेकर उसे पीटते हुए खड़े रहने के लिए दूसरे सँपेरे को तैयार रहना ज़रूरी है। अब तक इस बारे में मैं पूरी तरह आश्वस्त नहीं था, लेकिन आज की यह सभा देखकर मेरा मन आश्वस्त हो चुका है (तालियाँ)। मेरे बाद मेरा कार्य आगे ले जाने के लिए कई कार्यकर्ता पुणे के अस्पृश्य युवकों में से ही आगे आएँगे। इसके लिए मैं उन्हें धन्यवाद दे रहा हूँ (तालियाँ)।

इस अवसर पर मैं और कुछ कहना नहीं चाहता। फिर भी, जिस विषय के बारे में यहाँ चर्चा हुई, उसके बारे में अगर मैंने कुछ नहीं कहा तो मैं जानता हूँ कि आप सब बहुत निराश होंगे। इसलिए मैंने जिस विषय की घोषणा की थी, उस धर्म-परिवर्तन के विषय के बारे में भी मैं थोड़ा कुछ बोलता हूँ।

धर्म-परिवर्तन की बात कहने के बाद से कई लोग मेरे पास आकर इस विषय पर ऊहापोह करते हैं। उनमें प्रमुख रूप से दो तरह के लोग हैं। एक समूह के लोगों का कहना है कि अस्पृश्य लोगों के हित के बारे में जो भी शर्तें ठीक होंगी, मैं उन्हें स्पृश्यों के सामने रखूँ और अगर हिन्दू उन शर्तों को स्वीकार नहीं करते हैं, तो फिर धर्म-परिवर्तन किया जाए।

दूसरी तरह के लोगों का कहना है कि अस्पृश्यों के धर्मान्तरण से कुछ फ़ायदा नहीं होगा। इसलिए वे धर्म-परिवर्तन न करें।

धर्मान्तरण से फ़ायदा होगा या नहीं? अगर फ़ायदा होगा तो उसका क्या अनुपात होगा? आदि बातों के बारे में चर्चा के लिए यह सही जगह नहीं है। और अब हमारे पास इतना समय भी नहीं है। इसलिए ईसा मसीह ने यहूदियों को अपने धर्म के बारे में जो बताया था वही मैं यहाँ कह रहा हूँ—"Be unto me, little children and I will save you from sin" (छोटे बच्चे अपने माँ-बाप पर जिस तरह विश्वास करते हैं, उस तरह आप मुझ पर विश्वास करें और जो मैं कहता हूँ उस धर्म का

पालन करें, और मैं पाप से आपकी रक्षा करूँगा)। ईसा मसीह की तरह ही आज मैं आपसे इतना भर कहना चाहता हूँ कि अगर आप मुझ पर भरोसा रखेंगे तो आपका फ़ायदा ही होगा (भरपूर तालियाँ)। इतना ही कहकर मैं यहाँ से चला जाऊँ, ऐसा भी नहीं है। इस बारे में जो भी शक होंगे उन सबका मैं समाधान दूँगा। लेकिन आज उतना समय न होने के कारण ईसा मसीह ने उस समय यहूदी लोगों को जो जवाब दिया था, वही मैं आपको देकर अपना भाषण पूरा कर रहा हूँ।

जो लोग मुझसे यह कहते हैं कि आप हिन्दू धर्म में रहते हुए स्वाभिमान से जीवन जीने के लिए ज़रूरी अपनी शर्तें स्पृश्य हिन्दुओं के सामने रखें और उन शर्तों का स्पृश्य हिन्दुओं द्वारा पालन किया जाता है या नहीं, यह देखें। उन लोगों से मैं बस इतना ही कहना चाहता हूँ कि मैं जो शर्तें रखूँगा, वे स्पृश्य हिन्दू कभी पूरी नहीं कर पाएँगे, इस बारे में मुझे यक़ीन हो चला है। मैं रुपयों की या रोटी की शर्त नहीं रखना चाहता। मेरी शर्त इन दोनों से भी भारी है। वह शर्त क्या है यह अगर जानना हो तो, उसे पूरा करने का माद्दा अपने पास है, इस बात पर जिन्हें यक़ीन हो, वे मुझसे आकर मिलें। लेकिन मुझे पूरा यक़ीन है कि उस शर्त का पालन करना हिन्दुओं से कभी होगा नहीं (तालियाँ)।

दुनिया के हर समाज का भविष्य उस समय के पढ़े-लिखे लोगों पर निर्भर करता है। आज तक आपने कोई आन्दोलन नहीं किया, क्योंकि आपमें कोई पढ़ा-लिखा व्यक्ति ही नहीं था। शिक्षा से आदमी को दृष्टि मिलती है। और इस तरह से कहा जा सकता है कि हिन्दू समाज में केवल ब्राह्मण ही हैं, जिनके पास इस तरह का नज़रिया है। वे ही शिक्षित हैं। इस बात से इनकार नहीं किया जा सकता। ब्राह्मणों के अलावा मराठा या अन्य हिन्दू समाज के पास अपना दृष्टिकोण नहीं है। इस बारे में ब्राह्मणों पर बड़ी ज़िम्मेदारी है। लेकिन उनकी मानसिकता के बारे में अभी आपको अच्छी तरह से पता नहीं चला है। कोई भी सवाल लीजिए और पूरे समाज के कल्याण की दृष्टि से उसे हल करने का उपाय सामने रखिए। अगर उस उपाय से उनके सर्वस्व को ठेस नहीं पहुँचनेवाली हो तो वे झट से उसे स्वीकार करेंगे। लेकिन, अगर आपके सुझाए उपाय के कारण उनके ब्राह्मणत्व को थोड़ा-सा भी नुक़सान होनेवाला हो तो भले ही उस उपाय को अमल करने से पूरे राष्ट्र का भला होनेवाला हो, वे नहीं मानेंगे। ऐसा समाज अपनी शर्तें पूरी करने की ज़िम्मेदारी लेगा, इस आशा का कोई मतलब नहीं।

बिना कुछ दिये कभी कुछ मिलता नहीं। इस हिसाब से स्पृश्य या ब्राह्मण समाज से कुछ पाने से पूर्व उन्हें कुछ देना भी पड़ेगा। लेकिन क्या आपने सोचा है कि

हमें उन्हें क्या देना पड़ेगा? यह बात आपकी समझ में आए इसलिए निवापसुत्त में भगवान बुद्ध ने जो कहानी बताई है, वह मैं आपको बताता हूँ। श्रावस्ती में अनाथपिंडक के आश्रम में रहते हुए भिक्षुओं को उद्देश्य कर बुद्ध ने कहा कि भिक्खुओ! राजा अपने आरक्षित जंगल में हिरण, जंगली भैंसा, ख़रगोश आदि पालता है, उनका हर तरह से ख़याल रखता है, पालन-पोषण करता है, ममता देता है, लेकिन यह सब वह किसलिए करता है? उन प्राणियों को मार डालने के लिए। शिकार का अपना शौक़ पूरा करने के लिए, राजा उन दीन-दुखी जीवों का पालन-पोषण करता है। उसी तरह आज अगर स्पृश्य हिन्दू या ब्राह्मण आपको ज़्यादा रियायतें देकर अपने धर्म में ही रखना चाहते हैं, यह आपके कल्याण के लिए नहीं बल्कि आप हमेशा के लिए उनके ग़ुलाम बनकर रहें, इसके लिए है (शेम शेम की ध्वनि)।

महात्मा गांधी ने 9 लाख रुपयों का फ़ंड इकट्ठा किया। वह आपके हित के लिए नहीं वरन् इसलिए है कि आप कांग्रेस छोड़कर न जाएँ। कांग्रेस का वज़न हमेशा आपके ऊपर रहे, इसलिए। उनके फेंके हुए दया के टुकड़े चबाकर हम हमेशा के लिए उनके दरवाज़े पर उनके ग़ुलाम बनकर पड़े रहें, इसके लिए है। उन सभी लोगों से मेरा यही कहना है कि अब स्पृश्य हिन्दू मेरे सामने अगर भगवान को भी लाकर खड़ा कर दें, तब भी मैं हिन्दू छोड़कर जानेवाला हूँ (तालियों की गड़गड़ाहट, जयकार की ध्वनियाँ, रणभेरियों और अन्य वाद्यों की आवाज़)। अब इसके बाद स्पृश्य हिन्दू अस्पृश्यों के लिए यदि कुछ करते हैं, तब भी मैं जाऊँगा और नहीं करते हैं तब भी मैं जाऊँगा (तालियाँ)।

धर्म-परिवर्तन किसी इक्के-दुक्के व्यक्ति के द्वारा नहीं, बल्कि पूरे अस्पृश्य समाज के द्वारा एक साथ किया जाना है। धर्मान्तरण करने से हमारे लिए स्वर्ग के द्वार खुलेंगे, या हम पर अमृत की धारा बरसेगी, ऐसा मेरा बिलकुल भी कहना नहीं है। हमारे सिक्ख, ईसाई या मुसलमान होने पर भी अपना भविष्य बनाने के लिए हमें लड़ना तो पड़ेगा ही। हम सब यह बात जानते हैं। ज़ाहिर है कि मुसलमान होने से हम सब नवाब नहीं बनेंगे, सिक्ख बनने पर सरदार नहीं होंगे और ईसाई बनने पर पोप नहीं होंगे (हँसी की आवाज़)। कहीं भी क्यों न जाएँ हमें लड़ाई तो करनी ही पडेगी। इसलिए, लड़ाई करने के लिए हमें अपनी संघशक्ति को बढ़ाना होगा। निजी फ़ायदे के लिए हमें चोरी-चोरी धर्म-परिवर्तन नहीं करना है। जहाँ जाएँगे वहाँ सिर पर कफ़न बाँधकर लड़कर अपने लिए जगह बनानी होगी। इसी निश्चय के साथ हमें धर्मान्तरण करना है। कल हम लोग जब मुसलमान या ईसाई बनेंगे तब वे लोग हमें महार ईसाई कहकर अलग चर्च में जाने के लिए

कहेंगे, तो हम चर्च में आग लगा देंगे। मैं कोई सीधा-सादा इंसान नहीं हूँ। जहाँ भी जाऊँगा काँटे की तरह चुभता रहूँगा (हँसी और भरपूर तालियाँ)! इसीलिए मैं आपसे बार-बार कहता हूँ कि धर्मान्तरण करने का निश्चय पक्का हो तो अकेले जाकर कहीं फँस ना जाना। आज ही कोई ईसाई या मुसलमान न बनिए। अपनी इस घोषणा से कई लोगों की आशा बँधी है, यह मैं अच्छी तरह जानता हूँ। मैं अपने महार भाइयों से बस इतना ही कहना चाहता हूँ कि भाइयो, अस्पृश्यों के बीच का जातिभेद कम-से-कम इसके बाद तो मत ही कीजिए (तालियाँ)। महारों से ब्राह्मण समाज का आधिपत्य सहा नहीं जाता, उसी तरह अस्पृश्यों के बीच मांग, भंगी आदि जो अल्पसंख्यक हैं, उन्हें भी महारों की वर्चस्विता नहीं चाहिए। उनकी यह माँग बिलकुल जायज़ है। मैं केवल इस जाति में पैदा हुआ और मेरी शिक्षा और ज्ञान का अपने समाज के लोगों को फ़ायदा देने के उद्देश्य से, मैंने अपने कार्य की प्रथम शुरुआत इस जाति में की।

महाराष्ट्र में अस्पृश्यों में महारों की संख्या अधिक है। इसलिए वे यह बात जानें कि अल्पसंख्यकों की हमेशा जिस तरह बुरी हालत होती है, उसी तरह अस्पृश्यों के बीच मांग और भंगी बान्धवों की हो रही है। इस बात पर ग़ौर करते हुए अस्पृश्यों के बीच का ऊँच-नीच का भाव एकदम नष्ट करें। मांग और भंगी समाज को मैं आश्वासन देता हूँ कि जब महार आपके साथ बराबरी का बर्ताव नहीं करेंगे, तब मैं आपके साथ हूँ। आपकी ओर से मैं आपकी लड़ाई महारों के साथ लड़ूँगा (तालियाँ)।

धर्म-परिवर्तन के पीछे जो कई कारण हैं उनमें प्रमुख है हिन्दू धर्म में व्याप्त जातिभेद। स्पृश्य हिन्दू हमेशा हमें नीचे दिखाते हुए कहते हैं कि पहले अस्पृश्यों के बीच जो भेदभाव है, उन्हें नष्ट कीजिए और उसके बाद हमें जातिभेद नष्ट करने की सलाह दीजिए। मैं उनसे सिर्फ़ इतना ही कहना चाहता हूँ कि जब तक हम आपके धर्म में हैं, तब तक आपसी जातिभेद हम नष्ट नहीं कर सकते। हिन्दू धर्म और जातिभेद की फौलादी चौखट में रहते हुए यह सुधार हम कर नहीं पाएँगे, इसीलिए मुझे लगता है कि धर्म-परिवर्तन के बाद जाति व्यवस्था में व्याप्त भेदभाव नष्ट करना हमारे लिए आसान होगा, ऐसा मुझे लगता है। अब अगर मैं किसी महार से कहूँगा कि वह मांग की बेटी के साथ अपने बेटे का रिश्ता करे, तो वह तुरन्त मुझसे कहेगा कि स्पृश्यों में कहाँ ऐसा होता है! लेकिन जब हम सभी एक साथ इन बंधनों से बाहर निकलेंगे तो वह ऐसा नहीं कह पाएगा।

धर्म-परिवर्तन से महारों से अधिक अल्पसंख्यक मांग, भंगी समाज का ही अधिक कल्याण होगा। वे महारों के स्तर पर आ जाएँगे। इसीलिए मांग या भंगी

जाति के ये लोग इस प्रस्ताव का समर्थन करें। जातिभेद नष्ट करना स्वराज पाने की कोशिश से भी पवित्र काम है। पूरे हिन्दुस्तान का जातिभेद जब ख़त्म होना हो तब हो, लेकिन अस्पृश्य समाज का जातिभेद यदि मैं नष्ट कर सकूँ तो मैं अपने आपको भाग्यवान पुरुष समझूँगा (भरपूर तालियाँ)।

आपने आज तक मेरे बारे में जो विश्वास व्यक्त किया उसके बारे में इंसान होने के कारण मुझे बड़ी ख़ुशी है। लेकिन साथ ही मेरे सिर पर ज़िम्मेदारी का बोझ बढ़ रहा है, इसका भी मुझे अहसास है। आप सात करोड़ लोगों की ज़िम्मेदारी मुझ पर है। मुझसे अगर छोटी-सी भी ग़लती हो जाए तो इतने बड़े समाज के नुक़सान के लिए मैं ज़िम्मेदार रहूँगा, इसका मुझे रात-दिन ख़याल रहता है। मेरे धर्म-परिवर्तन की घोषणा को कुछ लोग पागलपन या भूत भी कहते हैं। लेकिन इसमें मेरा अपना कोई स्वार्थ नहीं है, उलटे मेरा नुक़सान ही है। आज मैं इस हालत में हूँ कि अगर चाहूँ तो कोई भी लौकिक या साधन सम्बन्धी बात यदि मैं हासिल करना चाहूँ तो बड़ी आसानी से पा सकता हूँ। यह मेरा अभिमान नहीं बोल रहा, यह मेरे आत्मविश्वास की गूँज है (तालियाँ)। एक व्यक्ति के तौर पर देखा जाए तो इस धर्म-परिवर्तन के कारण मेरा नुक़सान ही होनेवाला है। महारों में पढ़े-लिखे बैरिस्टर के तौर पर मेरा जो मान-सम्मान है, वह मेरे ईसाई या मुसलमान हो जाने पर नहीं बचेगा। क्योंकि उस समाज में इस तरह पढ़े-लिखे कई लोग हैं। उन्हीं में से मैं भी एक बन जाऊँगा। इसलिए इस तरह चलने में मेरा कोई निजी फ़ायदा नहीं है। उलटे इसमें मेरा नुक़सान ही है। लेकिन जिन्होंने पूरे भरोसे के साथ मुझे यह ज़िम्मेदारी सौंपी है, उन्हें नरक में ही सड़ता रखकर मुझे बड़प्पन हासिल नहीं करना है। उनकी मुक्ति के लिए मैं अपना सब कुछ त्यागने के लिए तैयार हूँ (तालियाँ)। अपने आन्दोलन का कोई आधार है, इसमें कोई दो राय नहीं। वरना एक-दूसरे की विरोधी दो पार्टियों से, 'एक करोड़ रुपया देंगे' का प्रस्ताव नहीं आता। अपने आन्दोलन की बुनियाद में निश्चित तौर पर अधिष्ठान है।

आज समय बड़ा कठिन है। अंग्रेज़ी में जिसे 'नाउ ऑर नेवर' (Now or Never) कहते हैं वैसी स्थिति आन पड़ी है। इसीलिए कहता हूँ, सावधान रहें, जागरूक रहें। काम तभी सम्पन्न होते हैं, जब हम समय और स्थिति का उचित सामंजस्य कर पाएँ। इसलिए, अपना निर्णय इस क्षण ले लीजिए।

मैं कोई इतना पागल नहीं कि यह समझूँ कि आज के आज, चुटकी बजाते ही धर्म-परिवर्तन होकर पूरा का पूरा अस्पृश्य समाज किसी दूसरे धर्म में समा जाएगा। जो लोग मुझे रुकने के लिए, धीरज बनाए रखने के लिए कहते हैं, मैं उन लोगों से कहना चाहता हूँ कि दस-बीस सालों के बाद जो भी होना है, उसकी हमें आज से

ही शुरुआत करनी होगी। समयानुसार अपने आप सब कुछ होगा, यह मानकर बैठे रहने की कोई आवश्यकता नहीं है। अपने आप कुछ भी नहीं होता। दस-बीस सालों के बाद अगर कोई पेड़ आपको देखना हो तो उसके बीज आपको आज ही बोने होंगे। बीज नहीं बोया तो वृक्ष नहीं। और पेड़ नहीं तो फल नहीं। इसीलिए कहता हूँ जो हमें 'ठेरो' कहेंगे, मान लीजिए कि वे हमारे दोस्त नहीं दुश्मन हैं। अपने संकल्प के अनुसार संगठन के कामों में जुट जाइए (तालियों की गड़गड़ाहट)[1]।

[*बाबासाहेब डॉ. अम्बेडकर सम्पूर्ण वाङ्मय,* खंड 38, पृ. 424-430]

---

1. *जनता,* 8 और 15 फरवरी, 1936

19

सभी को दृढ़निश्चय और संगठित होकर आगे बढ़ना है

11 फरवरी, 1936

अहमदनगर में डॉ. बाबासाहेब आंबेडकर का भाषण हुआ। जिसमें 5000 से अधिक लोग मौजूद थे। इस अवसर पर शहर के कुछ गणमान्य लोग भी उपस्थित थे। सभा के शुरुआत में कुछ स्थानीय अस्पृश्य नेताओं के भाषण हुए। उन्होंने डॉ. बाबासाहेब के नेतृत्व में उनकी धर्म-परिवर्तन की घोषणा पर अपनी सहमति प्रकट की। बाबासाहेब ने अपने भाषण में कहा—

आज मैं धर्म-परिवर्तन के बारे में बात करने के लिए यहाँ नहीं आया था। क्योंकि, इस सभा में एक 'अस्पृश्य युवक संगठन' का उद्घाटन करना ही मेरे यहाँ आने का उद्देश्य था। लेकिन आज आप लोग यहाँ इतनी बड़ी संख्या में बड़ी उत्कंठा से इकट्ठा हुए हैं, मैं आप सबको निराश नहीं कर सकता। मैं पहले ही आपको बताता हूँ कि धर्म बदलना हँसी-ठिठोली नहीं है। वह कोई तमाशा नहीं है। ढोलक बजाकर केवल गा-बजाकर करने जैसा वह कोई कार्यक्रम नहीं है। धर्मान्तरण बहुत ही गम्भीर विषय है। आप शायद नहीं जानते, लेकिन चार महीनों पहले जब मैंने सार्वजनिक रूप से धर्म-परिवर्तन के बारे में कहा, मुझे इस बारे में लगातार सभी दृष्टिकोणों से सोचना पड़ रहा है। और यह बताने में मुझे गर्व महसूस होता है कि मैंने जो निश्चय व्यक्त किया है, उसके बारे में पछतावा करने की मुझे बिलकुल ज़रूरत महसूस नहीं होती है। आपको भी इस सवाल पर पूरी गम्भीरता से सोचना चाहिए। हर रोज़ पाँच मिनट तक आप इस बारे में सोचें। अब स्वाभाविक रूप से

एक प्रश्न उभरकर आता है कि अगर दृढ़ निश्चय हो ही गया है, तो फिर उस पर अमल करने में देर क्यों? इस बारे में आपको एक छोटा-सा दृष्टान्त देना चाहूँगा। उस पर से आप जानेंगे कि इस प्रश्न को कितनी धीमी गति से हल किया जाना ज़रूरी है? सेनापति को जब डेरा उठाकर आगे बढ़ने का हुक्म देना होता है उस समय हट्टे-कट्टे और जवान सैनिकों की भी उसे देखभाल करनी होती है। उन सबको साथ में ले चलना उसके लिए ज़रूरी होता है। निर्णय पक्का कर आगे बढ़ने का समय आएगा तब हममें से अज्ञानी, अशिक्षित या डरपोक लोग पीछे रहेंगे तो काम नहीं चलेगा। इसीलिए, सबको एक ही समय पर दृढ़ निश्चय के साथ आगे बढ़ना है।

अब आज के प्रमुख कार्य के बारे में बोलना हो तो, यहाँ युवाओं ने जो सेवा धर्म का उद्‌देश्य सामने रखकर इस संस्था की स्थापना की है तो मैं इसके लिए आपका अभिनंदन करना चाहूँगा। आपने जो कार्य शुरू किया है, वह अनुकरणीय है। आपमें कई ऐसे लोग हैं, जो आपकी मदद के बग़ैर आगे नहीं बढ़ सकते। इस काम में आप एक बात कभी ना भूलें कि 'चरित्र और शिक्षा के बिना इंसान इस दुनिया में कुछ भी हासिल नहीं कर सकता।' दूसरी बात ध्यान में रखें कि आज आप स्वतंत्रता और स्वावलंबित्व पाने के लिए संघर्ष कर रहे हैं, इस युद्ध में अगर आप सफल होना चाहते हैं तो आप किसी और से मदद की अपेक्षा छोड़कर पूरी तरह आपको स्वावलम्बी होना चाहिए। अगर आप ऐसा नहीं करते तो ध्यान रखें कि आप फिर अज्ञान की खाई में जा गिरेंगे। जिन स्पृश्य हिन्दुओं ने आज तक आप लोगों को दासता में जकड़कर रखा है, वे आपको लालच देकर आपकी मदद के लिए तुरन्त आकर खड़े हो सकते हैं! लेकिन अगर आप इस मोहजाल में फँसेंगे, तो उनके पैर के घुँघरू बनकर रह जाएँगे। आप फिर से ग़ुलाम बन जाएँगे। महाभारत की कथाएँ आपने सुनी ही होंगी। उसमें से एक कथा इस प्रसंग के लिए बहुत ही योग्य है। मैंने वह कथा सैकड़ों बार पढ़ी है। आपने भी हो सकता है पढ़ी हो। हो सकता है अबके बाद कभी वह आपको पढ़ने मिलेगी। आप जानते हैं कि कौरव-पांडवों के युद्ध में भीष्म और द्रोण कौरवों की तरफ़ से लड़े। न्याय और सत्य पांडवों की तरफ़ है इसका उन्हें पूरा ज्ञान था, फिर भी वे कौरवों का पक्ष छोड़ नहीं पाए क्योंकि उन्होंने उनका नमक खाया था। इसीलिए मैं कहता हूँ कि किसी के सामने लज्जित होना पड़े ऐसा कुछ मत करो।

आख़िर में एक बात और कहना चाहूँगा। अलग-अलग कई संस्थाएँ शुरू न करें। अगर आप मेरा अनुभव पूछें तो वह यही बताता है कि अलग-अलग संस्थाएँ

एक दूसरे के बीच फूट डालने के लिए ही कारण बनती हैं। और आख़िर सब की सब नष्ट हो जाती हैं। पूरे ज़िले की केवल एक संस्था रहे और उसी संस्था के ज़रिये अपने लिए सही मार्ग का चुनाव कर अपना सुधार सिद्ध करें।[1]

[*बाबासाहेब डॉ. अम्बेडकर सम्पूर्ण वाङ्मय,* खंड 38, पृ. 431-32]

---

1. *जनता,* 22 फरवरी, 1936

20

आप ग़ुलामों की तरह जीना चाहते हैं या आज़ाद इंसानों की तरह जीना चाहते हैं?

कुलाबा ज़िला उत्तर विभाग और ठाणे ज़िला दक्षिण विभाग के अस्पृश्यों की संयुक्त परिषद की तैयारी के लिए श्री गणपत महादेव जाधव उर्फ़ मडके बुवा पिछले 15-20 दिनों से जिस इलाक़े में परिषद होनी थी, वहाँ प्रचार के लिए गाँव-गाँव में घूम रहे थे। परिषद के स्वागताध्यक्ष श्री रामकृष्ण गंगाराम भातनकर (कुलाबा ज़िला लोकल बोर्ड के सदस्य) ने तैयारी बड़ी बारीकी के साथ और बड़े उत्साह से की। इसका फल भी उन्हें मिला। पनवेल में परिषद का अधिवेशन 29 फरवरी और 01 मार्च, 1936 इन दो दिनों में बहुत अच्छी तरह सम्पन्न हुआ।

सम्पूर्ण हिन्दुस्तान के अस्पृश्य वर्ग के एकमात्र नेता डॉ. बाबासाहेब आंबेडकर ने परिषद का अध्यक्ष पद स्वीकारा था, इसलिए अधिवेशन बहुत ही महत्त्वपूर्ण हो गया था। डॉ. बाबासाहेब शनिवार, दिनांक 28 फरवरी, 1936 के दिन बंबई से अपने सहयोगियों के साथ स्पेशल मोटर से क़रीब 4.30 बजे निकले। उनके साथ मे. सूबेदार विश्राम गंगाराम सवादकर, वयोवृद्ध श्री संभाजी तुकाराम गायकवाड़, सी.ना. शिवतरकर, वनमाली मास्टर, प्रि. मो. वा. दोंदे, बी.ए. कमलाकान्त चित्रे, आर.डी. कवली, बी.ए., एल.एल.बी. वकील, रेवजी बुवा डोलस, दिवाकर पगारे, धुंडिराम गायकवाड़, मडकेबुवा जाधव आदि लोग थे।

पनवेल के क़रीब के तलोजे के लोगों ने ख़ास मंडप खड़ा कर डॉ. बाबासाहेब का स्वागत करने का इंतज़ाम किया हुआ था। स्वागताध्यक्ष श्री रामकृष्णराव भातनकर ने उनका स्वागत किया। स्थानीय लोगों ने बाबासाहेब को फूलमालाएँ अर्पण कीं, गुलदस्ते दिये। फिर मोटर आगे चली।

पनवेल गाँव में पहुँचते ही मुसलमान व्यायामशाला और अंजुमन इस्लाम संस्था की ओर से फूलमाला अर्पण की गईं। उसके बाद सिद्दीकबुड्ढा सेठ नाम के मुसलमान आदमी ने बाबासाहेब को फूलमाला अर्पण की। उनके बाद चांभार समाज के श्री महादेव लक्ष्मण और महादेव मारुति आदि लोगों ने उनका सम्मान किया। इस तरह प्रेम से दिये पुष्पहारों को स्वीकार करते-करते शाम सात बजे के आसपास डॉ. बाबासाहेब पनवेल के क़रीब के सूबेदारवाड़ा में दाख़िल हुए। यहाँ उनकी सुविधा के लिए एक ख़ास मंडप खड़ा किया गया था। इस मंडप में डॉ. बाबासाहेब का आगमन होते ही महिलाओं ने वात्सल्यभाव से उनका स्वागत किया। सौभाग्यवती लक्ष्मीबाई अर्जुन शिरावले ने महिलाओं की ओर से उनके माथे पर कुंकुम का तिलक लगाया। उन पर शुभसूचक अक्षताएँ चिपकाईं। यह मंगल विधि देखकर दर्शकों के मन में आनन्द की लहरें उठने लगीं। युवकों का उत्साह द्विगुणित हुआ। उनके मुँह से बाबासाहेब के लिए विजय की कामना करनेवाली ध्वनि निकलने लगी। फिर मेहमानों ने चाय पी और उसके बाद अलग-अलग जगहों से आए प्रतिनिधि, कार्यकर्ता आदि लोगों से मिलने का सिलसिला शुरू हो गया। हर जगह से आए लोग अपनी दिक़्क़तों का वर्णन सुना रहे थे। उनमें मुख्यतः भोर संस्थान के सुधागड़ तहसील के लोग थे।

एक गाँव की महारों की बस्ती पर स्पृश्य हिन्दुओं द्वारा की गई अत्याचारी कार्रवाइयों के कारण उनका बहुत बुरा हाल था। इसलिए वहाँ के बारे में जानकारी इकट्ठा करने और वहाँ के लोगों का मार्गदर्शन करने के लिए डॉ. बाबासाहेब आंबेडकर ने श्री बी.टी. तांबे को वहाँ भेजा था। श्री तांबे बहुत ही उत्साही, सैनिक अनुशासन के और कड़े तेवर वाले कार्यकर्ता हैं। उनके आने से लोगों के मन का डर नष्ट हुआ और वे संकट का सामना करने के लिए तैयार हो गए। इस गाँव के कुछ लोगों को साथ में लेकर डॉ. बाबासाहेब की सलाह लेने के लिए वे पनवेल में आए हुए थे।

शनिवार के दिन विषय तय करनेवालों की बैठक हुई और दूसरे दिन के अधिवेशन के लिए नौ प्रस्ताव चुने गए। शुक्रवार से ही गाँव-गाँव से आनेवाले लोगों का ताँता लग गया। शनिवार की रात तक आनेवालों की संख्या क़रीब 2000 तक पहुँच गई। पनवेल तथा आसपास के इलाक़े में अस्पृश्यों की संख्या बहुत ही कम है। गाँव में एकाध-दो घर अस्पृश्यों के थे। इस दृष्टि से देखा जाए तो 2000 लोगों का इकट्ठा होना, काफ़ी बड़ी

संख्या थी। जनसमुदाय के मनोरंजन के लिए पोवाड़े (विशेष संगीत प्रकार) और जलसों का आयोजन किया गया था। श्री घेगड़े का नासिक के सत्याग्रह पर आधारित पोवाड़े को श्री द्वारकाकांत शेजवल ने पेश किया। जलसा पेश करनेवाले दो फड़ यानी मंडलियाँ विशेष तौर पर बंबई से बुलाई गई थीं। लोक शिक्षा की नीति को अपनाकर दलितोद्धारक सुस्वर जलसा और नासिक ज़िला युवक संघ जलसा इन जलसा करनेवाली मंडलियों ने अपनी समाज सेवा को परिश्रमपूर्वक जारी रखा था।

दूसरे दिन सुबह 9.30 बजे वहाँ इकट्ठा लोगों ने जुलूस निकाला। शुरुआत में श्री वसंतराव भातनकर ने लोगों को अनुशासन का महत्त्व बताया और जुलूस में शान्ति बनाए रखने की विनती की। बाद में एक क़तार में तीन-तीन लोगों के साथ जुलूस निकलना तय हुआ। बंबई के श्री अर्जुनराव सालवी ने सभी लोगों को अनुशासनपूर्वक खड़ा किया। फिर जुलूस निकला। जुलूस की शुरुआत में पनवेल हनुमान व्यायामशाला के स्काउट का बैंड और बीच-बीच में स्थानीय बाजे बज रहे थे।

कायस्थ गली, ब्राह्मण गली, बाज़ार आदि गाँव के प्रमुख रास्तों पर से गुज़रकर क़रीब 11.30 बजे के आसपास जुलूस सभास्थल पर पहुँचा। रास्ते में लोग जुलूस में शामिल होते गए और जुलूस और बड़ा होता गया। रास्ते में 'आंबेडकर ज़िन्दाबाद', 'हिन्दू समाज को धिक्कार है', 'भट्टशाही नष्ट हो', 'आंबेडकर कौन है? दलितों का राजा है', 'डॉ. बाबासाहेब आंबेडकर की जय' आदि नारे लगाए जा रहे थे। जुलूस में आगे श्री संभाजी गायकवाड़, श्री कमलाकान्त चित्रे, दादासाहेब पगारे, वनमाली मास्टर, भिखाजी धोंडेराव, वसंत भातनकर, गोविन्द बिवकर, भीमराव करडक, रूपाजी पगारे आदि लोग थे। श्री सालवी और उनके अन्य युवा दोस्त घूम-घूम कर जुलूस को नियंत्रित कर रहे थे। पनवेल जैसे छोटे से शहर में यह जुलूस एक अद्भुत बात थी। कुछ समय पूर्व तक नालियों के किनारे-किनारे दुबक-दुबक कर क़दम बढ़ाता महार समाज आज छाती ठोंककर अपने परमप्रिय नेता का और अपनी जाति का जयघोष करता हुआ राज रास्ते पर जुलूस निकालकर जा रहा है, यह देखकर लोगों के हृदय में डर-सा पैदा हुआ। महारों के साये से भी दूर भागनेवाले लोग गाड़ी, घोड़े और लोगों का हुजूम देखकर रुक जाते थे। नाली के पास खड़े होकर महारों के जुलूस के लिए रास्ता बना रहे थे। यह दृश्य देखकर लगता था कि मानो कालगति ने अपना रुख़ बदल

लिया हो। हज़ारों सालों से पीड़ित हतभागी दलित वर्ग के भाग्य का आज अरुणोदय हुआ हो जैसे।

गाँव के नज़दीक के आम्रवन में गाडेश्वरी नदी के तीर पर सभा मंडप खड़ा किया गया था। जुलूस के बाद सभी लोगों को अनुशासन से बैठाया गया। सभा की शुरुआत से पहले सभा मंडप खचाखच भर गया था। सभा में गाँव ही के 40-50 स्पृश्य हिन्दू लोग भी उपस्थित थे। कुछ ही देर में डॉ. बाबासाहेब आंबेडकर अपनी मित्र मंडली के साथ वहाँ हाज़िर हुए। श्री अनंतराव चित्रे महाड़ से और श्री गोविन्दराव वरघरकर ख़ास इस परिषद के लिए उपस्थित हुए थे। बाबासाहेब आए तब सबने उन्हें खड़े होकर अभिवादन किया। उनके नाम का जयघोष करते हुए उनका स्वागत हुआ। उसके बाद लड़कियों ने सुमधुर स्वर में स्वागत गीत गाया और स्वागताध्यक्ष ने अपने भाषण की शुरुआत की।

उनके भाषण के बाद उस कार्यक्रम के अध्यक्ष के रूप में चुने गए डॉ. बाबासाहेब आंबेडकर को फूलमाला अर्पण की गई। डॉ. बाबासाहेब बोलने के लिए उठकर खड़े हो गए तब तालियों की गड़गड़ाहट से सभास्थल गूँज उठा। परिषद का अध्यक्ष स्थान दिये जाने के लिए उन्होंने आभार व्यक्त किया और अपना भाषण शुरू किया। उन्होंने कहा—

यह हिस्सा बंबई से काफ़ी नज़दीक होने के बावजूद आज से पहले मैं कभी यहाँ आ नहीं पाया, इसका मुझे ख़ेद है। कई कारणों से मैं आपसे मुलाक़ात नहीं कर पाया। लोगों में जागृति के लिए हज़ारों जगहों से मेरे लिए बुलावा आता है, लेकिन हर जगह मेरा पहुँच पाना सम्भव नहीं होता। मैं शतमुखी रावण नहीं या बदन में राख मलकर जीनेवाला संन्यासी नहीं। आप लोगों की तरह ही मुझे भी अपना पेट पालने के लिए काम करना पड़ता है। मैं भी आप लोगों की तरह हालात से लड़नेवाला आदमी हूँ।

आज का कार्यक्रम महत्त्वपूर्ण होने के बावजूद लम्बा भाषण कर मैं आपको टाँगकर, बैठाकर नहीं रखूँगा। केवल कुछेक मुद्दों के बारे में मैं बोलनेवाला हूँ। आपका क्या कर्तव्य है और आपको राह बतानेवाले की हैसियत से मेरा क्या कर्तव्य है, यही मैं आज आप लोगों से कहनेवाला हूँ।

सज्जनो! पिछले हज़ारों वर्षों से आप इस देश में रह रहे हो। उसी तरह आपके पड़ोसी भी यहाँ रह रहे हैं। आप अपनी स्थिति पर ग़ौर करते हुए अपने पास-पड़ोस

की स्थिति पर एक नज़र डालिए। दोनों स्थितियों की आपस में तुलना कीजिए। पहली बात अगर आपके ध्यान में आएगी, तो वह यही कि आप बाकी समाजों से ग़रीब हैं। दरिद्र हैं। अन्य समाजों के लिए रोटी कमाने के सभी दरवाज़े खुले होने के कारण वे कई तरह के काम कर अपना जुगाड़ कर सकते हैं। उनकी स्थिति आप लोगों से उत्तम है। सभा में जाना है, इसलिए आप लोगों ने अपने रोज़ के फटे-पुराने कपड़े छोड़कर थोड़े अच्छे कपड़े पहने हैं शायद। सभा में आप अच्छी तरह से आए इस बात का मुझे सन्तोष है लेकिन आपकी असली स्थिति क्या है, यह आप ही में से एक होने के कारण मुझे अच्छी जानकारी है। हफ़्ते में तीन दिन पेट भर खाना आपको बड़ी मुश्किल से मिलता है। बदन पर एक फटा हुआ कुर्ता और एक लँगोट। वह लँगोट भी जल्दी बदला नहीं जा सकता। इतनी बुरी हालत है आपकी। उसके ख़िलाफ़ बताइए सफ़ेदपोश समाज की स्थिति क्या है? आपकी तुलना में सैकड़ों गुना सुखी हैं। उनके घर पर खपरैलें होती हैं, लेकिन अपने घर पर डालने के लिए आपको बाँस या नारियल पत्ते भी ज़रूरत के मुताबिक मिलते नहीं हैं। उनके घर में पीतल के बर्तन होते हैं और आपके घर में मिट्टी के! यह आपकी दीन-हीन स्थिति है! इसका पहला और प्रमुख कारण है कि उनके लिए उपजीविका कमाने के जो रास्ते खुले हैं, वे आपके लिए नहीं हैं। आज आपको डिप्टी कलक्टर, तहसीलदार या पुलिस अफ़सर की बड़ी नौकरियाँ नहीं मिलतीं, ऐसा क्यों? क्योंकि आपके बीच पढ़े-लिखे नौजवान नहीं हैं, इसलिए। यह बात अगर मान भी लें, तो इनसे छोटे पद वाली भी कई नौकरियाँ होती हैं। वे भी आपको नहीं मिलती हैं। वहाँ भी आपके लिए दरवाज़े बन्द हैं। पुलिस की नौकरी ही लीजिए, क्यों नहीं मिलती आपको पुलिस की नौकरी? इस पद की ज़िम्मेदारी निभाने के लिए अधिक शिक्षा की ज़रूरत नहीं होती। दूसरी-तीसरी कक्षा तक पढ़े स्पृश्य समाज के किसी भी आदमी को यह नौकरी मिल सकती है। लेकिन आपको वह जगह मिलती नहीं। ऐसा नहीं कि आप में ईमानदारी या सच्चाई की कमी है, क्योंकि आज की तारीख़ में महारों से लाखों रुपयों का वसूल वसूला जाता है। इस वसूल के लाने-ले जाने का काम महार ही करते आए हैं। वसूल के इस लाने-ले जाने में महारों से कोई घपला हुआ है, महारों ने दग़ाबाज़ी की हो ऐसा आज तक किसी के सुनने में नहीं आया है। तहसीलदार जैसे उच्च पद की नौकरियाँ करनेवाले स्पृश्य समाज के लोगों से कई दग़ाबाज़ियाँ हुई हैं। उसके उदाहरण दिये जा सकते हैं। यह नौकरियों के बारे में हुआ। अन्य छोटे-मोटे व्यवसाय लीजिए। अगर आप दूध, दही, मक्खन बेचने का धन्धा करने की सोचेंगे तो कोई आपसे ये चीज़ें ख़रीदेगा नहीं, क्योंकि आपके छुए

दूध, दही, मक्खन से लोगों का धर्म डूब जाएगा। सब्ज़ी बेचने के बारे में सोचिए, वही बात दोहराई जाएगी। आप कहीं सिर उठा ही नहीं सकेंगे। आपकी हालत आज ऐसी है। मैं आप लोगों से पूछता हूँ कि क्या आपने कभी अपनी इस हालत के बारे में सोचा भी है? बाकी लोग अपने बच्चों की अच्छी तरह देखभाल करते हैं, उनकी पढ़ाई का प्रबन्ध करते हैं। इससे वे अपनी हालत सुधार सकते हैं। आप क्यों ऐसा कर नहीं सकते? हर तरफ़ से आपकी राहें रोकी गई हैं। आज आपको इन सवालों पर सोचना होगा। आपके रास्ते में जो रुकावटें हैं उनसे छुटकारा कैसे पाया जाए, यह आपको सोचना चाहिए। मैं आपसे एक बात पूछना चाहता हूँ, क्या आप अपनी स्थिति में सुधार लाना चाहते हैं या नहीं? आज तक आपको जिस कीचड़ में लोट लगाना पड़ा है, क्या आप हमेशा उसी कीचड़ में लोट लगाते रहेंगे? जहाँ पैर के जूते जितनी भी आपकी हैसियत नहीं, क्या यहीं आप अपने आपको गलाते हुए रहना चाहते हैं? सीधे ही पूछना हो तो, क्या आप गुलामों की तरह जीना चाहते हैं, या आज़ाद इंसानों की तरह जीना चाहते हैं? इस बारे में आज आपको सोचना होगा। आपकी राह रोककर जो समस्याएँ खड़ी हैं, उन्हें दूर कैसे किया जा सकता है इस बारे में आपको सोचना है।

आज आपके सामने मुख्य रूप से तीन बाधाएँ हैं—पहली है आपकी दरिद्रता, दूसरी आपका मनोदोर्बल्य, आपका कमज़ोर मन। आप सब दरिद्रता से परेशान हैं। और इसीलिए परावलम्बी बने हैं। दूसरों पर आश्रित बने हैं आप आज़ादी से, अपने बलबूते कुछ कर नहीं पाते। इंसानियत को लेकर आपने सवाल किये तब भी आपका स्पृश्य समाज से घनघोर विरोध होता है। आपका जीवन उसी पर निर्भर होने के कारण वे हर तरह से आपकी राह में अड़ंगे डालते हैं वे रोटी का टुकड़ा देंगे, तब आपकी भूख मिटेगी। इसीलिए, इस परावलम्बी जीवन को नष्ट करने के पीछे आपको लग जाना चाहिए।

दूसरी बात है आपकी असहाय स्थिति। आपको किसी का सहारा नहीं। आपका हित चिन्तक मित्र बनकर आपके पीछे खड़े रहने के लिए कोई तैयार नहीं। आप और गाँववालों के बीच अगर झगड़ा पैदा हुआ तो आपकी तरफ़ से लड़ने के लिए कोई नहीं आएगा। इस देश में हिन्दुओं के अलावा सिक्ख, ईसाई और मुलसमान धर्म भी है। लेकिन मुसलमान या ईसाई लोग आपकी मदद के लिए आगे नहीं आते। वे क्यों नहीं आते इस बारे में आप सोचिए। जिस धर्म में हम पैदा हुए, जिस धर्म के सिद्धान्तों का हम पालन करते हैं, जिस धर्म को हम अपना मानते हैं वही धर्म आज आपको पीड़ा पहुँचा रहा है। इसी तरह असहाय रहकर उससे मिल रही पीड़ा,

आप कितने समय तक और सहोगे? आपसे मैं पूछता हूँ कि किसी की मदद लिये बग़ैर क्या आप हिन्दुओं के ख़िलाफ़ चल रहे अपने युद्ध में जीत सकते हैं? जिनके सहारे आप जीते हैं, वे क्या कभी आपको इंसानियत के अधिकार देंगे? मैं आपको एक बात पूरे यक़ीन के साथ कह सकता हूँ कि हिन्दुओं से कभी भी आपका भला नहीं होगा। अपने बच्चे को धक्का देकर कुएँ में ढकेलनेवाला बाप उसका मित्र होगा या उसका हाथ पकड़ खींचकर उसे बाहर निकालनेवाला आदमी उसका मित्र होगा? इस तरह हाथ आगे बढ़ाकर मदद करनेवाला मित्र आपको ढूँढ़ निकालना है।

आज हिन्दू लोग मुसलमानों से बचकर क्यों रहते हैं? हिन्दू लोग उनके धर्म से नफ़रत करते हैं, उन्हें बुरा-भला कहते हैं। लेकिन गाँव के दो की संख्या में मुसलमान के घर के होने पर भी उनके बच्चों तक को छेड़ने की हिन्दुओं की हिम्मत नहीं है। इसका कारण क्या है? मुसलमान के बच्चे को भी अगर किसी ने छेड़ा तब पूरे हिन्दुस्तान का पूरा मुसलमान समाज उस बच्चे की मदद के लिए दौड़ता हुआ आएगा और हिन्दुओं पर हमला बोलेगा। हिन्दू आपको परेशान करते हैं क्योंकि उन्हें पता है कि आपकी मदद के लिए कोई दौड़ा चला नहीं आएगा।

कई लोग आपको बताते हैं कि आप अपने पैरों पर खड़े हो जाइए, लेकिन जिसके दोनों पैर काटे गए हों वह कैसे खड़ा रहे? आपको किसी का हाथ पकड़कर ही खड़े रहना होगा। तभी आपकी ताक़त बढ़ेगी। आपकी आज की असहाय स्थिति में जो आपकी मदद करेगा, वही आपका सच्चा मित्र होगा। मित्र भी और संरक्षक भी। इसीलिए मैं कहता हूँ कि आपको अपना धर्म बदलना चाहिए। इंसान को धर्म प्रिय नहीं, उसे इंसानियत प्रिय होती है।

कातकरी की तरह बेहद पिछड़ी जाति के साथ भी हिन्दू धर्म में इंसानियत के साथ पेश आया जाता है। वे स्पृश्यों के घरों में जा सकते हैं, लेकिन आप उनके दरवाज़े पर भी खड़े नहीं रह सकते। आपके हाथ का छुआ दूध भी कोई नहीं लेगा। नौकरी कर या कोई अन्य काम-धन्धा कर अपनी उन्नति करवा लेने के जो भी मार्ग हैं, वे सब आपके लिए बन्द हैं। ईसाई या मुसलमान धर्म के लोग जो नौकरियाँ करते हैं, वे अगर आप करना चाहेंगे, तो उसके लिए हिन्दू आपका विरोध करेंगे। इसीलिए मैं आपसे फिर से कहता हूँ कि इस हिन्दू धर्म में रहते हुए आप अपनी उन्नति हासिल नहीं कर सकते। आप हिन्दू हैं, इसीलिए आपकी यह हालत है। आप अगर मुसलमान होते या ईसाई होते या सिक्ख होते तो ये सब रास्ते आपके लिए खुले होते। आप कुछ हद तक अपने लिए आर्थिक विकास बटोर सकते थे, लेकिन आप जब तक हिन्दू हो, तब तक यह शैतानी जकड़ और उनका शिकंजा, कभी

आपसे दूर नहीं होगा। इसी वजह से आप ज़िन्दा नरक में पिस रहे हैं। इसीलिए, आप अपने हालात के बारे में अच्छी तरह से सोचिए। इस आत्मघातक धर्म को आप कब तक सीने से लगाए बैठे रहेंगे? इसलिए, इन स्थितियों के बारे में आप अच्छी तरह से सोच लीजिए। मृत्यु के बाद आपको स्वर्ग सुख चाहिए या ज़िन्दा रहते हुए आप स्वर्ग सुख भोगना चाहते हैं? मैं तो इसी जन्म में अपने लिए मोक्ष यानी इंसानियत चाहता हूँ। दूसरे जन्म या काल्पनिक स्वर्ग से मुझे कुछ लेना-देना नहीं है।

तीसरी बात यह है कि हिन्दू धर्म की मूर्खता भरी सीख से आपके मन भरे हुए हैं। जिस तरह साँप देखते ही आदमी डर जाता है, उसकी नसें अकड़ जाती हैं कुछ उसी तरह की आपकी आज की हालत है। आपको लगता है कि हम एकदम निचली जाति के हैं, हल्की जाति के हैं। हिन्दू धर्म आपको अतिशूद्र मानता है। और आप अपने आपको अतिशूद्र मानते हैं। इसीलिए राह चलते भी हिन्दुओं के पास से आप नहीं ग़ुज़रते, वे सामने पड़ते हैं, तो आप परे हो जाते हैं। इसका मतलब यही है कि आपका मन मरा हुआ है। आपका स्वाभिमान सोया हुआ है। आपको नहीं लगता कि आप इंसान हैं। इसीलिए अपने पर ज़ुल्म करनेवाले हिन्दुओं के साथ संघर्ष करने की आप सोचते भी नहीं। एक बात की मैं आपको चेतावनी देता हूँ, कि जब तक आप हिन्दू धर्म की चौखट में हैं, जब तक आपके हाथों और पैरों में ये बेड़ियाँ जकड़ी हुई हैं, जब तक आपके मन पर इस धर्म की सीख की जकड़ है, तब तक आप इसी तरह बिना काम के, बिन पेंदी के रहेंगे।

आप सब लोग खेतिहर हैं। किसान हैं। आपको पता है कि पौधा कब पनपता है। आपको पता है कि एक पेड़ की छाया में दूसरा पेड़ ज़िन्दा नहीं रह सकता। और अगर जी भी गया तो बौना हो जाता है। आम के पेड़ बौने हों तो दो पेड़ों के बीच कम-से-कम 15-20 फुट की दूरी रखनी पड़ती है। तभी उन पेड़ों में बौर आता है और अच्छे, मीठे फल उगते हैं। इसके पीछे क्या कारण है? बड़े पेड़ के नीचे छोटे पेड़ को ज़रूरी प्रकाश नहीं मिलता। उस पर सूरज की रोशनी नहीं आती। उसे अन्य पोषक द्रव्य भी जितनी मात्रा में मिलने चाहिए, उतनी मात्रा में नहीं मिलते। आपकी हालत उस छोटे पौधे जैसी हुई है। हिन्दुओं की छाया में रहने की वजह से आपका विकास नहीं हो पाया। बौने पेड़ की तरह तुम्हारी हालत हुई है। सज्जनो! इतने दिनों तक आप सोए हुए थे। अन्य लोगों ने इस दौरान दुनिया में क्या लूट मचा रखी है, इसके बारे में अब हमें सोचना होगा।

मेरी बताई तीन दिक़्क़तों को दूर करने के बारे में अगर आप जी-जान लगाकर जुट जाएँगे तो आपका विकास ज़रूर होगा। अब हम आपकी समस्याओं के बारे

में सोचेंगे। आपकी पहली समस्या है आपकी दरिद्रता। इसे दूर करना आपके हाथ में नहीं है। लेकिन हमें मिलकर उसे दूर करने की कोशिश करनी होगी। इस बारे में आपसे अधिक ज़िम्मेदारी मुझ पर है। मैं और मेरे सहयोगियों पर यह ज़िम्मेदारी है। अपनी आर्थिक स्थिति में सुधार लाने के लिए हमें अपने राजनीतिक अधिकार पाने की कोशिश करनी होगी। आज विधिमंडल में आपको 15 जगहें मिली हैं। उन जगहों पर जानेवाले प्रतिनिधियों पर आपकी हर प्रकार से मदद करने की ज़िम्मेदारी होगी। अपने हालात की सही जानकारी देकर अपने प्रतिनिधियों से उनका कर्तव्य करवा लेना आपकी ज़िम्मेदारी है।

दूसरी और तीसरी समस्या है आपकी 'असहायता' और आपके 'मन का कमज़ोर होना'। इन्हें दूर करना पूरी तरह आपके हाथ में है। उसे कैसे दूर किया जा सकता है, यह मैं अपने कर्तव्य के तौर पर आपको बताऊँगा। उस पर अमल करना या नहीं करना, यह पूरी तरह आपके हाथ में है। मेरे मतानुसार ये दोनों समस्या आपके हिन्दू धर्म छोड़ने से दूर होनेवाली हैं। मैंने आपको बताया है कि असहायता दूर करने के लिए आप दूसरे धर्म के समाज को अपना मित्र बना लें। उसी तरह आपके मन की दुर्बलता को नष्ट करने के लिए आपके सामने दूसरे धर्म की मदद लेने के अलावा कोई चारा नहीं है। थोड़े शब्दों में बताना हो तो इन दोनों समस्याओं पर जीत हासिल करनी हो तो एक ही उपाय से की जा सकती है—धर्मान्तरण। धर्म-परिवर्तन करने के लिए अब आपको तैयार हो जाना पड़ेगा। धर्म-परिवर्तन कब करना है, कौन से धर्म में जाना है यह मैं सही समय आने पर बता दूँगा। अगर मेरा कहना आपको सही लगता है, तो मेरे पीछे आइए। अगर सही नहीं लगता तो इसी धर्म में पिसते रहिए। मैं भी आपकी ही जाति में पैदा हुआ हूँ। इसीलिए अपना कर्तव्य मानकर, मैं यह आपको बता रहा हूँ। अपने भले-बुरे की ज़िम्मेदारी अगर आप मुझे सौंप रहे हैं, तो मेरे बताए अनुसार व्यवहार के लिए आपको तैयार रहना होगा। मैं जिधर जाऊँगा उस तरफ़ आपको मेरे पीछे-पीछे आना होगा।

आख़िर में मैं आपसे यह कहना चाहता हूँ कि हालात बहुत ही मुश्किल हैं, आपातकाल है। हमें इस बात का निर्णय करना होगा कि ऐसे हालात में हमें क्या करना चाहिए। 5-10 सालों की मोहलत आप सबको दी गई है। उसके पीछे बस यही कारण है कि यह बहुत बड़ा सवाल है, इसलिए आसानी से हल होना सम्भव नहीं। आप में से आधे लोग ही धर्म-परिवर्तन के लिए तैयार हुए तो हमारा फ़ायदा नहीं होगा। सभी लोगों द्वारा धर्म-परिवर्तन करना ज़रूरी है। और इसी बात को ध्यान में रखकर, विचार करने के लिए पाँच-दस सालों का समय दिया गया है।

इस कालावधि में हिन्दू धर्म का बोझ आपके सिर पर है, उसे हटाइए, उसे दूर करें। एक बात ध्यान में रखें, कि जिस समय मुझे लगेगा कि आप धर्म-परिवर्तन के लिए तैयार नहीं हो, उस वक़्त से आपके और मेरे रास्ते समझो अलग-अलग हैं। किन्तु यह निश्चित है कि मैं इस बेकार और अनुपयोगी धर्म को अलविदा कहूँगा, इसे छोड़ दूँगा, यह मेरा ठोस, पक्का निर्णय है।[1]

[*बाबासाहेब डा. अम्बेडकर सम्पूर्ण वाङ्मय,* खंड 38, पृ. 433-441]

1. *जनता,* 7 मार्च, 1936
   यह शुक्रवार का दिन होना चाहिए : संपादक

21

मैंने हिन्दू धर्म त्यागने का निर्णय लिया है

मार्च, 1936 के अन्त में 'जात-पाँत तोड़क मंडल, लाहौर' ने डॉ. बी. आर. आंबेडकर को सूचना दी कि उन्होंने होनेवाली सभा को मई के मध्य तक स्थगित कर दिया है। पंजाब प्रेस उत्तेजक हो रही थी और रूढ़िवादी जनता ने डॉ. बी.आर. आंबेडकर को मंडल का अध्यक्ष चुनने पर मंडल की कड़ी और कटु आलोचना की क्योंकि उन्होंने डॉ. आंबेडकर को हिन्दू धर्म से घृणा करनेवाला घोषित कर दिया था। इसका परिणाम यह हुआ कि भाई परमानन्द, डॉ. नारंग, महात्मा हंसराज और राजा नरेन्द्र नाथ जैसे कट्टर नेताओं को मंडल से सम्बन्ध विच्छेद करना पड़ा। मंडल के प्रकाश स्तंभ संतराम ने हर भगवान को डॉ. बी.आर. आंबेडकर को मंडल की स्थिति से अवगत कराने बंबई भेजा। हर भगवान बंबई में 9 अप्रैल को डॉ. बी.आर. आंबेडकर से मिले और अध्यक्षीय भाषण का तैयार अंश उनसे ले लिया।

डॉ. बी.आर. आंबेडकर ने भी बंबई से अमृतसर के लिए 10 अप्रैल, 1936 को 'सिक्ख धर्म प्रचारक अधिवेशन' में शामिल होने को प्रस्थान किया। यह अधिवेशन 13 व 14 अप्रैल को था। इस अधिवेशन में बड़ी संख्या में पंजाब, केरल संयुक्त प्रदेश और मध्य प्रान्त से सिक्खों और दलितों के जन-समूहों ने उपस्थिति दर्ज कराई। इस अधिवेशन की अध्यक्षता एक सेवानिवृत्त ज़िला न्यायाधीश सरदार बहादुर हुक्कम सिंह ने की और स्वागत समिति के सभापति बसाखा सिंह थे। अध्यक्ष और सभापति दोनों ने अपने-अपने भाषणों में दलित जातियों की दशा सुधारने हेतु गहन धर्म प्रचार कार्यों पर ध्यानपूर्वक उपयुक्त अमल करने पर ज़ोर दिया।

डॉ. बी.आर. आंबेडकर ने अधिवेशन को सम्बोधित करते हुए सिक्खों में समता के सिद्धान्तों के प्रति अपनी स्वीकृति जताई और बताया कि यद्यपि उन्होंने

हिन्दू धर्म को त्यागने का निर्णय तो ले लिया है, परन्तु किसी दूसरे धर्म के बारे में उन्होंने अभी मन नहीं बनाया।

एक अन्य वक्ता सर जोगेन्द्र सिंह ने धर्म प्रचार कार्य के साथ-साथ इस प्रयोजन के लिए एक न्यास का सृजन करने का सुझाव दिया तथा श्रोताओं से धन राशि दान करने की विनती की। इस अधिवेशन की अन्य प्रमुख विशेषता केरल से पाँच विशिष्ट थिया जाति दलित जाति नेताओं का डॉ. कुट्टीर के नेतृत्व में और संयुक्त प्रान्त, मध्य प्रान्त से अन्य पचास लोगों का सिक्ख धर्म में प्रविष्ट होने के लिए आगमन था।[1]

[*बाबासाहेब डॉ. अम्बेडकर सम्पूर्ण वाङ्मय,* खंड 37, पृ. 99]

1. *कीर,* पृ. 267

22

जिस धर्म में समता, प्रेम और अपनापन नहीं, वह धर्म, धर्म ही नहीं है

4 मई, 1936

अमरावती के अस्पृश्य बंधुओं के लिए यह दिन स्वर्ण दिन के समान था। बाबासाहेब आंबेडकर धर्मान्तरण को लेकर अस्पृश्य समाज के बीच अपनी बात रखने के लिए आनेवाले थे। उनके स्वागत में रेस्ट हाऊस से लेकर नेकोलेट पार्क तक का पूरा रास्ता रंगीन पताकाओं से सजाया गया था। गर्मी-प्यास की परवाह किए बगैर हजारों अस्पृश्य बंधु-भगिनी स्टेशन पर डॉक्टर साहब के स्वागत के लिए मौजूद थे। डॉ. आंबेडकर के आते ही उनके नाम की जयध्वनि के साथ जुलूस निकाला गया। शाम छह-सात बजे के करीब नागपुर कैम्प म्युनिसिपालिटी के सचिव श्री मेश्राम की अध्यक्षता में सार्वजनिक सभा हुई। उनके स्वागत में पहले कुछ गीत गाए गए। उसके बाद स्वागताध्यक्ष श्री एस.जी. नाईक एम.एल.सी. के हाथों अमरावती जिले की अलग-अलग संस्थाओं की ओर से करीब 75 फूल मालाएँ और गुलदस्ते डॉ. बाबासाहेब को अर्पण किए गए। उसके बाद डॉ. बाबासाहेब भाषण के लिए खड़े हुए तो तालियों की गड़गड़ाहट हुई। यात्रा के दौरान डॉ. बाबासाहेब की सेहत बिगड़ गई थी, और उनका गला खराब था। इसके बावजूद वे बोले। उन्होंने अपने भाषण में कहा—

सात-आठ सालों के बाद मैं अमरावती आ रहा हूँ। पिछली बार अंबादेवी के सत्याग्रह में मैं आया था। उस समय मेरे अस्पृश्य बन्धुओं की सत्याग्रह करने की बिलकुल

तैयारी नहीं थी। सत्याग्रह कर जेल में जाने के लिए केवल छह लोग तैयार हुए थे। आज वह स्थिति पलट गई है, यह देखकर मुझे बड़ी ख़ुशी हो रही है। यहाँ आने से पहले गांधी ने मिलने के लिए मुझे वर्धा बुलाया था। मैं जब वहाँ गया था तो जमनालाल बजाज मुझे अपनी मिल्कियत वाला लक्ष्मीनारायण मन्दिर दिखाने ले गए, जो उन्होंने अस्पृश्यों के लिए खोला था। मैंने मन्दिर में प्रवेश किया और जब बाहर आया तो मेरी अस्पृश्यता पहले जैसी बरक़रार थी। क्योंकि, उस मन्दिर में पूजा करने के लिए फूल और पानी की ज़रूरत होती है, और वे हमारे लिए उपलब्ध नहीं थे। उस मन्दिर में पूजा के लिए ज़रूरी फूल और पानी अगर हमारे लिए उपलब्ध नहीं हैं, तो फिर हम मन्दिर में जाकर पूजा करेंगे कैसे? हमारी अस्पृश्यता नष्ट कैसे होगी? पहले मन्दिर को लेकर सत्याग्रह करने में हमें जितना आनन्द मिलता था, अब उतना ही तिरस्कार हमें इस विषय को लेकर महसूस होता है। गांधी ने जब स्वराज का सवाल उठाया तभी हमने उन्हें चेताया था कि अस्पृश्यता के सवाल की तरफ़ दुर्लभ, अनदेखी न करें। लेकिन अस्पृश्यता का सवाल स्वराज का एक अंग है, कहकर वह चुप रहे। एक बात हमारी समझ में नहीं आती कि हमने धर्म-परिवर्तन की घोषणा की तो हिन्दुओं को उस पर आपत्ति क्यों हो? हिन्दू धर्म अगर हमें हिन्दू कहने के लिए तैयार नहीं है, तो हम ख़ुद को हिन्दू क्यों कहलाएँ? जिस धर्म में समता, प्रेम और अपनत्व की भावना नहीं है, उस धर्म को मैं धर्म कहने के लिए तैयार नहीं हूँ। दो हज़ार साल पहले हमारे पूर्वज अज्ञानी थे। किसी भी तरह की विद्या प्राप्त करने की या शस्त्र हाथ में धरने की उन्हें अनुमति नहीं थी। इसीलिए कोई नया काम करने का साहस उनमें नहीं था। अज्ञान के कारण उनका मन मारकर उन्हें कमज़ोर बना दिया गया था। उन्होंने चार वर्णों के चौखटे में हिन्दू धर्म को बिठा रखा है। इसी वर्ण व्यवस्था के कारण अगर हम ब्राह्मणों से अव्वल हुए तब भी हमें ग़ुलामी के काम ही करने होते थे। इसी ग़ुलामी की वजह से हमारे पूर्वज अपना स्वाभिमान पूरी तरह भूल गए। लेकिन आज स्थितियाँ बदल गई हैं। इस स्थिति में हिन्दू धर्म के अनुदार चौखटे में हमसे रहा नहीं जा सकता। इसीलिए हमें यह धर्मान्तरण की घोषणा करनी पड़ रही है।

इसके बाद डॉ. बाबासाहेब आंबेडकर को फूलों की मालाएँ अर्पण कर उनके प्रति आभार व्यक्त किया गया। सभा जयघोष के बीच सम्पन्न हुई।[1]

[*बाबासाहेब डॉ. अम्बेडकर सम्पूर्ण वाङ्मय,* खंड 38, पृ. 458-59]

1. *जनता,* 16 मई, 1936

23

अपने मिट्टी के मोल जीवन को सोने जैसे दिन प्राप्त हों, इसलिए धर्मान्तरण की आवश्यकता है

17 मई, 1936

कल्याण में डॉ. बाबासाहेब आंबेडकर की अध्यक्षता में अस्पृश्य समाज का बहुत बड़ा सम्मेलन हुआ। यह सम्मेलन ठाणे जिले के पूर्व और दक्षिण हिस्से के अस्पृश्यों द्वारा धर्म-परिवर्तन की घोषणा को सार्वजनिक समर्थन देने के लिए आयोजित किया गया था। डॉ. आंबेडकर बम्बई से आनेवाले थे। इस बारे में पम्फलेटों/हैंडबिल के जरिए लोगों को पहले ही सूचना दी गई थी। इसीलिए, डॉ. बाबासाहेब को देखने के लिए सौ-सवा सौ गाँवों से करीब तीन-चार हजार अस्पृश्य समाज के लोग स्टेशन के बाहर इन्तजार कर रहे थे। दोपहर 3 बजे डॉ. बाबासाहेब के स्टेशन पर उतरते ही प्रमुख कार्यकर्ताओं ने फूलों की माला से उनका स्वागत किया।

स्टेशन से बाहर निकलते ही 'डॉ. आंबेडकर की जय', 'आंबेडकर जिन्दाबाद', 'थोड़े दिन में भीमराज' आदि नारों से वातावरण गूँज उठा। वहाँ मौजूद हजारों लोग डॉ. बाबासाहेब को देखकर आनन्द से भर गए। शहर के प्रमुख हिस्सों से बड़ा जुलूस निकाला गया। सम्मेलन में अपने भाषण के दौरान डॉ. आंबेडकर ने धर्म-परिवर्तन के बारे में थोड़ा खुलासा किया। उन्होंने अपने भाषण में कहा—

मैं धर्मान्तरण के बारे में क्या कहता हूँ, यह सुनने के लिए आज आप ख़ासकर यहाँ आए हैं। इसलिए इस बारे में मुझे विस्तार से बोलना पड़ेगा। कुछ लोग सवाल

पूछते हैं कि हम धर्म-परिवर्तन क्यों करें? इस पर मैं एक प्रश्न उन लोगों से पूछना चाहता हूँ कि धर्मान्तरण क्यों न करें? धर्म-परिवर्तन क्यों करें, इस सवाल का जवाब मैं अपनी ज़िन्दगी में घटी घटनाओं के सहारे आपको बता सकता हूँ। मेरी ही तरह आपके जीवन में भी ऐसी घटनाएँ घटी होंगी। जिन कारणों से धर्म-परिवर्तन करने का निर्णय मैंने लिया, उन्हें आप पर सिद्ध कर दिखाने के लिए मुझे अपने जीवन में घटी कुछ घटनाओं के बारे में बताना होगा। ये ऐसी घटनाएँ हैं, जिन्होंने मेरे मन पर हमेशा के लिए छाप छोड़ी है। आज मैं उनमें से दो-तीन बातें आपको बतानेवाला हूँ।

मेरा जन्म इंदौर के महू में हुआ। उस समय मेरे पिताजी सेना में थे। वे सूबेदार के पद पर तैनात थे। सेना के साथ ही हम लोग रहते थे, इसलिए बाहर की दुनिया से हमारा कोई सम्पर्क नहीं था। इसीलिए अस्पृश्यता के बारे में मुझे कोई जानकारी नहीं थी। पिताजी ने जब अवकाश प्राप्त किया तब हम सब सातारा में आकर रहे। मैं पाँच साल का था तभी मेरी माँ गुज़र गई। सातारा ज़िले में गोरेगाँव में अकाल पड़ा था, इसलिए सरकार ने अकाल के कुछ काम निकाले थे। उस समय एक तालाब बनाया गया। इस तालाब का काम करनेवाले मज़दूरों को तनख़्वाह बाँटने के काम पर मेरे पिताजी की नियुक्ति की गई। हम चार बच्चे सातारा में रहते थे और अपने काम के कारण पिताजी गोरेगाँव गए। क़रीब-क़रीब चार-पाँच साल हमने केवल चावल खाकर बिताए। सातारा आने के बाद हमें अस्पृश्यता के बारे में अहसास होने लगा। सबसे पहली बात मुझे याद है कि हमारे बाल काटने के लिए नाई नहीं मिल रहा था। हम बड़ी मुश्किल में फँसे। फिर मेरी बड़ी बहन ने हम सबको बरामदे में बैठाकर बाल काटना शुरू किया। वह अभी भी जीवित हैं। सातारा में इतने नाई होते हुए भी वे हमारी हज़ामत क्यों नहीं करते, यह मुझे पहली बार पता चला। दूसरा वाकया था—गोरेगाँव में थे तब हमारे पिताजी हमें ख़त लिखा करते थे। उन्होंने एक बार हमें 'गोरेगाँव आओ' इस आशय का ख़त भेजा था। हम रेल में बैठकर गोरेगाँव जाएँगे, इस बात से मैं बहुत ख़ुश था। तब तक मैंने रेल देखी नहीं थी। पिताजी के भेजे पैसों से हमने अच्छे कपड़े बनवाए। फिर मैं, मेरा भाई तथा बहन के बच्चे, हम सब पिताजी से मिलने निकले। निकलने से पहले पिताजी के नाम ख़त भेजा था, लेकिन नौकर की लापरवाही के कारण वह उन्हें मिला नहीं था। इसलिए हम गोरेगाँव कब पहुँच रहे हैं, यह उन्हें पता नहीं चला। हम लोग ख़ुश थे कि हमें लेने के लिए पिताजी नौकर भेजेंगे। लेकिन हमें निराश होना पड़ा। रेल से उतरकर हमने नौकर की राह देखी। मेरे कपड़े

ब्राह्मणों की तरह थे। गाड़ी आकर निकल गई। आधे-पौन घंटे तक हम बच्चे ही थे, इसलिए स्टेशन मास्टर हमारे पास आकर हमसे पूछने लगा कि आप कौन हैं? आपको कहाँ जाना है? वग़ैरह। 'हम महार हैं', कहते ही स्टेशन मास्टर को जैसे करंट लग गया हो। बिदककर वह पाँच-छह क़दम पीछे हटा। इसके बावजूद हमारे कपड़ों के कारण हम अच्छे खाते-पीते घर के महार हैं, यह उसने पहचाना। हमारे लिए गाड़ी बुला देने का निर्णय उन्होंने लिया। लेकिन शाम के छह-सात बजे तक कोई गाड़ीवाला हमें इसलिए ले जाने के लिए तैयार नहीं हुआ, क्योंकि हम महार थे। आख़िर एक गाड़ीवाला तैयार हुआ, लेकिन उसने एक शर्त रखी कि वह ख़ुद गाड़ी नहीं चलाएगा। सेना में रह चुका था, इसलिए गाड़ी हाँककर ले चलना मुझे कठिन नहीं लगा। हम मान गए, तब गाड़ीवाला अपनी गाड़ी लेकर आया। फिर हम गोरेगाँव की राह पर चल पड़े। गाँव से बाहर काफ़ी दूरी पर एक नाला था। 'आप लोग यहीं रोटी खा लीजिए, आगे आप लोगों को पीने का पानी नहीं मिलेगा', गाड़ीवाले ने कहा। हम नीचे उतरे, हमने रोटियाँ खाईं। नाले का पानी इतना गन्दा था, उसमें बड़ी मात्रा में गोबर मिला हुआ था। इतने में गाड़ीवान कहीं से रोटी खाकर आया। फिर हमारी गाड़ी चलने लगी। काफ़ी रात बीतने के बाद गाड़ीवाला धीमे से गाड़ी में आकर बैठा। रास्ते पर कोई रोशनी नहीं थी, कोई आदमी नहीं। हमें रोना आ गया। इस तरह रात के बारह बजने तक हमने सब्र किया। मन में तरह-तरह के ख़याल आ-जा रहे थे। लगा कि हम कभी भी गोरेगाँव नहीं पहुँचेंगे। इतने में एक टोल नाके पर हमारी गाड़ी पहुँची। हम सब उसमें से फटाफट कूदे। रोटी खाने के लिए टोल नाके के आदमी से पूछताछ की। मैं पर्शियन भाषा अच्छी तरह से जानता था, इसलिए उस आदमी से बोलने में कोई कठिनाई नहीं आई। लेकिन उसने मुझे बड़े ही घमंडपूर्ण तरीक़े से जवाब दिये और पानी के बारे में पूछने पर सामनेवाले पहाड़ की तरफ़ हाथ दिखाया। आख़िर जैसे-तैसे हमने टोल नाके पर रात बिताई। सुबह फिर से गाड़ी से निकले और दोपहर में अधमरी-सी हालत में गोरेगाँव आकर पहुँचे।

मेरे जीवन की जो तीसरी घटना मैं आपको बतानेवाला हूँ वह बड़ौदा सरकार के यहाँ मैंने जो नौकरी की थी, उससे सम्बन्धित है। बड़ौदा सरकार से स्कॉलरशिप मिलने के बाद मैंने विदेश जाकर उच्च शिक्षा ली। वहाँ से लौटने के बाद मुझे स्कॉलरशिप की शर्त के मुताबिक बड़ौदा संस्थान में नौकरी करनी थी। लेकिन बड़ौदा में रहने के लिए मुझे एक भी घर नहीं मिला। हिन्दू अथवा मुसलमान कोई भी मुझे रहने की जगह देने के लिए तैयार नहीं था। आख़िर पारसी बनकर एक

पारसी सराय में रुकने की सोची। विलायत से लौटा तब मैं गोरा और रौबदार दिखाई देने लगा था। आख़िर मैं एदलजी सोराबजी के नाम से एक पारसी सराय में रहने लगा। रोज़ के दो रुपयों के हिसाब से सराय का रखवालदार मुझे वहाँ रहने के लिए जगह देने को तैयार हुआ। इससे पहले ही बड़ौदा संस्थान के मालिक एक पढ़ा-लिखा महार का बच्चा ले आए हैं, यह बात लोगों में फैल चुकी थी। मैं पारसी बनकर सराय में ठहरा था, इस बात से लोगों को मुझ पर शक हुआ और आख़िर मैं ही वह हूँ, इस बात का उन्हें पता चला। दूसरे दिन मैं खाना खाकर दफ़्तर जाने के लिए तैयार हुआ था, तभी पन्द्रह-बीस पारसी लोग हाथ में लाठियाँ लेकर मुझे मार डालने के इरादे से आ गए। उन्होंने पहले मुझसे पूछा, 'कौन हो तुम?' मैंने सिर्फ़, 'मैं हिन्दू हूँ', यह जवाब दिया। लेकिन इस जवाब से उनकी तसल्ली नहीं हुई। उन्होंने तू-तू मैं-मैं करते हुए मुझसे तुरन्त उस जगह को ख़ाली करने के लिए कहा। अपने धीरज का तब मुझे बड़ा सहारा मिला। मैंने बिना डरे उनसे आठ घंटे की मोहलत माँगी। पूरा दिन मैं अपने लिए रहने की जगह खोजता रहा, लेकिन मुझे कहीं भी रहने लायक़ जगह नहीं मिली। कई दोस्तों के यहाँ गया। सबने कोई न कोई कारण बताकर मुझे चलता कर दिया। मैं आख़िर इस क़दर ऊब गया कि आगे क्या किया जाए, यही मेरी समझ में नहीं आया। एक जगह मैं नीचे बैठ गया। मेरा मन बड़ा दुखी था। आँखों से आँसुओं की धारा बहने लगी। (उस समय को याद कर अब भाषण देते हुए डॉ. बाबासाहेब की आँखों से आँसू बहने लगे। अस्पृश्यता की अग्नि से उनका अन्त:करण झुलस-सा गया था।) आख़िर कोई इलाज न पाकर बड़ौदा की नौकरी छोड़कर रातों-रात मुझे बंबई आना पड़ा। मेरे साथ जो कुछ गुज़रा कुछ वैसा ही आप लोगों के साथ भी कई बार हुआ होगा। इसीलिए कहता हूँ कि जिस समाज में इंसानियत नहीं, हमारे लिए जगह नहीं उस समाज में बिना-वजह मानहानि झेलते हुए रहने का कोई मतलब नहीं। ऐसे निर्दयी धर्म में जो रहेगा वह ग़ुलाम है। जो इंसानियत चाहता है, वह इस शैतानी धर्म में नहीं रहेगा।

मेरे बाप-दादा हिन्दू धर्म में रहे, लेकिन वे पढ़-लिख नहीं पाए। उन्हें हाथ में हथियार लेने की इजाजत धर्म ने नहीं दी थी। सम्पत्ति कमाना, धर्म के नियमों के अनुसार उनके लिए असम्भव था। इस कारण हमारे बाप-दादाओं के लिए ये तीनों चीज़ें कमाना असम्भव हुआ। उच्च शिक्षा लेते समय मुझे संस्कृत भाषा सीखनी थी। लेकिन धर्म के बंधनों के कारण उस समय वह मेरे लिए सम्भव नहीं हो पाया। लेकिन अब समय बदल चुका है। अब विद्या पाना, सम्पत्ति कमाना और हथियार

धारण करना हमारे लिए मुमकिन है। ऐसी स्थितियों में जिस धर्म ने आपके बाप-दादाओं को ग़ुलामी में तड़पाया, किसी भी बेहतर स्थिति का फ़ायदा न उठाने देकर आपको अज्ञान और दरिद्रता में रहने के लिए विवश किया, उस हिन्दू धर्म में रहने या न रहने से हल नहीं होगा। आज की हालत में मैं हाईकोर्ट का जज बन सकता हूँ। विधिमंडल में मैं मंत्री भी बन सकता हूँ। लेकिन केवल आप लोगों की ख़ातिर, इंसानियत की ख़ातिर आज मुझे धर्मान्तरण करना ज़रूरी लग रहा है। अपने मिट्टी के मोल जीवन को सोने के दिन दिखाने के लिए मुझे धर्म-परिवर्तन करना ज़रूरी लग रहा है। आपकी हालत में सुधार लाने के लिए मुझे अपने सहयोगी दोस्तों से ज़रूर सहायता मिलेगी, इसका मुझे यक़ीन है। आपको क़ाबिल बनाने के लिए मुझे धर्म-परिवर्तन करना है। अपने हित के बारे में चिन्ता करने की मुझे कोई ज़रूरत नहीं है, उस बारे में मैं बिलकुल बेफ़िकर हूँ। आज मैं जो कुछ भी कर रहा हूँ वह आप लोगों के हित के लिए कर रहा हूँ। मुझे आप ईश्वर मानते हैं। लेकिन मैं ईश्वर नहीं हूँ। मैं आप ही की तरह एक इंसान हूँ। मुझसे आप जो भी मदद पाना चाहते हैं, वह देने के लिए मैं तैयार हूँ। मैंने तय किया है कि आपकी आज की जो हालत है, उससे मैं आपको मुक्ति दिला दूँ। मैं अपने लिए कुछ नहीं कर रहा। आपको क़ाबिल बनाने की कोशिशें मैं बस करता रहूँगा। आप अपने हालात के बारे में जान लीजिए। मैं जो राह दिखा रहा हूँ उसे अपनाइए। इससे आपका हित साध्य होगा और आपकी क़ाबिलियत सामने आएगी।[1]

[*बाबासाहेब डॉ. अम्बेडकर सम्पूर्ण वाङ्मय,* खंड 38, पृ. 460-464]

1. *जनता,* 23 मई, 1936

24

धर्मान्तरण पर दिनांक 19.6.1936 को डॉ. बी.आर. आंबेडकर के बयान पर प्रतिक्रिया

श्री राजा को डॉ. मुंजे का पत्र

डॉ. मुंजे ने राव बहादुर एम.सी. राजा को निम्नलिखित पत्र नई दिल्ली दिनांक 30 जून, 1936 को लिखा—

प्रिय श्रीमान्

बंबई के मित्रों तथा श्रीमन् सेठ जुगल किशोर बिरला द्वारा तत्काल बुलाने पर डॉ. आंबेडकर की सहमति से मुझे इस मास की 18 तारीख़ को बंबई जाने का सुअवसर प्राप्त हुआ। वहाँ डॉ. आंबेडकर के साथ मेरे तीन दिन तक लम्बे वार्तालाप होते रहे। अन्ततः हिन्दूवाद के विरुद्ध उनके आन्दोलन के सौहार्दपूर्ण निपटान के लिए एक प्रारूप तैयार किया गया। डॉ. आंबेडकर इससे पूर्णतया सहमत थे।

यह सूत्र इस प्रकार से है :

यदि डॉ. आंबेडकर को अपने निर्णय की घोषणा करनी पड़े कि वे और उनके अनुयायी इस्लाम और ईसाई धर्म की तुलना में सिक्ख धर्म को स्वीकार करने के लिए तैयार हैं और वह ईमानदारी व निष्ठा से हिन्दुओं और सिक्खों के साथ उनकी संस्कृति के प्रचार के लिए सहयोग करेंगे और दलित वर्गों को मुसलमान बनाने के मुस्लिम आन्दोलन का प्रतिरोध करेंगे तो हिन्दू महासभा को भी हिन्दू संस्कृति में रहने की उनकी सहमति को दृष्टिगत् रखते हुए यह घोषणा करने के लिए तैयार किया जाएगा कि वे नीचे दिये गए बिन्दुओं पर आपत्ति नहीं करेंगे—

1. दलित वर्गों के सिक्ख धर्म में धर्मान्तरण पर;

2. धर्मान्तरित सिक्खों को अनुसूचित जाति की सूची में सम्मिलित करने पर, और
3. पूना समझौता में दिये गए प्रावधान के अनुसार ग़ैर-सिक्ख और दलित वर्गों के धर्मान्तरित सिक्खों के मध्य खुली प्रतिस्पर्धा द्वारा पूना समझौते के राजनीतिक अधिकारों का दलित वर्गों द्वारा लाभ उठाने पर।

मैं बंबई से आज प्रात: ही यहाँ हिन्दू महासभा के समक्ष उक्त प्रस्ताव औपचारिक रूप से प्रस्तुत करने से पूर्व मित्रों से परामर्श करने के लिए आया हूँ। मैं पंडित मालवीय जी और यदि सम्भव हुआ तो महामहिम महाराजा पटियाला से भी मिलने का प्रयास कर रहा हूँ। यह बहुत ही नाज़ुक मामला है। अत: मैं आपसे अनुरोध करता हूँ कि कृपया इस पर विचार करें और मुझे इस मामले पर अपनी राय भेजें। जब तक हम किसी निष्कर्ष पर नहीं पहुँच जाते तब तक मामले को बिलकुल निजी एवं गोपनीय रखा जाए।

आपके उत्तर की प्रतीक्षा में

आपका

हस्ता./ -बी.एस. मुंजे

पी.एस. मैं उनके मामले के बयान पर प्रति, जो डॉ. आंबेडकर ने मुझे सौंपी है, भी संलग्न कर भेज रहा हूँ। कृपया मुझे मेरे नागपुर के पते पर उत्तर भेजें।[1]

II

श्री राजा का डॉ. मुंजे को उत्तर

मैं पहले ही डॉ. आंबेडकर के प्रस्ताव के सम्बन्ध में अपने विचार व्यक्त कर चुका हूँ कि दलित वर्गों को हिन्दूवाद छोड़कर किसी अन्य धर्म को स्वीकार कर लेना चाहिए। मैं धर्मान्तरण जो कि आध्यात्मिक परिवर्तन है और एक सम्प्रदाय से दूसरे सम्प्रदाय में सामाजिक, आर्थिक एवं राजनीतिक कारणों से अन्तरण के बीच अन्तर मानता हूँ।

प्रिय डॉ. मुंजे, आप मुझे मेरे इस कथन पर क्षमा करेंगे कि आपने डॉ. आंबेडकर के प्रस्ताव को दृष्टिगत रखते हुए दलित वर्गों की सारी समस्याओं को साम्प्रदायिक अन्तरण के रूप और न कि धार्मिक समस्या के रूप में देखा है। हर कोई हिन्दू

1. द *बॉम्बे क्रॉनिकल्स,* दिनांक 8 अगस्त, 1936

महासभा के अध्यक्ष से यह आशा रखता है कि इसे धार्मिक समस्या के रूप में देखें और इसे सामाजिक एवं आर्थिक समस्या के रूप में न देखते हुए केवल राजनीतिक समस्या के रूप में न देखें। कोई भी आपकी चिन्ता को समझ सकता है, यदि हिन्दू महासभा के अध्यक्ष के रूप में आपने दलित वर्गों के आध्यात्मिक कल्याण को सर्वोपरि रखा है और सामाजिक एवं आर्थिक कल्याण के सम्बन्ध में बाद में सोचा है तथा सबसे अन्त में राजनीतिक पहलू को रखा है। आपकी राजनीतिक योजना में दलित वर्गों की स्थिति के प्रति उत्कंठा न केवल इन वर्गों के लिए आपकी चिन्ता की प्रकृति दर्शाती है परन्तु यह घोड़े के आगे गाड़ी लगाने जैसा है, जिसका अर्थ यह है कि सही उपाय करने के बदले अनुपयुक्त उपाय करना। हिन्दू महासभा के अध्यक्ष होने के नाते आपसे हर कोई यह अपेक्षा रखता है कि इन वर्गों की नागरिक एवं सामाजिक असमर्थताओं को दूर करते हुए दलित वर्गों की सामाजिक दशा में सुधार करें और अन्य आराधकों की भाँति हिन्दू मन्दिरों में उनके लिए पूजा का अधिकार हासिल करें तथा पूरे भारत में गांधी जी द्वारा चलाए गए हरिजन आन्दोलन को आगे बढ़ाएँ। ऐसा करने की बजाय आप जो कर रहे हैं वह क्या है? आप दलित वर्गों का बँटवारा कर रहे हैं और धार्मिक रूप से उन्हें सिक्खों के साथ जोड़ते हुए राजनीतिक रूप से हिन्दू ही बनाए रख रहे हैं।

मुझे ऐसा प्रतीत होता है कि दलित वर्गों के हित पर विचार नहीं किया जा रहा, परन्तु हिन्दुओं और सिक्खों के साम्प्रदायिक हितों में योजनाएँ बनाई जा रही हैं। हम भेड़ और जानवर नहीं हैं, जिनका इस प्रकार विनिमय किया जाए और विभिन्न सम्प्रदायों के नेताओं के बीच पारस्परिक आदान-प्रदान के परिणामस्वरूप एक राजनीतिक दल से दूसरे राजनीतिक दल में हाँक दिया जाए। हम इतने ठोस समुदाय के रूप में बने रहना चाहते हैं कि प्रगति के पथ पर अपनी इच्छानुसार बढ़ें और ऐसा सबसे बेहतर ढंग से कर सकते हैं जब हम हिन्दू के रूप में अपने जन्मसिद्ध अधिकार का त्याग न करें, परन्तु हिन्दूवाद में रहकर इसमें ऐसे परिवर्तन लायें। जिससे समाज समस्याओं से जूझ रहे अपने समुदाय को और अधिक बेहतर बना सकें। यद्यपि हमारी समस्याएँ बहुत अधिक एवं स्पष्ट हैं। हमारा यह उद्देश्य नहीं है कि हिन्दू समुदाय को कमज़ोर बनाया जाए, परन्तु इसके भीतर सुधार लाकर इसे सशक्त बनाया जाए। हम साम्प्रदायिक झगड़ों एवं प्रतिस्पर्धाओं में कठपुतलियाँ नहीं बनना चाहते हैं।

आपके प्रस्ताव में हिन्दू, सिक्ख एवं मुसलमानों का चुनावी भाग्य शामिल है। यदि आप चाहते हैं कि हम हिन्दू धर्म को बदलकर कोई अन्य धर्म धारण कर लें तो

हमें सिक्ख और इस्लाम में से एक धर्म चुनना होगा क्योंकि ये हमारे साम्प्रदायिक अन्तरण के लिए बोली लगानेवाले हैं तथा इसे धर्मान्तरण कहना ग़लत है। हम मुसलमानों के प्रति शत्रुता एवं विरोध की भावना क्यों बनाए हुए हैं? वे भी सिक्खों तथा हिन्दुओं की तरह हमारे भाई हैं। यदि दलित वर्ग सिक्ख बन जाते हैं तथा उन्हें नव-सिक्ख (धर्मान्तरित सिक्ख) कहा जाता है तो इससे पूरे भारत में सिक्ख-हिन्दू-मुसलमान समस्या उत्पन्न हो जाएगी जैसा कि पंजाब में हुआ है। इस तथ्य से समस्या और गम्भीर हो जाएगी कि कथित नव सिक्ख, सिक्ख जाति में भी दलित वर्गों से सम्बन्धित है।

राजनीति के बिसात पर एक चाल की चेष्टा के रूप में धर्मान्तरण या साम्प्रदायिक अन्तरण का प्रश्न हमें दक्षिण भारत में अधिक विचलित नहीं करेगा। हम पूना समझौता के अधीन हिन्दुओं के साथ अपना धार्मिक एवं राजनीतिक दर्ज़ा बरक़रार रखते हुए आंशिक रूप से एक अलग मतदाता एवं आंशिक रूप से संयुक्त मतदाता के रूप में कार्य करने के लिए सहमत हैं। अत: मैं राजनीतिक चालबाज़ी में किसी भी प्रकार से हिस्सेदार नहीं बनूँगा, जैसा कि आपके पत्र में प्रस्तावित है। मैं हिन्दू महासभा से अनुरोध करूँगा कि वे दलित वर्ग के लिए हिन्दूवाद एवं हिन्दू समाज में बने रहना आसान बनाएँ, न कि किसी दूरस्थ गंतव्य पर उन्हें पहुँचाने की व्यवस्था में लग जाएँ। जो प्रश्न आपने उठाया है उसमें बहुत बड़ी परिचर्चा होने की सम्भावना है। मैंने यह अधिकार अपने पास सुरक्षित रखा है कि जब भी अवसर आएगा तो अपना उत्तर प्रकाशित कराऊँगा।

III
राजा का प्रत्युत्तर

श्री सी. राजगोपालाचारी द्वारा राय बहादुर राजा को लिखे पत्र में कहा गया है :

"मेरे पास आपकी टिप्पणी अनुलग्नक है। मैंने पढ़ा है। उस सारे मामले को शैतानी प्रस्ताव कहना ग़लत होगा। मैं ख़ुश हूँ आपने महात्माजी को पत्र भेजा था। मैं ख़ुश हूँ आपने ऐसा प्रत्युत्तर दिया है और सरसरी तौर पर इस विचार को अस्वीकार कर दिया।"[1]

1. द *बॉम्बे क्रॉनिकल्स,* दिनांक 8 अगस्त, 1936

IV

डॉ. आंबेडकर को राजभोज का प्रत्युत्तर

पूना समझौते के अन्तर्गत मिलनेवाले लाभ हिन्दूवाद से भागनेवाले लोगों को नहीं मिलेंगे।

श्री पी. एन. राजभोग, हरिजन नेता एवं सचिव अखिल भारतीय दलित वर्ग लीग ने डॉ. मुंजे की योजना पर अपने बयान में कहा, पूना समझौते का लाभ हिन्दूवाद से भागनेवाले लोगों को नहीं मिलना चाहिए। पूना समझौते में हिन्दूवाद से धर्मान्तरण करनेवाले लोगों के लिए कोई प्रावधान नहीं किया गया है और यदि हरिजन सम्प्रदाय का कोई व्यक्ति सिक्ख या अन्य धर्म को अंगीकार करता है तो पूना समझौते के हस्ताक्षरकर्ताओं को ऐसा कोई अधिकार प्राप्त नहीं है कि समझौते का विशेष अभिप्राय दलित वर्गों के सदस्यों को अधिकतम रियायत देना है ताकि वे हिन्दू संघ के अभिन्न अंग बने रहें। यह रियायत उन पर लागू नहीं होगी जिन्होंने हिन्दू संघ को छोड़ दिया है या छोड़ रहे थे।

डॉ. आंबेडकर ने समझौते के समय कभी धर्मान्तरण का प्रश्न नहीं उठाया। उन्होंने कहा कि उनके विचार से अधिक रियायतें प्राप्त करने के लिए अब आवाज़ उठाई जा रही है।

तर्कसंगत निरर्थकता

बात को आगे बढ़ाते हुए श्री राजभोग ने पूछा कि यदि हिन्दुत्व से धर्मान्तरित हुए नव-धर्मान्तरितों को पूना समझौता के अधीन मिलनेवाली सुविधाएँ दी जाएँगी तो पुराने धर्मान्तरितों को जो धार्मिक नहीं, राजनीतक कारणों से सुविधा चाहते हैं। सुविधाओं की माँग क्यों नहीं करेगा। उन्होंने कहा कि यहाँ पर काफ़ी संख्या में दलित वर्ग हैं जिन्होंने अन्य धर्मों को स्वीकार किया है, परन्तु हरिजन समुदाय से जुड़ी असमर्थताओं को अपने से अलग नहीं कर पाये हैं एवं उन्होंने मद्रास के कुछ हिस्सों में ईसाइयों के मामले का उल्लेख किया। जिन लोगों ने असुविधाजनक एवं कठिनाइयों में मेहनत कर रियायतें एवं सुविधाएँ प्राप्त की हैं वो उनको क्यों दिया जाए जो असुविधाएँ नहीं चाहते हैं परन्तु केवल अन्य लोगों की मेहनत का लाभ उठाना चाहते हैं।

पूना के नेता का कहना है कि यह सूत्र एक दोषपूर्ण सूत्र है और इससे अत्यधिक समस्याएँ एवं अन्तहीन संकट उत्पन्न होगी। इसे हिन्दुओं या किसी अन्य

द्वारा स्वीकार नहीं किया जाना चाहिए। हम हिन्दू हैं या हिन्दू नहीं हैं। यदि हम हिन्दू संघ में ही रहने का चुनाव करते हैं तो हम हिन्दू के रूप में अपने अधिकारों एवं विशेषाधिकारों के हक़दार हैं, यदि हम एक बार संघ को छोड़ देते हैं तो हम कोई दावा नहीं कर सकते हैं।

इस वक्तव्य का खंडन करते हुए कि पूना समझौता स्वीकार कर हिन्दुओं ने कोई त्याग नहीं किया है, श्री राजभोग ने कहा कि "साम्प्रदायिक निर्णय के अनुसार दलित वर्ग को 71 सीटें देने की बजाय समझौते के अनुसार उन्हें 148 सीटें दी गई हैं। अपनी बात को समाप्त करते हुए श्री राजभोग ने दृढ़तापूर्वक कहा कि हरिजन समुदाय में धर्मान्तरण के प्रति किसी प्रकार का व्यापक आकर्षण नहीं है। महाराष्ट्र में भी केवल महार ही इस विचार के पक्ष के थे, परन्तु चमार किसी भी धर्मान्तरण का दृढ़ता से विरोध कर रहे थे। इस विचार के अन्य प्रान्तों से कोई समर्थन नहीं मिल रहा था और वे हैरान थे कि हिन्दू नेता इसमें कैसे शामिल हैं।"[1]

V

महात्मा गांधी के विचार

महात्मा गांधी का श्री राजा को दिनांक 26 जुलाई, 1936 को लिखा गया पत्र—

"मुझे आपके डॉ. मुंजे को लिखे गए पत्र पर सामान्य समर्थन देने में कोई कठिनाई नहीं है। मैं डॉ. मुंजे या डॉ. आंबेडकर की स्थिति को बिलकुल नहीं जानता। मेरे अनुसार अस्पृश्यता को समाप्त करने का प्रश्न अपनी एक विशेष दशा पर टिका हुआ है। मेरे लिए यह एक गम्भीर धार्मिक प्रश्न है। हमारे धर्म का अस्तित्व पश्चाताप की भावना में सवर्ण हिन्दुओं द्वारा उसको स्वैच्छिक रूप से समाप्त करने पर निर्भर करता है। मेरे लिए यह कभी भी आदान-प्रदान का मामला नहीं हो सकता है। और मैं ख़ुश हूँ कि आप लगभग बात पर अडिग हैं जिस पर मैं हूँ (वार्षिक रजिस्टर खंड-II,जुलाई-दिसम्बर, 1936, पृ. 276-279)"[2]

---

1. द *बॉम्बे क्रॉनिकल्स,* दिनांक 15 अगस्त, 1936
2. ख़ैरमोडे, खंड 6, पृ. 191-193

VI

पंडित मदनमोहन मालवीय द्वारा दिनांक 30 जुलाई, 1936 को राय बहादुर एम.सी. राजा को भेजा गया तार—आपके डॉ. मुंजे को लिखे पत्र की प्रतिलिपि के लिए धन्यवाद। मैं आपसे सहमत हूँ —ए.पी.[1]

VII

मुंजे-राजा समझौता[2]

दलित वर्ग का विखंडन

महोदय, यद्यपि डॉ. मुंजे[3] और हिन्दू महासभा हिन्दुत्व से अस्पृश्यता का कलंक मिटाने में और इस प्रकार हिन्दू संगठनों को सशक्त एवं सुदृढ़ बनाने में असमर्थ रहे हों, परन्तु वे दलित वर्ग के एक नेता को इस बात के मद्देनज़र अपने शिकंजे में लेने में सफल हुए हैं इन वर्गों के दर्ज़ों में विभाजन कर दिया जाए। मुंजे-राजा समझौते को कांग्रेस एवं महासभा की शाखाओं द्वारा समर्थन दिया जा रहा है तथा भोले-भाले नागरिकों को बताया जा रहा है कि समझौता अधिकांश दलित वर्ग द्वारा समर्थित है। वास्तव में मुंजे-राजा समझौते की निन्दा देश में दलित वर्गों के लगभग सभी अधिकृत नेताओं एवं प्रतिष्ठित संगठनों द्वारा की जा रही है। लेकिन कांग्रेस एवं महासभा की शाखाओं ने समझौते के सम्बन्ध में किये जा रहे कड़े विरोध को दबाने के लिए षड्यंत्र रचा है।

यह राव बहादुर एम.सी. राजा थे, जो अलग-अलग निर्वाचन क्षेत्र के पक्ष में थे जबकि डॉ. आंबेडकर संयुक्त निर्वाचन क्षेत्रों एवं सीटों के आरक्षण की वकालत कर रहे थे और श्री राजा और मद्रास प्रेजिडेंसी में दलित वर्ग संगठन का दबाव था कि डॉ. आंबेडकर को अपना निजी दृष्टिकोण को छोड़ना होगा और गोलमेज़ सम्मेलन में अलग प्रतिनिधित्व के लिए माँग करनी होगी। उन्हें अपनी माँग के लिए श्री राजा से समर्थन प्राप्त हुआ, जिन्होंने कुछ सप्ताह पूर्व ही अपने भाषण में अपनी राय

1. द *बॉम्बे क्रॉनिकल्स*, दिनांक 8 अगस्त, 1936
2. मुंजे-राजा समझौता—राव बहादुर एम.सी. राजा, मद्रास के दलित वर्ग के एक नेता तथा डा. बी. एस. मुंजे, हिन्दू महासभा के अध्यक्ष ने दिल्ली में आरक्षित सीटों और सयुक्त निर्वाचन-क्षेत्रों के आधार पर विचार-विमर्श किया था। उन्होंने एक समझौता किया, जिसे राजा-मुंजे समझौता के नाम से जाना जाता है।
3. डॉ. बी.एस. मुंजे—वे हिन्दू महासभा के अध्यक्ष थे तथा भारतीय गोलमेज़ सम्मेलन के सुखड़े, खंड 1, पृ. 143-44

दी थी कि दलित वर्गों की दासता केवल अलग निर्वाचन क्षेत्र से ही समाप्त होगी। उसके इस नये ढकोसले से सभी आश्चर्यचकित थे। उन्होंने अन्य नेताओं एवं विभिन्न प्रान्तों में दलित वर्गों के उत्तरदायी संगठनों से परामर्श किये बिना हिन्दू महासभा के नेताओं के साथ संयुक्त निर्वाचन-क्षेत्रों एवं आरक्षित सीटों के लिए समझौता किया। इसके साथ ही उन्होंने अपनी नई नीति को उचित ठहराने के लिए कोई कारण नहीं बताया। इस तथ्य से कि डॉ. आंबेडकर का ज़ोरदार स्वागत किया जाना और हाल ही में मद्रास में ही हज़ारों लोगों द्वारा अलग प्रतिनिधित्व के लिए उनकी माँग का समर्थन किया जाना ही इस बात को सिद्ध करने के लिए पर्याप्त प्रमाण है कि राव बहादुर राजा को अपनी स्वयं की प्रेजिडेंसी में भी अधिक समर्थन प्राप्त नहीं है। मताधिकार समिति के समक्ष प्रस्तुत किये गए प्रमाण भी निर्विवाद यह सिद्ध करते हैं कि दलित वर्ग का बहुमत भी अलग निर्वाचन-क्षेत्र के पक्ष में है।

बंबई कांग्रेस एवं महासभा की शाखाओं ने कहा है कि श्री बी.जी. देवरूखकर ने मताधिकार समिति को मुंजे-राजा समझौते के समर्थन में दलित वर्गों से सम्बन्धित पाँच हज़ार से अधिक लोगों द्वारा हस्ताक्षरित ज्ञापन भेजा है। तथापि यह पाया गया है कि यह कुछ भी नहीं बल्कि एक कल्पना मात्र है। सच यह है कि मताधिकार समिति द्वारा जारी प्रश्नावली के कुछ उत्तरों को कुछ महत्त्वहीन नगण्य निकायों, जिनके सदस्यों की संख्या नगण्य है, के नाम से प्रेषित कर दिया गया है। श्री देवरूखकर केवल अपनी ओर से निवेदन कर रहे हैं और चमार समुदाय की उपजाति अर्थात् डाभोली चमार के कुछ लोग हैं जो महाराष्ट्र में कथित अस्पृश्नियों का छोटा-सा अंश है, उनके साथ हैं।

हम कांग्रेस एवं महासभा के लोगों और दलित वर्गों में उनके मित्रों को चुनौती देते हैं कि सार्वजनिक सभा, जो विशेषकर इस उद्देश्य के लिए होती है, में अपना बहुमत साबित करें। जब तक वह ऐसा करने के लिए तैयार न हो तो कांग्रेस एवं महासभा की शाखाओं के दावों की अवहेलना की जाए जिसके वे पात्र हैं।

दिवाकर पगारे (महार)

के.जी. चन्दोरकर (चमार)

[*बाबासाहेब डॉ. अम्बेडकर सम्पूर्ण वाङ्मय,* खंड 35, पृ. 475-483]

25

'मुक्ति कोन पथे?'

13 अक्तूबर, 1935

येवला में डॉ. बाबासाहेब आंबेडकर ने ऐतिहासिक घोषणा की थी कि, "मैं अस्पृश्य हिन्दू का दाग लेकर पैदा हुआ, लेकिन यह बात मेरे वश में नहीं थी। किन्तु, हिन्दू कहलाते हुए मैं मरूँगा नहीं, यह बात मेरे वश में है।" उनकी घोषणा से हिन्दू के साथ अन्य धर्म के लोग भी हकबकाते हुए जागे। उनकी घोषणा पर अनुकूल तथा प्रतिकूल प्रतिक्रियाएँ आने लगी थीं। वहीं दूसरी तरफ डॉ. बाबासाहेब आंबेडकर ने आगे की रूपरेखा तय करने के लिए अखिल बम्बई इलाका महाड़ परिषद की ओर से बम्बई में दिनांक 30, 31 मई और 1 जून, 1936 को परिषद का आयोजन किया। इस अवसर पर बम्बई इलाका महाड़ संत समाज की परिषद, बम्बई इलाका मातंग परिषद और राजकीय परिषद का आयोजन भी किया गया था।

'मुक्ति कोन पथे?' के बाद बम्बई इलाका अस्पृश्य संत समाज परिषद, राजकीय परिषद और बम्बई इलाका मातंग परिषद में भी डॉ. बाबासाहेब आंबेडकर ने भाषण दिया था जिसे क्रमवार रखा गया है—

अखिल अस्पृश्यों के इकलौते नेता, दीनबन्धु डॉ. बाबासाहेब आंबेडकर ने दिनांक 13 अक्टूबर, 1935 के दिन नासिक ज़िले के येवला में हुई परिषद में कहा कि हिन्दू धर्म की समाज रचना विषमता की नींव पर खड़ी है, इसलिए हिन्दू के रूप में हम इंसानियत के अधिकार पाने के लिए भले कितनी भी कोशिशें क्यों न करें हमें सफलता मिलना मुमकिन नहीं है। आपने महाड़, नासिक और अन्य जगहों पर

सत्याग्रह करके समानता के अधिकार पाने के लिए कड़ी और ज़ोरदार कोशिश की, लेकिन इस कोशिश में हमारा पैसा और मेहनत ही बर्बाद हुआ। सफलता तो मिली ही नहीं, उलटे हमारे बन्धु-बान्धवों को गाँव-गाँव में तरह-तरह के अत्याचार/कष्ट भी सहन करने पड़े, और अभी तक सहने पड़ रहे हैं। इसीलिए, अगर आप इंसान के रूप में जीवन बिताना चाहते हैं तो हमें इस हिन्दू धर्म से अलग होना चाहिए। यानी, हमें धर्म-परिवर्तन करना चाहिए। इसी में हम सभी अस्पृश्यों का कल्याण समाया हुआ है।

अस्पृश्यों के धर्म-परिवर्तन का सवाल बहुत ही महत्त्वपूर्ण है। इस समस्या से सम्बन्धित अस्पृश्यों की नीति तय करना अस्पृश्यों का कर्तव्य ही नहीं, अपितु यह उनकी ज़िम्मेदारी है। डॉ. बाबासाहेब के मतानुसार, अस्पृश्यों की अलग-अलग जातियों की अलग-अलग परिषदें आयोजित कर उसमें इस सवाल पर विचार किया जा सकता है, और अस्पृश्य जनता का इस बारे में, क्या सोच है, क्या विचार है, यह जाना जा सकता है।

इस सूचना के अनुसार बंबई इलाक़े के सभी महार भाई-बहनों को विनती पूर्वक सूचित किया जाता है कि बंबई इलाक़े के सभी महारों की प्रातिनिधिक स्वरूप एक परिषद बंबई शहर में अगले मई महीने में आयोजित करना तय हुआ है। परिषद में अपने परमपूज्य नेता डॉ. बाबासाहेब आंबेडकर ने धर्म-परिवर्तन के बारे में जो घोषणा की है, उस सन्दर्भ में हमारे समाज की नीति क्या होनी चाहिए, इस सन्दर्भ में निर्णय लिया जाएगा। इसीलिए इस परिषद में हिस्सा लेने के लिए, हर ज़िले से, तहसील से, और हर गाँव से अपने प्रतिनिधियों को भेजकर परिषद को सफल बनाएँगे, ऐसी मैं उम्मीद करता हूँ।

अपना यह काम बहुत बड़ा और महत्त्वपूर्ण होने की वजह से इस काम में पैसों की और लोगों की भी बहुत ज़रूरत है। इसीलिए, बंबई शहर के रहनेवालों के लिए और इलाक़े के अखिल महाड़ बन्धू-भगिनियों से आग्रह के साथ विनती की जाती है कि वे आपसी, निजी मतभेद भुलाकर, एक साथ इस समारोह में भाग लेकर परिषद को सफल बनाएँ।

विशेष सूचना—परिषद के लिए चन्दा अथवा दान देना या अथवा कुछ सूचना या अन्य पत्राचार करना हो तो यहाँ दिये जा रहे पते पर ही करें—

संयुक्त सचिव—अखिल बंबई इलाक़ा महाड़ परिषद, दामोदर हॉल, परेल, बंबई नं. 12, याद रहे : छपी हुई रसीद लिये बग़ैर चन्दा न दें।

आपके विनम्र,

अध्यक्ष : रेवजी दगडूजी डोलस, उपाध्यक्ष : संभाजी तुकाराम गायकवार,

संयुक्त सचिव : दिवाकर नेवजी पगारे, मारुति विट्ठल घमरे, चांगदेव नारायण मोहिते।

कोषाध्यक्ष : सूबेदार विश्राम गंगाधर सवादकर

उपरोक्त भूमिका को स्वीकार कर महाड़ परिषद, संत समाज परिषद और मातंग परिषद आयोजित की गई थीं। आयोजकों ने अपने कार्यक्रमों के अलग-अलग पत्रक निकाले थे। वे इस प्रकार थे—

अखिल बंबई इलाक़ा महाड़ परिषद, बंबई

अध्यक्ष : मे.बी.एस. वेंकटराव उर्फ़ हैदराबादी आंबेडकर

शनिवार, रविवार और सोमवार दिनांक 30-31 मई, 1 जून, 1936

जगह : कामगार मैदान, परेल, बंबई नं. 12

जैसा कि इससे पूर्व घोषित किया गया था, अखिल बंबई इलाक़ा महाड़ परिषद का पूरा कार्यक्रम अगले अंक में दिया जाएगा। इस परिषद में धर्म-परिवर्तन के बारे में बंबई इलाक़े के महार समाज की नीति तय की जानेवाली है। उसके अनुसार ही महार समाज के हित में सभी मामलों पर सोच-विचार कर अगले कार्यक्रम की रूप-रेखा तैयार की जाएगी।

आगे चलकर इस परिषद के विषय में इतिहास में स्वर्णाक्षरों से लिखा जाएगा। इसीलिए, हर महार बन्धु-भगिनी इस परिषद में उपस्थित रहकर अपनी सक्रिय सहानुभूति व्यक्त करें। डॉ. बाबासाहेब आंबेडकर चाहते हैं कि यह परिषद प्रातिनिधिक स्वरूप की होनी चाहिए। इसलिए अलग-अलग जगह के महार समाज को चाहिए कि वे अपने प्रतिनिधि तुरन्त निश्चित कर उनके नाम-पते भेजें। बाहर से आनेवाले लोग अपना चन्दा, परिषद के बारे में सूचना, प्रस्ताव आदि नीचे दिये जा रहे पते पर भेजें अथवा प्रत्यक्ष सम्पर्क करें।

ख़ास सूचना : बाहर से आनेवाले लोगों के रहने और खाने का प्रबन्ध स्वागत मंडल की ओर से किया गया है। परिषद के तीनों दिनों का मिलाकर भोजन और रहने का चन्दा एक रुपया रखा गया है। जो लोग इस सुविधा का लाभ लेना चाहते हैं, वे आगे दिये जा रहे पते पर सम्पर्क करें और दिनांक 28.5.1936 तक अपने नाम दर्ज करवाएँ।

परिषद के लिए चन्दा इस प्रकार रखा गया है—

(1) स्वागत मंडल के सदस्य : रु. 5; (2) सहयोगी सदस्य : रु. 3; (3) बाहर गाँव के आनेवाले सदस्यों के लिए स्वागत मंडल के सदस्य : रु. 3; (4) साधारण सहकारी सदस्य : रु. 2; (5) सर्वसाधारण सदस्य रु. 1; (6) महिलाएँ : केवल आठ आने।

बंबई इलाक़ा महाड़ परिषद के मंडप के अन्य कार्यक्रम

शनिवार दिनांक 30 मई, 1936 : शाम 4 बजे से 5.30 'अध्यक्ष का जुलूस' 'राजगृह' दादर से लेकर सभा मंडप तक। 5.30 से 6 बजे तक: स्वयंसेवकों की तरफ़ से डॉ. बाबासाहेब आंबेडकर और अध्यक्ष को सलामी। 6 से 9 बजे तक (1) स्वागत, (2) स्वागताध्यक्ष का भाषण, (3) अध्यक्ष का भाषण। रात 9.30 से 10.30 भोजनावकाश। 10.30-11.30 विषय तय करनेवाली कमेटी की बैठक। 11.45 से मनोरंजन के विभिन्न कार्यक्रम।

रविवार दिनांक 31 मई, 1936—सुबह 8-11 (1) स्वागत पदों का प्रस्तुतीकरण; (2) डॉ. बाबासाहेब आंबेडकर का भाषण। 11 से 2 भोजन और आराम। दोपहर 2-4 विषय तय करनेवाली कमिटी की बैठक। शाम 5 से 8.30—प्रस्ताव आदि। रात 9 बजे से मनोरंजन के कार्यक्रम। अध्यक्ष के प्रति आभार प्रकट करना और परिषद का विसर्जन।

सोमवार दिनांक 1.6.36 के दिन डॉ. बाबासाहेब की अध्यक्षता में सुबह 8 से 11.30 तक संत समाज की परिषद। शाम 5 से 8.30 राजकीय परिषद। रात 9 बजे श्री रेवजी दगडूजी डोलस को बंबई शहरवासी अस्पृश्य समाज की ओर से मानपत्र और महाड़ परिषद की बेहतर तरीक़े से मदद करनेवालों को पुरस्कार और धन्यवाद ज्ञापन, अध्यक्ष का भाषण और परिषद का समापन।

आपके विनम्र

स्वागताध्यक्ष : रेवजी दगडूजी डोलस

उपाध्यक्ष : संभाजी तुकाराम गायकवाड़

संयुक्त सचिव : दिवाकर नेवजी पगारे, मारुति विट्ठल धमरे, चांगदेवना मोहिते

कोषाध्यक्ष : सूबेदार विश्राम गंगाराम सवादकर

पैसा और पत्र आदि भेजने का पता—

संयुक्त सचिव श्री दिवाकर नेवजी पगारे
अखिल बंबई इलाक़ा महाड़ परिषद, दामोदर हॉल,
परेल, बंबई नं. 12

बंबई इलाक़ा संत समाज की परिषद

अध्यक्ष : डॉ. बाबासाहेब आंबेडकर

सोमवार, दिनांक 1 जून, 1936 के दिन

स्थान : महाड़ परिषद का मंडप

धर्म-परिवर्तन के सवाल के बारे में संत समाज की ओर से विचार-विमर्श किया जाएगा।

परिषद के बारे में विस्तार से जानकारी देनेवाले पत्रक रवाना किये जा रहे हैं। सभी संत, साधु, नाथ, बैरागी आदि लोग इस परिषद में हिस्सा लें। पत्राचार आगे दिये जा रहे पते पर करें—

पता—उपाध्यक्ष-तारकनाथ विट्ठलनाथ
फोरास रोड, सिमिंट चाल नं. 6, बंबई नं. 8

स्वागताध्यक्ष : महंत शंकरदास नारायणदास बर्वे

ज. सचिव : काशीनाथ तुलसीनाथ महंत

बंबई इलाक़ा मातंग परिषद

अध्यक्ष : मे. लक्ष्मणराव बाबाजी भिंगारदेवे बी.ए. (ऑनर्स)

मंगलवार, दिनांक 2 जून, 1936

स्थान : महाड़ परिषद का मंडप, नायगाँव, बंबई

इस परिषद में डॉ. बाबासाहेब आंबेडकर के धर्म-परिवर्तन के सवाल पर निर्णय लेने के उद्देश्य से विचार-विमर्श किया जाएगा।

परिषद के बारे में विस्तृत जानकारी सार्वजनिक पत्रक निकालकर हमारे मातंग बन्धुओं को दी जाएगी। अन्य पूछताछ के लिए आगे दिये जा रहे पते पर पत्राचार करें :

स्वागताध्यक्ष : विष्णु केशव वेतालजे

पता : महासचिव डी.सी. वायदंडे

बंबई इलाक़ा मातंग परिषद, नायगाँव, बी.डी. चॉल नं. 4, बी, प्लॉट, पहली मंज़िल, खोली नं. 26 दादर बंबई[1]

'अखिल बंबई इलाक़ा महाड़ परिषद, बंबई'
अपूर्व एवं सफल अधिवेशन
सामुदायिक धर्म-परिवर्तन को समर्थन

बंबई इलाक़ा महाड़ परिषद का अधिवेशन दिनांक 30 मई, 1936 के दिन हैदराबाद संस्थान के प्रसिद्ध नेता श्री बी. एस. वेंकटराव की अध्यक्षता में बड़ी धूमधाम से शुरू हुआ। इस परिषद के लिए दादर-नायगाँव नुक्कड़ पर स्थित विस्तृत मैदान पर 50 हज़ार से अधिक लोग आराम से बैठ सकें, इतना विशाल मंडप खड़ा किया गया था। इस विस्तीर्ण मंडप में महाड़ दरवाज़ा, नासिक दरवाज़ा और रमाबाई आंबेडकर दरवाज़ा नाम से तीन बड़े दरवाज़े बनाए गए थे। मंडप का नामकरण रमाबाई नगर किया गया था। मंडप में कुछ सूक्तियों वाली तख्तियाँ टँगी थीं, जिन पर आगे दी जा रही सूक्तियों जैसी घोषणाएँ लिखी हुई थीं—

- इंसानियत पाना चाहते हैं तो धर्म-परिवर्तन करें। संगठन बनाना चाहते हों तो धर्म-परिवर्तन करें।
- सामर्थ्य प्राप्त करना चाहते हैं तो धर्म-परिवर्तन करें।
- समता प्राप्त करना चाहते हैं तो धर्म-परिवर्तन करें।
- स्वतंत्रता प्राप्त करना चाहते हैं तो धर्म-परिवर्तन करें।
- गृहस्थी को सुखकारी बनाना चाहते हैं तो धर्म-परिवर्तन करें।
- जो धर्म आपके अन्दर के इंसान का सम्मान नहीं करता, उस धर्म में आप क्यों रहते हैं?
- जो धर्म आपको मन्दिर में प्रवेश नहीं देता, उस धर्म में आप क्यों रहते हैं?
- जो धर्म आपको पानी मिलने नहीं देता, उस धर्म में आप क्यों रहते हैं?
- जो धर्म आपको शिक्षा लेने नहीं देता, उस धर्म में आप क्यों रहते हैं?
- जो धर्म पग-पग पर आपकी मानहानि करता है, उस धर्म में आप क्यों रहते हैं?

---

1. *जनता*, 30 मई, 1936

- जो धर्म आपकी नौकरी के आड़े आता है, उस धर्म में आप क्यों रहते हैं?
- जिस धर्म में इंसान के साथ इंसानियत से पेश आना मना है, वह धर्म नहीं बरज़ोरी (ज़ुल्म, ज़बरदस्ती) की सजावट है।
- जिस धर्म में इंसान की इंसानियत पहचानना अधर्म माना जाता है, वह तो रोग है।
- जिस धर्म में अमंगल पशु का स्पर्श हो तो चलता है, लेकिन इंसान का स्पर्श नहीं चलता, वह धर्म नहीं पागलपन है।
- जो धर्म बताता है कि समाज का एक वर्ग विद्या न प्राप्त करें, धनसंचय न करें, शस्त्राधारण न करें, वह धर्म नहीं इंसान के जीवन की विडम्बना है।
- जो धर्म अनपढ़ लोगों को अनपढ़ ही रहने की, निर्धनों को निर्धन रहने की सीख देता है वह धर्म नहीं सज़ा है।
- सब में एक ही ईश्वर होता है, कहनेवाले लेकिन इंसान को पशु के समान माननेवाले लोग पाखंडी हैं, उनके साथ न रहें।
- चींटियों को चीनी देनेवाले और इंसानों को बिना पानी के मारनेवाले लोग गाखंटी हैं, उनके साथ न रहें।

आज तक तेरी सत्ता में था!!
तुमने ख़ूब की प्रताड़ना!!

पाँच सौ लोग बड़े आराम से बैठ सकें इतना वह मंच विशाल था। मंडप पर समता के झंडे फहर रहे थे। सभी श्रोता भाषण अच्छी तरह सुन सकें इसलिए माइक्रोफ़ोन लगाए गए थे।

सूबेदार विश्राम सवादकर जी अपने समता सैनिक दल के 500 सैनिकों के साथ मंडप में सारी व्यवस्था चाक-चौबन्द रखने के लिए तैयार खड़े थे। समता सैनिक दल का एक बैंड भी था। श्री बाबूराव पवार ने परिषद के लिए ख़ास पूणे से पेंशनर मिलिट्रीवालों का एक और बैंड मँगवाया था।

सम्मेलन का समय शाम 7 बजे का था। लेकिन शाम के चार बजे से ही प्रतिनिधि और प्रेक्षकों के 30 से 35 हज़ार के जमावड़े से मंडप पूरी तरह भर गया था। इस परिषद के लिए हर ज़िले से महाड़ नेता अपने-अपने ज़िले के लोगों के साथ

आए हुए थे। सातारा ज़िले से मे. बलवंत सखाराम सावंत, पिराजी संभाजी खरात, आर. एन. नलावड़े, गणेश हरी खरात, नासिक ज़िले से श्री भाऊराव गायकवाड़, अमृतराव रणखांबे, श्री दाणी, टी. एस. काले, पुंजाजी जाधव, कोलाबा ज़िले से बाबूराव भातणकर, गणपतबुवा जाधव, कुडवलकर, गोविन्दराव वरधरकर, पुणे से मधाले, सूबेदार घाटगे, भोसले, बाबूराव पवार, नानासाहेब वाघमारे, नाथा महाराज (भंगी), शांताराम उपशाम, कर्नाटक से बलवंतराव वराले, ए. के. मालगे, मारुतिराव जोतीराव रावण, सोलापुर से एन.टी. बंदसोडे, जिवाप्पा ऐदाले, उद्धव धोंडो शिवशरण, बापूजी सर्वगौड़, केरू रामचन्द्र जाधव, माघाडे, हैदराबाद संस्थान के ग. नी. गायकवाड़, कांबले, पवार, अहमदनगर के पी.जी. रोहम, सूर्यवंशी, शंकरराव सालवी, ठाणे ज़िले के शिवराम गोपाल जाधव, बी.वी. दोंदे, भाऊहरी पंडित, दामोदर हरी वसईकर, बी. डी. खंडे, खानदेश पूर्व के नेता दौलतराव जी जाधव, त्रिंबक सेनू भालेराव, कालू विठू तायडे, लक्ष्मण पा. मेढे, नथुरावजी लोखंडे, जगन्नाथ खंडोजी बडगे, कालोजी तायडे, मोतीराम रावजी लोखंडे, भिकन गणूजी भैरुगे, शिवा रघुनाथ भास्कर, धर्माजी आबाजी बारभुवन, पश्चिम खानदेश से पुंडलिक तुकाराम बोराले, वी.टी. जाधव, महादेव गणेश ऐदाले, सदाशिव लक्ष्मण गायकवाड़, तुलजाराम भिकाजी तलभंडारे, लक्ष्मणराव गायकवाड़, लक्ष्मणराव गजभिए, किसनराव वाघमारे, पाटोले, बंबई के शिवतरकर मास्टर, सालवी, बोरवराकर, वनमाली, सोलंकी, वालिंजकर, शंकरराव वडवलकर, जनाबाई मोरे, सनुबाई सयाजी डावरे, भागीरथीबाई तांबे, अनुसयाबाई व्हावल, राजुबाई लक्ष्मणराव गायकवाड़, मिसेज सवादकर, बी.एस. सावंत, पी.एल. लोखंडे, पोलादपुर सुबे के. बी. टी. तांबे, रत्नागिरी के मुसाडकरबुवा, मोहिते मास्टर, राराम भोले, अर्जुनराव सालवी, जी.ओ.सी. जंजीरा संस्थान के महादेव ख़ैरे, भोर संस्थान के गायकवाड़, भालेराव, सांगली संस्थान से कांबले, मोरे, जत संस्थान के ऐदाले, अक्कलकोट के जाधव, जवार संस्थान के पवार, गायकवाड़, जमखिंडी के वाघचौरे, ख़ैरमोडे, औंध संस्थान के घाटगे, इंदौर से नगीना नाईक, महू से श्री लोखंडे, करडक, निले, प्रसिद्ध कीर्तनकार दिगंबर नागनाथ कांबले, राघू सया डुबल, वसंतराव भातणकर, आर एच अंडागले, जी.एस. दारोले, दादा पगारे मास्टर, रोकडे, संभाजी तुकाराम गायकवाड़, चांगदेव नारायण मोहिते, बाबाजी शिंदे, रामचन्द्र वाघचौरे, सोनू सजनाजी संदीरकर आदि। बंबई इलाक़े के सभी ज़िलों से तथा संस्थानों से नेता लोग अपने-अपने ज़िले के लोगों के साथ परिषद के लिए हाज़िर हुए थे। इसके अलावा परिषद के लिए देवदत्त नारायण तिलक, देवराव नाईक, डी.वी. प्रधान, डॉ. मिसेज चंपूताई प्रधान,

दत्तोपंत देशपांडे, बाबूजी कवली, असयीकर वकील, वेदक वकील, बी. कद्रेकर, एम.के. कर्णिक, एडवोकेट पाध्ये, पी.जी. काणेकर, बापूसाहब सहस्त्रबुद्धे, अनंत हरी गद्रे, बॅ. समर्थ, भास्करराव जाधव, कमलाकान्त चित्रे, अनंतराव चित्रे, गोपीनाथ प्रधान, शांताराम पोतनीस, सुरेन्द्रनाथ टिपणीस आदि लोग तथा सिक्ख समाज के सरदार ईश्वरसिंह, दरबारसिंह, केहरसिंह, अमरसिंह आदि सिक्ख नेता अपने सिक्ख बन्धुओं के साथ हाज़िर थे।

परिषद में उपस्थित होने के लिए शाम 6.30 बजे अध्यक्ष वेंकटराव और डॉ. बाबासाहेब आंबेडकर समता सैनिक दल के गार्ड ऑफ़ ऑनर से सलामी लेते हुए मंडप के अन्दर दाख़िल हुए। उनके सम्मेलन स्थल पर पहुँचते समय उनके नाम का जयघोष हो रहा था, जो उनके कुर्सी पर विराजमान होने तक चलता रहा। शुरुआत में स्वागत पद्य गायन हुआ। इसके पश्चात् स्वागताध्यक्ष उर्फ़ दादासाहेब डोलस का भाषण हुआ।

स्वागताध्यक्ष दादासाहेब डोलस के भाषण के बाद पुणे के नेता श्री राजाराम भोले ने अध्यक्ष से अध्यक्ष स्थान स्वीकारने की विनती की। उसे नासिक के नेता श्री भाऊराव गायकवाड़ ने तथा श्री चांगदेव मोहिते और सूबेदार घाटगे ने समर्थन दिया। और उसके बाद अध्यक्ष स्थानापन्न हुए। उसके बाद संभाजीराव गायकवाड़ ने उन्हें पुष्पहार अर्पण किया। उसके बाद परिषद के सचिव दिवाकर पगारे ने विभिन्न स्थानों से आए सन्देश पढ़कर सुनाए। उसमें रावजी ठेंगे, रावसाहेब पापण्णा और सरदार केरसिंह से आए सन्देश प्रमुख थे। सभी सन्देशों में धर्मान्तरण की घोषणा का समर्थन किया गया था और प्रोत्साहन दिया गया था।

नियोजित अध्यक्ष श्री वेंकटराव भाषण करने के लिए उठ खड़े हुए तो तालियों की मानो गड़गड़ाहट हुई। बुलंद आवाज़ों में डॉ. बाबासाहेब आंबेडकर और वेंकटराव के नामों की जयकार हुई। जयकार की ध्वनि रुकी तो अध्यक्ष वेंकटराव ने हिन्दी में भाषण किया।

सम्मेलन में पारित किये गए प्रस्ताव

प्रस्ताव 1—

(अ) बंबई इलाक़े की महार जाति की परिषद पूरी तरह सोच-विचार के बाद यह घोषित करती है कि महार ज़ाति को समाज में समता और आज़ादी पाने के लिए धर्म-परिवर्तन करना ही एकमात्र उपाय सही लगता है।

इसीलिए परिषद अपने एकमात्र नेता डॉ. बाबासाहेब आंबेडकर को निश्चयपूर्वक सार्वजनिक रूप से आश्वासन देती है कि महार समाज पूरे समुदाय के साथ धर्म-परिवर्तन के लिए तैयार है।

(ब) महाड़ परिषद की सूचना है कि धर्म-परिवर्तन की पूर्व तैयारी के अन्तर्गत महाड़ लोग हिन्दू देवताओं की पूजा न करें, हिन्दुओं के त्योहार-व्रत-उपोषण आदि का पालन न करें, हिन्दुओं के किसी भी उत्सव में हिस्सा न लें और तीर्थ यात्रा पर न जाएँ।

यह प्रस्ताव नासिक के प्रसिद्ध नेता श्री भाऊराव कृष्णराव गायकवाड़ ने रखा। उनके इस प्रस्ताव का समर्थन किया धारवाड़ के श्री एस. एस. वराले ने। उन्होंने इस सन्दर्भ में अपने विचार दिये। इस प्रस्ताव का समर्थन करते हुए अहमदनगर के श्री पी.जे. रोहम, जनाबाई मोरे, कु. राजुबाई गायकवाड़, सौ. सोनुबाई डावरे, कु. भागीरथीबाई तांबे, कुलाबा के प्रमुख नेता श्री विश्राम गंगाराम सवादकर के भाषण हुए।

पहले हफ़्ते में हुए सम्मेलन

30 मई से 2 जून, 1936 तक बंबई के दादर-नायगाँव इलाक़े में हुई अस्पृश्य बन्धुओं की परिषद ने बड़ी हलचल मचा दी। बंबई इलाक़ा महाड़ परिषद के लिए दादर में प्रचंड मंडप खड़ा किया गया था। इस मंडप को स्व. रमाबाई उर्फ़ माँ साहब भीमराव आंबेडकरनगर का नाम दिया गया था। इसके अलावा जिन प्रमुख शहरों के अस्पृश्यों ने अपने स्वाभिमान के, अपनी आत्मनिर्भरता के और समानता के अधिकारों के लिए पिछले कई सालों से आर-पार की टक्करें दी थीं, उस 'महाड़' और 'नासिक' के सत्याग्रह की याद में मंडप के दो दरवाज़ों का नामकरण नासिक दरवाज़ा और महाड़ दरवाज़ा किया गया था।

ऐसे नयन मनोहारी और भव्य मंडप में बंबई इलाक़ा शहर परिषद का अधिवेशन बड़े उत्साह के साथ और सफलता से सम्पन्न हुआ। इस परिषद के अध्यक्ष स्थान पर थे मि. बी.एस. वेंकटराव उर्फ़ हैदराबाद के आंबेडकर! इस कारण परिषद काफ़ी प्रसिद्ध रही।

यह परिषद बंबई इलाक़े के लिए थी, इसके बावजूद मध्यप्रान्त, वर्हाड, इंदौर, महू, हैदराबाद आदि अन्य प्रान्तों से प्रमुख नेता इस परिषद के लिए हाज़िर थे। बंबई में अस्पृश्य समाज के महार बान्धवों की यह प्रचंड परिषद देखकर स्पृश्य लोगों के दृष्टिकोण में ज़रूर परिवर्तन आए थे। महार समाज के हर व्यक्ति ने इस

परिषद में अपनत्व से हिस्सा लेकर डॉ. आंबेडकर पर अपना प्रेम व्यक्त किया था। परिषद के लिए आए हज़ारों महार बन्धुओं का अनुशासन तारीफ़ के क़ाबिल था। इस परिषद का पूरा प्रबन्धन सुचारु रूप से चलाने के लिए समता सैनिक दल ने जो भूमिका निभाई थी वह विशेष उल्लेखनीय थी।

डॉ. बाबासाहेब आंबेडकर ने इस परिषद को सफल बनाने के लिए दिन-रात मेहनत की थी। निमंत्रित प्रतिनिधियों को, मेहमानों को किसी तरह की कोई दिक़्क़त पेश न आए, इसके लिए ख़ास प्रबन्धकों ने हर बात का ख़याल रखा था। इस सम्मेलन के आयोजन में अस्पृश्य वर्ग के नेता डॉ. पी.जी. सोलंकी ने भी डॉ. आंबेडकर की ख़ूब मदद की। इस परिषद में भाग लेनेवाले प्रमुख लोगों में थे—मे. भास्करराव जाधव, सेठ शंकरराव परशा, पी.आर. लेले, पी.जी. अभ्यंकर, डॉ. सोलंकी, अमृतराव रणखांबे, भाऊराव गायकवाड़, एडवोकेट पाध्ये, बॅ. समर्थ, सौ. वत्सलाबाई शेगावकर, सौ. वेदक, सौ. डॉ. चंपूताई प्रधान, देवराव नाईक, अनंतराव चित्रे, बापूसाहेब सहस्त्रबुद्धे, सुरेन्द्रनाथ टिपणीस, नागपुर से मेश्राम, एम.के. कर्णिक, एल.एन. हरदास, सेठ मनियार आदि।

सोमवार दिनांक 1 जून, 1936 के दिन सुबह डॉ. आंबेडकर साहब की अध्यक्षता में बंबई संत समाज की परिषद हुई। उस समय स्वागताध्यक्ष श्री शंकर नारायणदास बर्वे का प्रभावी भाषण हुआ। अध्यक्ष के नाते डॉ. आंबेडकर ने जो भाषण दिया, उसके कारण संत समाज के हृदय में हलचल मच गई। जैसे कि पहले ही तय किया गया था, सैकड़ों संतों ने अपनी दाढ़ी-मूँछ, जटाएँ, मालाएँ अग्निकुंड में अर्पण कीं। रात डॉ. आंबेडकर की अध्यक्षता में राजनीतिक परिषद हुई। उस वक़्त उन्होंने नये सुधार कैसे लाएँ और नये क़ायदे कौंसिल के चुनाव कैसे लड़ाए जाएँ इसके बारे में बेहद प्रभावी भाषण दिया।

सम्मेलन में गायन का कार्यक्रम

परिषद के कार्यक्रमों में ईशस्तवन, स्वागत और आभार के गीत लड़कियों ने बड़े मधुर स्वर में पेश किये और लोगों का मनोरंजन किया। उनके नाम हैं—

- कु. कमलाबाई अमृतराव रणखांबे,
- पार्वतीबाई बलिराम पंडित
- शांताबाई बलिराम नेवालकर
- गोदावरी महादेव रोकडे
- मनोरमा बलिराम भातनकर

– कुसुम लक्ष्मण जाधव

– चागुंणाबाई भागोजी कांबले

– प्रेमाबाई चरणदास गायकवाड़

मे. नामदेव महादेव सुर्वे (पेटी वादन, हारमोनियम), शंकर अर्जुन सोनावणे (तबला), हिराजी रामचन्द्र औंधकर (दिलरुबा), महादेव पाचरडकर (सितार) आदि लोगों ने विभिन्न वाद्यों के बजाने में अपनी महारत दिखा दी जो क़ाबिले-तारीफ़ थी।[1]

डॉ. बाबासाहेब आंबेडकर का भाषण

अखिल बंबई इलाक़ा महाड़ परिषद में 31 मई, 1936 के दिन डॉ. बाबासाहेब आंबेडकर ने भाषण किया। परिषद को सम्बोधित करते हुए वे बोले—

"सज्जनो, भाइयो एवं बहनो,

आप जान ही गए हैं कि यह परिषद ख़ास कर धर्म-परिवर्तन सम्बन्धी मेरी घोषणा पर विचार करने के लिए बुलाई गई है। धर्म-परिवर्तन का विषय मेरे दिल के बहुत क़रीब है। इतना ही नहीं, आप सभी लोगों का भविष्य उसके साथ जुड़ा होने के कारण यह विषय मुझे बेहद महत्त्वपूर्ण लगता है। इसका महत्त्व आप लोग भी जान गए हैं, ऐसा कहने पर किसी को आपत्ति नहीं होगी। अगर यह सच न होता तो आप आज इतनी बड़ी संख्या में यहाँ इकट्ठे न होते। इसीलिए आप सब लोगों को यहाँ इकट्ठा देखकर मुझे बेहद ख़ुशी हो रही है।

सम्मेलन की आवश्यकता

आप सबने सुना ही होगा कि धर्म-परिवर्तन की घोषणा के बाद कई जगहों पर छोटी-बड़ी सभाओं का आयोजन कर अपने लोगों ने इस विषय पर अपना मत व्यक्त किया है। लेकिन सब एक जगह इकट्ठा होकर सोच-विचार कर धर्म-परिवर्तन के सवाल पर निर्णयात्मक चर्चा करने का अब तक हमें कोई मौक़ा उपलब्ध नहीं हुआ था। ऐसा अवसर उपलब्ध होने की आपसे अधिक मुझे ज़रूरत थी। एक बात आप सब मानेंगे कि धर्म-परिवर्तन की मुहिम सफल हो इसके लिए पहले से तैयारी करना बहुत ही आवश्यक होता है। धर्म-परिवर्तन करना कोई बच्चों का खेल नहीं। धर्म-परिवर्तन मौज़-मज़े की बात भी नहीं है।

1. *जनता,* 20 जून, 1938

यह इंसान के जीवन की सफलता से सम्बन्धित है। जहाज़ से एक बंदरगाह से दूसरे बंदरगाह तक की यात्रा करने के लिए जितनी तैयारी की ज़रूरत होती है, उतनी ही तैयारी धर्म-परिवर्तन के लिए करनी पड़ेगी। उसके बग़ैर इस किनारे से उस किनारे तक पार लग पाना सम्भव नहीं है। लेकिन नाव में कितने यात्री आ रहे हैं, इसका अन्दाज़ा लगने तक नाविक सामान इकट्ठा करने की तैयारी में नहीं लगता। मेरी हालत भी कुछ-कुछ इसी तरह की है। कितने लोग धर्म-परिवर्तन के लिए तैयार हैं, इसका अन्दाज़ा जब तक नहीं आता तब तक मेरे लिए धर्म-परिवर्तन की पूर्व तैयारी करने का काम शुरू करना असम्भव है। अपने लोगों की कई परिषद का आयोजन किये बग़ैर लोगों के मतों का अन्दाज़ा लगा पाना सम्भव नहीं था। लोगों के मत आज़माने का अवसर मुझे मिलना चाहिए, ऐसा मैंने जब बंबई के कार्यकर्ताओं से कहा तब ख़र्चे या मेहनत का बहाना आगे किये बिना परिषद का आयोजन करने की ज़िम्मेदारी ख़ुशी-ख़ुशी अपने ऊपर ले ली। वह ज़िम्मेदारी पार लगे, इसके लिए उन्हें क्या-क्या कष्ट उठाने पड़े, इस बारे में आपके परमपूज्य नेता और स्वागत समिति के अध्यक्ष राजमान्य राजश्री रेवजी दगडूजी डोलस ने अपने भाषण में सविस्तार सुनाया है। इतने कष्ट उठाकर उन्होंने मेरे लिए इस सभा का आयोजन किया, इसके लिए मैं परिषद की स्वागत समिति का अत्यन्त आभारी हूँ।

केवल महारों का ही सम्मेलन क्यों?

हो सकता है कुछ लोग यह पूछते हुए इस परिषद पर आपत्ति जताएँ कि धर्म-परिवर्तन की मेरी घोषणा अगर सभी अस्पृश्यों के लिए है, तो फिर सभी अस्पृश्यों की सभा के बदले केवल महाड़ों की ही सभा क्यों बुलाई गई? जिन सवालों के बारे में इस परिषद में हमें चर्चा करनी है, उन प्रश्नों पर चर्चा शुरू करने से पहले इस सवाल का जवाब देना मुझे आवश्यक लगता है। महारों की सभा ही क्यों बुलाई, सभी अस्पृश्यों की सभा क्यों नहीं बुलाई, इसकी कई वजहें हैं। पहला कारण यह है कि इस परिषद में किसी भी तरह की माँगें नहीं रखनी हैं। सरकार से किसी तरह के राजनीतिक अधिकार नहीं माँगने हैं और न ही हिन्दुओं से कुछ सामाजिक अधिकार माँगने हैं। अपनी ज़िन्दगी का क्या करना है, अपने जीवन की कैसी रूपरेखा बनानी है, केवल यही एक सवाल इस परिषद के सामने है। यह प्रश्न ऐसा है जिसे हर जाति अपने स्तर पर हल कर सकती है और हर जाति इसे अपने स्तर पर अलग

से सोच-विचार कर हल करे, यही ठीक है। जिन कारणों से सभी अस्पृश्य जातियों को एक साथ परिषद लेने की आवश्यकता मुझे महसूस नहीं हुई, उनमें से यह एक प्रमुख वजह है। केवल महाड़ों की ही परिषद बुलाने की एक और वजह भी है। धर्म-परिवर्तन की घोषणा के लिए अब आठ-दस माह का समय बीत चुका है। इस दौरान लोक जागृति का ज़्यादातर काम हो चुका है। अब जनमत आज़माने का समय आ गया है, ऐसा मुझे लगता है। जनमत परखने का एक सादा और आसान परिषद लेना है, ऐसा मुझे लगता है। धर्म-परिवर्तन को प्रत्यक्ष में लाने के लिए जो कोशिशें करना ज़रूरी हैं, उन पर अमल करने से पहले इस बारे में लोगों का क्या मत है, यह परखना मुझे ज़रूरी लगता है। मेरा ऐसा भी विचार है कि अस्पृश्यों की सर्वसाधारण सभा बुलाकर ली गई राय से विभिन्न जातियों की अलग सभाएँ लेकर परखी गई राय, अधिक विश्वास करने लायक़ होगी। क्योंकि सभी अस्पृश्यों की सभा कहकर बुलाए जाने के बावजूद भी वह सभी अस्पृश्यों की प्रातिनिधिक सभा शायद ही हो पाती। जनमत के बारे में विश्वासपूर्ण तरीक़े से पता लगाया जा सके, इसीलिए महारों की अलग से सभा बुलाई गई। इस सभा में अन्य जातियों को बुलाया नहीं गया, इसलिए उनका नुक़सान होनेवाला नहीं है। अगर वे धर्म-परिवर्तन नहीं करना चाहते तो उन्हें इस सभा में आमंत्रित न किये जाने के बारे में दुखी नहीं होना चाहिए। वे अगर धर्म-परिवर्तन करना चाहते हैं, तो इस सभा में बुलाया नहीं गया, इसलिए उनके निर्णय में किसी तरह का कोई अड़ंगा नहीं खड़ा होगा। महाड़ लोगों की जिस तरह की सभा ली जा रही है उसी तरह की सभा हर जाति ले और उसके ज़रिये अपनी जाति के लोगों का मत आज़माने की कोशिश करें, लोगों को अपना मत व्यक्त करने का अवसर दें। मैं उन सभी जातियों को सूचित करता हूँ कि इस काम में उन्हें जिस किसी तरह की मदद की ज़रूरत होगी, वह देने के लिए मैं तैयार हूँ। अब तक जो कुछ भी मैंने कहा, वह केवल विषय की प्रस्तावना हुई। अब मैं आज की सभा के प्रमुख विषय पर आ जाता हूँ।

धर्म-परिवर्तन का विषय जितना महत्त्वपूर्ण है, उतना ही वह गहन भी है। साधारण व्यक्ति की बुद्धि के लिए उसे समझ पाना थोड़ा कठिन है। उसी तरह साधारण व्यक्ति को इस विषय के बारे में समझाना भी आसान काम नहीं है। तथापि, मैं यह बात जानता हूँ कि आप सब लोगों को जब तक यक़ीन नहीं होगा, तब तक इस बात को व्यवहार में लाना मुश्किल है। इसीलिए, जितने आसान तरीक़े से इस विषय को आप तक पहुँचाया जा सकता है, उतने ही आसान तरीक़े से मैं वह करने जा रहा हूँ।

धर्म-परिवर्तन के ऐहिक कारण

धर्म-परिवर्तन के बारे में दो तरह से विचार किया जाना ज़रूरी है। सामाजिक तथा धार्मिक दृष्टिकोण से विचार करना आवश्यक है। इस पर ऐहिक दृष्टिकोण से सोचा जाना चाहिए और सैद्धान्तिक दृष्टिकोण से भी सोचा जाना चाहिए। लेकिन किसी भी दृष्टिकोण से धर्म-परिवर्तन के बारे में सोचना हो तो भी पहले यह जान लेना ज़रूरी हो जाता है कि अस्पृश्यता क्या चीज़ है? और उसका असली रूप क्या है? इस बारे में पूरी तरह समझे बग़ैर मेरी धर्म-परिवर्तन की घोषणा को आप समझ नहीं पाएँगे। अस्पृश्यता का मतलब क्या है और उसका असली स्वरूप क्या है इसके बारे में आप समझें इसके लिए सबसे पहले आप पर हो रहे अत्याचार के बारे में आपको याद दिलाना ज़रूरी है। सरकारी स्कूलों में बच्चों को दाख़िला दिलाने का हक़ बताए जाने पर, कुएँ पर पानी भरने का हक़ माँगने पर, बारात में दूल्हे को घोड़े पर बिठाकर ले जाने के अधिकार का प्रयोग करने पर स्पृश्य हिन्दुओं के द्वारा पीटे जाने के उदाहरण आपके साथ घटित होते रहते हैं। ये सब बातें आपके सामने घटती हैं, इसलिए आप इनके बारे में जानते हैं। लेकिन मारपीट की ऐसी कई वजहें हैं, जिनका ज़िक्र सुनकर भारत के बाहर के लोगों को आश्चर्य लग सकता है। महँगे कपड़े पहनने के कारण लोगों के साथ मारपीट की जाती है, गहने पहनने के कारण मारपीट की जाती है, पानी लाने के लिए ताँबे-पीतल के बर्तन इस्तेमाल करने के कारण मारपीट की जाती है, मरे हुए जानवर खींचकर न ले जाने के कारण, मरे हुए जानवरों का मांस न खाने के कारण मारपीट किये जाने के उदाहरण दिये जा सकते हैं। पैरों में जूते-जुराबें पहनकर गाँव में घूमें इसलिए, सामने आए हिन्दू व्यक्ति को जोहार न बजाए जाने के कारण, शौच के लिए जाते समय लोटे में पानी लेकर जाने के कारण पीड़ा पहुँचाई जाने के उदाहरण भी बताए जा सकते हैं। पंचों की पंगत में रोटी परोसने के कारण मारपीट किये जाने की घटना हाल ही में घटी है। इन सब तरह के ज़ुल्मों की और अपने को अमानुष तरीक़े से सताए जाने के कई उदाहरण आपने सुने होंगे, आपमें से कइयों ने उन्हें प्रत्यक्ष अनुभव भी किया होगा। मारपीट करना जहाँ सम्भव नहीं होता, वहाँ बहिष्कृत करने के शस्त्र का आप पर उपयोग किये जाने की बात भी आप जानते होंगे। मोल-मज़दूरी मिलने नहीं देना, जंगल से जानवरों को गुज़रने नहीं देना, लोगों को गाँव में आने नहीं देना, आदि सभी तरह की पाबन्दियाँ लगाकर स्पृश्य हिन्दुओं से आप लोगों को परेशान कर दिये जाने की बात आपमें से कइयों को याद होगी। लेकिन, ऐसा क्यों होता है? इसके पीछे क्या

वजह है? इस बारे में मेरे मतानुसार आपमें से बहुत कम लोग जानते होंगे। उसे जानना मेरे मत में बहुत आवश्यक है।

यह वर्ग कलह की बात है

ऊपर कलह/विवाद के जो उदाहरण दिये हैं उनका व्यक्ति के गुणावगुणों से कोई सम्बन्ध नहीं है। वह दो खलनायकों के बीच का कलह भी नहीं है। अस्पृश्यता वर्ग कलह का प्रश्न है। स्पृश्य और अस्पृश्य इन दो समाजों के बीच का वह विवाद है। यह किसी व्यक्ति पर किये गए आरोपों से उद्‌भूत कलह नहीं है। किसी एक व्यक्ति के प्रति हो रहे अन्याय की भी यह कलह नहीं है। एक वर्ग द्वारा दूसरे वर्ग के साथ की हुई ज़्यादती से सम्बन्धित यह कलह है। यह वर्ग कलह सामाजिक दर्जे के बारे में है। एक वर्ग को दूसरे वर्ग के साथ कैसे बर्ताव करना चाहिए इस बारे में यह विवाद है। ऊपर जो उदाहरण दिये हैं, उनसे इस कलह के बारे में जो बात साफ़ तौर पर सामने आती है, वह यह है कि ऊँचे वर्ग के साथ पेश आते समय आप हमेशा बराबरी से पेश आने का आग्रह करते हैं। इसीलिए यह कलह पैदा होती है। अगर ऐसा नहीं होता तो रोटी खाने से, ऊँची पोशाक पहनने से, जनेऊ धारण करने से, पीतल-ताँबे के बर्तनों में पानी लाने से, घोड़े पर बारात लेकर जाने से, यह झगड़े नहीं होते। जो अस्पृश्य चपाती खाता है, ऊँचे वस्त्र परिधान पहनता है, ताँबे के बर्तन इस्तेमाल करता है, घोड़े पर बैठकर बारात लेकर जाता है वह ऊँचे वर्ग के किसी का नुक़सान नहीं करता। इन सब बातों के लिए अपने ही पैसे ख़र्च करता है। ऐसा अगर है तो ऊँचे वर्ग को उसके बारे में बुरा क्यों लगता है? इस ग़ुस्से का कारण एक ही है, वे मानते हैं कि इस तरह का समान बर्ताव उनकी मानहानि, अपमान का कारण है। आप निम्न हैं, अपवित्र हैं, आप अगर निम्न स्तर का जीवन बिताएँगे, तभी वे आपको सुख से रहने देंगे। अपनी औक़ात से बढ़कर बर्ताव करने पर ही तो कलह की शुरुआत होती है, यह बात निर्विवाद सत्य है। इस उदाहरण से एक और बात साबित होती है कि अस्पृश्यता रोज़मर्रा की बात है, नैमित्तिक या कभी-कभार की बात नहीं। साफ़ तौर पर कहना हो तो स्पृश्य और अस्पृश्य के बीच कलह रोज़मर्रा की है, और वह हमेशा, त्रिकालबाधित रहनेवाली है। क्योंकि जिस धर्म के कारण आपको निचला दर्ज़ा दिया गया है, वह धर्म ऊँचे वर्ग के कथनानुसार सनातन है। समय के अनुसार उसमें किसी भी तरह का बदलाव होना असम्भव है। आज आप जिस तरह निम्न वर्ग के हैं, उसी तरह आपको हमेशा

निम्न वर्ग के बनकर रहना होगा। इसका मतलब यही है कि स्पृश्य और अस्पृश्य के बीच का यह कलह/विवाद हमेशा ऐसा ही रहनेवाला है। इस कलह के साथ आप कैसे निपटेंगे, यह असली समस्या है। इस प्रश्न के बारे में सोचने के अलावा आपके सामने कोई चारा नहीं है, ऐसा मुझे लगता है। आप में से जिन लोगों को, हिन्दू लोग जैसे आपके साथ बर्ताव करेंगे उसी के अनुसार रहना है, उनकी सेवा करते हुए जीना है, उन्हें इस बारे में सोचने की ज़रूरत नहीं है। लेकिन जिन्हें स्वाभिमान के साथ जीवन-यापन करना आवश्यक लगता है, जिन्हें समता के साथ जीना आवश्यक लगता है, उनके सामने इन सवालों के बारे में सोचने के अलावा कोई चारा नहीं है। उन्हें इस बात पर सोचना पड़ेगा कि इस कलह से हम अपना बचाव कैसे कर सकते हैं? इस सवाल को हल करना मुझे बहुत कठिन नहीं लगता। यहाँ एकत्रित हुए आप सभी लोगों को एक बात माननी होगी और वह यह कि जिसके हाथ में ताक़त/सामर्थ्य होता है, जय/जीत उसी की होती है। जिसके पास ताक़त/सामर्थ्य नहीं, उसे सफलता पाने की आशा नहीं रखनी चाहिए। यह बात सबके अनुभव से साबित हुई है। उसके समर्थन में सबूत देने की ज़रूरत नहीं है।

पहले सामर्थ्य प्राप्त करें

इससे आगेवाले जिस सवाल पर आपको ध्यान देना होगा वह है—इस कलह से पीछा छुड़ाने के लिए ज़रूरी ताक़त/सामर्थ्य क्या आपके पास है? इंसान के पास तीन तरह की सामर्थ्य होती है—मनुष्य बल, द्रव्य बल और मानसिक बल। इन तीनों में से कौन सा बल आपके पास है, ऐसा आपको लगता है? मनुष्य बल के हिसाब से आप अल्पसंख्यकों में आते हैं, यह बात सब जानते हैं। बंबई इलाक़े में अस्पृश्य वर्ग की जनसंख्या कुल जनसंख्या के आठवें हिस्से (साढ़े बारह फ़ीसदी) जितनी ही है। जो हैं वे भी संगठित नहीं हैं। जातिभेद के कारण उनमें संगठनात्मक शक्ति का पूरी तरह अभाव है। संगठन नहीं और इकट्ठा, एक साथ भी नहीं है। वे गाँव-गाँव में बिखरे हुए हैं। इस वजह से जो अल्पसंख्या में मनुष्य बल है उसका भी संकटग्रस्त अस्पृश्यों की बस्ती के लिए कोई उपयोग नहीं है। द्रव्य बल के नज़रिये से देखें तब भी आपकी वही हालत है। आपके पास थोड़ा-बहुत मनुष्य बल है ऐसा तो कहा जा सकता है लेकिन आपके पास द्रव्य बल बिलकुल नहीं, यह बात साफ़ है। आपके पास कोई व्यापार नहीं, उद्यम नहीं, नौकरी नहीं और खेती भी नहीं है। उच्च वर्ग के लोग जो भी मेहनताना, पारिश्रमिक देंगे, उसी पर आपका

गुज़ारा चलता है। आपके पास अनाज नहीं, वस्त्र नहीं, आपके पास द्रव्य बल होगा तो क्या होगा? अन्याय हो तो कोर्ट से न्याय माँगने की औक़ात आपकी नहीं है। कोर्ट का ख़र्चा उठा न पाने के कारण आपमें से कई लोग हिन्दुओं से होनेवाले अत्याचार, अपमान, और ज़ोर-ज़ुल्म चुपचाप सह रहे हैं। इससे भी अधिक आपके पास मानसिक बल की कमी है। सैकड़ों साल उच्च जातियों की सेवा में बिताने के कारण, सैकड़ों सालों से उनके द्वारा किये गए अपमान सहने की, उनके द्वारा की गई ज़िल्लत चुपचाप पी लेने के कारण पलटकर जवाब देने की आदत, विरोध करने की हिम्मत ख़त्म हो चुकी है। आपका आत्मविश्वास, उत्साह, महत्त्वाकांक्षा हार चुकी है। आपमें से सभी लोग हताश, दीन और निस्तेज़ हो चुके हैं। निराशा का, पराजय का वातावरण सब दूर फैला हुआ है। कोई यह सोच ही नहीं पा रहा है कि यदि दृढ़ निश्चय करें तो हम भी कुछ कर सकते हैं।

आप पर ही अत्याचार क्यों होते हैं?

मैंने जो यथास्थिति का वर्णन किया है वह यदि सच है, तो उससे निकलनेवाला सिद्धान्त आप सबको मानना होगा। वह सिद्धान्त है—अगर आप अपने बल के भरोसे रहेंगे तो इस ज़ुल्म का विरोध आप नहीं कर पाएँगे। आपमें सामर्थ्य नहीं है, इसीलिए आप पर ज़ुल्म होते हैं इस बारे में मुझे कोई शक नहीं। इस इलाक़े में आप ही केवल अल्पसंख्यक हैं, ऐसी बात नहीं है। मुसलमान भी आप ही की तरह अल्पसंख्यक हैं। गाँव में जिस तरह महार-मांगों के दो-चार घर होते हैं, उसी तरह मुसलमानों के भी दो-चार घर ही होते हैं। किन्तु उन मुसलमानों को कोई परेशान नहीं करता। लेकिन आपके साथ हमेशा ज़ुल्म होते रहते हैं, इसकी वजह क्या है? मुसलमानों के भी दो ही घर होते हैं, लेकिन कोई उन पर अत्याचार नहीं करता। आपके दस घर होते हैं, फिर भी पूरा गाँव आपके पीछे पड़ा रहता है, ऐसा क्यों, इसके बारे में आपको अच्छी तरह से सोचना होगा। मेरे विचार में इसका एक ही जवाब दिया जा सकता है कि उन दो मुसलमान घरों के पीछे पूरे भारत के मुसलमानों का सामर्थ्य और ताक़त खड़ी होती है। हिन्दू लोग इस बारे में जानते हैं, इसी कारण उन दो मुसलमानों से पंगा लेने की साधारणतः किसी की हिम्मत नहीं होती। उन दो घरों के पीछे अगर कोई पड़े, तो पंजाब से लेकर मद्रास तक मुसलमान समाज अपनी पूरी ताक़त के साथ उनके पीछे खड़ा हो जाता है। उन दो परिवारों को इसका पूरा अहसास होता है, इसीलिए पूरी निर्भयता के साथ वे अपना जीवन-यापन करते रहते

हैं। आपके बारे में हिन्दू लोगों को यक़ीन होता है कि आपकी कोई भी मदद नहीं करेगा। आपके लिए कोई दौड़ा-दौड़ा नहीं आएगा। आपको रुपयों की मदद कोई नहीं देगा और कोई अधिकारी भी आपके पीछे खड़ा नहीं रहेगा। मामलतदार और पुलिस भी उन्हीं में से होते हैं, जो स्पृश्य अस्पृश्य के विवाद में आख़िर अपनी जाति के साथ हो जाते हैं। वे कर्तव्य का नहीं, जाति का साथ देते हैं। हिन्दुओं को यह बात पता होती है। आपकी इसी असहाय स्थिति के चलते हिन्दू लोग आपके साथ ज़ुल्म करते हैं, अन्याय करते हैं। इस विवेचन से दो बातें प्रमाणित होती हैं—पहली, सामर्थ्य के बग़ैर आप इस अन्याय का प्रतिकार नहीं कर पाएँगे। दूसरी बात यह कि विरोध के लिए ज़रूरी ताक़त आज आपके पास नहीं है। इन दो बातों के साबित होते ही एक और बात अपने आप साबित हो जाती है, वह यह कि आपको जिस सामर्थ्य की ज़रूरत है, वह कहीं बाहर से आपको प्राप्त करना होगा। आप यह ताक़त, सामर्थ्य कहाँ से पाएँगे, यही असल में बेहद महत्त्वपूर्ण सवाल है। आपको खुले दिमाग़ से इस पर विचार करना चाहिए।

हमें बाहर से सामर्थ्य प्राप्त करना होगा

इस देश में जातियों और धर्म से उपजे भेदभाव का लोगों के मन पर और उनकी नीतिमत्ता पर अजीब परिणाम हो चुका है, ऐसा मुझे लगता है। दुख, दरिद्रता, क्लेश के बारे में यहाँ किसी को बुरा नहीं लगता। और अगर कभी लगा भी तो उसे ख़त्म करने की कोई कोशिश नहीं करता। अपने धर्म बन्धुओं पर अथवा अपने जाति बान्धवों पर दुख, ज़ुल्म अथवा दरिद्रता का पहाड़ यदि टूटता है तो उसके निवारण के लिए लोग मदद करते हैं। कोई भी यह न भूले कि नीति/नैतिकता की यह बात भले जितनी भी विकृत हो तब भी अभी तक जारी है। जिन गाँवों में अस्पृश्य लोगों पर हिन्दुओं द्वारा ज़ुल्म किये जाते हैं, उस गाँव में दूसरे धर्म के लोग होते ही नहीं हैं, ऐसी बात नहीं है। अस्पृश्यों के साथ हो रहे अत्याचार ग़लत हैं, ऐसा उन्हें भी लगता है। लेकिन जो हो रहा है, वह अन्याय है, यह जानकर भी वे मदद के लिए आगे नहीं आते। आप हमारी मदद क्यों नहीं करते? ऐसा अगर आप उनसे पूछें तो आपके टंटे में हम क्यों पड़ें? आप अगर हमारे धर्म के होते तो हम आपकी मदद ज़रूर करते, ऐसा जवाब वे आपको देते हैं। इससे एक बात आपके ध्यान में आएगी कि किसी और धर्म से जब तक आप अपना सम्बन्ध स्थापित नहीं करेंगे, किसी और धर्म में जब तक आप शामिल नहीं होंगे तब तक आपको बाहरी सामर्थ्य प्राप्त नहीं होगा।

इसका साफ़-साफ़ मतलब यही होता है कि आपको धर्म-परिवर्तन कर किसी अन्य धर्म में शामिल होना पड़ेगा। उसके बग़ैर आपको उस समाज का सामर्थ्य प्राप्त नहीं होगा। जब तक आपके पास ताक़त/सामर्थ्य नहीं, तब तक आपको आपकी भावी पीढ़ी को भी आज की आपकी जैसी हालत है, उसी हालत में दिन बिताने पड़ेंगे।

धर्म-परिवर्तन के आध्यात्मिक कारण

ऐहिक कल्याण के लिए धर्म-परिवर्तन की क्या आवश्यकता है, यह हमने अब तक देखा। अब आध्यात्मिक कारणों के लिए धर्म-परिवर्तन की आवश्यकता कैसे है, इस बारे में मैं आपके सामने अपने विचार प्रस्तुत करने जा रहा हूँ। पहले यह जान लेना ज़रूरी है कि धर्म क्या है? किसलिए है? धर्म के बारे में आपको कई लोगों की दी हुई कई परिभाषाएँ मिलेंगी। लेकिन उन सबमें जो सबकी समझ में आए ऐसी अर्थपूर्ण एक ही परिभाषा है। जिससे सारी प्रजा का उद्धार हो वही धर्म है। यही धर्म की सच्ची परिभाषा है। मैंने यह परिभाषा नहीं दी है। सनातनी हिन्दुओं के अग्रगण्य नेता लो. बाल गंगाधर तिलक की यह परिभाषा दी हुई है। सो, मैंने धर्म की इस परिभाषा के साथ छेड़छाड़ की, ऐसा आरोप कोई मुझ पर लगा नहीं सकता। मैंने यह परिभाषा नहीं की है लेकिन विवाद के लिए मैं इसे मान रहा हूँ, ऐसा भी नहीं है। मैं इस परिभाषा को मानता हूँ। समाज के भले के लिए जो बंधन डाले जाते हैं, वही धर्म है। धर्म के बारे में मैं भी यही सोचता हूँ। वास्तविक दृष्टि से हो, या तार्किक दृष्टि से यह व्याख्या अगर सही लगती है, तो समाज के उद्धार के लिए समाज के बंधन किस तरह के होने चाहिए, इस सवाल के जवाब में इस परिभाषा से कोई जवाब नहीं मिलता। न कोई बात स्पष्ट हो पाती है। समाज के उद्धार के लिए समाज के बंधन किस तरह के होने चाहिए, यह सवाल बाकी बचता है और यह सवाल धर्म की परिभाषा से बहुत अधिक महत्त्वपूर्ण है। क्योंकि, धर्म क्या है और अधर्म क्या है, यह किसी परिभाषा पर आधारित नहीं होता। यह उन बंधनों के उद्देश्य पर और उनके स्वरूप पर निर्भर करता है। जिन बंधनों के कारण समाज के सभी लोगों का उद्धार हो सके, वे किस तरह के होने चाहिए? यानी, सच्चे धर्म का स्वरूप किस तरह का हो, इस मुद्दे पर सोचते हुए एक सवाल उभरता है कि समाज और व्यक्ति का सैद्धान्तिक सम्बन्ध किस तरह का होना चाहिए? इस सवाल पर समाजशास्त्र के विद्वानों ने तीन तरह के मत व्यक्त किये हैं। कुछ विद्वानों के मतानुसार—व्यक्ति को सुख की प्राप्ति हो, यही समाज के बंधनों का अन्तिम उद्देश्य होता है। कुछ लोगों

के मतानुसार सामाजिक बंधनों का प्रमुख उद्देश्य ऐसा होता हो जिनसे व्यक्ति के गुणों का और शक्ति का विकास हो और उसे पूर्णावस्था में पहुँचने में वे मददगार साबित हों। कुछ और लोगों का यह मानना है कि सामाजिक बंधनों का उद्देश्य व्यक्ति की सुख प्राप्ति या उसकी उन्नति न होकर आदर्श समाज तैयार करना ही होना चाहिए। हिन्दू धर्म की कल्पना इन तीनों से बिलकुल अलग है। हिन्दू धर्म में व्यक्ति का कोई स्थान नहीं है। हिन्दू धर्म की रचना वर्ग की कल्पना पर आधारित है। एक व्यक्ति दूसरे व्यक्ति के साथ कैसे पेश आए, इसकी सीख हिन्दू धर्म नहीं देता। एक वर्ग दूसरे वर्ग के साथ कैसे बर्ताव करे इसके बारे में हिन्दू धर्म बताता है। जिस धर्म में व्यक्ति की अहमियत नहीं, उस धर्म को मेरी मान्यता नहीं। व्यक्ति के जीवन के लिए समाज की भले ही आवश्यकता हो, लेकिन सामाजिक बंधन धर्म का अन्तिम उद्देश्य नहीं हो सकता। व्यक्ति का विकास ही धर्म का सच्चा उद्देश्य है, ऐसा मैं मानता हूँ। व्यक्ति समाज में भले रहता हो, मनुष्य भले समाज का एक हिस्सा हो, लेकिन उसका और समाज का सम्बन्ध शरीर और विभिन्न अंग, गाड़ी और पहिए के सम्बन्ध जैसा होता है, ऐसा मैं नहीं मानता हूँ।

समाज और व्यक्ति

पानी की बूँद जब समंदर में डाली जाती है, तब जिस तरह वह सागर के पानी के साथ एकाकार हो जाती है, उस तरह समाज में रहने से आदमी का लोप नहीं हो सकता। हर व्यक्ति का जीवन अलग होता है, उसका जन्म समाज की सेवा के लिए न होकर आत्मोन्नति के लिए है। इसी एक वजह से उन्नत राष्ट्रों में एक आदमी दूसरे आदमी को अपना ग़ुलाम बनाकर नहीं रख सकता। जिस धर्म में व्यक्ति को प्रधानता नहीं है, उस धर्म को मैं नहीं मानता। और हिन्दू धर्म में व्यक्ति को प्रधानता नहीं है, इसलिए ज़ाहिर है कि मैं इस धर्म को नहीं मानता। साथ ही जो धर्म यह बताता है कि एक वर्ग विद्या सीखेगा, दूसरा वर्ग केवल शस्त्र धारण करेगा, तीसरा वर्ग व्यापार करेगा और चौथा वर्ग इन तीनों वर्गों की केवल सेवा करेगा, उस धर्म को मैं नहीं मानता। विद्या हरेक को मिलनी चाहिए। शस्त्र की हरेक को ज़रूरत होती है। पैसा सबको चाहिए। जो धर्म ये बातें भूलता है, जो धर्म एक को सज्ञान बनाने के लिए बाकियों को अज्ञान में रखता है वह धर्म नहीं है, वह लोगों को बौद्धिक ग़ुलामी में रखने का षड्यंत्र है। जो धर्म एक के हाथ में शस्त्र देकर बाकियों को नि:शस्त्र करता है, वह धर्म नहीं वह तो एक के द्वारा

दूसरे को ग़ुलामी में रखने का उपाय भर है। जो धर्म कुछ लोगों के लिए धन कमाने की राह खोल देता है और बाकियों को अपनी ज़रूरतों के लिए भी औरों पर निर्भर रहने की अनुज्ञा देता है, वह धर्म नहीं स्वार्थपरायणता है। हिन्दू धर्म का चातुर्वर्ण्य इस तरह का है। उसके बारे में मेरी अपनी जो राय है, उसे मैंने आपके सामने साफ़-साफ़ शब्दों में रखा है। यह हिन्दू धर्म क्या आपका हित करेगा? आप ख़ुद सोचकर देखिए। व्यक्ति की आत्मोन्नति के लिए योग्य वातावरण पैदा करना, अगर धर्म की मूलभूत संकल्पना है, ऐसा मान लिया जाए तो हिन्दू धर्म में आपकी आत्मोन्नति कभी नहीं हो सकती। व्यक्ति के विकास के लिए तीन बातें ज़रूरी होती हैं। सहानुभूति, समता और आज़ादी। इनमें से एकाध भी हिन्दू धर्म में आपके लिए उपलब्ध है, ऐसा क्या आप कह सकते हैं?

हिन्दू धर्म में आपके प्रति क्या सहानुभूति है?

सहानुभूति के बारे में सब केवल शून्य ही है, ऐसा ही करना पड़ेगा। आप कहीं भी जाइए, आपकी तरफ़ कोई भी अपनत्व से नहीं देखेगा। आप इस बारे में अनुभव कर ही चुके हैं। अपनत्व की भावना बिलकुल नहीं और हिन्दू आपको परायों से भी ग़ैर मानते हैं। एक ही गाँव में रहनेवाले स्पृश्य और अस्पृश्य के बीच का नाता पड़ोस में रहनेवाले भाइयों के आपसी रिश्ते जैसा कभी भी नहीं होता। दो परस्पर विरोधी सेना के गुटों की छावनियों जैसा माहौल होता है। हिन्दुओं को मुसलमान जितने क़रीबी लगते हैं, उनके साथ उनका जितना स्नेहभाव होता है, उसका शतांश भी आपके प्रति नहीं होता। लोकल बोर्ड में, क़ायदे कौंसिल में, व्यापार में हिन्दू-मुसलमान एक-दूसरे का सहारा बनकर रहते हैं। लेकिन क्या आप एकाध उदाहरण भी ऐसा दे पाएँगे कि जब हिन्दुओं ने आपके साथ सहानुभूतिपूर्ण व्यवहार किया हो? उलटे यह बात सच है कि वे हमेशा आपके ख़िलाफ़ होते हैं। आपमें से जिनको न्याय की गुहार लगाते हुए कोर्ट जाना पड़ा हो, या पुलिस की सहायता लेनी पड़ी हो, वे बता सकते हैं कि हिन्दुओं के मन में आपके ख़िलाफ़ जो भावना है, वह कितना घातक रूप धारण कर चुकी है। कोर्ट में न्याय मिलेगा, पुलिस मदद करेगी, क्या ऐसा आपमें से किसी एक को भी विश्वास है? अगर नहीं, तो आपको विश्वास न महसूस होने के पीछे वजह क्या है? मेरे मत में ऐसे अविश्वास की एक ही वजह है। और वह यही कि हिन्दू लोगों के बीच आपके बारे में किसी तरह की कोई सहानुभूति न होने के कारण वे अपने अधिकारों का अच्छा इस्तेमाल करेंगे, ऐसा

आपको नहीं लगता। अगर यह सच है, तो फिर शत्रुता भरे इस वातावरण में रहने से आपको क्या हासिल होना है?

क्या हिन्दू धर्म में आपके लिए समता है?

यह प्रश्न तो पूछा भी नहीं जाना चाहिए। अस्पृश्यता प्रत्यक्ष असमानता है। असमानता की इतनी उग्र ज्वाला और कहीं देखने को नहीं मिलेगी। अस्पृश्यता से अधिक उग्र असमानता दुनिया के इतिहास में कहीं देखने को नहीं मिलेगी। कमतरी-बेहतरी के कारण आपस में रोटी-बेटी का व्यवहार न होना इसी असमानता का निदर्शक है। लेकिन एक व्यक्ति द्वारा दूसरे व्यक्ति को न छूने जैसी, उसे पतित मानने जैसी परम्परा हिन्दू धर्म के अलावा तथा हिन्दू समाज के अलावा अन्यत्र कहीं भी देखने को नहीं मिलेगी। जिसके स्पर्श से इंसान भ्रष्ट हो जाता है, जिसके स्पर्श से पानी भ्रष्ट होता है, जिसके स्पर्श से भगवान तक अपवित्र हो जाते हैं, वह मानव प्राणी ही है, यह कोई कैसे माने? अस्पृश्य व्यक्ति की ओर देखने की दृष्टि और कोढ़/रक्तपित्ति से पीड़ित व्यक्ति की तरफ़ देखने की दृष्टि में आख़िर फ़र्क़ क्या है? कोढ़ से पीड़ित व्यक्ति के बारे में लोगों के मन में भले घिन हो, लेकिन सहानुभूति भी होती है। लेकिन आपके बारे में सहानुभूति तो नहीं ही होती घिन ज़रूर होती है। रक्तपित्ति/कोढ़ से ग्रसित इंसान से भी आपकी स्थिति हीन है। आज भी गाँव में कोई स्पृश्य व्यक्ति जब व्रत खोलता है, तब अगर महार का शब्द उसके कानों से टकराए तो वह अन्न ग्रहण नहीं करता। आपके शरीर के साथ, आपके शब्दों की आवाज़ के साथ इतना कलंक भाव जुड़ा हुआ है। कुछ लोग कहते हैं कि अस्पृश्यता हिन्दू धर्म का कलंक है। लेकिन सच पूछिए तो उसके कोई मायने नहीं हैं। हिन्दू धर्म कलंकित है, ऐसा एक भी हिन्दू नहीं मानता। आप कलंकित हैं, दूषित हैं, अपवित्र हैं, ऐसा बहुसंख्यक हिन्दू समाज मानता है। आप इस हालत में कैसे पहुँचे? मुझे लगता है कि हिन्दू धर्म में रहने के कारण आपकी यह हालत हुई है। आप में से जो मुसलमान हुए उन्हें हिन्दू लोग अस्पृश्य नहीं मानते, असमान नहीं मानते। आप में से जो लोग ईसाई बने, उन्हें हिन्दू लोग अस्पृश्य या असमान नहीं मानते। त्रावणकोर में हाल ही में जो घटना घटी, वह सोचने लायक़ है। वहाँ की थिया जाति के अस्पृश्यों को रास्ते पर चलने की मनाही है। हाल ही में उनमें से कुछ लोगों ने सिक्ख धर्म स्वीकारा, यह आप शायद जानते ही होंगे। अस्पृश्य थे तब उन लोगों के लिए, जिन रास्तों पर से चलने, गुज़रने की मनाही थी, सिक्ख धर्म स्वीकारते ही उन पर से वह पाबन्दी

हटा दी गई। इन सभी घटनाओं से एक बात साफ़ है कि आपकी अस्पृश्यता और असमानता की यदि कोई वजह है तो वह है, आपका और हिन्दू धर्म का आपसी सम्बन्ध। असमानता के इस अन्याय में कुछ लोग, अस्पृश्यों से उन्हें सान्त्वना देते हुए कहते हैं कि आप शिक्षा लो, तब हम आपको छुएँगे! आप साफ़-सुथरे रहें, तो हम आपको छुएँगे! समानता से पेश आएँगे। सच पूछिए तो अनपढ़, दरिद्र महार का जो हाल है, शिक्षित, पैसेवाले और साफ़-सुथरा रहनेवाले महार की भी वही बदतर स्थिति होती है। आप-हम सबका अनुभव हमें यही बताता है। लेकिन यदि वह अनुभव हम कुछ पलों के लिए अलग भी रख दें, तो यह सवाल बाकी रहता है कि अगर हाथ में पैसा नहीं हुआ, बदन पर महँगी पोशाक नहीं हुई, शिक्षा नहीं ली तो समानता पूर्ण व्यवहार मान्यता न मिले तो आम महार क्या करे? जिसे शिक्षा प्राप्त नहीं हो सकता वह क्या करे? जिसे पैसा नहीं मिलता और जो ठीक-ठीक कपड़े नहीं पहन पाता, वह क्या करे? उसे समानता कैसे मिलेगी? ईसाई धर्म में, मुसलमान धर्म में, समानता की जो शिक्षा दी गई है, उसका ताल्लुक विद्या, धन, पोशाक, वीरता आदि बाहरी चीज़ों से बिलकुल नहीं है। इंसान का इंसान होना ही महत्त्वपूर्ण है, ऐसा इन दोनों धर्मों में माना जाता है। और इंसान होना ही, सबके लिए आदरणीय होना ज़रूरी है। ये दोनों धर्म सिखाते हैं, कोई किसी का अपमान न करे, कोई किसी को अपने से नीचा, असमान न माने। हिन्दू धर्म में, इस सीख का पूरी तरह से अभाव है। जिस धर्म में मनुष्य के मनुष्यत्व की कोई क़ीमत नहीं, वह धर्म किस काम का? और ऐसे धर्म को सीने से लगाकर रखने में फ़ायदा क्या है? इसके जवाब में कुछ हिन्दू लोग उपनिषद का साक्ष्य देते हैं और शेख़ी बघारते हैं कि ईश्वर सब जगह व्याप्त है। विज्ञान और धर्म दोनों बातें बिलकुल अलग-अलग हैं। कोई बात वैज्ञानिक सिद्धान्त है, या धर्म की दी हुई सीख है, इसके बारे में सोचना चाहिए। लोग मानते हैं कि सब में एक ही ईश्वर का वास है यह वैज्ञानिक सिद्धान्त है। धर्म के सिद्धान्तों का, बर्ताव से सम्बन्ध होता है, विज्ञान से नहीं। सब में एक ईश्वर का वास धर्म की दी गई सीख नहीं है। यह वैज्ञानिक तथ्य है। हालाँकि, हिन्दू लोग इस बात को मानकर नहीं चलते, यही मैं आपको बताना चाहता हूँ। यह एक तरह से सबूत ही है। उलटे, मैं तो यह कहूँ कि अगर हिन्दू कहते हैं कि सबके अन्दर एक ही ईश्वर का वास होता है तो, मैं उनसे बस इतना ही कहना चाहता हूँ कि उनके जितने नीच लोग दुनिया में और कोई नहीं होंगे! मुँह से 'सर्वांभूति ईश्वर' का जाप करनेवाले और अपने कृत्यों से प्राणी मात्रों का अपमान करनेवाले लोगों के बारे में कहा जा सकता है कि वे 'मुख में राम बगल में छुरी' या 'वाणी महानुभाव

की लेकिन करनी कसाई की' वाले लोगों में ही शामिल करने लायक़ हैं। सब में एक ही परमात्मा का वास है माननेवाले और अपनी कृति से इंसान को पशु तुल्य ठहरानेवाले लोग दांभिक हैं। उनका साथ न दें! चींटियों को चीनी खिलानेवाले और इंसानों को पानी पर पाबन्दी लगाकर उन्हें तड़प-तड़प कर मरने पर मजबूर करनेवाले लोग इंसानियत के दुश्मन हैं। उनके संग के कारण आप पर क्या असर हुआ है, इसका आपको पता ही नहीं है। आपकी इज़्ज़त गई, मान-सम्मान गया! सच कहें तो हिन्दू समाज में ही आपका कोई मान-सम्मान नहीं है, यह कहना वास्तविकता को नापना हो तो कम है। आपको केवल हिन्दू लोग ही अस्पृश्य नहीं मानते वरन् मुसलमान और ईसाई लोग भी आपको नीचा समझते हैं। सच कहें तो मुसलमान धर्म में और ईसाई धर्म में भी श्रेष्ठ-कनिष्ठ, ऊँच-नीच जैसा भेदभाव जगानेवाली सीख नहीं दी जाती। इसके बावजूद वे लोग आपको निचले दर्ज़े का मानते हैं। इसकी वजह क्या है? इसकी वजह एक ही है। हिन्दू लोग आपको निचले दर्ज़े का समझते हैं, इसलिए मुसलमान और ईसाई लोग भी आपको निचले दर्ज़े का समझते हैं। अस्पृश्यों को अगर हम अपने समान समझने लगे, तो हिन्दू लोग हमें अस्पृश्यों के जितना ही नीचे समझेंगे, इस डर से मुलसमान और ईसाई लोग आपके साथ हिन्दुओं की तरह ही अस्पृश्यता का व्यवहार करते हैं। हम हिन्दू समाज में हीन क़रार दिये गए हैं। इतना ही नहीं वरन् हिन्दुओं के द्वारा दिये जानेवाले असमान बर्ताव के कारण हम पूरे भारत देश में सबसे कनिष्ठ माने गए हैं। अपमान की इस स्थिति को टालने के लिए, इस कलंक को धो डालने के लिए, नरदेह को सार्थक करने के लिए अगर कोई उपाय है, तो वह एकमात्र उपाय है कि हिन्दू धर्म का और हिन्दू समाज का त्याग करें।

हिन्दू धर्म में क्या आप स्वतंत्र हैं?

कुछ लोग कहेंगे कि हर नागरिक को क़ानूनन जितनी व्यवसाय की स्वतंत्रता है, उतनी ही व्यवसाय की स्वतंत्रता आपको भी है, हर व्यक्ति को जितनी व्यक्तिगत स्वतंत्रता है उतनी आपको भी है। लेकिन उनके इस कथन में कहाँ तक सच्चाई है, यह आप लोगों को गहराई से सोचना होगा। जिसे समाज विरासत में मिले व्यवसाय से अलग कोई व्यवसाय करने नहीं देता, उसे यह बताने का क्या मतलब है कि तुम्हें व्यवसाय की स्वतंत्रता है? जिसके लिए सम्पत्ति कमाने का कोई रास्ता खुला नहीं है, उसे यह बताने से क्या हासिल कि तुम्हारी सम्पत्ति को कोई छुएगा भी नहीं, अपनी

सम्पत्ति को भोगने के लिए तुम आज़ाद हो? पैदाइशी अपवित्रता के कारण जिसे कोई नौकरी नहीं मिल पाती, जिसके मातहत काम करना लोगों को अपना अपमान लगता है, ऐसे व्यक्ति से यह कहना कि तुम्हें कोई भी नौकरी करने का अधिकार है, असल में उसका मज़ाक़ उड़ाना ही है। क़ानून ने उसे कई अधिकार दिये होंगे, लेकिन अगर समाज उसे उन अधिकारों का उपभोग करने दे, तभी उन्हें अधिकार कहा जा सकता है। अस्पृश्य अच्छे कपड़े पहनकर घूम सकते हैं, यह अधिकार क़ानून ने उन्हें दिया है, लेकिन हिन्दू समाज उन्हें वैसे कपड़े पहनने नहीं देता, तो फिर उस अधिकार का क्या मतलब है? ताँबा और पीतल के बर्तनों में पानी रखने का, भरने का, लाने का अधिकार अस्पृश्यों को क़ानून ने दिया है, लेकिन हिन्दू समाज अस्पृश्यों को धातु के बर्तन इस्तेमाल नहीं करने देता, तो फिर उस अधिकार से उन्हें क्या हासिल? क़ानून उन्हें अधिकार देता है कि वे अपने घरों पर खपरैलें बिछाएँ, लेकिन हिन्दू समाज उसे खपरैलें डालने नहीं देता, तो उसे प्राप्त अधिकार का क्या मतलब है? ऐसे कई सारे उदाहरण दिये जा सकते हैं। सारांश कि वे उसी अधिकार को अपना मान सकते हैं, जिस पर अमल करने की समाज उन्हें इजाज़त देता है। क़ानून से अधिकार प्राप्त होने के बावजूद अगर समाज अड़ंगा खड़ा करे, तो उस अधिकार के कोई मायने नहीं रह जाते। अस्पृश्य लोगों को क़ानूनी आज़ादी से अधिक सामाजिक आज़ादी की ज़्यादा ज़रूरत है। जब तक सामाजिक स्वतंत्रता प्राप्त नहीं होती, तब तक क़ानून आपको भले कितनी ही आज़ादी दे, उसका कोई मतलब नहीं। कुछ लोग कहेंगे कि तुम्हें शारीरिक स्वतंत्रता प्राप्त है, तुम्हें जहाँ क़ानूनन मनाही न हो, वहाँ जाया जा सकता है, क़ानूनन मनाही न हो, वह बात आप खुलेआम कह सकते हो। किन्तु इस तरह की आज़ादी का क्या मतलब। मानव के पास शरीर है, उसी तरह मन भी है। व्यक्ति को जितनी शारीरिक स्वतंत्रता की आवश्यकता है उतनी ही मानसिक आज़ादी की भी आवश्यकता होती है। केवल शारीरिक आज़ादी के कोई मायने नहीं। मानसिक आज़ादी ज़्यादा महत्त्वपूर्ण है। शारीरिक आज़ादी किसलिए दी जाती है? इसलिए कि आप मनमाफ़िक व्यवहार कर सकें? क़ैदी के पैर की ज़ंजीरें खोलकर उसे आज़ाद करने का मतलब क्या है? मतलब यही है कि वह दुनिया भर में घूमकर अपनी क़ाबिलियत का फ़ायदा उठाए। लेकिन जिस व्यक्ति का मन आज़ाद नहीं है, उसके लिए इस तरह की बाहरी आज़ादी का क्या फ़ायदा? मानसिक स्वतंत्रता ही सच्ची आज़ादी है। जिसका मन आज़ाद नहीं वह खुला (मुक्त) होकर भी ग़ुलाम है। जिसका मन आज़ाद नहीं, वह क़ैदी भले न हो, लेकिन वह जेल में है। जिसका मन आज़ाद नहीं, वह ज़िन्दा

रहकर भी मरा हुआ है। मन की आज़ादी, व्यक्ति के ज़िन्दा होने की निशानी है। लेकिन आपकी मानसिक स्वतंत्रता ख़त्म नहीं हुई है। आप मानसिक रूप से स्वतंत्र हैं, इसका क्या सबूत है? किसके पास मानसिक आज़ादी है, ऐसा कहा जा सकता है? जो अपनी बुद्धि जागृत रखकर अपने क्या हक़ हैं, अपने अधिकार क्या हैं, और अपने कर्तव्य क्या हैं, यह जान लेता है, उसे ही मैं आज़ाद इंसान कह सकता हूँ। जो हालात का ग़ुलाम नहीं बना, जो हालात पर काबू पाने के लिए हमेशा तैयार रहता है, वही आदमी आज़ाद होता है, ऐसा मैं समझता हूँ। जो स्थितियों का दास नहीं हुआ, स्थितियों पर जो काबू पाने के लिए हमेशा तैयार रहता है, वही आदमी आज़ाद है, ऐसा मैं कहता हूँ। जो रूढ़ियों के अधीन नहीं हुआ, जो गतानुगतिक नहीं बना, उसके विचारों की ज्योति बुझी नहीं, वही स्वतंत्र है, यह मेरा कहना है। जो दूसरों के वश में नहीं होता, जो दूसरों की सुनकर अपने निर्णय नहीं लेता, जो कार्य कारण भाव समझने के बाद ही किसी बात पर विश्वास करता है, जो अपने अधिकारों के प्रति जागरूक होता है, जो प्रतिकूल मत से डरता नहीं, किसी और के हाथ की कठपुतली नहीं बनने जितनी बुद्धि, स्वाभिमान जिसके पास है, वही आदमी आज़ाद है, ऐसा मेरा मानना है। जो अपनी ज़िन्दगी का उद्‌देश्य और अपने जीवन को किस तरह व्यतीत करना है, यह किसी और की आज्ञानुसार तय नहीं करता, जो अपनी बुद्धि के अनुसार अपने जीवन का उद्‌देश्य क्या हो तथा अपनी ज़िन्दगी किस तरह व्यतीत करनी है, ये बातें ख़ुद तय करता है यानी, जो पूरी तरह स्वाधीन है, वही व्यक्ति स्वतंत्र है, ऐसा मैं मानता हूँ।

इस दृष्टि से देखा जाए तो क्या आप स्वतंत्र हैं? अपना जीवन और उस जीवन के उद्‌देश्य, क्या आपके स्वाधीन हैं? मेरे मत में आप आज़ाद तो बिलकुल नहीं हैं, आप दास हैं। सेवक हैं इतना ही नहीं आपके दासत्व की कोई सीमा नहीं है। हिन्दू धर्म में किसी को भी सोचने की आज़ादी नहीं मिलती। जो-जो लोग हिन्दू धर्म में रहेंगे उनके लिए अपनी विचारों की आज़ादी को तिलांजलि देना, अपनी स्वतंत्रता त्याग देना अनिवार्य है। उसका बर्ताव वेदों की तरह होना चाहिए। वेदों में अगर वैसी आज्ञा न हो, तो स्मृतियों की आज्ञा का पालन करना होगा। स्मृतियों में वैसी आज्ञा न हो, तो महाजनों के क़दमों की लीक पर चलना होगा। हिन्दू धर्म में बुद्धि का, विचारों का महत्त्व तो है ही नहीं, गुंजाइश भी नहीं है। हिन्दू है तो उसे किसी न किसी की ग़ुलामी तो करनी ही होगी। वेदों की ग़ुलामी करें, स्मृतियों की ग़ुलामी करें या फिर महाजनों का अनुसरण करें—अपनी सोचने-समझने की शक्ति का उसे बिलकुल इस्तेमाल नहीं करना चाहिए। जब तक आप हिन्दू धर्म में हैं,

तब तक आपको सोचने की आज़ादी नहीं मिल सकती। कोई यह भी कह सकता है कि हिन्दू धर्म ने केवल आप की ही सोचने की आज़ादी हर ली है, छीन ली है, ऐसा नहीं है, हिन्दू धर्म को मानकर चलनेवाली सभी जाति का मानसिक आज़ादी हर ली है। हिन्दू धर्म के कारण सभी लोग बौद्धिक ग़ुलामी में फँसे हुए हैं, यह बात सही है, लेकिन इसके कारण वे सब समदुखी हैं, ऐसी बात नहीं है। क्योंकि इस बौद्धिक ग़ुलामी के बुरे परिणाम सबको भोगने नहीं पड़ते। स्पृश्य वर्ग के ऐहिक सुखों पर इस बौद्धिक ग़ुलामी का कोई भी असर नहीं होता। वे अगर वेदों के ग़ुलाम हुए, स्मृतियों के दास बने, महाजनों के मतानुसार चले, तब भी हिन्दू समाज के व्यवहार में उन्हें वेदों ने, स्मृतियों ने, महाजनों ने उच्च स्थान दिया हुआ है। अन्यों पर हुकूमत चलाने के लिए उन्हें अधिकार दिये हुए हैं। पूरा हिन्दू धर्म, वरिष्ठ वर्ग के हिन्दुओं ने, वरिष्ठ वर्ग के हिन्दुओं के संवर्धन के लिए रचा हुआ है। यह बात बिलकुल निर्विवाद सत्य है। जिसे वे धर्म कहते हैं, उस धर्म में आपको उन्होंने ग़ुलाम की भूमिका दी हुई है। इतना ही नहीं, ऐसी व्यवस्था उन्होंने कर रखी है कि इस ग़ुलामी से कभी आप मुक्त न हो पाएँ। इसीलिए, हिन्दू धर्म की इस बौद्धिक ग़ुलामी से छुटकारा पाने की जितनी आप लोगों को ज़रूरत है, उतनी उन लोगों को नहीं है। इस तरह हिन्दू धर्म आपके लिए दो तरह से मारक सिद्ध हुआ है। इस धर्म ने आपकी मानसिक आज़ादी छीनकर, आपको ग़ुलाम बनाया हुआ है और इसी धर्म ने व्यवहार में आपको ग़ुलामी की बदतर हालत में लाकर पटक दिया है। आप अगर आज़ादी चाहते हैं तो बेशक आपको धर्म-परिवर्तन ही करना होगा।

अस्पृश्यों का संगठन और धर्म-परिवर्तन

आज जो अस्पृश्यता निवारण का आन्दोलन चलाया जा रहा है, उस पर टिप्पणी की जाती है कि अस्पृश्यों में जो विभिन्न जातियाँ हैं, उनमें भी आपसी व्यवहार में जातिभेद किया जाता है। महार-मांग एक-दूसरे का छुआ, एक-दूसरे के हाथ का पका भोजन खाते नहीं हैं। इन दोनों जातियों के लोग भंगी जाति के लोगों को छूते नहीं। उनके साथ अस्पृश्यता का पालन करते हैं। आपस में जातिभेद और अस्पृश्यता का पालन करनेवाले लोगों को उच्च जातियों को यह कहने का अधिकार कैसे पहुँचता है कि वे जातिभेद को छोड़ दें? अस्पृश्यता को न मानें? पहले आप अपना आपसी जातिभेद का, अस्पृश्यता का निवारण करो और फिर हमारे पास न्याय माँगने के लिए आना। इस तरह की ढोंगी, शातिर सलाह उन्हें दी जाती है। इसकी जड़ में जो

बात है, वह सच ही है, यह हमें मानना पड़ेगा। हालाँकि इस सलाह की आड़ में किया जा रहा आरोप ग़लत है। अस्पृश्य वर्ग के लोग कुछ जातिभेद और अस्पृश्यता का पालन करते हैं, इस बात से इनकार नहीं किया जा सकता। इन बातों को मानना ही पड़ेगा, लेकिन इस अपराध के लिए वे ख़ुद ज़िम्मेदार हैं, यह कहना बिलकुल झूठ होगा। जातिभेद और अस्पृश्यता का जन्म अस्पृश्य लोगों के द्वारा नहीं हुआ। जातिभेद और अस्पृश्यता का जन्म उच्च जाति के हिन्दुओं के कारण हुआ है। जातिभेद और अस्पृश्यता की नींव उन्होंने रखी है। जातिभेद और अस्पृश्यता का पालन करने का पाठ उच्च जाति के हिन्दुओं ने पढ़ाया है। यह बात अगर सच है, तो जातिभेद और अस्पृश्यता की रूढ़ि की ज़िम्मेदारी स्पृश्य वर्ग की है, अस्पृश्य वर्ग की नहीं। अस्पृश्य लोग जातिभेद और अस्पृश्यता का पालन करते हुए उच्च वर्ग के सिखाए पाठ को बस दोहरा रहे हैं। अगर यह पाठ झूठ के बल पर खड़ा है, तो इस पाप की ज़िम्मेदारी उन पर जाती है, जिन्होंने यह पाठ सिखाया। जिन्होंने यह पाठ दोहराया, वे इस पाप के ज़िम्मेदार नहीं हो सकते। यह जवाब अगर सही भी है, तब भी मैं इससे सन्तुष्ट नहीं हो सकता। जिन कारणों से अस्पृश्यता और जातिभेद हमारे बीच आया, उस कारण के लिए भले हम ज़िम्मेदार न हों, फिर भी हमारे बीच जो जातिभेद और अस्पृश्यता पल रही है उसका निषेध न करना, उसे उसी रूप में चलने देना, हमारे लिए हितकारी नहीं है। अस्पृश्यता और जातिभेद की शुरुआत के लिए भले हम ज़िम्मेदार न हों, लेकिन उसे नष्ट करने की ज़िम्मेदारी हमारे ऊपर है। यह ज़िम्मेदारी हम सब लोगों ने पहचानी है और इस बात पर मुझे गर्व है। मुझे अभिमान है कि महार जाति में ऐसा कोई नेता नहीं, जो यह कहता हो कि जातिभेद का पालन करो। अगर तुलना करनी हो तो वह नेताओं में ही करनी होगी। महारों में से पढ़े-लिखे वर्ग और ब्राह्मणों में से पढ़े-लिखे वर्ग के बारे में तुलना करें, तो अस्पृश्य वर्ग का शिक्षित वर्ग जातिभेद ख़त्म करने के लिए ज़्यादा अनुकूल है, इस बात से कोई इनकार नहीं कर सकता। इतना ही नहीं यह बात कृति से भी सिद्ध की जा सकती है। महारों का शिक्षित वर्ग इस सुधार के लिए अनुकूल है, इतना ही नहीं महारों की अनपढ़ जनता भी इसके लिए अनुकूल है, यह साबित किया जा सकता है। आज महारों में ऐसा एक भी व्यक्ति नहीं मिलेगा, जो महार और मांगों के बीच के रोटी-बेटी व्यवहार के ख़िलाफ़ हो। आपसी जातिभेद को नष्ट करने की अहमियत आप जानते हैं, इसका मुझे सन्तोष है। मैं आपको इसके लिए बधाई देता हूँ। लेकिन क्या कभी आपने इस बात के बारे में सोचा है कि अस्पृश्यों के बीच व्याप्त जातिभेद को कैसे नष्ट किया जा सकता है? सहभोजन करने से या

कभी-कभार सहविवाह करने से जातिभेद नष्ट नहीं होता। जातिभेद एक मानसिक स्थिति है, एक मानसिक व्यथा है। इस मानसिक व्यथा का जन्म हिन्दू धर्म की सीख के कारण होता है। हम जातिभेद का पालन इसलिए करते हैं, क्योंकि हम जिस धर्म का पालन, जिस धर्म में जी रहे हैं, वह धर्म हमें ऐसा करने के लिए कहता है। अगर कोई चीज़ कड़वी हो तो उसे मीठी बनाया जा सकता है, नमकीन, कसैली हो तो उसका स्वाद बदला जा सकता है, लेकिन विष का अमृत नहीं बनाया जा सकता। हिन्दू धर्म में रहते हुए, जातिभेद को नष्ट करेंगे, कहना लगभग विष को अमृत बनाने की बात कहने जैसा ही है।

अर्थात जिस धर्म में इंसान को इंसान से घिन करने की सीख दी जाती है, उस धर्म में हम जब तक हैं तब तक हमारे मन में व्याप्त जातिभेद की भावनाएँ कभी भी नष्ट नहीं होंगी। अस्पृश्यों में व्याप्त जातिभेद और अस्पृश्यता नष्ट करनी हो तो उन्हें धर्म-परिवर्तन ही करना पड़ेगा।

नामांतरण और धर्म-परिवर्तन

अब तक मैंने आपके सामने धर्म-परिवर्तन के कारण मीमांसा रखी है। मुझे उम्मीद है कि वह आपको सोचने के लिए उद्यत करेगी। जिनको यह कारण मीमांसा गहरी और कठिन लगी हो, उनके लिए इस विषय को जानना आसान हो, इसके लिए मैं कुछ सीधे-साधे विषय आपके सामने रखने जा रहा हूँ। इस धर्म-परिवर्तन की बात में नया क्या है? सच पूछो तो हिन्दू और आपका सामाजिक सम्बन्ध क्या है? मुसलमान लोग जितना हिन्दुओं से अलग हैं, उतने ही आप हिन्दुओं से अलग हैं। ईसाई समाज जितना हिन्दू समाज से अलग है, उतने ही आप हिन्दू समाज से भिन्न हैं। ईसाई और मुसलमान लोगों से जिस तरह हिन्दुओं का रोटी-बेटी व्यवहार नहीं होता, उस तरह आपका भी नहीं होता। आपका और हिन्दुओं का समाज आज भी अलग-अलग हैं, दो समाज हैं। धर्म-परिवर्तन करने के कारण एक समाज के दो टुकड़े हुए, ऐसा कोई नहीं कह सकता, और ऐसा किसी को लगेगा भी नहीं। आज आप लोग जिस तरह एक दूसरे से अलग हैं, उसी तरह धर्म-परिवर्तन के बाद भी अलग ही रहेंगे। धर्म-परिवर्तन के कारण नया कुछ भी नहीं होनेवाला है। यह यदि सच है, तो फिर मेरी समझ में एक बात नहीं आती कि धर्म-परिवर्तन के बारे में लोगों को कठिन क्या लगता है? दूसरी बात यह कि धर्म-परिवर्तन की बात भले आपको सही न लगी हो, नामांतरण का महत्त्व आप सब लोग जान गए हैं, उससे आप सहमत

हैं, इस बारे में कोई दो राय नहीं है। आप में से किसी से भी जब यह पूछा जाता है कि तुम्हारी जाति क्या है? तब वह बताता है चोखामेला, हरिजन वग़ैरह। लेकिन वह महार नहीं बताता। नामांतरण की ज़रूरत ना हो तो कोई नामांतरण नहीं करेगा। इस तरह नामांतरण करने की वजह साफ़ है। अपरिचित व्यक्ति को यह पता नहीं चलेगा कि स्पृश्य कौन है और अस्पृश्य कौन है, और जब तक जाति का पता नहीं चलता, तब तक स्पृश्य हिन्दुओं के मन में किसी भी प्रकार की दूषित भावना उत्पन्न नहीं होगी। यात्रा के दौरान स्पृश्य और अस्पृश्य बन्धुभाव से व्यवहार करते हैं। एक-दूसरे से पान-बीड़ी या फलों का लेन-देन होता है, लेकिन उसी व्यक्ति को अगर जाति का पता चले, और पता चले कि वह जाति अस्पृश्यों में गिनी जाती है, तो उसके मन में तिरस्कार उत्पन्न होता है। उसे ग़ुस्सा आता है, अपने को धोखा दिया गया इस बात से उसे ग़ुस्सा आता है। फिर यात्रा के दौरान बनी दोस्ती का हश्र गाली-गलौज़ और मार-पीट में होता है। यक़ीनन कइयों को इस बात का अनुभव होगा। ऐसा क्यों होता है, यह आप सब जानते हैं। आपको जो जाति वाचक नाम मिले हैं उनसे अब इतनी दुर्गंध आती है कि उसके उच्चारण मात्र से स्पृश्य लोगों को मितली होती है। और इसीलिए आप लोग अपने को महार न कहलाते हुए, चोखामेला कहकर लोगों को धोखा देने की कोशिश करते हैं! लेकिन लोग धोखा नहीं खाते। इस बात का भी आपको अनुभव है। क्योंकि चोखामेला कहिए या हरिजन कहिए लोगों को सच्चाई का पता चल ही जाता है! आपको नामांतरण की ज़रूरत है, यह आपने अपनी कृति से साबित किया है। मैं आपसे बस इतना ही पूछना चाहता हूँ कि अगर नामांतरण की आपको इतनी ज़रूरत लगती है, तो फिर धर्म-परिवर्तन में आपको क्या एतराज़ हो सकता है? धर्म-परिवर्तन एक तरह से नामांतरण ही है। धर्म-परिवर्तन के साथ होनेवाला नामांतरण आपके लिए ज़्यादा फ़ायदेमन्द रहेगा। मुसलमान या ईसाई या बौद्ध कहलाना, सिक्ख कहलाना ज़्यादा फ़ायदेमन्द रहेगा। मुलसमान या ईसाई या बौद्ध कहलाना, सिक्ख कहलाना धर्मान्तरण तो है ही, नामांतरण भी है। वह सच्चा नामांतरण है। इस नामांतरण में दुर्गंध नहीं है। लेकिन चोखामेला, हरिजन जैसे नामांतरण का कोई मतलब नहीं। पुराने नाम की गंध नये नाम से जुड़ जाएगी। जब तक आप हिन्दू धर्म में हैं, तब तक आपको नामांतरण करना ही पड़ेगा क्योंकि आप अपने को केवल हिन्दू नहीं कहला सकते। हिन्दू कोई मनुष्य प्राणी है, यह कोई पहचानता नहीं। महार कहकर नहीं चलेगा। क्यों उस नाम के उच्चारण के कारण कोई पास नहीं आएगा। मैं आपसे पूछता हूँ कि ऐसी बीच में मध्यमा स्थिति में लटके रहने के बजाय, आज एक नाम, कल

दूसरा नाम लेकर नामांतरण करते रहने से बेहतर धर्म-परिवर्तन के साथ हमेशा के लिए आप नामांतरण क्यों नहीं करते?

विरोधियों की भूमिका

धर्म-परिवर्तन का आन्दोलन शुरू होने के समय से ही कई लोगों ने इस आन्दोलन के ख़िलाफ़ कई आरोप लगाए हैं। इन आरोपों में कितने सच हैं, इस बारे में सोचना ज़रूरी है। कुछ हिन्दू लोग धार्मिकता की आड़ लेकर आपसे कह रहे हैं कि धर्म कोई उपभोग की वस्तु नहीं है! हम जिस तरह एक दिन एक कोट पहनते हैं, दूसरे दिन दूसरा कोट पहनते हैं, उस तरह धर्म बदलना सम्भव नहीं है! हिन्दू धर्म को झटककर अगर आप पराए धर्म में चले जाते हैं, तो सोचिए, आपके जो पुरखे इतने समय तक हिन्दू रहे वे क्या मूर्ख थे? कुछ सयाने लोगों ने यह सवाल पैदा किया है। मेरी नज़र में इस आरोप में कोई दम नहीं है। केवल पुरखों का धर्म है, इसीलिए किसी धर्म से चिपके रहना किसी मूर्ख को ही शोभा देगा। कोई भी सयाना आदमी इस तरह की भूमिका स्वीकार नहीं कर सकता। कहना पड़ेगा कि केवल अपने पुरखों का है, इसीलिए धर्म-परिवर्तन ना करें कहनेवालों ने शायद इतिहास नहीं पढ़ा है। पहले जो आर्यों का धर्म था, जिसे वैदिक धर्म कहा जाता है वह मुख्यतः गोमांस भक्षण करना, शराब पीना, स्वैर वर्तन, इन तीन बातों में समाया हुआ था। हज़ारों सालों तक भारत के लोगों ने इस धर्म का पालन किया। आज भी कुछ ब्राह्मणों में उस धर्म की ओर जाने की ललक जगती है। केवल पुरखों के धर्म का ही पालन करना हो तो, भारत के लोगों ने वैदिक धर्म छोड़कर बौद्ध धर्म क्यों स्वीकार किया? वैदिक धर्म छोड़कर उन्होंने जैन धर्म को स्वीकार क्यों किया? हमारे पूर्वज इस धर्म में रहे यह बात सच है, लेकिन वे अपनी ख़ुशी से रहे, सन्तोष के साथ रहे, यह मैं नहीं कह सकता। इस देश में लम्बे समय तक चातुर्वर्ण्य की व्यवस्था लागू थी। इस चातुर्वर्ण्य में ब्राह्मण शिक्षा लेते, क्षत्रिय लोग लड़ाइयाँ लड़ते, वैश्य रुपया कमाते और शूद्र सबकी सेवा करते और इस तरह के नियमों में बँधी ज़िन्दगी चलती रही। इस तरह की ज़िन्दगी में शूद्रों के पास विद्या नहीं थी, धन नहीं था, शस्त्रास्त्र भी नहीं थे। ऐसी विपन्न और निःशस्त्र स्थिति में आपके पुरखों को जीना पड़ा। उन्होंने यह धर्म सन्तोष के साथ स्वीकार किया, ऐसा कोई भी सयाना आदमी नहीं कह सकता। आपके पूर्वजों को ऐसे धर्म के ख़िलाफ़ विद्रोह करना क्या सम्भव हो पाता? इस बारे में सोचा जाना चाहिए। विद्रोह करना सम्भव होते हुए भी अगर वे विद्रोह किये बिना इस धर्म में बने रहते तो कहा जा सकता है कि उन्होंने यह धर्म

ख़ुद सन्तोष के साथ स्वीकारा था। लेकिन वास्तविकता देखें तो पता चलता है कि वे निरुपाय थे। इसीलिए उन्हें इस धर्म में रहना पड़ा, यह निर्विवाद सत्य है। इस दृष्टि से देखा जाए तो, हिन्दू धर्म हमारे पूर्वजों का धर्म न होकर उन पर ज़बरदस्ती लादी गई ग़ुलामी थी, ऐसा कहा जा सकता है। उस ग़ुलामी से अपने आपको मुक्त करने के साधन उनके पास नहीं थे। इसीलिए उस ग़ुलामी के ख़िलाफ़ वे जंग नहीं पुकार सके। उन्हें ग़ुलामी में ही रहना पड़ा। और इसके लिए उन्हें कोई दोष नहीं दे सकता। किसी के भी मन में उनके बारे में दया भाव ही उत्पन्न होगा। लेकिन आजकल की पीढ़ी पर इस तरह की ज़बरदस्ती कोई नहीं कर सकता। उन्हें हर तरह की आज़ादी है। इस आज़ादी का उपयोग करते हुए अगर वे अपने आपको आज़ाद नहीं करा सकते, तो बड़े दुःख के साथ कहना पड़ेगा कि उनके जैसा नीच, उनके जैसे अधम, उनके जैसा परोपजीवी और कोई नहीं है।

इंसान और पशु के बीच का फ़र्क़

पुरखों का धर्म है, केवल इसीलिए उससे चिपके रहना मूर्खता होगी। कोई भी सयाना आदमी इस तरह नहीं सोचेगा। जिस स्थिति में पैदा हुआ, उसी स्थिति में जीवन बिताने की बात, पशुओं के लिए ठीक होगी, इंसानों के लिए नहीं। इंसान और पशु में यही फ़र्क़ है कि वे अपनी उन्नति नहीं कर सकते। इंसान अपनी उन्नति कर सकता है। बदलाव के बग़ैर उन्नति असम्भव है। धर्म-परिवर्तन एक तरह का बदलाव है। और अगर धर्म-परिवर्तन के बग़ैर उन्नति कर पाना असम्भव हो तो धर्म-परिवर्तन करना ज़रूरी है। केवल अपने बाप-दादों का है, इसलिए धर्म को अपनी उन्नति के आड़े नहीं आने देना चाहिए।

धर्म-परिवर्तन के ख़िलाफ़ एक और मुद्दा उठाया जाता है। कुछ लोग यह कहते हैं कि—धर्म-परिवर्तन भगोड़ापन है। आज हिन्दुओं में कई लोग अपने धर्म में सुधार करने के लिए सिद्ध हैं। उनकी सहायता से जातिभेद और अस्पृश्यता नष्ट की जा सकती है। ऐसे हालात में धर्म-परिवर्तन करना पूरी तरह ग़लत है। हिन्दू समाज सुधारकों के बारे में बाकी लोगों का जो भी मत रहा हो, मेरे मन में उनके बारे में बेहद नफ़रत है। मैं उन्हें अच्छी तरह जानता हूँ और इन अधकचरे लोगों से मैं बिलकुल ऊब चुका हूँ। जो लोग अपनी जाति में रहना चाहते हैं, अपनी जाति में मरना चाहते हैं, अपनी जाति में शादी करना चाहते हैं, वे कहते हैं कि 'हम जातिभेद को ख़त्म करनेवाले हैं' और उनके इस झूठे कथन पर अस्पृश्य लोग विश्वास नहीं करते, इसलिए वे ग़ुस्सा होते हैं, यह बड़े आश्चर्य की बात है। इन लोगों की भोंड़ी बातें

सुनता हूँ, तो अमेरिका में नीग्रो लोगों को मुक्त करने के लिए जिन गोरे अमेरिकन लोगों ने कोशिश की थी, उनकी मुझे याद आती है! किसी ज़माने में अमेरिका के नीग्रो लोगों की हालत भारत के अस्पृश्य लोगों की तरह ही थी। फ़र्क़ सिर्फ़ इतना ही था कि उनकी ग़ुलामी क़ानून ने प्रस्थापित की थी और आपकी ग़ुलामी धर्म ने प्रस्थापित की है। इस ग़ुलामी से उन्हें छुटकारा दिलाने के लिए अमेरिका के कुछ सुधारक कोशिश कर रहे थे। लेकिन क्या हम, हिन्दू समाज सुधारकों की और अमेरिका के नीग्रो लोगों को ग़ुलामी से छुटकारा दिलानेवाले सुधारकों की आपस में तुलना कर सकते हैं? काले हब्शी लोगों को ग़ुलामी से छुटकारा दिलाने के लिए अपने ही रक्त-मांस के गोरों के साथ अमेरिकन सुधारवादियों को तगड़ी लड़ाई लड़नी पड़ी। उन्हें ग़ुलामी में रखना चाहिए, कहनेवाले कई गोरों की उन्होंने जानें लीं, इस कोशिश में अपने कई लोगों की जानें गँवाईं। उन प्रसंगों के वर्णन जब इतिहास में पढ़ते हैं, और हमारे समाज सुधारकों के चित्र आँखों के सामने लाते हैं तब कहना पड़ता है, "कहाँ राजा भोज और कहाँ गंगू तेली!" अपने आपको सुधारक कहलाने वाले भारत के अस्पृश्यों के मददगारों से पूछने का मन होता है कि अमेरिका के गोरों ने नीग्रों के छुटकारे के लिए जो आपस में ही गृहयुद्ध किया था, वैसा मुक़ाबला करने के लिए क्या आप सिद्ध हैं? अगर आप तैयार नहीं हैं, तो सुधार की खोखली बातें करने में क्या धरा है? हिन्दुओं में अस्पृश्यों के लिए लड़नेवाले सबसे बड़े व्यक्ति हैं गांधी! उनकी सोच और पहुँच कहाँ तक है? अंग्रेज़ सरकार के ख़िलाफ़ निःशस्त्र प्रतिकार की लड़ाई लड़नेवाले गांधी अस्पृश्य लोगों पर ज़ुल्म करनेवाले हिन्दुओं का मन दुखाने के लिए तक तैयार नहीं हैं! उनके ख़िलाफ़ सत्याग्रह करने के लिए तक तैयार नहीं हैं! इतना ही नहीं उनके ख़िलाफ़ क़ानूनी इलाज करने के लिए भी तैयार नहीं हैं! इन सुधारकों की उपादेयता क्या है, मैं समझ नहीं पा रहा हूँ।

असल में ग़लती स्पृश्य लोगों की है

कुछ लोग अस्पृश्यों की सभाओं में आकर स्पृश्यों को बड़े ही जोश के साथ गालियाँ देंगे। कुछ लोग अस्पृश्यों की सभा में आकर बड़ी अकड़ के साथ, अस्पृश्यों से कहेंगे कि भाइयो, आप साफ़-सुथरे रहें, शिक्षित हो जाइए, अपने पैरों पर खड़े रहें, आदि-आदि। सच कहें तो अगर कोई आरोपी है तो यहाँ स्पृश्य वर्ग ही आरोपी है। ग़लती स्पृश्य वर्ग से ही हो रही है। लेकिन कोई स्पृश्य वर्ग की सभा लेकर उन्हें दो-चार बातें समझाएँगे? बिलकुल नहीं। हिन्दू धर्म में रहते हुए ही आप अपनी लड़ाई जारी रखें, हम-आप मिलकर उसे जारी रखेंगे कहनेवाले सुधारकों को मुझे

दो बातों की याद दिलाना ज़रूरी लगता है। बीते महायुद्ध में, एक अमेरिकन और एक अंग्रेज़ आदमी के बीच हुआ वार्तालाप मैंने पढ़ा था, वह काफ़ी बोधप्रद होने के नाते यहाँ उसका ज़िक्र करना मुझे उचित लगता है। उनकी बातचीत का विषय था, लड़ाई कब तक जारी रखी जाए। उस अमेरिकी आदमी के प्रश्न का जवाब देते हुए अंग्रेज़ आदमी ने अकड़कर कहा था, "आख़िरी फ्रेंच आदमी मारे जाने तक हम यह लड़ाई लड़ेंगे!" हिन्दू समाज सुधारक जब कहते हैं, कि अस्पृश्यता की लड़ाई हम आख़िर तक लड़ेंगे, तब आख़िरी अस्पृश्य मारे जाने तक लड़ेंगे। कम-से-कम उसका यही मतलब मेरी समझ में आया है। किसी और का सिर हथेली पर लेकर युद्ध क्षेत्र में उतरनेवालों पर हमें कितना भरोसा करना होगा, इस बारे में फ़ैसला करना आपके लिए भी मुश्किल नहीं है। हमारी लड़ाई में अगर हम ही मरनेवाले हैं तो फिर बेकार की जगह लड़ाई छेड़ने का मतलब ही क्या है! हमारा उद्देश्य हिन्दू समाज में सुधार लाना नहीं है। असल में, वह हमारा काम भी नहीं है। अपनी आज़ादी प्राप्त करना हमारा उद्देश्य है। इसके अलावा हमें और कुछ करना नहीं है। धर्म-परिवर्तन से अगर हमें आज़ादी मिलती हो तो हिन्दू समाज की लड़ाई में हम अपनी गर्दन क्यों फँसाएँ? उस लड़ाई में अपनी ताक़त/सामर्थ्य की, शक्ति और धन की आहुति क्यों दें? कोई यह ग़लतफ़हमी क़तई न पाले कि हिन्दू समाज में सुधार लाना, यही अस्पृश्यता निवारण आन्दोलन का मुख्य उद्देश्य है। अस्पृश्यता निवारण आन्दोलन का प्रमुख उद्देश्य अस्पृश्यों को सामाजिक आज़ादी उपलब्ध करा देना ही है। और यह भी सच है कि यह आज़ादी धर्म-परिवर्तन के बग़ैर उन्हें मिलनेवाली नहीं है। अस्पृश्यों को समाज में समता का स्थान पाना है। मैं यह बात मानता हूँ। सचमुच समता की प्राप्ति यह उनके आन्दोलन का एक उद्देश्य है। लेकिन उस समता को पाने के लिए उन्हें हिन्दू धर्म में रहना चाहिए, वरना उन्हें समता मिलेगी नहीं, ऐसा कोई कह नहीं सकता। समता प्राप्त करने के दो रास्ते मुझे दिखाई देते हैं, हिन्दू धर्म में रहकर समता प्राप्त करना या फिर धर्म-परिवर्तन कर समता प्राप्त करना। हिन्दू धर्म में रहकर समता प्राप्त करनी हो तो केवल छुआछूत से पिंड छुड़ाकर काम नहीं बन सकता। रोटी-बेटी व्यवहार हुआ तो ही समानता प्राप्त हो सकती है। इसका मतलब यही है कि चातुर्वर्ण्य व्यवस्था ख़त्म हो जानी चाहिए। और ब्राह्मण धर्म का ख़ात्मा हो जाना चाहिए। क्या यह बात सम्भव है? अगर सम्भव नहीं हो तो हिन्दू धर्म में रहते हुए समता की उम्मीद करना क्या सही होगा? इस कोशिश में क्या आप सफलता पाएँगे? उस तुलना में धर्म-परिवर्तन का रास्ता बहुत आसान है। हिन्दू समाज, मुसलमान समाज के साथ समानता से पेश

आता है। हिन्दू समाज, ईसाई समाज के साथ समानता से पेश आता है। यानी कि धर्म-परिवर्तन से बड़ी सहजता से सामाजिक समता प्राप्त हो सकती है। अगर यह सच है तो फिर आप धर्म-परिवर्तन जैसे आसान तरीक़े क्यों नहीं अपनाते हैं? मेरे मत में धर्म-परिवर्तन का उपाय अस्पृश्यों की तरह हिन्दुओं के लिए भी सुखावह होनेवाला है। हिन्दू धर्म में रहेंगे, तब तक आपको उनके साथ छुआछूत के लिए, पानी के लिए, रोटी के लिए, बेटी के लिए संघर्ष करते, झगड़ते रहना पड़ेगा। जब तक यह संघर्ष जारी रहेगा, तब तक आपमें और उनमें यह बखेड़ा जारी रहेगा। आप एक-दूसरे के दुश्मन बने रहेंगे। धर्म-परिवर्तन किया तो कलह की जड़ ही मिट जाएगी। आपको उनके मन्दिरों पर हक़ बताने का अधिकार नहीं रहेगा और ज़रूरत भी नहीं रहेगी। सहभोजन कीजिए, सहविवाह कीजिए आदि सामाजिक अधिकार के लिए संघर्ष की वजह ही ख़त्म हो जाएगी। ये झगड़े मिटेंगे, तो आपस में भाईचारा बढ़ेगा, आपस में प्रेम पैदा होगा। आज मुसलमान और ईसाई समाज के साथ हिन्दुओं के कैसे सम्बन्ध हैं, देखिए। आपकी तरह हिन्दू लोग मुसलमान या ईसाई लोगों को भी अपने मन्दिरों में आने नहीं देते। आपकी ही तरह उनके साथ भी रोटी-बेटी व्यवहार नहीं करते। इसके बावजूद उनमें और हिन्दुओं के बीच जो भाईचारा है, वह आपके और हिन्दुओं के बीच नहीं है। इस फ़र्क़ का कारण यही है कि हिन्दू धर्म में रहने के कारण हिन्दू समाज के साथ सामाजिक और धार्मिक अधिकारों के लिए आपको संघर्ष करना पड़ता है। लेकिन हिन्दू धर्म से बाहर जाने के कारण उन्हें हिन्दुओं के साथ धार्मिक और सामाजिक अधिकारों के लिए झगड़ना नहीं पड़ता। दूसरी बात यह है कि हिन्दू समाज में उन्हें किसी भी तरह से सामाजिक अधिकार न होते हुए भी, यानी कि उनके साथ किसी भी तरह रोटी या बेटी व्यवहार नहीं होते हुए भी हिन्दू समाज उनके साथ असमान व्यवहार नहीं करता। धर्म-परिवर्तन से अगर समानता प्राप्त होती है, धर्म-परिवर्तन से अगर हिन्दू और अस्पृश्य के बीच भाईचारा पैदा हो सकता है, तो फिर समता प्राप्त करने का यह सीधा-सादा और आसान उपाय अस्पृश्य लोगों से क्यों न स्वीकारा जाए? इस तरह से देखा जाए तो धर्म-परिवर्तन का यह मार्ग सही मायनों में आज़ादी दिलानेवाला है। इस पर चलकर हम सही मायनों में समता पा सकते हैं। धर्म-परिवर्तन का मार्ग भगोड़ेपन का मार्ग नहीं है। वह डरपोक तरीक़ा भी नहीं है। वह एक अक्लमन्दी का रास्ता है। धर्म-परिवर्तन के ख़िलाफ़ एक और मुद्दा उठाया जाता है। कुछ हिन्दू लोगों का कहना है कि जातिभेद से परेशान होकर धर्म-परिवर्तन करने में कुछ नहीं धरा है। हिन्दू लोग बताते हैं, आप कहीं भी जाइए, जातिभेद है, मुसलमानों में

जातिभेद है, ईसाइयों में जातिभेद है। दुर्भाग्य से इस बात से इनकार नहीं किया जा सकता कि हिन्दू धर्म के अलावा भारत के अन्य धर्मों में भी जातिभेद ने जड़ें जमाई हैं। लेकिन इस पाप के धनी हिन्दू लोग ही हैं। उन्हीं के ज़रिये यह रोग फैला है और बाकी लोग भी इसके शिकार हुए हैं। उनकी दृष्टि से इसका कोई इलाज नहीं है। ईसाई और मुसलमानों में जो जातिभेद है, वह हिन्दुओं जैसा ही है, यह कहना ग़लत होगा। हिन्दुओं के जातिभेद और मुसलमान और ईसाइयों के बीच के जातिभेद में बहुत फ़र्क़ है। पहले इस बात को ध्यान में लेना ज़रूरी है कि मुसलमान और ईसाइयों में अगर जातिभेद है भी तो वह उस समाज का प्रमुख अंग नहीं है। 'तुम कौन हो?' इस सवाल के लिए जब कोई 'मैं मुसलमान हूँ', या 'मैं ईसाई हूँ', यह जवाब देता है तो पूछने वाले की जिज्ञासा शान्त होती है। लेकिन अगर उसने, 'मैं हिन्दू हूँ', यह जवाब दिया तो किसी को सन्तोष नहीं हो सकता। तुरन्त पूछा जाता है, 'तुम्हारी जात क्या है?' और इस सवाल का जवाब पाए बग़ैर उसकी स्थिति का सही अन्दाज़ा नहीं लगाया जा सकता। इससे पता चलता है कि हिन्दू धर्म में जाति को कितना महत्त्व दिया गया है, और मुसलमान और ईसाई धर्म को कितना गौण स्थान प्राप्त है। ऊपर दिये गए उदाहरण से यह मुद्दा अपने आप साबित हो जाता है। इसके अलावा हिन्दुओं के जातिभेद तथा मुसलमान और ईसाइयों के बीच के जातिभेद में और भी एक महत्त्वपूर्ण फ़र्क़ है। हिन्दुओं के जातिभेद की जड़ में उनका धर्म है। मुसलमान और ईसाइयों के जातिभेद की जड़ में उनके धर्म का अधिष्ठान नहीं है। हिन्दू अगर कहे कि हम जातिभेद नष्ट करेंगे तो उनका धर्म उनके आड़े आएगा, लेकिन मुसलमान और ईसाई अगर कहें कि हम जातिभेद को नष्ट करेंगे तो उनके इस इरादे के बीच उनका धर्म आड़े नहीं आएगा। इतना ही नहीं, ऐसे काम में हो सकता है उन्हें अपने धर्म से बड़ी मदद मिल सकती है। समर्थन प्राप्त हो सकता है। जातिभेद सर्वत्र है, यह अगर मान भी लिया जाए, तो उसका निष्कर्ष यह क़तई नहीं निकलता कि हमें हिन्दू धर्म में ही रहना है। जातिभेद अगर अनिष्ट है, तो हमें यह मानना होगा कि जिस समाज में जाने से जातिभेद की तीव्रता कम भोगनी पड़ेगी अथवा जिस धर्म में जाने से जातिभेद को जल्द से जल्द, आसानी से और सहजता से मिटाया जा सकेगा, उस समाज में जाना चाहिए, यही सही और तर्क पर खरा उतरनेवाला सिद्धान्त है।

'केवल धर्म-परिवर्तन से क्या होगा? आप अपनी धार्मिक और शैक्षणिक स्थिति में सुधार लाने की कोशिश कीजिए', कुछ हिन्दू लोग ऐसा भी बताते हैं। इस सवाल के कारण हममें से कुछ लोग दुविधा में पड़ सकते हैं। इसीलिए इस बारे में सोचना

ज़रूरी है, ऐसा मुझे लगता है। पहले यह सोचना होगा कि आपकी आर्थिक और शैक्षणिक हालात में सुधार लाने की कोशिश कौन करेगा? आप? या फिर आपको जो इस तरह का उपदेश देते हैं वे लोग? जो हिन्दू लोग आपको इस तरह का उपदेश देते हैं, वे बोलने के अलावा और कुछ करेंगे, ऐसा नहीं लगता, करने की उनकी कोई तैयारी भी देखने में नहीं आई है। उलटे, अपनी जाति के प्रति जागरूक रहकर, अपनी जाति की आर्थिक हालत सुधारने में हिन्दू लोग लगे हुए हैं। ब्राह्मण लोग ब्राह्मण औरतों के लिए प्रसूतिगृह, ब्राह्मण बच्चों के लिए स्कॉलरशिप, ब्राह्मण बेकारों को नौकरी दिलाना आदि कामों में लगे हुए हैं। सारस्वत भी यही कर रहे हैं। कायस्थ, मराठे यही करने में लगे हुए हैं। 'हर कोई अपने लिए और जिसका कोई नहीं उसका ख़ुदा', ऐसी हालत यहाँ है। आपको अपनी उन्नति ख़ुद हासिल करनी होगी। कोई और आपकी मदद नहीं करेगा। अगर सही स्थिति ऐसी है, तो इन लोगों की ओर ध्यान देकर क्या हासिल होगा? केवल दिग्भ्रमित कर समय गँवाने के अलावा इसका और कोई मतलब नहीं हो सकता। अगर आपको ख़ुद अपनी हालत में सुधार करना हो, तो फिर हिन्दू लोगों के कथनों पर ध्यान देने की कोई ज़रूरत नहीं है। असल में उपदेश देने का उन्हें कोई अधिकार भी नहीं है। तथापि, इतना ही कहकर इस सवाल को मैं यूँ ही छोड़ नहीं देना चाहता। इसका खंडन करना मुझे आवश्यक लगता है।

जो हिन्दू लोग यह पूछते हैं कि 'केवल धर्मान्तरण से क्या होगा?' उनकी विचार शून्यता पर मुझे बड़ा अचरज होता है। भारत के सिक्ख, मुसलमान और ईसाई लोग पहले सब हिन्दू ही थे, और उनमें से ज़्यादातर शूद्र और अस्पृश्य थे। जिन हिन्दू लोगों ने हिन्दू धर्म छोड़कर सिक्ख धर्म अपनाया, ईसाई धर्म अपनाया उनकी कोई उन्नति नहीं हुई, क्या ऐसा इन लोगों का कहना है? अगर उनका कहना सच नहीं हुआ, धर्म-परिवर्तन से उसकी उन्नति हुई है यह अगर मानना पड़े तो धर्म-परिवर्तन से अस्पृश्यों की उन्नति नहीं होगी, कहने में कितनी सच्चाई हो सकती है, इसके बारे में वे ख़ुद सोचें। धर्म-परिवर्तन से कुछ नहीं होगा, कहनेवालों का मतलब शायद यही होता है कि धर्म बेकार की चीज़ है। यह मेरी समझ में नहीं आता कि लोग यह कहते हैं कि धर्म बेकार की चीज़ है, उससे न कोई लाभ होता है न कोई नुक़सान होता है, वे इस बात का आग्रह क्यों कर रहे हैं कि अस्पृश्य लोग हिन्दू धर्म में ही रहें। धर्म ही बेमतलब की चीज़ है, माननेवाले इस बारे में क्यों माथापच्ची करें कि कोई किसी धर्म में रहे या उस धर्म को छोड़कर चला जाए? केवल धर्म-परिवर्तन से क्या होगा, ऐसा जो हिन्दू लोग पूछते हैं उनसे मैं पूछना चाहता हूँ कि केवल स्वराज

से क्या होगा? भारत के लोगों की भी अस्पृश्य लोगों की तरह ही आर्थिक और शैक्षणिक प्रगति होना ज़रूरी अगर है, तो फिर केवल स्वराज से क्या फ़ायदा? और यदि केवल स्वराज से देश का फ़ायदा होता हो तो धर्म-परिवर्तन से भी अस्पृश्यों को फ़ायदा होना ही चाहिए। गहरे सोच-विचार के बाद सबको यह मानना ही पड़ेगा कि स्वराज की जितनी आवश्यकता देश को है, उतनी ही धर्म-परिवर्तन की अस्पृश्यों को आवश्यकता है। देश को जितना स्वराज का महत्त्व है, उतना ही अस्पृश्यों के लिए धर्म-परिवर्तन का महत्त्व है। धर्मान्तरण और स्वराज इन दोनों का अन्तिम उद्देश्य एक ही है। उनके अन्तिम उद्देश्य में किसी तरह का कोई भेदभाव नहीं। वह अन्तिम उद्देश्य है, स्वतंत्रता की प्राप्ति। आज़ादी अगर मनुष्य मात्र के जीवन के लिए आवश्यक है, तो जिस धर्म-परिवर्तन से अस्पृश्यों को आज़ाद ज़िन्दगी जीने को मिलेगी वह धर्म-परिवर्तन निरर्थक है, ऐसा कोई कह नहीं सकता।

पहले उन्नति या पहले धर्म-परिवर्तन?

यहाँ इस बात पर विचार करना भी मुझे ज़रूरी लगता है कि पहले आर्थिक उन्नति के बारे में सोचा जाना चाहिए कि पहले धर्म-परिवर्तन के बारे में सोचा जाना चाहिए? आर्थिक उन्नति के बारे में पहले सोचा जाना चाहिए, कहनेवालों से मैं असहमत हूँ। पहले धर्म-परिवर्तन और बाद में आर्थिक उन्नति या फिर पहले उन्नति और बाद में धर्म-परिवर्तन का विवाद पहले राजनीतिक उन्नति या पहले सामाजिक उन्नति के विवाद जैसा बिलकुल नीरस है। सामाजिक उन्नति के लिए कई साधनों की ज़रूरत होती है। और वे सभी अपने-अपने तरीक़े से उन्नति के आवश्यक अंग ही होते हैं। उनमें से फलाँ का प्रयोग पहले करना है, और फलाँ का बाद में करना है, इस तरह हमेशा अनुक्रम नहीं लगाया जा सकता। लेकिन अगर इसी तरह का अनुक्रम रखना हो तो, 'पहले धर्म-परिवर्तन या पहले आर्थिक उन्नति?' इस सवाल का जवाब देना हो तो मैं धर्म-परिवर्तन को ही अग्रक्रम देना चाहूँगा। जब तक आप पर अस्पृश्यता का कलंक लगा हुआ है तब तक आपकी आर्थिक उन्नति कैसे हो पाएगी, यह मेरी समझ में नहीं आ रहा। आप में से किसी ने अगर कोई दुकान खोली तो जब इस बात का पता चलेगा कि दुकानदार अस्पृश्य है तो कोई आपकी दुकान से माल नहीं ख़रीदेगा। नौकरी पाने के लिए अगर आपमें से किसी ने अर्जी दी और पता चला कि उम्मीदवार अस्पृश्य है, तो आपको नौकरी नहीं मिलेगी। अगर किसी को खेती की ज़मीन बेचनी हो और आपको पता चले, आप ख़रीदना चाहें और बेचनेवाले को पता चले कि आप अस्पृश्य हैं, तो वह आपको अपनी ज़मीन बेचेगा नहीं।

आप कोई भी मार्ग भले चुन लीजिए, लेकिन अस्पृश्य होने के नाते उनमें से किसी मार्ग पर चलकर आपकी आर्थिक उन्नति नहीं होगी। अस्पृश्यता हमेशा आपकी उन्नति की राह का अड़ंगा बनी रहेगी। उसे हटाए बग़ैर आपकी राह आसान नहीं होनेवाली। धर्म-परिवर्तन के बग़ैर उसे हटाना सम्भव नहीं। आप में कुछ युवक आजकल शिक्षा के क्षेत्र में भाग्य आजमाना चाहते हैं। उसके लिए जहाँ कहीं से भी हो सके, वे रुपयों का बन्दोबस्त करना चाहते हैं। इन पैसों के लालच के कारण जहाँ हैं, वहीं रहकर उन्नति करने के बारे में आप सोच रहे हैं। लेकिन ऐसे युवकों से मैं पूछना चाहता हूँ कि अगर शिक्षा लेने के बाद उसके अनुकूल नौकरी पाने की अगर कोई तज़वीज़ नहीं है तो फिर केवल शिक्षा पाकर क्या होगा? आप शिक्षा लेकर क्या करेंगे? हममें से जो पढ़े-लिखे लोग हैं उनमें से कई लोग तो बेकार हैं, उनके पास कोई काम नहीं है। ऐसी शिक्षा का आप करेंगे क्या? मेरे मत में, इस बेकारी की बड़ी वजह अस्पृश्यता ही है। अस्पृश्यता के कारण ही आपके गुणों की क़दर नहीं होती। अस्पृश्यता के कारण आपकी योग्यता बेकार चली जाती है। अस्पृश्यता के कारण आपको सेना से निकाल दिया जाता है। अस्पृश्यता के कारण आपको पुलिस में नहीं लिया जाता। अस्पृश्यता के कारण ही आप चपरासी की जगह नहीं पा सकते। अस्पृश्यता के कारण ही आप ऊँचे पदों तक पहुँच नहीं सकते। अस्पृश्यता एक शाप है। उससे आप पीड़ित हैं। उसके कारण आपकी योग्यता भस्म हो चुकी है। ऐसी हालत में आप गुणसंपादन कैसे करेंगे? और यदि किया भी तो उससे फ़ायदा क्या होगा? आपको अगर लगता है कि अपने गुणों का सही सम्मान हो, अपनी शिक्षा का कुछ इस्तेमाल हो, आर्थिक उन्नति के द्वार आपके लिए खुल जाएँ तो पहले आपको अपनी अस्पृश्यता से छुटकारा पाना होगा।

धर्म-परिवर्तन के बारे में कुछ आशंकाएँ

यहाँ तक हमने धर्म-परिवर्तन के लिए विरोधकों ने कारण दिये हैं, उन पर विचार किया है। अब उन आशंकाओं के निराकरण की मैं कोशिश करता हूँ जो धर्म-परिवर्तन के बारे में सहानुभूति रखनेवालों ने उपस्थित की हैं। पहले यह कि मैंने सुना है कि हमारे कई महान बन्धुओं को चिन्ता है कि अगर उन्होंने धर्म-परिवर्तन किया तो उनके वतन (महारकी—लगान माफ़ी) का क्या होगा? उच्च वर्ग के धर्म-परिवर्तन विरोधियों ने गाँव-गाँव के महारों के मन में यह डर डाल दिया है कि यदि आपने धर्म-परिवर्तन किया तो फिर आपकी महारकी जाएगी। महारकी जाएगी तो ख़ुद मुझे किसी तरह का ख़ेद नहीं होगा, यह बात आप सब लोग जानते हैं। महारों

को अधोगति तक ले जानेवाली यदि कोई बात हो तो वह है, महारकी। अपना यह मत पिछले दस सालों से मैं लोगों के सामने रखता रहा हूँ। जिस दिन महारकी की बेड़ियों से आपको छुटकारा मिलेगा, उस दिन मैं समझूँगा कि आपके उद्धार का मार्ग खुल गया। इसके बावजूद, जिन्हें महारकी चाहिए, उनको मैं आश्वासन देना चाहूँगा कि धर्म-परिवर्तन करने से उनकी महारकी को कोई नुक़सान नहीं पहुँचेगा। इस बारे में 1850 के क़ानून का ज़िक्र करना होगा। इस क़ानून की धारा के अनुसार किसी भी आदमी के केवल धर्म-परिवर्तन करने से वारिस या मालमत्ता के अधिकारों में कोई बाधा नहीं आनी चाहिए। केवल क़ानूनी प्रावधान से जिन्हें सन्तोष नहीं होता, वे नगर ज़िले के हालात पर ध्यान दें। नगर ज़िले के कई महार ईसाई हो गए हैं। कई घरों में तो हालत यह है कि कुछ लोग ईसाई हो गए हैं और कुछ लोग महार ही रह गए हैं। इसके बावजूद, जो ईसाई हुए हैं, उनका वतन पर से अधिकार ख़त्म नहीं हुआ है। नगर के महारों से आपको इसका उदाहरण मिल जाएगा। इसीलिए, यह डर कोई न पाले कि धर्म-परिवर्तन से महारकी के लिए जोखिम पैदा होगा।

दूसरी आशंका राजनीतिक अधिकारों के बारे में है। कई लोगों ने यह आशंका व्यक्त की है कि धर्म-परिवर्तन करने से हमारे अधिकारों का क्या होगा? कोई यह नहीं कह सकता कि अस्पृश्य वर्ग को मिले राजनीतिक अधिकारों का महत्त्व मैं नहीं पहचानता। ये राजनीतिक अधिकार पाने के लिए मैंने जितनी मेहनत और कोशिशें की हैं, उतनी किसी और ने नहीं की हैं। हालाँकि, राजनीतिक अधिकारों पर ज़्यादा ज़ोर देना ठीक नहीं, ऐसा मुझे लगता है। जो राजकीय अधिकार दिये गए हैं वे यावच्चंद्रदिवाकरौ की शर्त पर—यानी जब तक सूरज-चन्द्र हैं—तब तक नहीं दिये गए हैं। वे कभी न कभी ख़त्म होने ही वाले हैं। अंग्रेज़ सरकार ने न्याय किया था, उसमें ख़ुद के दिये राजनीतिक अधिकारों की काल-सीमा बीस साल तय की थी। पुणे क़रार में इस तरह की काल-सीमा तय नहीं की गई है, लेकिन उसका मतलब उसमें असीम समय दिया गया है, ऐसा कोई नहीं कह सकता। जो लोग राजनीतिक अधिकारों को महत्त्व देते हैं, वे सोचें कि उन अधिकारों के नष्ट होने पर स्थितियाँ क्या होंगी? जब ये राजनीतिक अधिकार ख़त्म हो जाएँगे, तब हमें अपनी सामाजिक सामर्थ्य का ही सहारा रहेगा। और ऐसी ताक़त/सामर्थ्य अपने पास नहीं है, यह मैं पहले ही कह चुका हूँ। और ऐसा सामर्थ्य हमें धर्म-परिवर्तन किये बिना नहीं मिल सकता, यह भी मैं ऊपर बता चुका हूँ। पास की सोचकर अब चलेगा नहीं। तुरन्त मिलनेवाले लाभ के कारण शाश्वत हित किस बात में है, इस बात पर न सोचना अतीव दुखदायी हो सकता है। ऐसी स्थितियों में शाश्वत लाभ किन बातों में है,

इसके बारे में सबको सोचना चाहिए। मेरे मत में, शाश्वत हित के नज़रिये से देखें तो धर्म-परिवर्तन का मार्ग ही सही मार्ग है। उसके लिए अगर राजनीतिक अधिकारों को छोड़ना भी पड़े तो उससे ज़्यादा डरना नहीं चाहिए। धर्म-परिवर्तन से राजनीतिक अधिकारों को किसी भी तरह से कोई नुक़सान नहीं पहुँचता। धर्म-परिवर्तन करने से अपने राजनीतिक अधिकारों को क्यों नुक़सान पहुँचे, यह बात मेरी समझ में नहीं आती। आपके जो राजनीतिक अधिकार हैं, वे आप जहाँ भी जाएँ, आपके साथ ही रहेंगे। इस बारे में मुझे किसी भी तरह की कोई आशंका महसूस नहीं होती। आप अगर मुसलमान बनेंगे, तो मुसलमान के तौर पर आपको राजनीतिक अधिकार मिलेंगे। आप ईसाई बनेंगे तो ईसाइयों की तरह आपको राजनीतिक हक़ मिलेंगे। सिक्ख बनेंगे तो सिक्खों को मिलनेवाले राजनीतिक अधिकार आपको मिलेंगे। राजनीतिक अधिकार जनसंख्या पर आधारित है। जिस समाज की जनसंख्या बढ़ेगी, उस समाज के राजनीतिक अधिकारों में भी बढ़ोतरी होगी। अगर हम हिन्दू समाज छोड़कर जाएँगे तो हमारी पन्द्रह जगहें हिन्दू समाज को मिलेंगी ऐसा भ्रम कोई न पाले। हम अगर मुसलमान बनेंगे, तो आज जो मुसलमानों की जगहें हैं, उनमें पन्द्रह की बढ़ोतरी होगी। हम अगर ईसाई बनेंगे तो हमारी जगहें ईसाई समाज को मिलनेवाली जगहों के साथ जुड़ जाएँगी और उनकी संख्या बढ़ेगी। कुल मिलाकर बात यही है कि हम जहाँ जाएँगे वहाँ हमारे राजनीतिक अधिकार भी जाएँगे। इसलिए इस बारे में डरने जैसी कोई बात है ही नहीं। उलटे अगर हमने धर्म-परिवर्तन नहीं किया, और हिन्दू धर्म में ही रहे तो क्या हमारे अधिकार हमें मिलेंगे? इस बारे में सोचिए। मान लीजिए, हिन्दू लोग यदि अस्पृश्यता को नहीं मानते हैं, और अगर माना जाए तो वह एक गुनाह होगा, इस आशय का एक क़ानून पास कराते हैं, और इस तरह का क़ानून बनाने के बाद यदि आपसे पूछते हैं कि 'हमने आपकी अस्पृश्यता क़ानूनन मिटा दी है, अब आप अस्पृश्य नहीं रहे। आप ग़रीब और दरिद्र हैं। दरिद्र जातियों को हमने राजनीतिक अधिकार दिये नहीं हैं, फिर आपको क्यों दें?

तो इस सवाल का आप क्या जवाब देंगे, इस बारे में भी आपको सोचना होगा। मुसलमान लोग, ईसाई लोग बड़ी आसानी से इसका जवाब दे सकते हैं। वे कहेंगे, हमारा समाज दरिद्र है, अज्ञानी है, पिछड़ा है, इसलिए हमें अलग राजनीतिक अधिकार नहीं दिये गए हैं। हमें ये अधिकार मिले हैं, क्योंकि हमारा धर्म अलग है, हमारा समाज अलग है, और जब तक हमारा धर्म अलग है तब तक हमें अपना राजनीतिक अधिकार मिलना चाहिए। आप जब तक हिन्दू धर्म में हैं, तब तक इस तरह का रुख़ अपना नहीं सकते हैं। जिस दिन आप धर्म-परिवर्तन करके हिन्दू धर्म

से अलग हो जाएँगे, तब आप इस तरह का रुख़ अपना सकते हैं। जब तक आप इस तरह अलग खड़े होकर अपने अधिकारों की माँग नहीं कर सकते, तब तक आपके अधिकार सुरक्षित रहेंगे, इसका भी कोई भरोसा नहीं है। अपने राजनीतिक अधिकारों को शाश्वत मानकर चलना, अज्ञानता का लक्षण है। इस दृष्टि से देखा जाए तो धर्म-परिवर्तन राजनीतिक अधिकारों से विरोधी न होकर उनके संवर्द्धन का ही वह एक हिस्सा है, ऐसा माना जा सकता है।

आप हिन्दू धर्म में रहेंगे, तो आपके राजनीतिक अधिकार जाएँगे। राजनीतिक अधिकारों को बचाना हो तो धर्म-परिवर्तन कीजिए। धर्म-परिवर्तन से वे कायम रहेंगे।

उपसंहार

मैंने अपना मन बना लिया है। यह पक्का है कि मैं धर्म-परिवर्तन करनेवाला हूँ। मेरा धर्म-परिवर्तन किसी भी प्रकार के ऐहिक लाभ के लिए नहीं है। मेरे धर्म-परिवर्तन की जड़ में आध्यात्मिक भावना के अलावा कोई अन्य भावना नहीं। हिन्दू धर्म मेरी बुद्धि की कसौटी पर खरा नहीं उतरता। हिन्दू धर्म मेरे स्वाभिमान को रास नहीं आता। लेकिन आप लोगों को आध्यात्मिक लाभ के साथ ऐहिक लाभ के लिए भी धर्म-परिवर्तन करना ज़रूरी है। कुछ लोग ऐहिक लाभों के लिए धर्म-परिवर्तन करने की कल्पना पर हँसते हैं, और उसका उपहास करते हैं। ऐसे लोगों को मूर्ख कहने में मुझे किसी तरह का संकोच महसूस नहीं होता। मरने के बाद आत्मा का क्या होगा यह बतानेवाला धर्म, हो सकता है अमीरों के काम की चीज़ हो। ख़ाली समय में ऐसे धर्म के बारे में सोचकर वे अपना मनोरंजन कर सकते हैं। ज़िन्दा रहते हुए जिन्होंने सुख भोगा, उन्हें इस बात की फ़िकर होना स्वाभाविक है कि मरने के बाद भी उन्हें सुख मिलता रहे और जिसमें इस बारे में बताया जाता है, वही धर्म उन्हें श्रेष्ठ लगे। यह बिलकुल स्वाभाविक है। लेकिन किसी धर्म में रहकर जो बिलकुल राख बनते आए हैं, जो अन्न और वस्त्र तक से वंचित हैं, जिनके प्रति लोगों की इंसानियत ग़ायब हो गई है वे लोग धर्म के बारे में ऐहिक तरीक़े से ना सोचें तो क्या आँखें मूँदकर आकाश की ओर देखते रहें? इन अमीरों के वेदान्तों का ग़रीबों को क्या उपयोग?

धर्म इंसानों के लिए होता है

मैं तो आपको साफ़ तौर पर यह बताना चाहता हूँ कि इंसान धर्म के लिए नहीं बल्कि धर्म इंसान के लिए होता है। इंसानियत पानी हो तो धर्म-परिवर्तन करें। संगठन

बनाना हो तो धर्मान्तरण करें। समता पानी हो तो धर्म-परिवर्तन करें। आज़ादी पानी हो तो धर्म-परिवर्तन करें। गृहस्थी में सुख लाना है तो धर्म-परिवर्तन करें। जो धर्म आपकी इंसानियत की इज़्ज़त नहीं करता, उस धर्म में आप क्यों रहते हैं? जो धर्म आपको शिक्षा लेने की इजाज़त नहीं देता, उस धर्म में आप क्यों रहते हैं? जो धर्म आपको पानी मिलने नहीं देता, उस धर्म में आप क्यों रहते हैं? जो धर्म आपकी नौकरी के आड़े आता है, उस धर्म में आप क्यों रहते हैं? जो धर्म क़दम-क़दम पर आपकी मानहानि करता है, उस धर्म में आप क्यों रहते हैं? जिस धर्म में इंसान के साथ इंसानियत के व्यवहार करने की मनाही हो, वह धर्म नहीं सीना-ज़ोरी की सजावट है। जिस धर्म में इंसान की इंसानियत को पहचानना अधर्म माना जाता है, वह धर्म नहीं रोग है! जिस धर्म में अमंगल पशु का स्पर्श हो तो चलता है, लेकिन इंसान का स्पर्श निषिद्ध है, वह धर्म नहीं पागलपन है। जो धर्म यह बताता है कि समाज का एक वर्ग विद्या सीखने से वंचित रहे, धनसंचय न करे, शस्त्र धारण न करे वह धर्म नहीं मानव के जीवन की विडम्बना है। जो धर्म अनपढ़ों को अनपढ़ रहने की, निर्धनों को निर्धन रहने की सीख देता है, वह धर्म नहीं वह तो सज़ा है।

धर्म-परिवर्तन से सम्बन्धित जो सवाल उभरते हैं, उन पर मैंने यथामति ऊहापोह करने की कोशिश की है। इस सवाल के बारे में मेरा विवेचन हो सकता है, थोड़ा लम्बा हुआ हो, अधिक विवेचन करनेवाला हुआ हो, लेकिन इस सवाल पर सूक्ष्मता से सोचने का फ़ैसला मैंने किया था। धर्म-परिवर्तन के बारे में विरोधकों ने जो मुद्दे उपस्थित किये हैं, उनका जवाब देना ज़रूरी था। मेरा मत है कि धर्म-परिवर्तन की घोषणा की सार्थकता पर यक़ीन होने तक धर्म-परिवर्तन न करें। किसी के मन में किसी तरह की आशंका न रहे, किसी के मन में किसी तरह का शक न रहे, इसलिए इतनी बारीकी से इस प्रश्न पर मुझे सोचना पड़ा है। मेरे विचार आपको कहाँ तक सही लगेंगे, मैं कह नहीं सकता। लेकिन आप पूरी तरह से उन्हें समझेंगे, ऐसी मैं आशा करता हूँ। जो लोगों को पसन्द हो, वही बोलकर लोकप्रियता हासिल करना व्यावहारिक बुद्धिवाले आदमी को शोभा देता है। लेकिन यह बात नेता को शोभा नहीं देती, ऐसी मेरी राय है। लोगों का भला किस चीज़ से होगा यह निर्भीकता से, निडरता से, लोग क्या कहेंगे इसकी परवाह किये बिना कह देता है, उसी को मैं नेता मानता हूँ। आपका हित किसमें है, यह बताना मेरा कर्तव्य है। आपको भले वह पसन्द न आए, लेकिन फिर भी मुझे वह समझाना तो पड़ेगा ही। मैंने अपना कर्तव्य निभाया है। अब मेरे प्रश्न पर निर्णय करना आपका काम है। धर्म-परिवर्तन के सवाल को मैंने जानबूझकर दो हिस्सों में बाँटा है। एक हिस्सा है, 'हिन्दू धर्म का

त्याग करना है, या हिन्दू धर्म में ही रहना है?' प्रश्न का दूसरा हिस्सा है, 'अगर हिन्दू धर्म का त्याग किया जाए तो किस धर्म को स्वीकार करें, या नये धर्म की स्थापना करें?' आज हमें सिर्फ़ पहले सवाल पर निर्णय करना है। इस सवाल पर निर्णय किये बग़ैर, दूसरे सवाल के बारे में सोचने या उस दिशा में तैयारी करने का कोई मतलब नहीं है। इसलिए पहले सवाल पर जो कुछ तय करना है, आज कीजिए। उस पर निर्णय करने के लिए मैं आपको दूसरा मौक़ा नहीं दे पाऊँगा। आज की सभा में आप जो भी तय करेंगे, उसी हिसाब से मैं अगला कार्यक्रम तय करूँगा। आपने अगर धर्म-परिवर्तन के ख़िलाफ़ निर्णय लिया, तो सवाल ही ख़त्म हुआ। तब मुझे ख़ुद को क्या करना है, इसका मैं ख़ुद निर्णय करूँगा। धर्म-परिवर्तन करने का अगर आपने फ़ैसला किया, तो सब मिलकर संगठित तरीक़े से धर्म-परिवर्तन करने का आश्वासन आपको मुझे देना होगा। धर्म-परिवर्तन का निश्चय होने के बाद, हर कोई अगर अपनी मर्ज़ी से जिस-तिस धर्म में जानेवाला हो, तो मैं आपके धर्म-परिवर्तन के कार्य में नहीं पड़ूँगा। मेरी इच्छा है कि आप मेरे साथ ही आएँ। जिस धर्म में हम लोग जाएँगे, उस धर्म में अपनी उन्नति के लिए, जो-जो कष्ट उठाने पड़ेंगे, जितनी मेहनत करनी होगी, वह करने के लिए मैं तैयार हूँ। लेकिन, मैं कह रहा हूँ केवल इसीलिए आप धर्म-परिवर्तन न करें। अपनी बुद्धि को जो ठीक लगेगा वही करें। मेरे साथ न आने का आपने निर्णय किया, तब भी मुझे दुख नहीं होगा। उलटे, अपनी ज़िम्मेदारी टलने से मुझे थोड़ी राहत लगेगी। यह परीक्षा की घड़ी है, यह बात आप ध्यान में रखेंगे ही। आपकी आनेवाली पीढ़ी का भविष्य, आप जैसे तय करेंगे, वैसा बननेवाला है। आज़ादी पाने का निर्णय अगर आज आपने किया, तो आपकी आनेवाली पीढ़ी आज़ाद होगी। आज अगर आप पराधीन रहने का निर्णय करते हैं, तो आपकी भावी पीढ़ी भी पराधीन रहेगी। इसीलिए आपकी ज़िम्मेदारी निभाना बहुत कठिन है।

स्वयंप्रकाशित बनें

इस अवसर पर आपको क्या बताऊँ, इस बारे में विचार करते हुए भगवान बुद्ध ने अपने भिक्खु संघ को परिनिर्वाण से पहले जो उपदेश किया था, जिसका ज़िक्र 'महापरिनिर्वाण सुत्त' में किया गया है, उसकी मुझे याद आती है। एक बार हाल ही में बीमारी से उठे भगवान बुद्ध विहार की छाया में फैलाए गए आसन पर बैठे थे, तब उनका एक शिष्य आयुष्मान आनन्द भगवान बुद्ध के पास आकर उनका अभिवादन कर एक तरफ़ बैठ गया। उसने कहा, मैंने भगवान बुद्ध को सुख में देखा

है और बीमार थे तब भी देखा है। बुद्ध की बीमारी के कारण मेरा शरीर शीशे जैसा भारी हो गया और मुझे दिग्भ्रम हुआ है और धर्म की बाबत में भी कुछ सूझ नहीं रहा है। लेकिन उसी में थोड़ी राहत इस बात की है कि भिक्षु संघ के बारे में कुछ बताए बिना बुद्ध का परिनिर्वाण नहीं होगा। इस पर भगवान बुद्ध ने जवाब दिया, "आनन्द! भिक्षु संघ को मुझसे क्या चाहिए? आनन्द, मैंने बिना कुछ लुका-छिपी के धर्मोपदेश किया है। इसमें तथागत ने कुछ आचार्य सूक्ति नहीं रखी है। तो फिर आनन्द, तथागत भिक्खुओं के बारे में क्या बताएँगे? सो, आनन्द, आप सूरज की तरह स्वयंप्रकाशित बनें! पृथ्वी की तरह प्रकाशित न रहें! ख़ुद पर ही भरोसा रखें! अन्य किसी के अंकित न बनें! सत्य का साथ न छोड़ें! सत्य का ही आश्रय लें! अन्य किसी की शरण न जाएँ! भगवान बुद्ध का यह उपदेश आप इस अवसर पर ध्यान में रखें, तो मुझे यक़ीन है कि आपका निर्णय ग़लत नहीं होगा।"[1]

[*बाबासाहेब डॉ. अम्बेडकर सम्पूर्ण वाङ्मय,* खंड 38, पृ. 465-506]

1. *जनता,* 27 जून, 1936

26

आज साधुता का केवल ढाँचा बचा है

बंबई इलाक़ा अस्पृश्य संत समाज परिषद का अधिवेशन दिनांक 1 जून, 1936 को बंबई इलाक़ा महाड़ परिषद के लिए लगाए गए मंडप में डॉ. आंबेडकर की अध्यक्षता में हुआ था। डॉ. बाबासाहेब आंबेडकर की धर्म-परिवर्तन की घोषणा के कारण अस्पृश्य समाज में ही नहीं, बल्कि पूरे हिन्दू समाज में बड़ी हलचल मची थी। सालों-साल स्पृश्य हिन्दुओं के अत्याचार सहते आए अस्पृश्य समाज के लोगों को डॉ. बाबासाहेब आंबेडकर द्वारा की गई धर्म-परिवर्तन की घोषणा आज़ादी की देववाणी के समान लगी हो तो उसमें कोई आश्चर्य की बात नहीं। धर्म-परिवर्तन की इस घोषणा के बाद पूरे भारत में अस्पृश्यों की सभाएँ, सम्मेलन हुए और उन्होंने डॉ. आंबेडकर की घोषणा को अपना समर्थन ज़ाहिर करनेवाले प्रस्ताव पास कर धर्म-परिवर्तन के लिए अपने तैयार रहने की बात उन्हें बताई। धर्म-परिवर्तन के लिए विरोध दर्ज करनेवाले और दूसरों की अँगुली से पानी पीकर अपना स्वार्थ साधने वाले कुछेक हरिजनों का अपवाद छोड़ दें तो अस्पृश्य समाज को धर्मान्तरण के महत्त्व का पता चल चुका है और उन्होंने अपनी सक्रिय तैयारी के लिए बंबई में जैसी अखिल बंबई इलाक़े के महार बन्धुओं द्वारा परिषद आयोजित कर डॉ. बाबासाहेब के धर्म-परिवर्तन के प्रस्ताव को सामुदायिक ढंग से समर्थन व्यक्त किया था, उसी तरह मातंग बन्धुओं ने और बंबई इलाक़े के संत-महंत, साधु, बैरागी आदि लोगों ने भी अपनी परिषद उपरोल्लिखित तारीख़ को ही ली थी।

इस परिषद की तैयारी के लिए साधु-संत लोगों ने एक स्वागत मंडल और कार्यकारी मंडल की स्थापना की थी और एक विनती पत्र प्रकाशित किया था, जो इस प्रकार था,“इस परिषद में संत समाज के सभी लोग धर्म-परिवर्तन

के प्रस्ताव को अपना समर्थन देकर इस प्रस्ताव पर अमल करने के लिए अपने परमपूज्य और सम्माननीय नेता डॉ. बाबासाहेब आंबेडकर जिस दिन धर्मान्तरण करने के लिए कहेंगे, उसी दिन छोटे-बड़े सभी संत लोगों को उनके साथ धर्म-परिवर्तन करने के लिए तैयार रहना होगा। इस तरह बात पक्की करने के बाद ही संत समाज अपनी आगे की नीति तय करनेवाला है। संत समाज के हित के बारे में पूरी तरह सोचकर आगे की नीति तय की जाएगी। इस परिषद को सफल बनाने के लिए स्वागताध्यक्ष महंत शंकराराव नारायण दास बर्वे, कर्पूरनाथ गोकुलनाथ, तारकानाथ विट्ठलनाथ, वैद्य शंकरनाथ लक्ष्मणनाथ, हरिदास योगानंद, दशरथनाथ विट्ठलनाथ, किसनदास शंकरदास महंत, रामनाथ कडकनाथ, योगीनाथ रघुनाथ, जगन्नाथ भडकनाथ, काशीनाथ तुलसीनाथ महंत, सोमनाथ दशरथनाथ, भक्तिदास आदि लोगों ने जी-तोड़ कोशिश की। किसी भी समाज पर संत-महंतों का ही अधिक प्रभाव होता है। ऐसी स्थितियों में हिन्दू धर्म के अनुसार आज तक अस्पृश्य वर्ग में ही जिनका अधिक उठना-बैठना होता था, उन संत-महंतों का ही धर्म-परिवर्तन के लिए तैयार हो जाना विशेष अभिनंदनीय है। ख़ैर...

परिषद से पहले कुछ स्वागत पद गाए गए। अध्यक्ष स्थान के लिए डॉ. बाबासाहेब आंबेडकर का चुनाव हुआ, तब लोगों ने ख़ूब तालियाँ बजाकर इस बात का स्वागत किया। सम्मेलन का वातावरण तालियों की आवाज़ से गूँज उठा। पहले स्वागताध्यक्ष महंत शंकरदास नारायणदास बर्वे ने सबका प्रेम के साथ स्वागत किया। उन्होंने अध्यक्ष डॉ. बाबासाहेब आंबेडकर का परिचय देते हुए उन्हें ब्रह्मवेत्ता और दर्शनशास्त्री कहा। उसके बाद के अपने स्वागत भाषण में धर्म-परिवर्तन और संतों का कर्तव्य विषय पर विचार व्यक्त किये गए।

डॉ. बाबासाहेब आंबेडकर की अध्यक्षता में हुई संतों की परिषद में जो प्रस्ताव सर्वानुमति से पारित किये गए वे इस प्रकार हैं—

पहला प्रस्ताव : 'अखिल बंबई इलाक़ा संत परिषद', बंबई की ओर से सम्पूर्ण सोच-विचार के बाद ज़ाहिर किया जाता है कि अखिल भारतीय अस्पृश्यों के सर्वमान्य नेता डॉ. बाबासाहेब आंबेडकर की धर्म-परिवर्तन की घोषणा को और बंबई इलाक़ा महाड़ परिषद द्वारा पारित किये गए धर्मान्तरण के प्रस्ताव को समर्थन दे रहे हैं।

प्रस्ताव की सूचना दी : 1. भक्तिदास विट्ठलदास, 2. गंगाराम रघुनाथ

प्रस्ताव रखा : सालुंकेबवा समर्थन दिया—हरिश्चन्द ज्ञानदेव गायकवाड़, कमालदास सेवादास,

दूसरा प्रस्ताव : संत परिषद घोषित करती है कि धार्मिक, शैक्षिक, राजनीतिक आदि मामलों में डॉ. बाबासाहेब आंबेडकर के जो विचार और सन्देश होंगे, वही संत समाज का धर्म, आचार-प्रचार रहेगा और संत समाज इसके अलावा अपनी कोई और नीति नहीं रखेगी।

प्रस्ताव रखा : हरिदास तोरणे मास्टर, अनुमोदन—शिवराम गोपाल जाधव, विट्ठलनाथ तुलसीदास महंत।

तीसरा प्रस्ताव : डॉ. बाबासाहेब आंबेडकर ने धर्म-परिवर्तन की घोषणा की है। उसके अनुसार पूरे अस्पृश्य समाज ने धर्म-परिवर्तन की घोषणा की है। तदनुसार अस्पृश्यों ने हिन्दू धर्म के अलावा अन्य किसी भी धर्म को स्वीकारना तय किया है। हमें इस नये धर्म की सीख अस्पृश्य समाज को देना ज़रूरी है, इसलिए यह संत परिषद इस नये धर्म की पहचान कराने और उपदेश देने के लिए अपने प्रचारक देने के लिए तैयार है।

प्रस्ताव रखा : पतितपावन दास बुवा। अनुमोदन दिया—दिगंबरनाथ नागनाथ कांबले।[1]

उपर्युक्त प्रस्ताव पर प्रमुख लोगों के भाषणों के बाद डॉ. बाबासाहेब आंबेडकर से भाषण की विनती की गई। तब, उन्होंने अपने भाषण में कहा—

संत मंडली और भाइयो-बहनो,

मैं ख़ुद साधु नहीं हूँ, लेकिन मेरा ख़ानदान साधु का है। मेरे ख़ानदान में लगभग तीन पीढ़ियों तक बड़े श्रेष्ठ लोग साधु हुए। मेरे जीवन का लम्बा समय संत समागम में बीता है। मुझे लगता है कि साधु हमारे लिए कई काम कर सकते हैं। उन सबके बारे में सोचने, विचार-विमर्श के लिए ही आज की यह संत सभा बुलाई गई है।

हमारे संतों ने एक बढ़िया काम किया है। हिन्दू धर्म में शूद्रों को विद्या पाने का अधिकार नहीं था। इतना ही नहीं, अगर आप मनुस्मृति पढ़ें, तो आपको पता चलेगा कि उसमें कहा गया है कि अगर कोई शूद्र वेदाध्ययन करेगा तो उसकी जीभ काट डालें, उसके कान में गरम सीसा डालें आदि। संत समाज ने अस्पृश्य

1. *जनता*, 4 जुलाई, 1936

वर्ग को ज्ञान देने का महान कार्य किया है। उनका काम और उसे पूरा करने के लिए उन्हें जिस तरह के अत्याचारों को सहना पड़ा उसका वर्णन नहीं किया जा सकता। शूद्रों को ज्ञानप्राप्ति न हो, इसलिए हिन्दुओं द्वारा किये गए कठोर बन्दोबस्त और दबाव के बावजूद, इन संत लोगों ने ज्ञान प्राप्त करने की कोशिश की। उनकी ज्ञान की लालसा बहुत बड़ी थी। इसी साधु समाज द्वारा कुछ ऐसे धार्मिक ग्रंथ लिखे हैं कि वैसे ग्रंथ आज मिलना कठिन हैं। आज कई अस्पृश्य संतों के पास ऐसे कई हस्तलिखित पुरातन ग्रंथ हैं, जैसे हिन्दू धर्माभिमानियों के पास भी नहीं होंगे। संत समाज ने अस्पृश्यों को जो ज्ञान दिया है, उसके लिए हमें उनका ऋणी रहना चाहिए।

आज संत समाज की स्थिति क्या है? जिन लोगों ने संतत्व स्वीकारा, उससे उन्हें ख़ुद को क्या फ़ायदा हुआ? उन्होंने आज तक क्या कमाया? अपनी ईश्वर भक्ति और ज्ञान प्राप्ति से क्या उनकी अस्पृश्यता ख़त्म या नष्ट हुई? उन पर लगा अस्पृश्यता का ठप्पा कभी भी धुला नहीं। महार संत, महार ही रहा। महार संत भले कितना ही विद्वान क्यों न हो, वह ब्राह्मण का गुरु नहीं बन सकता, इस तरह के वचन हिन्दू धर्म के दिग्गजों ने लिख रखे हैं!

आज हमें सोचना होगा कि संत समाज की क्या ज़रूरत है? संत समाज की स्थापना पहले भगवान बुद्ध ने की। उनके ज़माने में इस समाज को भिक्खु समाज कहा जाता था। भगवान बुद्ध ने भिक्खु समाज की स्थापना क्यों की? क्योंकि समाज के सभी लोग अपने प्रपंच में उलझने के कारण उनका बौद्धिक विकास नहीं हो पाता। ऐसा समाज सत्य और कुछ समय बाद समाज से भी महरूम होता है। इसीलिए समाज स्वार्थ रहित और आदर्श होना चाहिए। इसी विचार से भगवान बुद्ध ने भिक्खु समाज की स्थापना की। भिक्खुओं पर उन्होंने कई निर्बंध लगाए ताकि उनका मन दोबारा प्रपंच की तरफ़ न मुड़े। भिक्खुओं का प्रमुख काम था, स्वधर्म का प्रचार और प्रसार करना। आज का संत समाज बुद्ध के समय के भिक्खु समाज का ही कठिनतम रूप है। आज इस समाज की भिक्षुत्व की संकल्पना ख़त्म हो चुकी है और भिक्षा माँगना केवल पेट भरने का धन्धा बनकर रह गया है।

संतों पर समाज की ज़िम्मेदारी होना ज़रूरी है। लेकिन आज के साधु लोग करते क्या हैं? बदन में राख लगाकर समाज से दूर रहते हैं। जटाएँ, बढ़ी हुई दाढ़ी, मालाएँ, रंगीन कपड़ों के टुकड़ों से ही साधु नहीं बनते, ये केवल बाहरी लक्षण हुए। आज समाज में हर कहीं अधोगति के लक्षण दिखाई दे रहे हैं। समाज में हर जगह ज़ुल्म और ज़बर्दस्ती के लक्षण दिखाई दे रहे हैं। समाज में हो रहे अत्याचार,

ज़ोर-ज़ुल्म का प्रतिकार करना साधुओं का कर्तव्य है। वही लोक कल्याण है। वही असल लोक सेवा है।

धर्म-परिवर्तन के काम में इन्हीं संतों की बड़ी मदद होगी। हम जो नया धर्म स्थापन करने जा रहे हैं, उस धर्म का महत्त्व गाँव-गाँव जाकर प्रसार करने के लिए उनकी बहुत मदद मिलेगी। ये लोग धर्म का उपदेश करने के काम बहुत अच्छी तरह से करेंगे। इन विद्वानों के हाथों नये धर्म की शिक्षा देने के काम को बहुत अच्छी तरह अंजाम दिया जाएगा।

आज साधुता का केवल ढाँचा भर रह गया है। इन साधुओं को चाहिए कि इस नये कार्यक्रम को अपने में संचारित करके नया जीवन प्राप्त करें। आज केवल गले की मालाओं को नहीं वरन् स्वार्थ त्याग को बहुत महत्त्व प्राप्त है। इसीलिए संतों को महान धर्म स्थापन करने का नया कार्य शुरू करना चाहिए। इतना ही कहकर मैं अपना भाषण पूरा करता हूँ।[1]

इस समारोह में संतों की तरह अन्य लोग भी उपस्थित थे। उनमें बंबई इलाक़ा महाड़ परिषद के अध्यक्ष मि. बी. एस. वेंकटराव, भाई अनंतराव चित्रे, मे. शिवतरकर, सूबेदार सवादकर, डी.वी. प्रधान, एम.के. कर्णिक, दिवाकर पगारे, रेवजीबुवा डोलस, संभाजी तुकाराम गायकवाड़, अण्णासाहेब पोतनीस, चांगदेव मोहिते, शांताराम अनाजी उपशाम, अॅ. कवली, देवराव नाईक, अमृतराव रणखांबे, भाऊराव गायकवाड़ आदि प्रमुख लोग उपस्थित थे। उसी तरह संत महंत मंडली से पतितपावन दास बुवा, गणपतबुवा उर्फ़ मडकेबुवा, शिवराम गोपाल जाधव, सेवकनाथ श्रृंगीनाथ, जगन्नाथ तारकनाथ, गणेशनाथ सिद्धनाथ, बुद्धिनाथ विट्ठलनाथ, भाविकनाथ भडकनाथ, चंचलनाथ भडकनाथ, भडकनाथ आलखनाथ, सेवकनाथ, केशवनाथ, माधवदास देवकादास, मेनीनाथ तारकनाथ, किसनदास गोविन्ददास, गोपीनाथ गंगानाथ, अंकुशबुवा राघोजी फणसे, किसनदास शंकरदास, संभुनाथ गोविश्वनाथ, मंत्रनाथ ग़रीबनाथ, चतुरनाथ चितगंगानाथ, आदिनाथ मेनीनात, दशरथनाथ विट्ठलनाथ, रामनाथ कडकनाथ, बालकनाथ सेवकनाथ, श्रीपतीदास मुक्तिदास, यमाजीदास पांडवदास, अंबरदास लक्ष्मणदास, रमाजीनाथ आत्मारामनाथ, कमालदास सेवादास और ग़रीबदास तारकनाथ आदि लोग उपस्थित थे।

इस प्रस्ताव पर संत परिषद में जो भाषण हुए, वे बहुत ही प्रभावी और विचारोत्तेजक थे। इससे अन्य समाज बन्धुओं की तरह ही अस्पृश्य संत मंडली का भी डॉ. बाबासाहेब के कार्य को कितना समर्थन है, इसका पता चलता है।

---

1. *अस्मितादर्श,* संपादक—गंगाधर पानतावणे, दीवाली अंक, 1978

हिन्दू धर्म के रीति-रिवाजों के अनुसार इन संत मंडली के आज तक जो आचार-विचार व्यवहार में रूढ़ हो चुके थे, उन्हें इस परिषद में ख़त्म कर दिया गया। इसके अलावा हिन्दू धर्म के जिन ग्रंथों ने आज तक अस्पृश्य लोगों को ग़लत राहें बताईं, जिन्हें विषमता और गुलामी के वातावरण में अत्याचार सहने पर मजबूर किया, स्वाभिमान से महरूम किया उन धर्मग्रंथों का इस परिषद में खुलेआम दहन किया गया।

इस परिषद में इससे भी बड़ी महत्त्वपूर्ण एक बात हुई। आज तक पिछले हज़ारों सालों से ये साधु-संत हिन्दू धर्म की सीख के अनुसार बर्ताव करते आए थे, उन्होंने दाढ़ी-मूँछें बढ़ाई थीं, वे जटाधारी भी बन गए थे। उनके गले में मालाओं की लड़ियाँ लटकती रहती थीं। कई सम्प्रदायों के संत हाथों में, कानों में, गले में गंडे, धागे मालाएँ आदि पहना करते थे। लेकिन बाबासाहेब ने हिन्दू धर्म की विषमता तथा अस्पृश्यों के साथ हुए अन्यायपूर्ण बर्ताव के बारे में बताकर जब धर्म-परिवर्तन की घोषणा की, तब इस अन्याय के प्रति साधु-संतों में भी जागरूकता आई। उन्होंने डॉ. बाबासाहेब की सलाह के अनुसार बर्ताव का निर्णय लिया। इस परिषद में हज़ारों सालों से मन पर हुए संस्कारों के कारण स्वीकारे गए अलंकारों का त्याग किया। परिषद के भव्य मंडप में तैयार किये गए अग्निकुंड में सैकड़ों साधु-संतों ने अपनी दाढ़ी-मूँछें, जटाएँ और अलंकार तथा संत-महंत होने की बाकी सभी निशानियाँ अग्नि को समर्पित कर दीं। इस तरह से उन्होंने अपने धर्मान्तरण के निश्चय का डॉ. बाबासाहेब आंबेडकर के सामने प्रत्यक्ष कृत के ज़रिये प्रदर्शन किया। इन साधु-संतों के निश्चयी मन का तथा उनके द्वारा दिखाया गया मनोधैर्य, स्पृश्यवर्गीय साधुओं के लिए ही नहीं वरन् सभी लोगों के लिए उदाहरणस्वरूप रहा।

संत समाज के इस अधिवेशन का अन्य अस्पृश्य समाज पर बहुत ही परिणाम हुआ। दाढ़ी, मूँछें, जटाएँ अग्नि को समर्पित कर मुक्त हुए संतों को अस्पृश्य समाज में धर्म-परिवर्तन से सम्बन्धित प्रचार कार्य करने के लिए या फिर समाज के हितों के काम दिये जाएँगे। इस तरह समाज की सेवा करने के लिए कई साधु-संत तैयार हुए हैं। देवी-देवताओं के भजन-पूजन में व्यर्थ समय गँवाने के बजाय, उनका निःस्वार्थ भाव से जनसेवा करना ही ईश्वर सेवा के समान होगा। कुल मिलाकर संत परिषद का यह कार्य सफल भी हुआ। लेकिन हज़ारों सालों से जिन रूढ़ियों से भरे धर्म के नाम से ये संत जी रहे थे, उसकी दांभिकता का भी उन्हें अहसास हुआ। इसीलिए डॉ. बाबासाहेब की धर्मान्तरण की घोषणा के साथ वे उस धर्म का त्याग करने के लिए भी तैयार हुए और उन्हाँने उस तरह से प्रत्यक्ष कृति की। यह सब अस्पृश्य संत

समाज के लिए गर्व की बात है। दाढ़ी, जटाएँ आदि अग्नि को समर्पित करने का कार्यक्रम पूरा होने के बाद संत परिषद का अधिवेशन डॉ. बाबासाहेब की जयकार में सम्पन्न हुआ।"[1]

[*बाबासाहेब डॉ. अम्बेडकर सम्पूर्ण वाङ्मय,* खंड 38, पृ. 507-512]

1. *जनता,* 4 जुलाई, 1936

27

धर्म-परिवर्तन से अस्पृश्यों को समानता का अधिकार प्राप्त होगा

अखिल बंबई इलाक़ा मातंग परिषद का अधिवेशन दादर नायगाँव में बंबई इलाक़ा महाड़ परिषद के भव्य मंडप में मंगलवार दिनांक 2 जून, 1936 की रात 9 बजे हुआ था। डॉ. बाबासाहेब आंबेडकर द्वारा येवला में धर्मान्तरण की जो घोषणा की गई थी, उसे समर्थन देने के लिए मातंग बन्धुओं की यह परिषद बंबई इलाक़े की ओर से आयोजित की गई थी। इस परिषद में सात-आठ हज़ार की संख्या में मातंग पुरुष और महिलाओं का समुदाय और बंबई इलाक़े के हर ज़िले के प्रतिनिधि उपस्थित थे। परिषद की शुरुआत में नासिक के श्री डी.जी. रोकड़े, श्री माने, श्री फालके का स्वागत पद्य-गान हुआ। उनके बाद स्वागताध्यक्ष रामचन्द नाथोबा कालोखे ने स्वागत का भाषण दिया। उनके बाद श्री दौलतराव चिलोबा वायदंडे ने अध्यक्ष स्थान स्वीकारने की सूचना रखी। इस सूचना को श्री मारुतराव तूपसौंदर, बाबूराव रामजी कांबले, श्री के.एस. सकाटे ने समर्थन दिया। उसके बाद अध्यक्ष को और डॉ. बाबासाहेब को पुष्पमालाएँ अर्पण की गईं। उस समय चारों ओर जयकार की ध्वनि गूँज रही थी। फूलमालाएँ पहनाने के कार्यक्रम के बाद अध्यक्ष श्री बोतालने का भाषण हुआ।

अलग-अलग जगहों से विभिन्न नेताओं के परिषद के लिए सुयश की कामना व्यक्त करनेवाले सन्देश आए थे। उन सन्देशों में श्री शंकरराव शिवरामजी साठे (नगर), गणपत जयवंत पवार, अनंतराव दौलत लोखंडे (कोल्हापुर) आदि लोग थे। इस परिषद में मे. रामचन्द्र केरू जाधव (सोलापुर), दौलतराव गायकवाड़ (सोलापुर), पांडुरंग

नाना वडेकर (कर्हाड), रामचन्द्र पुनाजी सकट (दौंड), किसन भाऊराव वाघमारे (नगर), सीताराम बाबाजी लांडगे (पुणे), दादोबा शेंडगे (पुणे), रामचन्द्र कालोखे (जुन्नर), शांताबाई श्रावण सकाटे (खडकी), भागवत पवार (जुन्नर), शंकर शिवराम शिंदे (जुन्नर), आर.एस. फालके (पुणे), आबा गेणू खंडाले (जेजुरी), मोहना मल्हारी साठे (नगर) आदि प्रमुख नेता लोग उपस्थित थे।

बंबई इलाक़ा मातंग परिषद में जो प्रस्ताव पारित हुए वे इस प्रकार थे—

प्रस्ताव 1 : (अ) इस अखिल बंबई इलाक़ा मातंग परिषद में पूरे सोच-विचार के बाद यह तय किया जाता है कि समता और आज़ादी पाने के लिए मातंग समाज के सामने धर्म-परिवर्तन के अलावा अन्य कोई चारा नहीं।

(ब) परिषद इस बात की घोषणा करती है कि अखिल अस्पृश्य समाज के इकलौते नेता डॉ. बाबासाहेब आंबेडकर पर मातंग समाज को पूरा भरोसा है और उनके साथ मातंग समाज सामूहिक रूप से धर्म-परिवर्तन करने के लिए तैयार है।

प्रस्ताव रखा : के. रामचन्द्र जाधव (सोलापुर)।

समर्थन दिया : सीमाराम बाबाजी लांडगे (पुणे), आर.एस. फालके (बंबई), कु. शांताबाई श्रावण सकाटे (बंबई), रामचन्द्र पुनाजी सकट (दौंड), बालकृष्ण बडेकर (सातारा), किसान भाऊराव वाघमारे (अहमदनगर)।

प्रस्ताव 2 : बंबई इलाक़े के शहरों में जो पुलिस विभाग हैं, उनकी तरफ़ से थालियाँ पीटते हुए जो ढिंढोरा पीटा जाता है, उस काम के लिए मातंग जाति का आदमी काम पर रखें। साथ ही परिषद सरकार से विनती करती है कि गाँव-गाँव में जाकर ढिंढोरा पीटने के काम का कोई वेतन नहीं दिया जाता, इसलिए ढिंढोरा पीटनेवाले को भरपूर वेतन दिया जाए।

प्रस्ताव रखा : के.एस. सकाटे, अनुमोदन दिया—के.एम. कालोखे।

प्रस्ताव 3 : बंबई इलाक़े में बुवाई के काम आनेवाली फॉरेस्ट की ज़मीनें हम मातंग समाज को तय समय के लिए बिना लगान के फ़सल उगाने के लिए दें और मियाद के बाद जितना उत्पादन होगा उसका एक-चौथाई लगान लें।

प्रस्ताव रखा : के.एम. कालोके।

अनुमोदन दिया : शंकरबुवा सकाटे, बाबुराव रामा कांबले, डी.सी. वायदंडे, के.जी. कुचेकर, मारुती ज्ञानू तुपसौंदर।

प्रस्ताव 4 : यह परिषद सरकार से प्रार्थना करती है कि मातंग समाज में जिन-जिन के पास प्रमाणपत्र होंगे, उनके प्रमाणपत्र तथा हाज़िरी को बन्द कर इस जाति को अपराधियों की जाति सूची से हटा दिया जाए।

प्रस्ताव रखा : सीमाराम बाबाजी लांडगे (पुणे)।

अनुमोदन दिया : के.एम. कालोखे, एस.के. देशमुख, बाबूराव दौलतराव गायकवाड़।

प्रस्ताव 5 : परिषद सरकार से प्रार्थना करती है कि बंबई इलाक़े के सरकारी विभागों में मातंग जाति के लोगों को चपरासी से लेकर उच्चाधिकारी तक के पदों पर तैनात किया जाए।

प्रस्ताव रखा : एस. के. देशमुख।

अनुमोदन दिया : के. रामचन्द्र जाधव।

प्रस्ताव 6 : इस परिषद द्वारा मातंग समाज के रूढ़िप्रिय भाई-बहनों को चेतावनी दी जाती है कि ग्रहण अमावस्या के समय भिक्षा माँगने तथा ऐसी अन्य कई पुरानी अनिष्ट रूढ़ियों को तुरन्त बन्द कर दें। समाज के नाम पर बट्टा लगानेवाली इन रूढ़ियों का त्याग नहीं करनेवाले भाई-बहनों के बुरे बर्ताव के बारे में मातंग समाज को सोचना पड़ेगा।

प्रस्ताव रखा : अध्यक्ष ने।

प्रस्ताव 7 : परिषद सरकार से विनती करती है कि नगर ज़िले के लोकल बोर्ड में मातंग समाज का नॉमिनेटेड मेंबर हो।

प्रस्ताव रखा : अध्यक्ष ने।

प्रस्ताव 8 : मातंग समाज में शिक्षा के प्रसार के लिए छात्रावासों की बहुत ज़रूरत है। इसीलिए, इस काम के लिए एक केन्द्रीय मंडल की स्थापना कर छात्रावास खोलने के काम में समाज उनकी मदद करे। साथ ही मातंग छात्रहित चिन्तक मंडल, बंबई को भी आर्थिक सहायता दें।

प्रस्ताव रखा : डी.सी. वायदंडे।

अनुमोदन दिया : के.जी. कुचेकर, पांडुरंग नाना बडेकर।

इसके बाद डॉ. बाबासाहेब आंबेडकर का भाषण हुआ। उन्होंने अपने भाषण में कहा—

"भाइयो,

आप लोगों ने धर्म-परिवर्तन का जो प्रस्ताव अभी-अभी पारित किया, उसके लिए मैं आपका अभिनंदन करता हूँ। आपने यह प्रस्ताव पारित किया, इसके लिए मुझे ख़ुशी होना स्वाभाविक है। धर्म-परिवर्तन की घोषणा किसी एक जाति के लिए न होकर पूरे अस्पृश्य समाज के लिए है। अस्पृश्यों की जितनी जातियाँ धर्मान्तरण के अनुकूल होंगी, उतना अच्छा ही है। इसके बावजूद मैं धर्म-परिवर्तन के बारे में आपके सामने कुछ बोलना नहीं चाहता। धर्मान्तरण के बारे में, अच्छे-बुरे के बारे में सोचते हुए जो कुछ कहना था, वह सब महार सभा में मैंने कहा है। वही बात फिर से दोहराने की मुझे कोई ज़रूरत नहीं लगती। दूसरी बात यह है कि धर्म-परिवर्तन का प्रस्ताव आप लोगों ने अभी-अभी पारित किया है। सो, जो प्रस्ताव पारित हो चुका है, उसके बारे में बोलना निरर्थक है। सच कहें तो धर्मान्तरण के बारे में आपकी सभा में बोलने की मेरी बिलकुल इच्छा नहीं थी। मातंग सभा में आकर भाषण करने की सूचना जब आपकी स्वागत समिति से आई, तब मैंने साफ़ तौर पर कहा था कि भाषण देने में कोई हर्ज़ तो नहीं है, लेकिन मैं धर्म-परिवर्तन के बारे में कुछ नहीं बोलूँगा। अगर इस सभा में मैं धर्म-परिवर्तन के बारे में बोलता और अगर उसके बाद धर्मान्तरण का प्रस्ताव रखा जाता और पारित होता तो क्षुद्र बुद्धि के लोगों को बातें फैलाने का मौका मिलता कि मेरे लिहाज़ के कारण या मेरे दबाव में आकर मातंग लोगों ने धर्म-परिवर्तन का प्रस्ताव पारित किया है। ऐसा होता तो आपके लिए धर्म-परिवर्तन के प्रस्ताव को उतना महत्त्व नहीं दिया जाता, जितना कि दिया जाना ज़रूरी है। आपकी परिषद का महत्त्व बिना वजह कम आँका जाता। धर्म-परिवर्तन कभी भी ज़बरदस्ती से या अनिवार्य ढंग से लागू नहीं किया जा सकता। इस बारे में किसी पर ज़बरदस्ती करना सम्भव नहीं और लिहाज़ का वास्ता दिलाना ठीक नहीं। जिसे ठीक लगेगा वही धर्म-परिवर्तन करेगा। सो, धर्म-परिवर्तन पर मैंने यहाँ नहीं बोलने का जो निर्णय लिया है, उसके बारे में आपमें से किसी को बुरा नहीं लगेगा और कोई इसे अन्यथा नहीं लेगा ऐसा मैं समझता हूँ।

'महार-मांग समाज में एका कैसे होगा?' केवल इसी एक विषय पर मैं आज इस सभा में बोलना चाहता हूँ। गाँव-गाँव में मैंने देखा है कि महार-मांग समाज के बीच आपसी दुश्मनी है। उनके बीच कोई मित्रता नहीं। इस बात पर पर्दा डालते रहने का कोई फ़ायदा नहीं है। इन दो समाजों के बीच की दुश्मनी नष्ट कैसे होगी? लम्बे समय से यह मनमुटाव चला आ रहा है। मैंने जब से इसके बारे में सुना है, तभी से, मेरे सम्पर्क में जो मांग लोग हैं, उनसे पिछले पाँच-छह सालों से मैं कहता

आया हूँ कि कोई सभा वग़ैरह का आयोजन कीजिए और मुझे बुलाइए ताकि मांग और महार लोग अगर मुझसे कुछ कहना चाहते हों तो कह सकें। लेकिन इस तरह की सभा का वे आज तक आयोजन नहीं कर पाए थे। इसलिए मैं आ नहीं पाया था। मैं जिस मौक़े के इंतज़ार में था, वह मौक़ा आज मुझे मिला इसकी मुझे ख़ुशी है। जिन्होंने इस सभा का आयोजन कर मुझे यह मौक़ा दिया मैं उनका आभारी हूँ। मांग समाज में सुधार का जो आन्दोलन चला है, उसका अगर बारीकी से निरीक्षण करें तो पता चलेगा कि उस आन्दोलन का पूरा निशाना महार समाज के ऊपर ही है। महारों के साथ व्यवहार न रखें, महारों का अनाज मत खाएँ, उन्हें झाड़ई न बेचें, उनके स्पर्श को अपवित्र मानें आदि बातें मांग नेता मांग लोगों से कहते हैं, ऐसा मैंने सुना है। उनकी इस सीख का मुझे कोई ख़ेद नहीं है। आपके स्वाभिमान को लगता होगा कि महार मेरे हाथ का खाता नहीं है तो मांग भी उनके हाथ का क्यों खाएँ? इसीलिए आप उनके हाथ का ना खाएँ। लेकिन यहाँ मैं जो सवाल पूछना चाहता हूँ वह यह है कि महार ही आपके हाथ का खाना नहीं खाते, ऐसी तो कोई बात नहीं है। ब्राह्मण लोग भी आपके हाथ का छुआ नहीं खाते, और किसी अन्य जाति के लोग भी आपके हाथ का छुआ नहीं खाते। यह बात अगर सच है तो फिर आपके नेता ब्राह्मणों के हाथ का ना खाने का उपदेश क्यों नहीं देते? जिन-जिन जातियों के लोग मांगों के हाथ का नहीं खाते, उन-उन जातियों के लोगों के हाथ का छुआ आप भी न खाएँ, ऐसा उपदेश यदि वे करें तो उन पर कोई दोष नहीं लगेगा। उलटे मैं उनका उपदेश पूरी तरह मानूँगा, क्योंकि स्वाभिमान सबका होता है। होना ही चाहिए। लेकिन ब्राह्मणों के हाथ का न खाएँ, मराठों के हाथ का न खाएँ इस तरह का उपदेश किसी मांग नेता ने किया हो, मेरे सुनने में तो नहीं आया है। उलटे, महारों के हाथ का न खाएँ, बस इतना ही उन्हें बताया जाता है। मांग नेता इस बात से इनकार नहीं कर सकते कि यह सीख द्वेषमूलक है। मैं ख़ुद ऊँच-नीच आदि किसी तरह का भेदभाव नहीं मानता और महार जाति ने भी ऊँच-नीच का भेदभाव मानना छोड़ दिया है। चमार लोग ख़ुद को ऊँचा मानते हैं और कहते हैं कि हम महारों-मांगों के हाथ का नहीं खाते। आप भी उनकी तरह कहने लगे हैं कि महारों के हाथ का छुआ हम नहीं खाएँगे। सच कहें तो कोई जाति किसी अन्य जाति से ऊँची है, इस बात का कोई आधार या सबूत नहीं है। किसी जाति के श्रेष्ठत्व का कोई ताम्रपट्ट उपलब्ध नहीं है। कौन किसके हाथ का छुआ खाता है या नहीं खाता है, इसी एक बात के आधार पर हिन्दू समाज में ज़ातियों का श्रेष्ठत्व आधारित होता है। फलाँ जाति किसी दूसरी से श्रेष्ठ सिर्फ़ इसलिए मानी जाती है, क्योंकि वह

फलाँ जाति के लोगों के हाथ का छुआ नहीं खाती, इसलिए। लोगों के लिए इतना ही काफ़ी होता है। इसीलिए कई जातियाँ ख़ुद को अन्य जातियों से श्रेष्ठ बताने के लिए अन्य जातियों के साथ अन्न-जल व्यवहार त्याग देते हैं। आपको भी लगता है कि उसी मार्ग का अवलंब किया हुआ है। महारों के हाथ का छुआ न खाने के पीछे ख़ुद को महारों से श्रेष्ठ कहलाने के अलावा कोई और उद्देश्य होगा, मुझे नहीं लगता। लेकिन ऐसी सीख देनेवाले मांग नेताओं ने लगता है कि एक बात की तरफ़ ध्यान नहीं दिया है। महारों से श्रेष्ठ कहलाने में मांगों का क्या हित साधा जा सकता है, मेरी समझ में नहीं आ रहा। महारों से बड़ा कहलवाने से ब्राह्मण लोग, मराठा लोग अगर उन्हें अपने साथ शामिल कर लेते हों तो बात अलग है। महारों से बड़ा कहलाने से ब्राह्मण लोग अगर मांगों को अपनी बेटियाँ देने या उनकी बेटियों को बहू के रूप में अपनाने के लिए तैयार हों तो ही मांगों का महारों के हाथ का छुआ न खाने में कुछ तथ्य है, ऐसा मुझे लगता है। सो, इस बात का ज़रूर ख़याल रखें कि क्या ब्राह्मण लोग या अन्य स्पृश्य जातीय लोग आपको अपनाने के लिए तैयार हैं अथवा नहीं, इस बात के बारे में आपको पूरी तरह छानबीन करनी चाहिए। वे अगर तैयार नहीं हों तो बेकार महारों के साथ छोटे-बड़े का बखेड़ा खड़ा कर झूठा दंभ बढ़ाकर मांग लोग अपना ही नुक़सान करवा लेंगे, ऐसा मुझे डर लगता है। दूसरी बात यह कि मांग और चमार लोग अगर यह कहने लगें तो महार भी कह सकेंगे कि हम चमार और मांगों के हाथ का छुआ नहीं खाते। कुछ महार लोग ऐसे हैं जो कहते हैं कि मांग और चमारों में दुरभिमान की जो हेकड़ी है, उसे तोड़ना चाहिए। वे अगर हमारे साथ खाते-पीते नहीं, तो हमें भी उनके साथ कोई व्यवहार नहीं रखना चाहिए। मैं आपसे यह कहना चाहता हूँ कि महार लोग अगर अपनी जाति के बारे में अभिमानी हो गए और उन्होंने अगर तय किया कि वे मांग और चमारों से किसी तरह का कोई ताल्लुक़ नहीं रखेंगे, तो वे मांगों और चमारों को काफ़ी नुक़सान पहुँचा सकते हैं। अस्पृश्यों में महार बहुसंख्यक जाति है। उनके बग़ैर अस्पृश्यों का कोई भी आन्दोलन या अस्पृश्यों की राजनीति सम्भव नहीं हो सकती। महारों के बग़ैर ही हम कुछ करेंगे, ऐसा अगर मांग और चमारों का कहना हो तो बहुत जल्द उन्हें इस बात का पता चल जाएगा कि यह बस उनकी ग़लतफ़हमी है। हालाँकि किसी ने बछड़ा मारा, इसलिए हम गाय मारेंगे यह कहना जिस तरह न्यायपूर्ण नहीं हो सकता, उसी तरह मांग और चमार दुरभिमान के कारण महारों के साथ अगर सम्बन्ध नहीं रखेंगे, तो महारों को भी उनके साथ सम्बन्ध नहीं रखना चाहिए, यह कहना ख़ुद मुझे पसन्द नहीं है और मैंने यही सोच महार समाज को दी

है। महार लोग जाति के प्रति अभिमान नहीं पालना चाहते, न वे अपने को मांगों से या चमारों से श्रेष्ठ कहलवाना चाहते हैं। वे अपना तथा अन्य सभी अस्पृश्यों का संगठन बनाना चाहते हैं। इसीलिए महार लोग झूठे अभिमान के शिकार न होकर सभी अस्पृश्यों को साथ लेकर आन्दोलन छेड़ना चाहते हैं। कोई यह आरोप नहीं लगा सकता कि महार लोग जातिभेद को नहीं मानते, यह केवल उनका मौखिक कथन है वास्तविकता नहीं। वे इस पर अमल भी कर रहे हैं, यह बात मैं सबूत के साथ साबित कर सकता हूँ। पुणे में एक अछूतों का छात्रावास है, यह आप लोग जानते होंगे। सरकार की तरफ़ से यह छात्रावास चलाया जाता है। उस छात्रावास में महार, मांग, चमार आदि जातियों के बच्चे रहते हैं। पहले वहाँ सभी के लिए खाना बनाने के लिए एक ही ख़ानसामा रखा गया था और सब बच्चे एक ही पंगत में बैठकर खाना खाया करते थे। कुछ समय बाद चमार जाति के नेताओं ने चमार बच्चों के कान फूँके कि आपको महार-मांगों के साथ बैठकर खाना नहीं खाना चाहिए। उनका छुआ खाना नहीं खाना चाहिए। परिणामस्वरूप इस छात्रावास में महार-मांग-चमार जाति के छात्रों में घमासान मचा। महार बच्चे भी हठ करने लगे कि हम भी किसी के हाथ का नहीं खाएँगे और हमारे लिए भी एक अलग रसोइए का प्रबन्ध किया जाए।

बात इतनी बढ़ गई कि ख़ुद मुझे बंबई से पुणे जाना पड़ा। वहाँ जाकर मैंने महार बच्चों को समझाया। कहा, 'अगर चमार मूर्ख हुए तो ज़रूरी नहीं कि महार भी मूर्ख हो जाएँ।' मैंने उन्हें सलाह दी कि चमार अगर महारों के साथ नहीं खाएँगे, तो कोई बात नहीं, आप मांगों के साथ मिलकर खाइए। मैं अगर जाति अभिमान से पीड़ित होता तो महारों के बच्चों को मैं भी सलाह देता कि अगर मांग और चमार आपके साथ खाना नहीं खाना चाहते तो आप भी उनके साथ खाना मत खाइए, लेकिन मैंने ऐसा नहीं किया। मैंने उन्हें ग़लत सलाह नहीं दी। मैंने ख़ुद सोलापुर में एक बोर्डिंग खोला है। महार जाति के अलावा अन्य किसी जाति की उसमें मदद नहीं है। फिर भी उसमें सभी अस्पृश्य जाति के बच्चों को लिया जाता था। मांग, चमार, महार, ढोर और बच्चे भी थे। लम्बे समय तक सभी बच्चे एक ही पंगत में बैठकर, एक ही रसोइए के हाथ का बना खाना खाया करते थे। लेकिन कुछ समय के बाद चमार और ढोर बच्चों ने विवाद खड़ा किया और चमार रसोइए की माँग करने लगे। तब मैंने कहा कि सबसे कनिष्ठ जाति है भंगी की। हम उन्हीं में से किसी को रसोइया नियुक्त करते हैं, फिर किसी को किसी तरह की शिकायत ही नहीं होगी। इसके लिए महारों के बच्चे तैयार हुए, लेकिन और बच्चे तैयार नहीं हो रहे थे। और वह

बोर्डिंग बन्द कर दिया गया। लेकिन हमने अपने सिद्धान्तों के साथ समझौता नहीं किया। जिन ब्राह्मणों या मराठा लोगों के कारण आप इस तरह का बर्ताव करते हैं, क्या वे इस तरह पेश आ सकते हैं? वे अगर इस प्रकार का आश्वासन आपको दे रहे हों तो आप बेशक उनके साथ चले जाइए। हमें उससे कोई मतलब नहीं है। मैं आपसे सिर्फ़ यही कहना चाहता हूँ कि महार जाति ब्राह्मण या मराठा जाति से कई गुना सुधरी हुई जाति है। वे जातिभेद नहीं मानते। सभी समदुखी लोगों की मदद करने के लिए वे तैयार हैं। आप अगर उनके साथ सहयोग करना चाहें तो उन्होंने सभी राहें खोलकर रखी हैं। आप हमसे आकर मिलें। महारों की ताक़त/सामर्थ्य का तथा उनके संगठन का फ़ायदा आपको मिलेगा। अस्पृश्यों को जो राजनीतिक अधिकार मिले हैं, उन्हें पाने के लिए किसने कोशिश की? उन्हें पाने के लिए आप मांग लोगों ने या चमारों ने क्या कोशिशें की हैं? निडर होकर आज मैं आपसे यह कहना चाहता हूँ कि इन राजनीतिक हक़ों को पाने के लिए अगर किसी ने स्वार्थ त्याग किया हो तो वह है महार जाति। लेकिन इसका फ़ायदा आप सब लोगों को मिला हुआ है। नासिक पुलिस ट्रेनिंग स्कूल में आज अस्पृश्यों को अगर प्रवेश मिला है तो वह किसकी कोशिशों के कारण मिला है? इस ट्रेनिंग स्कूल की शुरुआत से लेकर अब तक उसमें किसी अस्पृश्य जाति का प्रवेश सम्भव नहीं हुआ था। इतना ही नहीं, सरकार ने वहाँ एक प्रतिबन्ध लगा रखा था कि निम्न दर्जे की जातियों के लोगों को उस ट्रेनिंग सेंटर में प्रवेश न दिया जाए। उस प्रतिबन्ध को हटाने के लिए किसी भी मांग या चमार नेता ने कोई कोशिश नहीं की। मैंने उनके लिए कोशिश की है और उनके लिए वहाँ के दरवाज़े खुलवा दिये हैं। लेकिन इन सहूलियतों का फ़ायदा किसे पहुँचा? इस सुविधा का फ़ायदा महारों को नहीं मिला, बस चमारों को और मांगों को मिला है। आज पुलिस महकमे में जो दो इंस्पेक्टर नौकरी करने लगे हैं, उनमें से एक चमार है और एक मांग है। महारों के उम्मीदवार इन दोनों से कई गुना मेधावी और लायक़ थे। लेकिन उनमें से एक को भी लिया नहीं गया। उलटे महारों के जो उम्मीदवार कमेटी के सामने परीक्षा के लिए गए, उन उम्मीदवारों को उनकी योग्यता के बारे में सवाल पूछना छोड़कर यही पूछा गया कि आपने कितने कुओं को भ्रष्ट किया? क्या आप अस्पृश्यों के आन्दोलन में हिस्सा लेते हैं? आदि सवाल पूछकर उन्हें चलता कर दिया गया। तथापि, महारों ने किसी भी तरह की शिकायत नहीं की कि हमने संघर्ष किया और फल किसी और को मिला।

जातिभेद के कारण बंबई के पुलिस विभाग में अस्पृश्यों की भर्ती करने के लिए सरकार तैयार नहीं थी। आज उसी पुलिस विभाग में अस्पृश्य समाज के कई पुलिस

की नौकरी कर रहे हैं। इस बात के लिए किसने सरकार को मजबूर किया? चमार या मांग लोगों ने क्या कभी इसके लिए कोशिश की थी? जिन्होंने भी कोशिश की, आज उसका फ़ायदा चमार और मांग लोगों को मिल रहा है या नहीं? महार लोग आन्दोलन करें और अन्य लोग उसका फ़ायदा उठाएँ इसका यह दूसरा उदाहरण है। आज ज़िला लोकल बोर्ड में, महापालिका में, तहसील लोकल बोर्ड में अस्पृश्यों के कई प्रतिनिधि दिखाई देते हैं। उनमें कई मांग और चमार भी होंगे। ये जगहें पाने के लिए मांग और चमार जातियों ने क्या कोशिशें कीं? ये जगहें पाने का पूरा श्रेय महारों को जाता है। हालाँकि, इसका फ़ायदा मांग लोगों ने और चमारों ने भी लिया है। जब-जब लोकल बोर्ड या महापालिका के चुनावों के लिए सिफ़ारिश माँगने मेरे पास लोग आए हैं, तब-तब मैंने उनसे कहा है मांगों का अगर बारह आने का आदमी आए तो मैं सोलह आनेवाले योग्य महार आदमी को पीछे हटने के लिए कहूँगा। इससे अधिक व्यापक दृष्टिकोण कोई जाति रख पाएगी, ऐसा मुझे नहीं लगता। नये संविधान में मताधिकार की योग्यता के लिए वतनदारी भी एक है। महार लोग वतनदार हैं, इसलिए उन्हें इसका फ़ायदा मिला है, और अन्य जातियों को वह नहीं मिल पाया है। इस बात को बढ़ा-चढ़ा कर कुछ लोग इस प्रकार बता रहे हैं कि मैंने पक्षपात बुद्धि से प्रेरित होकर महारों को फ़ायदा दिलाने की मंशा से जानबूझकर मताधिकार की योग्यता वाले कोष्ठक में वतनदारी को भी शामिल किया। असल में यह आरोप ग़लत है। इसमें सच्चाई नहीं है। महार-मांगों के बीच शत्रुता बढ़ाने के उद्देश्य से ही यह आरोप लगाया गया है। मताधिकार के लिए वतनदारी को भी योग्यता में शामिल करने की सूचना मेरी नहीं है। यह प्रान्तीय सरकार द्वारा की गई सूचना है। उसके सही-ग़लत होने की ज़िम्मेदारी मेरी नहीं है। दूसरी बात यह है कि, ऐसा नहीं कि केवल बंबई इलाक़े के अस्पृश्य वतनदारों को मताधिकार दिया गया हो, यह अधिकार पूरे भारत के अस्पृश्य वतनदारों को दिया गया है। मद्रास, यूपी आदि कई प्रान्तों से जिन अस्पृश्य जातियों के पास वतनदारी है, उन जातियों को यह लाभ मिला है। सिर्फ़ बंबई में इसे लागू किया गया है, कहना सफ़ेद झूठ है। इससे आगे बढ़कर मैं यह सवाल पूछता हूँ कि क्या बंबई इलाक़े में यह अधिकार केवल महारों को मिला है? ध्यान रखें, यह अधिकार महारों को नहीं मिला है, यह अधिकार मिला है वतनदारों को। कन्नड़ इलाक़े में महार वतनदार नहीं हैं, मांगों के पास वहाँ वतनदारी है। अर्थात् उस इलाक़े में वतनदारी का फ़ायदा किसे मिलनेवाला है? मांगों को या कि महारों को, इस तरीक़े से आप अगर सोचेंगे तो आपको साफ़-साफ़ पता चलेगा कि जिन लोगों ने यह हल्ला मचा रखा है, वे या

तो अज्ञानी हैं या पाज़ी हैं। ऐसे लोगों की हरकतों से आपको सावधान रहना होगा। यह इशारा आपको देने की आवश्यकता मुझे महसूस हो रही है।

महार समाज का राजनीतिक क़द, वर्चस्व, वैभव में बढ़ोतरी हो और अन्य लोगों का कम किया जाए, इस तरह की मेरी यदि सोच होती तो कल जो मैंने महार जाति के सम्मेलन में जिस तरह का भाषण दिया है, वह किया नहीं होता। कल की महार समाज की सभा में मैंने स्पष्टता से कहा है कि आगामी नये विधिमंडल में जो पन्द्रह सीटें अस्पृश्यों को प्राप्त हुई हैं, उन सीटों में से कुछ जगह मांग जाति को दी जानी चाहिए।

ब्राह्मणेतर पिछड़ी जातियों में भी अस्पृश्य जातियों की भाँति छोटे-छोटे गुट हैं। ब्राह्मणेतर पिछड़ी जातियों को भी अस्पृश्य जाति के समान कुल सात आरक्षित सीटें प्राप्त हुई हैं। किन्तु इन सात सीटों में से एक भी सीट अति पिछड़े समाज के प्रतिनिधि को दिये जाने की बात और आश्वासन, एक भी मराठा जाति के नेता नहीं दे रहे हैं। किन्तु मैं तुम्हें आश्वस्त करता हूँ कि आपकी जाति के योग्य उम्मीदवार को सीट देने का आश्वासन कृति में उतारने का भरपूर प्रयास मेरी ओर से किया जाएगा। मराठा समाज में उदारता, अपेक्षा होने पर भी वे उसे पूरा नहीं कर पा रहे हैं, किन्तु महार समाज उदारता का सबूत दिखा देगा। यह बात सीधी है या सरल है, ऐसा कोई कह नहीं पाएगा।

यह कार्य बेहद मुश्किल और कठिन है। कोई भी जाति क्यों न हो, उसे स्वार्थ तो है ही और यह स्वार्थ, लालसा परे रखकर उसे जो मिला है, या मिलनेवाला है, उसमें से दूसरों को अपने लाभ में से हिस्सा दे देना व्यावहारिक दृष्टिकोण से कोई मामूली या छोटी बात नहीं है। अपने लाभ में कुछ हिस्सा देने की महार समाज की पूरी तैयारी है। केवल इतना ही पर्याप्त नहीं तो महार-मांग, इस तरह का जातिभेद ख़त्म कर एक जात करने की महार समाज की तैयारी है। यह बात महार लोगों के धर्म-परिवर्तन करने के संकल्प से सिद्ध हो चुकी है और इसीलिए आप सभी उन लोगों के साथ धर्म-परिवर्तन का दृढ़ निश्चय करें, यह बात वे आप लोगों से आग्रहपूर्वक अनुरोध करने से सिद्ध हो जाती है।

धर्म-परिवर्तन करने के जो कुछ अनेक हेतु होंगे, उसमें अस्पृश्य समाज के आपस के जातिभेद नष्ट करना भी एक प्रमुख हेतु इसमें निहित है। सभी अस्पृश्य समाज द्वारा धर्म-परिवर्तन किये बग़ैर अस्पृश्य जाति में स्थित जातिभेद ख़त्म हो पाना असम्भव है। जातिभेद नष्ट किये बग़ैर जाति-द्वेष की भावना नष्ट होना मुश्किल है। धर्म-परिवर्तन महार समाज का विशेष कल्याण करने हेतु किया जा रहा है, यह

बात इसमें नहीं है। सभी अस्पृश्य जातियों को एक धागे में पिरोकर उन लोगों का आपसी भेदभाव ख़त्म कर उन्हें ताक़तवर और संगठित बनाना, यही धर्म-परिवर्तन का मुख्य हेतु है। धर्म-परिवर्तन एक तरह से अमृत है। उस अमृत से हम शुद्ध होंगे, ऐसा हमारा दृढ़ विश्वास है। किन्तु, केवल हम ही निर्मल बनें, यही सीमित उद्देश्य हमारा न होकर मांग, चमार आदि सभी जातियाँ धर्म-परिवर्तन का अमृत पीकर वे शुद्ध, निर्मल बनें, ऐसी हमारी अभिलाषा है। यह धर्म-परिवर्तन का अमृत सभी के लिए है।

संत तुकाराम महाराज ने अपने दोहे, अभंगों में कहा है कि—

सेवन कर रस देता हूँ सभी को,
ले लो, मत बिखरो
मत भागो, जंगल-मैदान।

संत तुकाराम के सन्देश का मर्म समझिए।

धर्म-परिवर्तन करने से तुम्हें महार जाति से रोटी-बेटी व्यवहार का, समानता का अधिकार प्राप्त होगा, और समानता का हक़ देने के लिए महार समाज तैयार है। इतना अधिक बड़प्पन और उदारता अन्य दूसरा कौन-सा समाज दिखा पाएगा? विधि मंडल की जगहों से भी बढ़कर यह भेंट क्या अनमोल नहीं है? इस उदारता से बढ़कर और क्या चीज़ हो सकती है? और आपको इस चीज़ की क़ीमत, क़द्र ना हो तो आप अपनी राह चलने के लिए आज़ाद हो। जिस राह से आपको गुज़रना हो, उस रास्ते से आप बेशक चलें। हम अपनी मुक्ति, अपना उद्धार स्वयं कर लेंगे, और इस ध्येय को हासिल करने के लिए, हमें यदि अपना सिर क़लम करना पड़ा, तब भी हम पीछे नहीं हटेंगे। मांग-चमारों की ताक़त की हमें कोई ज़रूरत नहीं, यही समझ लीजिए। किन्तु हम इस तरह का रूखा व्यवहार नहीं करना चाहते। महार समाज को जाति दंभ, अभिमान का पोषण नहीं करना है अथवा जाति को बढ़ावा देने का विचार नहीं है। हमें जातिभेद को नष्ट करना है और सभी अस्पृश्य जातियों का एक ही समाज करना है। सिर्फ़ मांग जाति का बने रहने से कोई फ़ायदा है, ऐसा मुझे नहीं लगता। यदि आप जाति का झूठा अभिमान करते रहेंगे तो तुम्हारा सम्पूर्ण नाश हो जाएगा, यह इशारा इस अवसर पर आपको स्पष्टता से देना ज़रूरी है।

बाबासाहेब डॉ. बी.आर. आंबेडकर जी के उपरोक्त सम्बोधन के पश्चात धन्यवाद ज्ञापन हुआ।

मुम्बई प्रान्त मातंग परिषद को सफल बनाने में और कार्य का प्रचार-प्रसार करने में कृष्णा गुंडाजी कुचेकर, रामचन्द्र गुंडाजी कुचेकर, यशवंत लक्ष्मण वायदंडे, शंकर बुवा सकटे, बाबू रामा कांबले, ज्ञानू दाजी इवले, मारुति ज्ञानू तुपसौंदरे, धोंडीबा तालू कांबले, केशव धोंडी देवकुले, गंगाराम सखाराम यादव, लाला पिरा यादव, भागाराम जाधव, लहू लक्ष्मण अल्हाट, हन्या केशव बोतालजे, तुकाराम यशवंत चव्हाण, रत्नाकर खंडूजी आवले, शंकर नाथा आवले, निवृत्ति डी. शिंगोणकर, दाजी संतू काम्बले, चिंगाजी वायदंडे, के.डी. वायदंडे, आबा गेणू खंडाले, लहू अंकुश मोहिते, के.एम. काफोखे, शंकर शिंदे, बालू सखाराम यादव, एस.के. देशमुख, मार्तंड तपाया माने, राऊमलू माने आदि सद्गृहस्थों ने जी-जान से मेहनत कर मातंग परिषद के कार्यों को सफल बनाने के लिए नायगाँव बी.डी. चाल नम्बर 4 और 13 के छात्र-छात्राओं ने स्वागत पर गीत गायन करने के लिए मास्टर लक्ष्मण कुचेकर जी को उनकी मेहनत के लिए, और इसी तरह मे. काम्बले बैंड मास्टर जी ने कुलाबा के छात्रों की रिहर्सल कराकर उन्हें अल्पावधि में गायन में प्रवीण करने के कारण कुलाबा बैंड, कुलाबा स्काउट, सैतान चौकी स्काउट, वडाला स्काउट, नायगाँव स्काउट, डिलाइट रोड स्काउट ने सम्मेलन में आकर स्वयं अपनी प्रस्तुति के द्वारा सभा की शोभा बढ़ाने के लिए तथा सम्मेलन की व्यवस्था बनाने के लिए और इसी तरह मुम्बई के निवासियों द्वारा इस आयोजन के लिए अपनी शक्ति के अनुसार आर्थिक सहायता करने के कारण इन सभी का आभार व्यक्त किया गया। पुणे, नगर, दौंड, सोलापुर, कर्हाड, नाशिक आदि शहरों से प्रतिनिधियों ने सम्मेलन में उपस्थित हो सभा को सफल बनाने हेतु उन सभी का अभिनन्दन किया गया।[1]

[*बाबासाहेब डॉ. अम्बेडकर सम्पूर्ण वाङ्मय,* खंड 38, पृ. 518-528]

1. *जनता,* 13 जून, 1936

28

बहनों, समाज पर बट्टा लगाने वाले धन्धे से मुक्त हो जाओ

30 मई से 1 जून, 1936

बम्बई इलाका महाड़ परिषद में पारित हुए धर्म-परिवर्तन प्रस्ताव का पहला आघात कमाठीपुरा में रहनेवाले मुरल्या, जोगतिणी, देवदासी आदि समाज से त्याग दिए वर्ग पर हुआ। इस वर्ग की अधिकांश महिलाएँ सदाचार के साथ उदर निर्वाह न कर पाने के कारण इस अनीतिकारक व्यवसाय में आई हैं। महाड़ परिषद के बाद महिलाओं ने अपने बारे में सोचा। उन्होंने एक निजी बैठक बुलाई और तय किया गया कि अपने व्यवसाय की महिलाओं और पुरूषों की एक सभा बुलाई जाए, जिसमें डॉ. बाबासाहेब को भी आमंत्रित कर अपनी मुक्ति के बारे में बातें सुनी जाएँ। भगवानों को समर्पित सभी वर्गों के वाघे, पोतराज, भूते और महिलाएँ आदि शामिल थे। 16 जून, 1936 की रात को पोयबावडी के पास दामोदर हॉल में सभा आयोजित की गई थी। जिसमें महिला और पुरूषों का बड़ा समुदाय इकट्ठा था और हॉल खचाखच भरा हुआ था। सभा के आरम्भ में कुछ देवदासी, मुरल्या, रोतराज और वाघ्याओं के भाषण हुए। जिसमें उन्होंने अपने भाई-बहनों से इस व्यवसाय को छोड़ने की विनती की। कुछ वक्ताओं ने बताया कि वे इस व्यवसाय से पहले ही निकल चुके हैं और ईमानदारी से पसीना बहाकर मेहनत की कमाई से अपना पेट पालते हैं, इसीलिए उनका जीवन स्वाभिमानपूर्ण हुआ है।

डॉ. बाबासाहेब आंबेडकर बोलने के लिए उठे तो तालियों की भारी

गड़गड़ाहट हुई। उन्होंने बोलने की शुरूआत की तो सभागृह में एकदम शान्ति और गम्भीरता छा गई। डॉ. आंबेडकर ने अपने भाषण में कहा—

आज की सभा में मुझे हाल ही में हुई महाड़ परिषद की सभा से सौ गुना अधिक महत्त्वपूर्ण लगती है। समाज का जो हिस्सा अत्यन्त हीन अथवा बेकार माना जाता है, उसके आप सदस्य हैं। यही आपका समाज है। धर्म के नाम पर अनैतिक ढंग से अपना पेट पालनेवाली महिलाएँ हैं आप। जिनका स्वाभिमान नष्ट हुआ है, देह की बिक्री कर शरीर को पालना ही जिनके जीवन का अंग बन चुका है, उस वर्ग द्वारा दुनिया में क्या चल रहा है समझने की जिज्ञासा दिखाना, अपना चरित्र सुधारने की मंशा व्यक्त करना सचमुच बहुत ही गर्व करने लायक़ है। इसीलिए महाड़ परिषद में 25000 लोग इकट्ठा हुए, इसका मुझे उतना महत्त्व नहीं लगता, जितना आज की इस सभा में आप 400-500 लोग इकट्ठा हुए हैं उसका लगता है। आज की इस सभा के लिए मैं आपको धन्यवाद देता हूँ।

इस भूमिका के बाद मैं मुख्य विषय की तरफ़ मुड़ता हूँ। आज बंबई शहर में महार समाज को अगर शर्म से गर्दन कहीं झुकानी पड़ती है तो वह आपके कमाठीपुरा आते समय। अपनी बहनें वहाँ किस तरह के नरक से गुज़र रही हैं, अन्य समाज से ख़ुद को किस तरह भ्रष्ट करवा रही है, इसकी तसवीर आँखों के सामने खड़े होते ही हर महार को विषाद घेर लेता है। आज आपने महार समाज के साथ धर्म-परिवर्तन करने की इच्छा ज़ाहिर की है, आपके इस निश्चय के कारण मुझे यह सोचकर ख़ुशी नहीं हो रही कि मेरे अनुयायियों की संख्या में बढ़ोतरी हुई है या मेरी धर्म-परिवर्तन की घोषणा को मिल रहे समर्थन से मुझे सन्तोष नहीं हो रहा है। हमारे धर्म-परिवर्तन का अर्थ अच्छी तरह समझ लीजिए। हम धर्म-परिवर्तन कर रहे हैं इस दुर्गंध भरे वातावरण से बाहर निकलने के लिए। सबको समता का, बन्धुत्व का, स्वाभिमान का आदर्श जीवन प्राप्त हो और हरेक का जीवन उज्ज्वल हो, इस दृष्टि के साथ हम धर्म-परिवर्तन के लिए तैयार हो गए हैं। आप अगर हमारे साथ आना चाहते हैं, अपने जाति-बन्धुओं के साथ धर्मान्तरण करना चाहते हैं तो पहले आपको अपना यह दुर्गंध से भरा जीवन-क्रम छोड़ देना होगा। अपने मलिन तरीक़ों का आपको त्याग करना होगा। यह यदि आप करने के लिए तैयार हों, तभी आप हमारे साथ आएँ। वरना आप हमारे साथ न आएँ। मर्ज़ी हो तो आप जहाँ हैं, वहीं रहें। मुसलमान या ईसाई बनें। हमें उसमें कोई आपत्ति नहीं होगी। लेकिन अगर हमारे

साथ आप आना चाहें तो आपको काया, वाचा, मन की शुद्धता कर इस त्रिशुद्धि से शुचिर्भूत होकर ही आपको हमारे साथ आना होगा। वरना मैं आपको साफ़-साफ़ बताता हूँ कि आप हमारे साथ नहीं आ सकेंगे।

अगर आप अपना पुराना जीवन-क्रम उसी तरह चलाते हुए महार जाति को बट्टा लगाने का काम जारी रखनेवाली हों, अपना काम उसी तरह करनेवाली हों तो मैं आपको चेतावनी देता हूँ कि हज़ारों युवा स्वयंसेवकों को तैयार कर मैं कमाठीपुरा से आपको हमेशा के लिए हटवा दूँगा।

महिला समाज का अलंकार हैं, यह आपको जानना होगा। हर समाज महिलाओं के चरित्र का बहुत अधिक सम्मान करता है। हर किसी की यह उम्मीद होती है कि अपनी गृहस्वामिनी बननेवाली महिला उत्तम कुल की हो। वैसी ही भार्या पाने की हर एक की कोशिश रहती है क्योंकि वह जानता है कि अपना, अपने बच्चों का, अपने परिवार का और कुल का नाम महिला के चरित्र पर निर्भर करता है। महिलाओं को इतना बड़प्पन मिला हुआ है। लेकिन कमाठीपुरा का जीवन-क्रम देखें तो वह स्त्री जीवन को कलंक लगाने वाला है। इसीलिए, आप महिलाओं को समाज में क्या स्थान प्राप्त है, यह जानकर अपने बुरे जीवन-क्रम का त्याग करना चाहिए, अपना ख़ुद का तथा अपनी जाति का दर्ज़ा और नाम ऊँचा करना चाहिए। आप शायद सवाल पूछेंगे कि यह धन्धा ही हमारे उदर निर्वाह का साधन है। इतना ही नहीं, इसी धन्धे के कारण आज हमें किसी चीज़ की कमी नहीं है। हमारी ज़िन्दगी बड़े सुख के साथ बसर हो रही है। हमारे पास नौकर-चाकर हैं। इस तरह की आराम की ज़िन्दगी छोड़कर हम क्या करें? मैं आपसे जब यह शर्मनाक जीवन त्यागने के लिए कह रहा हूँ, तभी एक और बात साफ़ कर दूँ कि आपको उदर निर्वाह के साधन उपलब्ध कराना मेरा काम नहीं है, न मैं इसकी ज़िम्मेदारी ले रहा हूँ। आज हज़ारों महिलाएँ ग़रीब पति के साथ शादी करके उनके साथ दरिद्रता में दिन बिता रही हैं। पेट पालने के लिए उन्हें परिश्रम करना पड़ता है, तरह-तरह के कष्ट उठाने पड़ते हैं। हज़ारों महिलाएँ मिलों में काम करती हैं, कारख़ानों में काम करती हैं और गृहस्थी के अन्य दुख झेलते हुए अपने बच्चों के साथ ग़रीबी में, भूखे पेट रहकर ख़ुशी-ख़ुशी दिन बिताती हैं। आपके धन्धे में सुख मिलता है, इसलिए वे इस धन्धे में नहीं आतीं। क्यों नहीं आतीं वे आपके धन्धे में क्यों वे इतने कष्ट सहती हैं? इस पर आप सोचें। महाभारत की कथाएँ आपने सुनी हैं। जिस समय पांडव जुए में द्रौपदी को हार गए तब वल्कल और मृगचर्म धारण कर वनवास जाने के लिए निकले। उनके साथ वैसे ही वस्त्र धारण कर द्रौपदी भी गई थी। रास्ते में कौरवों

में से दुर्योधन ने उससे कहा, द्रौपदी, इन मूर्ख पतियों का साथ देकर तुम अपना जीवन क्यों दुख में डाल रही है? अपनी सुकुमार देह को कष्ट क्यों दे रही हो? तुम मेरे साथ रहो। मैं तुम्हें पूरे ऐशोआराम के साथ रखूँगा। तुम्हें कोई भी दुख नहीं होगा। उस समय साध्वी और मानिनी द्रोपदी ने दुर्योधन को जो जवाब दिया था, वह आपको याद रखना होगा। उसने कहा था, 'ऐश्वर्य पाकर अगर मैं नीति के साथ जीवन न बिता सकूँ तो मुझे ऐश्वर्य नहीं चाहिए। राजमहल से मुझे कष्टकर वनवास अधिक प्रिय है।' आपको भी ऐसे ही विचार अपने मन में रखने होंगे। कष्ट करने से आप डरें क्यों? अपनी हज़ारों बहनों की तरह अपने-अपने गाँव जाकर या फिर यहाँ नौकरी कर अपनी उपजीविका कमाना आपको इतना कष्टमय क्यों लगता है? आपको अपनी जाति के बारे में गर्व क्यों नहीं महसूस होता है, ख़ुद को भ्रष्ट करनेवाला और अपनी जाति को कलंकित करनेवाला जीवन आप क्यों नहीं छोड़ देतीं? आपके इस लांछनापूर्ण धन्धे की वजह से पूरे महार समाज को कितनी शर्म डुबो दिया है, इसके बारे में तुम्हें अहसास नहीं है। हमें हर घड़ी आपके कारण अपमान से गर्दन झुकानी पड़ती है। कुछ पहले मैं कमाठीपुरा में एक सभा में गया था। उस वक़्त मेरे मित्र डॉ. सोलंकी भी साथ थे। शिक्षा के बारे में भाषण करते समय मैंने कहा था कि सरकार शिक्षा के बारे में मुसलमानों को जो सुविधाएँ देती हैं, वे अस्पृश्य समाज को नहीं देती, यह बात बिलकुल सच है। उस वक़्त वहाँ कुछ मुसलमान लोग उपस्थित थे। उनमें से एक ने बताया कि महारों को मुसलमानों के बारे में ईर्ष्या क्यों महसूस हो? हम दो-दो, चार-चार 'महारानियों' को रखते हैं। उनकी इस चुभती टिप्पणी का मैंने कोई जवाब नहीं दिया, लेकिन उनके इस वाक्य से मुझे कितनी पीड़ा पहुँची होगी, कितना बुरा लगा होगा, इसके बारे में आप ही सोचिए। मुझे आपके जीने के इस तरीक़े के बारे में, कमाठीपुरा में आपके रहने के बारे में सोचकर बेहद ग़ुस्सा आता है, मैं बिलकुल तिलमिला जाता हूँ ग़ुस्से से।

इसीलिए मैं एक बार फिर आपको ठोंक-बजा कर बता रहा हूँ कि अगर आप महार कहलाना चाहते हैं, तो आपको यह गलीज़ धन्धा छोड़ना ही होगा। आपको इस धन्धे में ही रहने देकर मैं अपने साथ आने नहीं दे सकता। इतना कहकर भी अगर आप नहीं सुनेंगे तो मैं आपको यहाँ से भगा देने से पीछे नहीं हटूँगा। इसीलिए आप तुरन्त जाग जाएँ और इस हीन चरित्रकर्म का त्याग करें।

मुझे बताया गया है कि आज की सभा आपने ख़ुद ही बुलाई है। अपने में सुधार लाने के लिए आप प्रेरित हो गई हैं। इसलिए, मेरी आशा जल्द ही सफल होगी, इस अभिलाषा के साथ मैं अपना भाषण पूरा करता हूँ।

डॉ. बाबासाहेब का भाषण जब चल रहा था तब उन महिलाओं के हृदय गद्गद हो आए थे क्योंकि भाषण एकदम स्फूर्तिदायक हुआ था। सभा के अन्य कामकाज निपटने के बाद सभा बर्ख़ास्त हुई।

[*बाबासाहेब डॉ. अम्बेडकर सम्पूर्ण वाङ्मय,* खंड 38, पृ. 529-532]

29

हिन्दुओं को दलित वर्गों के धर्म-परिवर्तन के प्रति उदासीन नहीं होना चाहिए

धर्म-परिवर्तन के सम्बन्ध में, "डॉ. बी.आर. आंबेडकर ने विभिन्न प्रान्तों में अपने सहकर्मियों से परामर्श किया कि उनके लिए कौन सा धर्म अपनाना उचित रहेगा। अब वे सिक्ख धर्म अपनाने का निर्णय ले चुके थे। उनके मित्रों तथा सहकर्मियों का मानना था कि सिक्ख धर्म अपनाने के लिए डॉ. आंबेडकर को हिन्दू सभा के नेताओं का समर्थन लेना चाहिए क्योंकि हिन्दू सभा के नेताओं का मानना था कि सिक्ख धर्म कोई पराया धर्म नहीं है। यह हिन्दुत्व की ही संतान है और इसीलिए हिन्दुओं तथा सिक्ख के आपस में विवाह होते थे और सिक्खों को हिन्दू महासभा का सदस्य होने की अनुमति थी। तदनुसार, हिन्दू महासभा के प्रवक्ता डॉ. मुंजे को बंबई आमंत्रित किया गया। दो अन्य मित्रों की उपस्थिति में 18 जून, 1936 को शाम 7.30 बजे डॉ. बी.आर. आंबेडकर ने राजगृह में डॉ. मुंजे से बात की। डॉ. आंबेडकर ने सभी मुद्दे स्पष्ट किये और मुक्त रूप से डॉ. मुंजे से बात की। अगले दिन डॉ. आंबेडकर के विचारों के सारांश का एक वक्तव्य बनाकर डॉ. मुंजे को सौंपा गया, जिन्होंने व्यक्तिगत रूप से इसका अनुमोदन किया।"[1] यह वक्तव्य इस प्रकार है—

धर्म-परिवर्तन के इस अभियान के प्रति हिन्दू उदासीन नहीं रह सकते, जो दलित-वर्गों के बीच अब ज़ोर पकड़ता जा रहा है। हिन्दुओं की नज़र में निस्सन्देह सबसे अच्छी

1. *कीर*, पृ. 227

बात यही होगी कि दलित वर्ग को धर्म-परिवर्तन करने का विचार छोड़ देने के लिए प्रेरित किया जा सके। लेकिन यदि यह सम्भव नहीं है तो हिन्दुओं को दलित वर्गों द्वारा उठाए जानेवाले क़दम से पूरा सरोकार रखना चाहिए क्योंकि उनका यह क़दम देश के भाग्य पर निश्चित रूप से गम्भीर प्रभाव डालनेवाला है। यदि दलित वर्गों को धर्म-परिवर्तन न करने के लिए मनाया जा सके और यदि हिन्दू उनका नेतृत्व नहीं कर सकते तो एक ऐसा धर्म अपनाने में, जो हिन्दुओं के लिए और देश के लिए सबसे कम हानिकारक हो, हिन्दुओं को उनकी मदद करनी चाहिए।

इस बात की सम्भावना बहुत ही कम है कि दलित वर्ग कोई नया धर्म बनाएँगे। अधिक सम्भावना इसी बात की है कि वे मौजूदा धर्मों में से ही किसी एक को अपनाएँगे। किसी भी तरह से हिन्दू इसी मान्यता के साथ आगे बढ़ सकते हैं। पहला प्रश्न यह है कि दलित वर्गों द्वारा कौन सा धर्म अपनाए जाने की सम्भावना है? स्पष्ट है कि जो उनके लिए सबसे ज़्यादा फ़ायदेमन्द हो।

दलित वर्गों के पास चुनने के लिए तीन विकल्प हैं—(1) इस्लाम, (2) ईसाइयत और (3) सिक्ख धर्म। इन तीनों धर्मों की यदि तुलना की जाए तो इस्लाम दलित वर्गों की सभी आवश्यकताएँ पूरी कर सकता है। वित्तीय तौर पर, इस्लाम के पास संसाधन असीमित हैं। सामाजिक तौर पर, मुसलमान भारत में चारों ओर फैले हुए हैं। हर प्रान्त में मुस्लिम हैं और वे दलित वर्गों से धर्म-परिवर्तन करके आए नये मुसलमानों की देखरेख कर सकते हैं और उन्हें हर आवश्यक सहायता प्रदान कर सकते हैं। राजनीतिक तौर पर, दलित वर्गों को वे सभी अधिकार मिलेंगे, जो मुसलमानों को प्राप्त हैं। इस्लाम अपनाने से विधान मंडलों में विशेष प्रतिनिधित्व का अधिकार, सेवाओं में अधिकार जैसे किसी भी राजनीतिक अधिकार की हानि नहीं होगी। ईसाइयत भी इतना ही आकर्षक विकल्प है। यदि भारतीय ईसाइयों की संख्या दलित-वर्गों को धर्म-परिवर्तन के लिए आवश्यक वित्तीय संसाधन उपलब्ध कराने के लिए बहुत कम है, तो दलित वर्गों द्वारा ईसाइयत अपनाने की इच्छा ज़ाहिर करने पर अमेरिका तथा इंग्लैंड जैसे ईसाई देश अपने अथाह संसाधन उड़ेलने लगेंगे। सामाजिक तौर पर, ईसाई समुदाय की संख्या दलित वर्गों से धर्म-परिवर्तन करके आनेवालों की मदद के लिए क़ाफ़ी कम है, लेकिन ईसाई धर्म को सरकार का समर्थन प्राप्त है। राजनीतिक तौर पर, ईसाई धर्म भी उन्हें वे सब अधिकार प्रदान करेगा, जो इस्लाम। मुसलमानों की ही तरह भारतीय ईसाइयों को भी संविधान द्वारा सेवाओं तथा विधान मंडलों में विशेष प्रतिनिधित्व के राजनीतिक अधिकार प्राप्त हैं। इस्लाम तथा ईसाइयत के मुक़ाबले सिक्ख धर्म कम आकर्षक है। केवल 40 लाख

की जनसंख्या वाला छोटा सा समुदाय होने के कारण सिक्ख वित्तीय सहायता प्रदान नहीं कर सकते। सिक्ख केवल पंजाब तक सीमित हैं और जहाँ तक अधिकांश दलित वर्गों का सवाल है, सिक्ख उन्हें कोई सामाजिक समर्थन नहीं दे पाएँगे। राजनीतिक तौर पर भी सिक्ख धर्म अपनाने में इस्लाम तथा ईसाइयत की तुलना में नुक़सान है क्योंकि पंजाब से बाहर सिक्खों को सेवाओं तथा विधान मंडलों में विशेष प्रतिनिधित्व का राजनीतिक अधिकार प्राप्त नहीं है।

दूसरा प्रश्न यह है कि शुद्ध रूप से हिन्दुओं के दृष्टिकोण से देखे जाने पर इस्लाम, ईसाइयत या सिक्ख धर्म में से कौन-सा श्रेष्ठ है। ज़ाहिर है, सिक्ख धर्म सबसे अच्छा है। यदि दलित वर्ग इस्लाम या ईसाइयत अपनाते हैं, तो वे न केवल हिन्दू धर्म से बाहर हो जाएँगे, बल्कि हिन्दू संस्कृति से भी बाहर हो जाएँगे। दूसरी ओर, यदि वे सिक्ख धर्म अपनाते हैं, तो वे हिन्दू संस्कृति के भीतर ही रहेंगे। यह हिन्दुओं के लिए कोई कम फ़ायदे की बात नहीं है।

धर्म-परिवर्तन के परिणामस्वरूप, देश पर क्या प्रभाव पड़ेगा, यह भी ध्यान देने योग्य तथ्य है। ईसाइयत अपनाने से दलित वर्ग राष्ट्रीयता से वंचित हो जाएँगे। यदि वे इस्लाम अपनाते हैं तो मुस्लिमों की संख्या दोगुनी हो जाएगी और मुस्लिम प्रभाव का खतरा भी सच हो जाएगा। यदि वे ईसाइयत अपनाते हैं तो ईसाइयों की संख्या पाँच से छह करोड़ हो जाएगी। इससे देश में अंग्रेज़ों की पकड़ मज़बूत होने में सहायता मिलेगी। दूसरी ओर, यदि दलित वर्ग सिक्ख धर्म अपनाते हैं, तो वे देश के प्रारब्ध को कोई नुक़सान नहीं पहुँचाएँगे, बल्कि इसे सहायता ही प्रदान करेंगे। उनका विराष्ट्रीयकरण भी नहीं होगा। इसके विपरीत, वे देश की राजनीतिक प्रगति में सहायता प्रदान करेंगे। इस प्रकार यह देश के हित में होगा कि दलित वर्ग यदि अपना धर्म-परिवर्तन करना चाहते हैं तो उन्हें सिक्ख धर्म अपनाना चाहिए।

तीसरा प्रश्न यह है कि यदि दलित वर्गों का सिक्ख धर्म अपनाना हिन्दुओं के हित में है, तो क्या हिन्दू, सिक्ख धर्म को भी दलित-वर्गों के लिए उतना अच्छा विकल्प बनाने के लिए तैयार हैं, जितने इस्लाम तथा ईसाई धर्म हैं? यदि हाँ, तो ज़ाहिर है, उन्हें उन कठिनाइयों को दूर करने का प्रयास करना चाहिए जो इस्लाम तथा ईसाई धर्म अपनाने के मुक़ाबले सिक्ख धर्म अपनाने में सामने आ रही हैं। ये अभाव वित्तीय, सामाजिक तथा राजनीतिक हैं। हिन्दू, सिक्खों को सामाजिक कठिनाई दूर करने में सहायता प्रदान नहीं कर सकते हैं। किन्तु वे वित्तीय तथा राजनीतिक कठिनाई दूर करने में अवश्य सहायता कर सकते हैं। इनमें से राजनीतिक कठिनाई दूर करना सबसे ज़्यादा ज़रूरी है क्योंकि यह सिक्खों के रास्ते में बाधा बन सकती

है। सौभाग्य की बात यह है कि राजनीतिक कठिनाई का समाधान एक बहुत छोटा-सा मुद्दा है। करना सिर्फ़ यह होगा कि पंजाब के अलावा हरेक प्रान्त में अनुसूचित जातियों की सूची में 'सिक्ख' शब्द जोड़ देना होगा, जिससे दलित वर्ग का जो व्यक्ति धर्म-परिवर्तन करके सिक्ख बने उसके राजनीतिक अधिकार उसी प्रकार बने रहें, जैसे दलित वर्ग में होने पर थे। कम्यूनल अवार्ड के अन्तर्गत, समुदायों को अवार्ड में कोई भी बदलाव स्वीकार करने की स्वतंत्रता दी गई है और सरकार भी इन स्वीकृतियों के अनुसार अवार्ड में परिवर्तन करने के लिए प्रतिबद्ध है।

इसलिए, यदि हिन्दू दलित वर्गों के साथ परस्पर सहमति करके यह बदलाव लाना चाहें, तो यह बदलाव आसानी से लाया जा सकता है। इससे पूना सन्धि में भी कोई बड़ा परिवर्तन नहीं होता। इससे सीटों के प्रभाजन की आवश्यकता भी नहीं पड़ती। पूना सन्धि के अन्तर्गत दलित वर्गों को दी गई सीटों की संख्या भी समान ही रहेगी। परिवर्तन केवल यह होगा कि ग़ैर-सिक्ख दलित वर्ग और वे वर्ग दलित जिन्होंने सिक्ख-धर्म अपनाया है, दोनों प्रतिस्पर्धा के लिए स्वतंत्र होंगे। इससे सिक्ख-धर्म अपनानेवाले दलित वर्गों की मात्र एक कठिनाई ही दूर होती है।

जो हिन्दू इस सुझाव का विरोध कर सकते हैं, उन्हें निम्न प्रश्नों के जवाब देने चाहिए—

1 पूना सन्धि के अन्तर्गत दलित वर्गों को दी गई सीटें वापस हिन्दुओं के पास नहीं जा सकतीं। यदि दलित वर्ग धर्म-परिवर्तन करके इस्लाम या ईसाई धर्म अपनाते हैं, तो ये सीटें मुसलमानों या ईसाइयों को चली जाएँगी क्योंकि यदि दलित वर्गों के धर्म-परिवर्तन से मुसलमानों या ईसाइयों की संख्या बढ़ जाती है, तो मुसलमानों तथा ईसाई निश्चित तौर पर विधान मंडल में अपना प्रतिनिधित्व बढ़ाने की माँग करेंगे। इस प्रकार, ये सीटें अगर जानी ही हैं, तो क्यों न इन्हें सिक्खों के पास जाने दिया जाए?

2. संविधान के अन्तर्गत दलित वर्ग यदि इस्लाम या ईसाई धर्म अपनाने से अपने राजनीतिक अधिकार नहीं खोते हैं, तो सिक्ख बनने पर उन्हें अपने राजनीतिक अधिकार क्यों खोने पड़ें? यह तो इस्लाम या ईसाइयत अपनाने पर इनाम और सिक्ख धर्म अपनाने पर सज़ा जैसा है। यह दलित वर्गों को मुसलमानों या ईसाइयों के ख़ेमे में जाने पर मजबूर कर रहा है। क्या ऐसा होने देना हिन्दुओं के हित में है?

3. ऐसा हो सकता है कि दलित वर्ग सिक्ख धर्म अपनाने पर अपने राजनीतिक अधिकार न खोयें, क्योंकि 'पूना सन्धि अनुसूचित जाति परिषद्-आदेश'

के अन्तर्गत भी दलित वर्गों के विशेष प्रतिनिधित्व के अधिकार उनके हिन्दू धर्म को मानने या न मानने पर निर्भर नहीं किये गए हैं। उनके प्रतिनिधित्व को उनके कुछ विशिष्ट जाति या क़बीले का सदस्य होने पर निर्भर रखा गया है। लेकिन सिक्खों को हिन्दुओं के प्रति मनमुटाव रखने और शिकायत का मौक़ा क्यों दिया जाए?

4. राजनीतिक मान्यता के लिए विभिन्न प्रान्तों में सिक्खों को 'अनुसूचित जाति' की सूची में शामिल करने का प्रस्ताव कोई सशक्त प्रस्ताव नहीं कहा जा सकता। दूसरी ओर, ऐसी कोई मान्यता न देना विचित्र ही लगेगा।

यदि पंजाब में राजनीतिक उद्देश्य से सिक्खों को मान्यता दी जा सकती है, तो अन्य प्रान्तों के सिक्खों को क्यों नहीं?

यदि पंजाब के दलित वर्ग सिक्ख बनने पर अपने अधिकार नहीं खाएँगे, तो अन्य प्रान्तों के दलित वर्गों द्वारा सिक्ख धर्म अपनाए जाने पर उनका भाग्य क्यों अलग हो?

[*बाबासाहेब डॉ. अम्बेडकर सम्पूर्ण वाङ्मय,* खंड 35, पृ. 227-231]

30

धर्म-परिवर्तन की स्थिति में अधिकार प्रभावित नहीं

डॉ. बी. आर. आंबेडकर ने हिन्दू समुदाय छोड़ने की स्थिति में पूना सन्धि के अन्तर्गत दलित वर्गों द्वारा अपने राजनीतिक अधिकार छोड़ देने की सम्भावना पर बातचीत को अस्वीकार किया है और वे इसे कांग्रेस की उन्हें तथा उनकी पार्टी को चुनाव लड़ने से रोकने का एक कारनामा मानते हैं।

"मेरे पास इस बात के सबूत मौजूद हैं कि यह कांग्रेस का मुझे तथा मेरी पार्टी को डराने का एक कारनामा है, जिससे हम आगामी चुनाव में न उतरें और हिन्दू समुदाय के भीतर रहने पर मजबूर हो जाएँ।"

यह शहर में प्रचलित उन रिपोर्टों पर डॉ. आंबेडकर की प्रतिक्रिया है, जिनमें कहा जा रहा है कि दलित वर्गों के येवला तथा बंबई सम्मेलनों के संकल्प और डॉ. आंबेडकर द्वारा हिन्दुत्व छोड़ने के अपने इरादे की घोषणा पूना सन्धि के अन्तर्गत प्राप्त हुए विशेषाधिकारों पर दलित वर्गों की प्रसन्नता के विरुद्ध हैं।

डॉ. आंबेडकर को इन रिपोर्टों पर हँसी आती है, क्योंकि उनकी राय में ये पूना सन्धि द्वारा संशोधित साम्प्रदायिक अधिनिर्णय अवार्ड के प्रावधानों तथा संवैधानिक स्थिति की अनभिज्ञता पर आधारित हैं।

दलित वर्गों के सम्बन्ध में साम्प्रदायिक अधिनिर्णय का वास्तविक प्रावधान यह था कि उन्हें सामान्य चुनाव क्षेत्रों में ही वोट डालने होंगे, लेकिन उनके लिए पर्याप्त प्रतिनिधित्व सुनिश्चित करने के उद्देश्य से उन्हें विशेष सीटें आबंटित की गई थीं, इस प्रावधान का आधार दलित वर्गों के लिए एक विशेष चुनाव क्षेत्र था।

संक्षेप में, पूना सन्धि में हिन्दू समुदायों के साथ संयुक्त निर्वाचक मंडलों को दलित वर्गों के लिए अलग निर्वाचक मंडलों से बदल दिया गया। यह सुनिश्चित करने के लिए कि दलित वर्गों के प्रतिनिधियों के साथ अपने समुदाय का पूरा

विश्वास हो, समुदाय द्वारा प्राथमिक चुनाव के लिए स्वयं एक युक्ति विकसित की गई—संयुक्त हिन्दू समुदाय के निर्वाचक मंडलों को दलित वर्गों की सूची में मौजूदा मतदाताओं द्वारा प्रत्येक सीट के लिए चुने गए चार उम्मीदवारों के पैनल में से अपना उम्मीदवार चुनना था।

पूना सन्धि : हिन्दुओं का तर्क

हिन्दू समुदाय द्वारा अब उठाया जा रहा प्रमुख मुद्दा यह है कि जिन परिस्थितियों में पूना सन्धि हुई थी, उनमें निस्सन्देह यह माना गया था कि दलित वर्ग हिन्दू समुदाय का ही हिस्सा रहेंगे। श्री गांधी इस सन्धि के लिए अकेले ज़िम्मेदार हैं जो उन्होंने हिन्दू समुदाय को विभाजन से बचाने के लिए ही अनशन किया था, क्योंकि दलित वर्गों को अलग निर्वाचक मंडल आबंटित किये जाने के परिणामस्वरूप, इस विभाजन की आशंका प्रकट की जा रही थी।

यह तर्क दिया गया कि पूना सन्धि में हिन्दू समुदाय ने त्याग किये हैं और दलित वर्गों को हिन्दू समुदाय में बनाए रखने और उनकी आशंकाएँ कम करने के एकमात्र उद्देश्य के साथ उसने वास्तविक अवार्ड के अन्तर्गत स्वयं को आबंटित सीटों में से कुछ लौटा दी थीं।

हालाँकि, तब से दलित वर्गों का एक हिस्सा डॉ. आंबेडकर के नेतृत्व में हिन्दू धर्म त्यागने का संकल्प ले चुका है। उदाहरण के लिए, बंबई महार सम्मेलन ने संकल्प लिया कि गहन सोच-विचार के बाद सम्मेलन—

1. घोषणा करता है कि महार समुदाय के पास समानता तथा स्वतंत्रता प्राप्त करने के लिए धर्म-परिवर्तन ही एकमात्र उपाय है,
2. अपने माननीय नेता, डॉ. बी.आर. आंबेडकर को विश्वास दिलाता है कि समुदाय सामूहिक रूप से अपना धर्म-परिवर्तन करने के लिए तैयार है, और
3. महार समुदाय से आग्रह करता है कि धर्म-परिवर्तन के शुरुआती क़दम के रूप में वे अब से हिन्दू देवी-देवताओं की पूजा न करें, हिन्दू पर्व व त्योहार न मनाएँ और हिन्दू पवित्र स्थानों पर जाना बन्द कर दें।

कट्टरपंथी दृष्टिकोण

कट्टरपंथी हिन्दू दृष्टिकोण के अनुसार, इस संकल्प के बाद हिन्दू समुदाय के प्रति महारों के इरादों के विषय में कोई सन्देह नहीं रह जाता और इसलिए वे उन

चुनावी विशेषाधिकारों से वंचित किये जाने पर कोई शिकायत नहीं कर सकते, जो कि उन्हें हिन्दुओं द्वारा पूरी तरह से यह मानकर दिये गए थे कि वे हिन्दू ही रहेंगे। दूसरे शब्दों में, जैसा कि हाल ही में एक कांग्रेसी नेता ने कहा है, "'चित भी उनकी और पट भी उनकी' नहीं हो सकती। या तो वे हिन्दू रहें और पूना सन्धि के अन्तर्गत विशेषाधिकार पाएँ या फिर वे हिन्दू न रहें और उन विशेषाधिकारों को छोड़ दें।"

अपने दृष्टिकोण से स्थिति स्पष्ट करने के लिए आमंत्रित किये जाने पर, द टाइम्स ऑफ़ इंडिया के एक प्रतिनिधि के साथ विशिष्ट साक्षात्कार में डॉ. आंबेडकर ने इस तर्क का खंडन किया कि हिन्दू समुदाय ने दलित वर्गों के लिए कोई त्याग किया है।

उन्होंने कहा, "यह मानना ग़लत है कि कट्टरपंथी हिन्दुओं ने दलित वर्गों के पक्ष में कोई सीट छोड़ी है। वास्तव में, हिन्दू सीट या हिन्दू निर्वाचन क्षेत्र जैसी कोई चीज़ है ही नहीं, यह केवल एक सामान्य चुनाव-क्षेत्र है।"

डॉ. आंबेडकर के अनुसार, संविधान में किसी हिन्दू चुनाव-क्षेत्र को मान्यता नहीं दी गई है, यद्यपि मुसलमानों, यूरोपियों, आंग्ल-भारतीयों, सिक्खों (पंजाब में) इत्यादि के लिए अलग-अलग चुनाव क्षेत्र हैं। अनारक्षित चुनाव-क्षेत्रों में केवल हिन्दू ही नहीं, बल्कि पारसी, ज्यू, जैन, बौद्ध तथा कई अन्य समुदाय भी आते हैं। पूना सन्धि के अन्तर्गत दलित वर्गों को यदि कोई रियायत दी भी गई है, तो वह अनारक्षित चुनाव क्षेत्र से है, न कि किसी 'हिन्दू चुनाव-क्षेत्र' से क्योंकि इस नाम की कोई चीज़ मौजूद ही नहीं है। इस तरह के किसी चुनाव-क्षेत्र का ज़िक्र न तो साम्प्रदायिक अधिनिर्णय में है, न ही पूना सन्धि में, यहाँ तक कि भारत सरकार अधिनियम, 1935 में भी इसका कोई ज़िक्र नहीं है, जो मताधिकार तथा निर्वाचन प्रक्रिया को संचालित करता है।

निर्वाचन-क्षेत्रों का वर्गीकरण
अब इस मुद्दे पर प्रश्न उठाने का समय नहीं रहा

डॉ. आंबेडकर ने कहा कि भारत सरकार अधिनियम द्वारा अपनाए गए निर्वाचन-क्षेत्रों के वर्गीकरण के औचित्य पर प्रश्न उठाने के लिए अब बहुत देर हो चुकी है, "यह जैसा भी है, इसे मानना पड़ेगा। यहाँ तक कि पंजाब में जहाँ मुसलमानों की संख्या अधिक है और हिन्दू अल्पसंख्यक हैं, वहाँ भी मुसलमानों के लिए एक अलग निर्वाचन-क्षेत्र है और हिन्दुओं के लिए आम निर्वाचन-क्षेत्र ही है।"

इस प्रकार, डॉ. आंबेडकर ने कहा, "यह मानना ग़लत और अनिष्टकारी है कि हिन्दुओं ने कोई बलिदान किया है क्योंकि यदि ऐसा है तो अनारक्षित चुनाव-क्षेत्रों में आनेवाले अन्य कई समुदायों ने भी दलित वर्ग को यह तथाकथित रियायत दी है।"

डॉ. आंबेडकर द्वारा कही गई अगली महत्त्वपूर्ण बात यह है कि साम्प्रदायिक अधिनिर्णय पूना सन्धि तथा भारत सरकार अधिनियम, 1935 के अन्तर्गत की गई राजनीतिक व्यवस्थाओं का धर्म से कोई लेना-देना नहीं है। यूरोपीय निर्वाचन-क्षेत्रों में यूरोपीय शामिल हैं, चाहे उनका धार्मिक विश्वास जो भी है, आंग्ल-भारतीय मामले में भी ऐसा ही है। केवल मुस्लिम समुदाय के मामले में ही राजनीतिक वर्गीकरण धार्मिक समूहों के आधार पर है। स्वयं अनारक्षित चुनाव-क्षेत्रों में भी इस श्रेणी के अन्तर्गत आनेवालों को राजनीतिक अधिकार उनके धार्मिक विश्वास की समानता के आधार पर नहीं दिये गए हैं।

मताधिकार व्यवस्थाएँ

दूसरे शब्दों में, मताधिकार व्यवस्थाएँ किसी विशेष धार्मिक विश्वास से जुड़े होने की बजाय किसी समुदाय विशेष की सदस्यता के आधार पर की गई हैं। 'दलित वर्गों' का मूल वर्गीकरण बदलकर अब 'अनुसूचित जाति' कर दिया गया है और यह समुदाय की एक शाखा की ओर इंगित करता है, जिसका वर्गीकरण सामाजिक तथा आर्थिक नज़रिये से किया गया है, न कि किसी धार्मिक दृष्टिकोण से।

डॉ. आंबेडकर ने कहा कि यदि केवल तर्क के लिए यह मान भी लिया जाए कि इन वर्गीकरणों में धर्म का पुट मौजूद है, तब भी किसी धर्म का त्याग करना या किन्हीं सिद्धान्तों पर से विश्वास उठने की घोषणा करना किसी मौजूदा राजनीतिक अधिकार का उपयोग करने के विरुद्ध नहीं है।

यदि दलित वर्ग का कोई सदस्य हिन्दुत्व त्याग देता है और वास्तव में कोई और धर्म जैसे इस्लाम या ईसाइयत अपना लेता है, तब यह एक अलग मामला हो सकता है।

तब, और केवल इस तरह से धर्म-परिवर्तन के बाद ही, वह उस राजनीतिक समूह के अन्तर्गत आएगा, जो उस धर्म को माननेवालों को दिया गया है, केवल तभी उसे हिन्दू समुदाय की सदस्यता से जुड़े अधिकार त्यागने पर बाध्य किया जा सकता है।

डॉ. आंबेडकर पूछते हैं, यदि कोई हिन्दू वेदों पर विश्वास न रखता हो तो? आज भारत में कई हिन्दू ऐसे हैं, जो केवल नाम के लिए हिन्दू हैं और जो हिन्दू होने के लिए आवश्यक असंख्य धार्मिक अनुष्ठानों तथा औपचारिकताओं को नहीं मानते। क्या वे उस वजह से हिन्दू नहीं कहलाते? और, वह कौन सा मानक है, जिसके ज़रिये किसी हिन्दू के उसके धर्म पर विश्वास की सीमा मापी जाती है?

अधिकारों का आग्रह

अन्याय की मौजूदा रीतियों के साथ विरक्ति से जन्मे किसी धार्मिक सम्प्रदाय को छोड़ने का इरादा उस धर्म से किसी व्यक्ति का सम्बन्ध नहीं तोड़ सकता, जो वह नाममात्र को अपना रहा हो।

"निश्चित रूप से, आज के सभी ईसाई सच्चे ईसाई नहीं हैं। यूरोप में उन रविवारीय परेडों के विषय में आप क्या कहेंगे, जिनमें ईसाइयत को न माननेवाले या इसके प्रति उदासीन या तर्कवादी लोग रविवार की सुबह गिरजाघरों के आगे प्रदर्शन करते हैं? इस सबके बावजूद भी वे राज्य की नज़र में ईसाई हैं।

डॉ. आंबेडकर ने हास्यपूर्ण ढंग से कहा, "आप चाहें तो मुझे वैधानिक हिन्दू कह सकते हैं, लेकिन मैं अपने राजनीतिक अधिकारों पर दृढ़ रहूँगा, चाहे मेरी धार्मिक भावप्रवणता की गहराई कितनी भी हो।"

अपने तर्क को समर्थन देने के लिए डॉ. आंबेडकर ने पंजाब से दो उदाहरण दिये, जहाँ दलितों के दो वर्ग यह प्रमाणित होने के बावजूद भी कि वे हिन्दू नहीं हैं, 'अनुसूचित जाति' के रूप में वर्गीकृत किये गए हैं। जो उदाहरण दिये गए वे आद-धर्मियों तथा रामदासियों के हैं। आद-धर्मियों ने तो औपचारिक रूप से सरकार को सूचित किया कि वे हिन्दू नहीं हैं और तब भी वे आम निर्वाचन-क्षेत्र में 'अनुसूचित जाति' के अन्तर्गत रखे गए हैं।

1931 की पंजाब जनगणना रिपोर्ट में कहा गया है :

> "कई चमारों तथा शूद्रों और अन्य अस्पृश्यों द्वारा 'आद-धर्म' नाम के शब्द का प्रयोग धर्म के विवरण की दृष्टि से वर्तमान जनगणना की सबसे उल्लेखनीय विशेषता रही है। इस वर्ष एक नया निर्देश दिया गया कि 'जो लोग स्वयं को आद-धर्मी घोषित कर रहे हैं, उन्हें इसी नाम से रिकॉर्ड किया जाए।"

"पंजाब आद-धर्म मंडल ने 1930 में जनगणना की प्रक्रिया शुरू होने से पहले पंजाब सरकार से निवेदन किया था कि दलित वर्गों को जनगणना के समय आद-धर्म को अपना धर्म लिखने की अनुमति दी जाए क्योंकि वे भारत के आदिवासी हैं और चूँकि हिन्दुओं ने उनसे हमेशा ही पर्याप्त दूरी बनाए रखी है, इसलिए उनका हिन्दू धर्म पर कोई विश्वास नहीं है। पंजाब के धर्म मंडल के अध्यक्ष को सूचित किया गया था कि जनगणना संहिता में एक खंड उपलब्ध कराया जा रहा है कि जो लोग आद-धर्म को अपना धर्म घोषित करेंगे उन्हें उसी तरह रिकॉर्ड किया जाएगा। आद-धर्म का शाब्दिक अर्थ है 'मौलिक' या 'पुरातन' धर्म।"

एक नकारात्मक रवैया

डॉ. आंबेडकर के अनुसार, आद-धर्मी आन्दोलन पर विवाद इतना गम्भीर हो गया कि कई हत्याएँ हो गईं। चाहे जो भी हो, आद-धर्मियों को अनारक्षित निर्वाचन-क्षेत्रों में 'अनुसूचित जाति' के रूप में वर्गीकृत किया गया है, उनकी इस स्पष्ट घोषणा के बावजूद भी कि वे हिन्दू नहीं हैं।

अपने स्वयं के तथा अपने अनुयायियों के विषय में डॉ. आंबेडकर ने स्पष्ट किया कि हिन्दुत्व के बारे में दृष्टिकोण नकारात्मक है और अब तक किसी अन्य धर्म के प्रति सकारात्मक जुड़ाव नहीं है।

इसी प्रकार 'रामदासी' धर्म से सिक्ख हैं, किन्तु अनारक्षित निर्वाचन-क्षेत्रों में 'अनुसूचित जातियों' के अन्तर्गत वर्गीकृत हैं। डॉ. आंबेडकर के अनुसार इन सब बातों से यही ज़ाहिर होता है कि निर्वाचक वर्गीकरण का धर्म से कोई लेना-देना नहीं है जो धार्मिक समूहों के ठीक विपरीत गया है।

इस प्रकार, यद्यपि डॉ. आंबेडकर पूना सन्धि के अन्तर्गत दलित वर्गों को दिये गए विशेषाधिकार शिकायत करने या उन्हें चुनौती देने के हिन्दुओं के अधिकार को मान्यता नहीं देते, तथापि उन्होंने दृढ़ता से कहा कि उनके समुदाय के राजनीतिक अधिकार हिन्दुत्व छोड़ने का इरादा करने या छोड़ देने पर भी प्रभावित नहीं होंगे।[1]

[*बाबासाहेब डॉ. अम्बेडकर सम्पूर्ण वाङ्मय,* खंड 35, पृ. 232-237]

---

1. *द टाइम्स ऑफ़ इंडिया,* 24 जुलाई, 1936

31

स्वार्थ-रहित धर्म-परिवर्तन अभियान

अस्पृश्यों के धर्म-परिवर्तन के विरुद्ध राय बहादुर एम.सी. के वक्तव्य पर डॉ. आंबेडकर की टिप्पणियाँ—

सबसे पहले तो मैं यह कहना चाहूँगा कि इस पत्र-व्यवहार को प्रकाशन के लिए समाचार-पत्रों को भेजना ही अपने-आप में श्री राजा का एक अभद्र कृत्य है। डॉ. मुंजे ने अपने पत्र के अन्त में स्पष्ट रूप से यह कहा था कि धर्म-परिवर्तन पर अन्तिम निर्णय लिये जाने तक इस पत्र को निजी एवं गोपनीय समझा जाए। यह नहीं माना जा सकता कि यह तथ्य श्री राजा की नज़र में न आया हो। इस पत्र-व्यवहार को प्रेस में जारी करने से पहले श्री राजा को डॉ. मुंजे की अनुमति लेनी चाहिए थी। श्री राजा द्वारा किया यह कृत्य किसी भद्र व्यक्ति के लिए शोभनीय नहीं है।

अस्पृश्य, धर्म-परिवर्तन के लिए सिक्ख धर्म को चुन सकते हैं। यह तथ्य मेरे कई हिन्दू मित्र और अस्पृश्य समुदाय के वे सदस्य जानते हैं, जो अस्पृश्यों द्वारा धर्म-परिवर्तन के विषय में गम्भीर दिलचस्पी रखते हैं।

अस्पृश्यों के सिक्ख धर्म अपनाने की सम्भावना के सम्बन्ध में राय बहादुर एम.सी. राजा और डॉ. मुंजे के बीच हुआ पत्र-व्यवहार अख़बारों में छपा है। मैंने इसे पढ़ा है।

राजा के लिए इसमें ख़ुश होने की कोई बात नहीं है कि उन्होंने डॉ. आंबेडकर का कोई बड़ा रहस्य उजागर कर दिया। मैं श्री राजा के पत्रों को कोई महत्त्व नहीं देता। मेरी नज़र में श्री राजा के लिए अस्पृश्य जनता में कोई ख़ास सम्मान नहीं है और न ही धर्म-परिवर्तन के विषय में उनके विचारों का कोई ख़ास मूल्य है। अगर

मुझे लगता कि उनके विचारों का ज़रा भी मूल्य है, तो मैं उनकी सोच बदलने में उन्हें सहयोग देता।

राय बहादुर राजा की उपेक्षा करते हुए, मुझे और राय बहादुर श्रीनिवासन को अस्पृश्यों का प्रतिनिधित्व करने के लिए गोलमेज़ सम्मेलन में आमंत्रित किया गया था। इससे राजा के मन में मेरे प्रति जलन और द्वेष की भावना आ गई और वे तब से लगातार मेरी आलोचना और विरोध कर रहे हैं।

मैं अपने लोगों को सेवाएँ प्रदान करने का प्रयास कर रहा हूँ। श्री राजा मेरा विरोध कर रहे हैं और मेरे काम में ग़लतियाँ निकाल रहे हैं। साथ ही उन्होंने समाचार-पत्रों के माध्यम से स्व-प्रचार की कला भी हासिल कर ली है। मैं इस प्रश्न को ख़ास महत्त्व नहीं देता, लेकिन फिर भी यह मेरी समझ से बाहर है कि दलित वर्गों द्वारा हिन्दुत्व का त्याग करने और कोई अन्य धर्म अपनाने हेतु चलाए गए अभियान से श्री राजा को क्या नुक़सान है? यदि श्री राजा हिन्दू धर्म का त्याग नहीं करना चाहते, तो उन्हें ऐसा करने के लिए कोई बाध्य नहीं करनेवाला और इसीलिए उन्हें भी इस पर टिप्पणी करने का कोई अधिकार नहीं है। श्री राजा का कहना है, "मैं हिन्दू बनकर जिऊँगा और हिन्दू ही मरूँगा।" वे ऐसा करने के लिए आज़ाद हैं। लेकिन मैं उन्हें एक बात कहना चाहूँगा कि प्रेस में वक्तव्य जारी करने में अपनी कुशलता का प्रयोग करके वे हिन्दू धर्म के लिए अपना प्रेम प्रदर्शित करते रहे हैं, लेकिन जब तक वे किसी और धर्म को नहीं अपनाते वे एक 'परियाह' बनकर जीते रहेंगे और 'परियाह' ही मरेंगे। उन्हें यह तथ्य अच्छी तरह समझ लेना चाहिए कि यदि वे हिन्दू समुदाय में ही बने रहे तो उनकी जाति की वजह से अस्पृश्यता का जो दाग उन पर लगा हुआ है, वह मिटनेवाला नहीं। यह कहना तो समझदारी नहीं है कि धर्म-परिवर्तन केवल आध्यात्मिक कारणों से किया जाना चाहिए। मैं श्री राजा से पूछना चाहूँगा कि क्या वे केवल आध्यात्मिक कारणों से हिन्दू समुदाय में बने रहना चाहते हैं। यदि उनकी आध्यात्मिक सन्तोष के अलावा और कोई आकांक्षा नहीं है, तो उन्हें विधान-मंडल में सीटों के आरक्षण से हासिल होनेवाले राजनीतिक तथा भौतिक लाभों की चिन्ता नहीं करनी चाहिए। यदि वे हिन्दू बनकर जीने और हिन्दू बनकर मरने के इतने इच्छुक हैं, तो वे आरक्षित सीटों की कामना क्यों करते हैं?

मैं समझता हूँ कि श्री गांधी और श्री मालवीय में अस्पृश्यों के धर्म-परिवर्तन के विरुद्ध कुछ कहने का नैतिक साहस नहीं है। वे पूना सन्धि पर हस्ताक्षर करते समय किये गए वायदों को पूरा कर पाने में असफल रहे हैं।

श्री गांधी का कहना है कि मेरा निर्णय उनकी समझ से बाहर है। मैं भी यही कहूँगा कि उनकी भाषा और कार्य मेरे लिए समझना मुश्किल है। उनके अनुसार 'अस्पृश्यों का उद्धार एक स्वतंत्र प्रश्न है। यदि इस तरह की भाषा, जो कि गांधी जी द्वारा प्रयोग की जाती है, किसी संत द्वारा प्रयोग की जाए, तो वे आपस में इसे बेहतर समझ सकते हैं। लेकिन मेरे जैसे साधारण इंसान के लिए, जो अपनी रोज़मर्रा की ज़िन्दगी में समाज के साधारण सिद्धान्तों पर चलता है, गांधी जी की गणितीय भाषा का कोई अर्थ नहीं है। गांधी जी का कहना है कि धर्म कोई वस्तु नहीं है, जिसकी अदला-बदली की जाए। मेरा जवाब यह है कि गांधी द्वारा इतने दिनों बाद इस तरह का वक्तव्य दिया जाना उचित नहीं है। पूना सन्धि के समय श्री गांधी ने स्वयं ही 'एक हाथ दे, एक हाथ ले' के सिद्धान्त को स्वीकार किया था। वे दिन लद गए जब अपनी भूख मिटाने और रोटी तथा पानी जैसी साधारण मौलिक आवश्यकताओं को पूरा करने के लिए संघर्ष करनेवाले लोगों की आँखों पर मात्र आध्यात्मिक शान्ति पाने हेतु जीने के लिए पट्टी बाँधी जा सकती थी।

गांधी का कहना है कि अस्पृश्य अपने धर्म का सौदा कर रहे हैं, लेकिन उन्हें यह बात ध्यान में रखनी चाहिए कि धर्म-परिवर्तन का यह अभियान किसी निजी लाभ या स्वार्थपूर्ण उद्देश्य के साथ नहीं छेड़ा गया। गांधी के अनुसार, हिन्दुओं को स्वयं ही प्रायश्चित्त करना चाहिए और स्वेच्छा से अस्पृश्यता को मिटाने का प्रयास करना चाहिए। अस्पृश्यों को अपने उत्थान तथा अस्पृश्यता मिटाने के लिए स्वयं कुछ करने की आवश्यकता नहीं होनी चाहिए। अस्पृश्यों को केवल हाथ जोड़कर बैठ जाना चाहिए और प्रार्थना करनी चाहिए कि 'हे भगवान! हिन्दुओं को बुद्धि, साहस और प्रकाश दो, जिससे उन्हें उनके दुष्कर्मों के लिए क्षमा किया जा सके। उनके पाप क्षमा कर दो और उन्हें अपने समाज के सुधार के लिए ज्ञान तथा शक्ति प्रदान करो।' यह अस्पृश्यों के लिए गांधी जी की पवित्र सलाह है। ये थोथी उक्तियाँ किसी का भला नहीं कर सकतीं, न ही इनसे समस्या हल हो सकती है। कोई भी समझदार व्यक्ति इस तरह के प्रस्ताव से कभी सहमत नहीं होगा। यह प्लेग जैसी महामारी से ग्रस्त क्षेत्र में रह रहे लोगों को किसी मूर्ख द्वारा दी गई इस सलाह जैसा है, "भाइयो, रुको और मेरी बात सुनो! इस रोग से मत डरो। म्यूनिसिपल कमेटी के कर्मचारियों को अपने कर्तव्यों में की गई लापरवाही के लिए एक दिन ज़रूर प्रायश्चित्त करना होगा; प्लेग उन्मूलन के लिए कोई योजना निश्चित रूप से तैयार की जाएगी। तब तक आप लोग इंतज़ार करो। घर और चूल्हा छोड़ने की जल्दी मत करो।" इस सलाह

में आपको जो बुद्धिमानी नज़र आती है, उसी तरह की सलाह गांधी द्वारा अपने वक्तव्यों में अस्पृश्यों को दी गई है।

श्री राजगोपालाचारी को तो लगता है ग़ुस्से का एक और दौरा पड़ गया है। इस वृद्धजन को तो लगता है कि पैने-निरर्थक शब्दों, जो कि गढ़ते रहने की इन्हें आदत है, के अत्यधिक प्रयोग से अपाचन हो गया है। इन्होंने तो धर्म-परिवर्तन के इस अभियान को 'शैतानी' क़रार दे दिया है।

यदि अस्पृश्य लोग वास्तव में सिक्ख धर्म अपनाने की बात सोच रहे हैं, तो हिन्दू धर्म के अनुयायियों को स्वयं यह सोचना चाहिए कि क्या वास्तव में अस्पृश्यों का यह क़दम 'शैतानी' है। मेरा मानना है कि जो हिन्दू हिन्दुत्व के भविष्य के विषय में वस्तुत: में चिन्तित हैं, वे अवश्य विस्मित हो रहे होंगे कि क्या सिक्ख धर्म अपनाने को 'शैतानी' क़दम कहनेवाले महान हिन्दू ब्राह्मण राजगोपालाचारी का दिमाग़ ठिकाने नहीं है।

वास्तव में, यदि 'शैतानी' होने का दोष किसी व्यक्ति पर लगाया जाना चाहिए, तो वे डॉ. मुंजे हैं, जिन्होंने शिष्टाचार के लिए किसी सम्मान के बिना व्यक्तिगत एवं गोपनीय पत्र-व्यवहार को प्रकाशित करवा दिया। लेकिन मैं इस मामले में कुछ और नहीं कहना चाहता।

शंकराचार्य डॉ. कुर्ताकोटि और अन्य प्रमुख हिन्दू नेता अस्पृश्यों के सिक्ख धर्म अपनाने के पक्ष में हैं। वास्तव में इन्हीं नेताओं ने अस्पृश्यों द्वारा सिक्ख धर्म अपनाए जाने के विचार का प्रचार किया है...और मुझे भी ऐसा करने के लिए राज़ी किया है। मुझे इनका मत मुख्यत: इसलिए पसन्द आया, क्योंकि मैं भी मानता हूँ कि हिन्दू संस्कृति तथा सभ्यता के भविष्य के प्रति मेरी कुछ ज़िम्मेदारी है। समाचार पत्रों में प्रकाशित पत्र-व्यवहार पर मेरे विचार पढ़ने के बाद हिन्दू स्वयं इस बात का निर्णय ले सकते हैं कि अस्पृश्यों के सिक्ख धर्म अपनाने के विषय में श्री गांधी, श्री राजा तथा श्री राजगोपालाचारी द्वारा तय की गई नीति हिन्दू समाज के लिए फ़ायदेमन्द है या नहीं।[1]

[*बाबासाहेब डॉ. अम्बेडकर सम्पूर्ण वाङ्मय,* खंड 35, पृ. 238-241]

1. डॉ. आंबेडकर का बयान, *जनता* (मराठी) में दिनांक 15 अगस्त, 1936 को प्रकाशित।

32

हिन्दू धर्म के भगवानों की पूजा न करें

1938 की संख्या 11
ओरिएंटल ट्रांसलेटर्स ऑफ़िस,
सेक्रेटेरिएट,
बंबई, 5 जनवरी, 1938

ज्ञापन

अधोहस्ताक्षरी, सचिव, भारत सरकार, गृह विभाग (राजनीतिक) को शुभकामनाएँ देता है और साथ में मराठी पुस्तक निरोप्या, भाग XXII, संख्या 6 (नवम्बर, 1937) भी संलग्न करता है, जिसमें पृष्ठ संख्या 135-138 पर संपादकीय टिप्पणी में एक महत्त्वपूर्ण मामला दिया गया है।

2. निरोप्या का मुद्रण और प्रकाशन इग्जामिनर प्रिंटिंग प्रेस, दलाल स्ट्रीट, फोर्ट, बंबई में आर्कबिशप-बिशप ऑफ़ पूना द्वारा किया जाता है। इग्जामिनर प्रिंटिंग प्रेस के कीपर की उद्घोषणा जे.एम. सेरेश एस.जे. के नाम से दिनांक 23 जनवरी, 1937 को की गई है। इस पुस्तक को प्रेस से जारी करने की तारीख़ 1 नवम्बर, 1937 है।

3. पृष्ठ संख्या 135 से 138 तक पर दी गई संपादकीय टिप्पणी का पूरा अनुदान एतद् द्वारा संलग्न किया जाता है।

(हस्ताक्षरित)
ओरिएंटल ट्रांसलेट टू दि गवर्नमेंट,
डीसीपी
(हस्ताक्षरित)
अधीक्षक, एसबीसीआईडी

धर्मान्तरण की आवश्यकता

माह नवम्बर 1937 के लिए निरोप्या, भाग XXII, संख्या 6 में प्रकाशित होनेवाले "डॉ. आंबेडकर आनी धर्मांतारची आवश्यकता" (अर्थात् डॉ. आंबेडकर और धर्मान्तरण की आवश्यकता) शीर्षक वाली संपादकीय टिप्पणी का पूरा अनुवाद।

(इस पूरे अनुवाद के दौरान कोष्ठकों में आनेवाले हिस्से मूल पाठ में नहीं आते हैं, केवल उन स्थितियों को छोड़कर जहाँ कि हाशिए में ऐसा अन्यथा उल्लेख किया गया हो),

साप्ताहिक समाचार-पत्र 'जनता' से ऐसा ज्ञात हुआ है कि डॉ. बी.आर. आंबेडकर की अध्यक्षता में 28 अगस्त, 1937 को म्युनिसिपल हाल, बांद्रा में दलित वर्गों की एक बड़ी सार्वजनिक सभा का आयोजन किया गया और उसमें निम्नलिखित संकल्प पारित किया गया—

जैसाकि बंबई प्रेसिडेंसी महार सम्मेलन में संकल्प किया गया था हमारे भाइयों और बहनों को हिन्दू धार्मिक त्योहारों, हिन्दूवाद की धार्मिक रीतियों जैसे शपथ इत्यादि, और धार्मिक प्रक्रियाओं जैसे व्रत का पालन नहीं करना चाहिए।

इस अवसर पर अनेक भाषणों के सम्पन्न हो जाने के पश्चात डॉ. आंबेडकर बोलने के लिए खड़े हुए।

उन्होंने कहा—

> हमारी यह सभा विशेष रूप से आपको बंबई महाप्रान्त महार सम्मेलन द्वारा धर्मान्तरण के सम्बन्ध में पारित किये गए संकल्पों को याद दिलाने के लिए बुलाई गई है। इसलिए यदि किसी को धर्मान्तरण के सम्बन्ध में कोई प्रश्न पूछना है तो वह निश्चित रूप से पूछ सकता है।

जब किसी भी व्यक्ति ने कोई प्रश्न नहीं पूछा तो डॉ. आंबेडकर ने अपना भाषण प्रारम्भ किया।

उन्होंने कहा—

प्रिय भाइयो और बहनो,

मैं इस सभा में शामिल नहीं हो रहा था; लेकिन मुझे पता चला कि कुछ ऐसे व्यक्ति हैं, जो अपनी पुरानी परम्पराओं से जुड़े हुए हैं और 'महार सम्मेलन' द्वारा

पारित किये गए धर्मान्तरण सम्बन्धी संकल्प को पूर्णत: नहीं अपना रहे हैं। इसलिए मैं ऐसे व्यक्तियों के सन्देह दूर करने के लिए यहाँ आया हूँ। मैं पहले भी (इस विषय पर) अपने विचार व्यक्त कर चुका हूँ। वस्तुत: आपको उनके सम्बन्ध में अपने दिमाग़ में कोई सन्देह नहीं पनपने देना चाहिए। वर्ष 1935 में आयोजित बंबई महाप्रान्त महार सम्मेलन, महार समुदाय के इतिहास में स्वर्ण अक्षरों में लिखे जाने के उपयुक्त है। इसलिए ऐसे किसी सम्मेलन द्वारा पारित किये गए संकल्पों को वस्तुत: महार समुदाय द्वारा समग्र रूप से माना जाना चाहिए और महार समुदाय के अधिसंख्य सदस्यों को इन संकल्पों के लिए कार्य करना चाहिए।

हिन्दू धर्म के देवताओं की पूजा नहीं की जानी चाहिए

डॉ. आंबेडकर ने आगे कहा,

> हमें ऐसे सभी धार्मिक त्योहार और दिवस (मनाने) छोड़ देने चाहिए जो हम हिन्दू धर्म के अनुसार मनाते रहे हैं। हमको इस बात पर विचार करना चाहिए कि क्या हिन्दू धर्म के अनुसार किये जानेवाली रीतियाँ धर्म और नैतिकता के दृष्टिकोण से उचित हैं। कुछ रीतियाँ आत्यंतिक अश्लीलता से पूर्ण हैं। उदाहरण के लिए अनेक व्यक्ति सोमवार को (भगवान) शंकर के नाम पर व्रत रखते हैं और अनेक प्रकार से भगवान शंकर की पिंडी (लिंग) को पूजते हैं। लेकिन क्या किसी ने इस बात पर विचार किया है कि शंकर की पिंडी है क्या? ये पुरुष और महिला के मिलन के प्रतीक के अतिरिक्त और कुछ नहीं है। क्या हमें इस प्रकार के किसी अभद्र प्रतीक की प्रशंसा करनी चाहिए? यदि पुरुष और महिला सड़कों पर कुत्तों के समान अभद्र व्यवहार में शामिल हो जाएँ, तो क्या हमें उन्हें फूलों के साथ पूजना चाहिए अथवा जूतों के साथ? तो क्या हमें पार्वती (और) शंकर के इसी प्रकार के कार्य के प्रतीक अर्थात भगवान की अभद्रता की पूजा करनी चाहिए?

गणपति के साथ भी कुछ ऐसा ही है। डॉ. आंबेडकर ने आगे कहा,

> गणपति की कहानी कुछ इस प्रकार है कि एक बार पार्वती नग्न रूप में स्नान कर रही थीं, उस समय शंकर कहीं और गए हुए थे। तब कोई उनके कार्य में व्यवधान न डाले, इसलिए पार्वती ने अपने शरीर के मैल

को खुरचा और उसमें से गणपति यानी रक्षक का निर्माण किया। अब इस स्थिति में शरीर के मैल से बने इस देवता को क्या भगवान माना जाना चाहिए? भगवान को साफ़ और पवित्र छवि वाला अवतार होना चाहिए, लेकिन हिन्दू धर्म में जैसा कि मैं अभी आपको बता रहा हूँ भगवान बहुत विचित्र प्रकार के हैं। इसलिए मेरा ईमानदारी के साथ यह मानना है कि उनकी पूजा नहीं की जानी चाहिए।

तीसरे, डॉ. आंबेडकर ने दत्तात्रेय की कहानी का सन्दर्भ लिया,

> नारद तीन देवताओं ब्रह्मा, विष्णु और महेश की पत्नियों को यह बताया करता था कि महर्षि अत्रि की पत्नी अनसूया बहुत ही पतिव्रता पत्नी थी। वे इस बात को सहन नहीं कर सकीं कि किसी महिला को उनसे अधिक पतिव्रता माना जाए। इसलिए उन तीनों पत्नियों ने अपने-अपने पतियों से अनसूया के पातिव्रत्य को भंग करने के लिए कहा और उन तीनों नायकों ने अपनी-अपनी पत्नियों की बात सुनी और ऐसा करने के लिए राजी हो गए। ये तीनों व्यक्ति अनसूया के घर गए, उसके पति को किसी बहाने कहीं और भेज दिया और अनसूया के साथ रहने लगे। इस स्थिति में उसने एक पुत्र को जन्म दिया और चूँकि उस बच्चे के पिता को लेकर सन्देह था इसलिए उसके तीन सिर लगा दिये गए ताकि इन तीनों (भगवानों) पर बराबर-बराबर ज़िम्मेदारी आए और यही दत्तात्रेय का अवतार है।

धर्मान्तरण का (के पक्ष में) आन्दोलन वापस नहीं लिया जाना है

अपने भाषण की समाप्ति पर डॉ. आंबेडकर ने कहा,

> अनेक लोगों का यह मानना है कि धर्मान्तरण की लहर अब शान्त हो चुकी है। लेकिन ऐसा नहीं है। धर्मान्तरण तो होना ही है। अपने मस्तिष्क में इस बात को अच्छी तरह से बैठा लीजिए कि मैंने यह आन्दोलन छोड़ा नहीं है। अनेक हिन्दुओं ने मुझसे कहा है कि 'धर्मान्तरण सम्बन्धी आपके आन्दोलन के परिणामस्वरूप हमारी आँखें खुल गई हैं। अब चूँकि हम लोग जाग चुके हैं अत: हमें आपकी तरफ़ अपने कर्तव्य में असफल नहीं होना चाहिए; जिससे कि आपको धर्मान्तरण सम्बन्धी अपने आन्दोलन

को वापस लेना पड़े। लेकिन मैंने अब तक जो अनेक कारण बताए हैं, उनके चलते मेरी इस आन्दोलन को वापस लेने की मंशा नहीं है। इस मामले पर पूरी तरह से विचार करें और अपनाए जानेवाले नये (अन्य) धर्म को अच्छी तरह से जाँच-परखकर (जैसा कि सोने के मामले में उसे तपाया और जाँचा जाता है) ही अपनाया जाए। मुझे आशा है कि इसके पश्चात महार समुदाय के सभी सदस्य उसी प्रकार से कार्य करेंगे जैसा कि महार समुदाय के सम्मेलन में निर्णय किया गया था।[1]

[*बाबासाहेब डॉ. अम्बेडकर सम्पूर्ण वाङ्मय,* खंड 37, पृ. 150-153]

1. स्टेशन डायरी का सार भोइवाड़ा पुलिस स्टेशन, बृहस्पतिवार, दिनांक 27 मई, 1937, 12.10 प्रातः, डॉ. बी.आर. आंबेडकर का यह भाषण और संकल्प, जनता, दिनांक 4 सितम्बर, 1937 के अंक में प्रकाशित किये गए थे। —संपादक

33

धर्मान्तरण का एक उद्देश्य है अस्पृश्यों में व्याप्त जातिभेद को नष्ट करना

रोहिदास शिक्षण प्रसारक समाज की ओर से चमार समाज की शिक्षक परिषद, रविवार 2 जुलाई, 1939 को शाम को आर.एम. भट्ट हाईस्कूल के हॉल में प्रि. दोंदे की अध्यक्षता में आयोजित की गई थी। इस अवसर पर आमंत्रित मेहमान के तौर पर डॉ. बाबासाहेब आंबेडकर का विचारों से परिपूर्ण भाषण हुआ। उन्होंने अपने भाषण में कहा—

मुझे लगा था आज की सभा का आयोजन रोहिदास समाज के उन छात्रों को पुरस्कार बाँटने के लिए किया गया है, जो विभिन्न परीक्षाओं में उत्तीर्ण हुए हैं। इसीलिए मैं सभा में उपस्थित हुआ। लेकिन आज की सभा में लगता नहीं कि ऐसा कोई आयोजन है। फिर भी, चूँकि मैं यहाँ उपस्थित हूँ और आपका आग्रह है कि मैं दो शब्द बोलूँ इसलिए मैं आपके सामने छोटा-सा भाषण करूँगा।

पहले मैं एक महत्त्वपूर्ण बात आपसे कहता हूँ कि मैं किसी भी विशिष्ट जाति के आन्दोलन में हिस्सा नहीं लेता। सार्वजनिक काम की शुरुआत जब से की है तब से मैंने कभी जाति निष्ठा की मानसिकता नहीं रखी। मैं एक महार के रूप में पैदा हुआ हूँ, लेकिन महार जाति को बनाए रखने के लिए मैं कभी कोशिश नहीं करता। मैं जो 'जनता' अख़बार चलाता हूँ उसके ज़रिये कभी मैंने ऐसी सीख नहीं दी। महार के रूप में क्या मुझे कौन-सी स्मृतियाँ जतन कर रखनी हैं? मेरी हमेशा यही कोशिश होती है कि महार अपने जाति बंधनों को तोड़ दें। मैं और मेरे अनुयायी अक्सर मांग, भंगी, चमार आदि विभिन्न जातियों के साथ रोटी व्यवहार करते हैं। जो जातिभेद

मानता है, मैं उसका तीव्र निषेध करता हूँ। अन्य जातियों से भी यही कहता रहता हूँ कि वे भी यही करें। विभिन्न जातियों में विवाह हो, इसका हम हमेशा प्रचार करते रहते हैं। लेकिन विवाह ज़बरदस्ती से करने-करवाने की बात तो है नहीं। महार की बेटी और चमार के या भंगी के बेटे को पेड़ से बाँधकर और उन पर घड़े-घड़े भर पानी उड़ेलकर उनकी शादी नहीं कराई जा सकती। हालाँकि अगर विभिन्न जाति के वर-वधु अगर स्व-ख़ुशी से विवाह करना चाहें, तो मैं हर तरह से उन्हें प्रोत्साहन दूँगा। उन पर होनेवाले सामाजिक जुल्मों को कम करने की कोशिश करूँगा। यह हुई सामाजिक मामलों के बारे में बातें। राजनीतिक मामलों के लिए मैंने स्वतंत्र लेबर पार्टी की स्थापना की है। यह पार्टी सबके लिए खुली है। अभी इस पार्टी में महारों की संख्या अधिक है। लेकिन मैं इसके लिए ज़िम्मेदार नहीं। महारों की जनसंख्या ही अधिक होने के कारण वे बड़ी संख्या में इस पार्टी में शामिल हुई हैं। चमारों से मैं नहीं कहता या मेरा उनसे आग्रह नहीं है कि वे मेरी पार्टी में शामिल हों। जिसे इस पार्टी के सिद्धान्त पसन्द आएँ, जो इसके कार्यक्रमों से सहमति रखेंगे, वे सब अपने आप इसमें शामिल होंगे। इसका मुझे यक़ीन है। चमारों का अगर कांग्रेस में जाने का मन हो तो वे ज़रूर जाएँ। लेकिन मैं उन्हें एक बात कहना चाहता हूँ कि आज कांग्रेस में उनकी जो इज़्ज़त है, वह हमारे कांग्रेस में शामिल होने के बाद भी वैसे ही क्या रहेगी? मैं आज कांग्रेस से बाहर हूँ, इसलिए कांग्रेस उन्हें अपना रही है। कांग्रेस वाले मुझसे जलते हैं, इसलिए वे आप पर प्रेम की चीनी बिखेरते हैं। मेरे लिए कांग्रेस में जाना कोई बहुत कठिन काम नहीं है। अगर मैं कांग्रेस में शामिल हुआ तो आज जो कांग्रेस में शामिल हैं, उनका क्या होगा यह तो सोचने की बात है। हममें से किसी एक को ही मंत्री पद मिलता। आज सोनगावकर और तलवार कांग्रेस में शामिल तो हुए हैं, लेकिन उनकी क्या हालत है? हाथ ऊपर करने के अलावा उनकी वहाँ कोई हैसियत नहीं है।

कुछ चमारों का मुझ पर आरोप है कि मैंने महारों को अधिक मात्रा में मतदान का अधिकार दिलाया है क्योंकि महार जागीरदारों को मताधिकार मिला। लेकिन मैंने यह किया, ऐसा कहना सरासर ग़लत होगा। ये बातें प्रान्त सरकार की मर्ज़ी के अनुसार हुई हैं। कितने प्रतिशत लोगों को मताधिकार देना है, यह सरकार द्वारा तय किया गया। विभिन्न प्रान्त सरकारों ने अलग-अलग तरीक़े सुझाए और उन पर अमल किया। इसमें मेरा कोई कसूर नहीं है। लेकिन इस बारे में मैं एक महत्त्वपूर्ण बात बताना चाहता हूँ। बंबई प्रान्त में एक वरिष्ठ और एक कनिष्ठ इस प्रकार दो विधि मंडल हैं। वरिष्ठ विधि मंडल के बंबई में कुल 350 मतदाता हैं। उनमें

से क़रीब 300 मतदाता चमार हैं। और 50 महार हैं यानी महारों से क़रीब 6 गुना अधिक हैं चमार। महारों की जनसंख्या चमारों से कई गुना अधिक है। लेकिन मुझ पर आरोप करनेवाले चमार नेताओं को महारों पर अन्याय हुआ है, इस बात का अहसास क्यों नहीं हुआ? चमारों को अधिक मतदाता मिले इस बात से कभी हमको बुरा नहीं लगा। बुरा इस बात का लगता है अपने मतों के बल पर अगर चाहता तो चमार समाज अपना एक प्रतिनिधि वरिष्ठ विधिमंडल में भेज सकता था। लेकिन वे इतना सीधा-साधा, आसान सा काम भी नहीं कर पाए। इतना ही नहीं एक चमार उम्मीदवार चुनावों में खड़ा था तो कुछ चमार नेताओं ने उसका विरोध कर एक और उम्मीदवार के लिए वोट जुटाने की कोशिश की। दूसरी बात यह कि अस्पृश्यों के आन्दोलन में महार समाज ने मुख्य रूप से हिस्सा लिया, मेहनत उठाई यह बात निर्विवाद रूप से सच है। लेकिन ऐसा भी नहीं कि उसके सहारे उन्होंने अधिकार के पद हासिल किये या सरकारी नौकरियाँ पाई हों। उलटे 'आन्दोलनकारी' के रूप में समूची जाति पर ठप्पा लगा। पुराने विधि मंडल में था तब 1927 से नासिक के पुलिस ट्रेनिंग कॉलेज में अस्पृश्यों को प्रवेश मिले, इसलिए हमने कोशिश की। उसमें थोड़ी-बहुत सफलता भी मिली। लेकिन उसमें अब तक जो उम्मीदवार शामिल हुए उनमें से महार उम्मीदवारों को चुन-चुन कर अलग कर दिया गया। उनसे अधिकारी सवाल पूछते हैं, कि तुमने कितने कुओं को अपवित्र किया? इसलिए, आन्दोलनों के कारण महारों का नुक़सान ही अधिक हुआ है। मैं उसका बुरा नहीं मानता। महार आन्दोलन करते हैं तो समूचे अस्पृश्य वर्ग के भले के लिए करते हैं। आन्दोलन से उन्हें प्रत्यक्ष रूप से भले फ़ायदा नहीं हुआ हो, लेकिन समाज जागरूक बनता है। उसकी उन्नति होती है। आन्दोलन नहीं करनेवाले लोग पिछड़ जाएँगे। चमार या मांगों से मैं बिलकुल नहीं कहता कि वे मेरा अनुसरण करें या मेरे पीछे आएँ। कोई मेरे साथ रहे या मुझे छोड़कर जाए, मुझे उसमें आनन्द या क्रोध नहीं होता। अपने सिद्धान्तों पर, अपने कार्यक्रम में मेरा विश्वास है। और मुझे यक़ीन है कि जो लोग मुझे छोड़कर गए हैं, वे भी मेरे कार्यक्रम के पीछे आएँगे। शिवतरकर मास्टर भी आएँगे। वह मुझे छोड़कर गए, इसलिए मेरा उन पर ग़ुस्सा नहीं है। न ही मैं उनके बारे में किसी से झूठ बोलता हूँ। मैं जानता हूँ कि वे मुझे गालियाँ सुनाते हैं। लेकिन मेरा यह कहना है कि शिवतरकर मास्टर मेरे साथ 12 सालों तक काम करते रहे। इतने लम्बे समय तक उन्हें मेरे जो दोष दिखाई नहीं दिये थे, वे 13वें साल अचानक कैसे दिखने लगे? 12 सालों तक मेरे जिन दोषों के साथ उन्होंने मेरे साथ काम किया तब या तो मेरे कोई दोष थे ही नहीं या फिर ये भी तो क्षमा करने लायक़ थे।

इसीलिए कहता हूँ कि मेरी राह सबके लिए खुली है। मैंने धर्मान्तरण पसन्द किया। क्योंकि मैं चाहता हूँ कि धर्मान्तरण के बाद हमारे बीच का महार, मांग, चमार आदि जातिभेद नष्ट हों। धर्म बदलेंगे तो कम-से-कम महार, मांग, चमार आदि नाम तो हमसे चिपकेंगे नहीं। हम सब एक होकर उन्नति की राह पर आगे चलेंगे। आख़िर में मैं आपको एक इशारा देना चाहता हूँ और मानता हूँ कि यही मेरा महत्त्वपूर्ण कर्तव्य है। कांग्रेस हिन्दुओं की है। उसके नेता गांधी आपके साथ धोखा कर रहे हैं। 'हरिजन सेवक संघ' आपको ग़ुलाम बनाने की कारस्तानी है। उससे आप सावधान रहें और आँखें खुली रखकर जिएँ। इतना कहकर मैं आपसे विदा लेता हूँ।[1]

[*बाबासाहेब डॉ. अम्बेडकर सम्पूर्ण वाङ्मय,* खंड 39, पृ. 238-240]

1. *जनता,* 8 जुलाई, 1939

34

जब बुद्ध ने पशु बलि बन्द की तो उनके द्वारा गाय को पवित्र माना गया

'बौद्ध धर्म मानने पर अस्पृश्यता दंड थी'—ब्राह्मणों की अनुकूलनीयता

इंडिपेंडेंट लेबर पार्टी के नेता डॉ. बी. आर. आंबेडकर ने हमारे प्रतिनिधि से बात करते हुए अस्पृश्यता की उत्पत्ति की एक नई विचारधारा का सूत्रपात किया।

उल्लेखनीय है कि अस्पृश्यता एक ऐसी संस्था या सामाजिक परिपाटी है, जो भारत की अनन्य सम्पत्ति है और विश्व में अन्यत्र कहीं इसका अस्तित्व नहीं है। एकाधिक अर्थ में यह एक संस्था है, जो अप्राकृतिक है और मानव मनोविज्ञान तथा सामाजिक ताक़तों के प्रतिकूल है। इसलिए अस्पृश्यता की उत्पत्ति के कारण, जो संकल्प लेकर चले, वे ऐसे होंगे जो समस्त सामाजिक एवं मनोवैज्ञानिक विचारधाराओं से ऊपर होंगे।

डॉ. आंबेडकर के अनुसार, अस्पृश्यता की उत्पत्ति अपेक्षाकृत हाल में हुई थी और सम्भवत: वैदिक काल में या उसके उत्तर काल में शताब्दियों तक नहीं रही होगी। वेदों में कहीं भी अस्पृश्यता का निश्चय ही कोई उल्लेख नहीं है। तब यह अस्तित्व में कैसे आई?

अर्द्ध-जनजातीय अवस्था

डॉ. आंबेडकर एक ऐसे युग को चित्रित करते हैं, जिसमें कुछ लोग हाल ही में खेतीबाड़ी करने के लिए एक स्थान पर बस गए थे जबकि अन्य लोग अपनी भेड़-बकरियाँ और पशु लेकर जगह-जगह घूमते हुए ख़ानाबदोश अवस्था में रहते थे।

खेती-बाड़ी करनेवाले लोग अपनी ज़मीन, मकान, फ़सल आदि पूँजी के साथ, ख़ानाबदोश जनजातियों की तुलना में अधिक सभ्य अवस्था में और स्वाभाविक रूप से, वे यह नहीं चाहते थे कि कोई घुमक्कड़ जनजातियाँ उनके शान्तिपूर्ण जीवन में विघ्न पैदा करें। और न ही उनका उन पशु चरानेवाली जनजातियों से कोई मुक़ाबला था, जिनके पास अचल सम्पत्ति की कोई ज़िम्मेदारी नहीं थी तथा निश्चित रूप से शारीरिक दृष्टि से ज़्यादा मज़बूत और ज़्यादा लम्बे-चौड़े थे।

इसलिए घुमक्कड़ जनजातियों के हमलों से अपनी सम्पत्ति की रक्षा करने के लिए खेतिहर गाँवों के लोगों ने चरागाही वर्ग के लोगों की सेवाएँ हासिल कीं, जिनकी जनजातियाँ आपसी झगड़ों के कारण बिखर गई थीं। इन लोगों को गाँव के बाहर ज़मीन और मकान दे दिये गए तथा उनका मुख्य काम था क़ानून और व्यवस्था कायम रखना, जैसाकि आज भी उनका मुख्य कार्य है।

चरागाही जनजातियों से गाँवों की रक्षा करने का यह कार्य वे लोग पीढ़ी-दर-पीढ़ी करते रहे। मुख्य ग्रामवासियों और गाँव की सीमा पर रहनेवाले ग्रामीणों के रक्षकों के बीच सम्बन्ध सामान्य मानव सम्बन्ध थे। उनमें अस्पृश्यता की कोई संकल्पना नहीं थी। तब यह कुरीति कैसे पैदा हुई?

डॉ. आंबेडकर के अनुसार, इसके लिए हमें भारत में बौद्ध धर्म के उद्‌भव पर दृष्टिपात करना होगा।

डॉ. आंबेडकर का कहना है, बौद्ध धर्म पूरे देश में ऐसे छा गया जैसे कोई भी मनुष्य विजेता भारत के इतिहास में कभी नहीं रहा। कुछ पीढ़ियों में ही प्राय: समूचे देश ने विशेषकर जनसाधारण और व्यापारी वर्ग ने बौद्ध धर्म अपना लिया।

ब्राह्मणवाद मृत्यु से भयाक्रान्त था। वास्तव में, यदि ब्राह्मणों में चतुर अनुकूलनीयता न रही होती तो ब्राह्मणवाद समाप्त हो जाता। ब्राह्मण हर सामाजिक और धार्मिक संस्था को पूरी तरह छोड़ने को तैयार थे, जिसके वे शताब्दियों से समर्थक रहे थे और जिसके बल पर वे युगों तक समृद्ध रहे। तभी ब्राह्मणवाद को बचाया जा सका। ब्राह्मणों ने क्या किया?

बौद्ध धर्म की जनप्रियता

बुद्ध के तीन सौहार्दपूर्ण उपदेश थे, जो जनसाधारण को प्रिय थे। सामाजिक समता का उनका उपदेश, चातुर्वर्ण्य प्रणाली समाप्त करने की उनकी माँग, उनका अहिंसा

सिद्धान्त और विशाल धार्मिक समारोहों तथा बलियों के लिए उनकी निन्दा क्योंकि उन चीज़ों के कारण आम जनता निर्धन हो गई थी और उनमें धार्मिक समारोहों के प्रति विरोध पैदा हो गया था।

डॉ. आंबेडकर के अनुसार, इस युग के ब्राह्मण शाकाहारी बिलकुल भी नहीं थे। वे तो सबसे बड़े मांसाहारी थे, सम्भवत: देवताओं को प्रसन्न करने के लिए, लेकिन यथार्थ में वे अपनी स्वयं की मांसाहार की लालसा पूरी करने के लिए हज़ारों गायों और अन्य पशुओं की बलि देते थे।

वैदिक बलि में निहित सत्य

इतनी भारी मात्रा में ब्राह्मणों की मांस की माँग ने किसानों को निर्धन बना दिया। वे बलि के लिए गाय खोजकर लाते थे और परिणामस्वरूप दूध एवं अन्य दूध उत्पादों से वंचित रह जाते थे जो उनकी आजीविका के मुख्य साधन थे।

इन पशु बलियों की मात्रा के सबूत वेदों में समारोहों के भयंकर वर्णनों में आज भी देखा जा सकता है, जिनसे पता चलता है कि उनमें मानवीय तत्त्व तनिक भी विद्यमान नहीं था। इस प्रकार जब बुद्ध ने पशु बलि की समाप्ति और धार्मिक अनुष्ठानों की समाप्ति का उपदेश दिया तो जनसाधारण ने उनका उत्कट भाव से स्वागत किया और ब्राह्मणवादी उपदेशों को मानने से इनकार कर दिया। उन्हें नई विचारधारा आर्थिक और नैतिक दोनों दृष्टि से अच्छी लगी।

बौद्ध धर्म के बढ़ते प्रभाव से ब्राह्मण धर्म कैसे बच पाया? उसने हिन्दू धर्म के बलि और धार्मिक अनुष्ठानों वाले भाग को एकदम छोड़ दिया। उन्होंने बुद्ध को पछाड़ने की दृष्टि से, अब तक काटी जानेवाली गाय को पूज्य बना दिया गया।

मांसाहारी ब्राह्मण कट्टर शाकाहारी बन गए। मदिरा पान बन्द हो गया। हिन्दू धर्म ने विशुद्धतापरक आवरण धारण कर लिया।

क्षत्रियों के साथ समझौता

क्षत्रियों को बौद्ध धर्म अपनाने से रोकने के लिए ब्राह्मणों ने उन्हें अपने समकक्ष स्थान दे दिया। डॉ. आंबेडकर ने कहा कि अन्य सैकड़ों सन्दर्भों के अलावा एक धार्मिक ग्रंथ में वास्तव में एक पद्य रचना है, जिसमें कहा गया है कि जैसे एक क़ैदी को भागने से रोकने के लिए उसके दोनों तरफ़ दो सिपाही तैनात रहते हैं, ठीक

उसी प्रकार वैश्यों और शूद्रों को अपने हाथ से न निकलने देने के लिए ब्राह्मण और क्षत्रिय एक साथ सक्रिय रहते हैं।

गाय पूज्य कैसे बन गई

गाय को पूज्य मानने तथा बलि समारोह का अन्त हो जाने के कारण और असंख्य अन्य बौद्ध उपदेशों के हिन्दू धर्म में समाविष्ट हो जाने पर, जो जनसमूह बौद्ध धर्म की तरफ़ चला गया था, वह धीरे-धीरे वापस लौटने लगा। महान उपदेश जिसे ब्राह्मणों ने स्वीकार नहीं किया, वे समता का सिद्धान्त और चातुर्वर्ण्य जाति प्रथा का अन्त थे। लेकिन उन्होंने एक काम किया। उन्होंने उस समय क्षत्रियों को अपने समकक्ष स्तर पर रखा, जन्म से ब्राह्मण देवताओं को पृष्ठभूमि में पहुँचा दिया, उनके स्थान पर क्षत्रिय देवताओं को रख दिया और समय के अनुकूल अन्य समझौते किये।

अप्रत्याशित गतिविधि

एक अत्यन्त अप्रत्याशित घटना, जो बुद्ध के लिए सर्वथा घृणास्पद होती, ब्राह्मणों के सहयोग और समझौते के अभियान की प्रक्रिया में घटित हुई। गाय की बलि बुद्ध द्वारा बन्द की गई। गाय को ब्राह्मणों द्वारा पूज्य बना दिया गया। सामान्य हिन्दू समाज ने वह पवित्रता स्वीकार कर ली और गायों की हत्या बन्द कर दी। ऐसा ही वर्तमान युग के अछूतों द्वारा भी किया गया। लेकिन अछूत इतने ग़रीब थे कि वे ताज़ा मांस या गाय का मांस किसी भी समय इस्तेमाल नहीं कर सकते थे, इसलिए वे मृत गायों की लाश को खाने की युगों पुरानी परिपाटी चलाते रहे।

बुद्ध या ब्राह्मणों ने लाश खाना मना नहीं किया था। निषेध केवल जिन्दा गाय को काटने पर था। लेकिन आधुनिक अछूतों ने एक बहुत बड़ा अपराध किया। चूँकि वे सबसे ग़रीब थे, सामाजिक दृष्टि से सबसे निचले स्तर पर थे, इसलिए वे बौद्ध धर्म में सबसे लम्बे समय तक रहे। उन्हें वापस लाने के लिए एक शक्तिशाली बड़ी ताक़त का सैकड़ों वर्ष तक काम करना आवश्यक था। जब दूसरी किसी चीज़ ने काम नहीं किया तो सामाजिक बहिष्कार और अस्पृश्यता का इस्तेमाल किया गया।

मृत गाय खाने की उनकी परिपाटी का शोषण उनके ख़िलाफ़ किया गया। यह एक ऐसी चीज़ थी जो स्वभावत: हिन्दू मन को अस्वीकार थी। यह घिनावनी थी। ब्राह्मण कठिनाई के बिना इस स्थिति को अपने पक्ष में इस्तेमाल कर सकते थे।

इस प्रकार पूरे वर्ग पर अस्पृश्यता थोप दी गई। जब दूसरे लोगों ने बौद्ध धर्म छोड़ दिया था तब भी उस पर डटे रहने का यह, वास्तव में, एक दंड था। इस प्रकार अस्पृश्यता, शिक्षा तथा स्वतंत्रता और सामाजिक समता के सभी आधुनिक विचारों के बावजूद आज भी जारी है।[1]

[*बाबासाहेब डॉ. अम्बेडकर सम्पूर्ण वाङ्मय,* खंड 35, पृ. 295-298]

---

1. द *बंबई क्रॉनिकल,* तारीख़ 24 फरवरी, 1940

35

अनुसूचित जातियों को हिन्दुत्व त्यागना चाहिए

31 जनवरी, 1944 को कानपुर में आयोजित अनुसूचित जाति सम्मेलन में प्रस्ताव पारित होने के पश्चात् तीन अनुसूचित जाति संगठनों के स्वागत भाषणों का उत्तर देते हुए, डॉ. आंबेडकर ने भावी भारत में अपने समाज की भूमिका का उल्लेख किया और युवकों से फेडरेशन के लिए संगठनात्मक शक्ति लगाकर पाबन्दियों को मिटाने की अपील की ताकि कोई पार्टी यहाँ तक कि ब्रिटिश सरकार भी, भारत के संवैधानिक विकास की भावी योजना में उनके महत्त्व को नकारने का साहस न कर सके। उन्होंने घोषणा की—

> हम संकल्प करें कि भविष्य के स्वतंत्र भारत में हम शासन करनेवाली कौम होंगे। हम पराधीनता की भूमिका जारी रखने और ऐसी स्थिति स्वीकार करने से इनकार करते हैं, जिसमें हमें दास माना जाए न कि मालिक।

उन्होंने दावा किया कि यदि जब भी भारत में स्वराज सरकार बने तो भारत में तीन पक्ष—हिन्दू, मुस्लिम और अनुसूचित जातियाँ, राजनीतिक सत्ता में हिस्सेदार हों।

उन्होंने उस दिन की कल्पना की जब 30 रुपये प्रतिमास की न्यूनतम मज़दूरी का प्रावधान, श्रमिकों के लिए मकान तथा ग़रीबों को बीमे के रूप में वृद्धावस्था पेंशन की गारंटी देना सम्भव होगा।

डॉ. आंबेडकर ने कहा कि जो लोग मुझसे कांग्रेस में शामिल होने के लिए कहते हैं, उन आलोचकों को मेरा आसान जवाब है—

> मैं भारत में अनुसूचित जातियों की स्वतंत्रता को अधिक महत्त्वपूर्ण मानता हूँ। ये जातियाँ 2000 वर्षों से यातना और दमन की शिकार रही हैं।

इसलिए वे देश के लिए स्वराज के बजाय अपने समाज के उत्थान के लिए काम करना पसन्द करते थे।

डॉ. आंबेडकर ने लोगों से कहा कि वे 2000 वर्षों के लम्बे समय से कष्ट भोगने वाले कारणों के बारे में सोचें। उन्होंने बताया कि हिन्दू धर्म इसका मुख्य कारण है। पूरे विश्व में सभी धर्मों में केवल हिन्दू धर्म ऐसा है, जो जातिगत भेदभाव और अस्पृश्यता को मानता है। सवर्ण जाति के हिन्दुओं द्वारा अनुसूचित जातियों पर किये गए समस्त अन्यायों के लिए यही एक आवरण, एक आड़ है। उन्होंने ख़ेदपूर्वक कहा कि आज भी स्थिति यही है कि गाँवों में, वे आत्मसम्मान के साथ नहीं जी सकते।

इसलिए उन्होंने अपना दृढ़संकल्प पुन: दोहराया कि वे हिन्दू धर्म का परित्याग करें और अब आगे अपमान बर्दाश्त न करें।

उन्हें सबसे अधिक जो बात खलती थी वह यह थी कि उनके समाज के लोग आज भी अपमान की स्थिति को स्वीकार करते हैं, क्योंकि सवर्ण हिन्दू लोग उन पर बराबर हावी रहते हैं। उन्होंने लोगों को प्रेरित किया कि वे अपनी शक्ति पर भरोसा रखें, इस धारणा को मिटा दें कि वे किसी भी दूसरे समुदाय से किसी भी तरह हीन हैं।

इसके आगे डॉ. आंबेडकर ने इस बात पर ज़ोर दिया कि उनके राजनीतिक संगठन, अनुसूचित जाति फेडरेशन के पीछे संगठनात्मक बल द्वारा दंड-विधान बनाने की ज़रूरत है। उन्होंने कहा कि ब्रिटिश सरकार मुसलमानों के पक्ष में विचार करने के लिए सदैव तैयार है। यदि कांग्रेस नेता जेल से रिहा होने के बाद, पाकिस्तान के बारे में मुस्लिमों के साथ किसी व्यवस्था या 50-50 के आधार पर समझौता कर लेते हैं, तो अनुसूचित जातियों की स्थिति क्या होगी? यदि उन्हें राजनीतिक सत्ता में भागीदार बनना है तो उन्हें एक ठोस इकाई के रूप में संगठित होना होगा, तभी वे देश के भावी शासन में अपने उचित अधिकारों की लड़ाई में सफल हो सकेंगे।

स्त्रियों के योगदान के महत्त्व पर बल देते हुए उन्होंने विचार प्रकट किया कि उनका आन्दोलन तब तकत सफल नहीं हो सकता जब तक कि उनकी स्त्रियाँ इसमें तेज़ी लाने में सक्रिय होकर मदद नहीं करेंगी। इसके बाद एक वक्ता ने कहा कि उन्होंने सम्मेलन का सन्देश फैलाने के लिए प्रत्येक गाँव और शहर में स्वयंसेवी कोर बनाने और सन्देश को शहरों से 200 मील की दूरी तक के गाँवों में ले जाने को सबसे अधिक महत्त्व दिया है। उन्होंने ज़ोर देकर कहा कि जब वे दूसरों से अस्पृश्यता मिटाने की माँग करते हैं तो उन्हें अनुसूचित जातियों में आन्तरिक भेदभाव को मिटाने के अपने उत्तरदायित्व को समझना होगा।

सम्मेलन का समापन करते हुए श्री शिवराज ने, डॉ. आंबेडकर द्वारा अपने सम्मान के लिए की गई सेवाओं की प्रशंसा में लगाए गए नारों के बीच, उस दो दिवसीय सत्र की समाप्ति की घोषणा की।[1]

[*बाबासाहेब डॉ. अम्बेडकर सम्पूर्ण वाङ्मय,* खंड 37, पृ. 295-96]

1. द *फ्री प्रेस जर्नल,* 1 फरवरी, 1944

36

भारत का इतिहास बौद्ध धर्म और ब्राह्मण-धर्म के संघर्ष के अलावा अन्य कुछ नहीं है

मद्रास में ठहरने के दौरान डॉ. बी. आर. आंबेडकर को कई संस्थाओं ने भाषण के लिए आमंत्रित किया था। मद्रास रैशनल सोसाइटी भी ऐसी ही एक संस्था थी। उसने 'रैशनलिज़्म इन इंडिया' पर डॉ. आंबेडकर का भाषण, रविवार 24 सितम्बर, 1944 को प्रभात टाकीज, ब्रॉडवे, मद्रास में पूर्व मंत्री रामनाथन की अध्यक्षता में आयोजित किया गया। इस मौक़े पर साऊ एम.एम. मुथु ने डॉ. आंबेडकर का स्वागत किया।[1]

डॉ. आंबेडकर ने कहा—

भारत में 'रैशनलिज़्म' अर्थात् तार्किकता का विषय निःसन्देह भारतीयों के लिए बड़ी रुचि का विषय है और इसका ठोस प्रभाव पड़ा है। लेकिन जहाँ तक हिन्दू समाज और सामाजिक जीवन का सम्बन्ध है, यह विषय पूरी तरह उपेक्षित रहा है। भारतीय इतिहास के बारे में अनेकानेक मिथ्या धारणाएँ हैं, जिन्हें उन लोगों को ख़रीदने के लिए प्रचारित किया गया है जो साहित्य जगत में बहुत बड़े आधिकारिक विद्वान हैं। भारतीय इतिहास के अत्यन्त पारंगत लेखकों का कहना है कि भारत में कोई राजनीतिज्ञ है ही नहीं और समस्त प्राचीन भारतीय लेखक स्वयं दर्शन, धर्म, अध्यात्म से सरोकार रखते थे और उन्होंने राजनीति की कभी चिन्ता ही नहीं की। यह कहा गया है कि प्राचीन भारत के लोग कभी भी इतिहासवेत्ता या राजनीतिज्ञ वर्ग के नहीं रहे हैं। आज तक भी यही राय कायम है। यह भी कहा गया है कि भारत का कोई

1. ख़ैरमोडे, खंड 9, पृ. 376

इतिहास नहीं रहा है, भारतीय जीवन और समाज एक पुराने कठोर साँचे में आगे बढ़ा है, वह एक बार स्थिर हो गया और उसी तरह चलता रहा। परिणामस्वरूप, भारत के इतिहासकारों को कुछ नहीं करना होता है, बल्कि यही बताना होता है कि वह कठोर साँचा क्या है। यह भी कहा गया है कि कुछ देशों के बारे में यह भी कहा जा सकता है कि उन्होंने पिछली राजनीतिक क्रान्ति की रूपरेखा को बदलने के उद्देश्य से कुछ विशेष और राजनीतिक क्रान्तियाँ की हैं।

"मैं केवल एक राजनेता रहा हूँ और मैं साहित्य का या इतिहास का या दर्शन का गम्भीर विद्यार्थी होने का दावा नहीं कर सकता। लेकिन मैंने प्राचीन इतिहास के अध्ययन के लिए अपना कुछ समय निकाला है और मैं अनेक विद्वानों द्वारा प्रतिपादित सिद्धान्तों से प्रतिकूल निष्कर्षों पर पहुँचा हूँ। अपने अध्ययन से मुझे ज्ञात हुआ कि प्राचीन भारतीयों में राजनीतिज्ञों की एक परम्परा थी जो इतिहास में उल्लिखित है। यों प्राचीन अतीत में किसी भी देश में ऐसी क्रान्ति नहीं हुई, जिसने समाज के आचार-नियमों, शासन और दर्शन को प्रभावित किया हो और जिन पर भारतीयों का विशेषाधिकार सिद्ध हो सके। सम्भवत: भारत एक ऐसा देश रहा है जिसने तार्किकता का उपदेश दिया है और वह भी ऐसा, जो विश्व ने पहले कभी नहीं देखा। भारत एक क्रान्ति भूमि भी रही है, और इसकी तुलना में फ्रांस की क्रान्ति केवल 'बागाटैला' कही जाएगी, इसके अधिक कुछ नहीं।

ब्राह्मण धर्म और बौद्ध धर्म में अन्तर

मेरे निर्णय के अनुसार, भारतीय इतिहास के छात्रों को एक बात ध्यान में रखना आवश्यक है और वह बात ऐसी है, जिसे उन इतिहासकारों ने हमेशा उपेक्षित किया है, जिन्होंने भारत के इतिहास पर लिखा है। यह एक मूल बात है और जब तक उसे ध्यान में नहीं रखा जाएगा, तब तक कोई भी भारत के इतिहास को समझ नहीं सकता। मूल तत्त्व यह है कि प्राचीन भारत में बौद्ध धर्म और ब्राह्मण धर्म (सनातन धर्म) के बीच बड़ा संघर्ष रहा है। यदि इस बड़े संघर्ष को इसमें से निकाल दिया जाए, तो भारत का इतिहास कुछ नहीं बचेगा। यह एक संघर्ष भी नहीं था जैसा कि दर्शनशास्त्र के प्रोफ़ेसरों ने बार-बार कहा है, बल्कि किसी पंथ के बारे में झगड़ा था। यह विचारधारा की क्रान्ति नहीं थी, बल्कि राजनीतिक और सामाजिक दर्शन की क्रान्ति थी। बौद्ध धर्म और ब्राह्मण धर्म में झगड़ा एक ही मुद्दे पर था और वह मुद्दा था—'सत्य क्या है?' या 'किसे सत्य माना जा सकता है'? तार्किकता इसी

प्रश्न की पृष्ठभूमि पर प्रकाश डालती है। सत्य क्या है, इसके बारे में बुद्ध ने जो उत्तर दिया था वह उससे मूलतः भिन्न था, जो ब्राह्मणें ने दिया था। बुद्ध ने कहा था कि सत्य ऐसी चीज़ है जिसकी साक्षी दस इंद्रियों में से कोई भी इंद्री हो सकती है। सत्य के बारे में ब्राह्मणों की विचारधारा यह थी कि यह ऐसी कोई चीज़ है जिसे वेदों द्वारा घोषित किया गया है (हँसी की लहर)। उन्हें कोई ग़लती नहीं करनी चाहिए बल्कि ब्राह्मण धर्म का यही सबसे महत्त्वपूर्ण सिद्धान्त है। बौद्ध क्रान्तिकारी थे और ब्राह्मण क्रान्ति विरोधी। बौद्ध धर्म और ब्राह्मण धर्म में यही अन्तर था। प्राचीन काल से ही ब्राह्मण यह आग्रह करते थे कि वेद समस्त सामाजिक और धार्मिक सिद्धान्तों के निर्णायक समादेश माने जाएँ। लेकिन मुझे आश्चर्य है कि प्राचीन समादेश माने जाएँ। यह बात समझना कठिन है। लेकिन मुझे आश्चर्य है कि प्राचीन ब्राह्मणों जैसे चालाक लोगों ने ऐसे ग्रंथों को इतना असीम पावन और प्रमाण बनाने का आग्रह किया है। इन ग्रंथों में मूर्खता के सिवाय कुछ नहीं है।

वेदों में जालसाजी

वेदों के कुछ पहलुओं का विवेचन करते हुए और कुछ दृष्टान्तों का उल्लेख करते हुए डॉ. आंबेडकर ने कहा कि उनमें कुछ अंश जालसाजी के हैं और उनका समावेश बाद के काल में किया गया है। उन्होंने ऐसा इसलिए किया है क्योंकि वे अपनी विचारधारा के लिए एक प्रकार की धार्मिक स्वीकृति चाहते थे। उनके विचार में यह एक कारण था कि ब्राह्मणों ने सामाजिक सिद्धान्तों के प्रति इतनी अयथार्थवादी दृष्टि अपनाने का आग्रह किया था। बौद्ध धर्म और ब्राह्मण धर्म के बीच का संघर्ष सर्वोच्चता के लिए था। जब बौद्ध धर्म लुप्त हुआ तो वह विस्मयकारी ढंग से लुप्त हो गया। विश्व के इतिहास में, बुद्ध स्वतंत्रता, समता, बन्धुत्व का सन्देश देनेवाले प्रथम व्यक्ति थे। वे लोग इसलिए अदृश्य हो गए, क्योंकि प्रतिक्रान्ति ने उस क्रान्ति को पराभूत कर दिया। वे तार्किकता की भावना भी खो चुके थे, और यही कारण था कि सम्पूर्ण हिन्दू समाज नितान्त अन्धविश्वास, मूर्ति पूजा और सभी प्रकार के कदाचारों से ग्रस्त हो गया था। उनका पालन धर्म के नाम पर किया जाना था। बुद्ध की सत्य के प्रति तार्किक विचारधारा विलुप्त हो गई। आज वे प्रति-क्रान्तिकारियों के चंगुल में हैं। प्रति-क्रान्तिकारियों के धर्मग्रंथ भगवद्गीता और मनुस्मृति हैं।

आज की त्रासदी यह है कि राजनीति में अतार्किक विचारधारा प्रवेश कर गई है। राजनेता हर देश में कसौटी पर हैं। लेकिन भारत में इसका समाधान क्या है?

श्री गांधी कभी कसौटी पर नहीं रहे। क्या वह वास्तव में कसौटी पर खरे हैं? नहीं। यदि वह कोई बात कहते हैं, तो हर कोई उसे इस प्रकार स्वीकार करता है मानो वह बात वेदों में से हो। यदि वह विरोध में कुछ कहें तो भी हमें यह बात माननी होगी। दो वर्ष पहले, श्री गांधी ने कहा था पाकिस्तान का विचार नापाक है, कांग्रेसियों ने कहा, वह नापाक है। मैंने भी पाकिस्तान पर एक किताब लिखी है। मुझे कहा गया था कि मेरी बुद्धि मुस्लिम लीग के पास बंधक रखी है और वह नापाक काम कर रही है आदि-आदि। आज श्री गांधी कहते हैं पाकिस्तान नापाक नहीं है। अतार्किकता का यह एक उदाहरण मात्र है, जो हमारे सामाजिक और बौद्धिक चिन्तन में ही नहीं, राजनीतिक चिन्तन में भी घर कर गया है।

मुझे विश्वास है कि यदि हमने अतिशीघ्र कुछ नहीं किया तो हम इस देश के लिए एक बड़ी आफत खड़ी कर देंगे...।[1]

[*बाबासाहेब डॉ. अम्बेडकर सम्पूर्ण वाङ्मय,* खंड 37, पृ. 321-323]

---

1. द *लिबरेटर मद्रास,* 25.9.1944

37

बुद्ध ने वेदों पर हमला बोला इसी कारण शूद्रों का सेवा-धर्म गया और वे शासक बने

29 नवम्बर, 1944 की शाम को पुणे में भारतीय दलित फेडरेशन के महासचिव श्री पी.एन. राजभोज ने डॉ. आंबेडकर को चाय-पार्टी दी। इस अवसर पर बोलते हुए डॉ. बाबासाहेब आंबेडकर ने कहा—

आज भाषण देने की मेरी इच्छा नहीं थी। किसी ने मुझसे विनती की कि मैं सर तेज़ बहादुर सप्रू की योजना के बारे में अपनी राय बताऊँ। लेकिन यहाँ इस विषय पर बोलने की मेरी इच्छा नहीं है। मद्रास में गीता पर मैं जो बोला उसको लेकर पुणे के ब्राह्मणों ने नापसन्दगी ज़ाहिर की है। उसका जवाब देना मुझे उचित लगता है। मेरी बात जानने के लिए पुणे में अगर किसी सार्वजनिक सभा का आयोजन किया जाता तो मैं उस सभा में अपनी राय प्रकट करता। लेकिन ऐसा मौक़ा नहीं मिला, इसलिए आज की इस सभा में ही मैं अपनी राय व्यक्त करता हूँ।

बताया जाता है कि वेद अपौरुषेय हैं और हमें उनकी आज्ञा माननी चाहिए। लेकिन इतिहास में कहीं भी इसका सबूत नहीं मिलता। ब्राह्मणों के अलावा किसी ने वेदों को प्रधानता नहीं दी है। उन्हें अपना धर्मग्रंथ नहीं माना है। वेदों को ही प्रमाण मानने की बात ब्राह्मणों द्वारा बाद में लाई गई 'थियरी (Theory)' है। अश्वत्लयन गृह्य सूत्र में इसके प्रचुर प्रमाण मिलते हैं, उस समय ब्राह्मण भी वेदों को प्रमाण नहीं मानते थे, इसके भी साफ़ तौर पर ज़िक्र मिलते हैं। सामाजिक मूल्यों के निर्माण से पूर्व जनता पंचायत का निर्णय ग्राह्य माना जाता था। उस समय वेदों को चौथा या पाँचवाँ स्थान प्राप्त था। शबर स्वामी द्वारा जनमेजय सूत्रों पर भाष्य किया गया

है। उसमें पूर्वपक्ष और उत्तरपक्ष रखा गया है। पूर्वपक्ष में वेदों के बारे में ज़िक्र है और वेद विरोधकों का पक्ष भी रखा गया है। शबर स्वामी ने कहा है कि ब्राह्मण वेदों को नहीं मानते थे तथा दावा किया था कि वेदों का निर्माण यानी मूर्खों का और पागलों का कार्य है। बुद्ध ने कभी भी वेदों को प्रमाण नहीं माना। वेद प्रणित धर्म को बौद्ध धर्म ने डिगा दिया था। यह बौद्ध धर्म शूद्रों का था और उसने कभी वेदों को प्रमाण नहीं माना था।

मेरी आलोचना की जाती है कि मैं गीता बिना पढ़े उसकी समीक्षा करता हूँ। लेकिन यह झूठी आलोचना है। पिछले पन्द्रह सालों से गीता का अध्ययन करने के बाद, गीता में कोई ख़ास बात नहीं है। उसमें मुख्य रूप से तीन बातें बताई गई हैं। मरना, मारना, हिंसा करना पाप है क्या, वर्णाश्रम धर्म की महत्ता और भक्ति से मोक्ष प्राप्ति हो सकती है। गीता का अध्ययन करते हुए मैंने जाना कि केवल गीता पढ़कर उसका अर्थ समझ में नहीं आता। तत्कालीन उपलब्ध अन्य साहित्य का अध्ययन करने के बाद गीता का अर्थ जानने की कोशिश करनी चाहिए।

इस देश के इतिहास पर अगर ध्यान दें तो पता चलता है कि क़रीब दो हज़ार सालों तक ब्राह्मण वर्ग और बौद्ध धर्म में विवाद चल रहा था। इस विवाद में जो साहित्य निर्माण हुआ उसका स्वरूप धार्मिक न होकर सामाजिक है। देश के सत्ता केन्द्र पर अपनी हुकूमत चले, इसी उद्देश्य से गीता ग्रंथ का निर्माण हुआ।

वेदों में से कुछ हिस्से का अनुवाद गीता में किया गया है। लेकिन वेदों में आख़िर ऐसा कौन-सा ज्ञान इकट्ठा है? वैसे देखा जाए तो दो ही वेद हैं—ऋग्वेद और अथर्ववेद। मैंने कई बार वेदों का अध्ययन किया है। समाज अथवा मानव की उन्नति और नीति के लिए पोषक कुछ उसमें नहीं बताया गया है। अथर्ववेद में—पत्नी अगर प्रेम नहीं करती तो क्या करना चाहिए, दूसरे की पत्नी को कैसे वश में किया जा सकता है, द्रव्यहरण कैसे करें आदि बातों के साथ-साथ जारण-मारण का भी ज़िक्र मिलता है। असल में वेद जैसे ग्रंथों में इन विषयों की क्या ज़रूरत थी? इसके पुरुष सूक्त में ब्राह्मणों से लेकर शूद्रों तक का व्यवहार कैसा होना चाहिए यह बताया है। इन्हीं बातों को लेकर बुद्ध को आपत्तियाँ थीं और इसी नज़रिये से उन्होंने चातुर्वर्ण्य की आलोचना की है। बताया गया है कि क्षत्रियों का कर्तव्य मारना है। वह कहते हैं, दूसरे को मारना ज़रूरत हो सकती है, कर्तव्य नहीं हो सकता। गीता के दूसरे अध्याय में 18 और 39वें श्लोक में वेदान्त के आधार पर इन बातों का विवरण मिलता है कि आत्मा अविनाशी है, देह बुढ़ापे या अन्य कारणों से नष्ट होने ही वाली है। लेकिन सोचिए, किसी कत्ल के मुकदमे में वकील अगर जज से

कहे कि 'साहब, आत्मा अविनाशी है सो कत्ल के लिए आरोपी को क्यों सज़ा दे रहे हैं?' तो वकील की यह दलील क्या ग्राह्य हो सकती है?

बौद्ध धर्म के दर्शन के आगे यह सबूत टिक नहीं सकता। बौद्ध दर्शन ने सामाजिक, राजनीतिक और मानसिक क्रान्ति के ज़रिये शूद्रों को अब पद प्राप्त करवा दिया। उस दौरान कई शूद्रों के राजा बनने के उदाहरण उपलब्ध हैं। अपनी सत्ता खोने के कारण ब्राह्मणों ने फिर से चातुर्वर्ण्य पद्धति की नींव रखते हुए भगवद्गीता के ज़रिये यह काम किया और अपने हाथ से गई देश की सत्ता को फिर अपने क़ाबिज़ कर लिया।

जैमिनी ने अपने 'पूर्वमीमांसा' ग्रंथ में वर्णाश्रम धर्म की गीता से पूर्व क्या बुनियाद थी, इसकी जानकारी दी है। केवल बुद्ध ही नहीं बल्कि चार्वाक आदि विद्वानों ने भी वेदों की आलोचना की है। बुद्ध ने वेदों पर जो हल्ला बोला, उसी कारण शूद्रों का सेवा धर्म गया और वे राज्यकर्ता बने।

सांख्य दर्शन के अनुसार श्रीकृष्ण ने चातुर्वर्ण्य की चौखट बनाई। सांख्यकारों ने त्रिगुण को मान्यता दी है और गीताकारों ने चार गुण, चार वर्णों को मान्यता दी है। अब तक किसी विद्वान ने सांख्यकार और गीताकारों के बीच के इस भेद में मेल बिठाने की कोशिश नहीं की। श्रीकृष्ण की भगवद्गीता ने चातुर्वर्ण्य को आधार दिया, इसीलिए चातुर्वर्ण्य आज तक टिका हुआ है।

ऐतिहासिक दृष्टिकोण से अध्ययन करते समय इस पुस्तक में मुझे चार गलियाँ दिखाई दीं। मेरी राय में पहले यह केवल कृष्ण के वर्णन का 'पोवाड़ा' (काव्य प्रकार) था जिसकी रचना उसके जात भाइयों ने, यानी सातवतानी ग्वालों ने की, जिसका मुख्य उद्देश्य हतवीर्य हुए अर्जुन को युद्ध प्रवण करनेवाले कृष्ण का गुणगान करना था। उसमें न धर्म था, न दर्शन। तब उसमें क़रीब 60 श्लोक होंगे। आगे जब ये लोग कृष्ण को ईश्वर मानने लगे तब उनकी गाई स्तुति ही भक्तिमार्ग बनी और कृष्ण देवता बने। आगे गीता का भी रूपान्तर होकर वह वर्तमान स्वरूप तक आई। इसमें मैं किसी को दोष नहीं देना चाहता, लेकिन जब तक आप इन किताबों को प्रमाण मानते रहेंगे, आपका उद्धार नहीं होगा। इन किताबों में शूद्रों की निन्दा की गई है, उनका अपमान करते हुए उन पर तरह-तरह के आरोप लगाए गए हैं। उनमें न्यूनभाव पैदा होगा और वे हमेशा के लिए दलित बने रहेंगे, ऐसी योजना की गई है। उन किताबों को अगर आप धर्मग्रंथों के रूप में हम पर लादेंगे, उन्हें प्रमाण मानने के लिए कहेंगे, तो ऐसा मेरे साथ कभी नहीं हो सकता। यह मेरा जीवन कार्य है। ख़ुद जानकर मुझे यह अपने लोगों को समझाना है। निम्न वर्ग के लोगों को

नि:संतान रखने, उन्हें हमेशा अपने पैरों के पास ही रखने और उन्हें हीनतम स्तर तक पहुँचाने की बाकायदा कोशिश करनेवाला ऐसा विशिष्ट वर्ग दुनिया के अन्य किसी देश में दिखाई नहीं देगा।[1]

[*बाबासाहेब डॉ. अम्बेडकर सम्पूर्ण वाङ्मय,* खंड 39, पृ. 419-421]

1. *जनता,* 9 दिसम्बर, 1944

38

मनु अथवा याज्ञवल्क्य के दैवी क़ानूनों के कारण, हिन्दू समाज कभी अपना सुधार नहीं कर सका

दिनांक 10 अप्रैल, 1948 को डॉ. बी.आर. आंबेडकर ने लॉ कॉलेज, दिल्ली विश्वविद्यालय में व्याख्यान दिया। उन्होंने कहा—

"इस पतन का उत्तरदायित्व प्राचीन समाजों की उन असफलताओं में निहित है, जिसके अन्तर्गत वे अपने ढाँचे में सुधार नहीं ला पाए। कमियों को दूर करने के बजाय उन्होंने मनु जैसे नियम-क़ानून निर्माताओं द्वारा बनाए क़ानूनों द्वारा शासित होना स्वीकार किया, जबकि क़ानून का असली काम समाज के दोषों को सुधारना है।

सभ्यता कभी भी एक सतत प्रक्रिया नहीं रही। ऐसे राज्य और समाज थे जो किसी समय सभ्य थे। कालान्तर में कोई ऐसी घटना घटी, जिसके कारण वे समाज नष्ट हो गए। भारत के इतिहास से इसका उदाहरण दिया जा सकता है।

"इसमें कोई सन्देह नहीं है कि भारत उन देशों में था, जो प्राचीन महान सभ्यता पर गर्व कर सकता है। जिस समय यूरोपवासी प्राय: जंगली और ख़ानाबदोश अवस्थाओं में जी रहे थे, यह देश सभ्यता के सर्वोच्च शिखर पर था। जिस समय यूरोप के लोग केवल ख़ानाबदोश थे, इस देश में संसदीय संस्थाएँ थीं।

"आम आदमी यह समझता है कि आज हमारी संसदीय संस्थाओं ने समस्त संसदीय प्रक्रिया यूरोपीय देशों से, विशेषकर ब्रिटेन से, उधार ली है, लेकिन मैं समझता हूँ कि जो भी व्यक्ति, उदाहरण के लिए विनय-पिटक के पृष्ठों का परिशीलन करेगा, वह पाएगा कि ऐसे मत के लिए कोई आधार नहीं है।

'मेज़ पार्लियामेंट्री प्रैक्टिस' में प्रतिपादित कुछ नियम विनय-पिटक के विद्यार्थी के रूप में भारत के लोगों को ज्ञात थे। ऐसा लगता है कि लोग यह सोचते हैं कि यह प्रक्रिया कि संसद में तब तक कोई बहस नहीं हो सकती, जब तक कोई प्रस्ताव पेश न किया जाए और तब तक कोई मतदान नहीं हो सकता जब तक कोई प्रस्ताव न रखा जाए, कुछ नई प्रक्रिया है। लेकिन मैं समझता हूँ कि यह एक आम भ्रान्ति है। विनय-पिटक में, जिसमें भिक्खु संघ के अधिवेशनों के प्रक्रिया नियम लेखबद्ध हैं, यह सुविदित नियम था कि 'नेति' प्रस्ताव के सिवाय कोई वाद-विवाद नहीं हो सकता।

"आज हम समझते हैं कि गुप्त मतदान एक ऐसी चीज़ है जिसे अंग्रेज़ों ने शुरू किया था। यह भी एक भूल है। विनय-पिटक में मतगणना के लिए एक निश्चित प्रावधान है। उसे 'सालपत्रक ग्राहक' कहते हैं। सालपत्रक (पेड़ की टहनी) को मतपत्र के रूप में इस्तेमाल किया जाता था। गुप्त मतदान की भी व्यवस्था थी, जिसके अन्तर्गत भिक्खु स्वयं मतपेटी में अपना सालपत्रक डाल सकता था।

"मैं इन राजनीतिक बातों का इसलिए उल्लेख कर रहा हूँ क्योंकि अनेक इतिहासकारों का कहना है कि जहाँ उन्होंने जीवन की अन्य शाखाओं में प्रगति की, वहाँ भारत के लोग राजनीतिक दृष्टि से बहुत पिछड़े हुए थे। मैं इस विचारधारा का खंडन करता हूँ।

"मैं यह मानता हूँ कि हमने किसी न किसी कारणवश उस राजनीतिक प्रतिभा को खो दिया। हमने सभी संसदीय संस्थाओं को खो दिया और हम निरंकुश राजा की प्रजा बन गए। यहाँ सभ्यता का पतन शुरू हुआ और भारतीय समाज का, अन्य सभी समाजों की तरह, समय-समय पर पतन होता रहा।

"सिवाय उन कठिनाइयों के जो युद्ध के कारण उत्पन्न हुई हैं, ऐसा क्यों है कि आधुनिक काल में ऐसा प्रतीत होता है कि समाज, बहुत सी कठिनाइयों के बिना ही निरन्तर प्रगति कर रहा है? प्राचीन समाज में ऐसा क्यों नहीं होता था?

"प्राचीन समाज और आधुनिक समाज में अन्तर इस बात में है कि प्राचीन समाज में क़ानून बनाना जनता का कार्य नहीं था। क़ानून ईश्वर या क़ानून निर्माता द्वारा बनाया जाता था। समाज का काम उस क़ानून का केवल पालन करना होता था, जो या तो दैवी शक्ति द्वारा बनाया जाता था या क़ानून निर्माता द्वारा। यही मूल कारण था कि प्राचीन समाज में कोई सतत सभ्यता नहीं रही।

"क़ानून का वास्तविक काम समाज के दोषों को दूर करना है। दुर्भाग्यवश प्राचीन समाज ने कभी भी अपने स्वयं के दोषों को ठीक करने का काम हाथ में लेने का साहस नहीं किया। इसका परिणाम यह हुआ कि वे नष्ट हो गए। हिन्दू समाज

के पतन का एक कारण यह भी है कि यह समाज ऐसे क़ानून द्वारा शासित होता था जो या तो मनु द्वारा बनाया गया था या याज्ञवल्क्य द्वारा। इस क़ानून निर्माताओं द्वारा बनाया गया क़ानून दैवी क़ानून है। इसका परिणाम यह हुआ कि हिन्दू समाज कभी भी अपने में सुधार नहीं कर पाया।

"यूरोप में कालान्तर में धर्म सापेक्ष क़ानून की अधिकारिता को धर्मनिरपेक्ष क़ानून द्वारा चुनौती दी गई, जिसका परिणाम यह हुआ कि आज पश्चिम में क़ानून पूर्णत: धर्मनिरपेक्ष है और गिरजाघर का अधिकार क्षेत्र केवल पादरी तक सीमित है।

"दुर्भाग्यवश, महान विद्वान प्रोफ़ेसर मैक्समूलर सहित अनेक लेखकों ने, जिन्होंने भारत के अतीत में शोध किया है, इस धारणा को जन्म दिया कि भारतीय क़ानून बिलकुल भी नहीं बदला है। यह इसी कथन के अनुरूप है, जो रूढ़िवादी पंडित कहते आए हैं। लेकिन मैंने जो अध्ययन किया है उसमें मैं यह कह सकता हूँ कि वह एक पूर्ण भ्रान्ति है।

"विश्व में ऐसा कोई देश नहीं है जिसमें इतनी क्रान्तियाँ हुई हों, जितनी इस देश में। इस देश में यूरोपवासियों द्वारा पोप के प्राधिकार को चुनौती देने से बहुत पहले धर्मसापेक्ष विधि और धर्मनिरपेक्ष विधि में मतभेद रहा है। कौटिल्य के अर्थशास्त्र में धर्मनिरपेक्ष क़ानून की आधारशिला रखी गई। भारत में दुर्भाग्यवश धर्मनिरपेक्ष क़ानून पर धर्मसापेक्ष क़ानून विजयी रहा। ऐसा क्यों हुआ? मेरी राय में यह इस देश में घोर आपदाओं में से एक थी। हिन्दू समाज का अप्रगतिशील स्वरूप इस धारणा के कारण था कि क़ानून बदला नहीं जा सकता।"

[*बाबासाहेब डॉ. अम्बेडकर सम्पूर्ण वाङ्मय,* खंड 37, पृ. 364-366]

39

हिन्दू महिला का उत्थान एवं पतन : इसके लिए ज़िम्मेवार कौन था

महाबोधि पत्रिका के मार्च, 1950 अंक में लामा गोविन्द का 'हिन्दूवाद एवं बौद्ध धर्म में महिलाओं की स्थिति' लेख छपा था। इनका लेख 'ईव्स वीकली' के 21 जनवरी, 1950 के संस्करण में प्रकाशित लेख का प्रत्युत्तर था और इस लेख में बुद्ध को आरोपित किया था कि मनुष्य होने के नाते उसकी शिक्षाएँ भारत में महिलाओं की स्थिति में गिरावट के लिए मुख्य रूप से ज़िम्मेदार हैं। लामा गोविन्द ने अपना कर्तव्य भली-भाँति निभाया। प्रत्येक बौद्ध को आगे बढ़कर आरोप का खंडन करना चाहिए था। परन्तु मामला यहीं नहीं समाप्त हो सका। ऐसा पहली बार नहीं हुआ था कि बुद्ध पर ऐसे आरोप लगाए गए हों। ऐसा प्रायः ऐसे लोगों द्वारा किया जाता था, जो बुद्ध की महानता को सहन नहीं कर सकते थे और उन वर्गों में थे जो 'ईव्स वीकली' के लेखक से हर दृष्टि से बड़े थे। अतः यह आवश्यक है कि मामले पर गम्भीरता से विचार किया जाए और बार-बार यह आरोप लगाने के आधार की जाँच की जाए। आरोप इतना गम्भीर एवं घटिया है कि मुझे विश्वास है, महाबोधि के पाठक इस मामले में और अधिक जाँच का स्वागत करेंगे।

बुद्ध के विरुद्ध ऐसे आरोप को केवल दो आधारों पर समर्थित किया जा सकता है—

पहला आधार सम्भवतः आनन्द द्वारा बुद्ध से पूछे गए प्रश्न का दिया गया उत्तर (अध्याय पाँच में—महापरिनिभाना सुत्त) हो सकता है; जो निम्न प्रकार से पढ़ा जाता है :

> हमें महिलाओं के प्रति अपना आचरण कैसा रखना चाहिए (आनन्द ने पूछा)
> उन्हें न देखना, आनन्द

परन्तु यदि हम उन्हें देखें, तो हमें क्या करना चाहिए?
बात न करना, आनन्द
परन्तु यदि वे हमसे बात करें,
तो महात्मन् हमें क्या करना चाहिए?
हमें पूरी तरह से जागरूक हो जाना चाहिए, आनन्द

इस बात का खंडन नहीं किया जा सकता कि यह अनुच्छेद ऑक्सफ़ोर्ड विश्वविद्यालय प्रेस द्वारा प्रकाशित महापरिनिभाना सुत्त के मूल पाठ में प्रकाशित है। लेकिन मुद्दा यह नहीं है कि अनुच्छेद है या नहीं। मुद्दा यह है कि इस अनुच्छेद पर कोई तर्क किया जाए, क्या यह सिद्ध करना आवश्यक नहीं है कि मूल-पाठ मौलिक और प्रमाणित है और भिक्खुओं द्वारा बाद में सम्मिलित नहीं किया गया है?

जो कोई बुद्ध की मुख्य शिक्षाओं से अवगत है, वह सुत्तपिटक को पढ़ने के पश्चात् किंकर्तव्यविमूढ़ हो जाएगा क्योंकि जब हम देखते हैं कि उन्हें पौराणिक आवरण से ढक दिया है, बौद्ध की मूल शिक्षा में ब्राह्मण विचारों का समावेश कर विकृत एवं मठीय आदर्शों को लागू करने की इच्छा से मठीय विचारों से विरूपित कर दिया गया है। इसलिए वास्तविकता की जानकारी रखनेवाला व्यक्ति श्रीमती रायस डेविड के आश्चर्य के साथ जुड़ना चाहेगा और पूछेगा :

> इन पृष्ठों (सुत्तपिटक) में गौतम कहाँ है? इसमें कम-से-कम कितना मौलिक शिक्षा में जोड़ा गया है, स्पष्ट या सन्दिग्धतापूर्ण प्रस्तुत किया गया है, उत्तरवर्ती वाचकों ने समय के साथ इसमें क्या जोड़ा है, अध्यापकों द्वारा अपनी स्मरण शक्ति के आधार, जनसाधारण के अध्यापकों द्वारा नहीं बल्कि मौखिक रूप से विद्या-अर्जन करनेवाले प्राय: अनाड़ी शिष्यों, सम्पादकों जिन्होंने काफ़ी समय पूर्व धारा प्रवाह रूप में सुनकर लिखित रूप देने का प्रयास किया है? और ये सभी व्यक्तिवाचक, अध्यापक, सम्पादक हैं जिनके जीवन के आदर्शों का विकल्प विश्व के शेष व्यक्तियों से भिन्न होता है, इनके आदर्श आनुपातिक आधार पर भिन्न होते हैं। इस विकृत माध्यम के द्वारा उसे पढ़ना पढ़ा और अपने आप से पूछा कि कौन-सी उक्ति, किस मान्य सच्चे अध्यापक एवं मार्गदर्शक के ज़ेहन में डाली जाए, किसी ऐसे व्यक्ति की ओर से की जानेवाली सम्भावना है, किसके पास इसका दस्तावेज़ी प्रमाण हो सकता है?

अतः इस सुझाव में कुछ भी असंगत नहीं हो सकता कि अनुच्छेद भिक्खुओं द्वारा बाद में सम्मिलित किया गया है। प्रथम कि बुद्ध की मृत्यु के पश्चात् 400 वर्षों तक सुत्तपिटक को लिखित रूप नहीं दिया गया। दूसरा सम्पादकों, जिन्होंने इनको संकलित और सम्पादित किया, भिक्षु थे और भिक्षु सम्पादकों ने भिक्षुओं के लिए संकलन किया और लिखा। बुद्ध के प्रति व्यक्ति कृतज्ञता भिक्षुओं के लिए ब्रह्मचर्य का अपना सिद्धान्त संरक्षित करने के लिए मूल्यवान है और भिक्षु सम्पादक के लिए इस सिद्धान्त में इसे सम्मिलित करना असम्भव नहीं था।

यहाँ दो अन्य विचारणीय विषय हैं, जो इस प्रस्ताव का समर्थन करेंगे कि यह अनुच्छेद बाद में सम्मिलित किया गया है।

1. प्रथमतः इस सुत्त के परिचय में दी गई तालिका (देवीदास द्वारा एस.बी. बी. शृंखला में भाग-II दिघनिकाय के पृष्ठ 72 पर देखा जा सकता है) में यह देखा जा सकता है कि अनेक उल्लेखनीय उद्धरण जो इस सुत्त में वर्णित हैं अन्य सुत्तों में भी वर्णित हैं। इस बात पर ध्यान देना महत्त्वपूर्ण है कि यह उद्धरण किसी अन्य सुत्त में नहीं है, यद्धपि वास्तविकता यह है कि इनमें इस सुत्त के अनेक अन्य उद्धरण हैं।
2. दूसरा, इस सुत्त के परिचय के पृष्ठ 38 (देवीदास द्वारा एस.बी.बी.ई. खंड 11 में प्रकाशित) में यह उल्लिखित है कि सुत्त का चीनी भाषा में संस्करण उपलब्ध है। परन्तु इस चीनी संस्करण में भी यह विशिष्ट उद्धरण नहीं है।

हम और अधिक विचार करते हुए सम्भावना के परीक्षण का प्रयोग करते हैं। क्या यहाँ कोई कारण था कि आनन्द ने ऐसा प्रश्न क्यों पूछा, क्या यह बुद्ध के महिलाओं के साथ ज्ञात रिश्तों के अनुरूप था? यहाँ यह दर्शाते हुए प्रमाण है कि हो सकता है आनन्द द्वारा ऐसा प्रश्न पूछा नहीं गया और यदि ऐसा प्रश्न पूछा गया होता तो बुद्ध द्वारा ऐसा उत्तर नहीं दिया जा सकता था। पिटकों के उल्लेखों के अनुसार आनन्द एवं बुद्ध का महिलाओं के प्रति आचरण, ऐसे प्रश्न पूछने और ऐसा उत्तर दिये जाने की सम्भावनाओं के विपरीत है।

इस मुद्दे पर कि आनन्द को यह प्रश्न पूछने की कोई ज़रूरत थी, यहाँ यह नोट करना संगत होगा कि महापरिनिभाना सुत्त के इसी अध्याय में, उपरोक्त उद्धृत से कुछ गाथाएँ हटा दी गई हैं, बुद्ध वर्णन करते हैं कि आनन्द कितना मोहक है और इसे सभी क्यों प्यार करते हैं। मैं इनमें से निम्नलिखित दो गाथाएँ उद्धृत करता हूँ :

> भ्रातृगण, आनन्द में ये चार चमत्कारिक एवं अद्भुत गुण हैं। यदि भिक्षुक संघ के लोग आनन्द के पास आते हैं तो वे उसको निहारकर प्रसन्न हो जाते हैं और तब आनन्द उनको सत्य का उपदेश देता है और वह इस वार्तालाप से प्रसन्न हो जाते हैं, जब आनन्द मौन होता है तो भिक्षुक व्याकुल हो जाते।
>
> यदि भिक्षुक संघ की बहनें या सद्-पुरुष या सद्-महिलाएँ आनन्द से मिलती थीं और तब यदि आनन्द उन्हें सत्यता का उपदेश देते तो वे वार्तालाप से प्रसन्न हो जाते, जब आनन्द मौन होता तो भिक्षुक संघ की बहनें व्याकुल हो जातीं।

इससे यह स्पष्ट होता है कि आनन्द का महिलाओं से मिलना सामान्य बात थी, वह न केवल भिक्षुक संघ की बहनों से मिलते थे बल्कि संघ के अतिरिक्त उनसे मिलने आनेवाली सद्-महिलाएँ, जो संघ की सदस्य नहीं थीं, से भी मिलते थे। वे उनको देखते थे, मिलते थे और बातचीत करते थे। तब आनन्द ने ऐसा प्रश्न क्यों पूछा? बुद्ध जानते थे कि महिलाएँ आनन्द से अक्सर मिलती हैं। उन्होंने पहले कोई आपत्ति नहीं की थी। उसने महिलाओं के साथ सभी सम्बन्धों को निषेधात्मक एवं घृणनीय क्यों समझा? यह पूरा उद्धरण इतना अस्वाभाविक है कि इसे बाद के भिक्षुओं द्वारा सम्मिलित किया गया माना जाना चाहिए।

आनन्द के जीवन में एक और उदाहरण है, जो महापरिनिभान सुत्त के उद्धरण से भिन्न है। जैसाकि हम भली-भाँति जानते हैं कि प्रथम संगति (परिषद) में आनन्द के विरुद्ध पाँच शिकायतें भी गई थीं। वे थीं—

1. कि वह यह पूछने में असफल रहा कि विनय का कौन-सा भाग बुद्ध की राय में छोटा भाग है, जिसके लिए उन्होंने संघ को परिवर्तन एवं संशोधन करने का अधिकार दिया है;
2. कि वह एकान्तवास के दौरान महामहिम के चोग़े पर, जब सिलाई की जा रही थी, तेज़ी से चढ़ गया;
3. कि उसने मृत महामहिम के पार्थिव शरीर को महिलाओं द्वारा श्रद्धांजलि दी जाए, ताकि मृत शरीर उनके आँसुओं से मलिन हो जाए;
4. कि उसने महामहिम को चक्र के लिए जीवित रहने के लिए नहीं कहा; और
5. कि महिलाओं को संघ में प्रवेश दिलवानेवाले प्रमुख साधक थे, ये सभी आरोप आनन्द को दोषी प्रतिपादित करते हैं। क्या वे दोषी प्रतिपादित किये गए या नहीं, यह एक अन्य मामला है। तीसरा आरोप रोचक है। चूँकि

इसका सम्बन्धित प्रश्न के साथ बहुत बड़ा सम्बन्ध है। आनन्द ने महिलाओं को महामहिम का शरीर छूने की इजाज़त क्यों दी, यदि महापरिनिभान सुत्त के उल्लेख के अनुसार वह वास्तविक सच है। क्या उसने बुद्ध द्वारा कुछ मिनट पूर्व दिये गए परामर्श की खुलेआम एवं जानबूझकर अवज्ञा की थी? इसका उत्तर नकारात्मक ही होगा। इस नकारात्मक उत्तर से क्या परिणाम निकलना चाहिए। इससे यही परिणाम निकलता है कि बुद्ध ने ऐसा परामर्श कभी नहीं दिया होगा, जैसाकि उसके विरोध में कहा गया है। यदि बुद्ध ने ऐसा परामर्श दिया होता तो आनन्द इसके विपरीत कार्य नहीं कर सकता था। अतः यह युक्तियुक्त है कि बुद्ध द्वारा ऐसा परामर्श कभी नहीं दिया गया।

अब हम बुद्ध की ओर से इस प्रश्न पर विचार करते हैं। क्यों ये बुद्ध के लिए सहज है कि उन्होंने ऐसा उत्तर दिया होगा। इस प्रश्न का उत्तर बुद्ध का महिलाओं के प्रति किये गए आचरण पर निर्भर करता है। क्या बुद्ध महिलाओं से मिलने से बचते थे जैसा कि आनन्द को दिये गए परामर्श में बताया गया है? वास्तविकताएँ क्या हैं?

अचानक दो उदाहरण मेरे मस्तिष्क में आए, इनमें से एक विशाखा का है। वह बुद्ध के अस्सी मुख्य अनुयायियों में से एक थी और 'भिक्षा देनेवालों के मुखिया' की उपाधि से सुशोभित थी। क्या एक बार विशाखा बुद्ध का उपदेश सुनने के लिए नहीं गई थी? क्या उसने उनके मठ में प्रवेश नहीं किया था? क्या बुद्ध ने विशाखा के प्रति जो व्यवहार किया था, उसी के अनुरूप महिलाओं के प्रति व्यवहार करने के लिए आनन्द को निर्देशित नहीं किया था? बैठक में उपस्थित भिक्षुओं ने क्या किया था? क्या वे बैठक से चले गए थे?

दूसरा उदाहरण जो मेरे मस्तिष्क में आ रहा है वह वैशाली की आम्रपाली का है। वह बुद्ध से मिलने गई और उनको व उनके भिक्षुओं को अपने घर भोजन पर आमंत्रित किया। वह वेश्या थी। वह वैशाली की सबसे ख़ूबसूरत महिला थी। क्या बुद्ध और भिक्षु इससे दूर रहे? दूसरी ओर उन्होंने लिच्छिवियों का आमंत्रण अस्वीकार कर उसका आमंत्रण स्वीकार किया और आम्रपाली के घर जाकर भोजन में भाग लिया, जिससे लिच्छिवियों ने अपने को अपमानित समझा।

अन्य उदाहरणों की आवश्यकता नहीं है। नन्दाकोवादा सुत्त में बताया गया है कि महाप्रजापति गौतमी द्वारा बुद्ध के पास पाँच सौ भिक्षु महिलाओं को अपने साथ इस अनुरोध के साथ लाया गया, जब वह श्रावस्ती में रह रहे थे कि वे उन्हें सिद्धान्त एवं अनुशासन की दीक्षा देंगे। क्या बुद्ध उनसे भाग गए थे।

संयुक्त निकाय बताता है कि पाजुन्ना की पुत्री कण्णा जब रात देर का समग्र महावन में अपनी दीप्त सुन्दरता की कान्ति बिखेरते हुए बुद्ध के समक्ष उपस्थित हुई, जब वह वैशाली में रह रहे थे।

राजा प्रसेनजित की रानी मलिका अक्सर बुद्ध के पास धार्मिक उपदेश सुनने के लिए जाया करती थी।

इन उदाहरणों से यह स्पष्ट है कि बुद्ध महिलाओं से परहेज नहीं करते थे और महिलाएँ भी बुद्ध के पास जाने से डरती नहीं थीं।

यह सत्य है कि बुद्ध भिक्षुओं को परामर्श देते थे कि भिक्षु साधारण अनुयायियों के परिवारों में जाने की आदत न बनाएँ। ऐसा इस भय से करते थे कि महिलाओं से अक्सर मिलने से उनके प्रति झुकाव होना मानव की कमज़ोरी है। परन्तु वह इस प्रकार के मिलन से मना नहीं करते थे और न ही महिलाओं के प्रति तिरस्कार की भावना रखते थे।

यह भी सत्य है कि बुद्ध ब्रह्मचर्य बनाए रखने के प्रबल समर्थक थे। वह गम्भीरता से इस तथ्य से अवगत थे कि उनके शब्दों में, महिला ब्रह्मचर्य के जीवन को कलंकित करती है। परन्तु वह क्या परामर्श देते थे? क्या वे भिक्षुकों को परामर्श देते थे कि महिलाओं से सभी सम्बन्ध विच्छेद कर दिये जाएँ? बिलकुल भी नहीं। उन्होंने कभी ऐसी रोक नहीं लगाई। ऐसा कुछ कहने की बजाय वह भिक्षुकों से कहा करते थे कि जब कभी किसी महिला से मिलें तो उसे माँ के रूप में, बहन के रूप में या बेटी के रूप में जैसा भी मामला हो अर्थात् महिला का सम्मान इस प्रकार से करो जैसा आप अपनी माँ, बहन या पुत्री का करते हैं।

दूसरा सम्भावित आधार यह है जिस पर बुद्ध के विरोधी दोषारोपण का समर्थन करते हैं। वह है बुद्ध का संघ में महिलाओं को सम्मिलित करने तथा भिक्खु संघ के अधीन भिक्खुनि/भिक्षुनी संघ (जिसकी उन्होंने अन्ततः स्वीकृति दे दी) बनाने का विरोध करना है। यहाँ भी एक बार स्थिति का विश्लेषण करने की आवश्यकता है। बुद्ध ने महाप्रजापति की परिव्रजा लेने की माँग का विरोध क्यों किया? क्या उसने इसका विरोध इसलिए किया कि उसकी यह राय थी कि महिलाएँ निम्न श्रेणी की हैं और उनके प्रवेश से लोगों की नज़रों में संघ की हैसियत कम हो जाएगी या क्या उसने इसका विरोध किया कि उसकी राय यह थी कि उसके सिद्धान्त एवं उसके अनुशासन को समझने के लिए बुद्धिमत्ता एवं नैतिकता की दृष्टि से महिलाएँ अक्षम हैं? निश्चित रूप से इन दोनों प्रश्नों में से दूसरा प्रश्न आनन्द ने तर्क के दौरान बुद्ध से तब पूछा होगा, जब उसने बुद्ध को कुछ हद तक हठी पाया होगा। बुद्ध ने

सन्देह या विवाद के लिए कोई स्थान छोड़े बिना सुस्पष्ट उत्तर दिया। उन्होंने कहा कि महिलाएँ, उसका सिद्धान्त एवं उसका अनुशासन समझने के लिए पूरी तरह से अक्षम हैं? निश्चय रूप से इन दोनों प्रश्नों में से दूसरा प्रश्न आनन्द ने तर्क के दौरान बुद्ध से तब पूछा होगा जब उसने बुद्ध को कुछ हद तक हठी पाया होगा। बुद्ध ने सन्देह या विवाद के लिए कोई स्थान छोड़े बिना सुस्पष्ट उत्तर दिया। उन्होंने कहा कि महिलाएँ उसका सिद्धान्त एवं उसका अनुशासन समझने के लिए पूरी तरह से सक्षम हैं और परिव्रजा लेने की उनकी माँग को इस कारण नहीं ठुकराया गया है। इससे स्पष्ट है कि बुद्ध ने बुद्धि या आचरण की दृष्टि से महिलाओं को पुरुषों से हीन नहीं माना कि उन्होंने महिलाओं के प्रवेश का विरोध किया क्यों? वे उन्हें निम्न दर्जे का मानते थे और उन्हें भय था कि वह संघ की प्रतिष्ठा को कम कर सकती है, के सम्बन्ध में तर्क का यहाँ उल्लेख करना उचित नहीं है। इसलिए यदि उनकी ऐसी भावना होती तो उन्होंने कभी भी उनके प्रवेश की स्वीकृति नहीं दी होती।

यह तर्क कि उन्होंने भिक्खुनि संघ का गठन भिक्खु संघ के अधीन किया, इस व्यवस्था के प्रश्न के उत्तर में उल्लिखित है कि उत्कृष्टता या हीनता का कोई विचार नहीं था, इस व्यवस्था का आधार पूर्णतया व्यावहारिकता थी। परिव्रजिका (भिक्षुणी) में महिलाओं के प्रवेश से बुद्ध को दो प्रश्नों का उत्तर देना पड़ता। क्या पुरुषों एवं महिलाओं के लिए केवल एक संघ होना चाहिए? उन्होंने निर्णय लिया कि दो अलग-अलग संघ होने चाहिए। उन्हें भय था कि पुरुषों एवं महिलाओं की मंडली से ब्रह्मचर्य का नियम परिव्राजक पूर्णतया समाप्त हो जाएगा। अतः महिलाओं को प्रवेश की स्वीकृति देते समय उन्होंने सोचा, यह आवश्यक है कि उनके शब्दों का प्रयोग किया जाए, कि दो अलग संगठनों के गठन से उनके बीच बाँध बन जाएगा। दो अलग संगठनों के गठन का निर्णय लेने से उन्हें एक और प्रश्न का सामना करना पड़ा। यदि दो अलग संघ होंगे—एक पुरुषों के लिए तथा दूसरा महिलाओं के लिए—क्या ये दोनों स्वतंत्र होंगे और अलग-अलग संगठन होंगे या इन दोनों में किसी प्रकार का आन्तरिक सम्बन्ध होगा?

प्रथम मामले पर कोई अन्य निर्णय इसके सिवाय सम्भव नहीं था कि महिलाओं का संघ पुरुषों के संघ से अलग होना चाहिए।

यह एक अपरिहार्य तर्क था जिसका ब्रह्मचर्य के नियम से अनुसरण किया गया और दोनों पर पूर्णतया लागू है। बुद्ध जानते थे कि पुरुषों एवं महिलाओं दोनों के जीवन में काम प्रवृत्ति कितनी बड़ी ताक़त है। बुद्ध के अपने शब्दों के अनुसार यह एक ऐसी प्रवृत्ति है जो पुरुष को महिला की दासता और महिला को पुरुषों की

दासता की ओर ले जाती है। ब्रह्मचर्य के नियम को बचाने के लिए ही उसने दो अलग संघों का गठन किया है।

अब दूसरे मुद्दे पर विचार करते हैं : क्या बुद्ध द्वारा लिये गए निर्णय के अतिरिक्त अन्य कोई निर्णय लिया जा सकता था? जिन महिलाओं ने उसके मत को स्वीकार किया है वह अपरिपक्व महिलाएँ थीं। उन्हें उसके सिद्धान्त की शिक्षा दी जानी थी और उन्हें उसके अनुशासन के नियमों के अनुसार प्रशिक्षित किया जाना था। इस कार्य को कौन कर सकता था? अपने अतिरिक्त उसने किसको यह कार्य सौंपा? अपने धर्मसंघ के पुरुष भिक्खु के अतिरिक्त किसी अन्य को नहीं। इसके लिए उन्हें पहले ही अपने सिद्धान्त में शिक्षा तथा अपने अनुशासन में प्रशिक्षित किया जा चुका था और यह है जो उसने किया अब भिक्खुओं को भिक्खुणियों को शिक्षा देने का कार्य सौंपकर भिक्खुओं एवं भिक्खुणियों के मध्य कौन-सा सम्बन्ध बनाया गया? यह उठाए जानेवाला आवश्यक प्रश्न था। इसके बिना भिक्खुनी संघ की भिक्खु संघ के प्रति अधीनता का औचित्य स्पष्ट नहीं होता। इस प्रश्न का स्पष्ट उत्तर यह है कि भिक्खुनियों को प्रशिक्षण का कार्य भिक्खुओं को सौंप देने से उनका आपस में सम्बन्ध शिक्षक एवं शिष्य का हो जाएगा। अब शिक्षक एवं शिष्य के सम्बन्ध से शिक्षक का शिष्य पर अधिकार हो जाता है और शिष्य का शिक्षक के प्रति समर्पण एवं अधीनता का भाव हो जाता है? बुद्ध इसके अतिरिक्त और क्या किया?

इस सम्बन्ध में यह उपयोगी होगा कि ईसाई चर्च में मठों एवं आश्रमों के मध्य सम्बन्धों की तुलना उपयोगी होगी। क्या आश्रम (नरियाँ) मठों (मोनेस्ट्रीज) के अधीन नहीं हैं? निःसन्देह हैं। इसलिए कोई यह कह सकता है कि ईसाई मत में महिलाओं को पुरुषों से हीन माना जाता है? तब बुद्ध द्वारा भिक्खुओं और भिक्खुनियों के मध्य सम्बन्धों को विनियमित करने के लिए की गई व्यवस्था की विभिन्न व्याख्या क्यों की जाती है?

जहाँ तक सुत्तपिटक का सम्बन्ध है इस आरोप के लिए बिलकुल कोई आधार नहीं है कि बुद्ध महिलाओं के प्रति भेदभाव करते थे और पुरुषों को हमेशा उनसे सावधान रहने की नसीहत देते थे।

II

अब हम बुद्ध का महिलाओं के प्रति रवैये के विशिष्ट उदाहरणों पर विचार करते हैं। क्या बुद्ध महिलाओं को निम्न दर्जे का स्वीकार करते थे? मैं विश्वस्त हूँ कि

जो कोई भी बौद्ध धार्मिक साहित्य में बुद्ध द्वारा महिलाओं के सम्बन्ध में दिये गए सन्दर्भों को पढ़कर प्रभावित होगा कि ऐसा कोई कार्य जिससे महिलाएँ अपमानित हों, करना तो दूर रहा बल्कि बुद्ध ने अपने पूर्ण जीवन में महिलाओं को उन्नत करने तथा उनके नैतिक एवं बौद्धिक उत्थान करने का प्रयास किया है।

सामान्यतया भारत के लोगों द्वारा प्राचीन काल से ही पुत्री के जन्म को विपत्ति के रूप में माना जाता है। क्या बुद्ध ने इस संवेदना में कोई भागीदारी निभाई थी? उसका इस प्रश्न के प्रति रवैया पारम्परिक दृष्टिकोण से भिन्न था। जैसा कि सम्राट प्रसन्नजीत को दिये गए परामर्श से स्पष्ट होता है। एक बार राजा प्रसन्नजीत श्रावस्ती में जीता के उद्यान में बुद्ध से मिलने गए। शाही महल से एक दूत आया और उसने उसे सूचना दी कि उसकी पत्नी रानी मल्लिका ने एक पुत्री को जन्म दिया है। यह समाचार सुनकर राजा के चेहरे का रंग बदल गया और वह उदास व खिन्न दिखाई देने लगे। बुद्ध ने चेहरे पर यह परिवर्तन देखा और उससे इसका कारण पूछा। इस सम्बन्ध में जानकारी मिलने के बाद बुद्ध ने कहा, "दुखी क्यों होते हो? हे, मानवों के महामहिम, एक बेटी के रूप में सन्तान बेटे से बेहतर सिद्ध हो सकती है, सम्भवतः वह बड़ी होकर बुद्धिमान और सद्गुणी बने।"...कालान्तर में उसका पुत्र महान कार्य करे और बहुत बड़े-बड़े प्रान्तों पर साम्राज्य करे।

इस प्रश्न के उत्तर में कुछ परिवारों का उत्थान होता है और अन्यों का विनाश होता है, बुद्ध ने भिक्खुओं को बताया होगा कि—

> किसी परिवार, भिक्षु द्वारा प्राप्त की गई महानता कभी समाप्त नहीं होती क्योंकि वे, जो एक बार नष्ट हो जाता है, उसकी इच्छा नहीं करते हैं, वे मरम्मत करते हैं और विनाश नहीं करते हैं, वे संयम से खाते और पीते हैं, वे उस महिला या पुरुष को सत्ता सौंपते हैं जो अमर है। कोई भी परिवार इन चार या इनमें से किसी एक कारण से कभी समाप्त नहीं होते।

चाहे जो भी परिवार भिक्षु हो उन सभी का अन्त होगा क्योंकि वे जो खोते हैं उसे पाने की इच्छा करते हैं, ख़राब की मरम्मत करते हैं, संयम से खाते-पीते हैं और सद्गुणी महिला या पुरुष को सत्ता में प्रतिष्ठित करते हैं।

कोई भी परिवार हो—उसका इन चारों या इनमें से किसी एक कारण से विनाश होगा। भिक्खुओं को समझाते हुए, बुद्ध ने भिक्षुओं को बताया कि एक राजा "जो जीवन चक्र चलाता और उसका लक्ष्य चक्रवर्ती (विश्व सम्राट) बनना होता है, जब वह इस संसार में अवतरित हुआ तो क्या हुआ—

> जब कभी ऐसे सम्राट इस धरती पर अवतरित होते हैं तो इस धरती पर चक्र, हाथी, घोड़ा, स्वर्ण, महिला, गृह स्वामी और राज्य अधिकारी के रूप में सात रत्न दिखाई देते हैं।

किसी अन्य अवसर पर विश्व में महिलाओं के मूल्य पर बोलते हुए बुद्ध ने कहा था—

> महिला एक सर्वोत्कृष्ट वस्तु है (जैसा कि समालोचक ने संकलित किया है) क्योंकि यह अपरिहार्य उपयोगी इसलिए है कि बोधिसत्व और विश्व के शासक उससे जन्म लेते हैं।

एक व्यक्ति जिसकी दृष्टि में पुत्री का जन्म एक दुख का अवसर नहीं हो सकता और ख़ुशी का अवसर हो सकता, जिसका यह दृष्टिकोण है कि जिन परिवारों ने अपने कार्यकलापों के लिए महिला को अधिकृत किया वही परिवार पतन से बचे, जिस व्यक्ति को महिला को सात रत्नों में से एक रत्न कहने में कोई हिचकिचाहट नहीं हुई, उस व्यक्ति को महिला से घृणा करनेवाला या उनका तिरस्कारक कैसे कहा जा सकता है? महिला समुदाय के प्रति बुद्ध द्वारा प्रतिपादित विशिष्ट वक्तव्य सामान्य संवेदनाओं से युक्त है। क्यों कोई यह कह सकता है कि ये परिकलित किया गया है कि महिला को उपहास का पात्र एवं तिरस्कृत वस्तु बनाया जाए।

III

जो लोग भिक्खुनियों को भिक्खुओं के अधीन करने को सामाजिक बुराई कहते हैं, वे इस बात को नहीं समझते कि बुद्ध ने महिलाओं को संन्यास या परिव्रजा की स्वीकृति देकर कितना बड़ा क्रान्तिकारी क़दम उठाया था। ब्राह्मण सिद्धान्त के अनुसार महिलाओं को पहले से ही ज्ञान प्राप्ति के अधिकार से वंचित किया हुआ था। जब संन्यास का प्रश्न उठा तो उन्होंने भारतीय महिलाओं के प्रति एक और ग़लत काम किया। संन्यास उन ब्राह्मणों के लिए आदर्श नहीं था, जो वेदों की उपासना करते थे और काफ़ी समय तक उपनिषद् को धार्मिक साहित्य मान्यता देने से मना करते रहे। संन्यास उपनिषद् का आदर्श था तथा उपनिषद् का सिद्धान्त आत्मा ही ब्रह्म है, को समझने पर ही संन्यास का अन्त है। ब्राह्मण, संन्यासी जीवन के घोर विरोधी थे। अन्ततः वे कुछ शर्तों के साथ झुके। इनमें से एक शर्त यह थी कि महिलाएँ (और शूद्र) संन्यास के पात्र नहीं होंगे। इस कारण को समझना बहुत ही महत्त्वपूर्ण

है कि ब्राह्मणों ने महिलाओं को संन्यास ग्रहण करने से रोक क्यों लगा रखी थी क्योंकि इससे ब्राह्मणों का महिलाओं के प्रति रवैया समझने में सहायता मिलती है और यह रवैया बुद्ध के रवैये से बिलकुल भिन्न है। मनु द्वारा कारण वर्णित किया गया है। इसे निम्न प्रकार से पढ़ा जाए :

IX-18. महिलाओं को वेद पढ़ने का कोई अधिकार नहीं है। इसलिए उनके संस्कार बिना वेद-मंत्र पढ़े किये जाते हैं। महिलाओं को धर्म की कोई जानकारी नहीं है क्योंकि उन्हें वेदों की जानकारी प्राप्त करने का कोई अधिकार नहीं है। वेद-मंत्रों का उच्चारण पापों के नाश के लिए उपयोगी है। चूँकि महिलाएँ असत्य हैं, वे वेद-मंत्रों का उच्चारण नहीं कर सकतीं।

यद्यपि बुद्ध की अपेक्षा मनु परवर्ती था, उसने प्राचीन धर्मसूत्र में प्रतिपादित पुराने दृष्टिकोण को उद्‌घाटित किया। महिलाओं के प्रति यह दृष्टिकोण भारत की महिलाओं का तिरस्कार एवं उनके प्रति अन्याय था। यह अन्याय था क्योंकि बिना किसी औचित्य के उन्हें ज्ञान अर्जित करने के अधिकार से वंचित किया गया जो कि प्रत्येक मानव का जन्मसिद्ध अधिकार था। यह तिरस्कार इसलिए था क्योंकि उन्हें ज्ञान अर्जन के अवसर से वंचित करने के पश्चात् उन्हें ज्ञान के लिए असत्य जैसा मलिन घोषित कर दिया गया था और इसलिए उन्हें संन्यास ग्रहण करने की स्वीकृति न दी जाए क्योंकि संन्यास को ब्रह्म के पास पहुँचने का मार्ग बताया गया है। उन्हें न केवल अपनी आध्यात्मिक क्षमता प्राप्त करने से वंचित किया गया बल्कि उन्हें ब्राह्मणों द्वारा किसी आध्यात्मिक क्षमता प्राप्त करने के अयोग्य घोषित किया गया था।

यह महिलाओं के प्रति निर्दयी व्यवहार है। इसकी कोई समानता नहीं है, जैसा कि प्रो. मैक्समूलर ने कहा है, "मानव ईश्वर से बहुत दूर हो सकता है परन्तु धरती पर मनुष्य से अधिक ईश्वर के समीप कोई नहीं है, धरती पर ईश्वर के समान मनुष्य के सिवाय और कोई नहीं है" यदि यह पुरुष के लिए सत्य है तो यह महिला के लिए सत्य क्यों नहीं है। ब्राह्मणों के पास कोई उत्तर नहीं है।

परिव्रजिका जीवन में महिलाओं के प्रवेश द्वारा, बुद्ध ने एक ही बार में इन दोनों बुराइयों को समाप्त कर दिया। उन्होंने उन्हें ज्ञान का अधिकार तथा पुरुषों के साथ-साथ अपनी आध्यात्मिक क्षमताओं को समझने का भी अधिकार दिया। यह एक क्रान्ति एवं भारत में महिलाओं को स्वतंत्रता दोनों थे, प्रो. मैक्समूलर के शब्दों में उद्धरण इस प्रकार है—

> भारत का इतिहास हमें पढ़ाता है कि पुराने ब्राह्मणवादी क़ानून से पीड़ित होनेवाले बंधन अन्ततः टूट गए, इसमें बिलकुल भी सन्देह नहीं है कि हमें

> बौद्ध-धर्म को व्यक्तिगत स्वतंत्रता के अधिकारों और विशेषकर सामाजिक बेड़ियों (रूढ़ियों) से ऊपर उठने के अधिकार के प्रबल समर्थक के रूप में मान्यता देनी चाहिए।
>
> अन्यथा जब कभी आध्यात्मिक स्वतंत्रता के लिए इच्छा जाग्रत होती तो जंगल में जाकर आध्यात्मिक रूप से स्वतंत्रता का जीवन जीना होता है।

बुद्ध द्वारा भारतीय महिलाओं को दी गई यह स्वतंत्रता वास्तव में बहुत बड़े महत्त्व की बात है और भिक्खुनियों के भिक्खु संघ की अधीनता में होने से जो कलंक लगे थे वे सब मिट गए हैं। यह कोई निरर्थक स्वतंत्रता नहीं थी। यह स्वतंत्रता भी जिससे वे स्पष्ट एवं व्यक्त रूप से आनन्दित हो रही थी और गा रही थी...वास्तव में स्वतंत्र होकर कितनी सम्मानित रूप से आज़ाद हूँ मैं मुक्ता...एक भिक्खुनी जो ब्राह्मण लड़की थी, गा रही थी। दूसरी भिक्खुनी भी ब्राह्मण लड़की थी और गा रही थी कि मैं एक पहाड़ पर बैठकर अपने अध्यात्म से आज़ादी की साँस ले रही हूँ।

जैसा कि श्रीमती रायस् डेविड ने कहा है—

> अपनी स्वतंत्रता प्राप्त करने के कार्य में गतिशीलता लाने के लिए उन्होंने पूर्ववर्ती अपनी ईसाई बहनों की तरह सामाजिक घरेलू सफलता के मापदंड निर्दिष्ट किये हैं, वे अपना संसार भूल गई हैं परन्तु इसके बदले में उन्हें आश्रित होने की बजाय अपने निजी अस्तित्व का दर्ज़ा प्राप्त किया है जो कि प्रशंसनीय, पोषित एवं परिरक्षित है। कपड़ों से लिपटा मुंडा सिर, एक समान कपड़े पुरुष संन्यासियों के समान सफ़ेद चोग़े और सफ़ेद अंग वस्त्रों से ऐसा प्रतीत होता है कि बहनें कहीं आने-जाने के लिए स्वतंत्र थीं और वनों में विचरण एवं पहाड़ों पर चढ़ते हुए की साँसें ले रही थीं।

महिलाओं को भिक्खुनियाँ बनने की स्वीकृति देकर बुद्ध ने उनके लिए न केवल स्वतंत्रता का मार्ग खोला, परन्तु उन्होंने बिना किसी लिंग के भेदभाव के प्रतिष्ठा भी प्राप्त करने की स्वीकृति प्रदान की। श्री रायस डेविस के शब्दों में उनके द्वारा प्राप्त की जा सकनेवाली स्वतंत्रता है?

अन्य संन्यासी तपस्वी के साथ परिणय की ख़ुशी को कम-से-कम उसके भाई अराहन्त द्वारा विवेकी पुरुष होने के नाते बिना लिंगभेद के मान्यता प्रदान की गई। इस प्रकार उसने आध्यात्मिकता की वास्तविकता को समझा, उसने पिटक में आर्यस्

के नाम से धार्मिक व्यवस्था बौद्धिक सहचारिता परस्पर आदान-प्रदान उनके साथ की जिनके साथ उसने सभी चीज़ों को उनके वास्तविक रूप से देखने की शक्ति प्राप्त की थी, इस शक्ति को बुद्ध ने चेतना कहा है।

एक भिक्खुनी सोमा ने कहा कि हमारे आर्यस् के अनुसार महिला की प्रकृति हमारे लिए अड़चन बन सकती है;

"वह एक व्यक्ति में क्या हो सकता है जो दूसरे के लिए महत्त्वपूर्ण हो उनकी अन्तरात्मा में जीवन के नियम वास्तव में समाविष्ट है?

एक का प्रश्न दूसरे के लिए कैसे उत्पन्न होता है
क्या मैं उन मामलों में एक महिला हूँ या
क्या मैं एक पुरुष हूँ? या मैं क्या नहीं हूँ तब?
इस प्रकार मैं संन्यासी हूँ और वार्तालाप के लिए उपयुक्त हूँ।"

सब कुछ ऐसा नहीं है। बुद्ध द्वारा और महिलाओं को भिक्खुनी बनने की स्वीकृति देने से उन्होंने उनका पुरुष के साथ समानता का मार्ग प्रशस्त कर दिया है। श्रीमती रायस् डेविड द्वारा अवलोकन के अनुसार "यह सत्य है कि भिक्खुनियों को तकनीकी रूप से सदैव के लिए भिक्खुओं के अधीन कर दिया गया है। समान रूप से यह स्पष्ट है कि बौद्धिकता एवं अधिक प्रतिष्ठा द्वारा थेरी मित्रतावश समानता प्राप्त कर सकते हैं।" सालम्स XXX, VII में एक उदाहरण है जिसमें बुद्ध ने आध्यात्मिकता प्राप्त करने के लिए अपने आपको महान् कासापा, जो मठ के प्रमुख के उत्तराधिकारी के रूप में संस्थापक के साथ अपने आपको जोड़ा। इस सम्बन्ध में यह नोट किया जाए कि बुद्ध ने इस प्रकार कौमार्यता पर कोई पुरस्कार नहीं नियत किया था। उन्होंने अपना मार्ग सभी वर्गों विवाहित, अविवाहित, विधवाओं और वेश्याओं के लिए भी खुले रखे। सभी पुरुषों के साथ वरीयता, स्वतंत्रता, प्रतिष्ठा एवं समानता प्राप्त कर सकते थे।

IV

इसमें कोई सन्देह नहीं हो सकता कि भारत में महिलाओं की स्थिति, जो कभी होती थी, में लगातार गिरावट आई है। कोई भी इस सम्बन्ध में अधिक नहीं बता सकता कि प्राचीन समय में उन्होंने राजनीतिज्ञता में कितनी या कैसी भूमिका निभाई है। परन्तु इसमें कोई सन्देह नहीं है कि वे देश के बौद्धिक एवं सामाजिक जीवन में बहुत ही उच्च पदों पर आसीन रही होंगी।

अथर्ववेद से स्पष्ट है कि एक समय था जब स्त्री उपनयन की हक़दार थी। जब एक लड़की अपना ब्रह्मचर्य समाप्त कर लेती तो उसे विवाह योग्य कहा जाता था।

श्रुत-सूत्र से यह स्पष्ट है कि महिलाएँ वेद मंत्रों का उच्चारण कर सकती थीं और महिलाओं को वेद पढ़ना सिखाया जाता था। इस तथ्य का प्रमाण पाणिनी अष्टाध्यायी में दिया गया है कि महिलाएँ गुरुकुल में जाती थीं और वेद की विभिन्न शाखाओं का अध्ययन करती थीं और मीमांसा में पारंगत हो जाती थीं। पातंजलि महाभाष्य में दर्शाया गया है कि महिलाएँ अध्यापक थीं और छात्राओं को वेद पढ़ाती थीं। महिलाएँ पुरुषों के साथ धर्म, दार्शनिकता और अध्यात्म विद्या के अत्यधिक जटिल विषयों पर सार्वजनिक रूप से विचार-विमर्श की कहानियाँ किसी रूप में कम नहीं हैं। जनक एवं सुलभ, याज्ञवल्क्य और गार्गी, याज्ञवल्क्य और मैत्रेयी तथा शंकराचार्य एवं विद्याधारी के बीच सार्वजनिक वाद-विवाद इस बात को दर्शाता है कि मनु से पूर्व समय में भारतीय महिला ज्ञान और शिक्षा के उच्चतम शिखर तक पहुँच सकती थी।

इस बात पर कोई विवाद नहीं हो सकता कि किसी समय महिलाओं को बहुत अधिक सम्मान दिया जाता था। प्राचीन भारत में पत्नियों में से जो राजा के अभिषेक में महत्त्वपूर्ण भूमिका निभाती थी वह रानी होती थी और राजा उसको अन्यों की भाँति उपहार दिया करते थे। राजा केवल इस पर चुनी गई रानी का ही सम्मान नहीं करते थे बल्कि निम्न जातियों की अपनी अन्य पत्नियों का भी पूरा सम्मान करते थे। इसी प्रकार राज्याभिषेक समारोह के पश्चात् श्रेणी की मुखिया महिलाओं को भी अभिवादन करते थे।

विश्व के किसी भी भाग की तुलना में भारत में महिलाओं का स्थान बहुत ऊँचा था। उनकी गिरावट के लिए कौन ज़िम्मेदार था? हिन्दुओं को क़ानून देनेवाला मनु था। इसका कोई और उत्तर नहीं हो सकता। इस सन्देह में कोई गुंजाइश न रहे, इसलिए महिलाओं के सम्बन्ध में मनु द्वारा बनाए गए क़ानून उद्धृत करता हूँ और इनको मनुस्मृति में देखा जा सकता है।

II - 213. इस (संसार) में महिलाओं का स्वभाव है कि पुरुष को पथभ्रष्ट करें। इस कारण विवेकी पुरुष कभी भी महिलाओं (सहचर्य) के साथ अरक्षित नहीं है।

II - 214. महिलाएँ (इस) संसार को भ्रमित करने में समर्थ हैं, न केवल मूर्ख परन्तु ज्ञानी पुरुष भी भ्रमित हो सकते हैं और उन्हें अपनी कामना और दोष का दास (बना) कर सकती है।

II - 215. किसी को एकान्त स्थान पर अपनी माता, बहन या पुत्री के साथ नहीं बैठना चाहिए क्योंकि इन्द्रियाँ बलवान होती हैं और ज्ञानी पुरुष को भी अपने वशीभूत कर लेती हैं।

IX - 14. महिलाएँ सौन्दर्य की परवाह नहीं करतीं और न ही उनका ध्यान आयु पर केन्द्रित होता है (चिन्तन) (यह पर्याप्त है कि) वह एक पुरुष है, वे अपना समर्पण सुन्दर को तथा कुरूप को भी कर देती हैं।

IX - 15. उनके पुरुषों के प्रति मनोवेग से, अपने चंचल स्वभाव, स्वाभाविक निष्ठुरता से वे अपने पतियों के प्रति भी बेवफ़ा हो जाती हैं, लेकिन उन्हें इस (संसार) में सावधानीपूर्वक नियंत्रित किया जा सकता है।

IX - 16. उनकी मनोवृत्ति को जानते हुए, जो उनके सृजन के समय प्राणियों के सृजक ने उनमें भरी थी, (प्रत्येक) पुरुष को उनको रक्षित करने के लिए अत्यधिक कर्मठता से प्रयास करने होंगे।

IX - 17. (उनका सृजन करते समय) मनु ने महिलाओं को आसन (उनका मनपसन्द) और आभूषण, मलिन कामना, कोप, छल-कपट, द्वेष और बुरे आचरण आवंटित किये हैं।

यह दर्शाता है कि मनु की राय में महिला कितनी गिरी हुई थी। महिलाओं के विरुद्ध मनु के नियम इस दृष्टिकोण के साथ दृष्टान्त रूप में हैं।

महिलाएँ किसी भी परिस्थिति में स्वतंत्र नहीं हो सकती हैं। मनु की राय में :

IX - 2. रात-दिन महिलाएँ अपने (परिवारों) (के) पुरुषों के अधीन होनी चाहिए और यदि वे अपने आप को इन्द्रियजन्य सुखों से जोड़ लेती है तो उन्हें किसी एक के नियंत्रण में रखा जाए।

IX - 3. उसका पिता बचपन में (उसका) नियंत्रण करेगा, युवा अवस्था में पति (उसका) नियंत्रण करेगा, वृद्ध अवस्था में उसके बेटे (उसका) नियंत्रण करेंगे, एक महिला कभी भी स्वतंत्र नहीं है।

IX - 5. महिलाओं को विशेषकर दुष्प्रवृत्तियों की माह चाहे देखने में वे कितनी भी तुच्छ हो, के प्रति सावधान किया जाए, यदि उन्हें सावधान न किया गया तो वे दोनों परिवारों के लिए मुसीबत खड़ी कर सकती हैं।

IX - 6. सभी जातियों का गुरुतर दायित्व समझते हुए, कमज़ोर पति (अवश्य) भी अपनी पत्नियों को रक्षित करने का प्रयास करे।

V. 147. अपने स्वयं के निजी घर में भी एक लड़की द्वारा एक युवा महिला द्वारा या वृद्ध महिला द्वारा स्वतंत्र रूप से कुछ न किया जाए।

V. 148. बचपन में लड़की को अपने पिता के, युवावस्था में अपने पति के, जब उसके पति की मृत्यु हो जाए तो अपने पुत्र के नियंत्रण में रहना चाहिए; महिला कभी भी स्वतंत्र नहीं होनी चाहिए।

V. 149. वह अपने पिता, पति या बच्चों से अलग होने की इच्छा न करे, उनको छोड़ने से वह दोनों (अपने स्वयं और अपने पति के) परिवारों को निन्दनीय करेगी।

महिला को तलाक़ लेने का अधिकार नहीं है।

V. 45. पति को पत्नी के साथ एक माना जाए इसका अर्थ है कि महिला एक बार विवाहित हो जाने के बाद अलग नहीं हो सकती।

अनेक हिन्दू यहाँ रुक जाते हैं क्योंकि यह सम्पूर्ण कहानी मनु के तलाक़ के क़ानून की है और अपनी अन्तरात्मा को सान्त्वना द्वारा इसका सम्मान इस सोच के साथ करते हैं कि मनु ने विवाह को पवित्र बंधन माना है और इसलिए तलाक़ की भी स्वीकृति नहीं दी है। निस्सन्देह यह सच्चाई से कोसों दूर है। उसने तलाक़ के क़ानून का बिलकुल भिन्न उद्‌देश्य रखा है। यह पुरुष को महिला के साथ बाँधने के लिए नहीं था परन्तु यह महिला को पुरुष के साथ बाँधने के लिए था तथा पुरुष को आज़ाद रखना था।

मनु ने पुरुष को अपनी पत्नी का परित्याग करने से नहीं रोका है। वास्तव में उसने उसे अपनी पत्नी के परित्याग की ही स्वीकृति नहीं दी बल्कि उसने उसको बेचने की भी स्वीकृति दी है। परन्तु उसने पत्नी को स्वतंत्र होने से रोका है। देखें मनु ने कहा है—

IX. 46. न तो बिक्री और न ही विवाह-विच्छेद द्वारा पत्नी अपने पति से मुक्त हो सकती है।

इसका अर्थ यह है कि एक पत्नी बिक्री या उसके पति द्वारा विवाह-विच्छेद करने पर वह किसी की भी क़ानूनी धर्मसंगत पत्नी नहीं बन सकती चाहे उसे सम्बन्ध-विच्छेद पर ख़रीदकर प्राप्त किया गया है। यदि यह सरासर ग़लत या न्याय विरुद्ध नहीं है तो कुछ भी ग़लत या न्याय विरुद्ध नहीं हो सकता।

परन्तु मनु अपने क़ानून बनाते समय न्याय या अन्याय की सोच से चिन्तित नहीं था। वह महिलाओं को स्वतंत्रता से वंचित करना चाहता था जो उनके पास बौद्ध शासन में थी। मनु इस स्वतंत्रता को नहीं चाहता था और इसे रोकने के लिए महिलाओं को उनकी स्वतंत्रता से वंचित कर दिया गया।

सम्पत्ति के मामले में मनु ने पत्नी के दर्ज़े को कम कर दास बना दिया।

IX. 146. एक पत्नी, एक पुत्र और एक दास, इन तीनों की कोई सम्पत्ति नहीं होगी, सम्पदा जो वे अर्जित करेंगे उसकी होगी जिससे वे सम्बन्धित हैं।

जब वह विधवा हो जाएगी, मनु उसे आजीविका की स्वीकृति देते हैं यदि उसका पति संयुक्त था, और उसके (पति) परिवार से अलग थी तो उसके पति की सम्पत्ति से जायदाद की स्वीकृति दी है। परन्तु मनु ने कभी भी सम्पत्ति पर किसी प्रकार के अधिकार की स्वीकृति प्रदान नहीं की है।

मनु के क़ानूनों के अधीन महिला दैहिक सज़ा की पात्र है और मनु पति को अपनी पत्नी को पीटने की स्वीकृति देते हैं :

VIII. 299. पत्नी, पुत्र, दास, शिष्य और सगा छोटा भाई, जिसने ग़लती की हो, को रस्सी या बेंत से पीटा जा सकता है। मनु के मतानुसार महिला को ज्ञान का अधिकार नहीं है। मनु ने उसके लिए वेद अध्ययन वर्जित किया है।

11. 66. महिला के लिए भी संस्कारों का निष्पादन आवश्यक है और यह संस्कार बिना वेद मंत्रों के उच्चारण के निष्पादित किये जाएँ।

ब्राह्मणवाद के अनुसार यज्ञ व दान धर्म की आत्मा होते हैं। मनु यज्ञ करने के लिए महिलाओं को रोकते हैं। मनु निर्दिष्ट करते हैं कि—

IX. 36-37. वेदों द्वारा नियत दैनिक यज्ञ महिला द्वारा न किया जाए। यदि वह ऐसा करती है तो वह नरक में जाएगी।

उन्हें ऐसे यज्ञ करने में असमर्थ बनाने के लिए मनु उन्हें ब्राह्मण पुरोहितों से सहायता एवं उनकी सेवाएँ प्राप्त करने से रोकते हैं।

महिलाओं द्वारा किये यज्ञ में ब्राह्मण कभी भोजन न करें। महिलाओं द्वारा किये गए यज्ञ अशुभ होते हैं और ईश्वर को स्वीकार्य नहीं हैं। अतः इनसे बचना चाहिए।

अन्ततः जीवन के आदर्श के सम्बन्ध में मनु ने महिला से कुछ कहा है। यह उपयुक्त होगा कि उन्हीं के शब्दों का उल्लेख किया जाए—

V. 151. उसे जिस किसी को उसके पिता द्वारा या पिता की स्वीकृति से उसके भाई द्वारा सौंपा जाता है, वह जब तक जीवित रहेगी तब तक उसकी आज्ञा का पालन करेगी और जब पति की मृत्यु हो जाए, तो वह उसकी स्मृति को धूमिल नहीं करेगी।

V. 154. यद्यपि पति सद्‌गुण विहीन या कहीं और भोग-विलास कर रहा हो या अच्छे गुणों से रहित हो तो भी निष्ठावान पत्नी की भाँति पति का ईश्वर के रूप में हमेशा सम्मान करे।

V. 155. अपने पति से अलग महिला द्वारा कोई यज्ञ, कोई व्रत, कोई उपवास न किया जाए, यदि एक पत्नी अपने पति की आज्ञा का पालन करती है तो केवल इसी कारण से उसे स्वर्ग की प्राप्ति होगी।

अब वह संगत पाठ प्रस्तुत है जो मनु द्वारा महिलाओं के लिए नियत आदर्शों का महत्त्वपूर्ण अंश है—

V. 153. पति जो उससे पवित्र मंत्रों के साथ विवाह करता है, वह अपनी पत्नी का हमेशा ख़ुशी का स्रोत इस जन्म तथा आगामी जीवन में भी बना रहेगा।

V. 150. वह अपने घरेलू कार्यों का प्रबन्धन हमेशा तत्परता, ख़ुशी व कुशलता से करे व अपने बर्तनों को धोने में सावधान एवं ख़र्चे में मितव्ययी रहे।

इसे हिन्दू महिलाओं के लिए अत्यधिक उच्च आदर्श मानते हैं।

महिलाओं की असमर्थताओं रूपी इमारत की मुँडेर पर विशिष्ट प्रकार का पत्थर लगाते हुए मनु ने नया नियम घोषित किया कि महिला की हत्या केवल एक उपपातक अर्थात् यह एक लघु अपराध था।

IX. 151. मद्य, महिला, शूद्र, वैश्य या क्षत्रिय को मारना तथा आस्तिकता (यह सभी) लघु अपराध है।

हर कोई आसानी से समझ सकता है कि शूद्र, वैश्य या क्षत्रिय की हत्या को केवल एक उपपातक क्यों कहा होगा? वह यह स्थापित करना चाहते थे कि ब्राह्मण इन सबसे श्रेष्ठ है और ब्राह्मण की हत्या ही महापातक है। परन्तु उन्होंने यह नियम महिलाओं पर क्यों नहीं लागू किया?

क्योंकि मनु की नज़रों में महिला किसी मूल्य की नहीं है।

इन उद्धरणों के आधार पर भी क्या कोई सन्देह कर सकता है कि यह मनु था जो भारत में महिलाओं के पतन के लिए ज़िम्मेदार था। अधिकतर लोग शायद इससे अवगत हों। परन्तु वे दो बातें जानने के इच्छुक प्रतीत नहीं होते। महिला के सम्बन्ध में मनु के नियमों में कुछ नया या चौंका देनेवाला नहीं है। ये ब्राह्मणों के तब के विचार हैं, जब से ब्राह्मणवाद ने भारत में जन्म लिया है। मनु पूर्व यह केवल सामाजिक सिद्धान्त के रूप में विद्यमान थे। मनु ने केवल सामाजिक सिद्धान्त को

राज्य के क़ानून के रूप में परिवर्तित कर दिया। दूसरी बात जो वे नहीं जानते, वह कारण है जिससे मनु ने महिलाओं को असमर्थ बनाया। वह यह है कि आर्य समाज के दो मुख्य वर्ग शूद्र एवं महिलाओं की भीड़ बुद्ध धर्म को अपनाने के लिए उमड़ रही थी और ब्राह्मणवादी मनु को बौद्ध धर्म की ओर बढ़ रही महिलाओं के बहाव पर बाँध बाँधना था।

इसलिए मनु ने ये असमर्थताएँ महिलाओं पर थोपीं थीं कि वे स्थायी रूप से अपंग हो जाएँ। जिनको इस पर सन्देह हो वह मनुस्मृति में दी गई निम्नलिखित निषेधाज्ञाओं पर विचार करें—

V. 88. व्यक्ति की मृत्यु पर किये जानेवाले अन्तिम संस्कार एवं अन्त्येष्टि उन व्यक्तियों की न की जाए जो अन्तर्जातीय माता-पिता से उत्पन्न हों, जो एकान्तवास के अभ्यस्त हों और जिन्होंने अपना जीवन आत्महत्या कर समाप्त कर लिया हो।

V. 89. ऐसे संस्कार उन महिलाओं के भी न किये जाएँ, जो अपने धर्म के विरोधी धर्म को स्वतंत्र रूप से अपनाती हैं, जिन्होंने अपने गर्भ में बच्चे को आहत कर दिया हो या उनके पति जिन्होंने ऐसा करवाया हो तथा जो मद्यपान करती हों।

अन्य के साथ इस निषेधाज्ञा का उद्‌देश्य (1) जो एकान्तवास का अभ्यस्त हो और (2) महिलाएँ जिन्होंने अपने धर्म-विरोधी धर्म को अपना लिया हो। इस निषेधाज्ञा में एकान्तवास को परिव्राजक के सन्दर्भ में लिया गया है अर्थात वे जिन्होंने अपने घरों का परित्याग कर दिया है और संन्यास धारण कर लिया है और धर्म-विरोधी धर्म को अपनाने के सम्बन्ध में कोई सन्देह नहीं है कि यहाँ मनु के मस्तिष्क में बुद्ध धर्म था। अतः यह स्पष्ट है कि जब मनु ने घोषित किया कि एकान्तवासी या जो महिला अपने धर्म-विरोधी धर्म को अपना ले, का अन्तिम संस्कार या अन्त्येष्टि न की जाए। मनु ने परिवार के उस सदस्य पुरुष या महिला का अन्तिम संस्कार या अन्त्येष्टि करने की निषेधाज्ञा जारी की थी जिसने बौद्ध धर्म को अपना लिया था। दूसरे शब्दों में वह चाहते थे कि ऐसे लोगों के साथ ऐसा व्यवहार किया जाए जैसे वह असम्बद्ध हो और परिवार के सदस्य न हों। मनु बौद्ध धर्म का सबसे बड़ा विरोधी था। महिलाओं पर थोपी गई निषेधाज्ञाओं का रहस्य है। चूँकि वे जानते थे कि यदि घर को बौद्ध धर्म के हस्तक्षेप से बचाना है तो महिला को नियंत्रण में रखना आवश्यक है और उसने ऐसा ही किया। भारत में महिलाओं के स्तर में गिरावट एवं पतन का ज़िम्मेदार मनु को ठहराया जाना चाहिए न कि बुद्ध को।

कुछ ही पृष्ठों में मैंने हिन्दू महिला के उत्थान एवं पतन की कहानी प्रस्तुत करने का प्रयास किया है। मैंने यहाँ यह स्पष्टीकरण भी देने का प्रयास किया है कि उनके पतन का प्रवर्तक कौन है और उसने ऐसा क्यों किया है। मुझे आशा है कि आप पक्षपातशून्य एवं निष्पक्ष रूप से अनुभव करेंगे कि बुद्ध को इस त्रासदी के लिए ज़िम्मेदार नहीं माना जा सकता। यदि बुद्ध ने महिला को उन्नत बनाने के लिए कोई प्रयास किया है तो यह प्रयास उसको उन्नत कर पुरुष के समक्ष लाना है।

[*बाबासाहेब डॉ. अम्बेडकर सम्पूर्ण वाङ्मय,* खंड 36, पृ. 490-509]

40

हिन्दू धर्म और बौद्ध धर्म में नारी की स्थिति

['अवर न्यू रिपब्लिक' शीर्षक के अन्तर्गत 21 जनवरी, 1950 को 'ईव्स वीकली' में प्रकाशित लेख का उत्तर]

लामा गोविन्द

"भारत में नारियाँ शासनकला में यूरोपीय नारियों से बहुत पहले परिचित थीं। ऐसी नारियों के दृष्टान्तों से रामायण और महाभारत भरे पड़े हैं।" ये पंक्तियाँ 'अवर न्यू रिपब्लिक' शीर्षक के अन्तर्गत 21 जनवरी, 1950 को 'ईव्स वीकली' में प्रकाशित लेख में प्रमुख रूप से प्रदर्शित की गई थीं।

क्या लेख का विद्वान लेखक इस तथ्य की ओर संकेत कर रहा है कि महाभारत की मुख्य महिला-पात्र को उसके पति या पतियों (क्योंकि उसके पाँच थे) ने जुए में दाँव पर रख दिया था या सीता, जिसने अपने हरणकर्ता रावण के सभी प्रस्तावों को वीरोचित रूप से ठुकरा दिया था उसे अपनी शुद्धता के बदले में अविश्वास और सन्देह प्राप्त हुआ, अग्नि परीक्षा देनी पड़ी और जंगल में निर्वासित कर दिया गया?

यदि उन दिनों में नारी की स्थिति ऐसी थी जैसाकि उपर्युक्त का लेखक हमें विश्वास करने के लिए मजबूर कर रहा है तब हमें आश्चर्य होता है कि द्रौपदी को अपने पाँचों पतियों को जुए में हारने का मौक़ा क्यों नहीं दिया गया था सीता को अपने निंदकों और शंकालुओं को चिता पर बैठाने या जंगल में निर्वासित करने का अवसर नहीं दिया गया?

इस सम्बन्ध में यह कहना अवश्य ही अधिक उपयुक्त होगा कि उन दिनों में भारत की नारियों का उपयोग शासनकला के लिए किया जाता था।

जहाँ तक यूरोप की नारियों का प्रश्न है, मैं नहीं कह सकता कि वे इस सम्बन्ध में भारत में अपनी बहनों से पिछड़ी हुई थीं, लेकिन मुझे पक्का विश्वास है कि जब कभी उनमें से कुछेक को शासनकला में हस्तक्षेप करने का अवसर मिला उन्होंने उसका पूरा लाभ उठाया।

यदि द्रौपदी के स्थान पर रानी एलिजाबेथ होती तो वह अपने पाँचों पतियों को फाँसी पर चढ़ा देती, जैसाकि उसने अपने अभागे प्रेमी लॉर्ड ऐसेक्स को फाँसी पर लटका दिया था। लेकिन मेरी राय में द्रौपदी बिना शासनकला के भी रानी बेस्सी की तुलना में अधिक प्यारी है जो राजनीतिक रूप से शक्तिशाली और धूर्त थी।

यूरोपीय इतिहास की एक और जिस नारी का उल्लेख यहाँ उपयुक्त हो सकता है वह है आस्ट्रिया की सम्राज्ञी मारिया थेरेसा जो अनेक बच्चों की एक स्नेही माँ और योग्य शासक दोनों ही थी और यदि हम यूरोप के प्राचीन इतिहास में जाएँ तो बाइजेंटियम की सम्राज्ञी थेरोडोरा जारी का शायद अत्यधिक प्रभावशाली उदाहरण है, जो निम्नतम स्थिति से उठकर सर्वोच्च सत्ता तक पहुँची। उसने अपने जीवन की यात्रा वेश्या के रूप में शुरू करके सम्राज्ञी के रूप में ख़त्म की।

मैं नहीं समझता कि यह भारतीय नारीत्व का एक आदर्श होगा, जैसाकि मैं यह नहीं मानता कि शासनकला नारी की गरिमा में चार चाँद लगाती है।

यदि यह सच भी होता कि भारतीय नारियाँ यूरोप की नारियों से बहुत पहले शासनकला से परिचित थीं, हमारा लेखक स्पष्ट रूप से झाँसी की रानी और चाँद बीबी के समय से पूर्व अवधि के ऐतिहासिक रूप से प्रामाणिक दृष्टान्तों को नहीं खोज पाया जो कि दोनों भारत के इतिहास के अत्यधिक आधुनिक काल से सम्बन्धित हैं।

लेकिन समीक्षाधीन लेख का सर्वाधिक आश्चर्यजनक कथन यह है कि यह बौद्ध सिद्धान्त था जिसने सर्वप्रथम नारियों को पृष्ठभूमि में धकेला।

यह सिद्धान्त क्या है, दुर्भाग्यवश इस बारे में विद्वान लेखक ने कुछ प्रकट नहीं किया है और हालाँकि मैंने बौद्ध धर्म ग्रंथों और उनकी शिक्षाओं की जाँच की है, मुझे नारियों के बारे में कोई विशेष सिद्धान्त नहीं मिला है, केवल सामान्यत: मानव-जाति के बारे में उल्लेख मिला है। द फोर नोबल ट्रुथ्स, द फॉर्मूला ऑफ़ डिपेंडेंट ऑरिजिनेशन, और ऐटफोल्ट गाथ ऑफ़ लिबरेशन में पुरुष और नारी में कोई भेद नहीं किया गया है।

बौद्ध इतिहास में आद्योपान्त बौद्ध समाज का एक विशेष लक्षण यह रहा है कि नारी की स्थिति ग़ैर-बौद्ध देशों की तुलना में अत्यधिक प्रशंसात्मक रही है। प्रारम्भ से ही पुरुष और नारी की मूलभूत समता बौद्ध समाज की पथ-प्रदर्शक रही है।

बौद्ध देशों में रह चुका कोई भी व्यक्ति, चाहे वह सीलोन, बर्मा, स्याम, भारत-चीन, तिब्बत हो, जानता है कि वहाँ नारी की स्थिति आश्चर्यजनक रूप से ऊँची है क्योंकि बौद्ध पत्नी अपने पति को भगवान नहीं मानती, उससे यह अपेक्षा नहीं की ज़ाती कि वह पति के भोजन करने के पश्चात् भोजन करेगी या पति की मृत्यु के पश्चात् अत्यन्त उदासी और तंगी के जीवन के विकल्प के रूप में अपनी आहुति दे देगी। इसके विपरीत, यदि उसे लगता है कि वह अपने पति के साथ नहीं रह सकती तो वह उसे छोड़ने के लिए स्वतंत्र है और वह अपने पति की मृत्यु के पश्चात् सामाजिक जाति-बहिष्कृत नहीं होती वरन् यदि वह चाहे तो पुनर्विवाह कर सकती है। स्त्रियों के अपने कार्य हो सकते हैं, वास्तव में बर्मा के साथ-साथ तिब्बत (इन देशों के सम्बन्ध में मैं अपने अनुभव से कह सकता हूँ) में स्त्रियाँ पूर्ण रूप से पुरुषों के समान हैं, सामाजिक रूप से और व्यवसायों के सम्बन्ध में और वे प्रायः पुरुषों की अपेक्षा अधिक उद्यम और योग्यता प्रदर्शित करती हैं इसीलिए पुरुष ख़ुशी से इन कार्यों को अपनी स्त्रियों पर छोड़ देते हैं।

बौद्ध समाज में नारी की ऐसी स्थिति होना सम्भव ही नहीं होता यदि जैसा समीक्षाधीन लेख के लेखक ने दावे के साथ कहा है,

> बौद्ध को नारियों के प्रति पूर्वग्रह था और पुरुषों को नारियों से सावधान रहने के लिए हमेशा ही उपदेश देते रहे।

बुद्ध जो निश्चित रूप से पहले के समस्त महान् शिक्षकों में से अत्यधिक उदार और सहनशील थे और जो इस कारण भारत के अन्य सपूतों की अपेक्षा भारत की सीमाओं से परे अधिक आदर की दृष्टि से देखे जाते थे और अभी भी देखे जाते हैं। उन पर उँगली उठाना कि वे पूर्वाग्रही थे अवश्य ही असाधारण ग़लत समझी की करतूत है। यदि भारत के समस्त महान मनीषियों में से बौद्ध का ही विश्वव्यापी प्रभाव था तो इसका कारण था किसी प्रकार के पूर्वग्रह का उनमें पूर्ण अभाव (अन्यथा वे कैसे प्रबुद्ध के रूप में स्वागत योग्य और मान्य माने जा सकते थे), उनके दृष्टिकोण की सार्वभौमिकता और जाति, रंग या लिंग-निरपेक्ष मानव प्रकृति की उनकी समझ।

वास्तव में उन्होंने ही नारी की मुक्ति (जो मनु के नियमों के अधीन अत्यधिक प्रतिकूल स्थिति में थी) की नींव डाली जैसाकि हमारे विद्वान लेखक ने स्वीकारा है और इस प्रकार उसने अपनी ही पहले की उक्ति का खंडन किया है कि बौद्ध ही पहले व्यक्ति हैं जिन्होंने नारी को पृष्ठभूमि में धकेला है। बुद्ध ही ने

सुस्पष्ट शब्दों में यह घोषणा की थी कि नारी भी पुरुष की भाँति साधुता को प्राप्त कर सकती है।

प्रारम्भिक बौद्ध धर्म की इस अभिवृत्ति की पुष्टि इस तथ्य से होती है कि बुद्ध ने एक अवसर पर राजाओं के निमंत्रण को ठुकरा दिया था, चूँकि वे पहले ही एक गणिका का निमंत्रण स्वीकार कर चुके थे। राजा इस बात पर हैरान थे कि आम्रपाली जैसी तुच्छ नारी बुद्ध द्वारा सम्मानित की जाए और इसके लिए उन्होंने बुद्ध को ऐसा करने के लिए मना भी किया। लेकिन बुद्ध अपनी बात पर अड़े रहे और आम्रपाली उनकी अत्यधिक प्रशंसनीय नारी और शिष्या बन गई। यदि उनके मन में नारी के प्रति पूर्वग्रह होता तो वे उसे यहाँ प्रदर्शित कर सकते थे।

"कि बुद्ध ने हमेशा ही यह उपदेश दिया कि नारियों से सावधान रहो", यह अर्धसत्यों में से एक है जिसने उन लोगों को गुमराह किया है जिन्होंने बुद्ध के पाठों का ठीक से पठन नहीं किया है।

हमारे मामले में बुद्ध ने पुरुषों को प्रोत्साहित नहीं किया है बल्कि उन भिक्षुओं को किया है, जिन्होंने प्राचीन भारतीय संन्यासी नियमों के अनुसार ब्रह्मचर्य का व्रत लिया था जिसे बौद्ध और हिन्दू दोनों स्वीकारते हैं। भिक्षुणियों को भी पुरुषों से सचेत रहने के लिए प्रेरित किया गया था। इस प्रकार बुद्ध का आह्वान नारियों के विरुद्ध पूर्वग्रह के कारण न होकर पुरुषों और नारियों दोनों में मानव कमज़ोरी की जानकारी के कारण था।

भारत में बौद्ध नारियाँ प्रथम थीं, जिन्होंने धार्मिक साहित्य में पर्याप्त और स्वतंत्र योगदान किया और जो उस समय के श्रेष्ठ लेखकों के बराबर स्वीकार की गई थीं। यह इस तथ्य से ज्ञात होता है कि बौद्ध भगिनियों के गीतों (थेरीगाथा शीर्षक के अन्तर्गत) को प्रामाणिक धर्म-ग्रंथ संग्रहों में सम्मानित स्थान दिया गया और इस प्रकार उन्हें बुद्ध और उनके अत्यधिक प्रमुख शिष्यों के कथनों के पार्श्व में रखा गया था।

हिन्दू धर्म और बौद्ध धर्म दोनों ने ही महान नारियाँ प्रस्तुत की हैं और हमें पूर्व के रिवाजों और शिक्षाओं तथा मनीषियों के दोष निकालने के बजाय, जिन्होंने उन्हें अपनी आवश्यकताओं और समय और उनके श्रोताओं की समझ की क्षमता के अनुसार उद्घोषित किया उसे ध्यान में रखकर हमें भारतीय नारियों के बीच उन आत्माओं का अनुकरण करने का प्रयास करना चाहिए जो बहुत से शक्तिशाली साम्राज्यों के सामने आज तक टिके रहे, जिनकी समझ शासनकला से भी ऊँची थी और जिनका साहस राजाओं की शक्ति से भी अधिक था। सावित्री जिसके गहरे

प्रेम और समझदारी ने यमराज को भी पराजित कर दिया था, हमेशा नारीत्व के महानतम गुणों का प्रतीक बना रहेगा। मैत्रेयी और गार्गी की आवाज़ उपनिषदों के अमर वार्तालापों में हमेशा ही सुनी जाती रहेगी और सर्वसुलभ बौद्ध भगिनियों के गीत भारतीय नारियों के दिलों में मीराबाई के धार्मिक गीतों और पद्मिनी की वीरता की भाँति बने रहेंगे।

[*बाबासाहेब डॉ. अम्बेडकर सम्पूर्ण वाङ्मय,* खंड 36, पृ. 329-333]

41

भारत की महानता बौद्ध धर्म के कारण है

2 मई, 1950 का दिन भारत के इतिहास में और ख़ासकर अस्पृश्य जनता के आन्दोलन में स्वर्णाक्षरों से लिखा जाएगा। इसी दिन दिल्ली में भगवान बुद्ध की 2494वीं जयंती डॉ. बाबासाहेब आंबेडकर की अध्यक्षता में अस्पृश्य समाज ने सार्वजनिक रूप से मनाई।

क़रीब 22 वर्ष पूर्व अस्पृश्य समाज द्वारा महाड़ में मनुस्मृति का सार्वजनिक दहन किया गया था और इस निश्चय की घोषणा की थी कि गुलामी लादनेवाले हिन्दू धर्म में अस्पृश्य समाज ना रहें। इस पृष्ठभूमि पर दिल्ली की बुद्ध जयंती का ख़ास महत्त्व था, इसमें दो राय नहीं।

बुद्ध जयंती में क़रीब 20000 अस्पृश्य बन्धु-भगिनियों का समुदाय उपस्थित था। विभिन्न राष्ट्रों के विदेशी वकीलों की उपस्थिति इस समारोह की विशेषता थी। इसके अलावा बौद्ध भिक्षुओं का बड़ा समुदाय भी उपस्थित था।

इस अवसर पर डॉ. बाबासाहेब आंबेडकर ने जो भाषण दिया वह बेहद श्रवणीय और विस्फोटक रहा। उनके वक्तव्य के कारण अख़बारों में जो हलचल मची थी, उसके बारे में सभी जानते हैं। डॉ. बाबासाहेब आंबेडकर का हड़कंप मचानेवाला भाषण इस प्रकार है—

उपस्थित सज्जनो, बहनो और भाइयो,

मैंने तय किया है कि आज इस अवसर पर मैं हिन्दी में बोलूँ। इस बारे में यहाँ उपस्थित सम्माननीय मेहमानों से मैं पहले ही माफ़ी माँगता हूँ। अंग्रेज़ी में बोलने की मेरी इच्छा थी लेकिन अगर मैं अंग्रेज़ी में बोलता तो यहाँ उपस्थित विदेशी

मित्र मेरे विचार समझ सकते, लेकिन यहाँ उपस्थित अधिकांश अंग्रेज़ी नहीं जानते। इसलिए अंग्रेज़ी में मेरा बोलना उनके साथ अन्याय करने जैसा होगा, इसलिए मैं हिन्दी में बोल रहा हूँ।

बार-बार सार्वजनिक सभाओं में जाकर किसी विषय पर जानकारी देने के बहाने भाषण देते रहने की मेरी आदत नहीं है। दिल्ली आने के बाद, मैं इनी-गिनी सभाओं में ही उपस्थित रहा हूँ। बेवजह लोगों का समय जाया करना मुझे ठीक नहीं लगता। जनता का समय लेना ही हो तो पहले अपने पास उनकी नीति में सुधार लाने के लिए तथा उनके लिए मददगार साबित हो ऐसा कुछ होना ज़रूरी है, ऐसा मुझे लगता है।

कुछ दिनों पूर्व कुछ युवाओं ने मेरा जन्मदिन मनाने की बात कही। उन्होंने उस कार्यक्रम में मुझे उपस्थित रहने के लिए कहा, लेकिन मैंने उनका आमंत्रण स्वीकार नहीं किया। मेरी ग़ैर हाज़िरी के कारण कई लोगों को निराशा हुई होगी। लेकिन उसका मुझे बुरा नहीं लगा क्योंकि मुझ जैसे आम आदमी का जन्मदिन मनाकर किसी को क्या मिलता? आपसे मुझमें अलग क्या बात है? मुझसे आपमें इंसानियत क्या कम है? मुझे ऐसा बिलकुल नहीं लगता। कुछ लोगों को अपना जन्मदिन मनाना अच्छा लगता होगा, मुझे अपना जन्मदिन मनाना पसन्द नहीं है, इसीलिए मैंने उन युवकों को भगवान बुद्ध का जन्मदिन मनाने के लिए कहा और इसीलिए अपने सभी काम एक ओर रखकर मैं आया हूँ।

हमारे देश के लोग भगवान की पूजा करते हैं। राम जयंती, कृष्ण जयंती मनाना उन्हें अच्छा लगता है। राम-कृष्ण जयंती के कार्यक्रमों में मैं हज़ारों को शामिल होते हुए देखता हूँ। लेकिन भगवान बुद्ध के जयंती समारोह में 100 लोग भी बड़ी मुश्किल से दिखाई देते हैं। बुद्ध विहारों में मैं जाता हूँ तब मुझे यह फ़र्क़ दिखाई देता है। राम अथवा कृष्ण की जयंती लोग क्यों मनाते हैं? क्योंकि, लोगों को लगता है कि वे भगवान हैं। धर्मशास्त्रों का मैं कोई बड़ा पंडित नहीं हूँ, हालाँकि जो धार्मिक साहित्य मैंने पढ़ा है उसके आधार पर मैं यह कहना चाहता हूँ कि भगवान के पद पर आसीन व्यक्ति के विचारों का पवित्र होना ज़रूरी होता है। ऐसे व्यक्ति के मन में किसी और के प्रति द्वेष भावना नहीं होनी चाहिए, उसके मन में कोई स्वाद्रित के विचार नहीं होने चाहिए और किसी के प्रति बैर भावना उसके मन में नहीं होनी चाहिए। उनके कारण किसी का नुक़सान नहीं होना चाहिए।

अब, क्या इन कसौटियों पर राम और कृष्ण खरे उतरते हैं? पहले राम के बारे में जानते हैं। राम क्या सचमुच भगवान थे? दो-तीन वजहों से राम को भगवान नहीं माना जा सकता।

जिस वक़्त राम, सीता और लक्ष्मण के साथ वन में रहता था, उस वक़्त उसने रावण की बहन शूर्पणखा की नाक काटी। देवपुरुष क्या कभी ऐसा काम कर सकते हैं? यह पहली वजह है। बाली और सुग्रीव के बीच बेवजह राम ने दख़लंदाजी की। इतना ही नहीं, बाली पर उसने पत्नी और राज्य सुग्रीव के हवाले करने की ज़बरदस्ती की। देवपुरुष क्या कभी ऐसा काम कर सकते हैं? यह हुई दूसरी वजह। किसी धोबी ने सीता के चरित्र के बारे में बुरा कहा, इसलिए राम ने सीता का त्याग किया। ऐन दुपहरी के समय सीता को जंगल में छोड़ने का आदेश लक्ष्मण को देनेवाला राम क्या सचमुच भगवान था? सीता के बारे में उसने दस सालों तक कोई ख़बर नहीं ली, इसलिए उसके पास बिना लौटे सीता को धरती माता की शरण लेकर आत्महत्या करनी पड़ी। जिस राम को लोग भगवान मानते हैं उसका चरित्र ऐसा था।

अब कृष्ण के बारे में देखते हैं। महाभारत के युद्ध में प्रमुख व्यक्ति था कृष्ण और अगर उसने अपनी कूटनीति नहीं दिखाई होती तो शायद कौरव-पांडव बन्धुओं के बीच का यह युद्ध पैदा ही नहीं होता। कृष्ण ने दोनों पक्षों को एक-दूसरे के ख़िलाफ़ भड़काया और उनके युद्ध की अग्नि में आग दी। किसी के पास फलाँ चीज़ माँगने जाना ऐसा वह एक पक्ष से कहता और दूसरे से कहता कि जो आएगा उसकी बात नहीं मानो।

क्या ऐसी बातें भगवान के या पवित्र व्यक्ति के हाथों होंगी? फिर हम कृष्ण को भगवान का स्थान कैसे दे सकते हैं? मैं यह सब झूठ नहीं बता रहा। महाभारत तथा अन्य ग्रंथों में ही कृष्ण की इन करतूतों का वर्णन है। तुम्हारी माँ अगर तुम्हें नंगा देखेगी तो तुम्हारा शरीर वज्र का बनेगा, ऐसा किसी ने दुर्योधन से कहा। इस बात का पता चलते ही कृष्ण गांधारी के घर गया। दुर्योधन जब घर के लिए निकला तब कृष्ण ने उससे उसकी नग्नावस्था के बारे में पूछा और सलाह दी कि वह अपना शरीर ढके। गांधारी ने दुर्योधन के शरीर का जितना हिस्सा देखा उतना हिस्सा वज्र-सा बना। यह बात केवल श्रीकृष्ण को पता थी। इसी रहस्य के सहारे भीम ने दुर्योधन पर हमला किया और उसे मार डाला।

दुर्योधन की मृत्यु का रहस्य श्रीकृष्ण को पता था। अर्जुन की मृत्यु को टालने के लिए कृष्ण ने षड्यंत्र रचा, द्रोणाचार्य का बेटा अश्वत्थामा जब युद्ध स्थल पर लड़ रहा था तब श्रीकृष्ण ने द्रोणाचार्य को ग़लत जानकारी दी। उसने धर्मराज को 'नरो वा कुंजरो' कहने पर विवश किया। कृष्ण के इस धोखे के कारण शिशुपाल को इतना ग़ुस्सा आया कि भरे दरबार में उसने श्रीकृष्ण को गालियाँ सुनाईं। शिशुपाल की निर्भयता से भगवान भी ख़ुश हुए। कृष्ण को भला-बुरा सुनाने के लिए उस पर

खुलेआम पुष्प वृष्टि हुई। कृष्ण भगवान नहीं था। इतना ही नहीं, वह आम लोगों से भी हीन था। इस बात को साबित करने के लिए ऐसे अन्य भी कई उदाहरण दिये जा सकते हैं।

इसीलिए हम बुद्ध जयंती मना रहे हैं और मैं आपसे कहना चाहता हूँ कि अभी हिन्दू धर्म की तरह बौद्ध धर्म का भारत में प्रसार नहीं हुआ है, लेकिन आज़ादी के बाद लोगों का रुझान बौद्ध धर्म की ओर हो रहा है। पल भर के लिए सोचिए कि क़रीब 2500 सालों के बाद यहाँ बुद्ध जयंती मनाई जा रही है। आज तक बौद्ध धम्म उपेक्षित रहने के बावजूद बुद्ध जयंती मनाई जाती है। इस बात को कौन असामान्य नहीं कहेगा? आज़ादी के बाद, जिसे हम अपना कह सकेंगे ऐसे दर्शन की हमें ज़रूरत होगी। हिन्दू संस्कृति में हमने ख़ूब ढूँढ़ा। लेकिन उसमें हमें कुछ नहीं मिला। केवल बौद्ध धर्म में ही सच्चे ज्ञान की किरण दिखाई देती है और बौद्ध धर्म के कारण ही हम दुनिया से कह सकते हैं कि भारत देश महान है।

हमारे राष्ट्रध्वज पर बुद्ध का चक्र है। हमारी राजमुद्रा बौद्ध दर्शन पर अधिष्ठित है। साथ ही, नये भारतीय संविधान के अनुसार हमारे राष्ट्राध्यक्ष का जब पदासीन किया गया तब बुद्ध की मूर्ति को ही श्रेष्ठ माना गया।

किस प्रकार हिन्दू धर्म अन्य धर्मों से श्रेष्ठ है, क्या हिन्दू इस बात का जवाब दे सकते हैं? अस्पृश्यों का जीवन बरबाद करने की ताक़त हिन्दू धर्म में है, क्या इसी कारण हिन्दू धर्म को श्रेष्ठ कहा जाए? किसी अस्पृश्य द्वारा पवित्र शब्दों का उच्चारण किया जाए तो उसकी जीभ काटना, क्या यही श्रेष्ठ धर्म है? उबलता शीशा अस्पृश्यों के कान में उड़ेलने के लिए कहनेवाला हिन्दू धर्म, क्या धर्म की संज्ञा पाने के भी योग्य है?

आपको इन सवालों के जवाब देने ही होंगे। कौन-सा धर्म अच्छा और कौन-सा धर्म बुरा यह आपने अब तक पहचाना ही होगा। जिन्हें विचार, शिक्षा और आज़ादी नहीं मिल पाई, वे हिन्दू धर्म को मानेंगे कैसे? इस धर्म ने शूद्रों को ब्राह्मण, क्षत्रिय और वैश्यों की केवल चाकरी करने के लिए ही कहा है।

आश्चर्य की बात यह है कि ब्राह्मण कभी शासक नहीं बने। शासन करनेवाले लोग नरक में जाते हैं, यह धारणा थी ब्राह्मणों की। ब्राह्मणों को नरक से बड़ा डर लगता है। इसीलिए ब्राह्मणों ने क्षत्रियों को राज करने दिया। तब इस सौदे में शूद्र और अस्पृश्य कैसे भागीदार होंगे? अस्पृश्य बनकर ही हिन्दू धर्म में रहना है या धर्म बदलना है, इस बात पर सोचने का समय अब आ चुका है। मेरी मानो तो मुझे हिन्दुओं का घमंड और विषमता बिलकुल पसन्द नहीं है। बौद्ध और हिन्दू

धर्म में बहुत फ़र्क़ है। बौद्ध धर्म जाति विहीन एक समान समाज रचना को मानता है जबकि हिन्दू धर्म की नींव ही जातियों पर आधारित है। हिन्दुओं की जातियों के बीच न टूटनेवाली दीवारें बनाकर उन्हें विभाजित किया गया है।

इस बात से कोई भी इनकार नहीं कर सकता कि हर व्यक्ति को, समाज को और सरकार को भी धर्म की ज़रूरत है। सच्चे धर्म के बग़ैर किसी की प्रगति सम्भव नहीं। इसीलिए कौन-सा धर्म श्रेष्ठ है, अपनाने योग्य है इसका फ़ैसला आपको करना होगा। मैं आपसे कह रहा हूँ कि आप बौद्धवाद और ब्राह्मणवाद के बीच का फ़र्क़ ध्यान में रखें। इनमें से एक को आपको चुनना होगा। बुद्ध एक मानव था। बुद्ध के सिद्धान्त जातिवाद के विरुद्ध थे। बुद्ध आम लोगों के बीच रहा और मानवीय दृष्टिकोण से लोगों के दुख दूर करने की उसने कोशिश की। इसलिए आज से अपने लिए कौन-सा धर्म ठीक रहेगा, इस बारे में आपको फ़ैसला करना होगा। इस बात की निश्चित रूप से आपको आज़ादी है।[1]

[*बाबासाहेब डॉ. अम्बेडकर सम्पूर्ण वाङ्मय,* खंड 40, पृ. 170-173]

1. *जनता,* 13 मई, 1950

42

बुद्ध एवं उसके धर्म का भविष्य

धर्म के अनेक प्रवर्तकों में से केवल चार ऐसे हैं, जिनके धर्म ने विश्व को प्रारम्भ में संचालित किया परन्तु अभी भी विशाल जन-समुदाय पर अपना प्रभुत्व जमाये हुए हैं। ये हैं बुद्ध, ईसा, मुहम्मद एवं कृष्ण। इन चारों के व्यक्तित्व और अपने-अपने धर्मों के प्रचार से जो छवि उन्होंने प्राप्त की है, उसमें एक ओर बुद्ध तथा शेष को दूसरी ओर रखकर तुलना करने पर कई अन्तर झलकते हैं, जो महत्त्वपूर्ण हैं।

पहला मुद्दा जो बुद्ध को शेष से अलग करता है, वह है उसका आत्म त्याग। सम्पूर्ण बाइबिल में ईसा इस बात पर अडिग रहे कि वह ईश्वर का बेटा है जो ईश्वर के साम्राज्य में प्रवेश करना चाहेगा, वह असफल होगा यदि वे उसे ईश्वर के बेटे के रूप में स्वीकार नहीं करेंगे। मुहम्मद एक क़दम और आगे बढ़ गए। ईसा की तरह उन्होंने भी दावा किया कि वह धरती पर ईश्वर के दूत हैं। परन्तु वह इस बात पर अडिग रहे कि वह अन्तिम दूत हैं। इस आधार पर उन्होंने घोषणा की कि यदि कोई मोक्ष चाहता है तो वह न केवल मुझे ईश्वर का दूत स्वीकार करे बल्कि यह भी स्वीकार करे कि मैं ईश्वर का अन्तिम दूत हूँ। कृष्ण, मुहम्मद एवं ईसा से एक क़दम और आगे बढ़ गए। वह केवल ईश्वर का अन्तिम दूत होने या ईश्वर का दूत होने से ही सन्तुष्ट नहीं हुए। वह अपने आपको ईश्वर कहने से भी सन्तुष्ट नहीं हुए। उन्होंने दावा किया कि वे 'परमेश्वर' हैं या जैसे कि उनके अनुयायी उनको 'देवाधिदेव' देवताओं के भी देवता मानते हैं। बुद्ध ने कभी भी अपने लिए किसी ऐसी हैसियत की अनुचित माँग नहीं की। उसने एक मनुष्य के पुत्र के रूप में जन्म लिया और सामान्य जन बने रहने पर सन्तुष्ट थे और एक सामान्य जन के रूप में अपने धार्मिक सिद्धान्तों का प्रचार किया। उन्होंने कभी किसी अलौकिक पुरुष या अलौकिक शक्ति का दावा नहीं

किया और न ही अपनी अलौकिक शक्ति को सिद्ध करने के लिए चमत्कार किया। बुद्ध ने मार्गदर्शक और मोक्षदाता के मध्य एक स्पष्ट अन्तर किया है। ईसा, मुहम्मद एवं कृष्ण ने अपने लिए मोक्ष का दावा किया है। बुद्ध मार्गदर्शक की भूमिका निभाने में ही सन्तुष्ट थे। चारों धार्मिक गुरुओं में और भी अन्तर है। ईसा एवं मुहम्मद दोनों ने दावा किया है कि वे जो शिक्षा दे रहे हैं, वे ईश्वर के शब्द हैं। चूँकि ईश्वर के शब्द होने के कारण वे शिक्षा दे रहे हैं, वह अचूक है और इस पर प्रश्न नहीं किया जा सकता। कृष्ण ने जो शिक्षा दी है वह ईश्वर के शब्द, ईश्वर द्वारा उच्चारित शब्द हैं इसलिए ये आदर्श एवं अन्तिम शब्द हैं जिनका अचूकता के सम्बन्ध में प्रश्न ही उत्पन्न नहीं होता। बुद्ध ने जैसी भी शिक्षा दी, उसकी ऐसी अचूकता का कभी दावा नहीं किया। 'महापरिनिभाना सुत्त' में उन्होंने आनन्द से कहा था कि उसका धर्म कारण एवं अनुभव पर आधारित है और उसके अनुयायी उसकी शिक्षा को केवल सही एवं बाध्यकारी मानकर स्वीकार न करें क्योंकि ये उससे उद्‌भूत है। कारण एवं अनुभव पर आधारित होने के कारण वे उसकी किसी शिक्षा में संशोधन या उसे त्यागने के लिए स्वतंत्र हैं, यदि यह पाया जाता है कि यह किसी समय और किन्हीं परिस्थितियों में लागू नहीं होती। उनकी कामना है कि उनका धर्म पूर्व की मृत मान्यताओं के साथ उलझा न रहे। वह चाहते थे कि यह हर समय सदाबहार एवं उपयोगी रहे। यही कारण था कि उन्होंने अपने अनुयायियों को यह स्वतंत्रता दी हुई थी कि समय व मामले की माँग एवं अपेक्षाओं के अनुसार इसमें सुधार करने के लिए स्वतंत्र हैं। किसी अन्य धर्म-गुरु ने ऐसा साहस नहीं दिखाया है। वे संशोधन की स्वीकृति देने से डरते रहे। चूँकि सुधार की स्वतंत्रता का प्रयोग उस ढाँचे को गिराने में भी किया जा सकता है, जिसका उन्होंने पोषण किया है। बुद्ध को ऐसा कोई भय नहीं था। वह अपनी नींव से आश्वस्त थे। वे जानते थे कि घोर रूढ़ि भंजक भी उसके धर्म के अन्तरतम को नष्ट करने में समर्थ नहीं होगा।

II

बुद्ध की ऐसी अद्वितीय स्थिति है। उसके धर्म के सम्बन्ध में क्या है? इसकी तुलना इसके प्रतिद्वन्द्वियों द्वारा स्थापित धर्म से कैसे की जाए? हम पहले बौद्ध धर्म की हिन्दूवाद से तुलना करते हैं। थोड़ा-सा स्थान उपलब्ध होने के कारण तुलना कुछ महत्त्वपूर्ण मुद्दों, वास्तव में केवल दो तक सीमित होनी चाहिए।

हिन्दूवाद एक धर्म है जो सदाचार पर स्थापित नहीं किया गया। जो भी सदाचार हिन्दूवाद में है वह उसका अभिन्न अंग नहीं है। यह धर्म में सम्मिलित नहीं है। यह एक अलग ताक़त है, जो सामाजिक आवश्यकताओं द्वारा संरक्षित है न कि हिन्दू धर्म की हिदायतों पर संरक्षित है। बुद्ध का धर्म सदाचार है। यह धर्म में सम्मिलित है। बुद्ध कोई धर्म नहीं है, यदि उसमें सदाचार नहीं है। यह सत्य है कि बुद्ध धर्म में कोई देवता नहीं है। देवता के स्थान पर सदाचार है। अन्य धर्मों में जो स्थान देवता का है, बुद्ध धर्म में वही स्थान सदाचार का है।

यह बहुत ही कम मान्य है कि उसने 'धम्म' शब्द का अत्यन्त क्रान्तिकारी अर्थ प्रतिपादित किया है। 'धर्म' शब्द, वैदिक अर्थ में किसी भी रूप में सदाचार का संकेत नहीं मिलता है। ब्राह्मणों द्वारा उच्चारित एवं 'यामिनी' के पूर्व-मीमांसा' में प्रतिपादित 'धर्म' का अर्थ कुछ कार्यों के प्रदर्शन या रोमन शब्दावली में धार्मिक कर्मकांडों के लिए प्रयोग शब्द से है। ब्राह्मणों के लिए धर्म का अर्थ कर्मकांडों, अर्थात् यज्ञना, यज्ञ और देवताओं को बलि देते रहना है।

बुद्ध द्वारा प्रयुक्त शब्द 'धम्म' का धार्मिक रीति-रिवाजों एवं कर्मकांडों से कोई लेना-देना नहीं है। वास्तव में उसने यज्ञ और यज्ञना को धर्म का सार होने के रूप में सदाचार को प्रतिस्थापित किया है। यद्यपि 'धम्म' शब्द का प्रयोग ब्राह्मण अध्यापकों के साथ-साथ बुद्ध ने भी किया है, परन्तु मौलिक एवं मूलभूत रूप से दोनों के आशय में अन्तर है। वास्तव में यह कहा जा सकता है कि बुद्ध विश्व में पहला अध्यापक था, जिसने सदाचार को धर्म का सार एवं नींव बनाया है। भगवद्गीता से यह देखा जा सकता है कि कृष्ण भी धर्म की रीति-रिवाज एवं कर्मकांडों जैसी पुरानी मान्यताओं से अपना उद्गार नहीं कर पाए। ऐसा प्रतीत होता है कि अनेक लोग भगवद्गीता में कृष्ण द्वारा दिये गए उपदेश निष्काम कर्म या अनासक्ति योग के सिद्धान्त द्वारा प्रलोभित या आकर्षित हुए हैं। इसका यह अर्थ माना गया है कि बालचर की भावना ने नेक काम, फल की इच्छा किये बिना करते रहना चाहिए। निष्काम कर्म की व्याख्या इसके वास्तविक अर्थ में पूर्णतया भ्रामक है। निष्काम कर्म वाक्यांश में कर्म शब्द का अर्थ साधारण शब्दावली में कार्य नहीं हैं। कर्म का अर्थ है 'काम' इसका प्रयोग इसके मौलिक रूप में प्रयोग इस प्रकार से किया गया है जिस प्रकार ब्राह्मणों और जैमिनि द्वारा प्रयोग किया गया है। कर्मकांडों की दृष्टि से जैमिनी एवं भगवद्गीता में केवल एक ही अन्तर है। ब्राह्मणों द्वारा किये जा रहे कर्मकांड दो वर्गों में आते हैं—

1. नित्य कर्म और
2. नैमित्तिक कार्य

नित्य कर्म ऐसे कर्मकांड हैं जिन्हें नियमित रूप से करने के निर्देश हैं इसलिए इन्हें नित्य कहा गया है और धार्मिक दायित्व होने के कारण इससे फल की कोई कामना नहीं की जाती। इसलिए इन्हें निष्काम कर्म भी कहा जाता है। कर्म की अन्य श्रेणी को नैमित्तिक कहा जाता था, इस सम्बन्ध में ऐसा कहा जाता है कि ये तभी किये जाते हैं, जब कभी इसके लिए अवसर हो अर्थात् जब कभी उनको करने की इच्छा हो और इन्हें काम कर्म कहा गया है क्योंकि उनके निष्पादन से कुछ लाभ की आशा की जाती है। कृष्ण ने भगवद्गीता में काम कर्म की निन्दा की है। उन्होंने निष्काम कर्म की निन्दा नहीं की है। दूसरी ओर उन्होंने इसकी प्रशंसा की है। यह याद रखने की बात है कि कृष्ण के धर्म में सदाचार निहित नहीं है। इसमें निष्काम कर्म श्रेणी के माध्यम से यज्ञना और यज्ञ निहित है।

यह हिन्दूवाद और बौद्धवाद में अन्तर का एक मुद्दा है। अन्तर का दूसरा मुद्दा इस तथ्य में निहित है कि हिन्दूवाद का मान्य धार्मिक सिद्धान्त असमानता है। चातुर्वर्ण्य का सिद्धान्त असमानता के इस धार्मिक सिद्धान्त का ठोस प्रतिरूप है। दूसरी ओर बौद्ध समानता पर अडिग है, वह चातुर्वर्ण्य का घोर विरोधी है। उन्होंने न केवल इसके विरुद्ध प्रचार व संघर्ष किया है बल्कि इसके उन्मूलन के लिए हरसम्भव प्रयास किये हैं। हिन्दूवाद के अनुसार न तो शूद्र और न ही महिला धार्मिक गुरु बन सकते हैं और नहीं वह संन्यास धारण कर ईश्वर तक पहुँचने का मार्ग प्रशस्त कर सकते हैं। दूसरी ओर बुद्ध ने शूद्र को भिक्खु संघ में सम्मिलित किया है। उन्होंने महिलाओं को भी सम्मिलित किया है ताकि वे भिक्खुनी बन सकें। उन्होंने ऐसा क्यों किया? बहुत कम लोग इस क़दम के महत्त्व को समझ सकते हैं, इसका उत्तर यह है कि बुद्ध असमानता के सिद्धान्त को नष्ट करने के लिए यह ठोस क़दम उठाना चाहते थे। हिन्दूवाद को बुद्ध द्वारा किये गए आक्रमण के परिणामस्वरूप अपने सिद्धान्त में कई संशोधन करने पड़े। इसने हिंसा का त्याग कर दिया। यह वेदों की निभ्रान्ति के सिद्धान्त को समाप्त करने के लिए बनाया गया था। चातुर्वर्ण्य के मुद्दे पर कोई भी परित्याग करने को तैयार नहीं था। यही कारण है कि ब्राह्मणवाद को जैन धर्म की तुलना में बुद्ध धर्म के विरुद्ध अधिक नफ़रत एवं विरोध है। हिन्दूवाद को चातुर्वर्ण्य के विरुद्ध बुद्ध के तर्कों को मान्यता देनी चाहिए थी। परन्तु इसके तर्क के आगे झुकने की बजाय हिन्दूवाद ने चातुर्वर्ण्य के लिए नई दार्शनिक औचित्यता विकसित कर दी। नया दार्शनिक औचित्य भगवद्गीता में देखा जा सकता है। कोई भी व्यक्ति निश्चित रूप से यह नहीं कह सकता कि भगवद्गीता क्या शिक्षा देती है। परन्तु इस पर प्रश्न नहीं किया जा सकता कि भगवद्गीता चातुर्वर्ण्य के सिद्धान्त की

स्वीकृति प्रदान करती है। वास्तव में यह प्रतीत होता है कि इसका मुख्य उद्देश्य यही था जिसके लिए उसे स्वीकृति प्रदान की गई। उसी के लिए यह लिखी गई थी और भगवद्गीता ने इसे कैसे प्रमाणित किया? कृष्ण ने कहा है कि उसने देवता के रूप में चातुर्वर्ण्य प्रणाली सृजित की है और उसने उसका निर्माण गुण-कर्म के सिद्धान्त के आधार पर किया है, जिसका अर्थ है कि उसने प्रत्येक व्यक्ति की हैसियत और व्यवसाय को उसके सहज गुणों के अनुसार नियत किया है। दो चीज़ें स्पष्ट हैं। एक यह कि सिद्धान्त नया है। पुराना सिद्धान्त भिन्न था। पुराने सिद्धान्त के अनुसार चातुर्वर्ण्य का प्रतिष्ठान करना वेदों के प्रभुत्व में था। चूँकि वेद अचूक थे, इसलिए चातुर्वर्ण्य की प्रणाली इसी पर आधारित है। वेदों की अचूकता पर बुद्ध के आक्रमण ने चातुर्वर्ण्य के पुराने प्रतिष्ठान की वैधता को नष्ट कर दिया। यह बिलकुल स्वाभाविक है कि हिन्दूवाद, जो चातुर्वर्ण्य को छोड़ने के लिए तैयार नहीं था और जो इसे इसकी आत्मा मानता है, इसके लिए बेहतर प्रतिष्ठान खोजने का प्रयास कर रहा है जिसे भगवद्गीता ने करना प्रस्तावित किया है। परन्तु भगवद्गीता में कृष्ण द्वारा दिये गए नये प्रमाण कितने अच्छे हैं? अधिकतम हिन्दुओं की ओर से यह विश्वसनीय लगता है, इतना विश्वसनीय लगता है कि वे इसे अखंडनीय मानते हैं। कई ग़ैर-हिन्दुओं को भी यह अत्यधिक न्यायसंगत व प्रलोभित/आकर्षित करनेवाला प्रतीत होता है। यदि चातुर्वर्ण्य केवल वेदों की प्रभुसत्ता पर आधारित होता तो मुझे पूरा विश्वास है कि यह काफ़ी समय पूर्व लुप्त हो चुका होता। यह भगवद्गीता का अनिष्टकारी एवं ग़लत सिद्धान्त है, जिसने यह चातुर्वर्ण्य दिया है और इस चातुर्वर्ण्य ने जाति-प्रथा को जन्म दिया है इससे जीवन-मूल्यों में लगातार गिरावट आ रही है। इस नये सिद्धान्त की मूल धारणा सांख्य दर्शन से ली गई है। इसमें कुछ भी मौलिक नहीं है। कृष्ण ने अपनी मौलिकता चातुर्वर्ण्य को न्यायोचित ठहराने में लगाई है। इसके प्रयोग में भी भ्रम है, सांख्य प्रणाली के लेखक कपिल ने स्वीकार किया है कि कोई ईश्वर नहीं है, ईश्वर की आवश्यकता केवल इसलिए है क्योंकि पदार्थ को मृत मान लिया गया है। लेकिन पदार्थ कभी मरता नहीं है। यह सक्रिय है। पदार्थ तीन गुणों से बना हुआ है। रजस, तमस और सत्त्व। प्रकृति मृत हो चुकी प्रतीत होती है क्योंकि तीनों गुण सन्तुलित मात्रा में है। जब यह सन्तुलन किसी एक गुण के कारण बिगड़ता है, जब कोई गुण अन्य गुणों पर हावी हो जाता है तब प्रकृति सक्रिय हो जाती है। यह सांख्य दर्शन का सार एवं तात्पर्य है। इस सिद्धान्त के साथ कोई झगड़ा नहीं हो सकता। शायद यह सत्य है। अतः यह माना जा सकता है कि प्रत्येक व्यक्ति प्रकृति के रूप में तीन गुणों से निर्मित है। यह भी

स्वीकार किया जा सकता है कि तीनों के प्रभुत्व के लिए परस्पर प्रतिस्पर्धा होती है। परन्तु यह कैसे मान लिया जाए कि किसी समय कोई विशिष्ट गुण किसी व्यक्ति पर हावी होता है—मान लिया जाए कि एक व्यक्ति के जन्म के समय एक गुण अन्य गुणों पर हावी है तो ये गुण मृत्यु तक हमेशा हावी रहेंगे। इस धारणा के लिए सांख्य दर्शन या वास्तविक जीवन के लिए कोई आधार नहीं है। दुर्भाग्य से जब कृष्ण ने अपना सिद्धान्त प्रतिपादित किया तब न तो हिटलर और न ही मुसोलिनी का जन्म हुआ था। कृष्ण को यह स्पष्ट करने में अत्यन्त कठिनाई हुई होती कि एक साइन बोर्ड पेंटर और राजमिस्त्री विश्व पर प्रभुत्व ज़माने के लिए तानाशाह कैसे बन गए। विचारणीय मामला यह है कि व्यक्ति की प्रकृति हमेशा बदलती है क्योंकि गुणों से सम्बद्ध स्थिति हमेशा बदलती रहती है। यदि गुणसत्ता की अपनी सम्बद्ध स्थिति में हमेशा परिवर्तन होता रहता है तो पुरुषों के वर्णों में स्थायी एवं स्थिर वर्गीकरण नहीं हो सकता और व्यवसाय भी नियत नहीं हो सकता। अतः भगवद्गीता का पूरा सिद्धान्त समाप्त हो जाता है। परन्तु जैसा मैंने कहा है कि हिन्दू इसके सत्याडम्बर और चकाचौंध पर मुग्ध होकर इसके दास बन गए हैं। इसका परिणाम यह है कि हिन्दूवाद ने अपनी सामाजिक असमानता के सिद्धान्त के साथ वर्ण पद्धति को अपनाया हुआ है। हिन्दूवाद में यह दो बुराइयाँ हैं जिनसे बौद्ध धर्म मुक्त है।

III

कुछ ऐसे लोग जो मानते हैं कि केवल बुद्ध के सिद्धान्तों को स्वीकार करने से हिन्दुओं को बचाया जा सकता है, बहुतों को बहुत दुःख होता है क्योंकि उनको भारत में बौद्ध धर्म वापस आने की सम्भावना या पुनरुद्धार दिखाई नहीं दे रहा है। मैं इस निराशावादी दृष्टिकोण का भागीदार नहीं हूँ।

अपने धर्म के सम्बन्ध में अपने रवैये के मामले में आज हिन्दू दो वर्गों में बँट गए हैं। इनमें से कुछ का मानना है कि "हिन्दू सहित सभी धर्म सत्य हैं" और अन्य धर्मों के नेता भी इनकी इस घोषणा में सम्मिलित हो गए प्रतीत होते हैं। इस प्रतिपाद्य से झूठा कोई प्रतिपाद्य नहीं हो सकता कि सभी धर्म सत्य हैं। लेकिन हिन्दुओं के इस नारे से उनको अन्य धर्मों के अनुयायियों से समर्थन प्राप्त होता है। यहाँ कुछ ऐसे हिन्दू भी हैं जिनको अब अनुभव हो चुका है कि उनके धर्म में कुछ ग़लत है, परन्तु वे उसकी खुले रूप में भर्त्सना नहीं कर सकते। यह रवैया समझने योग्य है। धर्म सामाजिक विरासत का एक हिस्सा होता है। प्रत्येक व्यक्ति का जीवन, प्रतिष्ठा एवं

आत्मसम्मान इससे जुड़ा होता है। अपने धर्म का परित्याग करना आसान नहीं है। 'मेरा देश' सही है या ग़लत है, परन्तु प्रत्येक मनुष्य में देशभक्ति होती है। मेरा 'धर्म' ग़लत है या सही इसका परित्याग करने की बजाय हिन्दू बचने के अन्य उपाय ढूँढ़ रहे हैं। कुछ अपने आपको इस बात से सान्त्वना दे रहे हैं कि सभी धर्म ग़लत हैं। इसलिए धर्म के सम्बन्ध में चिन्ता क्यों की जाए। स्वदेश प्रेम की यह भावना बौद्ध धर्म को अंगीकार करने से रोकती है। ऐसे रवैये का केवल एक परिणाम हो सकता है। हिन्दूवाद का पतन हो जाएगा और जीवन को संचालित करनेवाली शक्ति सत्ताशक्ति नहीं रहेगी। यह प्रभावहीन हो जाएगा जिससे हिन्दू समाज विखंडित हो जाएगा। जब वे ऐसा करेंगे तो उसके समझ बौद्ध धर्म अपनाने के सिवाय कोई विकल्प नहीं होगा।

यह केवल एक ही आशा की किरण नहीं है। बल्कि ऐसी ही किरणें अन्य धर्मों से भी आ रही हैं।

एक प्रश्न का उत्तर सभी धर्मों का अवश्य देना चाहिए। इससे शोषितों एवं उत्पीड़ितों को कितनी मानसिक एवं नैतिक राहत मिल रही है? यदि ऐसा नहीं है तो इसका विनाश हो रहा है। क्या हिन्दूवाद से पिछड़ी जातियों एवं अनुसूचित जातियों के लाखों लोगों को मानसिक एवं नैतिक राहत मिल रही है? ऐसा नहीं है। क्या हिन्दू इन पिछड़ी जातियों एवं अनुसूचित जातियों से आशा करें कि वे हिन्दूवाद की छत्रच्छाया में रहे, जो उन्हें मानसिक एवं नैतिक राहत का कोई वचन नहीं देता। ऐसी आशा करना बिलकुल निरर्थक होगा। हिन्दूवाद ज्वालामुखी पर तैर रहा है। वर्तमान में विलुप्त होता प्रतीत हो रहा है। परन्तु यह नहीं होगा। यह एक बार सक्रिय होगा जब पिछड़ी जातियों एवं अनुसूचित जाति के लाखों लोग अपनी गिरावट के प्रति जागरूक होंगे और उनको ज्ञान होगा कि ऐसा हिन्दू धर्म की सामाजिक दार्शनिकता के कारण हो रहा है। हम सबको याद होगा कि रोमन साम्राज्य में ईसाइयों ने अन्धविश्वासियों को उखाड़ फेंका था। जब जन समुदाय को अनुभव हुआ कि अन्धविश्वास से उन्हें मानसिक एवं नैतिक राहत नहीं मिल सकती तो उन्होंने उसका त्याग कर दिया और ईसाई धर्म को अपना लिया। जो कुछ रोम में हुआ वही भारत में अवश्य होगा। जब हिन्दू समुदाय अन्धविश्वास से मुक्त होंगे तो निश्चय ही बौद्ध धर्म की ओर मुड़ेंगे।

IV

हिन्दूवाद एवं बौद्ध धर्म के बीच तुलना से अन्य ग़ैर-हिन्दू धर्म, अपनी बौद्ध धर्म की तुलना में कहाँ ठहरेंगे? इन ग़ैर हिन्दू धर्मों की बौद्ध धर्म से विस्तृत रूप से तुलना

करना असम्भव है। समग्र रूप से मैं अपना निष्कर्ष सार रूप में प्रस्तुत करता हूँ। मेरा मानना है कि—

1. समाज को संगठित रखने के लिए क़ानून की स्वीकृति या सदाचार की सहमति होनी चाहिए। किसी एक के बिना समाज निश्चित रूप से खंडित होने के कगार पर चला जाएगा।

   सभी समाजों में कानून बहुत ही छोटी-सी भूमिका निभाता है। इसका उद्‌देश्य अल्पसंख्यकों को सामाजिक अनुशासन में रखना होता है, बहुमत को अपने सामाजिक जीवन के संरक्षण और सदाचार की सहमति के लिए छोड़ देना चाहिए। अत: प्रत्येक समाज में सदाचार के रूप में धर्म हमेशा शासकीय सिद्धान्त में रहना चाहिए।
2. प्रथम वक्तव्य में पारिभाषिक धर्म विज्ञान के अनुरूप होना चाहिए। यदि यह विज्ञान के अनुरूप नहीं होगा तो धर्म को अपना सम्मान खोना पड़ेगा और इस प्रकार उपहास ही नहीं होगा और जीवन के शासकीय सिद्धान्त के रूप में अपनी शक्ति को ही नहीं खो देगा बल्कि कालान्तर में विखंडित एवं विलुप्त हो जाएगा। दूसरे शब्दों में यदि धर्म को अपने कार्यकलाप करने हैं तो यह कार्यकलाप के अनुसार होने चाहिए जो कि विज्ञान का दूसरा नाम है।
3. धर्म को सामाजिक सदाचार की संहिता के रूप में एक और परीक्षा के लिए भी तैयार रहना चाहिए। यह पर्याप्त नहीं है कि धर्म नैतिक संहिता से बने, परन्तु इसकी नैतिकता/सदाचार की संहिता स्वतंत्रता, समानता एवं मित्रता के मूलभूत सिद्धान्तों को मान्यता नहीं प्रदान करेगा तो धर्म विलुप्त हो जाएगा।
4. धर्म ग़रीबी की इजाज़त या बढ़ावा देनेवाला नहीं होना चाहिए।

सम्पन्नता में वैराग्य एक सुखद स्थिति है, परन्तु दरिद्रता में सुखद स्थिति नहीं हो सकती। दरिद्रता को सुखद स्थिति बताने से धर्म को गुमराह करना, दुराचार एवं अपराध को बढ़ावा देना और धरती को जीवन्त नर्क बनाने की स्वीकृति देना है।

कौन-सा धर्म इन अपेक्षाओं को पूर्ण करता है? इस प्रश्न पर विचार करते हुए यह अवश्य याद रखना चाहिए कि महात्माओं के दिन लद गए और विश्व में कोई नया धर्म नहीं हो सकता। विद्यमान धर्मों में से ही विकल्प चुनना होगा। अत: प्रश्न विद्यमान धर्मों तक ही सीमित रहेगा। यह सम्भव हो सकता है कि कोई विद्यमान धर्म इनमें से एक कोई दो परीक्षाएँ उत्तीर्ण कर सके। प्रश्न यह है : क्या यहाँ कोई

धर्म है, जो इन सभी परीक्षाओं को उत्तीर्ण कर सकेगा। जहाँ तक मैं जानता हूँ केवल बौद्ध धर्म ही इन सभी परीक्षाओं में खरा उतरता है। दूसरे शब्दों में केवल बौद्ध धर्म ऐसा धर्म है, जो विश्व धारण कर सकता है। यदि नया विश्व जैसा भी हो, पुराने से भिन्न होगा और उसका धर्म अवश्य होगा और नये विश्व को पुराने विश्व की अपेक्षा बेहतर धर्म की आवश्यकता होगी तब केवल बुद्ध का ही धर्म हो सकता है।

यह सभी सुनने में बड़ा विचित्र लगता है। ऐसा इसलिए है क्योंकि अधिकतर लोग जिन्होंने बुद्ध के बारे में लिखा है, ने इस विचार का प्रचार किया है कि केवल एक बात जो बुद्ध ने सिखाई है वह है अहिंसा। यह एक बहुत बड़ी भूल है। यह सच है कि बुद्ध ने अहिंसा का पाठ पढ़ाया है। मैं इसकी महत्ता को कम नहीं करना चाहता। इसके लिए एक बहुत बड़ा सिद्धान्त है। विश्व को बचाया नहीं जा सकता, जब तक इसका अनुसरण न किया जाए। मैं इस बात पर बल देना चाहता हूँ कि बुद्ध ने अहिंसा के अतिरिक्त कई और शिक्षाएँ दी हैं। उन्होंने अपने धर्म के रूप में सामाजिक सुधार, बौद्धिक स्वतंत्रता, आर्थिक स्वतंत्रता और राजनीतिक स्वतंत्रता का पाठ पढ़ाया है। उन्होंने समानता का पाठ पढ़ाया है, केवल पुरुष एवं पुरुष के मध्य ही समानता नहीं बल्कि पुरुष एवं महिला के मध्य भी समानता की शिक्षा दी है। ऐसा धार्मिक गुरु ढूँढ़ना कठिन है जिसकी तुलना बुद्ध से की जाए, जिसकी शिक्षाओं ने लोगों के सामाजिक जीवन के विभिन्न पहलुओं को अंगीकार किया हो, उसके सिद्धान्त इतने आधुनिक हों और उनका मुख्य सम्बन्ध मनुष्य को उसके जीवन काल में मोक्ष की प्राप्ति कराए और न कि उसकी मृत्यु के पश्चात् स्वर्ग में मोक्ष दिलवाने का वचन दे।

V

बौद्ध धर्म के प्रचार के इस ध्येय को कैसे चरितार्थ किया जा सकता है? तीन उपाय आवश्यक प्रतीत होते हैं—

प्रथम : बौद्ध धर्म की बाइबिल तैयार की जाए।

द्वितीय : भिक्खु संघ के संगठन, उद्देश्यों एवं लक्ष्यों में परिवर्तन किया जाए।

तृतीय : विश्व बौद्ध मिशन स्थापित किया जाए।

बौद्ध धर्म की बाइबिल तैयार करने की पहली एवं सर्वोपरि आवश्यकता है। बौद्ध साहित्य एक विस्तृत साहित्य है। यह आशा करना असम्भव है कि एक व्यक्ति जो बौद्ध धर्म के सार को जानना चाहता है, वह साहित्य रूपी सागर में गोते लगाए।

बौद्ध धर्म की अपेक्षा अन्य धर्मों का सबसे बड़ा लाभ यह है कि प्रत्येक धर्म की अपनी धार्मिक पुस्तक, जिन्हें हर कोई अपने साथ ले जा सकता है और जहाँ कहीं जाता है पढ़ सकता है। यह एक सुविधाजनक है। बौद्ध धर्म को हानि इसलिए हो रही है कि उसकी कोई ऐसी धार्मिक पुस्तक नहीं है, जिसे सुविधापूर्वक उठाया जा सके। भारतीय धम्मपद वह कार्य करने में असफल रहा है, जिसकी धार्मिक पुस्तक से अपेक्षा की जाती है। प्रत्येक बड़ा धर्म विश्वास पर निर्मित होता है। परन्तु विश्वास को आत्मसात् नहीं किया जा सकता यदि उसे संक्षिप्त और काल्पनिक सिद्धान्तों के रूप में प्रस्तुत किया गया है। इसे कुछ ऐसी चीज़ों की आवश्यकता होती है जिन पर काल्पनिकता थोपी जा सके जैसे कुछ पौराणिक या महाकाव्य या सिद्धान्त जिन्हें पत्रकारिता की भाषा में कहानी कहा जाता है। धम्मपद को कहानी से बाँधा नहीं जा सकता। सारांश रूढ़ियों पर विश्वास निर्मित करने की आवश्यकता है।

बौद्ध धर्म की प्रस्तावित सैद्धान्तिक पुस्तक में होना चाहिए—1. बुद्ध का संक्षिप्त जीवन-चरित; 2. चीन का धम्मपद; 3. बुद्ध के कुछ महत्त्वपूर्ण संवाद; और 4. बौद्ध के अनुष्ठान, जन्म, दीक्षा, विवाह और मृत्यु। ऐसी पुस्तक को तैयार करने में भाषा की उपेक्षा नहीं की जानी चाहिए। इसमें ऐसी भाषा का प्रयोग किया जाए जो इसे जीवन्त रूप प्रदान करे। इसे वर्णनात्मक रूप से पढ़ा जानेवाला कथनात्मक या नैतिक अभिव्यक्ति बनाने की बजाय जादुई मंत्र बनाया जाए। इसकी शैली सुव्यक्त, प्रवाही एवं सम्मोही प्रभाव की होनी चाहिए।

हिन्दू संन्यासी और बौद्ध भिक्खु में विश्वव्यापी अन्तर है। हिन्दू संन्यासी का विश्व से कुछ लेना-देना नहीं है। वह विश्व के लिए निर्जीव है।

भिक्खु को पूरे विश्व से सरोकार है। इससे प्रश्न उत्पन्न होता है कि बुद्ध ने किस उद्देश्य से भिक्खु संघ स्थापित करने की सोची थी। भिक्खुओं के लिए अलग समाज बनाने की क्या आवश्यकता थी? समाज स्थापित करने का एक उद्देश्य यह था कि जो बौद्ध के आदर्शों, जिसमें बौद्ध धर्म के सिद्धान्त हों और सामान्य जन के लिए एक आदर्श रूप में कार्य करें, के अनुरूप जीवन-यापन करें। बुद्ध जानते थे कि सामान्य जन के लिए यह सम्भव नहीं है कि बौद्ध के आदर्श को समझ सके। परन्तु वह यह भी चाहते थे कि सामान्य जन समझे कि आदर्श क्या हैं और समाज उनके आदर्शों का व्यावहारिक रूप से प्रयोग करे। इसी कारण से उन्होंने भिक्खु संघ का गठन किया और उसे विनय के नियमों से बाँध दिया। परन्तु उनके मस्तिष्क में अन्य उद्देश्य भी थे जब उन्होंने संघ की स्थापना करने की सोची। इसमें से एक उद्देश्य यह था कि बुद्धिजीवी लोगों की एक संस्था बनाई जाए जो

सामान्य जन का सही एवं निष्पक्ष मार्गदर्शन दें। इसी कारण से उन्होंने भिक्षुओं को भू-स्वामित्व से रोका था। सम्पत्ति का स्वामित्व स्वतंत्र सोच एवं स्वतंत्र विचारों के प्रयोग में सबसे बड़ी बाधा है।

भिक्खु संघ की स्थापना करने का उद्देश्य ऐसे व्यक्तियों का समाज बनाना था, जो लोगों की सेवा करने के लिए स्वतंत्र हो। इसी कारण से वह नहीं चाहते थे कि भिक्खु विवाह करे।

क्या आज का भिक्खु संघ इन आदर्शों पर जीवित है?

इसका उत्तर स्पष्ट रूप से नकारात्मक है। यह न तो लोगों का मार्गदर्शन करते हैं और न ही उनकी सेवा करते हैं।

अत: अपनी वर्तमान दशा में भिक्खु संघ बौद्ध धर्म के प्रचार के लिए किसी काम का नहीं है। प्रथमत: यहाँ अत्यधिक भिक्खु हैं। इनमें से अधिकतर केवल साधु एवं संन्यासी हैं, जो अपना समय ध्यान-चिन्तन या निठल्लेपन में व्यतीत कर रहे हैं, उनमें न तो ज्ञान है और न ही सेवा-भावना। जब पीड़ित मानवता की सेवा का विचार मन में आता है तो हर कोई रामकृष्ण मिशन के बारे में सोचता है। कोई भी बौद्ध संघ के बारे में नहीं सोचता है। मानव सेवा को कौन अपना पावन कर्तव्य मानेगा संघ या मिशन? इसके उत्तर के सम्बन्ध में कोई सन्देह नहीं हो सकता। अभी भी संघ निठल्लों की एक बहुत बड़ी जमात है। हम कुछ ही भिक्खु चाहते हैं और हम उच्च शिक्षित भिक्खु चाहते हैं, भिक्खु संघ ईसाई पुरोहिताई विशेषकर रोमन कैथोलिक सम्प्रदाय की कुछ विशेषताएँ ग्रहण करें। ईसाई धर्म एशिया में सेवा भावना, शिक्षा एवं चिकित्सा के माध्यम से फैला है। ऐसा इसलिए सम्भव हो पाया है क्योंकि ईसाई पुरोहित न केवल धार्मिक ज्ञान में ही पारंगत हैं बल्कि वे कला एवं विज्ञान में भी पारंगत हैं। वास्तव में प्राचीन समय में यह भिक्खुओं के आदर्श थे। जैसा कि हम भली-भाँति जानते हैं कि तक्षशिला एवं नालंदा विश्वविद्यालय भिक्खुओं द्वारा संचालित एवं शासित थे। स्पष्टतया वे बुद्धिजीवी लोग होंगे और जानते होंगे कि अपने मत के प्रचार के लिए समाज सेवा अनिवार्य है। वर्तमान के भिक्खुओं को पुराने आदर्शों को पुन: अंगीकार करना होगा। वर्तमान में जो संघ गठित हैं, वे सामान्य जन की सेवा नहीं कर सकते और इस प्रकार वे लोगों को अपनी ओर आकर्षित नहीं कर सकते।

बिना किसी उद्देश्य के बौद्ध धर्म का प्रचार-प्रसार नहीं हो सकता। जैसे कि शिक्षा दी जानी अपेक्षित है उसी प्रकार धर्म का प्रचार-प्रसार भी अपेक्षित है। प्रचार बिना व्यक्तियों एवं धन के नहीं किया जा सकता। इनकी आपूर्ति कौन कर सकता

है? स्पष्टता वे देश जहाँ बौद्ध धर्म एक जीवन्त धर्म है। ये वे देश हैं जो कम-से-कम अपनी प्रारम्भिक अवस्था के लिए मनुष्य एवं धन की व्यवस्था कर सकते हैं। क्या वे ऐसा करेंगे? इन देशों में बौद्ध धर्म के प्रचार-प्रसार के लिए इतना अधिक उत्साह नहीं दिखाई देता।

दूसरी ओर बौद्ध धर्म के प्रचार एवं प्रसार के लिए यह बिलकुल अनुकूल समय है। एक समय था जब धर्म विरासत का एक हिस्सा होता था। एक समय था जब लड़का या लड़की अपने माता-पिता की सम्पत्ति के साथ-साथ अपने माता-पिता के धर्म को भी विरासत में लेता था। धर्म की गुणवत्ता एवं महत्ता की जाँच करने का कोई प्रश्न ही नहीं था। कई बार उत्तराधिकारी प्रश्न करते थे कि क्या माता-पिता द्वारा छोड़ी गई सम्पत्ति स्वीकार योग्य है। परन्तु यहाँ ऐसा कोई उत्तराधिकारी नहीं था, जो प्रश्न करे कि क्या उसके माता-पिता का धर्म ग्रहण के योग्य है। ऐसा लगता है कि समय बदल गया है। पूरे विश्व में अनेक लोगों ने अपने धर्म की विरासत के सम्बन्ध में अभूतपूर्व साहस प्रदर्शित किया है। वैज्ञानिक तथ्यों से प्रभावित होकर, अनेक लोग इस निष्कर्ष पर पहुँचे हैं कि धर्म एक भ्रान्त धारणा है, जिसे त्याग दिया जाना चाहिए। ऐसे अन्य लोग भी हैं जो मार्क्सवाद के प्रभाव से इस निष्कर्ष पर पहुँचे हैं कि धर्म एक नशा (अफ़ीम) है, जो ग़रीब व्यक्ति को धनवान के प्रभुत्व के आगे झुकने के लिए प्रेरित करता है और इसलिए इसका त्याग कर देना चाहिए। कारण कुछ भी रहा हो वास्तविकता यही रहेगी कि लोगों का धर्म के प्रति रुझान अन्वेषी हो गया है। और यह प्रश्न कि धर्म धारण करने योग्य है और यदि हाँ तो कौन-सा धर्म धारण करने योग्य है, यह प्रश्न उन व्यक्तियों के मन में सर्वोपरि रूप से बना हुआ है जो इस विषय में सोचने का साहस दिखाते हैं। अब समय आ गया कि इच्छित को दृढ़ इच्छा शक्ति से प्राप्त किया जा सकता है। जो बौद्धिक धर्म को माननेवाले देश हैं, उनके लिए बौद्ध के प्रचार-प्रसार का कार्य कठिन नहीं होगा। उन्हें यह समझना चाहिए कि एक बौद्ध का कर्तव्य केवल एक अच्छा बौद्ध होना ही नहीं है बल्कि बौद्ध धर्म का प्रचार करना उसका दायित्व होना चाहिए। उन्हें इस बात पर विश्वास करना चाहिए कि बौद्ध धर्म का प्रचार-प्रसार ही मानवता की सेवा है।

[*बाबासाहेब डॉ. अम्बेडकर सम्पूर्ण वाङ्मय,* खंड 36, पृ. 478-489]

43

धर्म के प्रचार-प्रसार के लिए बौद्धधर्मी देश त्याग करें

25 मई, 1950

'सिलोन बुद्धिस्ट कांग्रेस' (श्रीलंका) में 25 मई से लेकर 6 जून तक आयोजित हुआ था। जिसमें भारत सरकार के कानून मंत्री डॉ. बाबासाहेब आंबेडकर भी शरीक हुए थे। 23 मई, 1950 के दिन डॉ. बाबासाहेब आंबेडकर हैदराबाद होते हुए मद्रास पहुँचे थे। वहाँ उनके स्वागत के लिए उपस्थित अधिकारी, कार्यकर्ता, चाहनेवाले जिनमें प्रमुख श्री कामराज नाडर भी थे। इस दौरान पत्रकारों ने उनकी प्रतिक्रिया जाननी चाही। बाबासाहेब ने पत्रकारों से कहा, 'बौद्ध धर्म के बारे में मुझे आस्था है और मुझे परिषद की ओर से आमंत्रण मिला है इसलिए मैं वहाँ जा रहा हूँ।' उसके बाद वे कोलंबो के लिए रवाना हुए थे।

'सिलोन बुद्धिस्ट कांग्रेस' (श्रीलंका) की पुरानी राजधानी कैंडी में 'विश्व बुद्ध परिषद' का आयोजन किया गया था। उसमें एशिया तथा यूरोपीय राष्ट्रों के प्रतिनिधि उपस्थित होनेवाले थे। इस परिषद का उद्देश्य बौद्ध धर्म की शिक्षा के अनुसार दुनिया में शान्ति स्थापित करने पर विचार किया जाना था। परिषद के मुख्य प्रधान डी.एस. सेनानायके प्रतिनिधियों का कोलंबो रेसकोर्स पर स्वागत करनेवाले थे।

कैंडी (सिलोन) की बौद्ध प्रमुख सी.बी. नुगावाला ने परिषद् के आरम्भ में प्रस्ताव रखा। आज से छह वर्ष बाद बुद्ध युग के 2500 वर्ष पूरे होंगे, तब दुनिया में बौद्ध धर्म की लहर फैली होगी। यह आशावाद के साथ विश्व बौद्ध भातृसंघ की स्थापना करने का प्रस्ताव रखा। इस प्रस्ताव का इंग्लैंड की सुश्री कॉन्स्टन्स लाउन्सबरी, ब्रह्मदेश के यू चान चन, बंगाल के

डॉ. अरविंद बरुआ, जापान के रिरी नाकायमा, इटली के लोकनायके और थाईलैंड के सुवित निमहेंद्र ने समर्थन किया था।

26 मई, 1950

कैंडी के 'टेंपल ऑफ दि टुथ' नाम के विहार में 27 देशों के बौद्ध प्रतिनिधि इकट्ठा हुए। वहाँ पर उन्होंने बौद्ध धर्म के पुनरुत्थान के बारे में व्यापक चर्चा की। भारत के कानून मंत्री डॉ. बी.आर. आंबेडकर भी इस अवसर पर उपस्थित थे। हालाँकि अधिकृत प्रतिनिधि नहीं होने की वजह से उन्होंने चर्चा में हिस्सा नहीं लिया था। विश्व मैत्री का प्रस्ताव परिषद द्वारा मंजूर किए जाने के बाद बाबासाहेब का भाषण हुआ। उन्होंने कहा—

मैं इस भ्रातृसंघ का भले सदस्य नहीं बना हूँ, लेकिन मेरी इस भेंट का उद्देश्य बहुत गम्भीर है। सभी बौद्ध देशों को चाहिए कि वे केवल भ्रातृसंघ की स्थापना करने के बजाय बौद्ध धर्म के प्रचार के लिए त्याग करने की मानसिक तैयारी करें। बौद्ध धर्म के समारोह भारत के लोगों को देखने का मौक़ा मिलना चाहिए। भारत के क़ानून मंत्री ने इस अवसर पर कहा कि मैं चाहता हूँ कि भारत में बौद्ध धर्म के केवल बाह्योपचार का ही अनुसरण किया जाता है या फिर सही बौद्ध धर्म का अनुसरण किया जाता है, इस बारे में भारतीय जानें। बौद्ध धर्म जागृत है अथवा केवल परम्परागत है, यह भी मैं देखना चाहता हूँ।

विश्व मैत्री प्रस्ताव के बारे में भी उन्होंने अपने भाषण में नाराजगी व्यक्त की। अपना अभिप्राय व्यक्त करते हुए उन्होंने कहा कि बौद्धधर्मीय देशों को इस धर्म के विस्तार के लिए कमर कसनी चाहिए, उसके लिए आवश्यक त्याग करने चाहिए और इस प्रकार की कोई घोषणा परिषद में होनी चाहिए थी।

बाबासाहेब ने कहा कि—

1 बौद्ध धर्म के आचार (पद्धति) और उपचार (विचार) भारत में देखने को नहीं मिलते, उन्हें देखने के मौक़ों का लाभ उठाएँ।
2. साथ ही यह भी देखें कि बौद्ध धर्म के मूल सिद्धान्तों से मेल न खानेवाली श्रद्धाओं से बौद्धधर्मी कितने ग्रस्त हैं और मूल विशुद्ध स्वरूप में वह धर्म कितना बचा है।

3. और दुनिया सिलोन को बौद्धधर्मी कहती है इसलिए सिलोन बौद्ध धर्मानुयायी है या कि वह धर्म आज भी वहाँ जीवित स्वरूप में प्रचलित है इस बारे में खोज करें।

मैं इन्हीं तीन उद्देश्यों पर काम करने के उद्देश्य से इस परिषद में आया हूँ। मित्रता के प्रस्तावानुसार मैं अधिकृत मित्र न होऊँ, यहाँ आने का मेरा उद्देश्य गम्भीर है।[1]

[*बाबासाहेब डॉ. अम्बेडकर सम्पूर्ण वाङ्मय,* खंड 40, पृ. 174-75]

1. *दलित बन्धु,* 28 मई, 1950

44

नास्तिक लोगों को अष्टांगी पथ ग्रहण कर लेना चाहिए

25 मई से 6 जून, 1950 तक कैंडी (श्रीलंका) में 'वर्ल्ड फ़ेलोशिप ऑफ़ बुद्धिस्ट्स' का सम्मेलन आयोजित किया गया था। डॉ. बी.आर. आंबेडकर ने उस सम्मेलन में भाग लिया।

26 मई, 1950 को 27 देशों के प्रतिनिधि 'बौद्ध धर्म का पुनरुत्थान' विषय पर चर्चा करने के लिए 'सत्य के मन्दिर' में एकत्र हुए थे। उस सम्मेलन में 'विश्व बन्धुत्व' विषयक संकल्प पारित किया गया।

तत्पश्चात् डॉ. बी.आर. आंबेडकर ने सम्मेलन को सम्बोधित किया।[1]

डॉ. आंबेडकर ने अपने भाषण में कहा—

मैं एक रुचिबद्ध प्रेक्षक हूँ, न कि कोई प्रतिनिधि। मैं यहाँ कुछ अति गम्भीर प्रयोजनों से आया हूँ। शायद आपको मालूम हो कि भारत में ऐसे लोग हैं जो यह सोचते हैं कि समय आ गया है जब भारत में बौद्ध धर्म का पुनरुत्थान करने के प्रयास किये जा सकते हैं, मैं भी उनमें से एक हूँ। मेरे दौरे के निश्चित प्रयोजन ये हैं : पहला—बौद्ध समारोह देखना। धर्मानुष्ठान, धर्म का एक महत्त्वपूर्ण अंग होता है। तर्कवादी चाहे जो भी कहें, धर्मानुष्ठान धर्म में एक बहुत आवश्यक चीज़ है। यहाँ आकर मैंने सोचा कि मैं वह अनुष्ठान देख पाऊँ, जो बौद्ध धर्म का अभिन्न अंग है।

दूसरे—मैं यह जानना चाहता हूँ कि बौद्ध धर्म का पालन अपनी पुरातन विशुद्धता

1. *दलित बन्धु*, 28 मई, 1950

में कहाँ तक किया जाता है और बौद्ध धर्म तथा बुद्ध के सिद्धान्तों से असंगत आस्थाओं से युक्त अन्धविश्वास पर कितनी धूल जमी हुई है।

मेरा तीसरा उद्देश्य यह पता लगाना है कि बुद्ध द्वारा स्थापित भिक्षुओं की व्यवस्था समाज की कितनी सेवा कर रही है और क्या वह व्यवस्था अपने लिए तथाकथित 'जीवन की शुद्धता' कायम रखने में लगी हुई है, अथवा क्या यह जनसाधारण की सेवा में लगी हुई है और उसे उस तरह से पूर्ण बनाने के लिए सलाह देती है और उसका निर्माण करती है जिस तरीक़े से बुद्ध चाहते थे। मैं यह जानने का इच्छुक हूँ कि बौद्ध धर्म किस सीमा तक एक सजीव शक्ति है अथवा क्या यह कोई ऐसी चीज़ है, जो इस तथ्य के कारण विद्यमान है कि इस देश के लोग पारम्परिक अर्थ में बौद्ध हुआ करते थे तथा इसे विरासत में प्राप्त करने के बाद पीढ़ी-दर-पीढ़ी आगे बढ़ाते रहते थे। जहाँ तक इस देश का सम्बन्ध है, क्या धर्म की गतिशीलता विद्यमान है? क्या धर्म स्थिर है, या इसमें गति है और यह गतिशील है यह पता लगाने का सबसे अच्छा तरीक़ा अध्ययन करना और देश की नौजवान पीढ़ी की रुचि को देखना है कि किस सीमा तक वे लोग धर्म के लिए अपना समय देते हैं, किस सीमा तक धर्म में उनका विश्वास उन्हें मुक्ति प्रदान करता है (मृत्यु के बाद मोक्ष के सैद्धान्तिक अर्थ में नहीं, बल्कि लौकिक जीवन में)। बौद्ध देशों को केवल समर्थन नहीं चाहिए, बल्कि धर्म का संवर्धन चाहिए और बलिदान चाहिए। केवल बुद्ध के सन्देश पर व्याख्यान देने के लिए भिक्षुओं को भेजने से लोग, उनकी जीवनशैली स्वीकार नहीं कर पाएँगे।

यदि विश्व शान्ति से आश्वस्त होना है तो केवल भाषण से काम नहीं चलेगा। जो लोग पंथ के गुणों में विश्वास नहीं रखते, उन्हें इसे स्वीकार करने के लिए मनाया जाना चाहिए। वह प्रकट है कि जिन देशों में बौद्ध धर्म विद्यमान है, उन्हें त्याग करना चाहिए, मिशन स्थापित करना चाहिए, धन एकत्र करना चाहिए ताकि वे केवल उपदेशों का प्रसार करने के काम पर ही आगे नहीं बढ़े बल्कि स्त्री-पुरुषों को अष्टांगी मार्ग ग्रहण करने के लिए प्रेरित करें।[1]

[*बाबासाहेब डॉ. अम्बेडकर सम्पूर्ण वाङ्मय,* खंड 37, पृ. 383-84]

1. 25 मई से 6 जून, 1950 तक आयोजित सिलोन सम्मेलन : वर्ल्ड फ़ेलोशिप ऑफ़ बुद्धिस्ट्स के प्रथम पत्र की कार्यवाही की रिपोर्ट (बी.ई. 2494)

45

बौद्ध धर्म के कई सिद्धान्तों को हिन्दू धर्म ने आत्मसात किया

दिनांक 6 जून, 1950 के दिन डॉ. बाबासाहेब आंबेडकर ने वाई.एम.बी.ए. कोलंबो द्वारा आयोजित विश्व बौद्ध भ्रातृत्व सम्मेलन में भाषण देते हुए कहा—

भाइयो और बहनो,

किसी विषय की परम्परा के बारे में पूरी जानकारी मिलने के बाद ही उसके बारे में यथार्थ ज्ञान होता है। इसीलिए जिन स्थितियों ने बौद्ध धर्म को जन्म दिया उसे अगर हम जान लें तो बौद्ध धर्म का वास्तविक महत्त्व जान पाएँगे। भारत में हमेशा से हिन्दू धर्म ही रहा है इस राय से मैं सहमत नहीं हूँ। हिन्दू धर्म का सबसे आख़िर में, विचारों में धीरे-धीरे प्रगति होते-होते उदय हुआ। वैदिक धर्म के प्रसार के बाद भारत में तीन बार धर्म-परिवर्तन हुआ है। वैदिक धर्म का रूपान्तरण ब्राह्मण धर्म में हुआ और ब्राह्मण धर्म का रूपान्तरण हिन्दू धर्म में हुआ। समाज के विभिन्न वर्गों में विभाजन को बौद्ध धर्म का विरोध था। इस चातुर्वर्णीय की शुरुआत ब्राह्मण धर्म ने ही की थी। फ्रांस के लिए फ्रांस की राज्यक्रान्ति का जितना महत्त्व है उतना ही महत्त्व मानव-जाति के लिए बौद्ध धर्म के उदय का है।

वैदिक सीख के अनुसार आचरण बहुत आसान है। वैदिक लोग ख़ासकर यज्ञ पूजक थे। बताया जाता है कि वैदिक आर्यों के तैंतीस करोड़ भगवान थे। अपने इन भगवानों को सन्तुष्ट करने के लिए वे यज्ञ किया करते थे। इन देवताओं की पूजा के लिए इकट्ठा की जानेवाली सामग्री बहुत ही श्रेष्ठ स्तर की होना ज़रूरी था। कृषि युग के उन आर्यों को गो-धन ही सर्वश्रेष्ठ धन लगता था। इसीलिए वे अपने

देवताओं की पूजा करते हुए गायों की बलि चढ़ाया करते थे। इसी कारण वैदिक धर्म हिंसा को बढ़ावा देनेवाला माना जाने लगा था। यज्ञ में कई पशुओं की बलि दी जाती थी और जिन पशुओं को यज्ञ में बलि चढ़ाया जाता था उन्हें स्वर्ग प्राप्ति होती है, ऐसी उनकी श्रद्धा थी। इसीलिए कहा जाता था कि—वैदिक हिंसा, हिंसा न भवति—अर्थात्, वैदिक यज्ञों में हुई हिंसा, हिंसा नहीं होती।

यज्ञों में खुलेआम जीव हत्या का प्रचार हुआ करता था। इसलिए, बकरियाँ, भेड़ें, गायें जैसे जिन प्राणियों का मांस खाने योग्य माना जाता था, उन सभी प्राणियों को यज्ञ में बलि चढ़ाया जाता था। यज्ञों का प्रसार होने के कारण पुराहितों का महत्त्व बढ़ा और ब्राह्मणवाद का जन्म हुआ। इस ब्राह्मणवाद ने समाज का ब्राह्मण, क्षत्रिय, वैश्य और शूद्र इन चार वर्णों में विभाजित किया। चार वर्णों की स्थापना कर समाज में विषमता निर्माण करना ब्राह्मणवाद का मुख्य उद्देश्य था। क्योंकि उसके अलावा ब्राह्मणों की श्रेष्ठता को स्थापित करना सम्भव नहीं था। अपनी श्रेष्ठता की स्थापना के लिए ब्राह्मणों ने कुछ मंत्रों की रचना की। उन मंत्रों के सहारे वे कहने लगे कि ब्राह्मणों की उत्पत्ति ब्रह्मा के मुख से, क्षत्रियों की उत्पत्ति बाहुओं से, वैश्यों की उत्पत्ति जंघा से और शूद्रों की उत्पत्ति ब्रह्मा के पैरों से हुई। इसके अलावा वे कहने लगे कि ब्राह्मण भी पैदा होते हैं। ब्राह्मणों की स्त्रियाँ ऋतुमति होती हैं, गर्भवती होती हैं, नौ माहों तक गर्भ का पोषण करती हैं, प्रसूत होती हैं, बच्चे को दूध पिलाती हैं। ऐसा ही सर्वत्र दिखाई देता है। ऐसी स्थितियों में ब्राह्मण ब्रह्मा के मुख से निकले और शूद्र उसके पैरों से निकले, ऐसा वे कह कैसे सकते हैं? जन्म से कोई भी शूद्र अथवा ब्राह्मण नहीं होता। अपनी करनी से आदमी ब्राह्मण या शूद्र बनता है।

इससे आगे डॉ. बाबासाहेब आंबेडकर ने कहा, "जटा, दाढ़ी, गोत्र अथवा जन्म से कोई ब्राह्मण नहीं बनता। जो सत्य और धर्म के अनुसार आचरण करता है, जो काया, वाचा, मन से कोई पाप नहीं करता, जो काम-क्रोध रहित है, जो व्रती, शीलवान, अनुत्सुक, दान्त और जितेंद्रिय है; जो तृष्णारहित और संशयरहित है; जो क्रोध, द्वेष और मदरहित है; जो शोकरहित, निर्मल और शुद्ध है; जिसने रती और आरती का त्याग किया है और जो शान्तचित्त है, जो गम्भीर, प्रज्ञावंत, मेधावी, सही और ग़लत मार्ग का ज्ञाता है; जो सर्वोत्तम निर्वाण का अधिकारी है केवल उसे ही मैं ब्राह्मण कह सकता हूँ।"

जो धर्म मानव-जाति के कल्याण के लिए सहायक हो सकता है, जिसके ज़रिये मानव की मुक्ति का द्वार खुल सकता है, जिसमें मानव-मानव के बीच भेदभाव नहीं—वरन् समानता है वही धर्म की संज्ञा के लिए पात्र है। जिस धर्म का मूल तत्त्व

मानव-मानव में भेदभाव पैदा करना ही है वह धर्म 'सद्धम्म' कहलाने के लायक़ नहीं। ब्राह्मण धर्म ने मानव समाज में भेदभाव की खाइयाँ पैदा कीं। महिलाओं और शूद्रों के साथ अत्यन्त घृणास्पद व्यवहार करने की सीख दी। भगवान बुद्ध के धर्म का मुख्य उद्‌देश्य मानवों की समता है। अपनी बुद्धि की कसौटी पर कसकर हर बात का स्वीकार करना अथवा उसे अस्वीकृत करने की आज़ादी इस धर्म में हर एक को है। हिंसा को हटाना और अहिंसा स्वीकार करना यह उसका प्रमुख अंग है। किसी भी प्राणी की देवता के नाम पर हत्या करने या उसे बलि चढ़ाने और फिर निर्लज्जता से 'उसे स्वर्ग मिलने' का प्रतिपादन करने का चलन बौद्ध धर्म में नहीं।

भारत में बौद्ध धर्म का उदय और फ्रांस की राज्यक्रान्ति ये दो युगान्तरकारी घटनाएँ हैं, ऐसा मुझे लगता है। बौद्ध धर्म के उदय से पहले किसी शूद्र के राजा बनने की कल्पना भी नहीं की जा सकती थी। लेकिन भारतीय इतिहासविद् यह जानते हैं कि बौद्ध धर्म के उदय के बाद शूद्रों को भी सिंहासन पर बैठने का मौक़ा प्राप्त हो रहा है। इससे देश में सामाजिक समता की स्थिति निर्माण हुई। जनतांत्रिक राज्यपद्धति बौद्धकालीन देन है। भगवान बुद्ध के परिनिर्वाण के बाद ईसापूर्व 274 तक बौद्ध की स्थिति क्या थी, इसे जानने के पर्याप्त साधन आज उपलब्ध नहीं हैं। हालाँकि सम्राट अशोक के समय बौद्ध का बड़ी तेज़ी से विकास हुआ। अशोक और चंद्रगुप्त जैसे बलशाली सम्राट बौद्ध काल में ही हुए हैं। उन्होंने ही भारत से बाहर के राज्यों के साथ मैत्रीपूर्ण सम्बन्ध स्थापित किये थे। बौद्ध युग में भारत में स्थापत्यकला, चित्रकला, मूर्तिकला आदि कई तरह की कलाओं का विकास हुआ। बौद्ध युग में साहित्य और दर्शन का इतना अधिक विकास हुआ कि कई देशों के छात्र यहाँ के नालंदा और तक्षशिला विश्वविद्यालयों में शिक्षा के लिए आया करते थे। उससे पूर्व कभी भी भारत को इस प्रकार का गौरव प्राप्त नहीं हुआ था।

सवाल यह पैदा होता है कि जो धर्म इतना श्रेष्ठ था, जिस धर्म का इतना प्रचार-प्रसार हुआ था वह भारत से लुप्त कैसे हो गया? इस सवाल के कई जवाब होंगे, मुख्य रूप से सम्राट अशोक को इसके लिए ज़िम्मेदार मानता हूँ। अशोक ज़रूरत से अधिक सहनशील था, इसीलिए मैं उसे दोषी मानता हूँ। सम्राट अशोक ने अपने समय में बौद्ध धर्म के अलावा अन्य कई धर्मों को प्रचार की अनुमति दी, जो बौद्ध के कट्टर दुश्मन थे। इससे बौद्ध के ख़िलाफ़ वाले धर्मों को अपनी शक्ति बढ़ाने का भरपूर मौक़ा मिलता रहा। यही बौद्ध धर्म पर पहला आघात था, ऐसा मुझे लगता है।

बौद्ध ग्रंथों से पता चलता है कि भगवान बुद्ध के श्रमण शिष्यों में क़रीब 60 प्रतिशत ब्राह्मण थे। ब्राह्मण लोग बुद्ध से शास्त्रार्थ करने के लिए आया करते थे।

शास्त्रार्थ में निरुत्तर होकर वे बुद्ध से प्रभावित होते थे और सहर्ष उनसे बौद्ध की दीक्षा लेकर बुद्ध के प्रति श्रद्धा से नतमस्तक हो जाते थे, इन श्रमण शिष्यों के कारण भगवान बुद्ध का और उनके धर्म का प्रभाव दिनों-दिन बढ़ता जा रहा था। लेकिन बौद्ध धर्म में जातिभेद न होने के कारण जब निम्न जाति के लोग बुद्ध की शरण जाकर सिद्ध भिक्षु बनने लगे और धनिकों और राजाओं द्वारा उनकी पूजा और सम्मान जब होने लगा, तब ब्राह्मणों से यह बात सही नहीं गई और वे बौद्ध को उखाड़ने के काम में लग गए।

भारत में प्राचीन समय से जिस प्रकार ग्राम-देवता, प्रदेश-देवता, वन-देवी, नदी-देवी, आदि देवी, देवता थे और उनकी पूजा हुआ करती थी, उसी प्रकार कुल देवता भी थे। राजा और धनिकों के कुल देवताओं की पूजा के लिए जानेवाले ब्राह्मण रानी की मध्यस्थता से राज्य के शासन पर अपना प्रभाव डाला करते थे। इस प्रभाव का उपयोग कर उनकी वर्चस्व में बाधा पहुँचानेवाले बौद्ध को उखाड़ फेंकने की वे कोशिश किया करते थे। सम्राट अशोक के समय कुल देवता की पूजा की निन्दा की गई। अशोक कहता है, 'मैं बौद्ध के मार्ग का अनुसरण कर रहा हूँ, इसलिए अन्य किसी देवी-देवताओं की पूजा करने की मुझे ज़रूरत नहीं है।' और उसने अपने प्रशासनिक अधिकारियों को आदेश देकर कुल देवताओं की मूर्तियाँ हटवा दीं। यह ब्राह्मणों के लिए बहुत बड़ा आघात था क्योंकि इससे उनकी आजीविका और भ्रामक प्रचार पर लगाम कस गई। इसलिए वे इस बात का बदला लेने के लिए सिद्ध हुए। पहले ब्राह्मण पुरोहित मानते थे कि सभी राजा मरने के बाद नर्क में जाते हैं क्योंकि राज्य चलाते हुए उन्हें पापकृत्य करने पड़ते हैं। इसीलिए, मौक़ा पाने के बावजूद राज्य चलाने की ज़िम्मेदारी ब्राह्मण अपने सिर पर लेने के लिए तैयार नहीं थे। हालाँकि, राजसिंहासन पर बैठने के लिए वे राजी नहीं होने के बावजूद मंत्री अथवा पुरोहित के तौर पर राजा को सलाह देने का काम किया करते थे। साथ ही वे क़ानून भी बनाते थे। लेकिन कुल देवता की पूजा बन्द होने के कारण जब उनकी बहुत बड़ी हानि हुई तब राज्य का शासन न चलाने के अपने सिद्धान्त का त्याग कर राज्य पर और सिंहासन पर क़ब्ज़ा करने की कोशिश उन्होंने शुरू की। भारतीय साहित्य में इस प्रकार की अनेक घटनाओं के ज़िक्र हैं। कई बार ऐसा भी देखने में आता है कि जहाँ अपने बलबूते राज्य करना सम्भव नहीं था, वहाँ अपनी तरफ़ झुकाव रखनेवाले क्षत्रियों को साथ लेकर या उन्हें आगे कर यानी कि उन्हें कठपुतली बनाकर वे शासन चलाया करते थे। इस प्रकार एक बार फिर ब्राह्मणवाद ने ज़ोर पकड़ा तो बौद्ध धर्म पर आघात हुआ और भारत से लोप होने का कारण बना।

ब्राह्मणों के शासन अधिकार की एक बहुत बड़ी घटना मौर्य साम्राज्य के परिवर्तन के लिए ज़िम्मेदार दिखाई देती है। ख़ेद की बात यह है कि भारतीय इतिहासविदों ने इस महान घटना को महत्त्व नहीं दिया। वस्तुतः भारतीय इतिहास की यह सबसे बड़ी घटना है। अन्तिम मौर्य सम्राट महाराज बृहद्रथ का सेनापति पुष्यमित्र नाम का एक ब्राह्मण था। पतंजलि उसके गुरु थे। पतंजलि ने बौद्धों से ही योग विद्या सीखी थी, लेकिन बाद में वह बौद्धों का शत्रु बना। उसकी सलाह को मानकर सेनापति श्रृंगवंसीय पुष्यमित्र ने बृहद्रथ की हत्या की और मौर्य वंश की जगह श्रृंगवंश के नाम से ब्राह्मणों का राज चलाया।

इस ब्राह्मण राज्य ने बौद्ध धर्म को अत्यधिक नुक़सान पहुँचाया। ब्राह्मण धर्म की पुनर्स्थापना के लिए किये गए कार्यों में से यह सबसे दारुण कृत्य था और भारत से बौद्ध धर्म के नष्टप्राय होने के लिए कारण बनी, यह सबसे बड़ी ऐतिहासिक घटना थी।

यह भी माना जाता है कि भारत से बौद्ध धर्म का लोप होने के लिए विदेशी आक्रमण भी कारण बने। लेकिन यूनानी लोगों के आक्रमणों के कारण बौद्ध धर्म को कोई नुक़सान नहीं पहुँचा। उलटे उनके द्वारा बौद्ध धर्म के प्रसार के लिए द्रव्य सहायता किये जाने के सबूत भी मिलते हैं। गुप्तयुग में भारत पर हूणों के आक्रमण हुए, लेकिन गुप्त राजाओं से पराजित होने के कारण वे भारत में ही रहे। उनके कारण भी बौद्ध धर्म का कोई नुक़सान नहीं हुआ। हालाँके, पेशावर के शक राजा कनिष्क ने बौद्ध धर्म की दीक्षा ली थी। उसने तक्षशिला में विशाल बौद्ध विश्वविद्यालय खोला था और बौद्धों की चौथी धर्म-संगति यानी धर्मसभा बुलाई थी। इसी धर्मसंगति में महायान मार्ग का उदय हुआ और बौद्ध साहित्य संशोधित रूप में संस्कृत भाषा में लिखा जाने लगा। विदेशी आक्रमणकारियों में से मुसलमानों के द्वारा बौद्ध धर्म का बेहद नुक़सान हुआ। मुसलमान प्रतिमा और मूर्तियों के विरोधी थे। उन्होंने बौद्ध मूर्तियों को तहस-नहस किया और भिक्षुओं को मार डाला। नालंदा के विशाल विश्वविद्यालय को सैनिक किला समझकर उस पर हमला किया और चीवरधारी भिक्षुओं को सैनिक मानकर उनका संहार किया। जो भिक्षु उस भीषण रक्तपात से बचे वे नेपाल, तिब्बत, चीन आदि देशों में भाग गए।

नालंदा के विशाल ग्रंथालय में ताड़पत्र और भोजपत्रों पर लिखे दो लाख ग्रंथ थे। हज़ारों वर्षों का ज्ञान उसमें सम्मिलित था। बख़्तियार खिलजी ने उनमें आग लगा दी और वहाँ पढ़ रहे छह हज़ार छात्रों में से कुछ छात्रों की हत्या की और कुछ को ज़बरदस्ती मुसलमान बनाया। बौद्ध मूर्तियों की तोड़-फोड़ की। मुसलमान आक्रमणकारी जहाँ-जहाँ भी गए, वहाँ-वहाँ उन्होंने बौद्धों को या तो मार गिराया या

फिर मुसलमान बनाया और बौद्ध मूर्तियों की तोड़-फोड़ की। ग्रंथालय जलाए और विहार नष्ट किये। मेरे कुछ हिन्दू मित्र मुझसे पूछते हैं कि मुसलमान आक्रमणकारियों ने हिन्दू मन्दिर और हिन्दुओं की मूर्तियों को भी तहस-नहस कर दिया है ना? इस पर मेरा जवाब यह है कि उन्होंने बौद्ध धर्म का जितना नुक़सान किया, उतना हिन्दू धर्म का नहीं किया। इसकी वजह यह है कि लगभग सभी ब्राह्मण गृहस्थ थे और वे अपने परिवार के साथ अपने ही घरों में रहते थे, इसलिए उनकी अलग पहचान नहीं थी। परन्तु, बौद्ध भिक्षु मात्र परिवार से अलग, चीवरधारी थे और विहारों में रहते थे। उन्हें पहचानना आसान था। इसलिए, हिन्दुओं के प्रसिद्ध मन्दिरों के साथ भले मुसलमानों द्वारा तोड़-फोड़ की गई हो, लेकिन उनके धर्मगुरुओं और पुरोहितों को कोई हानि नहीं पहुँची थी।

किसी भी धर्म के ज़िन्दा रहने के लिए उसके धर्मगुरुओं और पुरोहितों का लगातार बने रहना आवश्यक होता है। बौद्ध धर्म लोप होने का एक विशेष कारण था, बौद्ध भिक्षुओं का अभाव होना। बौद्ध भिक्षुओं की कोई भी जाति नहीं थी। कोई भी व्यक्ति बौद्ध धर्म की शरण में जाकर उपासक, श्रामनेर, भिक्षु अथवा स्थविर-महास्थविर बन सकता था। भिक्षु लोग समाज से दूर विहारों में रहते थे। ब्राह्मणवाद में ऐसी बात नहीं थी। वहाँ केवल ब्राह्मणों के घर पैदा होने से ही नया ब्राह्मण निर्माण होता था। इस कारण हिदुओं की विशेष हानि नहीं हुई। बाद के समय पिछड़े वर्ग के लोगों को भिक्षु बनाकर बौद्धों की परम्परा कायम रखने की कोशिश की गई। लेकिन अच्छी तरह से शिक्षित न होने के कारण ये भिक्षु ब्राह्मणों के युक्तिवाद का जवाब नहीं दे पाए और इसी कारण उनकी हार हुई।

दरमियान के समय में शैव योगियों ने शैव धर्म का और ब्राह्मणों ने वैष्णव धर्म का प्रसार किया। वैष्णव और शैवों में ज़ोरदार संघर्ष हुआ। आख़िर ब्राह्मणों ने शैवों को 'रुद्र' बनाकर अपने साथ शामिल कर लिया। इस प्रकार शैवों और वैष्णवों में एकता हुई। आगे हिन्दू धर्म में कई बदलाव हुए। पहले वह हिंसा की सीख देता था, लेकिन अब वह अहिंसा की सीख देता है। बौद्ध धर्म के कई तत्त्व हिन्दू धर्म ने अपनाए। प्रतिमा, चैत्य, विहार और भिक्षु आदि दृष्टिकोणों से आज भारत में बौद्ध धर्म के न होते हुए भी हिन्दू धर्म सैद्धान्तिक रूप में भारत भर में फैला हुआ है।[1]

[*बाबासाहेब डॉ. अम्बेडकर सम्पूर्ण वाङ्मय,* खंड 40, पृ. 176-181]

---

1. *डॉ. बाबासाहेब आंबेडकर रांची भाषणे*: संपादक मा.फ. गाजरे, खंड-2 पुनर्मुद्रण 10.4.1986, पृ. 174-179

46

बौद्ध धर्म ब्राह्मण धर्म के लिए चुनौती है

अब पूरी मानव-जाति के लिए 'नैतिक मूल्यों का सवाल' बेहद महत्त्वपूर्ण हो गया है। सांस्कृतिक संघर्ष, युद्ध की भाषा, धर्म का ह्रास के विषाक्त वलय में पूरी मानव-जाति फँसी है। वैचारिक अराजकता की तो सारी हदें लाँघ दी हैं। ऐसे, बेहद आपातकालीन समय में डॉ. बाबासाहेब आंबेडकर द्वारा बौद्ध धर्म का विवेचन करते हुए कोलंबो में जिस धर्मवाणी का उपदेश किया, उससे सभी देशों की और ख़ासकर भारत की जनता को सच्चा प्रकाश दिखाई देगा और माना जा सकता है कि सच्चे नैतिक मूल्यों का महत्त्व पहचाना जाएगा। भारत में बौद्ध धर्म का उदय और अस्त विषय पर कोलंबो के यंग मेन्स बुद्धिस्ट एसोसिएशन में छात्रों के सामने 6 जून, 1950 के दिन डॉ. बाबासाहेब आंबेडकर का विचार प्रवर्तक और क्रान्तिकारी भाषण हुआ। इस अवसर पर उन्होंने कहा—

भारत में बौद्ध धर्म का ह्रास हुआ है और वह धर्म लगभग समाप्त हो चुका है ऐसा कहा जाता है, लेकिन मैं इस बात से बिलकुल सहमत नहीं हूँ। कुछ देर के लिए मैं मान भी लूँ कि आज भारत में बौद्ध धर्म के प्रसार के ऐहिक चिह्न दिखाई नहीं देते हैं, लेकिन इसके बावजूद आध्यात्मिक शक्ति के तौर पर भारत में आज भी बौद्ध धर्म का ज्वलंत प्रभाव है इस बात से कोई भी इनकार नहीं कर सकता। इसके बावजूद बौद्ध धर्म का उदय कैसे हुआ? अस्त कैसे हुआ? इन प्रश्नों पर आज तक जितना विचार होना चाहिए था, वह नहीं हुआ। बौद्ध धर्म का महत्त्व ध्यान में रखें तो इस विषय का अध्ययन का महत्त्व आज भारत में अधिक है।

इस विषय पर अधिकृत जानकारी देनेवाले ग्रंथ अथवा अन्य साहित्य उपलब्ध न होना भी एक समस्या है।

जो लोग चाहते हैं कि बौद्ध धर्म पुनर्जीवित हो, उनके सामने यह सवाल बड़ा रहता है कि अगर बौद्ध धर्म में कुछ चिरंतन मूल्य थे तो इस धर्म का ह्रास क्यों हुआ? इस बारे में जानकारी प्राप्त करने की मेरी कोशिश जारी है। अब तक जो जानकारी मैं जुटा पाया हूँ, उसके आधार पर बौद्ध धर्म के उदय-अस्त के बारे में मैंने जो अनुमान लगाए हैं वे, मुझे लगता है कि सही हैं।

ज़्यादातर लोग यही समझते हैं कि भारत में शुरू से हिन्दू धर्म ही था। लेकिन इतिहास के आधार पर इसकी छानबीन की तो इस मान्यता का कोई आधार दिखाई नहीं देता। हिन्दू धर्म भारत में शुरू से नहीं था। आज हिन्दू धर्म की स्थिति देखें तो पता चलता है कि वह काफ़ी बाद में भारत में पैदा हुआ है। हिन्दू धर्म का निर्माण कई बदलावों से होकर हुआ है। पहले भारत में वैदिक धर्म था। उसके बाद ब्राह्मण धर्म आया। और अब हिन्दू धर्म निर्माण हुआ है। इस प्रकार के बदलाव होते रहे हैं।

ब्राह्मण धर्म के दौरान ही भारत में बौद्ध धर्म का उदय हुआ और वह स्वाभाविक था। ब्राह्मण धर्म की आत्मा विषमता पर आधारित थी। बौद्ध धर्म की आत्मा समानता की थी। ज़ाहिर है कि इन दो विपरीत विचार प्रणाली के धर्मों में संघर्ष होना स्वाभाविक ही है। बौद्ध धर्म ब्राह्मण धर्म के लिए चुनौती समान था क्योंकि बौद्ध धर्म का चातुर्वर्ण्य पद्धति को विरोध था। फ्रेंच राज्यक्रान्ति द्वारा समानता स्थापित करने का जो कार्य किया गया, वही क्रान्तिकारी कार्य बौद्ध धर्म के उदय से हुआ। इस प्रकार बौद्ध धर्म का उदय किन स्थितियों में हुआ, जानने के बाद ही उसका महत्त्व समझ में आएगा।

कई लोगों का कहना है कि शंकराचार्य के दर्शन और युक्तिवाद के कारण बौद्ध धर्म निष्प्रभावी हुआ। लेकिन मुझे यह बात ग़लत लगती है क्योंकि शंकराचार्य की मृत्यु के बाद भी कई सालों तक बौद्ध धर्म भारत में प्रचलित था, उसका विकास हो रहा था। कई बार मुझे लगता है कि शंकराचार्य और उनके गुरु भी बौद्धधर्मीय ही थे।

वैष्णव धर्म और शैव धर्म के तड़क-भड़क वाले प्रचार के कारण बौद्ध धर्म धीरे-धीरे अस्त हुआ। बौद्ध धर्म की ही इन धर्मों ने नकल की थी। नकल करते हुए बौद्ध धर्म को ख़त्म करने की यह जुगत और थी। मुसलमानों के आक्रमण भी कारण बने। अलाउद्दीन खिलजी ने जब बिहार पर आक्रमण किया तब उसने क़रीब 5000 से 6000 बौद्ध भिक्षुओं को मार डाला। उससे बनी दहशत के कारण बचे हुए बौद्ध भिक्षु चीन, नेपाल और तिब्बत में भाग गए। उसके बाद भी बौद्ध धर्म को पुनर्जीवित

करने की कोशिशें हुईं लेकिन उन्हें सफलता नहीं मिली। क्योंकि, इस बीच हिन्दू धर्म का प्रसार हुआ था और क़रीब 90 प्रतिशत लोगों ने हिन्दू धर्म अपनाया था।

हिन्दू धर्म का आचरण आसान है, इसलिए यह धर्म टिका रहा और बौद्ध धर्म का आचरण कठिन था, इसलिए वह लोप हुआ यही इसका सीधा-सरल जवाब है। इसके अलावा भारत का राजनीतिक वातावरण जिस प्रकार हिन्दू धर्म के लिए अनुकूल था, उस प्रकार बौद्ध धर्म के लिए अनुकूल नहीं था इस बात को ध्यान में रखना बहुत ज़रूरी है।[1]

[*बाबासाहेब डॉ. अम्बेडकर सम्पूर्ण वाङ्मय,* खंड 40, पृ. 182-83]

1. *जनता,* 10 जून, 1950

47

बौद्ध धर्म के अलावा अछूतों के उद्धार का और कोई रास्ता नहीं

दिनांक 10 जून, 1950 के दिन डॉ. बाबासाहेब आंबेडकर का एक और भाषण कोलंबो के टाउन हॉल में हुआ। टाउन हॉल का समारोह पूरे सिलोन शेड्यूल्ड कास्ट्स फेडरेशन की ओर से आयोजित किया गया था। सिलोन के अस्पृश्यों का बड़ा समुदाय समारोह में उपस्थित था। इस अवसर पर डॉ. बाबासाहेब का सम्मान किया गया। जवाब में अपने जाति बन्धुओं को सम्बोधित करते हुए कहा—

"सिलोन बौद्धधर्मियों का देश है। बौद्ध धर्म स्वीकार करने में ही अस्पृश्यों की मुक्ति का मार्ग है। इस बात का मुझे पूरा यक़ीन है, इसलिए मुझे लगता है कि आप एक तरह से सौभाग्यशाली देश में हैं। सिलोन की बौद्धधर्मीय जनता से मैं कहना चाहता हूँ अस्पृश्य वर्गीय बन्धुओं को आप मन से जोड़कर बौद्ध धर्म में शामिल कर लें और अपनाए हुए बच्चे की तरह उनके हितों की रक्षा करें।"

"केवल सिलोन के बारे में बोलना हो तो, मैं कहूँगा कि सिलोन बौद्धधर्मीय देश होने के कारण यहाँ 'अस्पृश्यों का संगठन' बनाकर आपको यहाँ अलग से संगठित होने की ज़रूरत नहीं है। भारत में शेड्यूल्ड कास्ट्स फेडरेशन है, इसलिए आपको उनका अनुकरण करने की ज़रूरत नहीं। बौद्धधर्मीय देश में ख़ुद को अस्पृश्य समझने की ज़रूरत नहीं। क्यों आप ख़ुद को अस्पृश्य समझें? क्या आपकी यही पहचान हो?—इस बारे में सोचने जैसे हालात अब पैदा हुए हैं। हमें राजनीतिक अधिकार मिलें, विधि मंडल में हमें जगह मिले और समाज हमारे साथ समानता

का व्यवहार करे, इसलिए भारत में हम एक लम्बी राजनीतिक लड़ाई लड़ रहे हैं। हमें अभी सफलता नहीं मिली है। इसका मतलब यही है कि राजनीतिक संग्राम से हमें अभी मुक्ति नहीं मिली है।

पिछले 35 सालों से मेरी ये राजनीतिक लड़ाई चल रही है। इस लड़ाई में मुझे उच्चवर्णीय हिन्दुओं से लोहा लेना पड़ रहा है। इसी दौरान मैंने दुनिया के सभी धर्मों के बारे में पढ़ाई की और अब, आख़िर मैं एक अपरिहार्य निर्णय तक आ पहुँचा हूँ। निर्णय यही है कि बौद्ध धर्म के अलावा अस्पृश्यों के लिए मुक्ति की कोई और राह नहीं है। केवल बौद्ध धर्म में ही अस्पृश्यता निवारण का चिरकालीन उपाय है। आप अगर समानता का सिद्धान्त चाहते हैं और आर्थिक दासता से मुक्ति चाहते हैं तो बौद्धवाद के अलावा अन्य कहीं ठौर नहीं।

सिलोन के सम्माननीय नागरिक बनने का मौक़ा आपको क़ानूनी तौर पर मिला हुआ है। यह बात भी सही है कि इस क़ानून के कुछ अनुच्छेदों के ख़िलाफ़ शिकायत करने की कई जगहें हैं। लेकिन, मुझे यक़ीन है कि भारत सरकार और सिलोन सरकार के आपसी सहयोग से, स्नेहभाव से अन्यायकारी प्रावधानों का निवारण किया जा सकता है।"[1]

[*बाबासाहेब डॉ. अम्बेडकर सम्पूर्ण वाङ्मय,* खंड 40, पृ. 184-85]

48

एक बार फिर बौद्ध धम्म इस देश का धर्म बनेगा

रविवार, 14 जनवरी, 1951 के दिन शाम 6 बजे केन्द्रीय क़ानून मंत्री डॉ. बाबासाहेब आंबेडकर बंबई के वरली इलाक़े में बुद्धिस्ट सोसाइटी द्वारा आयोजित मेले में आए।

शाम 4 बजे से ही दर्शनाभिलाषी लोग सभा स्थान के पंडाल में तथा आसपास जहाँ भी जगह मिले वहाँ खड़े थे। ठीक 6 बजे बाबासाहेब कार्यक्रम पंडाल में आए। उनकी जयघोष से आसपास का परिसर गूँज उठा। फूलमालाएँ अर्पण कर उनका स्वागत किया गया। उसके बाद प्रो. भागवत ने लोगों से कहा,

> बुद्ध तथा उनके द्वारा दुनिया को मिले अद्वितीय बौद्ध धर्म के बारे में लोगों को जानकारी मिले इस उद्‌देश्य से यह बुद्ध मेला आयोजित किया गया है। चार महीनों पहले यह बुद्ध विहार अधूरी बनी पड़ी थी। इस काम को जल्द पूरा किया जा सकता है या नहीं इसका ख़ुद हमें भरोसा नहीं था। लेकिन चार माह पूर्व डॉ. बाबासाहेब विहार आए और आश्चर्य! इतने दिन अधूरा पड़ा इमारत बनाने का काम फिर शुरू हुआ। अब यह काम पूरा होने को है। यह केवल बाबासाहेब के आशीर्वादों का प्रभाव है। कुछ लोगों का प्रभाव होता ही ऐसा है। वे अगर मिट्टी भी हाथ में लेते हैं तो सोना होता है। डॉ. बाबासाहेब ने जो भी काम अपने हाथ में लिये वे सभी काम अच्छे ढंग से पूरे हुए हैं। उदाहरण के तौर पर सिद्धार्थ कॉलेज को ही लीजिए।

ठीक 6 बजकर 10 मिनट पर डॉ. बाबासाहेब आंबेडकर खड़े हुए तो माहौल तालियों की आवाज़ से गूँज उठा। एक बार फिर उनकी जयकार गूँज उठी। उन्होंने कहा—

प्रिय बहनो और भाइयो,

भाषण देने के लिए मैं यहाँ उपस्थित नहीं हुआ हूँ। मुझे लगा था कि शायद मेला ख़त्म हुआ है। लेकिन कल मेरे मित्र प्रो. भागवत मुझसे मिले और उन्होंने बताया कि मेला अभी कई दिनों तक चलनेवाला है। यहाँ आने के लिए मेरे पास समय नहीं था। लेकिन लोगों के आग्रह के कारण मैं ना नहीं कर सका और मैं हाज़िर हुआ। ऐसे समारोहों में उपस्थित रहने के क्या परिणाम निकलते हैं, मैं अच्छी तरह से जानता हूँ। बोलने की कोई भी तैयारी किये बिना मैं आया हूँ।

शतकों से चले आ रहे धर्म का दिन अगर मनाना हुआ तो कौन-सा दिन तय किया जाए? कभी लगता है शिवरात्रि के दिन को यह सम्मान मिलना चाहिए, तो कभी लगता है यह दिन राम जयंती या कृष्ण जयंती के दिन मनाया जाए। हिन्दू धर्म की संस्कृति द्वारा तय किये गए दिनों के अलावा कोई अन्य विकल्प हमारे दिमाग़ में नहीं आता। बुद्ध का दिन मनाया जाए, यह कल्पना तक किसी के मन में आई नहीं होगी। आश्चर्य की बात है कि क्यों ऐसा होता है, इसकी वजह मेरी समझ में नहीं आती।

बुद्ध इस दुनिया में 80 वर्ष तक जिए। अपनी उम्र के 45 साल उन्होंने इस देश में प्रचार करने में बिताए। आज शंकराचार्य के पास जैसी मोटरगाड़ी है, वैसी मोटरगाड़ी उनके पास नहीं थी। उनके पास सादी गाड़ी या घोड़ा तक नहीं था। यातायात का कोई साधन उन्हें उपलब्ध नहीं था। इसके बावजूद देश के कल्याण के लिए वह जम्मू से लेकर कन्याकुमारी तक पैदल घूमे। बौद्ध धर्म इस देश में 1200 सालों तक था। इस दौरान जिसने भिक्षा माँगकर अपना जीवन बिताया, कई मुसीबतें झेलीं, आज इस देश में उसका कोई नाम तक नहीं लेता।

कभी-कभी झूठ की जय होती है, सच्चाई की जय नहीं होती। यह भी ऐसी ही एक बात है। लेकिन सब लोग यह बात ध्यान में रखें कि कभी न कभी सत्य की भी जय होगी ही और आज वह समय आ गया है। 1200 सालों का धर्म एक बार फिर इस देश का धर्म बनेगा इसका मुझे विश्वास है। (तालियाँ)

हिन्दू धर्म किसी नदी की तरह है। दो नदियों का संगम बनता है और उससे एक तीसरी नदी पैदा होती है। हिन्दू धर्म ऐसे ही नदी की तरह बना है। एक नदी का

पानी साफ़ होता है और दूसरी नदी का पानी गन्दा होता है। इन दोनों का जब मिलन होता है तब साफ़ पानी भी गन्दा हो जाता है। इसी प्रकार हिन्दू धर्म की नदी में दो तरह का पानी बहकर आया है। साफ़ बौद्ध धर्म की नदी गन्दी हो गई है। उसमें से गन्दा और अच्छा पानी अलग करना होगा। तभी गन्दगी साफ़ की जा सकती है।

यहाँ के भिक्षुमित्र ने बताया कि कई लोग दीक्षा लेना चाहते हैं, लेकिन उनसे मैंने कहा कि बौद्ध होना आसान नहीं है। इसीलिए मैं और हमारे लोग मिलकर कुछ नियम बनानेवाले हैं। जो लोग उन नियमों का पालन करेंगे, केवल उन्हें ही दीक्षा दी जाएगी। बौद्ध धर्म की दीक्षा लेने के बाद आप हिन्दू धर्म की राय और देवता बौद्ध धर्म में नहीं ला सकते। घर में खंडोबा (भगवान की पूजा) और बाहर बुद्ध ऐसा नहीं चल सकता।

साथ ही, जिन हिन्दुओं को दीक्षा लेनी होगी, उन्हें हिन्दू धर्म की कुरीतियों का त्याग करना होगा। जात माननेवाले लोग बौद्ध बनते हैं और फिर बौद्ध धर्म को ब्राह्मण धर्म बनाते हैं। इस प्रकार बौद्ध धर्म को ही नष्ट करते हैं। बुरे रीति-रिवाजों को लेकर आप बौद्ध धर्म में नहीं आ सकते।

जिनके पास फ़ुर्सत है, वे यहाँ आएँ और पहले जानें कि बौद्ध धर्म क्या है। उसके बाद अगर ठीक लगे तो ही बौद्ध धर्म को स्वीकार करें। भानुमती का कुनबा बनाकर नहीं चलेगा। बौद्ध धर्म स्वीकारते हैं तो केवल उसी का पालन करें, बाकी सब छोड़ दें।

इस समय धर्म में शिथिलता आई है। मैं कहता हूँ कि धर्म की सबको आवश्यकता है। मेरे मतानुसार एक बात पक्की है। धर्म के बग़ैर समाज ज़िन्दा नहीं रह सकता। समाज को धर्म चाहिए और वह धर्म केवल बौद्ध धर्म ही होना चाहिए। दुनिया के उद्धार के लिए आवश्यक समता, प्रेम, बन्धुभाव आदि सब बातें बौद्ध धर्म में ही हैं। पिछले 20 सालों से मैंने धर्मों का अध्ययन किया है और लगभग हर धर्म के बारे में अध्ययन किया है। सभी धर्मों का गहन चिन्तन-मनन करने के बाद मुझे लगता है कि दुनिया को केवल बौद्ध धर्म को ही अपनाना चाहिए।

सोचिए। किसी समय यह देश सुसंस्कृत था ऐसा कहा जाता है। तो फिर उस देश में 5 करोड़ अस्पृश्य कैसे पैदा हुए? क़रीब 5-7 करोड़ लोगों के लिए उपजीविका कमाने के लिए चोरी-चकारी करनी पड़े, यह कैसे हुआ? अस्पृश्यता अपनाने वाला कोई धर्म दुनिया में नहीं है। तत्कालीन और वर्तमान के नेताओं ने उसे समाप्त करने की कोशिश क्यों नहीं की? चोरी-चकारी कर जीनेवाली जाति जिसमें पैदा होती है, उस संस्कृति को सुसंस्कृति कहा भी जा सकता है क्या? ऐसी जनजातियों को

सुधारने की लोगों ने कोशिश ही नहीं की। स्पष्ट है कि कोई न कोई कमी रही ही होगी। हिन्दू धर्म में 5 करोड़ लोग अस्पृश्य और 5-10 करोड़ लोग चोरी-चकारी करनेवाले हैं तो आख़िर क्यों? इस धर्म में ही कोई कमी है, यही इसकी वजह है।

इस नये कार्य को आजमाकर देखें। उसका अध्ययन करें। ऐसे अध्ययन में शामिल हों। इस सुमंगल काम में शरीक होने के लिए मैं आपका अभिनंदन करता हूँ।[1]

[*बाबासाहेब डॉ. अम्बेडकर सम्पूर्ण वाङ्मय,* खंड 40, पृ. 191-196]

1. *जनता,* 20 जनवरी, 1951

49

बुद्ध ने वर्णाश्रम धर्म नकारा

दिल्ली शेड्यूल्ड कास्टस् वेलफेयर एसोसिएशन और भारतीय महाबोधि सोसाइटी के संयुक्त तत्त्वाधान में नई दिल्ली में दिनांक 19, 20 और 21 मई, 1951 के दिन बड़ी धूम-धाम से बुद्ध जयंती मनाई गई।

शनिवार दिनांक 19 को दिल्ली में बहुत बड़ा जुलूस निकाला गया था। रीडिंग रोड के बुद्ध विहार के पास से इरविन रोड, कनाट सर्किल, पंचकुइयाँ रोड आदि गुज़रते हुए दिल्ली शेड्यूल्ड कास्ट्स वेलफेयर एसोसिएशन के आंबेडकर भवन के पास वाले मैदान में जुलूस विसर्जित हुआ।

रविवार दिनांक 20 को एक बड़ी सभा हुई। इस सभा के अध्यक्ष भारत में फ्रांस के वकील ने किया था। इस सभा में भारत में फिनलैंड के प्रतिनिधि ने ना ह्यागो वॉलवन, बर्मा के कौंसिल जनरल ने ना टिन मांग गी, सिलोन के हाइकमिश्नर ने. ना. कुमारस्वामी, नागपुर के प्रो. कुलकर्णी उपस्थित थे। सभा में डॉ. बाबासाहेब आंबेडकर ने कहा—

अध्यक्ष महाराज, बहनो और भाइयो,

यहाँ आए आपको दो-तीन घंटे बीते होंगे और स्पष्ट है कि आपको अपने घर लौटने की जल्दी हो रही होगी। इसलिए मैं ज़्यादा समय नहीं लूँगा। मुझसे पहले के वक्ताओं ने भगवान बुद्ध के चरित्र के बारे में बहुत सी बातें बताई हैं। मैं जो बताना चाहता हूँ वह ज़रूरी नहीं कि मैं आज ही बताऊँ। ऐसा नहीं कि आज के बाद हमारी मुलाक़ात नहीं होगी। हम बार-बार मिलनेवाले हैं। इसके बावजूद कई लोगों का आग्रह है कि मुझे कुछ कहना होगा, इसलिए मुझे थोड़ा बोलना पड़ेगा।

मेरी इच्छा है कि भारत के सभी अस्पृश्य बुद्ध की शिक्षा आत्मसात करें और उसी के अनुसार अपना व्यवहार रखें। पिछले वर्ष बुद्ध जयंती के अवसर पर हम यहाँ इकट्ठा हुए थे। तब इतनी भीड़ नहीं थी। आज यहाँ इतने लोग इकट्ठा हुए हैं, एक साल में लोगों में इतना रुझान पैदा हुआ है यह देखकर मुझे अच्छा लग रहा है। साथ ही, अस्पृश्यों से सम्बन्धित ख़बरों को जगह न देनेवाले अख़बारों में कल के विशाल ज़ुलूस की ख़बर भी मुझे पढ़ने को मिली। आपने जो प्रगति की है, वह निश्चित रूप से प्रशंसनीय है।

बुद्ध जयंती मनाना कोई बहुत बड़ी बात नहीं है। क्योंकि बड़े-बड़ों के काम के बारे में आदर करना है। लेकिन हम बुद्ध जयंती केवल इसीलिए मनाते हैं कि भारत में समाज का पतन न हो। इसीलिए, बुद्ध की शिक्षा स्वीकारने के लिए लोगों से कहने से पहले बौद्ध धर्म और हिन्दू धर्म का फ़र्क़ उन्हें ठीक से समझाया जाना चाहिए। चातुर्वर्ण्यीय, मूर्तिपूजा और आध्यात्मिक सिद्धान्त के स्वरूप में सामाजिक भेदभाव पर आधारित हिन्दू धर्म बना है। लोगों के सामाजिक पतन के लिए और राष्ट्र के ह्रास के कारण बने ब्राह्मणतंत्र में और आज के हिन्दू धर्म में मुझे तो कोई फ़र्क़ दिखाई नहीं देता। हिन्दू धर्म में शान्ति, एकता नहीं, इसकी वजह चातुर्वर्ण्यीय व्यवस्था पर आधारित हिन्दू धर्म है, इस बात को ज़्यादातर हिन्दू लोग मान रहे हैं। लेकिन चातुर्वर्ण्यीय व्यवस्था पर आधारित धर्म के इस चौखटे को कैसे तोड़ना है, हिन्दू धर्म में शान्ति और एकता की स्थापना कैसे करनी है, यह बात कोई नहीं जानता। सही-ग़लत के बारे में सोचकर अनुचित बातों का त्याग न करने का एक ही कारण है कि इस अनुचितता के कारण अर्थात् कि चातुर्वर्ण्यीय के कारण हिन्दुओं का फ़ायदा हो रहा है, ऐसा लगता है।

सभी हिन्दुओं से मैं यही कहना चाहता हूँ कि वे इन पोंगापंथी मान्यताओं से, वर्णाश्रम पद्धति से छुटकारा पाएँ। लेकिन यह होगा कैसे? क्योंकि वे वेदाज्ञा को प्रमाण मानते हैं। और वेदों में वर्णाश्रम पद्धति को श्रेष्ठ बताया गया है। धर्म में सुधार होना चाहिए ऐसा केवल कहना भर काफ़ी नहीं है। उसके लिए आचार-विचारों में आमूलचूल बदलाव लाना ज़रूरी है। उसके बग़ैर सुधार आना सम्भव ही नहीं है। उसके बिना सुधार की आशा करना ही व्यर्थ है।

बौद्ध धर्म से द्वेष करनेवाले ब्राह्मणों से मैं यही पूछना चाहता हूँ कि बुद्ध को शुरुआत में जो भिक्षु मिले थे, वे कौन थे? उनमें से 90 प्रतिशत ब्राह्मण थे। कुछ हिन्दू लोगों का कहना है कि बौद्ध धर्म को स्वीकार करना हो तो क़रो, लेकिन इसके लिए ब्राह्मणतंत्र को क्यों कोसा जाता है? इसका जवाब बहुत आसान है।

वर्णाश्रम धर्म पर आधारित ब्राह्मणतंत्र पर, हिन्दू धर्म पर प्रहार किये बग़ैर, उसका स्वरूप खोलकर बताए बग़ैर बौद्ध धर्म का प्रसार सम्भव नहीं। बौद्ध धर्म की प्रगति की राह का वह रोड़ा बहुत बड़ा है। साफ़ पानी और गन्दे पानी के प्रवाहों को अगर इकट्ठा बहने दिया गया तो साफ़ पानी गन्दा हो जाएगा। इसी प्रकार बौद्ध धर्म के सही सिद्धान्तों के साथ हिन्दू धर्म के गन्दे पानी को बहने नहीं देना चाहिए।

बौद्ध धर्म की तरह ही हिन्दू धर्म में भी अहिंसा पर ज़ोर दिया गया है, यह बात सही है। लेकिन वर्णाश्रम पद्धति को हिन्दू धर्म की बुनियाद बनाए जाने के कारण, एक वही बात हिन्दू धर्म का धिक्कार करने के लिए काफ़ी है। आज हिन्दू धर्म में जहाँ देखो वहाँ ढोंग है। ब्राह्मण लोग मन्दिरों में इसीलिए रहते हैं क्योंकि उन्हें वहाँ ऐशोआराम की ज़िन्दगी व्यतीत करने का मौक़ा मिलता है, न कि इसलिए कि वहाँ रहकर वे भगवान की भक्ति कर पाते हैं। पिछले वर्ष सिलोन से लौटते वक़्त मैं मद्रास गया था। तब वहाँ के कई हिन्दुओं ने मुझसे मन्दिर देखने की विनती की। मुझे आश्चर्य लगा, मैं गया भी। मैंने घूम-घूम कर हिन्दुओं के मन्दिर देखे। वहाँ ब्राह्मण लोग मूर्ति पूजा करते थे, धूप-कपूर जलाते थे। इसके अलावा वे और कोई काम नहीं करते हैं, ऐसा मुझे पता चला। मतलब कि यह उनका एक महत्त्वपूर्ण उद्योग बना! उनके दूसरे उद्योग के बारे में मुझे पता चला कि उन्हें बहुत भोजन खाना पड़ता है। सुबह का भोजन, दोपहर का भोजन, शाम का भोजन। भोजन का बहुत बड़ा उद्योग वे लोग करते हैं। मैंने उनसे पूछा कि यह सब कैसे चलता है? जवाब मिला कि मद्रास सरकार से उन्हें सालाना डेढ़ लाख रुपयों की ग्रांट मिलती है। कुछ मन्दिरों में सोने-चाँदी की मूर्तियाँ दिखाई दीं। इनमें से कुछ मूर्तियों की क़ीमत करोड़ों रुपयों में ही हो सकती है। एक तरफ़ देश में लोग भूख से मर रहे हैं। लोग पैसे-पैसे के लिए मोहताज हैं और दूसरी ओर अनाज का ऐसा प्रयोग और रुपयों-पैसों की ऐसी ख़ैरात। और यह सब हिन्दू धर्म के यज्ञों के लिए। फिर क्यों न ये लोग हिन्दू धर्म की जयकार करेंगे!

धर्म विशुद्ध सिद्धान्तों पर आधारित होना चाहिए। बुद्ध कभी वर्णाश्रम धर्म में विश्वास नहीं रखते थे। हमें यह बात नहीं भूलनी चाहिए कि हम सब एक से हैं। मनुष्य-मनुष्य के बीच किसी तरह का भेदभाव नहीं होना चाहिए। जन्म पर कोई श्रेष्ठ या निम्न नहीं हो सकता। श्रेष्ठता या नीचता केवल अपनी करनी के आधार से ही प्राप्त होती है। बुद्ध ने ये बातें बताई हैं। लोग अगर फिर बौद्ध धर्म का स्वीकार करेंगे तो यह देश एक बार फिर वैभव सम्पन्न बनेगा, किसी और तरह से जातिभेद ख़त्म होना सम्भव नहीं है। सचमुच अगर कोई जाति-धर्म ख़त्म

करना चाहते हैं तो उनके लिए केवल यही एक उपाय है कि वे बौद्ध धर्म को स्वीकार करें।

लेकिन हम बिना किसी हड़बड़ी मचाए अपने उद्देश्य को हासिल करेंगे। जिनके हाड़-मांस में हिन्दू धर्म रच-बस गया है, उन बुजुर्गों के लिए तुरन्त अपना धर्म त्यागना सम्भव नहीं होगा और उनसे मैं ऐसा कहूँगा भी नहीं। लेकिन युवाओं के बारे में मुझे बहुत विश्वास है। वे ज़रूर सही मार्ग अपना कर अपना, समाज का और राष्ट्र का हित करेंगे।[1]

[*बाबासाहेब डॉ. अम्बेडकर सम्पूर्ण वाङ्मय,* खंड 40, पृ. 199-201]

1. *जनता,* 26 मई, 1951

50

मैंने तय किया है कि अपने जीवन के आख़िरी दिन बौद्ध धर्म के प्रचार-प्रसार में बिताऊँगा

दिनांक 27 मई, 1953 को बुद्ध जयंती थी। इसी बहाने सुबह 8 बजे वरली के आंबेडकर मैदान में डॉ. बाबसाहेब आंबेडकर इस बात का मार्गदर्शन करेंगे कि सामुदायिक प्रार्थना कैसे करनी चाहिए। शाम 5 बजे परेल के नरे पार्क (जी.आई.पी. रेलवे वर्कशॉप के सामने का मैदान) में उनक सार्वजनिक व्याख्यान आयोजित किया गया है। इस कार्यक्रम की घोषणा बौद्ध धर्म प्रचार समिति के सचिव आयु. आर.डी. भंडारे ने दिनांक 23 मई, 1953 को की थी। उसके अनुसार बंबई के नरे पार्क में 27 मई, 1953 की शाम को इस कार्यक्रम के लिए प्रचंड जनसमुदाय हाज़िर हुआ था। कार्यक्रम की शुरुआत में आर.डी. भंडारे ने भगवान बुद्ध के फ़ोटो को फूलमाला पहनाई। उसके बाद डॉ. बाबसाहेब आंबेडकर अपने भाषण में बोले—

बहनो और भाइयो,

आज बुद्ध जयंती के बहाने हम सब एकत्रित हुए हैं। अन्य कई जगहों पर जिस प्रकार मनाई जाती है उसी तरह आज इस जगह भी बुद्ध जयंती मनाई जा रही है, लेकिन इस कार्यक्रम का अलग महत्त्व है। 1942 साल से ही मैं सरकार से माँग कर रहा था कि इस दिन को छुट्टी घोषित की जाए। उस समय के गृहमंत्री आयु. मैक्सवैल की भी मंशा थी। लेकिन मेरी इच्छा पूरी नहीं हो सकी। युद्धकाल के कारण आयु. मैक्सवैल की इच्छा भी पूरी नहीं हो सकी। उन्हें चिन्ता थी कि बुद्ध के जन्मदिन की छुट्टी की अगर घोषणा की जाए तो युद्ध के लिए मुसलमानों से जो मदद मिल रही है, वह नहीं

मिलेगी। उसके बाद फिर से मुझे कांग्रेस के मंत्रिमंडल में लिया गया। मंत्रिमंडल में शामिल होने के बाद मेरी माँग कम-से-कम नेहरू पूरी करें, इसलिए मैं उनके पीछे पड़ा। मेरी इस माँग के लिए महाबोधि सोसाइटी के अध्यक्ष श्यामाप्रसाद मुखर्जी ने भी सहायता की। तैंतीस करोड़ हिन्दू भगवानों के जन्मदिनों की छुट्टियाँ, मुस्लिम, ईसाई, पारसी, जैन आदि धर्मों के भगवानों के जन्मदिनों की छुट्टियाँ अगर मिलती हैं तो फिर बुद्ध जयंती के दिन क्यों न छुट्टी हो? मैंने नेहरू जी से माँग की कि या तो इन सभी छुट्टियों में से कम कर एकाध छुट्टी हमें भी दीजिए या फिर एकाध छुट्टी और बढ़ाइए। जवाहरलाल नेहरू के मन में बुद्ध के बारे में बहुत आदर है। संयोगवश नेहरू सरकार ने बुद्ध जयंती की छुट्टी की घोषणा इसी वर्ष की है। लेकिन बंबई सरकार ने नहीं दी। अपनी बंबई सरकार बहुत सुसंस्कृत है। बंबई सरकार यानी कल्चर ही कल्चर है। चाहे तो आप उसे 'एग्रीकल्चर' कहिए। ऐसी सरकार द्वारा छुट्टी न दिये जाने के कारण पांच बजे शुरू होनेवाली यह सभा साढ़े सात बजे शुरू हो रही है।

बुद्ध का नाम लेते ही कुछ हिन्दू लोगों को डर लगता था, कोई अपने ऊपर बम फेंक रहा है इस प्रकार का कोई डर उन्हें लगता था। उनमें से कई लोगों को ज्ञान प्राप्ति हुई है और आज वे बुद्ध का सम्मान कर रहे हैं। मैं कोई भविष्यवक्ता नहीं हूँ, आगे क्या होगा यह मैं नहीं बता सकता, लेकिन एक बात निश्चित तौर पर कह सकता हूँ कि बुद्ध का धर्म इस पृथ्वी पर फिर से अवतरित होगा। आज मैं नहीं बता सकता कि वह किस मार्ग से आएगा।

मैं बौद्ध धर्म का एक उपासक हूँ। मैंने केवल बोध नहीं लिया है और न ही मैं केवल बोलता रहता हूँ। मैं प्रत्यक्ष कृति करके दिखाऊँगा। मेरी ज़िन्दगी के आख़िरी दिनों में अब मैंने तय किया है कि मैं बुद्ध का प्रचार करूँगा। बुद्ध धर्म प्रचार की खेती मैं करूँगा और देखूँगा कि उसमें कौन-सी फ़सल उगती है। कई लोग मुझसे पूछते हैं कि बौद्ध धर्म में ऐसी क्या विशेष बात है? उसमें और हिन्दू धर्म में फ़र्क़ क्या है? हिन्दू दार्शनिक कहते हैं कि बुद्ध ने उपनिषदों से ही सब कुछ लिया है। मुझे ऐसे लोगों के बारे में बहुत अचरज लगता है। जिन्होंने ब्राह्मणों के 138 उपनिषदों का अध्ययन किया होगा, उन्हें पूरा पढ़ा होगा, उन्हें लगेगा कि उसमें ब्रह्म और आत्मा के अलावा और है ही क्या?

उपनिषदों के इस कारख़ाने की ब्रह्म और आत्मा इन दो बातों के बारे में बोलना हो तो बुद्ध ने इनमें से एक भी बात नहीं मानी। बुद्ध ने साफ़ तौर पर कहा कि मुझे ईश्वर नहीं चाहिए, परमेश्वर नहीं चाहिए। इस धरती पर जन्म लेनेवाला हर आदमी सुख से और शान्ति से जिएँ, बस मैं यही चाहता हूँ। बुद्ध ने केवल शान्ति के बारे

में ही बताया हो ऐसी बात नहीं है, बुद्ध सच्चे विचारक थे। उनके जैसा विचारक अब तक दुनिया में कोई हुआ ही नहीं।

बुद्ध को वेद बिलकुल पसन्द नहीं थे। उन्होंने यह साफ़ तौर पर कहा था। वर्ण व्यवस्था भी बुद्ध को मान्य नहीं थी। बौद्ध साहित्य में बुद्ध ने चातुर्वर्ण्य पर हर बार प्रहार किये हैं और इसीलिए उसे कट्टर हिन्दू धर्म से कठोर विरोध का सामना करना पड़ा। इस देश में तीन महत्त्वपूर्ण पंथ हैं। हिन्दू, जैन और बौद्ध। जैनों के बारे में मैं कुछ कहना नहीं चाहता। बुद्ध ने जातिभेद पर कठोर प्रहार किये। मैं ब्राह्मणों से द्वेष नहीं करता लेकिन—'ब्राह्मण झाला भ्रष्ट, तरी तो तिन्ही लोकी श्रेष्ठ' यानी भ्रष्ट ब्राह्मण भी तीनों लोकों में श्रेष्ठ होता है यह मैं नहीं मानता, ब्राह्मण कहते हैं कि हम अगर भ्रष्ट भी हुए तो भी तीनों लोक में सबसे श्रेष्ठ ही हैं। ऐसे उसके विचार थे।

जातिवाद की जड़ें हमेशा के लिए उखाड़ फेंकने के लिए हमें हिन्दू धर्म का त्याग करना ज़रूरी है। जो लोग आराम से जी रहे हैं वे शायद नहीं जानते कि उनके नीचे क्या सड़ रहा है। जातिवाद की समाज-रचना को अगर उखाड़ फेंकना हो तो हमें बौद्ध धर्म की सीख पर ही अमल करना होगा। यह बात मैं केवल ऊपरी तौर पर नहीं कह रहा बल्कि मन की गहराई से कह रहा हूँ। पांडव जिस प्रकार वनवास के लिए गए थे तब उन्होंने अपने सारे अस्त्र एक शमी के पेड़ पर रखे और चुपचाप वनवास पर निकल गए थे। बाद में उन्हीं शस्त्रों के सहारे उन्होंने पराक्रम किये। उसी प्रकार हम भी अपने आयुध बाहर निकालेंगे। मैं अपना प्रचार केवल आप तक सीमित नहीं रखूँगा। पूरे हिन्दू धर्म को इस नये क्षेत्र में लाने की कोशिश करूँगा। कहाँ तक सफलता मिलती है, यह देखना है। मानवता की रक्षा के लिए भारत ही क्या पूरी दुनिया को आख़िर इसी धर्म की ओर देखना पड़ेगा। इसीलिए बौद्ध धर्म का बाइबिल मैंने लिखी है, जो जल्द ही प्रकाशित होगा।

उसे पढ़ने के बाद बौद्ध धर्म को स्वीकारना है अथवा नहीं इस बात का फ़ैसला करना आपके हाथ में होगा। मेरा पूरा-पूरा विश्वास है कि केवल बुद्ध का धम्म ही विश्व को विनाश से बचा सकता है और समूचे जीवित प्राणियों का कल्याण कर सकता है। एक बार आपने जो मार्ग अपनाया, उसे आपको याद रखना होगा। बुद्ध का एक विहार मैं बंबई में बनानेवाला हूँ। बुद्ध धर्म को पुनर्जीवित करने के लिए आइए, हम सब मिलकर इस मंगल अवसर पर प्रतिज्ञा करते हैं।[1]

[*बाबासाहेब डॉ. अम्बेडकर सम्पूर्ण वाङ्मय,* खंड 40, पृ. 309-311]

1. *जनता,* 30 मई, 1953

51

धर्म के नाम पर पैसा बटोरकर बर्बाद करना अपराध है

बंबई के जेवियर कॉलेज में 24 जनवरी, 1954 को आयोजित अखिल भारतीय साईं भक्त सम्मेलन में डॉ. भीमराव आंबेडकर ने, एम.एस. पीएच-डी., बार-ऐट-लॉ द्वारा दिया गया उद्‌घाटन भाषण, उन्होंने कहा—

आपको सम्बोधित करने के लिए मुझे जो निमंत्रण दिया गया उसके लिए आप सबको बहुत-बहुत धन्यवाद। मैं इसके योग्य नहीं हूँ। मैं उन लोगों में से नहीं हूँ जो साईं बाबा के भक्तों के रूप में जाने जाते हैं। साईं बाबा से मिले या उनके दर्शन करने का मेरा सौभाग्य नहीं रहा। मैंने केवल उनके बारे में सुना है, यह ज़्यादा अच्छा होता यदि इस अवसर पर किसी ऐसे व्यक्ति को बोलने के लिए आमंत्रित किया गया होता जो उन्हें मुझसे बेहतर जानता होता। लेकिन चूँकि जो लोग मुझे निमंत्रित करने आए थे वे बार-बार कह रहे थे कि मुझे बुलाने का निर्णय सर्वसम्मति से लिया गया है, इसलिए 'ना' कहना आसान नहीं था, हालाँकि मेरे स्वास्थ्य की वर्तमान स्थिति को देखते हुए मैं आसानी से मना कर सकता था। जैसा कि मैंने पहले कहा, साईं बाबा के बारे में मेरा ज्ञान शून्य है और जो भी थोड़ा-बहुत मैं जानता हूँ, वह उनके बारे में लोगों से सुनी हुई बातें हैं। कुछ समय पहले बाबा की मृत्यु हो गई है और मैं समझता हूँ कि बाबा अपने पीछे अनुयायियों की जमात छोड़ गए हैं, जिनकी संख्या में बाबा की मृत्यु के बाद भी लगातार वृद्धि हो रही है। वह कई लोगों के धर्म गुरु के रूप में जाने जाते हैं।

भारत में धर्म ने कई तरह के रूप-रंग अख्तियार कर लिये हैं। अपने मूल रूप से धर्म व्यक्ति की आत्मा के मोक्ष का निजी मामला था। बाद में धार्मिक दृष्टिकोण

एवं उद्‌देश्यों में काफ़ी परिवर्तन हुआ। अब इसके मायने केवल आत्मा का उद्धार न होकर उस मानवीय भाईचारे को कायम करना भी हो गया, जिसका आधार पारम्परिक रूप से मनुष्यों को नियंत्रित करनेवाले नैतिक नियम है। तब वह तीसरा चरण आया, जिसमें मनुष्य उन व्यक्तियों की आराधना करने के लिए प्रेरित हुए जो उनके जीवन के अभावों की तुष्टि करते थे। किसी को बच्चे चाहिए थे, किसी को सोना चाहिए था, कुछ थे जिन्हें मुसीबतों से छुटकारा चाहिए था। यदि कोई व्यक्ति लोगों की इन भौतिक आवश्यकताओं को पूरा कर देता था तो वह उनका ईश्वर बन जाता और वे उसकी आराधना करने लगते।

फिर आया चौथा दौर, जिसमें उस व्यक्ति की पूजा हुई जो किसी तरह का चमत्कार दिखा सकता हो, ऐसा चमत्कार जो जन-साधारण के ज्ञान के परे हो। और इस तरह का चमत्कार करनेवाले ईश्वर बन गए। यह सब हमें भारत में मिलता है। आज भारत में ऐसा कोई धर्म नहीं है, जिसमें मूर्तियों, साधुओं, संतों और चमत्कार दिखानेवालों की उपासना न होती हो। आज के हमारे धर्म में न तो ईश्वर है और न ही नैतिकता। मुझे कोई सन्देह नहीं है कि यह स्थिति मानव-मस्तिष्क की पतित स्थिति है और आनेवाली पीढ़ियों के लिए यह एक ज़िम्मेदारी है कि वे धर्म को उसके शुद्ध और दयालु स्थिति में वापस ले आएँ। इस बीच हमें तथ्यों को उस रूप में दृष्टिगत करना होगा जैसे वे हैं। हम धर्म के मामले में केवल भटक ही नहीं गए हैं, बल्कि धर्म के नाम पर पैसा उगाह कर उसे ऐसी चीज़ों के लिए बर्बाद करना एक व्यवसाय बन गया है, जिसका कोई सामाजिक स्पष्टीकरण नहीं है। संसार में इतनी निर्धनता, इतना दुख है कि धर्म के नाम पर पैसा इकट्‌ठा करना और उसे ब्राह्मणों एवं तीर्थ यात्रियों को खिलाकर बर्बाद करना अपराध है।

बुद्ध ने इस प्रश्न पर भली-भाँति विचार किया है। अपनी नैतिक संहिता में बुद्ध ने पंचशील, अष्टांग मार्ग और निब्बान का उपदेश दिया। लेकिन इसके अतिरिक्त उन्होंने अपने अनुयायियों को दस गुण विकसित करने की भी शिक्षा दी—(1) प्रज्ञा, (2) शील, (3) नेखम्म, (4) दान, (5) वीर्य, (6) खन्ति, (7) सच्च, (8) अधित्थान, (9) मैत्री, (10) उपेक्खा।

प्रज्ञा का अर्थ है बुद्धि, ज्ञान का वह प्रकाश जो अज्ञान या अविद्या का अन्धकार समाप्त करती है, मोह नव-विज्ञान है। शील का अर्थ नैतिक स्वभाव है, अच्छा होने का और बुरा न करने का स्वभाव। नेखम्म सांसारिक सुखों का परित्याग करता है। दान का अर्थ बिना कुछ पाने की इच्छा किये अपनी समस्त भौतिक उपलब्धियों से लेकर शरीर एवं जीवन का दान कर देना। वीर्य का अर्थ है सच्चा प्रयत्न—पीछे

हटने के बारे में सोचे बिना जो कुछ भी आपने करने का जिम्मा लिया है, उसको अपनी पूरी शक्ति से करना। खन्ति का आशय है सहिष्णुता, घृणा का उत्तर घृणा से न देना। सच्च है सत्य, किसी व्यक्ति को कभी भी झूठ नहीं बोलना चाहिए जो वह कहता है वह केवल सत्य होना चाहिए, सत्य के सिवाय कुछ भी नहीं। अधित्थान का तात्पर्य लक्ष्य प्राप्त करने का दृढ़ निश्चय है। मैत्री का तात्पर्य है सभी जीवों से प्रेम करना, केवल मित्रों से ही नहीं, बल्कि शत्रुओं से भी, केवल मनुष्यों से नहीं, बल्कि सभी जीवों से। उपेक्खा का अर्थ वैराग्य है जो कि उदासीनता से अलग है। इसका अर्थ है मन की वह दशा, जिसमें न तो आसक्ति है और न विरक्ति, परिणामों से अविचलित रहकर कार्य साधना में लीन रहना। इसलिए पालि साहित्य में उन्हें पारमिताएँ कहा जाता है।

भले ही बुद्ध ने दान पारमिता का उपदेश दिया था, किन्तु उन्होंने ख़ासतौर पर यह उल्लेख किया है कि दान सुपात्र को ही किया जाना चाहिए। दान देते समय यह दाता को जब श्रेष्ठ बनाती हो तो पानेवाले को यह पतित न करती हो। दान उन लोगों को दी गई सहायता है, जो गिर गए हैं ताकि वे जीवन के मार्ग पर स्वावलंबित होकर चल सकें।

यदि आपने उस संत के नाम पर पैसा इकट्ठा किया है, जिनका आप सम्मान करते हैं तो आपको यह पैसा ऐसे कार्यों में लगाना चाहिए जो पारमिताओं में बताए गए हैं। संसार में इतना दुख, इतनी अज्ञानता और इतने कष्ट हैं कि जैसा कि मैंने कहा, सम्पन्न लोगों को खिलाने के लिए इसका प्रयोग करना निर्दयता होगा। इस तरह के दान स्वरूप प्राप्त धन का प्रयोग अस्पतालों के लिए, शिक्षा के लिए, छोटे-छोटे उद्योग लगाने के लिए जिससे बेसहारा लोगों, विधवाओं को काम मिल सके, के लिए किया जाना चाहिए। अगर आप लोग मेरे विचारों से सहमत हैं तो इसके अतिरिक्त भी कई उदाहरण हैं जिनका अनुसरण आप कर सकते हैं, आपको बस व्यावहारिक उदाहरणों के लिए अपने आसपास देखने की आवश्यकता भर है।

मुझे याद है कि मैंने आप लोगों के चिन्तन के लिए कुछ विचार दे दिये हैं। यदि आपने पैसा एकत्रित किया है तो इसका प्रयोग वैसे ही करें जैसा मैंने बताया है। इससे आपका ही भला होगा, इसमें साईं बाबा का नाम भी उज्ज्वल होगा।[1]

[*बाबासाहेब डॉ. अम्बेडकर सम्पूर्ण वाङ्मय,* खंड 40, पृ. 309-311]

---

1. बंबई में जनवरी, 1995 का आयोजित साईं सम्मेलन में परिचालित एक मुद्रित पुस्तिका से लेकर पुनर्मुद्रित।

52

आपके बनाए विहार में बुद्ध की प्रतिमा की स्थापना कीजिए

पुणे ज़िले के देहू रोड इलाक़े में संत चोखोबाराय और बुद्ध वाचनालय बनाया जा रहा है। इस विहार के लिए आज तक कुल 1200 रु. इकट्ठे हुए हैं। इस रकम में विहार का कलश और आधे से अधिक कामकाज होना है। इस विहार में मूर्ति की स्थापना करने के लिए डॉ. बाबासाहेब आंबेडकर लोणावला आए थे। उस वक़्त मन्दिर के कुछ सदस्यों ने उनसे मुलाक़ात की। इस अवसर पर डॉ. बाबासाहेब ने बौद्ध धर्म के बारे में विस्तार से जानकारी दी। बौद्ध धर्म के प्रसार की बेहद ज़रूरत है यह लोगों को समझाते हुए कहा—

आपने चोखोबाराय का मन्दिर बनाया है। उन चोखोबा की जो अपने जीवनकाल में कुछ कर नहीं पाए थे, जिनका रूप आपमें से किसी ने देखा नहीं है। ऐसे चोखोबा के बारे में आस्था रखना हित में नहीं है। इसलिए हम अब जिस भावना से प्रेरित हुए हैं, उस भावना को आज के युग में पैरों तले रौंद नहीं सकते।

अपने कार्य का एक हिस्सा अगर मैं इस बात के लिए रखता तो इस बात के लिए लोगों में आदर पैदा होता और मेरे उद्देश्य की बातें दुनिया भर में फैलतीं। लेकिन मेरे साथ कई काम जुड़े हुए हैं, सो मैं इस काम के लिए थोड़ा समय भी नहीं दे पाया।

धर्म, प्रचलित रूढ़ियों की शिकार दलित जनता अन्धविश्वास के कारण अधोगति को प्राप्त हुई है। हिन्दू धर्म के तैंतीस करोड़ देवताओं की पूजा करते हुए हज़ारों बारिश उन्होंने झेलीं। धर्म के प्रति गर्व के कारण आज तक यह भोली जनता उसी

बात का पालन करती आई है। लेकिन सत्य, अहिंसा, परोपकार के त्रिवेणी संगम का झरना बहानेवाली नदी पर शंकराचार्य ने बाँध बनाया। और आज वही नदी समंदर बन गई है। उस समंदर में कुछ अन्धभक्त लोग पूजनीय भावना मन में लिए स्नान कर अपने पापों का क्षालन कर रहे हैं। जिस धर्म में इंसानियत नहीं, उस धर्म के भगवान के बारे में भी अपनापन महसूस होना ठीक नहीं। इसलिए अब से आगे हमें अलग भाव से या उद्देश्य से अगले कार्य की रूपरेखा बनानी होगी। इसीलिए मुझे आपको यह सलाह देने का मन हो रहा है कि आपके बनाए मन्दिर में आप बुद्ध की मूर्ति की स्थापना कीजिए।

आख़िर विहार समिति द्वारा मूर्ति की स्थापना डॉ. बाबासाहेब के ही हाथों करने की इच्छा उनके सामने प्रकट की। तब मूर्ति की स्थापना के लिए उपस्थित रहने का आश्वासन उन्होंने दिया। साथ ही अपने मित्र से बुद्ध मूर्ति दिलाने का भी वचन दिया।[1]

[*बाबासाहेब डॉ. अम्बेडकर सम्पूर्ण वाङ्मय,* खंड 40, पृ. 342]

---

1. *जनता,* 8 मई, 1954
जनता के अंक में डॉ. बाबासाहेब आंबेडकर की मुलाक़ात की तारीख़ नहीं दर्शायी है। —संपादक

53

मेरा जीवन दर्शन

'प्रत्येक व्यक्ति का एक जीवन दर्शन होना चाहिए, क्योंकि प्रत्येक मनुष्य का एक ऐसा स्तर होना चाहिए जिससे वह अपने चरित्र को माप सके। और दर्शन मापने के पैमाने के अतिरिक्त और कुछ नहीं है।

नकारात्मक रूप से, मैं भगवद्गीता में दिये गए हिन्दू जीवन दर्शन को ख़ारिज करता हूँ, क्योंकि यह सांख्य दर्शन के त्रिगुण पर आधारित है जो कि मेरे हिसाब से कपिल के दर्शन का विभक्त विरूपण है और जिसने जाति व्यवस्था और श्रेणीगत असमानता को हिन्दू सामाजिक जीवन का नियम बना दिया है। सकारात्मक रूप से, आप कह सकते हैं कि मेरा जीवन दर्शन तीन शब्दों में निहित है—स्वतंत्रता, समानता और बन्धुत्व। हालाँकि आप यह मत कहिए कि मैंने अपना दर्शन फ्रांस की क्रान्ति से उधार लिया है। ऐसा नहीं है। मेरे दर्शन की जड़ें धर्म में हैं न कि राजनीति विज्ञान में। मैंने उन्हें अपने मार्गदृश्य बुद्ध से ग्रहण किया है। उनके दर्शन में स्वतंत्रता और समानता को जगह दी गई है, लेकिन उन्होंने यह भी कहा है कि असीमित स्वतंत्रता समानता को नष्ट कर देती है और सम्पूर्ण समानता में स्वतंत्रता के लिए जगह नहीं बचती है। उनके दर्शन में क़ानून को जगह केवल स्वतंत्रता और समानता में विघटन से सुरक्षा देने के लिए दी गई है, लेकिन उनका यह मानना नहीं था कि क़ानून, स्वतंत्रता और समानता में विघटन की गारंटी बन सकता है। स्वतंत्रता, समानता या बन्धुत्व की मनाही के एकमात्र सुरक्षा उपाय के रूप में बन्धुत्व को उन्होंने सर्वोच्च स्थान प्रदान किया है जो कि भाईचारे या मानवतावाद का ही एक पर्याय है और ये धर्म के पर्याय हैं। क़ानून धर्म-निरपेक्ष है, जिसको कोई भी तोड़ सकता है जबकि बन्धुत्व या धर्म पवित्र होता है जिसका सम्मान करना सबके लिए आवश्यक है। मेरे दर्शन का एक उद्देश्य है। मुझे धर्मान्तरण का कार्य करना

है क्योंकि मुझे त्रिगुण सिद्धान्त के अनुयायियों से इसको छुड़वाकर अपना दर्शन स्वीकार करवाना है। आज भारतीय दो विचारधाराओं से नियंत्रित हो रहे हैं। संविधान को प्रस्तावना में उद्धृत उनका राजनीतिक आदर्श एक ऐसे जीवन की पुष्टि करता है जिसमें स्वतंत्रता, समानता और बन्धुत्व है। उनके धर्म में स्थापित उनका सामाजिक आदर्श इनको निषिद्ध करता है।[1]

[*बाबासाहेब डॉ. अम्बेडकर सम्पूर्ण वाङ्मय,* खंड 37, पृ. 476]

1. (दिनांक 03 अक्टूबर, 1954 को डॉ. भीमराव आंबेडकर भाषण का आकाशवाणी पर प्रसारण)

54

तीन गुरु और तीन उपास्य आदर्शों की प्रेरणा से मेरा जीवन बना है

28 अक्तूबर, 1954

डॉ. बाबासाहेब आंबेडकर को उनके हीरक महोत्सव के अवसर पर में बम्बई के पुरंदरे स्टेडियम में आयोजित भव्य समारोह में 1 लाख 18 हजार रुपयों की थैली अर्पण की गई। उनसे हीरक महोत्सव समिति के सचिव आयु. शां. अ. उपशाम और आयु. आर.डी. भंडारे ने अनुरोध किया गया कि वह सारा पैसा अपने स्वास्थ्य पर खर्च करें। उनकी इस विनती का सभा में उपस्थित 30 हजार दर्शकों ने तालियों के साथ जोरदार स्वागत किया। लेकिन, "अपना पसीना बहाकर, मेहनत से कमाया हुआ गरीब जनता का पैसा मेरे जैसे बैरिस्टर को स्वीकारना बेशर्मी है" कहकर डॉ. बाबासाहेब ने वह राशि बम्बई में बनाई जा रही इमारत के फंड में देने की घोषणा कर दी।

अभूतपूर्व स्वागत

इस अवसर पर एक-सौ पचास से भी अधिक संस्थाओं की ओर से डॉ. बाबासाहेब आंबेडकर को फूल-मालाएँ और गुलदस्ते अर्पण किए गए। इस कार्यक्रम में उनके साथ माईसाहब आंबेडकर भी मौजूद थीं और इसकी अध्यक्षता आयु. आर.डी. भंडारे, सिद्धार्थ कॉलेज के प्रिंसिपल के कर रहे थे। आयु. पाटणकर, प्रो. वी.जी. राव, रा.ब. बोले, आयु. दादासाहब गायकवाड़, आयु. आर.आर. भोले, 'जनता' के संपादक आयु. यशवंतराव आंबेडकर, प्रो. बोराले, आयु. अनंत हरी गद्रे, आयु. ब. ह. वराले, आयु. डी.जी. जाधव, शांताबाई दाणी आदि वहाँ उपस्थित थे।

डॉ. बाबासाहेब आंबेडकर ने अपने भाषण में कहा—

बहनो और भाइयो,

आपने जो यह एक लाख अट्ठारह हज़ार रुपयों की राशि दी है, वह बहुत ही हल्की है। (हँसी) मुझे थोड़ा शक हुआ। इतनी बड़ी राशि की घोषणा मैनेजिंग ट्रस्टी ने की है, इसीलिए उसकी ज़िम्मेदारी मैं उन्हीं को सौंपता हूँ।

सच पूछो तो मेरा हीरक महोत्सव मनाकर उसी के उपलक्ष्य में यह राशि दी गई है, ऐसा अभी-अभी बताया गया है। हीरक महोत्सव केवल निमित्त हुआ है। ये पैसे आपके ही हैं और एक हॉल बनाने के लिए जमा किये गए हैं। उसे मूर्त रूप देने के लिए केवल मैंने सूचना दी थी कि वे मुझे अपनी उम्र के साठवें साल में दिये जाएँ। कई साल पहले इस फ़ंड को इकट्ठा करने की शुरुआत हुई थी। 1942 में मेरी एक्जीक्यूटिव कौंसिल में नियुक्ति हुई तो मुझे बंबई छोड़कर जाना पड़ा। उस समय रुपया इकट्ठा करने के काम में थोड़ी सुस्ती आ गई थी। 1952 में लौटने के बाद एक बार फिर मैंने वह काम हाथ में लिया। लेकिन दुर्भाग्य से इमारत के लिए जो जगह ख़रीदी थी, उसमें किराएदार रखे जाने के कारण इमारत का काम शुरू नहीं किया जा पा रहा था। किराएदारों को निकालना मुश्किल हो गया था। बताने में अब कोई हर्ज़ नहीं है कि मैंने थोड़ा पद का इस्तेमाल कर बंबई का क़ानून बदलवा लिया है। उस क़ानून के कारण अब किराएदार निकल जाएँगे और इमारत का कामकाज शुरू किया जा सकेगा। मैंने जो किया वह जनता के लिए किया और यह राशि जो इकट्ठा हुई है वह भी आपकी ही है। अपने समाज के इन ग़रीब महिला और पुरुषों ने पसीना बहाकर कमाए हुए, उनकी मेहनत के ये पैसे हैं। और मैं बैरिस्टर हूँ। एक्जीक्यूटिव कौंसिल का सदस्य था। स्वास्थ्य के कारण ग़रीब जनता का पैसा लेना बेशर्मी होगी। इसलिए यह सारा पैसा, जैसा कि मैंने पहले ही बताया है, इमारत बनाने के काम में ख़र्च होगा। मैं यहाँ घोषणा करता हूँ कि मुझे इसमें से एक पैसा भी नहीं चाहिए। (तालियों का घोष)

मित्रो, आज यहाँ बैठा हूँ तो मेरे जीवन में अब तक जो घटनाएँ घटी हैं वे सभी फ़िल्म की तरह आँखों के सामने आकर खड़ी हैं। मैं कहाँ पैदा हुआ, मेरे पिताजी मुझे कहाँ-कहाँ लेकर गए, मेरे साथ क्या-क्या हुआ यह सब कुछ मेरी आँखों के आगे खड़ा हुआ है। लेकिन मुझे यहाँ एक बात बतानी है और वह यह कि मेरी उम्र के 60 साल पूरे हुए इसका क्या सबूत है? (हँसी) मैं किस साल पैदा हुआ इसका कोई रिकॉर्ड नहीं है। क्योंकि मेरे पिताजी सिक्स पायोनियर बटालियन में थे। बाद

में वे सेवन पायोनियर बटालियन में गए। तब उन्हें मेरा अपने बेटे के रूप में कोई महत्त्व महसूस नहीं हुआ था। उन्होंने मेरे पैदा होने की तारीख़ लिखकर नहीं रखी। कितनी छोटी बात है ये। लेकिन वे नहीं कर पाए। आज जो पैदा होने की तारीख़ है, वही सच है ऐसा कोई कह नहीं सकता।

हालाँकि मेरे बारे में दो-तीन बातें साफ़ तौर पर कही जा सकती हैं। राजपूताने में, महू में मेरा जन्म हुआ। इसलिए मेरा कोंकण के साथ कोई रिश्ता नहीं रहा। पिताजी कोंकण के ही हैं। लेकिन नौकरी के कारण उन्हें राजपूताने में जाना पड़ा। इस कारण मेरा जन्म महू में हुआ, यह बात पक्की है। दूसरी बात कि मेरा जन्म ठीक बारह बजे हुआ। उस वक़्त मेरे पिताजी नौकरी पर थे और मेरी माँ की जचगी चल रही थी। मेरा पिंड बहुत बड़ा था। कहते हैं मेरे पैदा होते समय मेरी माँ को बहुत तकलीफ़ हुई। मेरे पिताजी को चिन्ता थी। लेकिन आख़िर एक दाई ने आकर उनसे कहा कि अन्दर जाओ, बेटा हुआ है।

तीसरी बात यह कि मैं मूल नक्षत्र में पैदा हुआ था। ज्योतिषी ने बताया कि यह बच्चा बहुत बुरा है। इसकी माँ जल्दी मरेगी। इस कारण अन्य भाई-बहन मुझसे नफ़रत करने लगे। वे कहते, यह बच्चा माँ के लिए बुरा है। आख़िर हमारी माँ जल्द ही गुज़र गई। मेरे जन्म के बारे में इस प्रकार तीन बातें बताई जा सकती हैं।

मेरे बचपन के बारे में ख़ुद मुझे बड़ा आश्चर्य महसूस होता है। मेरे 12-13 साल का होने तक सभी लोगों को पूरे यक़ीन के साथ लगता था कि यह बच्चा अपने कुल के लिए कलंक साबित होगा। यह कुछ नहीं कर पाएगा। मेरे बारह-तेरह साल के होने तक लँगोट के अलावा कोई कपड़ा नहीं पहनता था। (हँसी) साथ ही हर घर के दरवाज़े पर जाकर पूछता था कि—क्या आपके घर की लकड़ियाँ तोड़नी हैं? पहले शिक्षा में मेरी कोई दिलचस्पी नहीं थी। माँ के गुज़र जाने के बाद मेरी बुआ ने मेरा लालन-पालन किया। मुझे लगता था, पढ़कर करूँगा क्या? छह महीनों तक मैंने माली का व्यवसाय किया। मिलिट्री कैम्प में बाग हुआ करते थे। वहाँ के माली के बेटे से संगत की। मिट्टी-पत्थर उठाए। ज़मीन साफ़ की। नल से बाग को पानी देना था, लेकिन वह मुझसे नहीं हुआ। तब मैंने घर के ऊपर लगे सारी खपरैलें निकालीं और उनसे नालियाँ बना दीं। अब लगता है कि क्या थी मेरी जिन्दगी भी।

जब हम सातारा में थे तब अन्य सूबेदार नाईक भी थे। उनके घरों के आगे एक कूड़ेदान था। गोबर-कूड़ा उसमें पड़ा रहता। उस कूड़ेदान के किनारे एक गूलर का पेड़ था। मैं पेड़ चढ़ने में एकदम निपुण था। बंदर भी शायद पेड़ पर इतनी जल्दी

नहीं चढ़ पाते होंगे। अब मेरे पैर कमज़ोर हो गए हैं। मैं उस पेड़ पर चढ़ता और कंबल बिछाकर सो जाता। मन भर जाता तो ऊपर से ही कूड़ेदान में बिखरी राख में छलाँग लगाकर उतरता। उस वक़्त सातारा में प्लेग फैला हुआ था। लोग कहते कि कई लोग प्लेग से मरे, लेकिन इसको पता नहीं क्यों प्लेग नहीं होता। ऐसा मेरा हाल था। एक बार कसाई तीन रुपयों में बकरी देने के लिए तैयार नहीं था। तब हमने वसूली की और तीन रुपयों में दो बकरियाँ लेकर आए। तब हम लम्बे बाँस लेकर बकरियों को चारा खिलाते थे। किसी ने बताया कि ये बकरियाँ सींग वाली हैं, सींग वाली बकरियाँ अच्छी नहीं होतीं, बिना सींग वाली बकरियाँ अच्छी होती हैं। मेरा बचपन ऐसे ही बीता। उस समय इस व्यवस्था में अन्धविश्वास कूट-कूटकर भरा पड़ा था।

घर में कई लोग मुझे लाड़ करते। मेरी बुआ का मैं बहुत लाड़ला था। उसने सबको हड़काकर रखा था। 'बिन माँ का बच्चा है, उसे डराया-धमकाया मत करो' इसीलिए, मैंने मिली आज़ादी का पूरा फ़ायदा उठाया। सबको यही लगता था कि इस बच्चे के हाथों कुछ अच्छा नहीं होनेवाला। आज अगर मेरा यह सब देखने के लिए वे यहाँ होते तो कितना अच्छा होता। इस प्रकार मेरा बचपन गुज़रा। आप अब समझे होंगे कि फिर मेरे जीवन में कितनी क्रान्ति आई। मैं अगर चरवाहा बनता या मेहनत-मज़दूरी का काम करता तो आज इस पद तक नहीं पहुँच पाता। मेरे पिताजी हमेशा मुझसे कहा करते थे—

अच्छा काम सीखो। इन सारी यादों को बटोरकर एक चरित्र लिखने का मेरा ख़याल है। (तालियों की गड़गड़ाहट) लेकिन चरित्र नहीं एक छोटी-सी किताब लिख रहा हूँ, 'माझं बालपण' (मेरा बचपन), उसमें ये सारी बातें मैं विस्तार से लिखूँगा।

ऐसी कोई बात नहीं कि मुझमें कुछ गुण पैदाइशी थे और इसीलिए मैं इस पद तक पहुँच पाया। मेरा जीवन जिस प्रकार चल रहा था, उसी प्रकार अगर चलने दिया होता तो मैं एक नीतिपरक आदमी बनता। लेकिन मुझे अपनी याद थी। मेरी ज़िन्दगी में जो मोड़ आया वह क्यों आया, कैसे आया इसकी वजह मैं बतानेवाला हूँ।

मेरे तीन गुरु हैं। हरेक के गुरु तो होते ही हैं। मेरे भी हैं। मैं कोई संन्यासी अथवा बैरागी नहीं हूँ। मेरे गुरु हैं। मेरे पहले आदर्श हैं बुद्ध। मेरी उम्र दस-बारह साल की हुई होगी उस समय मेरे पिताजी कबीरपंथी साधु थे। मुझे यह तभी से याद है। मेरे पिताजी का घर धर्मासन कहा जा सकता है। विद्यासन भी कहा जा सकता है। मेरे पिताजी विद्या के भक्त थे और धर्म के चहेते। मेरे बचपन में रामायण-महाभारत

आदि सभी ग्रंथ उन्होंने मुझसे रटवा लिये थे। उनके अभ्यास करवाते थे। रामायण-महाभारत पढ़कर मेरे मन पर बहुत गहरा असर हुआ। मेरे पिताजी मुझसे कहते, 'हम ग़रीब हैं, इसलिए डरने की कोई बात नहीं है। तुम विद्वान ज़रूर बनोगे, क्यों नहीं बनोगे?' एक बार मैंने कोई परीक्षा पास की थी। उस वक़्त चॉल के लोगों ने मेरे पिताजी की इच्छा न होते हुए भी केलुस्कर की मदद लेकर मेरा सम्मान करने का कार्यक्रम रखने की सोची। मेरे पिताजी कहते, नहीं कराना है सत्कार। बच्चों का सत्कार करो तो उन्हें लगता है कि वे नेता बन गए हैं। (हँसी और तालियाँ) लेकिन तब मेरा सत्कार हुआ। और दादा केलुस्कर ने मुझे बुद्ध के चरित्र की एक किताब भेंट में दी। उस चरित्र को पढ़ने के बाद मुझमें एक अलग ही प्रकाश ने जन्म लिया। हनुमान, सीता, राम वनवास गए। धोबी के कहने पर सीता का त्याग किया, कृष्ण की सोलह हज़ार पत्नियाँ आदि बातें कुछ भयंकर ही लगीं। ये बातें फिर मेरे मन में जड़ें ही नहीं पकड़ पाईं। लेकिन बुद्ध धर्म के बारे में अध्ययन के बाद आज तक मेरे मन पर पकड़ है। मुझे पक्के तौर पर लगने लगा है कि दुनिया का कल्याण केवल बुद्ध धर्म ही कर पाएगा। हिन्दू लोगों को अगर अपना राष्ट्र ज़िन्दा रखना हो तो बौद्ध धर्म को ही स्वीकारना होगा, यह मैं हमेशा कहता आया हूँ।

मेरे दूसरे आदर्श हैं कबीर। मेरे पिताजी कबीरपंथी थे। सो कबीर के जीवन और दर्शन का मुझ पर बड़ा गहरा असर हुआ। मेरी राय में कबीर को बुद्ध के दर्शन का सही मतलब समझ आया था। मैंने किसी को बड़ा नहीं कहा है। गांधी को मैंने कभी महात्मा नहीं कहा। गांधी हमेशा छल-कपट में विश्वास करते थे। क्योंकि कबीर ने कहा है—मनुष्य होना कठिन है! तो साधु क्या बनें! जो इंसान नहीं बना वह महात्मा कैसे बनेगा?

और मेरे तीसरे आदर्श हैं ज्योतिबा फुले। ब्राह्मणेतरों के सच्चे गुरु वही हैं। दर्जी, कुम्हार, नाई, कुर्मी, माली, मछुआरे, मातंग, चमारों को इंसानियत के पाठ उन्होंने ही पढ़ाए हैं। पुरानी राजनीति में हम ज्योतिबा की राह से ही जा रहे थे। आगे चलकर मराठा हमसे अलग हुए। कोई कांग्रेस में जूठन खाने गया। उन्हीं में से हमारे रा.ब. बोले हिन्दू महासभा में गए। वह यहाँ उपस्थित हैं ही। कोई कहीं भी जाए, लेकिन हम ज्योतिबा की राह पर ही चलेंगे। साथ में कार्ल मार्क्स को लेंगे या किसी और को, लेकिन ज्योतिबा का मार्ग नहीं छोड़ेंगे। इस प्रकार ये मेरे तीन जीवन आदर्शों के हैं। इनकी सीख से मेरा जीवन बना है।

इनके अलावा मेरे तीन उपास्य प्रेरणा भी हैं। किसी के मरीआई, खंडोबा जैसे भगवान होते हैं, मेरे भी तीन भगवान हैं। मेरी पहली प्रेरणा है विद्या। विद्या के बग़ैर

इंसान को शान्ति या इंसानियत मिलना सम्भव नहीं है। विद्या सभी को मिलनी चाहिए। वह महासागर की तरह है। बुद्ध ने एक बार कहा है कि बुद्ध धम्म शुद्ध धर्म है। यहाँ भेदभाव नहीं है। श्रमण, भिक्षु, ब्राह्मण, भंगी सब एक हैं। मेरे संघ में आने से पूर्व उनका जो भी नाम हो रहा हो। सब एक हैं नाम चाहे जो हो—नदी, नाला, यमुना हो, ब्रह्मपुत्र हो, गंगा हो, गोदावरी हो, सभी नदियाँ अपने उद्गम से निकलकर सागर में जाकर मिलीं। सबका पानी जब मिल गया तब यह बता नहीं पाएँगे कि यह गंगा का पानी है या गोदावरी का। मेरा संघ महासागर की तरह है। यहाँ जाति-पाँति नहीं। आप सभी एक हैं।

आपकी विद्या पाने की चाह है तो उसे सफल कीजिए। जिस प्रकार इंसान को अगर ज़िन्दा रहना हो तो उसे अनाज की ज़रूरत होती है, उसी प्रकार उसे विद्या की ज़रूरत होती है। ज्ञान के बग़ैर वह क्या कर सकता है? ब्रह्मदेश में 90 प्रतिशत लोग सुशिक्षित हैं। आज भारत में 90 प्रतिशत लोग निरक्षर हैं। ब्राह्मण ने हमें विद्या नहीं दी, इसीलिए ऐसा हुआ है। धर्म के क़ानून ने हमारी शिक्षा की राह में रोड़े अटकाए। हमारी विद्या छीन ली। हमारे लोग समझते कि पत्थर ही विद्या है, इसीलिए हमारी धार्मिक मान्यताएँ नीचे लुढ़कती गईं। पत्थरों की पूजा करनेवाले भक्त हममें हर जगह हैं। तुकाराम ने एक जगह कहा है इसका अर्थ यह हुआ कि अगर भगवान को गंगा उपवास करके...इसी से संतान हुआ करती तो उसे शादी करने या पति की क्या ज़रूरत ही नहीं पड़ती। 'नवस सायासे कन्या-पुत्र होती, तरी कासया करणे लागे पती! इसकी वजह है। उनके पास विद्या नहीं थी। विद्या बहुत बड़ी चीज़ है। मुझे विद्या के प्रति पागलपन की हद तक लगाव है। ब्राह्मणों के घरों में नहीं होंगी उतनी किताबें जितनी आज दिल्ली के मेरे घर में हैं। मेरे पास कुल 32,000 किताबें हैं। किसी ब्राह्मण के पास हैं इतनी किताबें? दिखा दें वो। ठाकुर एंड कम्पनी के हज़ारों रुपयों की उधारी के बिल मुझ पर हैं। उधार का माल मुझे कहीं भी मिलता है। जहाँ मेरी उधारी बाकी रह जाती है, वहाँ मैं अपनी गाड़ी ले जाकर खड़ी कर देता हूँ। इतना मुझे विद्या के बारे में पागलपन है। इस प्रकार हर किसी को विद्या से प्रेम होना चाहिए। किसी की रांड होती है। वह दूसरे गाँव में रहती है। मान लीजिए रात बारह बजे उसे उसकी याद आती है। फिर वह रात में ही उठकर चल देता है। न श्मशान देखता है न और कुछ। बस निकल पड़ता है। उसके घर पहुँचता है। इतना प्रेम जब पुस्तकों से होगा तभी वह विद्या का सच्चा पुजारी बनेगा। मैं 24 घंटे विद्या की पूजा करता रहता हूँ।

मेरी दूसरी प्रेरणा है—स्वाभिमान। मैंने किसी से कोई याचना नहीं की। मेरा लक्ष्य था कि मेरा पेट तो भरना चाहिए और अपने लोगों की सेवा भी करनी होगी। डॉ. परांजपे की विनती से एक महाविद्यालय में इकोनॉमिक्स का प्रोफ़ेसर बना। तब उन्होंने मुझसे तेरह भाषण देने के लिए कहा। मैंने कहा केवल चार भाषण दूँगा। ठीक लगे तो रखिए या फिर मेरे लिए अपनी राह खुली है। कारण, मुझे अपने लोगों की सेवा करने के लिए समय की ज़रूरत थी। पोयबावड़ी के नाके की खोली में मैंने टुकड़ा चावल की रोटी खाई। लेकिन समाज सेवा को छोड़कर भारी तनख़्वाह की राह पर नहीं गया। राह अपने आप बनती चली गई। लोगों ने थैलियाँ स्वीकार कर घर बनाए। मेरी जानकारी वाले एक नेता से मैंने सुना है कि 47 हज़ार के प्रॉमिसरी नोट लिखकर दिये और लोगों ने जब लाख रुपयों की थैली अर्पण की तब वह क़र्ज़ा लौटाया। मैं ऐसा नहीं करना चाहता। मैं अपना पेट ख़ुद भरकर जो भी समाज की सेवा करनी थी, वह की। मैं नौकरी करना ही नहीं चाहता था। गवर्नर जनरल कोई भी आए, मेरी उससे दोस्ती हुआ करती थी। लेकिन मैंने किसी से मुझे फलाँ बनाइए, मुझे फलाँ जगह दीजिए जैसी कोई याचना नहीं की। हाँ, औरों के लिए मैंने कुछ अर्जियाँ दी होंगी। लेकिन अपने लिए चिट्ठी लिखी हो तो कोई दिखा दे। एक्जीक्यूटिव काउंसलर होने की मेरी बड़ी तीव्र इच्छा थी। वह पूरी हो गई। अब मुझे न पेंशन, न तनख़्वाह और न प्रोविडेंट फ़ंड। कुछ भी नहीं। अंग्रेज़ी राज्य में एक बार काउंसलरशिप ली। एक बार कांग्रेस के राज में। लेकिन वहाँ भी कांग्रेस के साथ मेरी नहीं पटी। मैं जज बन सकता था। लेकिन अपने को इस प्रकार फँसाकर करना क्या था? इसलिए, मैं बस यही बताना चाहता हूँ कि दीनता नहीं होनी चाहिए। यह मानें कि मैं कुछ हूँ। मैं भगवान को भी कमतर आँकता हूँ, इतना मेरा स्वाभिमान तेजस्वी है। मेरे स्वाभिमान का सामना कौन ईश्वर या देवता है वह भी नहीं कर सकता।

और मेरी तीसरी प्रेरणा है चरित्र। मुझे याद नहीं आता कि कभी मैंने अपनी ज़िन्दगी में किसी के साथ दग़ाबाज़ी की हो, किसी को धोखा दिया हो या स्वार्थ के लिए पाप किया हो। इस बारे में मुझे गर्व महसूस होता है। मैं कई बार विलायत गया। लेकिन अब तक मैंने कभी शराब नहीं पी, सिगरेट नहीं पी। मुझे किसी चीज़ की लत नहीं। किताब और कपड़ा ये दो बातें बहुत प्रिय हैं। चरित्र संवर्धन का गुण मुझमें बड़े पैमाने पर है। यह बताने में मुझे बहुत गर्व महसूस होता है। इस प्रकार मेरे तीन गुरु और तीन प्रेरणा हैं। मैं इन्हीं से बना हूँ। इन्हीं की शक्ति से मैं इस पद तक पहुँच सका हूँ। मैं केवल कारण हूँ। मैं केवल एक पुतला हूँ, जिनमें इनके कारण

जान है। इसीलिए इनका अनुकरण कीजिए। आपने मेरा सम्मान किया, वह केवल व्यक्ति के लिए न होकर इन तीन उच्च मानव मूल्य के आदर्श के प्रति कृतार्थता के कारण किया, यह कहकर मैं इस राशि को स्वीकार कर रहा हूँ।

1919 साल से अर्थात् जब गांधी ने क़दम रखा तभी से मैं राजनीति में हूँ। इसके बावजूद मेरी कभी उनसे बनी नहीं। कई तरह की कोशिशें हमने कीं। महाड़ के पानी का सत्याग्रह, नासिक के मन्दिर प्रवेश का सत्याग्रह, कई तरह के सत्याग्रह किये हैं। चवदार तालाब का पानी पीने या कालाराम मन्दिर में जाने से हमें अमरत्व नहीं मिलनेवाला। वह हमारे अधिकार की लड़ाई मात्र थी। लेकिन किसी ने सहानुभूति नहीं दिखाई। अख़बारों में हमारे व्यंग्यचित्र छपा करते थे। हमारे कार्यक्रमों के लिए संवाददाता नहीं आते थे। मैं बहिष्कृत भारत का संपादक था। 1919 से 1942 तक मैं संपादक रहा। एक बार केसरी में विज्ञापन भेजा। साथ में विज्ञापन की फीस के तौर पर ३ रुपयों का मनीऑर्डर भी भेजा। मनीऑर्डर वापस आ गया। जगह नहीं होने के कारण बताया गया था। टाइम्स ऑफ़ इंडिया को फ़ोन किया। उन्हें लगा, कहाँ से ये भिखारी लोग परेशान करने आ गए। उन्होंने जवाब ही नहीं दिया। और अब हमेशा पीछे पड़े रहते हैं, रिपोर्ट दीजिए। ऐसे हालात थे। हमारे आन्दोलन ने ऐसे-ऐसे दिन देखे हैं। मैं महार लोगों का असल में बहुत ऋणी हूँ। महार लोगों के कारण ही मैं यह सब कर पाया। यह मेरा तीस सालों का अनुभव है। महार युद्धवीर हैं, लड़ सकते हैं, त्याग कर सकते हैं। अन्य कोई भी जाति यह नहीं कर पाएगी। इसलिए, मेरी नज़र में उनके मेरे ऊपर बहुत उपकार हैं। मैं यहाँ जातिवाचक उच्चारण कर रहा हूँ, इसलिए कोई मुझ पर आरोप कर सकता है। लेकिन मुझे अभिमान है कि मैं इस जाति में पैदा हुआ। इस स्थिति में अस्पृश्य समाज पहुँचा इसका बहुत सारा श्रेय आप पागलों को है। महिलाओं का भी इसमें बहुत बड़ा हिस्सा है। 30 साल पहले महिलाएँ बेहद और गलिच्छ तरीक़े से रहा करती थीं। तब महिलाएँ मुझे 'बामण है' कहा करती थीं। वे कहतीं, 'हमें बामण नहीं बनना।' आज ऐसे हालात नहीं हैं। लेकिन अभी हम शिखर तक नहीं पहुँचे हैं। मध्य पर पहुँचे हैं। ऊपर चढ़ रहे हैं। पैर कब फिसलेगा कह नहीं सकते। अभी संकट की स्थिति बदली नहीं है, मैं या वह नेता यह झगड़ा अब ख़त्म करना होगा। सार्वजनिक कार्य में मदद कीजिए। हज़ारों संस्थाएँ दान-धर्म कर जाति का उद्धार करती हैं। कोकणस्थ ब्राह्मण, देशस्थ ब्राह्मण, प्रभू आदि ब्राह्मणों की संस्थाएँ हैं। उन्होंने अपने छात्रों को विलायत भेजा है। बड़े पदों पर बैठाया है। इन बातों को ध्यान में रखते हुए महीने का एक

रुपया अगर देना तय किया तो साल के अन्त तक कितना तो काम हो सकता है। मेरे अब ज़्यादा से ज़्यादा आठ-दस साल ही बचे हैं। बाबासाहेब हैं, इसलिए हमें कुछ नहीं करना कहकर नहीं चलेगा। मैं अब राजनीति से अलग होनेवाला हूँ। आपको ख़ुद अपना जीवन उज्ज्वल बनाना है। त्याग, समर्पण, आदि, बल निःस्वार्थ भाव लगाकर काम कीजिए। मुझे इसी जन्म में आप अपने साथ क्या करते हैं, यह देखने दीजिए। मरने के बाद मुझे कैसे पता चलेगा कि आपने अच्छा किया या बुरा किया? मैं आपको सचेत कर यह कह रहा हूँ।[1]

[*बाबासाहेब डॉ. अम्बेडकर सम्पूर्ण वाङ्मय,* खंड 40, पृ. 349-355]

1. *जनता,* 6 नवम्बर, 1954

55

हर रविवार के दिन बुद्धविहार जाना हर बौद्ध धम्म अनुयायियों का पहला कर्तव्य है

दिनांक 24 नवम्बर, 1954 को दोपहर 1 बजे डॉ. बाबासाहेब आंबेटकर काशी से सारनाथ आए। वे वहाँ के भिक्षुओं से मिले। उनसे चर्चा करते समय बाबासाहेब ने मुख्यत: इस बात पर ज़ोर दिया कि हर रविवार के दिन हर बौद्ध को नियमित रूप से बुद्ध विहार में जाकर उपदेश ग्रहण करना चाहिए। इसी प्रकार उन्होंने हर विभाग में बुद्ध विहार निर्माण कर उसमें सभा लेने के लिए काफ़ी जगह वाला सभागृह होना ज़रूरी है, यह बात भी ज़ोर देकर कही। इस नज़रिये से सिलोन, ब्रह्मदेश, तिब्बत, चीन आदि देशों के भिक्षुओं ने आगे बढ़कर और पैसा इकट्ठा कर मदद करने की सलाह दी।[1]

इस अवसर पर उपस्थित लोगों और भिक्खूओं को सम्बोधित करते हुए उन्होंने कहा—

जनता को अब गम्भीरता से सोचना होगा। हिन्दू धर्मग्रंथों में जिस जीवन का वर्णन किया है उसका और हमारे द्वारा तैयार किये गए संविधान में क्या कोई समानता है? अगर नहीं तो उसके क्या कारण हो सकते हैं? अपना धर्म या संविधान इन दोनों में से किसी एक बात को हमें स्वीकार करना होगा। या तो धर्म को ज़िन्दा रखना होगा या फिर संविधान को ही जगाना होगा। दोनों बातें एक ही जगह नहीं रह सकतीं, दोनों में कोई मेल नहीं हो सकता।

1. *धर्मदूत* मासिक, दिसम्बर, 1956, पृ. 244

हिन्दू धर्म में कई मत हैं। उसमें शंकराचार्य का मत सबसे अच्छा माना जाता है। शंकराचार्य का 'ब्रह्म सत्यं जगन्मिथ्या' का सिद्धान्त सबसे अधिक महत्त्वपूर्ण माना जाता है। लेकिन बौद्ध धम्म के उच्च सिद्धान्तों के आगे वह बेहद तुच्छ और निरर्थक है। नये-नये बने बौद्धों का आद्य कर्तव्य है कि वे हर रविवार के दिन बौद्ध विहार में जाएँ। वरना नये बौद्धों का धम्म से परिचय नहीं होगा। इसके लिए जगह-जगह बुद्ध विहार का निर्माण होना चाहिए। विहार में सभा लेने के लिए जगह होनी चाहिए। लंका, बर्मा, तिब्बत, चीन आदि देशों के बौद्ध भिक्षु आगे बढ़कर पैसा इकट्ठा करें और भारत के बौद्ध लोगों की मदद करें।

आज सुबह उत्तर प्रदेश के पूर्व सभापति आयु. द्वारका प्रसाद मुझे मिले थे। उनका आग्रह था दिसम्बर में मैं जौनपुर जाऊँ। मैंने उन्हें जाने का आश्वासन दिया। लेकिन तारीख़ अभी तय नहीं हुई है। जौनपुर में विराट सामुदायिक धर्मान्तरण कार्यक्रम की तैयारी शुरू हो चुकी है। इस अवसर पर उत्तर प्रदेश के पूर्णियाँ[1] (sick) ज़िले के लाखों पिछड़े लोग दीक्षा लेंगे। आज भी इन पिछड़ी जातियों (ओबीसी) और अल्पसंख्यक समुदाय के लोगों का सवर्ण हिन्दुओं द्वारा शोषण जारी है। बौद्ध धम्म की दीक्षा लेकर वे फिर अपने पूर्वजों के मार्ग पर चले जाएँगे।

बौद्ध धम्म की शुरुआत पक्की बुनियाद पर हुई है। यह मानव-धर्म है। इस धम्म के अलावा मानव के कल्याण का कोई दूसरा उपयुक्त धर्म नहीं है।

हमें भारत का प्राचीन इतिहास जानना होगा। भारत में सबसे पहले आर्य और नाग लोगों में युद्ध छिड़ा। आर्यों के पास युद्ध में घोड़े थे। उनके बल पर उन्होंने नाग लोगों को हराया। वही नाग आज हिन्दू हैं। नागों ने सबसे पहले बौद्ध धर्म को स्वीकार किया। उन्हें बौद्ध धर्म के प्रसार में सफलता मिली। लेकिन इन नागों का ख़ात्मा करने के लिए आर्यों ने समय-समय पर कोशिशें कीं। इसके सबूत महाभारत में कई बार मिलते हैं। आगे चलकर आर्यों ने ब्राह्मण धर्म को व्यापक बनाया। उसमें कई दोष निर्माण हुए। चातुर्वर्ण्य व्यवस्था का उदय ब्राह्मणों ने ही किया। भगवान बुद्ध ने चातुर्वर्ण्य का घोर विरोध किया। उन्होंने चातुर्वर्ण्य को नष्ट कर समता का प्रचार किया। इसी आधार पर बौद्ध धर्म की स्थापना की। भगवान बुद्ध ने ब्राह्मणों के यज्ञों को अमान्य कर उन्हें बन्द करवाया। ब्राह्मणों ने हिंसा की प्रथा की शुरुआत की थी। उसे नष्ट कर भगवान ने अहिंसा का प्रसार किया।

भगवान ने कहा है कि बौद्ध धर्म महासागर की तरह है। इसमें किसी प्रकार का भेदभाव नहीं है। भगवान बुद्ध ने करुणा का प्रसार कर उस युग के बहुजन लोगों के मन आकर्षित किये और उन्हें सही मार्ग दिखाया।

हिन्दू धर्म की जड़ों में ही रोग हुआ है। इसी कारण हमें अलग धर्म ग्रहण करना होगा। मेरी राय में बौद्ध धर्म ही योग्य धर्म है। इसमें ऊँच-नीच, अमीर-ग़रीब, जाति-पाँति आदि भेदभाव नहीं हैं।

अस्पृश्य वर्ग का कल्याण बौद्ध धर्म स्वीकारने से ही होने की सम्भावना है। हिन्दू समाज में व्याप्त असमानता, भेदभाव, अन्याय और कुप्रथा बौद्ध धर्म के स्वीकार करने से दूर हो सकते हैं।

भारत के अस्पृश्यों द्वारा बौद्ध धर्म स्वीकारे जाने पर बर्मा, चीन, जापान, लंका, थाइलैंड, मलेशिया आदि सभी बौद्ध देशों को हमारी करुण स्थिति पर सहानुभूति होगी। और हम हमेशा के लिए हिन्दू धर्म के अत्याचारों से मुक्त हो जाएँगे। ऊपर बताए देशों ने हम पर होनेवाले अत्याचारों के ख़िलाफ़ क्यों आवाज़ नहीं उठाई है, इसके पीछे जो वजह थी यह थी कि उन्हें लगता था कि यह हिन्दुओं का घरेलू झगड़ा है। अगर बौद्ध धर्म स्वीकार करने के बाद भी हिन्दू लोग हमें समता, स्वतंत्रता, बन्धुत्व आदि से दूर रखेंगे तो हम ऊपरी बौद्ध राष्ट्रों के सहयोग से उसे पाए बग़ैर नहीं रहेंगे।

हिन्दू धर्म के माथे पर अस्पृश्यता का कलंक लगा हुआ है। इसी के कारण हिन्दू जाति के हृदय की दुष्टता दिखाई देती है। अस्पृश्य जाति पवित्र और शुद्ध होने के बाद भी अगर भगवान के दर्शन करने जाते हैं, तब भी उनके लिए मन्दिर के दरवाज़े बन्द किये जाते हैं। छुआछूत, भेदभाव, जाति-पाँति आदि का जड़ से विनाश करना सवर्ण हिन्दुओं का कर्तव्य है। हम अपने कंधों पर उनकी लाश क्यों ढोएँ?

आज मैं अस्पृश्यों को आवाहन करता हूँ कि वे ऐसे ही धर्म को स्वीकार करें कि जिस धर्म में मनुष्यमात्र के लिए भेदभाव न हो। समता और मित्रता के नाते वे एक साथ हो सकते हैं। यही ऊँचा आदर्श बौद्ध धर्म में है। जिस प्रकार कई नदियाँ समंदर में आकर मिलती हैं और अपना अस्तित्व भूल जाती हैं किसी प्रकार की विषमता नहीं रहती। बौद्ध धम्म अस्पृश्यों के लिए ही नहीं तो सभी मानवों के लिए भी कल्याणकारी है। सवर्ण हिन्दू इस धर्म को अवश्य स्वीकार करें।

अन्य धर्मों में सृष्टि का निर्माता ईश्वर समझा जाता है और जो दोष बाकी हैं, उनके लिए ईश्वर को ही ज़िम्मेदार ठहराया जाता है। ऐसी विचारधारा बौद्ध धर्म में नहीं है। बौद्ध धर्म में कहा गया है कि दुनिया में दुख है। उस दुख को नष्ट किया जा सकता है, यह मानकर सोचा गया है कि इस दुख को दूर करने के मार्ग क्या हैं। हिन्दू धर्म की विचारधारा रूढ़ियों पर आधारित हैं। ये रूढ़ियाँ चातुर्वर्ण्य पद्धति

से पैदा हुईं। बौद्ध धर्म में कई भिक्षु और भिक्षुणियाँ हुए हैं। उनके बारे में जानकारी थेर गाथा और थेरी गाथा में मिलती है।

हिन्दुओं को न्याय करने का आधिकार था, लेकिन आज तक उन्होंने अस्पृश्यों के साथ केवल अन्याय ही किया है। हिन्दुओं से हमें अलग होकर भगवान बुद्ध के चरणों में विनम्र होना होगा।

मुझे काठमांडू के पशुपतिनाथ मन्दिर में जाने नहीं दिया गया, ऐसी झूठी ख़बर अख़बारों में प्रकाशित होने की बात मैंने सुनी। मैं किसी भी हिन्दू मन्दिर में नहीं जाता। मेरी सौ बार प्रार्थना की जाए, तब भी मेरा उस मन्दिर में जाना सम्भव नहीं था। मेरे निजी सचिव को नेपाल के महाराजा ने पहले दिन बुलाकर सूचना की थी कि डॉक्टर साहब को मन्दिर में जाने न दें। उन्होंने कहा था कि बौद्धों को हिन्दू मन्दिरों में जाने देने जैसे आज के हालात नहीं हैं। नेपाल, लंका और भारत के भिक्षु मन्दिर में जा रहे थे, उन्हें मनाही की गई। जो व्यक्ति ईश्वर में विश्वास नहीं करता उसका ऐसा करना यानी ख़ुद के मन को धोखा देना था। हिन्दुओं के ईश्वर का अपमान करना है। बौद्ध कभी भी हिन्दुओं के मन्दिर में न जाएँ। बौद्ध विहारों में सभी समान हैं। वहाँ किसी का भी निषेध नहीं किया जाना चाहिए।

जो अस्पृश्य हिन्दू धर्म में रहते हुए मन्दिर में प्रवेश करना चाहते हैं, यह उनका केवल दुराग्रह है। उन्हें अगर अन्याय, अपमान और अशुद्धता सहनी हो तो फिर उनकी मर्ज़ी है। लेकिन मुझे लगता है कि बौद्ध इस झमेले में पड़ने से बचें। हमारी हर रोज़ की प्रार्थना में हम कहते हैं 'नत्थी से सरणं अञ्ञं, बुद्धों में सरणं वरं'—मैं बुद्ध के अलावा अन्य किसी की शरण नहीं जाऊँगा कहनेवाले, हिन्दुओं के मन्दिर में जाने का हठ क्यों करें?

काशी का मन्दिर प्रवेश राजनीतिक स्टंट है। उससे दलितों का किसी भी तरह का फ़ायदा नहीं होनेवाला। इसीलिए बौद्ध धर्म को स्वीकार करके ही बन्धुत्व का और समता का दर्ज़ा प्राप्त करना, इतना ही हमारा मुख्य कर्तव्य है।[1]

भाषण के बाद विभिन्न देशों से आए क़रीब 150 भिक्खुओं ने डॉ. बाबासाहेब आंबेडकर के भाषण का समर्थन कर सभी तरह से मदद देने का आश्वासन दिया।

शाम 5 बजे डॉ. बाबासाहेब आंबेडकर ने सारनाथ के भग्न अवशेषों का निरीक्षण किया। धम्म के स्तूप के पास क़रीब-क़रीब एक घंटा रुककर तिब्बती लामा की पूजा का अवलोकन किया। उसके बाद उन्होंने कुछ जानकरियाँ दीं, जिनका सभी ने स्वागत किया।

---

1. *प्रबुद्ध भारत*, 23 फरवरी, 1957

रात 7 बजे डॉ. बाबासाहेब आंबेडकर ने मूलगंध कुटी में विधिवत् लम्बे समय तक बुद्ध पूजा की। उसके बाद उन्होंने भिक्षुओं के सूत्रपाठ सुने। साथ ही उन्होंने आधे घंटे तक तिब्बती उपदेश विधि का अवलोकन किया।[1]

[*बाबासाहेब डॉ. अम्बेडकर सम्पूर्ण वाङ्मय,* खंड 40, पृ. 489-492]

1. *धर्मदूत मासिक,* सारनाथ, दिसम्बर, 1956 पृ. 244

56

बौद्ध धर्म दर्शन पर चर्चा में, मैं किसी भी प्रकांड पंडित को परास्त कर सकता हूँ

आयु-फुंग, वीचार्न ऑफ़ थाईलैंड की अध्यक्षता में दिनांक 4 दिसम्बर, 1954 को रंगून में तीसरे जागतिक बौद्ध धर्म अधिवेशन की शुरुआत हुई। इस अवसर पर अमेरिका, इंग्लैंड, सिलोन, मलाया, जर्मनी, फ्रांस, इंडोनेशिया आदि राष्ट्रों के प्रतिनिधियों ने बौद्ध धर्म और उसकी सीख विषय पर भाषण किये। अध्यक्ष ने डॉ. बाबासाहेब आंबेडकर की पहचान भारत के प्रतिनिधि और सात करोड़ दलितों के नेता के तौर पर कराते हुए उनका सम्मान किया।

डॉ. बाबासाहेब आंबेडकर ने क़रीब 50 मिनट भाषण किया। पहले उन्होंने इस परिषद् में आमंत्रित करने के लिए आयोजकों के प्रति आभार व्यक्त किया। उन्होंने कहा—

यहाँ इकट्ठा हुए बुद्ध के अनुयायी हैं। दुनिया के इतने बड़े राष्ट्रों में बौद्ध धर्म भले ही प्रचलित रहा हो, उसका प्रसार जितनी तेज़ी से होना चाहिए, उतनी तेज़ी से हुआ नहीं है यह मुझे ख़ेद के साथ कहना पड़ रहा है। आज यहाँ जिन राष्ट्रों के प्रतिनिधि उपस्थित हैं उन सभी राष्ट्रों में सिलोन और ब्रह्मदेश ये दो राष्ट्र बौद्ध धर्म माननेवाले राष्ट्रों में आगे हैं, ऐसा लगता है। लेकिन मुझे लगता है कि इन दो राष्ट्रों का बौद्ध धर्म के प्रसार का तरीक़ा प्रशंसा योग्य नहीं है।

यहाँ की अमीर महिलाएँ ख़ूब सारा धन दान में देती हैं। धर्म के नाम से इकट्ठा होनेवाले हज़ारों रुपये वे धार्मिक उत्सव के प्रसंगों पर बेकार ख़र्च करते हैं। घरों में, बाहर, पेड़-पौधों पर बिजली के लट्टू जलाते हैं। इस शृंगार-सजावट में जितना

पैसा ख़र्च होता है वह सब बौद्ध धर्म के प्रसार के काम पर ख़र्च होना चाहिए, यह अपनी राय मैं यहाँ साफ़ तौर पर बता देता हूँ। ऐश्वर्य और शोभा ये दो बातें भगवान बुद्ध को बिलकुल पसन्द नहीं थीं। जिन देशों में इस धर्म का नाम भी नहीं है, वहाँ धर्म प्रसार की संस्थाएँ स्थापित कर उनके ज़रिये भगवान गौतम बुद्ध की शिक्षा का बीज बोएँ। ये सिलोनी बन्धु ऐसा क्यों नहीं करते, इस बारे में मुझे बड़ा अचरज लगता है। इसी प्रकार ब्रह्मदेश के लोग भी धार्मिक उत्सवों पर हज़ारों रुपये ख़र्च करते हैं। वे रुपये भी अगर धर्म प्रसार के काम में ख़र्च किये जाएँ तो अल्पावधि में ही हम बौद्ध धर्म का भरपूर प्रसार कर सकेंगे।

भारत के बारे में बोलना हो तो मुझे बड़े दुख के साथ कहना पड़ेगा कि जिस देश में गौतम बुद्ध का जन्म हुआ, उसी देश में उसके धर्म का लोप जैसी घटना क्यों घटी? यहाँ उपस्थित प्रतिनिधियों के राष्ट्रों में से बहुत कम राष्ट्रों को इस बात का अहसास होगा कि भारत में ब्राह्मणों ने अपने वर्चस्व को कई वर्षों तक बनाए रखा। लेकिन आज मैं ब्राह्मणों को चुनौती देता हूँ कि उनमें से कोई भी प्रकांड पंडित बौद्ध धर्म दर्शन के बारे में चर्चा करे। मुझे यक़ीन है कि उसे मैं हरा दूँगा। (तालियाँ)

प्राचीन समय में हिन्दू धर्म में यज्ञ में गायों की बलि चढ़ाने से स्वर्ग प्राप्ति होती है, ऐसा ब्राह्मण बताया करते थे। मैं खुलेआम उनसे पूछना चाहता हूँ कि इस प्रकार जितनी समयावधि में स्वर्ग की प्राप्ति होती होगी, उससे भी अधिक जल्दी स्वर्ग की प्राप्ति हो सकती है बशर्ते अपने पिता की बलि चढ़ाई जाए। फिर ये लोग क्यों अपने पिता की बलि नहीं चढ़ाते? किसी समय इस प्रकार व्यवहार करनेवाले ब्राह्मण आज गोहत्या प्रतिबन्ध का प्रचार कर रहे हैं। गौतम बुद्ध के अहिंसा सिद्धान्त की यह सबसे बड़ी विजय थी।

ब्राह्मणों के अलावा अन्य पक्ष भारत में बहुत हैं। धर्मों के बारे में उनकी स्थितियाँ भी बड़ी दयनीय हो गई हैं। ब्राह्मणों ने इस देश में हज़ारों भगवान और देवियाँ निर्मित की हैं। किस भगवान की उपासना करने से, किस भगवान की भक्ति करने से मोक्ष या मुक्ति मिलेगी यह उनकी समझ में भी नहीं आता। अपने बौद्ध धर्म में मोक्ष, स्वर्ग आदि मूर्ख कल्पनाओं के लिए स्थान नहीं है। अपना बौद्ध धर्म बताता है कि अगर मानवी जीवन सुख से, सन्तोष के साथ बिताना हो तो मानव को चाहिए कि वह आचरण शुद्ध रखे, अहिंसा, समता और बन्धुत्व को धारण करें। इसके अलावा कोई दूसरा मार्ग नहीं है। इन बातों को गौतम बुद्ध के धर्म का सिद्धान्त कहा जाता है और मैंने यही सिद्धान्त अपने छह करोड़ अनुयायियों से कहे हैं। पैसों की कमी के कारण मैं आज उनके लिए कुछ भी कर नहीं पाया। लेकिन

जब मेरे पास अल्पावधि में ही योग्य साधन उपलब्ध होंगे तब बौद्ध धर्म का प्रसार मैं भारत में ज़रूर करूँगा। (तालियाँ)

पार्लियामेंट में था, तभी बौद्ध धर्म के पुनरुत्थान के लिए कुछ बातें मैंने कर दी हैं। मैं भारतीय संविधान का शिल्पकार हूँ। मैंने वह संविधान बनाया है। एक बात यह कि उसमें पालि भाषा के उत्थान का प्रबन्ध मैंने कर रखा है और दूसरी बात यह कि राष्ट्राध्यक्ष के राजवाड़े के ऊपर गौतम बुद्ध के उपदेशों में से पहला चरण—धम्मचक्र परिवर्तन लिखा दिया है। ब्रह्मदेश के अध्यक्ष डॉ. जी.पी. मल्लशेखर के ध्यान में मैंने यह बात ला दी है। देखकर उन्हें भी बड़ा अचरज लगा।

तीसरी बात यह कि भारतीय पार्लियामेंट के निशान पर भारत सरकार के प्रतीक के रूप में अशोक चक्र को संविधान में मान्यता दिला दी है। यह सब करते हुए मुझे हिन्दू, मुसलमान, ईसाई और पार्लियामेंट के अन्य सदस्यों की ओर से कोई विरोध नहीं हुआ। इतना सुस्पष्ट और हर मुद्दे का विश्लेषण मैंने पार्लियामेंट में किया था।

इस तीसरे अन्तर्राष्ट्रीय अधिवेशन में इकट्ठा आए अट्ठाइस राष्ट्रों में से क्या किसी एकाध राष्ट्र ने ऐसा किया है? इतना करके मैं रुका नहीं, बंबई शहर में मैंने सिद्धार्थ नाम से एक बड़े कॉलेज की स्थापना की है। इसी प्रकार अजंता-वेरूल जाते समय रास्ते में पड़नेवाले औरंगाबाद शहर में भी दूसरे कॉलेज की स्थापना की। बंबई के कॉलेज में 2900 और औरंगाबाद के कॉलेज में 500 छात्र पढ़ रहे हैं।

इन छात्रों से गौतम बुद्ध के जीवन पर एक शोध प्रबन्ध लिखवाकर सबसे अच्छे प्रबन्ध को रु. 1000 पुरस्कार स्वरूप देने की मेरी मंशा है। शोध प्रबन्ध लिखवाने का उद्देश्य यह है कि वे बौद्ध धर्म का गहराई से अध्ययन करें ताकि बौद्ध धर्म का व्यवस्थित प्रसार हो। इस प्रतियोगिता में पारसी, मुसलमान, हिन्दू आदि धर्मों के छात्र भी हिस्सा ले सकते हैं।

साथ ही, मेरी इच्छा है कि अगर काफ़ी पैसा इकट्ठा हो जाए तो दिल्ली, बंबई, कोलकाता, मद्रास इन शहरों में बुद्ध विहार स्थापित कर हर रविवार को लोगों की उपासना के लिए सुविधा मुहैया कराई जाए। मेरे द्वारा स्थापित किये गए दोनों कॉलेजों के लिए भारत सरकार से 22 लाख रुपयों का क़र्ज़ मैंने लिया है। मेरी मृत्यु तक मैं यह क़र्ज़ चुका पाऊँगा, इस बारे में मुझे थोड़ा शक है। (हँसी)

इस प्रकार इस धर्म को लेकर मेरी कोशिश जारी है। दुनिया में भारत ही एक ऐसा देश है, जहाँ बौद्ध धर्म का प्रसार बहुत कम समय में किया जा सकता है। किसान ज़मीन की पहचान करने के बाद ही उसमें बीज बोता है। उसी प्रकार भारत में बौद्ध धर्म का प्रसार करने के लिए कुछ आवश्यक अनुकूल बातें हैं। मेरी आप

सभी से विनती है कि उसका हम सभी राष्ट्रों को आर्थिक सहायता का उपयोग करना चाहिए। मैं इस सभागार में वचन देता हूँ कि कोई सहायता करे अथवा न करे मैं अपनी राह पर आगे बढ़े बग़ैर नहीं रहूँगा। (तालियाँ)

डॉ. बाबासाहेब का भाषण दुनिया के 28 देशों के प्रतिनिधि शान्ति से और एकाग्रता से सुन रहे थे।[1]

[*बाबासाहेब डॉ. अम्बेडकर सम्पूर्ण वाङ्मय,* खड 40, पृ. 361-363]

1. *जनता,* 18 दिसम्बर, 1954

57

ब्रह्मदेश में अस्पृश्यता न होने के कारण ही आप व्यापार और व्यवसाय में उन्नति कर पाए

रंगून में रहनेवाले आन्ध्र प्रदेश शेड्यूल्ड कास्ट्स फेडरेशन के लोगों द्वारा 4 दिसम्बर, 1954 को डॉ. बाबासाहेब आंबेडकर के सम्मान में विशाल सभा का आयोजन किया था। इससे पहले भी एक बार इन लोगों ने रंगून की जनता को डॉ. बाबासाहेब आंबेडकर के दर्शन का लाभ मिले इसकी कोशिश की थी, लेकिन उस समय डॉ. बाबासाहेब की तबीयत ठीक न होने के कारण उनकी कोशिश क़ामयाब हो नहीं पाई थी। लेकिन, दी वर्ल्ड फ़ेलोशिप ऑफ़ बुद्धिस्ट कॉन्फ्रेंस के समय वहाँ की जनता की प्रार्थना स्वीकार करते हुए सार्वजनिक सभा में उपस्थित होने के लिए डॉ. बाबासाहेब ने हामी भरी। उस दिन वहाँ के सबसे बड़े और भव्य होटल में वहाँ के लोगों ने डॉ. बाबासाहेब आंबेडकर को टी पार्टी (चाय और जलपान) दी। उस अवसर पर व्यापार-व्यवसाय के कारण वहाँ स्थायी रूप से बसे पाँच सौ प्रतिष्ठा प्राप्त भारतीय नागरिक भी उपस्थित थे। डॉ. बाबासाहेब आंबेडकर का होटल में प्रवेश होते ही इन सभी नागरिकों ने खड़े होकर तालियों की गूँज के साथ स्वागत किया।

जलपान के बाद डॉ. बाबासाहेब आंबेडकर ने सबको सम्बोधित कर केवल 15 मिनट का भाषण दिया। उन्होंने कहा—

यहाँ आप सभी भारतीय लोग एक-दूसरे के साथ प्रेम और संगठन की भावना से पेश आते हैं, यह देखकर मुझे सन्तोष हुआ। अपने देश में ऐसा दृश्य देखने को नहीं

मिलता। ब्रह्मदेश का उदाहरण अपनी आँखों के सामने रखा तो आपके अभ्युदय में देर नहीं लगेगी। यहाँ के शेड्यूल्ड कास्ट्स के लोगों ने मुझे इतने बड़े होटल में जलपान कराया, जिससे उनका मेरे प्रति प्रेम प्रकट होता है। हालाँकि मैं यह भी जानता हूँ कि इस प्रकार किया है तो उनकी आर्थिक स्थिति भी बेहतर होगी। उसके बग़ैर इतना महँगा आयोजन नहीं किया जा सकता। मैं यहाँ बस इतना ही कहना चाहता हूँ कि आप इसी प्रकार बन्धुभाव के साथ रहें।

पिछली बार मैं आपसे मिल नहीं सका। उस वक़्त मैं बीमार था। अभी भी मेरी तबीयत पूरी तरह से ठीक नहीं है, इसके बावजूद आपको निराशा न हो इसलिए मैं यहाँ उपस्थित हुआ। इस देश में रहनेवाले हमारे लोगों की आर्थिक स्थिति मुझे ठीक लग रही है। मैंने सुना है कि आपमें से कोई सादा मज़दूर भी हर रोज़ दस कैट्स-रुपये कमाता है। आप में से कुछ लोग चावल के व्यापारी हैं। कोई टिंबर मर्चेंट हैं, लकड़ियाँ बेचते हैं। आप अपने-अपने कार्यों में प्रतिभा सम्पन्न हैं, यह सुनकर अच्छा लगा। मेरा अब तक का जीवन बंबई में बीता है। बंबई की अपनी जनता को भी मुझसे बहुत प्रेम है। वे सभा वग़ैरह का आयोजन करते हैं। लेकिन आपकी तरह ताजमहल होटल में उन्होंने कभी मुझे पार्टी नहीं दी है। इससे लगता है कि आपकी और उनकी माली हालत में बहुत अन्तर है। यह बात साफ़ है कि वे क्यों ऐसा नहीं कर पाते हैं। वहाँ अस्पृश्यता है। इस देश में उसका नामोनिशां नहीं।

यहाँ मैं आपको एक बात बताना चाहता हूँ। जिस देश में 'अस्पृश्यता' शब्द भी नहीं है वहाँ आप अपने को 'शेड्यूल्ड कास्ट्स' क्यों कहलाते हैं? शेड्यूल्ड कास्ट्स यानी पददलित। आप ब्रह्मदेश के लोगों को ख़ुद क्यों बताते हो कि हम नीच-जात हैं। इसलिए पहली बात तो यह करो कि शेड्यूल्ड कास्ट्स फेडरेशन संस्था को ही समाप्त कर दीजिए। आप अगर अपना संगठन चाहते हो तो मैं आपको नया नाम सुझाऊँगा, लेकिन ख़ुद को शेड्यूल्ड कास्ट न कहलाइए। आप जैसा व्यवहार अगर भारत की सरकार हमारे साथ करे तो मैं भी भारत में शेड्यूल्ड कास्ट्स फेडरेशन को ही बन्द कर दूँगा। लेकिन हमारे साथ इस प्रकार का समानता का बर्ताव नहीं किया जाता और इसीलिए अपने हित रक्षा के लिए हमें शेड्यूल्ड कास्ट्स फेडरेशन संस्था बनाए रखनी पड़ी है।

एक और बात मैं आपसे कहना चाहता हूँ कि आप इस देश में 20-25 सालों से अधिक समय से रह रहे हैं तो फिर आपने इस देश की नागरिकता क्यों नहीं ली? भारतीय नागरिकता जारी रखने में आपका क्या फ़ायदा है? जिस देश के नागरिकों की नस-नस में विषमता भरी हुई है, जिस देश पर अस्पृश्यता का बड़ा कलंक लगा

हुआ है, जिस देश के लोग अस्पृश्यों की आर्थिक उन्नति नहीं होने देते, उस देश की नागरिकता बनाए रखना मूर्खता है। आप लोगों को ब्रह्मी सरकार का शुक्रिया अदा करना चाहिए, जिन्होंने अपने संविधान में यह सुविधा दे रखी है कि लगातार आठ साल या उससे अधिक समय के लिए उस देश (ब्रह्मदेश) में रहनेवाले हर इंसान को देश का क़ानूनन नागरिक बनने का अधिकार है, जो कि अभिनंदन करने योग्य है।

अपनी भारत सरकार और सिलोन की सरकार का नागरिकता को लेकर कितना बड़ा झगड़ा चल रहा है। सिलोन की सरकार भारत के लोगों को नागरिकता देने के लिए बिलकुल तैयार नहीं है। कहना पड़ेगा कि उस हिसाब से ब्रह्मी सरकार बहुत अच्छी है। इसीलिए बिना देर किये आप लोग पहले इस देश की नागरिकता लीजिए। इस देश में अस्पृश्यता नहीं होने के कारण आप लोग व्यापार और अन्य व्यवसाय में प्रगति कर पाए हैं। इसलिए आपको भी अपनी नीतियों में सुधार करना होगा।

उनके बाद शेड्यूल्ड कास्ट्स फेडरेशन के प्रमुख आयु. राव ने वहाँ की जनता की ओर से डॉ. बाबसाहेब आंबेडकर को चाँदी की थाली में रखकर प्रशस्ति पत्र अर्पित कर उनका सम्मान किया।[1]

[*बाबासाहेब डॉ. अम्बेडकर सम्पूर्ण वाङ्मय,* खंड 40, पृ. 364-65]

---

1. जनता, 29 जनवरी, 1955

58

भारत में बौद्ध आन्दोलन एक रूपरेखा : बुद्ध को वीज़ा या पासपोर्ट की ज़रूरत नहीं है

4 दिसम्बर, 1954 को रंगून (बर्मा) में अन्तरराष्ट्रीय बौद्ध सम्मेलन का आयोजन हुआ। डॉ. भीमराव आंबेडकर ने सम्मेलन में भाग लिया। उन्होंने सम्मेलन में भाषण दिया। उन्होंने अपनी वार्ता का वृहद संस्करण दो भागों वाले ज्ञापन के रूप में तैयार किया था : ज्ञापन के भाग 1 में भारत में बुद्ध धर्म के प्रचार का कार्यक्रम दिया गया है। ज्ञापन के भाग 1 में जो बिन्दु डॉ. आंबेडकर ने उठाए थे, उनमें से दो बिन्दुओं को उन्होंने स्वयं पूरा कर लिया था—

1. 'बुद्ध और उनका धर्म' शीर्षक के अन्तर्गत बुद्ध के उपदेशों को प्रकाशित करवाकर; तथा
2. बौद्ध धर्म में धर्मान्तरण के लिए एक कार्यक्रम की प्रस्तावना करके।

भाग-2 में दक्षिण भारत में भारतीय बौद्धों की स्थिति के बारे में वर्णन किया गया है—संपादक।

ज्ञापन-1

बर्मा के बुद्धिस्ट शासन कौंसिल से मेरी वार्ता का रिकार्ड वृहद् संस्करण

1. यदि शासन कौंसिल के लक्ष्यों में एक लक्ष्य बुद्ध धर्म का बर्मा से बाहर फैलाने का है तो भारत पहला देश है जहाँ उनको अपना मुख्य प्रयास करना चाहिए। इस सम्बन्ध में भारत से अधिक परिणामदायक देश कोई दूसरा नहीं होगा।
2. कारण स्पष्ट है। भारत बुद्ध धर्म की जन्मस्थली है। 543 ई. पूर्व से 1400 ई. तक क़रीब 2000 वर्षों तक यह भारत में फला-फूला। यद्यपि

बुद्ध धर्म वहाँ से लुप्त हो गया है, वहाँ अभी भी बुद्ध का नाम बड़े आदर से लिया जाता है और उनके धर्म की स्मृतियाँ अभी तक ताज़ी हैं। भारत में बौद्ध धर्म एक सूखा पौधा ज़रूर है, लेकिन यह कोई नहीं कह सकता है कि इसकी जड़ें मर चुकी हैं, हिन्दू उन्हें विष्णु का अवतार मानते हैं। भारत में हमें किसी नये पैगम्बर को इस तरह प्रतिष्ठा नहीं दिलानी है, जिस प्रकार यहूदियों के बीच अपने देवताओं को प्रतिष्ठा वापस दिलाने के लिए नेबुर्चनेरर को कहना पड़ा था। हमें सिर्फ़ उनके (बुद्ध के) धर्म को वापस ले आना है। फलदायी प्रयासों के लिए इतनी सरल स्थितियाँ किसी अन्य देश में नहीं मिल सकतीं। वहाँ के समाज में बहुत पहले से स्थापित और अच्छी स्थिति वाले धर्म हैं और बौद्ध धर्म को बिना पासपोर्ट का घुसपैठिया नहीं समझा जाएगा। जहाँ तक भारत की बात है, बुद्ध को न तो पासपोर्ट की आवश्यकता है और न ही वीज़ा की।

3. हिन्दुओं में एक ऐसा वर्ग है जो हिन्दू धर्म छोड़कर बौद्ध धर्म में जाने के लिए उत्सुक है। इन वर्गों में अछूत और पिछड़ी जातियाँ हैं। वे हिन्दू धर्म की श्रेणीगत असमानता के सिद्धान्त के कारण इसके विरोधी हैं। अपने बौद्धिक जागरण की वर्तमान स्थिति में वे हिन्दू धर्म के विरुद्ध कमर कसकर खड़े हो गए हैं। उनके असन्तोष का फ़ायदा उठाने का यही सबसे उचित समय है।

उनके लिए ईयाइयत की तुलना में बौद्ध धर्म चुनने के निम्नलिखित तीन आधार हैं—

(क) बुद्ध धर्म भारत के लिए कोई विदेशी धर्म नहीं है।

(ख) बुद्ध धर्म का मूल उपदेश सामाजिक समानता है और वे इसी की तलाश में हैं।

(ग) बुद्ध धर्म एक तर्कसंगत धर्म है, जिसमें अन्धविश्वास की कोई जगह नहीं है।

4. इस आधार पर बुद्ध धर्म में शुरुआती चरणों में आनेवाले अधिकांश लोग निचले तबक़े से होंगे, अभियान शुरू करने में कोई हिचक नहीं होनी चाहिए। शासन कौंसिल को वे ग़लतियाँ नहीं दुहरानी चाहिए, जो भारत में ईसाई मिशनरियों ने किया था। ईसाई धर्म प्रचारकों ने ब्राह्मणों को धर्मान्तरण कराने के प्रयास से शुरुआत की। उनकी रणनीति यह थी कि

यदि पहले ब्राह्मणों का धर्मान्तरण करा लिया गया, तो बाकी हिन्दुओं के धर्मान्तरण में कठिनाई नहीं हागी। उनका तर्क था कि यदि पहले ब्राह्मणों का धर्मान्तरण कर लिया गया तो ग़ैर-ब्राह्मणों के पास जाकर कह सकेंगे कि "अब ब्राह्मणों ने ईसाइयत क़बूल कर लिया है तो आप लोग क्यों नहीं करते। वे तो आपके धर्म के अगुआ हैं।" ईसाइयों की यह रणनीति कुछ ईसाई धर्म प्रचारकों के लिए घातक साबित हुई। वे भला क्यों करनेवाले हैं धर्मान्तरण? हिन्दू धर्म का सारा लाभ उन्हें ही मिलना था। ब्राह्मणों का धर्मान्तरण करने के अपने प्रसास में सैकड़ों साल बर्बाद करने के बाद भारत में ईसाई धर्म प्रचारकों को अपनी ग़लती का अहसास हुआ और उन्होंने अछूतों पर अपना ध्यान केन्द्रित किया। और जब तक उन्होंने अछूतों की तरफ़ रुख़ किया, राष्ट्रवाद की भावना ज़ोर पकड़ चुकी थी और ईसाइयत के साथ हर विदेशी चीज़ को देश के लिए शत्रुतापूर्ण माना जाने लगा। परिणाम यह हुआ कि ईसाई धर्म-प्रचारक बहुत थोड़े-से अछूतों का ही धर्म-परिवर्तन करवा पाए। मिशनरियों के 400 साल तक चलनेवाले प्रयासों के बावजूद यह बड़े आश्चर्य की बात है, भारत में ईसाई आबादी बहुत छोटी है। अगर उन्होंने शुरुआत ही अछूतों और पिछड़ी जातियों से की होती तो वे उन सबका धर्मान्तरण कर चुके होते।

5. रोम में ईसाइयत के प्रवेश पर ध्यान दिया जा सकता है। इससे काफ़ी सीख मिलेगी। गिब्बन के 'डिक्लाइन एंड फॉल द रोमन एम्पायर' के पन्नों में यह स्पष्ट किया गया है कि ईसाइयत का प्रवेश सबसे पहले रोम की जनता के उस वर्ग में हुआ जो ग़रीबी और घृणा के शिकार थे। ग़रीबों और पददलितों के धर्म के रूप में गिब्बन ने ईसाइयत का मज़ाक़ उड़ाया है। लेकिन गिब्बन की यह धारणा सरासर ग़लत थी। वह ये महसूस नहीं कर सके कि ग़रीबों को ही धर्म की ज़रूरत होती है। क्योंकि धर्म, यदि वह धर्म सच्चा हो, उन ग़रीबों को उद्धार की आशा प्रदान करता है, राहत प्रदान करने का ज़रिया बनता है। अमीरों के पास तो सब कुछ है। उन्हें आशा पर जीने की आवश्यकता नहीं है। वे अपनी भौतिक उपलब्धियों पर जीते हैं। दूसरी बात यह कि गिब्बन यह महसूस नहीं कर सके कि धर्म अगर सच्चा हो तो यह लोगों को उन्नत करता है, उन्हें श्रेयस्कर बनाता है। लोगों से धर्म पतित नहीं होता है।

6. अब मैं उस शुरुआती पहल की बात करूँगा जो भारत में बुद्ध धर्म की वापसी के लिए की जानी चाहिए। मैं नीचे उनके बारे में उल्लेख करूँगा, जो मुझे उचित लगती है—

(क) बुद्ध के उपदेश तैयार करना जो कि धर्मान्तरण करनेवाले का नियमित साथी बन सकेगा। बुद्ध की शिक्षाओं को समाहित करनेवाली किसी उपदेश-पुस्तिका की कमी बुद्ध धर्म के प्रचार-प्रसार में बड़ी बाधा है। पालि में लिखे गए धार्मिक ग्रंथों के 73 खंडों को पढ़ने की उम्मीद आम लोगों से नहीं की जा सकती है। 'बाइबल' नाम की छोटी पुस्तिका में यीशु मसीह के सन्देशों को समेटकर ईसाइयत बुद्ध धर्म की तुलना में काफ़ी लाभप्रद स्थिति में है। बुद्ध धर्म के प्रचार-प्रसार के मार्ग की इस बाधा को समाप्त किया जाना चाहिए। बुद्ध के उपदेशों की पुस्तिका बनाते समय बुद्ध की सामाजिक और नैतिक शिक्षाओं पर ज़ोर दिया जाए, इस बात का ध्यान रखा जाना चाहिए। मैं इस पर ज़ोर देकर कह रहा हूँ क्योंकि अभी तक केवल ध्यान-चिन्तन और अभिधम्मों पर ही बल दिया जाता रहा है। बुद्ध धर्म को यदि इसी तरीक़े से भारतीयों के बीच लाया गया तो हमारे मकसद के लिए घातक होगा।

(ख) आम जनता के लिए ईसाइयत में बपतिस्मा जैसा धार्मिक संस्कार रखा गया है। वास्तव में धर्मान्तरण अर्थात् बुद्ध का एक साधारण शिष्य बनने के लिए किसी तरह का धार्मिक संस्कार मौजूद ही नहीं है। धर्मान्तरण के सम्बन्ध में जो कुछ संस्कार है, वह भिक्षु बनने और संघ में चले जाने तक सीमित है। ईसाइयों में दो धार्मिक संस्कार होते हैं—

(अ) ईसाइयत स्वीकार करने के लिए बपतिस्मा

(ब) पुजारी बनने के लिए बौद्ध धर्म में बपतिस्मा की तर्ज पर कोई संस्कार नहीं है। यही मुख्य कारण है कि एक बार बौद्ध धर्म स्वीकार करने के बाद भी लोग इसे छोड़कर चले जाते हैं। हम जो धार्मिक संस्कार लाये वह ईसाई बपतिस्मा की तरह नहीं होना चाहिए कि जिसे बौद्ध कहलाने के लिए हर आम आदमी को यह अनुभूति करवाना पड़े। केवल पंचशील का उच्चारण कर लेना भर काफ़ी नहीं है। किसी

आदमी को यह अनुभूति कराने के लिए कि वह अब हिन्दू नहीं रहा और एक नया मनुष्य बन रहा है, कई अन्य चीज़ें भी शामिल की जानी चाहिए।

(ग) कई सारे साधारण उपदेशकों की नियुक्ति करना जो जा-जाकर बौद्ध लोगों के बीच उपदेश दे सकें और यह देख सकें कि वे बुद्ध धम्म का कितना पालन कर रहे हैं। इन साधारण उपदेशकों को वेतन ज़रूर दिया जाए और दूसरी बात वे विवाहित होने चाहिए। आरम्भ में वे अंशकालिक कार्यकर्ता भी हो सकते हैं।

(घ) एक बौद्ध धार्मिक केन्द्र की स्थापना करना जहाँ उपदेशक बनने के इच्छुक व्यक्तियों को बुद्ध धर्म की तथा अन्य धर्मों के तुलनात्मक अध्ययन की शिक्षा दी जा सके।

(ङ) प्रत्येक रविवार को बुद्ध विहार में सामूहिक पूजा का प्रावधान करना जिसके बाद उपदेशों का एक सत्र हो।

7. हमारे प्रचार-प्रसार अभियान की सहायता के लिए इन शुरुआती पहलों के अतिरिक्त भी कुछ आवश्यक चीज़ें हैं, जिन्हें व्यापक पैमाने पर किये जाने की ज़रूरत है। इस सम्बन्ध में मेरा प्रस्ताव निम्नलिखित है—

(क) चार महत्त्वपूर्ण नगरों—1. मद्रास, 2. बंबई, 3. नागपुर और 4. दिल्ली में बड़े-बड़े मन्दिरों एवं विहारों का निर्माण करना।

(ख) बुद्ध धर्म के विषयों पर निबन्ध आमंत्रित करना और प्रथम तीन प्रतिभागियों को पर्याप्त राशि से पुरस्कृत करना ताकि लोग बुद्ध धर्म का साहित्य पढ़ने के लिए अपना अधिकतम प्रयास करें। निबन्ध लेखन प्रतियोगिता—हिन्दू, मुसलमान, ईसाई, स्त्री एवं पुरुष सभी के लिए खुली होनी चाहिए। बौद्ध धर्म के अध्ययन में लोगों की रुचि जगाने के लिए यह सबसे अच्छा तरीक़ा है।

8. मन्दिर इतने विशाल होने चाहिए कि उन्हें देखकर ऐसा लगे कि वास्तव में कुछ महत्त्वपूर्ण कार्य सम्पन्न हो रहा है। हाईस्कूल तथा महाविद्यालय ज़रूरी पूरक हैं। उनके द्वारा युवाओं में बौद्ध धर्म का वातावरण बनाने में मदद होती है। इसके अलावा वे सिर्फ़ मार्ग ही प्रशस्त नहीं करेंगे बल्कि लाभ भी अर्जित करेंगे, जिसका उपयोग धर्म प्रचार के अन्य कार्यों में हो सकेगा। ध्यान रहे कि अधिकांश ईसाई धर्म प्रचारक संस्थान अपनी गतिविधियों के संचालन के लिए धन उसी राजस्व से प्राप्त करते हैं,

जो उनके द्वारा चलाए जा रहे स्कूलों तथा महाविद्यालयों से अर्जित होता है।

9. मैंने ऊपर बताया है कि प्रारम्भिक क़दम उठाए जाने आवश्यक हैं। मुझे लगता है कि मुझे यह भी बताना चाहिए कि वे कौन-कौन सी सावधानियाँ हैं जो भारत में बौद्ध धर्म को पुनर्जीवित किये जाने के अभियान को शुरू करने के लिए बरती जानी चाहिए जिससे कि बुद्ध धर्म पुनः लुप्त न हो जाए।

10. भारत से बौद्ध धर्म के लुप्त होने का कारण यह नहीं रहा कि इसके सिद्धान्त झूठे पाये गए या साबित हुए। भारत में बौद्ध धर्म के लुप्त होने के कारण अलग हैं। इससे बड़ी बात तो यह है कि बुद्ध धर्म को भारत के ब्राह्मणों ने अपने बाहुबल से हरा दिया।

यह तो अब अच्छी तरह से मालूम है कि सम्राट अशोक के उत्तराधिकारी और मौर्य वंश के अन्तिम शासक की हत्या पुष्यमित्र नाम के ब्राह्मण सेनापति ने की थी, जिसने सिंहासन हथियाकर ब्राह्मण धर्म को राज्य के धर्म के रूप में स्थापित कर दिया था। उससे भारत में बुद्ध धर्म का दमन हुआ जो कि इसके पतन का एक कारण है। एक तरफ़ ब्राह्मण के उदय ने भारत में बौद्ध धर्म का दमन किया, दूसरी तरफ़ भारत पर हुए मुस्लिम आक्रमण ने विहारों को तहस-नहस करने और भिक्खुओं की हत्या करने में की गई हिंसा द्वारा इसे पूरी तरह नष्ट कर दिया।

11. इस्लाम से बौद्ध धर्म को तो अब कोई ख़तरा नहीं है, लेकिन ब्राह्मण से है। ब्राह्मण बौद्ध धर्म का सबसे ताक़तवर विरोधी होगा। ब्राह्मण चाहे जो रंग धारण करे और चाहे जिस दल में रहे, वह रहेगा ब्राह्मण ही। इसका कारण यह है कि ब्राह्मण श्रेणीकृत सामाजिक असमानता को बनाए रखना चाहता है क्योंकि इसी श्रेणीकृत असमानता ने ही ब्राह्मण को उठाकर सबसे ऊपर आसीन कर दिया है। बौद्ध धर्म समानता में विश्वास करता है। यह उनकी प्रतिष्ठा और शक्ति की जड़ें ही खोद डालता है। यही कारण है कि ब्राह्मणों को इससे नफ़रत है, बहुत सम्भव है कि यदि ब्राह्मण को बौद्ध धर्म की पुनर्वापसी के आन्दोलन का नेतृत्व करने दिया जाए तो वे अपनी शक्ति का प्रयोग इसे नष्ट करने या दिग्भ्रमित करने में लगा दें। इसलिए कम-से-कम हमारे आन्दोलन के शुरुआती चरणों में उन्हें उनकी शक्तिशाली स्थितियों से बाहर करना बहुत ज़रूरी है।

12. इस सारे प्रस्तावों के बाद धन का प्रश्न उठता है। यह प्रश्न भारत हल नहीं कर सकता है, ऐसा कहने में कोई संकोच नहीं होना चाहिए। केवल बौद्ध लोग ही हैं जो भारत में सहायता कर सकते हैं, लेकिन शुरुआती चरणों में उनकी संख्या बहुत कम होगी। इसलिए इसका बोझ भारत से बाहर के देशों द्वारा किया जाना चाहिए। इस उद्देश्य के लिए अपने दान को भारत में भेजकर मैं समझता हूँ वे आसानी से ऐसा कर सकते हैं।
(हस्ता.) भीमराव आंबेडकर

ज्ञापन-2

दक्षिण भारत में बौद्ध धर्म की स्थिति पर एक रिपोर्ट

1. मैं भारतीय बौद्ध समुदायों की स्थिति स्वयं देखने के लिए दक्षिण भारत में प्रवास पर गया जहाँ मैं 7 से 14 जुलाई तक रहा।
2. मैंने पाया कि वहाँ निम्नलिखित स्थानों पर बौद्ध समुदाय मौजूद हैं—
3. मद्रास शहर के पास दो केन्द्र हैं—
   (अ) पेरम्बर तथा
   (ब) कांचीपुरम (चिंगेपुत)

   (ख) मद्रास शहर के भीतर—
   (अ) पालिकोंडा (उत्तरी आर्काट ज़िले में)
   (ब) त्रिपुरम (उत्तरी आर्काट ज़िले में)
   (स) बेल्लातूर (बेल्लूर ज़िले में) तथा
   (द) वाणी वेद (बानीपेट में)

   (ग) मद्रास शहर के भीतर—
   (अ) मैसूर राज्य में
   (ब) कोलार गोल्ड फील्ड
   (स) प्रार टाउन, कैंटोनमेंट, बंगलौर सिटी और
   (द) बंगलौर सिटी में सेंट्रल जेल के पास

   दक्षिण भारत में बौद्ध धर्म के ये केन्द्र लगभग 30-40 वर्षों से अस्तित्व में हैं। इससे पता चलता है कि ब्राह्मणों और हिन्दुओं से घिरे रहने के बावजूद वे कितनी मज़बूती से बौद्ध धर्म से लगातार जुड़े हुए हैं।
4. अपने ही संसाधनों से जो विहार उन्होंने बनाए हैं, वे बड़ी दयनीय संरचनाएँ मात्र हैं। अगर उनके विहारों के जीर्णोद्धार, पुनर्निर्माण तथा

सौन्दर्यीकरण के लिए उनकी कुछ मदद की जा सके, तो इससे काफ़ी हौसला बढ़ेगा।

5. मैंने 8 जुलाई को मैसूर राज्य के राज्य प्रमुख, महाराजा से मुलाक़ात की और बंगलौर में अपने कार्य हेतु एक केन्द्र खोलने के लिए उनसे अनुरोध किया कि वे बंगलौर स्थित अपनी निजी सम्पत्ति में से ज़मीन का एक टुकड़ा हमें दे दें। महाराजा ने सहर्ष ही 5 एकड़ ज़मीन दान कर दी। माननीय महाराजा के निजी सचिव से प्राप्त पत्र की एक प्रति मैंने इसके साथ संलग्न कर दी है। कृपया इस मामले को अभी गोपनीय ही रखें, उपहारनामा (गिफ़्ट डीड) बनाया जाना अभी शेष है।
6. यह भूखंड बहुत सुन्दर है और अत्यन्त मनोरम स्थान पर स्थित है। यह काफ़ी क़ीमती भी है। मैंने विचार बनाया है कि इस जगह का इस्तेमाल हमारे उपदेशकों एवं भिक्षुओं की दीक्षा के लिए एक बौद्ध धार्मिक प्रशिक्षण केन्द्र के लिए एक केन्द्र का निर्माण करने के लिए हो।

(हस्ता.) भीमराव आंबेडकर

[*बाबासाहेब डॉ. अम्बेडकर सम्पूर्ण वाङ्मय,* खंड 37, पृ. 479-485]

59

पंढरपुर में बौद्ध विहार था यह मैं साबित कर सकता हूँ

25 दिसम्बर, 1954 के दिन देहू रोड के बुद्ध विहार में डॉ. बाबासाहेब आंबेडकर के हाथों भगवान बुद्ध की मूर्ति की विधि-विधानपूर्वक स्थापना की गई। मूर्ति की क़ीमत क़रीब ढाई हज़ार रुपये है। डॉ. बाबासाहेब आंबेडकर ख़ासकर यह मूर्ति रंगून से ले आए हैं। इस समारोह में 40 हज़ार से अधिक लोग उपस्थित थे।

एडवोकेट शंकरराव खरात, ऑर्गनाइजिंग सेक्रेटरी, महाराष्ट्र प्रदेश शे. का. फे. के हाथों ध्वज फहराया गया।

उपस्थित जनसमुदाय का मार्गदर्शन करते हुए डॉ. बाबासाहेब आंबेडकर ने कहा—

आज इस जगह, छोटे से विहार में भगवान बुद्ध की मूर्ति की स्थापना की गई है। हमेशा की तरह जब कोई मन्दिर का निर्माण होता है तब उसमें भैरोबा, खंडोबा, मरीआई आदि कई तरह के भगवानों की मूर्तियाँ रखी जाती हैं। हमारे लोगों के मन भक्तिभाव से परिपूर्ण होने के कारण वे विष्णु, शिव जैसे भगवान की मूर्तियों की स्थापना करते हैं, यहाँ का प्रसंग थोड़ा अलग और नया है। इस मन्दिर में मरीआई, खंडोबा, महादेव नहीं लाए गए हैं, यहाँ आज नये देवता को लाकर उनकी स्थापना की गई है। सभी के लिए यह प्रसंग नया है। हममें से कुछ लोगों ने भगवान बुद्ध का नाम भी नहीं सुना होगा।

कुछ लोग कहते हैं कि यह नये भगवान कहाँ से लाए हैं? ये भगवान कहाँ से लाए हैं, उसकी उत्पत्ति कैसे हुई? यह जानना अत्यन्त आवश्यक है। बुद्ध भगवान

का यह धर्म इस देश में बहुत ही प्राचीन समय से चला आ रहा है। प्राचीन समय में यह धर्म इसी देश में निर्मित हुआ। चीन, जापान, सयाम, इंग्लैंड आदि बाहरी किसी देश से यह धम्म नहीं लाया गया है। यह यहीं का वृक्ष है। इस भगवान को कौन यहाँ लेकर आया, इस बारे में कई सवाल पूछे जाते हैं। इस बारे में पहला खुलासा इस प्रकार किया जा सकता है कि इस देश के पुरातन देवता हमें जगह-जगह मिलते हैं, उन्हीं में से यह भी एक हैं, यह भगवान यहीं के हैं।

कई ऐतिहासिक कारणों से इस धर्म का यहाँ लोप हुआ होगा। इस धर्म के शत्रु इस देश में रह ही नहीं पाते। मराठी में शत्रु को बोलते हुए कहते हैं—'मेरे भगवान जलती ज्योति हैं। मेरे भगवान कोई कच्चे नहीं हैं। तुम पर छोड़ूँगा तो वह तुम्हारा सत्यानाश करेंगे।' मैं आज आपको बताता हूँ कि यह धर्म भी वैसा ही है। यह देखने के लिए मैं शायद ज़िन्दा नहीं बचूँगा, लेकिन यह होकर रहेगा। मुझे इस बारे में रत्ती भर का सन्देह नहीं है। एक व्यक्ति कुछ लोगों को कुछ समय तक धोखे में रख सकता है। एक व्यक्ति सभी लोगों को हमेशा धोखा नहीं दे सकता।

बौद्ध धर्म को 1956 में ढाई हज़ार साल पूरे होंगे। साढ़े बारह सौ सालों तक यह धर्म ज़िन्दा था। इस बात को साबित करने के लिए मैं आज ऐतिहासिक सबूत देने जा रहा हूँ। पुराने ज़माने में इस देश पर मुसलमानों ने हमले किये। मुसलमान मूर्तिपूजक नहीं होते। उनके द्वारा बौद्ध धर्म के लोगों पर हमले हुए और यह धर्म कमज़ोर हुआ। अफ़ग़ानिस्तान के 100 प्रतिशत लोग बौद्धधर्मीय थे। वहाँ बौद्ध धर्म प्रचलित था। 7000 बौद्ध भिक्षु वहाँ पर थे। मुसलमानों ने उन पर आक्रमण किये तब उनके सामने दो ही उद्‌देश्य थे। पहला, इस देश के लोग इस्लाम को अपनाएँ। दूसरा, जो इस धर्म को स्वीकार नहीं करेंगे उन्हें मौत के घाट उतारना। उन्होंने इन सात हज़ार भिक्षुओं का कत्ल किया।

यह धर्म जब ज़िन्दा था तब बहुत ही लोकप्रिय था। इस देश में नालंदा विश्वविद्यालय था। ज्ञान देना इस धर्म का तत्त्व था। एक आचार्य और दस छात्र साथ बैठते और ब्राह्मण शास्त्र सिखाते, ऐसी इस धर्म की स्थिति नहीं थी।

बौद्धधर्मीय लोगों ने पहले विश्वविद्यालय की स्थापना की। नालंदा विश्वविद्यालय में तेरह हज़ार छात्र और एक हज़ार अध्यापक थे। ब्राह्मण धर्म एकांगी था। अनेक कारणों से उसका मुलसमानों से बचाव हुआ। बौद्ध धर्म के ख़िलाफ़ भी ब्राह्मणों की कारगुज़ारियाँ जारी थीं। इसीलिए यह धर्म अस्त हुआ।

बौद्ध धर्म पर मैं अंग्रेज़ी भाषा में एक किताब लिख रहा हूँ। दो महीनों के बाद यह किताब प्रकाशित होगी। इस किताब को मराठी में भाषान्तरित कर प्रकाशित किया जाएगा।

मेरे कुछ मित्र मुझसे पूछते हैं—आपका बौद्ध धर्म अगर इतना अच्छा था तो उसका ह्रास क्यों हुआ? मैं उनसे पूछता हूँ कि अगर मान लें कि यह धर्म बुरा था, इसलिए इसका ह्रास हुआ तो चीन, जापान, कंबोडिया, सिलोन आदि देशों में यह धर्म क्षीण क्यों नहीं हुआ? वहाँ यह धर्म अभी तक टिका हुआ क्यों है? इन देशों में अगर यह धर्म ख़त्म नहीं हुआ तो उसे कोई दूसरा घुन लगा होगा। उसके ख़िलाफ़ साजिश रची गई होगी। बताने का मतलब यह है कि उसके उदय से लेकर वह साढ़े बाहर सौ सालों तक वह चल रहा था। इतिहासकारों ने इस इतिहास को छुपा रखा है। इस बार मैं पूरे भारत के बारे में नहीं बोलनेवाला हूँ। मैं सिर्फ़ महाराष्ट्र के बारे में बोलनेवाला हूँ। हमारा महाराष्ट्र भी 100 प्रतिशत बौद्धधर्मीय था। सबूत के तौर पर महाराष्ट्र के पुरातनकालीन उकेरी हुई मूर्तियों के उदाहरण दिये जा सकते हैं। भारत की दो हज़ार मूर्तियों में से डेढ़ हज़ार मूर्तियाँ महाराष्ट्र में हैं। ये मूर्तियाँ जहाँ हैं, वे ठिकाने बौद्ध भिक्षुओं के रहने की जगहें थीं। यही उनकी पनाहगाहें थीं। महाराष्ट्र में जो भी पुरातनकालीन मूर्तियाँ हैं वे सब की होने की बात बताई जाती है। लेकिन कहाँ विराट नगरी और कहाँ पांडवों की राजधानी!

इन विहारों में 25 भिक्षु होते हैं। पन्द्रह हज़ार विहारों में क़रीब 35 हज़ार भिक्षु रहा करते थे। लोगों से भिक्षा माँगकर अपना गुज़ारा करते थे। वे एक हज़ार दो सौ पचास सालों तक इस प्रान्त में थे। हम टूटा घर फिर से बनाते हैं। उस पर टीन लगाते हैं, नई छत डालते हैं, यानी उस घर का जीर्णोद्धार करते हैं। बाप-दादाओं के समय से हम भगवान की पूजा करते आए हैं। उसी भगवान को हमें फिर से पूजना है। मेरी साफ़ राय है कि इस देश में धर्म अब बचा नहीं है। हिन्दू लोगों की धर्म की व्याख्या बहुत अलग है। मन्दिरों में जाना, घंटा बजाना, पूजा करना और पुजारी को दो पैसे का दान देना इतना ही धर्म रह गया है। मानो ब्राह्मण के बाप से लिया गया ऋण चुकाना। हमसे यह हो नहीं पाया। विष्णु की पूजा करने से विष्णु प्रसन्न नहीं हुआ। भगवान शिव के मन्दिर जाने के बाद भी वह प्रसन्न नहीं हुआ। मरीआई, म्हसोबा, खंडोबा भी प्रसन्न नहीं हुए। व्यक्ति के और समाज के जीवन के लिए आवश्यक होने के कारण धर्म की ज़रूरत तो है ही। धर्म को नीति का बंधन चाहिए। कुछ लोग मुझसे पूछते हैं कि धर्म से क्या लेना-देना है? लेकिन मेरा उनसे यही सवाल है कि हमने अगर डल्ली खाना छोड़ दिया है। अगर पेट ही भरना है तो आप भी डल्ली, सागोती क्यों नहीं खाते? धर्म दुराचार पर नियंत्रण रखता है। आपको बताने लायक़ बहुत कुछ है। लेकिन आप लोगों की भाषा में मैं क्या बता पाऊँगा? यहाँ उदाहरण के तौर पर मैं एक ही बात बताता हूँ। बैलगाड़ी में दो पैर,

दो बैल, गाड़ी, और चलानेवाला आदमी आदि बातें होती हैं। मैंने बचपन में बैलों को हाँकने का काम किया है। गाड़ी में तेल डाला जाता है। पहिए में कील होगी तो बैल गाड़ी खींचेगा। इसी प्रकार इंसान के पापी, दुराचारी बर्ताव पर कसी हुई लगाम है धर्म। धर्म के बंधन के बग़ैर कार्य टिका नहीं रह सकता।

किसी भी धर्म को अपनाते समय उसे अच्छी तरह से जाँच-परख कर ही लेना चाहिए। हम बाज़ार में जाते हैं। सोना खरा है अथवा नहीं, इसकी परख कर लेते हैं। उसी प्रकार धर्म एक बाज़ार है। यह विष्णु की, राम की, शिव की दुकान है। यहाँ पुजारी धूप-कपूर जलाते हुए बैठे हैं। कृष्ण, राम, विष्णु, शिव का धर्म इसी प्रकार का धर्म है। धर्म इंसान का उद्धार करता है। धर्म किसी को धोखा देने के लिए नहीं होता। हमारी अवनति जातिभेदों के कारण हुई है। जो धर्म जातिभेदों से भरा है, जिस धर्म में असमानता है, वह धर्म हम कैसे अपनाएँ? जिस धर्म में समानता का अधिष्ठान है, वह धर्म हमें चाहिए। बौद्ध धर्म में सभी को समान अवसर, सभी को समान अधिकार दिये गए हैं। उसमें एकता है, भेदभाव नहीं।

यहाँ आपको एक सूक्त याद दिलाना चाहता हूँ। ब्राह्मणों के बच्चे थे, उनमें दर्शन को लेकर कोई विवाद था—'ब्रह्म घर है और आत्मा ब्रह्म की छाया है। सूरज और सूरज का प्रतिबिंब, घर और घर की छाया, इसी प्रकार ब्रह्म और आत्मा की बात है।' असल में ये सब पुराणों की बातें हैं। ब्रह्म की छाया ही अगर आत्मा है तो अस्पृश्यों को शनिवार बाड़े के हौज़ से पानी भरने क्यों नहीं दिया जाता? विवाद का कोई अन्त नहीं हो रहा, यह देखकर बच्चे बुद्ध के पास गए। उन्हें ब्राह्मणों का दर्शन रास नहीं आ रहा था। भगवान बुद्ध ने उनसे पूछा—क्या यह ब्रह्म सत्य है? क्या आपने ब्रह्म को देखा है? ब्रह्म कुछ समय के लिए है या फिर हमेशा के लिए? उसका रंग-रूप कैसा है? वह कुछ बोलता है क्या? उसमें रस है या सुगंध? वह गुलाब के फूलों सा है या कि चम्पा के फूलों-सा? वह मीठा है, खट्टा है या तीखा है?

मनुष्यमात्र के पास सत्य का पता करने के लिए पाँच इंद्रियाँ हैं—आँख, कान, नाक, जीभ, त्वचा। आँखों से देखा जा सकता है। कान से सुना जा सकता है। नाक से गंध का पता चलता है। जीभ से स्वाद का पता चलता है। पाँचों इंद्रियों का साक्ष्य जिसे प्राप्त है, वह है सत्य। ब्रह्म को सत्य मानना यानी बिना देखे किसी लड़की से प्रेम करने जैसा है। भगवान बुद्ध का धर्म समानता का धर्म है। हाल ही में लक्ष्मण शास्त्री जोशी द्वारा मेरे बारे में लिखे गए लेख के बारे में मुझे पता चला है। मेरे बारे में वैसे कोई लिखता नहीं है और अगर किसी ने लिखा तो वह

अच्छा ही होगा यह कहा नहीं जा सकता। जोशी ने अपने लेख के अन्त में लिखा है कि डॉ. आंबेडकर का अवतार कार्य अब ख़त्म हो चुका है। लेकिन असल में मेरा अवतार कार्य अभी ख़त्म नहीं हुआ है, वरन् अभी उसकी शुरुआत हो रही है। लक्ष्मण शास्त्री जैसा विद्वान आदमी अगर इस प्रकार लिखने लगे तो क्या कहा जा सकता है? हमने महाड़ में सत्याग्रह आन्दोलन किया। आप हिन्दू लोग हमें हिन्दू कहते हो न! इसलिए आप लोग हमें पानी पीने देते हो या नहीं यही देखने के लिए हमने सत्याग्रह किया था। हमें मन्दिर में प्रवेश दिया जाता है कि नहीं यह देखने के लिए मन्दिर-प्रवेश आन्दोलन किया। इतने दिनों से हमने इस प्रकार ज़मीन की निराई-गुड़ाई कर उसे फ़सल बोने लायक़ बनाया है। अब मेरी उम्र बहुत कम ही बची है। दुर्भाग्य से सामाजिक कार्य मुझसे पूरे नहीं हो पाए हैं। अन्य सभी कामों से अब मैं अवकाश प्राप्त करने जा रहा हूँ। मुझे बौद्ध धर्म के प्रसार का काम करना है। आज का प्रसंग देखकर कुछ लोग हमारा मज़ाक़ भी उड़ाएँगे। लेकिन अच्छा काम हमेशा कठिन होता है। महार जाति धैर्यवान है। उसके सिर पर अन्य जातियाँ हैं—लँगोट, कमर और लाठी यही उसकी पोशाक है। जैन साधु नग्न घूमते हैं। उनके ही जैसे हम भी नंगे घूमेंगे।

मैं आपसे दो बातें कहना चाहता हूँ। इस धर्म को स्वीकार करेंगे, उसी दिन आपको कई काम छोड़ने पड़ेंगे। एकादशी को पंढरपुर जाना, द्वादशी को अन्य क्षेत्र में जाना बन्द करना होगा। मुझे अच्छी तरह से याद है नासिक ज़िले में त्र्यंबक में कुंड था। इस कुंड में केवल अँजुली भर जल था। यात्री उसमें कपड़ा भिगोकर उसी से बदन पोंछ लेते थे। इस प्रकार की खिचड़ी बौद्ध धर्म में मैं होने नहीं दूँगा। साफ़ पानी में गन्दा पानी उढ़ेलना नहीं चाहिए। भगवान बुद्ध का जो धर्म, वही हमारा धर्म है यह अब हमने तय किया है। आप पंढरपुर जाते हैं, पांडुरंग के अभंग गाते हैं। पुणे के इतिहास अनुसंधान मंडल के लोगों में पंढरपुर का विट्ठल का घपला छोड़कर पहले इस सवाल का जवाब दीजिए कि पंढरपुर का पांडुरंग कौन है? इसका जवाब पहले दीजिए। वह कहाँ का है? उसे कौन भगाकर ले गया? किसने उसे डुबोया? पांडुरंग यानी पंढरपुर में बौद्ध धर्म का विहार था यह मैं उन्हें साबित करके बताऊँगा। (तालियों की गड़गड़ाहट) पुंडलिक शब्द से पांडुरंग शब्द बना। पुंडलिक का अर्थ है कमल। बौद्ध धर्म में मूर्तिपूजा नहीं थी। अज्ञानी लोग दर्शन क्या जानें। कमल को पालि भाषा में पांडुरंग कहते हैं। आपको धोखा देने के लिए ब्राह्मणों ने बुद्ध के नाम का लोप कर दिया। ये मतलबी लोग महाराष्ट्र के उत्कीर्ण कला के नमूने पांडवों के होने की बात बताते हैं। 'पांडव' यहाँ क्यों आए थे? पांडव दिल्ली से

बाहर 80 मील से परे कहीं नहीं गए। अलवर स्टेट में उन्होंने 1500 शिल्पकला के नमूने छोड़े कैसे? उनके पास न तो छेनी थी न फावड़ा। भगवान बुद्ध ने कहा कि 'यहाँ आओ और देखो!' केवल मैं कहता हूँ इसलिए आप धर्म अपना लो ऐसा नहीं है। तुम्हारी अविद्या अगर नष्ट हुई तो ही तुम इस धर्म को स्वीकार करो। आपको एक बात बताना बाकी रह गया है। यह विहार जो बनाया गया है वह बेहद छोटा है। उसे अगर जिस हाल में वह है, उसी हाल में आप रखेंगे तो आपको कलंक लगेगा। इस विहार के लिए एक हॉल की ज़रूरत है। प्रदक्षिणा करने के लिए जगह की ज़रूरत है। आप सब लोग चन्दा कर इस विहार को भव्य रूप देने की कोशिश कीजिए। लेकिन, भगवान के नाम पर इकट्ठा किया जानेवाला पैसा खाइए मत। उस विहार में रोजाना बुद्ध का दिया गया मानव-मूल्यों का उचित सन्देश देनेवाली बुद्धवंदना, भिक्षरण, पंचशील, आर्य अष्टांगिक मार्ग तथा उनके सन्देशों का वाचन होगा, छात्रों को पढ़ाई करने के लिए भी यह बुद्ध विहार खोला जाएगा।

आज के प्रसंग के अनुकूल जो भी कुछ कहना था वह मैंने कह दिया है। आज का यह प्रसंग इतिहास में दर्ज होनेवाला है। बारह सौ सालों के बाद बुद्ध की प्रतिमा की स्थापना करने का पहला सम्मान हमें मिला है। इसका सारा श्रेय हमें ही है। इसीलिए हमें धन्यता महसूस करनी चाहिए।[1]

[*बाबासाहेब डॉ. अम्बेडकर सम्पूर्ण वाङ्मय,* खंड 40, पृ. 366-370]

1. *जनता,* 1 जनवरी, 1955

60

बंगलौर में बौद्ध शिक्षणालय प्रारम्भ किया जाए

डॉ. बी.आर. आंबेडकर, सांसद ने मंगलवार[1] को बंबई में कहा कि भारत में बौद्ध धर्म के प्रचार के लिए प्रारम्भिक उपायों के रूप में बंगलौर में एक बौद्ध शिक्षणालय की स्थापना की जाएगी।

डॉ. आंबेडकर, जिन्होंने हाल ही में बौद्ध धर्म को स्वीकार करने के अपने आशय को घोषित किया है, ने पी.टी.आई. को दिये साक्षात्कार में कहा कि मैसूर के राज्य प्रमुख ने पाँच एकड़ भूमि दान दी है जो अध्ययन के दो प्रतिष्ठित केन्द्रों, रमन शोध संस्थान एवं भारतीय विज्ञान संस्थान के मध्य स्थित है।

उन्होंने कहा कि उनकी हाल में की गई दो बर्मा यात्राओं के परिणामस्वरूप विश्व के बौद्ध मिशन एवं बुद्ध शासन परिषद् द्वारा हर प्रकार की वित्तीय एवं तकनीकी सहायता दिये जाने का आश्वासन दिया गया है।

डॉ. आंबेडकर ने बताया कि उन्होंने देश में अनेक लोगों से वित्तीय सहायता के लिए सफलतापूर्वक सम्पर्क किया है और वे शीघ्र ही जनता के अंशदान के लिए भिक्षा-पात्र लेकर निकल पड़ेंगे।

उपदेशकों को प्रशिक्षित करना

डॉ. आंबेडकर ने कहा, जिस प्रकार धन जमा हो रहा है, इससे शिक्षणालय लगभग दो वर्ष में पूर्ण हो जाएगा। उन्होंने बताया कि इस संस्थान का मुख्य उद्‌देश्य जन-सामान्य में बौद्ध धर्म का प्रचार करने के लिए उपदेशकों को प्रशिक्षित करना होगा।

---

1. 11 जनवरी, 1955

डॉ. आंबेडकर ने कहा कि शिक्षणालय में विद्यार्थियों को जाति, धर्म या राष्ट्रीयता पर विचार किये बिना प्रवेश दिया जाएगा और वे धर्म तथा अन्य सम्बद्ध विषयों के तुलनात्मक अध्ययन पर पाठ्यक्रमों का अध्ययन करेंगे। उनका विश्वास है कि अन्य धर्मों का वैज्ञानिक रूप से अध्ययन किये बिना कोई भी बौद्ध धर्म का सही मायनों में समर्थन नहीं कर सकता।

डॉ. आंबेडकर ने कहा कि प्रशिक्षणालय की एक प्रेस भी होगी जहाँ बौद्धिक साहित्य का मुद्रण होगा। उन्होंने बताया कि वे विश्व भर के प्रतिष्ठित विद्वानों के समूह को पालि एवं अन्य भाषाओं में लिखी गई बौद्धिक पुस्तकों को अंग्रेज़ी में अनुवाद करने के लिए नियुक्त किया जाएगा और उन्हें शिक्षणालय द्वारा प्रकाशित कराया जाएगा।

धर्म एवं दर्शनशास्त्र पर पुस्तकों सहित एक विशाल पुस्तकालय, प्रशिक्षणालय की एक और विशेषता होगी। वहाँ पर मन्दिर और विद्यार्थियों, अध्यापकों एवं अनुसंधान के विद्यार्थियों के लिए कक्षाएँ, शयन-कक्ष भी होंगे।

उन्होंने यह भी कहा कि 10,000 रुपये पुरस्कार राशि वाली निबन्ध प्रतियोगिता की शीघ्र घोषणा की जाएगी।[1]

[*बाबासाहेब डॉ. अम्बेडकर सम्पूर्ण वाङ्मय,* खंड 35, पृ. 425-26]

1. द *टाइम्स ऑफ़ इंडिया,* दिनांक 12 जनवरी, 1955

61

हिन्दू धर्म में भगवान, आत्मा आदि की जगह है लेकिन मनुष्य के जीवन के लिए कोई स्थान नहीं

बंबई की बौद्ध धर्म सलाहकार समिति की ओर से दिनांक 14 जनवरी, 1955 के दिन वरली में डॉ. बाबासाहेब आंबेडकर का भाषण आयोजित किया गया था। सभा में 50 हज़ार से अधिक जनसमुदाय उपस्थित था।

इस सभा में संत गाडगे महाराज, आयु. अनंत हरी गद्रे, आयु. संत मोडके महाराज, कांबले, करमालेकर और शे. का. फेडरेशन के अन्य कार्यकर्ता उपस्थित थे। इस अवसर पर उन्होंने कहा

कई दिन पहले मैंने निर्णय लिया था कि किसी भी कार्यक्रम में केवल भाषण देने के लिए उपस्थित नहीं रहना है क्योंकि केवल भाषण देने से मैं अब ऊब गया हूँ, मेरा सारा जीवन भाषण देने में गया है। ऐसा नहीं कि मेरे व्याख्यानों का समाज पर कोई असर नहीं हुआ हो। आज अस्पृश्य समाज में हुई जागरूकता मुझे दिखाई देती है। मैं गर्व के साथ कह सकता हूँ कि उनमें हुई जागरूकता मेरे व्याख्यानों का ही फल है।

जागृति भले समाज की उन्नति का प्रमुख अंग है, फिर भी केवल जागृति से कुछ नहीं होता। समाज की उन्नति के लिए कार्यक्रम की ज़रूरत होती है। किसी एक पुरुष द्वारा समाज में जागृति पैदा की गई और उसके बाद समाज का मार्गदर्शन करनेवाला अगर कोई दूसरा पुरुष नहीं हुआ तो वह समाज एक खम्भे वाले तंबू की तरह ख़स्ताहाल हो जाता है।

मुझे अब कुछ रचनात्मक करना होगा, लेकिन उसके लिए पैसों की ज़रूरत पड़ती है। मैं एक बड़ा याचक हूँ। समाज के अन्य लोगों का अन्तरंग अगर साफ़

होगा और अगर इन साफ़ दिल लोगों को मेरा काम अगर मंगलमय लगा और उन्होंने अगर पैसों की मदद की जो हमें चाहिए ही, लेकिन हम उनकी मदद पर निर्भर नहीं रह सकते। हमें अपने बल पर खड़े रहना चाहिए।

'लाश जिसकी होती है, उसे वही कंधे पर ढोता है।' इस कहावत के अनुसार हमें अपने काम का बोझ ख़ुद ही उठाना होगा। अपने कार्य के लिए हमें ही दिल खोलकर दान देना चाहिए।

आज की शुरुआत मैं धर्मोपदेश के साथ करनेवाला हूँ। बौद्ध धर्म के बारे में मैं बताना चाहता हूँ। बौद्ध धर्म की मेरी घोषणा आज की नहीं, मैं 14 वर्षों का छात्र था तभी से है। चौदह साल की उम्र में ही बौद्ध धर्म से मेरा परिचय हुआ। चौदह साल का था तभी से रामायण, महाभारत, कृष्णलीलामृत, शिवलीलामृत, श्रीधराख्यान आदि सभी मराठी ग्रंथ मेरे पिताजी ने मुझसे दस-दस बार पढ़वा लिये थे। उस वक़्त पिताजी के बर्ताव से मैं ऊब गया था।

एलफिन्स्टन हाईस्कूल में था तब मैंने कोई परीक्षा उत्तीर्ण की थी। तब मैं जिस 'बटाटायाची चॉल' में रहता था वहाँ के लोगों ने मेरे पास होने के उपलक्ष्य में अभिनंदन करने के लिए एक सभा आयोजित करने की सोची। दादा केलुस्कर की मध्यस्थता से वहाँ के लोगों ने बहुत कोशिशें कर मेरे पिताजी को इसके लिए मनाया। एक टेबल और कुर्सी के साथ सभा की शुरुआत हुई, लेकिन सभा में केवल गिने-चुने लोग ही उपस्थित थे। बाकी लोग लँगोटी पहनकर अपने-अपने घरों की दहलीज पर पान चबाते हुए बैठे थे। सभा का महत्त्व किसी को पता नहीं था।

लेकिन आज के हालात अलग हैं। आज अस्पृश्य समाज में काफ़ी जागृति हुई है। बचपन में मेरे अभिनंदन के लिए जिस सभा का आयोजन किया गया था, उसके अध्यक्ष दादा केलुस्कर थे। उस वक़्त मैं अपनी अल्पमति से सभा में जो भी बोला था, मुझे कुछ याद नहीं है। भाषण के बाद आयु. केलुस्कर ने मुझे गौतम बुद्ध का चरित्र उपहारस्वरूप दिया था। मैंने उससे पहले रामायण-महाभारत जैसे कई ग्रंथ पढ़े थे। उसी प्रकार यह किताब भी मैंने पढ़ी। लेकिन मेरे ध्यान में आया कि इस किताब से मिली सीख अन्य किताबों से मिली सीख में बहुत अधिक अन्तर है। आगे चलकर इस किताब की ही तरह मैं अन्य किताबें पढ़ता रहा और धीरे-धीरे मेरे दिमाग़ में बातें साफ़ होती गईं। बौद्ध धर्म कैसा है, हिन्दू धर्म कैसा है, दोनों धर्मों में कितना और कैसा फ़र्क़ है। दोनों का दृष्टिकोण कितना अलग है, इसका मुझे पता चलने लगा।

मेरे पिताजी कहते कि हम ग़रीब हैं, लेकिन हमारी महत्त्वाकांक्षा बहुत बड़ी होनी चाहिए। महाभारत के द्रोणाचार्य ग़रीब थे। द्रोण के बच्चों को उनकी माता बाजरे का आटा पानी में मिलाकर उसे ही दूध के नाम पर पिलाती थीं। कर्ण भी ग़रीबी से ही ऊपर उठा। बड़े पुरुष हमेशा ग़रीबी से ही ऊपर उठते हैं। मिली हुई गौतम बुद्ध के चरित्र की किताब मैंने पढ़ी तो मेरा मन डाँवाँडोल होने लगा। अन्य धर्मग्रंथों का पठन मुझे ग़लत लगने लगा। पिताजी की मृत्यु के बाद ऐसे धर्मग्रंथों के पठन का संकट मेरे ऊपर से टल गया।

उच्च शिक्षा पाने के लिए मैं अमेरिका गया। वहाँ भी बौद्ध धर्म का मैंने काफ़ी अध्ययन किया। बौद्ध धर्म समझने के लिए और बुद्ध धर्म-चरित्र के कारण मेरे मन में उठे बवंडर को शान्त करने के लिए मैंने वहाँ ख़ूब किताबें पढ़ीं। बहुत चिन्तन किया। तभी मुझे हिन्दू धर्म और बौद्ध धर्म का अन्तर पता चला। बौद्ध धर्म के बारे में मेरा पागलपन काफ़ी पुराना है।

लोग कहते हैं कि राजनीति में मेरा नुक़सान हुआ है। अब बौद्ध धर्म के कारण भी मेरा नुक़सान होना है। मैं उस नुक़सान को भुगतने के लिए तैयार हूँ। धर्म मेरा निजी मामला है। बौद्ध धर्म मुझे समझ आया, ठीक लगा। मैंने उसे लिया। राजनीति के झूठे चुनाव मुझे नहीं चाहिए। झूठे चुनावों के कारण मैं महामंत्री भी बन सकता हूँ। लेकिन मैं यह नहीं चाहता। राजनीति यानी क्रिकेट का खेल नहीं है। वह एक सम्प्रदाय है। रामानंदी, कबीरपंथी इंसान को अगर कहा जाए कि तू अपना पंथ छोड़ तो वह अपना पंथ नहीं छोड़ता। उसी प्रकार मेरा धर्म अटल था। मैंने एक बार स्वीकारा तो फिर मुझे उसी मार्ग से आगे बढ़ना होगा।

मैंने बौद्ध धर्म स्वीकारा है। आप भी स्वीकारें। केवल अस्पृश्य समाज द्वारा ही इस धर्म को स्वीकारने से काम नहीं चलेगा। मेरी इच्छा है कि पूरे भारत द्वारा और समूची दुनिया के द्वारा इस धर्म को स्वीकार किया जाना चाहिए। (तालियाँ)

मैंने बौद्ध धर्म क्यों स्वीकारा, इसके कारण मैं आपको बताता हूँ। इसके कारणों की मीमांसा करना सही रहेगा। गौतम बुद्ध को पहले पाँच शिष्य मिले। उन्हें पंचवर्गीय भिक्षु कहते हैं। कुल 40 शिष्य बनने के बाद बुद्ध को लगा अब शिष्यों को सम्मति देनी चाहिए। धर्म प्रचार के लिए दूर-दूर तक भेजा जाए। उस वक़्त बौद्ध धर्म की व्याख्या गौतम बुद्ध ने अपने शिष्यों को इस प्रकार बताई। 'बहुजन हिताय, बहुजन सुखाय, लोकानुकंपाय, हिताय, सुखाय, देव मनुस्सानं, धम्म आदी कल्याणं, अंति कल्याणं।'

बौद्ध धर्म बहुजनों के हित के लिए, सुख के लिए, उनसे प्रेम करने के लिए है। इस धर्म का स्वीकार केवल इंसानों द्वारा करके ही काम नहीं चलेगा। देवताओं

के द्वारा भी इसका स्वीकार किया जाना चाहिए। (तालियाँ) जिस प्रकार गन्ना जड़ में, बीच में और ऊपरी सिरे पर भी मीठा होता है, उसी प्रकार बौद्ध धर्म शुरू में कल्याणकारी है, मध्य में कल्याणकारी है और अन्त में भी कल्याणकारी है। इस धर्म के आदि, मध्य और अन्त सभी हितकारी और कल्याणकारी हैं।

लेकिन कोई मुझे बताए कि हिन्दू धर्म—जिसे मैं ब्राह्मण धर्म मानता हूँ—क्या बहुजन हिताय, बहुजन सुखाय है। ब्राह्मण और अन्य विद्वान लोग बताते हैं कि ब्राह्मण धर्म की संस्कृति 10 हज़ार साल पुरानी है। पुरानी संस्कृति है, लेकिन आज भी हिन्दू धर्म में 7 करोड़ से अधिक अस्पृश्य लोग हैं। समाज से बहिष्कृत किये जाने के कारण जंगल में रहनेवाले और चोरियाँ करके अपनी उपजीविका कमानेवाले कई लोग भी इस धर्म में हैं। बताइए, क्या ऐसे हिन्दू धर्म को 'बहुजन हिताय, बहुजन सुखाय' धर्म कहा जा सकता है?

दुनिया के कुछ कम्युनिस्टों को छोड़ दिया जाए तो धर्म जिसे नहीं चाहिए ऐसा एक भी व्यक्ति इस दुनिया में दिखाई नहीं देता। हमें भी धर्म चाहिए। लेकिन वह सत्धर्म होना चाहिए, जिसमें सभी लोग समान होने चाहिए। सबको समान मौक़े मिलें। यही सच्चा धर्म है। बाकी सभी अधर्म ही कहलाएँगे।

हिन्दू धर्म की शिक्षा के अनुसार अगर दुनिया में सर्वत्र ब्रह्म ही है तो फिर महारों, मांगों में, चमारों में भी उसे होना चाहिए। तो फिर हिन्दू धर्म में ऐसी असमानता क्यों?

1910 में जब हिन्दू-मुसलमानों में जातीयता को लेकर बखेड़ा शुरू हुआ तब हिन्दू किसे कहा जाए? हिन्दुओं की परिभाषा क्या है? जैसे मुश्किल सवाल उपस्थित हुए। तब देश के 11 विद्वानों ने 11 अलग-अलग परिभाषाएँ दीं। और तब हिन्दू शब्द में समाहित मनमुटाव और अराजकता सामने आई और पता चला कि वह कितना हास्यास्पद है। किसी की बात दूसरे की बात से नहीं मिल रही थी। सावरकर की हिन्दू शब्द की व्याख्या देखिए—

आसिंधुः सिंधु पर्यंता यस्य भारत भूमिका।
पितष्टभुभुः पुण्यभुश्चैव सवै हिंदुः इति उच्च्यते

राधाकृष्णन कुछ और ही कहते हैं—

प्रामाण्यं बुद्धिर्वेदषु साधनानाम् अनेकता उपास्या नाम नियमः

तिलक की नज़र में वेदों को प्रमाण माननेवाला हिन्दू है। फिर धर्माचरण में उसकी साधना भले कुछ भी हो। किसी हिन्दू व्यक्ति द्वारा वेदों को प्रधानता देकर

पीर की भी पूजा की जाए तब भी कोई हर्ज़ नहीं, वह हिन्दू ही है। क्या कहें तिलक की इस परिभाषा को? फिर बताइए, ऐसा धर्म क्या 'बहुजन हिताय, बहुजन सिखाय' हो सकता है? (तालियाँ)

बौद्ध धर्म की स्थापना होती देखकर कई लोगों ने आवाज़ें उठानी शुरू की हैं। अख़बारों में टीका-टिप्पणी की जा रही है। लेकिन उनकी तरफ़ ध्यान देने के लिए फ़िलहाल मेरे पास समय नहीं है।

एक बार सबका लिखना हो जाने दीजिए। देखते हैं मेरे ख़िलाफ़ कौन-कौन और क्या-क्या लिखते हैं, उनका लिखना बन्द हो जाए तो फिर मैं अपनी लेखनी (कलम) उठाऊँगा।

धर्म हर मनुष्यमात्र के जीवन के लिए आवश्यक है और पोषक है। अन्य धर्मों की तरह क्या आत्मा है? वह कहाँ है? यह मैं नहीं जानता। अँगूठे जितना है या कलेजे के पास बैठा है, पता नहीं। मैंने अभी तक भगवान को देखा नहीं है। हिन्दू धर्म भगवान, आत्मा को मानता है। लेकिन इसमें इंसान के लिए जगह कहाँ है?

बौद्ध धर्म में कोई भेदभाव नहीं है। सब ओर समानता दिखाई देगी। बौद्ध धर्म में आत्मा, भगवान के बारे में नहीं सोचा गया है बल्कि इंसान-इंसान के साथ किस प्रकार पेश आए इस पर सोचा गया है। इस धर्म में नीति के बारे में बताया गया है, इसलिए यह सत्धर्म है। बाकी के धर्म झूठ हैं। ब्राह्मण और पुजारियों ने मिलकर हिन्दू धर्म बनाया है। बौद्ध धर्म में मोक्ष दिलाने के लिए ईसाई लोगों की तरह धर्मगुरु नहीं हैं, आत्मा को सद्गति देनेवाले, पूजा की विधियाँ और यज्ञादि करनेवाले ब्राह्मण तो बिलकुल भी नहीं हैं।

जो धर्म इंसान का कल्याण होने में उसकी मदद करेगा, वही धर्म है। बौद्ध धर्म की स्थापना जीवन में कल्याण की साधना के लिए अत्यन्त आवश्यक है। यही इस धर्म की महानता है।

अमेरिका में ईसाई धर्म पुरातन युग से है, लेकिन अमेरिका जैसे प्रभावी राष्ट्र में दो हज़ार से अधिक बौद्ध भिक्षु हैं। पीढ़ियों से चला आ रहा ईसाई धर्म त्यागकर उन्होंने बौद्ध धर्म अपनाया।

अमेरिका में फ़ौज का सिपाही भी बौद्ध धर्म के अनुयायी हैं। इतना ही नहीं, बौद्ध धर्म के प्रति आस्था के तौर पर सैनिक अपनी वर्दी पर बौद्ध धर्म का चिह्न लगाते हैं। अमेरिकी सरकार को उन्होंने बाध्य किया कि वे बौद्ध धर्म के चिह्न के इस्तेमाल सम्बन्धी क़ानून बनाने पर विवश किया। हाल ही में अमेरिका में एक

विशाल विहार बनाया गया है। पूरी दुनिया से इस विहार निर्माण के लिए 20 लाख रुपयों का चन्दा मिला।

जर्मनी के बारे में तो पूछिए मत। वहाँ बौद्ध धर्म प्रचार संस्था हज़ारों में हैं। यूरोप में एक भी ऐसा देश नहीं है, जहाँ बौद्ध धर्म का प्रचार नहीं होता। भगवान गौतम बुद्ध पूरी दुनिया में प्रसिद्ध युग पुरुष हैं। वहाँ के लोग राम, कृष्ण, विष्णु को नहीं जानते।

दुनिया अगर भारत को जानती है, भगवान बुद्ध के कारण। भारत देश को इसी युग पुरुष की जन्मभूमि के तौर पर पहचाना जाता है। अनजाने ही ईसाई धर्म को स्वीकार करनेवाले हिन्दी विद्वान लोग पश्चाताप से विह्वल होकर आज मान रहे हैं कि तुलनात्मक नज़रिये से बौद्ध धर्म ईसाई धर्म से श्रेष्ठ है।

हमें कल्याणकारी बौद्ध धर्म चाहिए। हमारे पुरखे अज्ञानी थे। भीख माँगना यही उनके काम थे। उनकी धर्म में कोई दिलचस्पी नहीं थी। लेकिन हम आत्मनिर्भर बने हैं। हम और अन्य वर्गों के साथ खड़े रहना चाहते हैं, धर्म में उन्नति का मार्ग खुला होना चाहिए।

मेरे अन्य मित्रों को लगता है कि धर्म के कारण आर्थिक मामलों को नज़रअन्दाज़ करना होगा। मैं कुछ आर्थिक मसलों पर काम करने जा रहा हूँ। धार्मिक मसलों के कारण आर्थिक मुद्दों को नज़रअन्दाज़ करना होगा, ऐसा अगर किसी 'आदमी' का कहना हो तो वह मुझे अपनी आर्थिक योजनाएँ बताए। मुझे अगर वह योजना ठीक लगी तो मैं अपनी सारी ताक़त उस पर काम में लगा दूँगा।

ईसाई धर्म और बौद्ध धर्म में फ़र्क़ है। ईसाई धर्म में ईसा ने बताया है कि ग़रीबो, आप दरिद्रता से न डरें। मरने के बाद सारी दुनिया आपकी ही है। (हँसी) बौद्ध धर्म में आर्थिक मसले को इस प्रकार टाला नहीं गया है।

एक बार अनाथपिंडिक ने भगवान बुद्ध से आर्थिक मसलों के बारे में सवाल पूछा था। तब भगवान ने जवाब दिया था, "सम्पत्ति मानवी जीवन के लिए अत्यन्त आवश्यक है। सम्पत्ति इकट्ठा करें लेकिन उसका इस्तेमाल दूसरों को परेशान करने के लिए, दूसरों को गुलामी में जकड़ने के लिए कभी न करें, सम्पत्ति शुद्ध साधनों से कमाई जाए और उसका अच्छा उपयोग हो।" धर्म और अर्थ यह दोनों बातें इंसान के लिए अत्यन्त आवश्यक हैं। जीवनोपयोगी वस्तुओं के लिए धर्म और अर्थ दोनों की ज़रूरत है।

शाक्य लोगों में परम्परा थी कि साल में कम-से-कम एक बार तो मालिक को खेती करनी चाहिए। उसके अनुसार भगवान ने पिता से सवाल पूछा, "दूसरों की

मेहनत का फल हम खाएँ तो क्या यह सही है?" हमें अपना अनाज ख़ुद कमाकर खाना चाहिए। धर्म और अर्थ ये दोनों बातें साथ-साथ करनी होंगी। इसलिए अपनी योजना से आर्थिक हानि होगी, यह वे मुझे साबित करके बताएँ। केवल अर्थ के बारे में सोचने से भी हानि होगी, अर्थ के साथ धर्म भी होना चाहिए।

कम्युनिज़्म कैसे ज़िन्दा रहा? वह कैसे टिका रहा? यह शक्ति की बात है। शक्ति और ज़बरदस्ती के कारण वह टिका हुआ है। उन्हें प्रॉपर्टी, मालमत्ता चाहिए। रूस में प्रॉपर्टी के लिए गृह कलह मचा हुआ है। रूस के कड़े अनुशासन का पालन करनेवाले जमींदारों के लुप्त होते ही लोग उछलकर खड़े हो जाएँगे। अराजकता मचेगी और फिर सामाजिक व्यवहारों में अराजकता मचेगा। बुद्ध का धर्म कम्युनिज़्म में है। बौद्ध धर्म के भिक्षुओं की तरह कम्युनिस्टों को तय जीवनोपयोगी चीज़ें रखने का अधिकार है। वे वस्तुएँ हैं—लोटा, पानी छानने के लिए कपड़ा और उस्तरा।

भगवान बुद्ध के निर्वाण के अब 2 हज़ार साल बीते हैं। लेकिन आज भी यह धर्म ज़ोरदार ढंग से फैल रहा है। इसका कोई शासक नहीं और सर्वाधिकारी नहीं। अन्तकाल में उनके शिष्य ने भगवान से पूछा, "भगवंत, आपके चले जाने के बाद इस धर्म का क्या होगा? इसके लिए कोई शासक, कोई हाकिम रखिए।" तब भगवान ने जवाब दिया कि "मेरी ग़ैरहाज़िरी में धर्म ही आपका शासक होगा। उसका अगर आप पालन नहीं करेंगे तो क्या फ़ायदा? विशुद्ध मन से अपनाया गया धर्म ही आपका शासक होगा।"

दुनिया में कामकाज धर्म से चल रहे हैं। किसी जच्चा को बताया जाए कि यह बच्चा तुम्हारा दुश्मन है, तुम उसे दूध मत पिलाना, उससे तुम कमज़ोर बनोगी, जल्दी बूढ़ी हो जाओगी, तुम्हारी सुन्दरता घटेगी, यह बच्चा तुम्हारे लिए काल साबित होनेवाला है। तो क्या बच्चे की माँ इन बातों को मानेगी? कितना भी दुख होने पर, बीमारी में भी वह बच्चे को दूध पिलाएगी। बच्चे की परवरिश उसका धर्म है। दुनिया के सभी कामकाज धर्म के सहारे चलते हैं।

पुणे के लोग ख़ुद भूखे रहकर खाना (खाने के डिब्बे) पहुँचाने का काम करते हैं। बिरयानी, पुलाव जैसा खाना डिब्बों में बन्द रहता है। लेकिन वे लोग कर्तव्य से और ईमानदारी से डिब्बे पहुँचाते हैं। इसीलिए सबको धर्म का पालन करना चाहिए। धर्म का सत्धर्म होना ज़रूरी है। अधर्म नहीं, उसे सुकर्म होना चाहिए। दुष्कर्म नहीं।

धर्म को लेकर लोगों के मन पर कितना गहरा प्रभाव है, यह हमें ख़ुद जाकर देखना चाहिए। हाल ही में मैं ब्रह्मदेश होकर आया। वहाँ की कुछ बातें आश्चर्यकारक हैं। वहाँ वर्गों में कम या ज़्यादा का भेदभाव नहीं होता किसी भी प्रकार की

ऊँच-नीच की भावना को, वासना को वहाँ स्थान नहीं। जातिभेद नहीं। वहाँ सच्चा प्रजातंत्र है। उनके घर, टेबल अथवा चारपाई की तरह लगते हैं। 15-20 फुट के। ऊपर लकड़ियाँ और चटाइयाँ लगी रहती हैं। अपने यहाँ दीवारें बनाने के लिए ईंटें, गारा, चूना, लोहा आदि काम में लाया जाता है। उनके घर का दरवाज़ा भी चटाई का ही बना रहता है। लात मारने से भी उनके घर टूटकर गिर सकते हैं।

वहाँ के लोग शाम 6 बजे खाना खाते हैं। शाम 6 बजे से 11 बजे तक घूमते-फिरते हैं। वहाँ चाय की दुकानें बन्द होने के बाद सामान वहीं छोड़ते हैं। लेकिन वहाँ सामान की चोरी नहीं होती। हमारे यहाँ लोहे और सीमेंट से बनी दीवारें भी चोर तोड़ देते हैं। (हँसी) दूसरी महत्त्वपूर्ण बात यह कि ब्रह्मी लोग पैसा सँभालकर नहीं रखते। खाना और दान-धर्म करना, यही वहाँ पैसे का उपयोग है। बैंक में उनका पैसा नहीं है। बुद्ध का कहना है कि नित्य कुछ भी नहीं है।

मंडाले पर्वत पर बुद्ध विहार है, वह देखने के लिए मैं गया। विहार देखने के लिए मैं 1080 सीढ़ियाँ चढ़ा। अर्थात् मन का निश्चय था इसलिए। वैसे चढ़ने में मुझे दिक़्क़त होती है। इस विहार में बुद्ध की 14 फुट ऊँची मूर्ति है। यह मूर्ति पूरी सोने की बनी हुई है। वहीं ऊँची जगह पर एक पैगोडा बना हुआ है। उसमें क़रीब आधे करोड़ रुपयों का सोना है। सुबह से रात 11 बजे तक लोग प्रार्थना करने के लिए आते-जाते रहते हैं। रात 11 बजे के बाद वहाँ कोई नहीं बैठता। मूर्ति क़रीब 600 साल पुरानी है। लेकिन किसी ने आज तक रत्ती भर सोना भी नहीं चुराया है। लेकिन हमारे यहाँ देवी के गहने ब्राह्मण पुजारी ही चुराकर ले जाते हैं। (हँसी) वहाँ के लोग झूठ नहीं बोलते। चोरी नहीं करते क्योंकि बौद्ध धर्म यही बताता है।

यहाँ जब तक हिन्दू धर्म है तब तक महारवाड़ा, मांगवाड़ा रहेंगे ही। इस धर्म की नीति ही ऐसी है। सब्ज़ी-रोटी जैसे कार्यक्रम धर्म और रूढ़ियों में बदलाव नहीं ला सकते। समाज सुधार की खाल ओढ़ने वाले ब्राह्मण, धर्ममार्तंड जब तक यहाँ हैं तब तक यह सब ऐसे ही चलता रहेगा। मेरा यह कहना है कि रोटी-सब्ज़ी, सत्यनारायण के कार्यक्रम करनेवाले भी बौद्ध धर्म में आएँ।

एक बार विशाखा नामक शिष्या ने बुद्ध से सवाल पूछा कि धर्म क्या है? उसे जवाब मिला कि मलिन मन को साफ़ करना ही धर्म है। अस्पृश्यता सड़क पर पड़ा पत्थर नहीं है कि समाज सुधार करनेवाले उसे उठाकर फेंक देंगे। हमारा मनोधर्म जब बदलेगा, तभी धर्म भी बदलेगा।

दुनिया में सबसे पहले निम्न लोगों को धर्म की ज़रूरत महसूस होने लगी। रोमन, इटालियन साम्राज्य में ग़रीबों ने ही पहले ईसाई धर्म स्वीकारा।

विद्वानों का दावा है कि इस देश की संस्कृति एकरूप है। लेकिन उनका इतिहास झूठा है। यहाँ संस्कृति के दो प्रवाह हैं। एक ब्राह्मण धर्म का और दूसरा बौद्ध धर्म का। ब्राह्मण धर्म का गन्दा पानी बौद्ध धर्म के साफ़ पानी में मिला। हिन्दू धर्म के गन्दे पानी को नाली बनाकर बहा देंगे और साफ़ पानी को अपनाएँगे।

श्रीकृष्ण ने गीता में क्या कहा है? मारो, हत्या करो। ग़रीबों के उद्धार के बारे में कुछ बताया है? उसका कोई फ़ायदा नहीं है। मैं गीता के बारे में लिखनेवाला हूँ।

इस धर्म के बारे में जानकारी पाने के लिए मैंने कई ग्रंथों का अध्ययन किया है। अपनी किताब में मैं इस धर्म का कैसे लोप हुआ, इस बारे में लिखनेवाला हूँ। धर्मान्तरण की मुझे कोई जल्दी नहीं है। अभी आप सभी को मैं भेड़ों की तरह नहीं ले जाना चाहता। मैं इसीलिए एक किताब लिख रहा हूँ।

बौद्ध धर्म की दीक्षा लेने के बाद उसके नियमानुसार चलना होगा। तलवार की धार पर चलनेवाले पाँच अनुयायी भी मिले तो बहुत हुआ।

बाद में कर्मयोगी संत गाडगे महाराज और दूसरों ने डॉ. बाबासाहेब आंबेडकर को फूलों की मालाएँ अर्पण कीं और सभा विसर्जित हुई।[1]

[*बाबासाहेब डॉ. अम्बेडकर सम्पूर्ण वाङ्मय,* खंड 40, पृ. 371-378]

1. *जनता,* 22 जनवरी, 1955

62

जन-साधारण के ढुलमुल रवैये के कारण बौद्ध धर्म भारत से लुप्त हो गया

डॉ. आंबेडकर ने डी. वाली सिन्हा, महासचिव, महाबोधि सोसाइटी, कलकत्ता को दिनांक 16 फरवरी, 1955 को लिखे अपने पत्र में धम्म दीक्षा के सम्बन्ध में अपने विचार व्यक्त किये।

पत्र निम्न प्रकार से है—सम्पादक

मेरी राय है कि जन-साधारण का धर्म-परिवर्तन किसी प्रकार से धर्मान्तरण नहीं है। यह दिखावा मात्र है। कथित बौद्धजन बुद्ध की पूजा करने के साथ-साथ अन्य देवी-देवताओं, जिनका ब्राह्मणों ने बौद्ध धर्म को समाप्त करने के लिए प्रतिष्ठापन किया है, की पूजा करना जारी रखा। भारत से बौद्ध धर्म के लुप्त होने का मुख्य कारण जनसाधारण का ढुलमुल रवैया है। यदि भविष्य में बौद्ध धर्म को भारत में स्थायी रूप से प्रतिस्थापित करना है तो जन-साधारण को इसके साथ अन्य रूप से जोड़ना होगा। ऐसा पूर्व में नहीं हुआ क्योंकि बौद्ध धर्म में संघ में दीक्षा के लिए अनुष्ठान होता था, परन्तु धम्म में दीक्षा के लिए ऐसा कोई अनुष्ठान नहीं है। ईसाई मत में दो अनुष्ठान होते हैं—(1) बपतिस्मा, जो कि ईसाई धर्म को स्वीकार करने की दीक्षा है, (2) पादरी की नियुक्ति। भारत में बौद्ध धर्म के प्रचार के लिए नया आन्दोलन चलाने के लिए ईसाई मत का अनुकरण करना होगा। बौद्ध धर्म में इस भयंकर बुराई को हटाने के लिए मैंने एक सूत्र तैयार किया है, जिसे मैं धम्म दीक्षा कहता हूँ। हर कोई जो बौद्ध धर्म

में अपना धर्मान्तरण करना चाहता है तो उसे इस अनुष्ठान से गुज़रना होगा अन्यथा उसे बौद्ध नहीं माना जाएगा।[1]

[*बाबासाहेब डॉ. अम्बेडकर सम्पूर्ण वाङ्मय,* खंड 35, पृ. 427]

1. खैरमोड़े, खंड 12, प्रथम संस्करण, जुलाई, 1992, पृ. 24-25

63

प्रजातंत्र के दो दुश्मन हैं—तानाशाही और आदमी-आदमी में भेद करनेवाली संस्कृति

यह सभा ब्रह्मदेश के सुप्रीम कोर्ट के न्यायाधीश यू चॅन ट्यून (Hon'ble Justice U Chan Htoon, Judge of the Supreme Court of the Union of Burma) के सम्मान में दिनांक 3 अप्रैल, 1955 को बंबई के बुद्ध भवन, सिद्धार्थ कॉलेज में आयोजित की गई थी। इस अवसर पर डॉ. बाबासाहेब आंबेडकर ने कहा—

बहनो और भाइयो, जनतंत्र के दो प्रमुख शत्रु हैं—एक है तानाशाही और दूसरी है इंसानों के बीच भेद करनेवाली संस्कृति। अमेरिकी स्वतंत्रता के बारे में बकल ने कहा है कि तानाशाही के कारण निर्माण हुई शक्ति या सामाजिक संगठन स्थायी नहीं हो सकता क्योंकि तानाशाही का स्वरूप ही मूलत: अबाधित नहीं होता। उस प्रेरणा को हटा लिया जाए तो वह संगठन डिग जाता है। इसीलिए कम्युनिज़्म की सत्ता अबाधित नहीं है। इसी प्रकार, इंसानों में भेद करनेवाली नीति, हेतु सामाजिक, आर्थिक भेद करनेवाली संस्कृति दोनों से जनतंत्र के स्वरूप को ख़तरा है।

हिन्दू धर्म के बारे में बोलना हो तो उसे मोटे तौर पर मुख्यतया तीन प्रमुख हिस्सों में बाँटा जा सकता है। पहला होगा पद-दलित निम्नवर्ग—धर्म ने इस वर्ग की सामाजिक और आर्थिक घुटन की व्यवस्था की है, दूसरा वर्ग ब्राह्मणेतरों और अन्य पिछड़ों का वर्ग है—यह वर्ग तुलनात्मकता से स्थितिप्रज्ञ वर्ग है। इस वर्ग में बदलाव लाने की राह का प्रमुख रोड़ा है इसकी अशिक्षा। शिक्षा के अभाव के कारण इस वर्ग में नये अहसास जगाने में अधिक देर लगेगी। तीसरा और आख़िरी वर्ग है

ब्राह्मण और तत्सम जातियों का। इस वर्ग के लिए इस धर्म में विशेष हक़ और अधिकारों की योजना है। यह वर्ग अपने अधिकारों पर तथा उपभोगों पर अतिक्रमण के बाद कालानुरूप बदलाव तो दूर की बात है, प्रतिकार किये बग़ैर नहीं रह सकता। क्योंकि, धर्म ने उन्हें जो उच्च स्थान दिया है उसे वे कायम रखना चाहते हैं, इसीलिए वे इस प्रकार का धर्म कायम रखना चाहते हैं। उनकी नज़र होनेवाले बदलावों की ओर स्थिर नज़रिये से देखती है और वेदों से परे देखते हुए उनका बौद्धिक प्रतिपादन—उनके विचार अकलुषित नहीं रह सकते। लेकिन मैं बहुजन समाज की उपेक्षा नहीं कर सकता। इसीलिए अपनी सारी आलोचना को ध्यान में लेते हुए इस देश में बौद्ध धर्म के भविष्य को लेकर आशावादी हूँ।

ब्रह्मा के मुँह से ब्राह्मण, बाहुओं से क्षत्रिय, पेट से वैश्य और पैर से शूद्र के जन्म पर आधारित हिन्दू धर्म की रचना इंसानियत को अपमानित करने वाली, बुद्धि का भेद करनेवाली और ईश्वर से द्रोह करनेवाली है। इस प्रकार की धर्म रचना में इंसानों के बीच कभी भी समता नहीं आ सकती। व्यक्ति का विकास कभी पूरा नहीं हो सकता। इसीलिए, पूरी तरह सोचने-विचारने के बाद मुझे लगता है निम्न वर्ग को ऐसी सोच के ख़िलाफ़ विद्रोह करना होगा, नहीं, उसे त्यागना ही होगा। इसका मतलब है कि इस प्रकार की सोच रखनेवाले धर्म का त्याग कर समता और मानवीय एकता की सीख देनेवाला बुद्ध का धर्म उसे अपनाना चाहिए। इसलिए अपने सभी बन्धुओं को आख़िरी बार मैं कह रहा हूँ कि मुक्ति प्राप्ति के लिए बौद्ध धर्म की दीक्षा लें। पश्चिमी इतिहास को देखें तो पता चलता है कि राज्य और धर्म (State & Church) को अलग रखकर जितने युद्ध हुए, वे उनके इतिहास की सबसे बड़ी ग़लतियाँ हैं। मानव के जीवन से धर्म को इस प्रकार अलग नहीं किया जा सकता। बल्कि धर्म मानवीय जीवन की सर्वांग है, अधिष्ठान है। सभी मामलों की वह अन्त:प्रेरणा है। इस मामले को कोई विचारवान नज़रअन्दाज़ नहीं कर सकता। 'रोम का ह्रास' (Fall and Decline of Roman Empire) गिब्बन की लिखी इस किताब का कुछ हिस्सा पढ़ें तो एक बात साफ़ तौर से ध्यान में आती है कि ईसाई धर्म की आहट सुनाई देते ही अभिजात वर्ग के अत्याचारों से तंग आकर छत के बिना शाम के भोजन की तलाश में सड़कों की खाक छानते फिरनेवाले ग़ुलामों ने ही उसे पहली बार जीवन-मुक्ति (Salvation) के तौर पर अपनाया। रोम में ग़ुलामों ने ही ईसाई धर्म का पहला पगचिह्न बनाया। यह एक बहुत बड़ा ऐतिहासिक तथ्य (Historical Reality) है, इसीलिए आसपास के वातावरण का अवलोकन कर अपने पर

होनेवाले अन्याय (Injustice) और अत्याचार (Torture) से ही बौद्ध धर्म के बीजारोपण हुए बग़ैर नहीं रहेगा।

मैंने पहले ही स्पष्ट कर दिया है कि हिन्दू धर्म विषमता पर (Discrimination) आधारित है। दूसरा बड़ा पूर्वी धर्म है इस्लाम। बन्धुभाव (Brotherhood) के लिए यह धर्म मशहूर है। लेकिन यह बन्धुभाव केवल उनके धर्म तक ही सीमित है। बौद्ध धर्म सभी मानवों को समानता के अधिकार देता है। केवल इसी धर्म में मानव-जीवन का योग्य आदर (Respect for human being) है। उसमें इस प्रकार का भेदभाव नहीं है। बौद्ध धर्म ही सच्ची समता का धर्म है। मुझे बुरा लगता है, इस कार्य को सम्पन्न करने के लिए मेरी ओर से देरी हो गई। वरना आज मुझे इस बीज की बुआई के फल देखने को मिलते। इस बारे में मुझे रत्ती भर का शक नहीं है कि मेरे समाज के 90 प्रतिशत लोग मेरे कथन से सहमत होंगे। आलोचक चाहे कुछ भी कहें मुझे इस बारे में कोई शक नहीं है कि इस देश में बौद्ध धर्म फिर से पुनर्जीवित होनेवाला है, इस बारे में मेरे मन में तिल मात्र भी सन्देह नहीं है।

कुछ लोग आलोचना करते हैं कि आजकल के युग में धर्म की ज़रूरत ही क्या है? मुझे लगता है कि ऐसे लोग मानवीय समाज की धारणा के लिए धर्म की कितनी आवश्यकता है, यही बात भूल जाते हैं। मानवीय समाज को धर्म ने दो देन दी हैं—पहली, मानवीय जीवन में एकता साबित रखने के लिए मानसिक प्रेरणा का निर्माण करना। धर्म के कारण ही मानवीय एकता के लिए पोषक विशिष्ट प्रकार के माहौल का निर्माण होता है। दूसरी, मानवीय समूह में धर्म ही समानता का निर्माण कर सकता है। इन दो महत्त्वपूर्ण कसौटियों के कारण वर्तमान स्थितियों में समता का निर्माण कर अच्छी तरह से जनतंत्र को क़ामयाब करना हो तो धर्म बेहद ज़रूरी है।[1]

[*बाबासाहेब डॉ. अम्बेडकर सम्पूर्ण वाङ्मय,* खंड 40, पृ. 379-80]

1. *जनता,* 9 अप्रैल, 1955

64

केवल बुद्ध ने मानवीय विवेक को जागृत किया

भगवान बुद्ध का जन्म, बुद्धत्व प्राप्ति और उनका परिनिर्वाण—ये तीनों घटनाएँ वैशाख पूर्णिमा के दिन ही घटित हुई हैं, इसलिए यह दिन विशेष रूप से मनाया जाता है। 1955 में यह दिनांक 5 मई को था। डॉ. बाबासाहेब आंबेडकर ने यह दिन सोपारा में, जहाँ बुद्ध अवशेष मिले थे वहाँ मनाना तय किया।

सोपारा पूर्व भारत के पश्चिम किनारे पर बसा महत्त्वपूर्ण बंदरगाह था। हज़ारों साल पूर्व अरबी यात्रियों द्वारा लिखे यात्रा वर्णनों में सोपारा का ज़िक्र कुबेर नगरी के तौर पर किया है। हाल ही में सोपारा के पास अनुसंधानकर्ताओं को अशोक के शिलालेख मिले हैं। सोपारा के कारण ही बोरीवली के पास स्थित कान्हेरी गुफाओं में उस ज़माने में बुद्ध विहारों की स्थापना हुई होगी। अनुसंधानकर्ताओं को उत्खनन करते समय सोपारा में ख़ास बनाई गई इमारत में जतन से रखा गया बुद्ध का दाँत मिला था। 1955 की वैशाख पूर्णिमा मनाने के लिए डॉ. बाबासाहेब ने इसी स्थान को चुना था। गिने-चुने लोग ही वहाँ उपस्थित थे। उस अवसर पर डॉ. बाबासाहेब ने आम के पेड़ के नीचे आसन बिछाकर धर्म के बारे में जो विचार प्रकट किये उनका सार संक्षेप यहाँ दिया जा रहा है।

आज मैं आप लोगों को भगवान बुद्ध के धर्म का सारांश बतानेवाला हूँ। बुद्ध द्वारा बताए गए धर्म को अगर छोड़ दें तो सभी धर्मों का निर्माण ईश्वर और आत्मा की जोड़ी के सहारे ही किया गया है। भक्ति की तथाकथित पुण्य कर्मों का गट्ठर लेकर जानेवाले जीव की उससे मुलाक़ात होती है। परमात्मा और आत्मा के बीच का

सम्बन्ध पक्का करने के लिए एक काल्पनिक आधार बनाया है। आत्मा ईश्वर में विलीन होती है। इस कच्ची बुनियाद पर खड़ा यह परमात्मा-आत्मा का खोखला महल है। भक्ति के प्रकार हम जानते ही हैं। पूजन-अर्चन, धूप-दीप, मंत्र-तंत्र, जाप-तप, कर्म-कांड आदि मार्गों का भक्ति के लिए आधारित किया जाता है। इनके अलावा जीव-हिंसा और नरबलि जैसी अघोरी प्रथाएँ भी हैं। भूतों को प्रसन्न करने के लिए कई मूर्खता करने जैसी विधियाँ भी हैं।

सबके मूल में एक ही कल्पना होती है और वह यह है कि जीवन पापी होता है, इसीलिए उसे जन्म लेना पड़ता है। पापक्षालन के लिए जीवन अगर अपनी देह को तकलीफ़ दे, तप-त्याग करे तो ही ईश्वर से उसकी मुलाक़ात हो सकती है। इस प्रकार जीव का उद्धार हो सकता है। जीवन-मृत्यु के फेर से जीव को मुक्ति मिल सकती है। कमोबेश इसी प्रकार की भ्रामक कल्पनाएँ आत्मा और ईश्वर का सम्बन्ध जोड़ने के लिए और उनका अस्तित्व साबित करने के लिए फैलाई गई हैं। बौद्ध धर्म में आत्मा के लिए कोई स्थान नहीं है और ईश्वर भी नहीं है।

बौद्ध धर्म के अलावा अन्य किसी भी धर्म को लीजिए, हर धर्मानुयायी और उनके प्रमाण ग्रंथ यही बताते हैं कि उस धर्म की स्थापना ईश्वर द्वारा की गई है। जिनके द्वारा ईश्वर का धर्म बताया जाता है, वे धर्मप्रवर्तक ईश्वर के प्रेषित अथवा दूत माने जाते हैं। ईसाई धर्म के संस्थापक ईसा मसीह, यहूदी धर्म के प्रणेता मोझेस और इस्लाम धर्म के प्रवर्तक मुहम्मद में से हरेक ने अपने को ईश्वर का सन्देश लोगों तक पहुँचानेवाला दूत होने की बात कही है। प्रेषित की भूमिका ईश्वर-मानव सम्बन्धों में पोस्टमैन से अलग नहीं दिखाई देती। भेजे गए मानव होते हुए भी ईश्वर के आदेश वह मानवों को बताता है इसलिए उसके द्वारा व्यक्त किये गए विचार, उसके मुँह से निकलनेवाली बातें और उसके वचन संशयातीत माने जाते हैं।

इस प्रकार प्रेषितों द्वारा बताए गए ईश्वर प्रणीत वचनों पर सोचने-विचारने की राह ही रोक दी गई। जिज्ञासा को सन्तुष्ट करने के लिए और सच-झूठ की कसौटी पर उनकी पड़ताल करने के साधन ही समाप्त कर दिये गए।

भगवान बुद्ध ने धर्म के बारे में बताते हुए यह कभी नहीं कहा कि मैं कह रहा हूँ केवल इसलिए बौद्ध धर्म स्वीकारें। उलटे, उन्होंने कहा है कि आपकी बुद्धि को ठीक लगे तभी इसको स्वीकार करना। इस प्रकार उन्होंने मनुष्य की बुद्धि का आह्वान किया है। बौद्ध धर्म जाँच-परख के बाद बताया गया धर्म है। रोग की पुष्टि के बाद दी गई दवा है। भगवान बुद्ध ने पहले मानव-जाति के रोग को जाना। इस जाँच से जवाब पाया कि दुनिया में दुख और दरिद्रता ये दो महाभयंकर रोग हैं।

इसी को बौद्ध धर्म का अधिष्ठान कहा जा सकता है। अब यह सवाल पैदा होता है कि दुख और दरिद्रता के रोगों को कौन-सा धर्म नष्ट करता है? जो धर्म दुख और दरिद्रता को हमेशा के लिए नष्ट करने का प्रभावी और असरदार मार्ग नहीं बताता, वह धर्म हो ही नहीं सकता क्योंकि धर्म सभी मनुष्यों द्वारा सोच-समझकर स्वीकारा तथा समाजधारण के लिए है।

अन्य धर्मों में मरने के बाद क्या होगा, इसी बात पर ज़्यादा विचार किया गया है। वे केवल यही हर वक़्त सोचते रहे। मरने के बाद स्वर्ग मिलेगा या नर्क यह डर लोगों की गर्दन पर सिंदवाद की गर्दन पर सवार बूढ़े की तरह बैठाकर आलसी, धूर्त और लोगों को लूटकर खानेवाले लोगों ने धर्म को एक हथियार की तरह इस्तेमाल किया। मृत्यु के बाद के हालात का काल्पनिक, रंगीन चित्र बनाकर भय निर्माण करना और लोगों को मुश्किल में डालना और अपनी वंश परम्परा को, अपनी अय्याशी को जारी रखने का एक व्यवसाय ही चालाक और धूर्त लोगों को मिला। मरने के बाद जो होना है सो होगा, लेकिन जो कष्टमय है उसे सुखमय करने का सवाल मृत्यु के बाद वाले काल्पनिक सवालों के बारे में सोच-विचार कर कैसे मिलेगा? इस प्रकार अगर सोचा जाए तो अकेले बुद्ध ही यथार्थवादी थे। उन्होंने दुख के कारण ढूँढ़े। वे तीन प्रकार के हैं—आध्यात्मिक, आधिभौतिक और आधिदैविक।

आध्यात्मिक अर्थात् निजी। व्यक्ति द्वारा अपने कर्मों के कारण जो दुख अपनी तरफ़ खींच लिया है, अपने कर्मों से निर्मित दुख है। शराबी व्यक्ति शराब पीकर अपने शरीर को हानि पहुँचाता है, अपने परिवार को नष्ट कर देता है, उसे आध्यात्मिक दुख कहा जा सकता है।

आधिभौतिक अर्थात् सामुदायिक दुख। असमान बर्ताव और अन्याय के कारण जो संकट आते हैं, जैसे कि अस्पृश्यों के हिस्से आनेवाले सामाजिक दुख, समान मौक़े न मिलना आदि इसमें शामिल हो सकते हैं।

आधिदैविक अर्थात् प्राकृतिक दुख। रेल, हवाई जहाज़, पानी के जहाज़, मोटर आदि के कारण होनेवाली दुर्घटनाएँ, तूफ़ान, महामारी, बाढ़ आदि विपत्तियों के कारण निर्माण होनेवाले दुख। इन दुखों को दूर करने के लिए साधन बताया है—पंचशील। किसी की जान न लें, चीज़ें आदि न चुराएँ, झूठ न बोलें, व्यभिचार न करें और शराब या तत्सम अन्य किसी नशीली चीज़ों का सेवन न करें। इन पाँच नियमों का पालन करने से दुखों का निर्माण ही नहीं होगा।

आधिभौतिक दुखों से छुटकारा पाने के लिए श्रेष्ठ अष्टांग मार्ग का अवलंब करें—1. सम्यक् दृष्टि, 2. सम्यक् संकल्प, 3. सम्यक् वाचा—चुगली न करें,

4. सम्यक् कर्म, 5. सम्यक् जीवन—बुरे कर्मों से पैसा कमा कर उपजीविका न कमाना, 6. व्यायाम कसरत—अच्छे विचारों को बढ़ाएँ और बुरे विचार मन में आने न दें, बुरे विचार आएँ तो उनका नाश करना, 7. सम्यक् स्मृति—शरीर के सुख-दुखादि वेदनाओं का बार-बार अवलोकन करना, 8. सम्यक् समाधि—किसी भी दुष्ट मानसिकता से मन को अलग रखकर मन को हमेशा प्रसन्न और शान्त रखना।

इसमें से सम्यक् दृष्टि का महत्त्वपूर्ण स्थान है। हम जो काम करते हैं उससे केवल अपना ही लाभ हो इस बात पर ध्यान केन्द्रित करने के बजाय अपना हित साध्य करते हुए किसी की हानि तो नहीं हो रही, किसी को नुक़सान तो नहीं पहुँच रहा, इस बात का ख़याल रखा जाए तो दुनिया के आधिभौतिक दुख ख़त्म होंगे।

इन्हीं के साथ दस पारमिता भी बताई गई हैं। पारमिता अर्थात् जितना हम कर पाते हैं उतना। इन पारमिताओं में प्रज्ञा श्रेष्ठ है। हर पारमिता को प्रज्ञा की कसौटी पर कसना ही चाहिए। प्रज्ञा को अंग्रेज़ी में विजडम कहा जाता है। प्रज्ञा का इस्तेमाल न कर आदमी मूर्खों की तरह कैसे बर्ताव करता है, इसका एक उदाहरण मैं आपको बताता हूँ।

एक छोटे से गाँव में एक पादरी रहता था। संकट आने पर घुटने टेककर प्रार्थना करनी चाहिए, इतना ही उसे पता था। एक बार उस गाँव के झोंपड़ियाँ में आग लग गई। पादरी वहाँ गया और सबको इकट्ठा कर प्रार्थना करने लगा। ज़ाहिर है कि आग से सभी झोंपड़ियाँ जलकर खाक हुईं। प्रज्ञा का अगर उसने थोड़ा इस्तेमाल किया होता तो तुरन्त बाल्टी उठाकर चल देता और औरों को प्रार्थना में न लगाता तो शायद आग से कई झोंपड़ियाँ बचाई जा सकती थीं।

शील और नैष्कर्म का परस्पर सम्बन्ध है। संकटग्रस्त लोगों को बचाने के लिए प्रयत्नों की शिकस्त करने को दान पारमिता कहते हैं। लोगों के कल्याण के काम उत्साह के साथ और तत्परता से करने को वीर्य पारमिता कहते हैं। क्रोध अपने आप आता है, लेकिन क्षमा का गुण कोशिश कर प्राप्त करना पड़ता है। सत्य न हो तो लाचारी और चापलूसी की मानसिकता बनती है। अधिष्ठान यानी दृढ़निश्चय। जिस प्रकार बड़े मामलों में रखा जाता है, उसी प्रकार छोटे-छोटे मामलों में भी उसे रखना चाहिए। सब पर एक-सा प्रेम करने को मित्रता और शुभ कार्य में रुकावट पैदा न करने को उपेक्षा पारमिता करते हैं।

पंचशील, आर्य अष्टांगिक मार्ग और ये दस पारमिता दुख का निरोध कर दुख का नाश करने में समर्थ हैं। दुनिया के दुख का निवारण हो, यही बुद्ध का सार है। हम भारतीयों को अपने दर्शन पर बहुत गर्व है। लेकिन पिछले एक हज़ार सालों

से एक भी सिद्धान्तशास्त्री अथवा दार्शनिक पैदा नहीं हुआ है। तत्त्वानुसार चिन्तन कर कोई सिद्धान्त प्रस्तुत करने के लिए विद्वानों की जो मानसिकता होनी चाहिए, वह अब नहीं रहने के कारण विद्वान विचार-विनिमय और विचारों के लेन-देन से अलग हुए। इससे विद्वानों की बुद्धि छोटे-छोटे दड़बों में बन्द होकर कुंठित हुई। इस कारण सत्य की खोज और सत्य को ग्रहण करने का कार्य बन्द होकर पंडितों के बजाय किताबी कीड़ों का वर्ग निर्माण हुआ।

ज्ञान की कुंजी
बताएँ एक बारी में
ऐसी कल्पना नष्ट हुई

कई सारे ग्रंथ पढ़कर फ़ायदा क्या? गधे की पीठ पर किताबें लादने से उसे जितना लाभ होगा, उतना ही लाभ ऐसे पठन से हो सकता है। ग्रंथ पढ़कर उसका आशय ग्रहण करने की शक्ति होनी चाहिए। नित नई कल्पनाएँ सूझनी चाहिए। सिद्धान्त समझना, ग्रहण करना आना चाहिए।

आज चाहे कोई भी विषय या विज्ञान लीजिए, साहित्य, दर्शन, अर्थविज्ञान, स्वास्थ्य विज्ञान, विज्ञान, राजनीति, युद्धनीति आदि किसी भी ज्ञान की शाखा को ही लीजिए। भारतीय के तौर पर जो भी कुछ है, वह पूर्णता को अभी पहुँचा नहीं। वैसे भी ज्ञान कभी भी पूर्णत्व को प्राप्त नहीं करता। आज परिपूर्ण लगनेवाला ज्ञान का अंग या शाखा भविष्य में अपूर्ण लगेंगी ही क्योंकि हर दिन उसमें बढ़ोतरी होती रहती है, उसमें और भी कुछ-कुछ जुड़ता रहता है। मेरे कहने का उद्देश्य यही है कि इस देश के विद्वानों ने नालंदा, तक्षशिला, विक्रमशिला, उज्जयिनी, अवन्ती इन वैश्विक कीर्ति प्राप्त तत्कालीन विश्वविद्यालय के आचार्यों ने जो ज्ञानसंचय किया उसमें पिछले हज़ार सालों में नया कुछ तो जुड़ा ही नहीं साथ ही 'जो-जो अपने को पता हो वह सब दूसरों को सिखाकर सबको सयाना बना देना चाहिए' इस उक्ति के विरुद्ध आचरण करने के कारण जो ज्ञान मूल में था उसका भी लोप हुआ। शिष्य को ज्ञान देते हुए गुरु को कुछ अपने लिए बचाकर रखना चाहिए। गुरु अगर सौ इलाज जानता हो तो निन्यानबे चीज़ें चेले को देकर एक गुरु चाबी अपने हाथ में रखे, इस प्रकार की सोच फैलने से ज्ञान का ह्रास होकर केवल विकृत रूप बाकी रहा। मनुष्य को निर्वाण का पद प्राप्त करना आना चाहिए। धम्मपद में कहा गया है—निब्बाणं परम सुखं। अपने पास बहुत सारी सम्पत्ति है, इसलिए सुख की प्राप्ति नहीं होती। केवल पांडित्य से व्यक्ति सुखी नहीं होता। वह दुखी नहीं होता, लेकिन सुखी भी नहीं होता क्योंकि अति लोभ, ख़ून, चोरी,

पर-स्त्रीगमन आदि विकार मनुष्य को जन्म के साथ ही मिलते हैं, इसलिए उन पर नियंत्रण रखना आना चाहिए।

भगवान कहते हैं मानव जलती हुई आग है। इसी आग के कारण विकार पानी की तरह उबलते रहते हैं। अग्नि को चेताया जा सकता है या उसे शान्त किया जा सकता है। विकारों को नष्ट किया जा सकता है, लेकिन उन्हें जड़ से उखाड़कर फेंका नहीं जा सकता। अग्नि का उपयोग करने के लिए उसे मंद रखकर अनाज उस पर पकाना पड़ता है, उसी प्रकार मानव का उपयोग समाज के लिए हो इसके लिए बीच की स्थिति है निर्वाण। इससे मनुष्य दस विकारों के अधीन न जाकर तर्क शुद्ध विचारों के साथ समाज के लिए उपयोगी कार्य कर सकता है।

जिन्होंने धर्म के सिद्धान्तों के बारे में चर्चा की, उन्होंने उसे इतना गुप्त रखा कि भगवंत को बताना पड़ा। महिलाएँ, झूठे धर्मगत और भट-ब्राह्मणों की पोथियाँ ये तीन चीज़ें ही गुप्त रखी हैं। इसके बावजूद—

श्रुतीविभिन्ता: समष्टतिविभिन्ता:
धर्मस्व तत्वं नि हितं गुहायां
महाजनो येन गतस्य पंथ:

धर्म के सिद्धान्तों की—पीछे से चली आई आगे चली गई, ऐसी स्थिति बनाई गई। श्रुति कुछ और बताती हैं, स्मृतियाँ कुछ और ही उपदेश करती हैं। धर्म के तत्त्व बहुत ही गहन और गूढ़ हैं, फिर करें क्या? तो, चार बड़े लोग जिस राह से जाते हैं उसी राह को अपनाओ। भगवान बुद्ध ने कहा है कि केवल मैं कहता हूँ इसलिए नहीं वरन् आपकी बुद्धि को, आपके विवेक को अगर ठीक लगे तो ही धर्म का यह मार्ग स्वीकारें। अन्धे बनकर चार लोगों के पीछे चलने का आदेश और दूसरी ओर बुद्धि का आह्वान दो विचारधाराओं में कितना बड़ा अन्तर है!

कोई भी सवाल पूछे जाने पर बड़े-बड़े ऋषि-मुनियों ने कानों पर हाथ रखे। याज्ञवल्क्य ऋषि से पूछा, आप आत्मा के बारे में बताते हैं तो आत्मा है कहाँ? जवाब मिला—नेति, नेति! यानी कि, मुझे पता नहीं। अच्छा, फिर आत्मा का मृत्यु के बाद क्या होता है? जवाब मिलता है- नेति, नेति! ठीक है, यह पता नहीं भी होगा लेकिन आत्मा का आकार तो पता होगा इसलिए एक और सवाल पूछा कि—क्या आत्मा ताड़ के पेड़ जितनी है? तब भी जवाब मिलता है—नेति, नेति! अर्थात् सिर्फ़ और सिर्फ़ 'ना'।

आत्मा का स्थान क्या है, उसका आकार कैसा है, आगे उसका क्या होता है, इस बारे में बिलकुल भी जानकारी न होने के बावजूद आत्मा के बारे में इतना

बेमतलब का बोला गया है कि केवल बार-बार यह शब्द सुनकर ही एक काल्पनिक वस्तु के अस्तित्व के बारे में बढ़-बढ़ कर हामी भरी जा रही है। प्रियतमा का नाम पता नहीं, गाँव के बारे में पता नहीं, रंग-रूप या उम्र का पता नहीं लेकिन मैं उसे चाहता हूँ—ऐसा बतानेवाले पागल रसिक की तरह ही हालत आत्मा के अस्तित्व पर विश्वास करनेवालों की होती है।

सच कहो, तो आत्मा नहीं है यह साबित करने की ज़रूरत ही नहीं हैं। जो कहते हैं कि आत्मा है, उनकी ज़िम्मेदारी बनती है कि वे उसे दिखा दें। आत्मा नहीं है, यह सत्य है। आत्मा है, यह प्रचार ही भ्रम है।

आत्मा का अस्तित्व साबित करने के लिए पुनर्जन्म की कहानी गढ़ी गई। शरीर नाशवान है, आत्मा एक शरीर छोड़कर दूसरे में प्रवेश करती है आदि कपोलकल्पित कहानियाँ कही जाती हैं। शरीर काटने पर शरीर का हर अंग दिखाई देता है, लेकिन यह आत्मा दिखाई नहीं देती, क्यों? अच्छे-अच्छे शल्यक्रियाविशारद हैं, जाकर उनसे पूछिए, उनसे कहें कि बताइए आत्मा कहाँ है? शरीर से निकालकर दिखाइए।

बौद्ध दर्शन में पुनर्जन्म माना जाता है, ऐसा तुरन्त कहा जाएगा। लेकिन उस सिद्धान्त का आत्मा के साथ कोई ताल्लुक नहीं है। बौद्ध पुनर्जन्म सिद्धान्त अर्थात् पुनर्निर्माण। प्रकृति की पुनरावृत्ति। पिता के चेहरे जैसा चेहरा लेकर पुत्र पैदा होता है, इसलिए वह पिता नहीं है। पिता के सभी गुणों का वास पुत्र में नहीं होता। क्योंकि, पिता के साथ में माता के गुण भी उसमें आते हैं। साथ ही वातावरण का असर भी होता है। एक आम से दूसरा आम पैदा होता है। इसी तर्ज पर चलनेवाली घटनाओं को पुनर्निर्माण कहते हैं। हालाँकि ज़मीन के साथ पानी, हवा, खाद के असर से जैसे एक आम के पेड़ पर मीठे फल पैदा होंगे, वैसा ही फल दूसरे पेड़ पर पैदा होगा, इसका भरोसा नहीं। अगर अच्छा असर हुआ तो फल अच्छा आएगा, बुरा असर हुआ तो फल भी बुरा ही आएगा। बीज शुद्ध हो तो फल अच्छा ही होगा। इसीलिए किसी प्रान्त में विशिष्ट फूलें ही फलती हैं, अन्य जगह ले जाने पर वह ज़िन्दा भी नहीं रहते। जैसे चाय नीलगिरी के बागानों में, कॉफ़ी असम, अच्छे संतरे नागपुर में ही पैदा होते हैं, नारियल समंदर किनारे ही बढ़ते हैं, हापुस आम रत्नागिरी का ही स्वाद और रस में बेहतरीन होता है। मसालों के लिए जावा द्वीप मशहूर है। इसलिए कुल पुनर्निर्माण के काम को ही पुनर्जन्म कहा गया है। लेकिन पुनर्जन्म शब्द का सहारा लेकर कहा जा रहा है कि आत्मा को बौद्ध दर्शन में मान्यता है, वह ग़लतफ़हमी ही है।

ब्राह्मण और बौद्ध धम्म, कर्म का अर्थ अलग-अलग लगाते हैं। कर्म महत्त्वपूर्ण बात है। इस दुनिया का कामकाज कैसे चल रहा है? ब्राह्मण ग्रंथ बताते हैं कि

भगवान चलाते हैं। उसे ब्रह्मा भी कहते हैं। अन्य धर्म भी ईश्वर, अल्लाह, गॉड के नाम से इसी कल्पना की पुष्टि करते हैं। बौद्ध धर्म में ईश्वर नहीं है। बौद्ध धर्म बताता है कि दुनिया हरेक के कर्म के अनुसार चलती है। इसलिए बौद्ध धर्म ने मनुष्यों पर ज़िम्मेदारी डाली है। जैसा करोगे, वैसा ही पाओग, ऐसी चेतावनी दी। इसे कर्मविपाक कहते हैं। कर्मविपाक यानी हमारे कर्मों से निर्माण होनेवाले फल। बौद्ध धम्म में कर्म का मतलब, पिछले जन्म में किये पाप-पुण्यों की गठरी ऐसा नहीं लगाया जाता। कुछ कर्म ऐसे होते हैं, जिसके परिणाम तुरन्त भोगने नहीं पड़ते। उस कर्म का, क्रिया का असर कुछ समय बाद होता है। लेकिन जन्मान्तर से नहीं, क्योंकि बौद्ध धर्म पुनर्जन्म को नहीं मानता।

इसलिए कहा जा सकता है कि बौद्ध धर्म ने मनुष्य के अच्छे गुणों को बढ़ाने के लिए अवसर रखे हुए हैं। मनुष्य को अपनी प्रगति के लिए, अपनी उन्नति के लिए ख़ुद ही कोशिश करनी पड़ेगी, ऐसा कहा है। मेरे माथे पर यही लिखा है, यही मेरा विधि लिखित है, यह ब्रह्मा की खींची लकीर है, कहकर निराश होने की ज़रूरत नहीं है। अपने उद्धार की कोशिश करना चाहिए, यह राजमार्ग बौद्ध धर्म बताता है। संचित, पूर्व जन्म के कर्मों का फल यह मनुष्य को निष्क्रिय बनानेवाला, उसके धीरज को ख़त्म करनेवाला सफ़ेद झूठ है।

पूर्वजन्म की कल्पना के कारण पापकर्म करने को बढ़ावा मिलता है। पिछले जन्म में किया हुआ पुण्य है, सो इस जन्म में पाप करने में हर्ज़ ही क्या है, ऐसा विचार थोड़े अच्छे घर के व्यक्ति के मन में आता है। लेकिन इस प्रकार सोचनेवाला आदमी मानव-जाति के लिए नुक़्सानदेह होता है। पतित भी दो तरह के होते हैं। एक वह जिसे यह अहसास होता है और हमेशा उसका मन उसे कुरेदता रहता है कि वह पतित है, दूसरा पतित वह होता है जिसे अपने पाप कर्मों के बारे में बुरा नहीं लगता। हमेशा पिटनेवाला, पिटने से नहीं डरता कुछ उसी तरह।

जिस पतित व्यक्ति को अपनी स्थिति का अहसास होता है और जिसे हमेशा उसका मन कचोटता रहता है, वे अपनी स्थिति से उबरने की कोशिश करते रहते हैं। अपने अहसासों के कारण वह अपना उद्धार कर सकता है। लेकिन दूसरी तरह के पतितों में सुधार सम्भव ही नहीं होता क्योंकि उसका मन ही उस तरह का होता है।

इस प्रकार अपने अध:पतन के बारे में जिन्हें बुरा लगता है, उनका मार्गदर्शन करने के लिए समाजसेवकों की ज़रूरत है। समाज को वैचारिक भूमिका देने के लिए और सांस्कृतिक कार्य करने के लिए सेवकों की ज़रूरत होती है। ग़रीब समाज उन्हें मेहनताना नहीं दे सकता। लेकिन उनके उदर निर्वाह का प्रबन्ध किया जा

सकता है। ऐसे कार्यकर्ताओं को बैठकर खानेवाला नहीं कहा जा सकता क्योंकि समाजसेवा करने के लिए हज़ारों आकर्षणों को छोड़ना पड़ता है।

बौद्ध भिक्षुओं का संगठन ऐसे ही लोगों के लिए भगवान बुद्ध ने बनाया है। यह बेहद कठिन कार्य है। उसको स्वीकार कर भगवान बुद्ध द्वारा बताए गए मार्ग से आगे बढ़ने से आज दुनिया का कल्याण हो सकता है। मानवता का हित हो सकता है।[1]

[*बाबासाहेब डॉ. अम्बेडकर सम्पूर्ण वाङ्मय,* खंड 40, पृ. 381-388]

1. प्रबुद्ध भारत, 3 मई, 1958, प्रस्तुत संक्षिप्त वृत्त आयु. वी पागराउत ने लिखा है—कार्यकारी संपादक, *जनता*।

65

बौद्ध धर्म और हिन्दू धर्म में ज़मीन-आसमान का फ़र्क़ है

"भारतीय बौद्धजन समिति के तत्त्वाधान में और आयु. मंगलदास पक्वासा, पूर्व राज्यपाल, बंबई की अध्यक्षता में 8 मई, 1955 को शाम 7 बजे, नरे पार्क, सेंट्रल रेल वर्कशॉप के सामने, परेल, बंबई-12 पर बड़ी धूमधाम से भगवान गौतम बुद्ध जयंती उत्सव आयोजित किया जाना है। जुलूस के लिए तीन मार्ग तय किये गए हैं। उसके अनुसार विभिन्न जगहों के लोग इस जुलूस में शामिल होने की कृपा करें, शाम 4.30 बजे जुलूस निकलेगा और शाम सात बजे तक नरे पार्क आएगा, इसके जुलूस में शामिल लोग ख़याल रखें। अन्य लोग सीधे नरे पार्क मैदान पर शाम सात बजे तक पहुँच जाएँ।" समिति के सचिव ने जनता के 7 मई, 1955 के अंक में इस बात की जानकारी प्रकाशित की है।

इस घोषणा के अनुसार दिनांक 8 मई, 1955 को बंबई के नरे पार्क में बुद्ध जयंती के अवसर पर कार्यक्रम का आयोजन किया गया था। कार्यक्रम में 80 हज़ार लोग उपस्थित थे। सभा को सम्बोधित करते हुए डॉ. बाबासाहेब आंबेडकर ने कहा—

अध्यक्ष महाराज, बहनो और भाइयो,

आज मैं यहाँ अचानक ही आ गया हूँ। इस सभा में मेरी उपस्थिति की उम्मीद नहीं थी। आजकल में मुझे दिल्ली जाना पड़ेगा, ऐसा मेरा अनुमान था। संयोग की बात है कि 12 तारीख़ तक का टिकट उपलब्ध न होने के कारण मैं यहीं रहा। इस

मौक़े का फ़ायदा उठाते हुए मुझसे विनती की गई कि मैं इस सभा में उपस्थित रहूँ। उनकी विनती का सम्मान करते हुए मैं आज उपस्थित हूँ।

पूर्व गवर्नर अध्यक्ष हैं, सो मुझे इस सभा में नहीं आना चाहिए था। मेरे आने से सभा को महत्त्व प्राप्त होगा, ऐसा मुझे नहीं लगा था। लेकिन लोगों का कहना न मानना ठीक नहीं होता। यहाँ इतनी बड़ी संख्या में लोगों की उपस्थिति देखकर मुझे ख़ुशी हुई। आप सब लोगों को आन्दोलन के प्रति गर्व है। वह मडगाँव के अड्डे पर रहता है, मैं भायखला की पीली चाल में रहता हूँ। कोई कार्यक्रम अगर होना है तो वह मेरे ठिकाने पर ही हो ऐसी मंशा रखते हैं। अपनी-अपनी गली में कोई न कोई समारोह-कार्यक्रम करते हैं। इस रूढ़ि को भुलाकर एक राय से इस कार्यक्रम का आयोजन किया, इसके लिए मैं आपका अभिनंदन करता हूँ। आपने नई शुरुआत की है, हर साल बुद्ध जयंती इसी प्रकार मनाते रहेंगे ऐसी उम्मीद करता हूँ।

आज मैं अन्य बातों का जायज़ा लेनेवाला हूँ। पिछले एक महीने से मैं बंबई में हूँ। बंबई के अख़बार मैं पढ़ता हूँ। कुछ मुझे इनकी कटिंग्स भी भेजते हैं। बौद्ध धर्म स्वीकारने को लेकर कई लोगों की राय पढ़ने में आती हैं। लगभग हर अख़बार में आलोचना आती है, कहा जाता है कि अस्पृश्य लोगों को इस काम के लिए बरगलाया जा रहा है, उनके अज्ञान का फ़ायदा उठाते हुए डॉ. आंबेडकर उन्हें बहका रहे हैं, उस धर्म को अपनाने के बाद आपको नुक़सान होगा, डॉ. आंबेडकर पागल है, उसके जाल में मत फँसना, अगर उसकी बातों में आओगे तो खड्डे में जाओगे वग़ैरह बातें कही जाती हैं। सार्वजनिक काम में आलोचना करने का अधिकार सबको है, ऐसी बात नहीं कि मुझे इस बात का ख़ेद है। मेरा जीवन लोगों की आलोचना सहने में बीता। छोटे बच्चे को नज़र न लगे इसलिए जैसे उसकी माँ काजल का टीका लगाती है, उसी प्रकार ये लोग मुझे हमेशा कालिख लगाते हैं। मुझे इस बात का कुछ बुरा नहीं लगता।

हममें से कई लोग अज्ञानी और कुछ लोग ज्ञानशील हैं। उन पर अख़बारों में लिखे का असर होता होगा। इसलिए अख़बारों में जो लिखा जाता है, उस पर टीका-टिप्पणी ज़रूरी है। हालाँकि, मैं एक बात आपको बताना चाहता हूँ कि सोचिए, आलोचना करने का हक़ किसे पहुँचता है? कौन किसकी आलोचना करे? जिसके पास सहानुभूति है, उसी को आलोचना करने का अधिकार भी है।

सुरक्षा करनेवाले को ही आलोचना करने का अधिकार है। जान से मार डालनेवालों को आलोचना करने का अधिकार नहीं।

भगवान बुद्ध का चचेरा भाई देवदत्त शिकारी था। उसे शिकार करने का शौक़ था। तीर-कमान लेकर वह पंछियों का शिकार करता था। भगवान बुद्ध अहिंसा के पुजारी थे और देवदत्त की करनी भगवान को पसन्द नहीं थी। वह कहते—निरपराध जानवरों की जान मत लेना। अन्य लोग उनसे कहते, तुम नामर्द हो। तुम क्षत्रिय नहीं हो।

एक बार देवदत्त ने शिकार के लिए जाना तय किया। तब बुद्ध ने कहा, मैं भी तुम्हारे साथ शिकार पर चलूँगा। लेकिन मैं एक तरफ़ बैठा रहूँगा। आप लोग शिकार करें। वे शिकार के लिए निकले। भगवान बुद्ध एक पेड़ के नीचे बैठे। देवदत्त वहाँ से चला गया। कुछ समय बाद जब आकाश से एक पंछी नीचे गिरा। भगवान बुद्ध वहाँ बैठे थे। उन्होंने गिरता पंछी देखा। उस पंछी को तीर लगा था। भगवान ने उसके सीने में गड़ा तीर निकाला, उसे पानी पिलाया। अपनी छाती से चिपकाकर उसे गरमाहट दी। उसे होश में ले आए। तब तक देवदत्त पंछी को खोजता हुआ वहाँ आया। उसने भगवान बुद्ध से पूछा, एक उड़ते पंछी को मैंने तीर मारकर गिराया। वह कहाँ गिरा क्या तुम्हें पता है? वह तुम्हारे आसपास ही गिरा होगा। भगवान ने कहा, पंछी मेरे पास है। उसके पेट में बाण था जिसे मैंने निकाल दिया। उसके जख्म को धोया, गरमाहट देकर उसे होश में ले आया।

देवदत्त ने कहा, यह मेरा पंछी है। इस बात को लेकर विवाद हुआ। देवदत्त ने कहा, शिकार का यह नियम है कि जो जानवर को मारता है वह उसका मालिक होता है। मैंने इसे मारा है, इसलिए मैं इसका मालिक हूँ। बुद्ध ने कहा, जो मृतप्राय जीवन की रक्षा करता है, वही उसका मालिक होता है। मैं इसका मालिक हूँ। जो मारनेवाला होता है, वह उसका मालिक नहीं होता। दोनों में लम्बे समय तक विवाद हुआ। दोनों ने बात पंचायत के सामने जाना तय किया। दोनों ने अपना पक्ष पंचायत के सामने बयान दिया। पंचायत ने बुद्ध के पक्ष में निर्णय दिया। जो रक्षा करता है, वही असली मालिक होता है। यही असली नीति है।

इसीलिए अख़बार वालों से मैं यह पूछना चाहता हूँ कि आप हमारे रक्षक हैं या भक्षक? आप हैं कौन? हज़ारों सालों से हम समाज में रह रहे हैं। कोई सामने आकर बताए कि हमने अस्पृश्यों के लिए कुछ किया। अस्पृश्यों के उद्धार के लिए जिन्होंने अपनी एक उँगली तक उठाने का कष्ट नहीं किया, उन्हें आलोचना करने का कोई अधिकार नहीं है। मैं ऐसे लोगों से कहना चाहता हूँ कि मुँह बन्द करके बैठें। हमें अगर गड्ढे में गिरना हो तो हम गिरेंगे। अब तक आप लोग हमें गड्ढे में ढकेलते आए हैं, अब हमें ख़ुद जाकर गड्ढे में गिरने की आज़ादी दीजिए। गड्ढे में गिरने का अधिकार, ग़लतियाँ करने का अधिकार हमें दीजिए। आपने किसी प्रकार

की मदद नहीं दी। क्या आपने कभी अस्पृश्यों के बच्चों को विलायत भेजा? उन्हें ये जो स्कॉलरशिप्स मिलती हैं, वे मैंने दिलाई हैं। ये ऊसर ज़मीनें क्या आपने अपनी मर्ज़ी से दी हैं? हम अपने पैरों पर खड़े रहेंगे। हिन्दुओं ने हमारे लिए क्या किया? उन्होंने एक ही सुधार किया, वह यह कि रेल से सफ़र करते हुए वे हमारे डिब्बे में बैठते हैं। वह भी इसलिए कि उन्हें पता नहीं होता। (हँसी)

पेशवा के समय में कौन किस प्रकार के कपड़े पहने, इस बारे में क़ानून थे। मेरी माँ बताया करती थी, महार अगर कपड़ा ख़रीदना चाहते थे तो उन्हें उसे दूर से ही देखना होता था, दूर से ही क़ीमत पूछनी होती थी। दुकानदार दुकान में ही कपड़ा हिलाया करता, उस आदमी ने अगर कपड़ा ख़रीदा तो लोटे में पानी ले आता, कपड़े पर छिड़कता, नया कपड़ा कीचड़ में घसीटता क्योंकि महार नया कपड़ा नहीं पहन सकते! मिट्टी में घसीटी हुई साड़ी में दो उँगलियाँ फँसाकर उसे दो फाड़ करते। फिर महार पैसे रखता और कपड़ा लेकर जाता। हम लोग लँगोट पहनते हैं। पेशवा का ही वह हुकुम था। ब्राह्मण दोनों तरफ़ से झालरवाली धोती पहनते, ब्राह्मणेतर केवल पीछे की तरफ़ झालर बना सकते थे। भंडारी लोग बड़ा रूमाल कूल्हों पर लपेटते—ऐसे नियम थे।

अंग्रेज़ सरकार के आने पर बंबई पर उनका अधिकार बना। सुनारों पर पेशवाओं की नज़र थी। सुनारों का कहना था कि वे ब्राह्मण हैं। पेशवा कहते हम ब्राह्मण हैं। सुनार ब्राह्मणों की तरह धोती पहनते। उन्हें इस प्रकार धोती नहीं पहननी चाहिए, उनके कारण भ्रष्टाचार हुआ इस प्रकार सभी अख़बारों में छप गया। अंग्रेज़ों ने धर्म डुबाया, कहकर सब लोग हल्ला मचाने लगे। अंग्रेज़ बौखला गए। पेशवा की शिकायत उन्होंने सुनी। पेशवा ने कहा, हमारे प्रजाजनों पर पहले प्रतिबन्ध थे। आपके आने के बाद वे कासोटा पहनने लगे हैं। तब ईस्ट इंडिया कम्पनी भारत में आई ही थी। बालकेश्वर में महाजन लोग रहते थे। मुख्य अधिकारी ने शिकायत सुनी। उन्होंने महाजनों को बुलाकर पूछताछ की। बात सामने आई कि सुनार झालरवाली धोती पहनने लगे थे। हुकुम हुआ, सुनार ऐसी धोती नहीं पहनेंगे। पंचों ने उन पर पचास रुपयों का जुर्माना लगाया। अब लोग कोट-पतलून पहनने लगे हैं।

गाड़ी में बैठने लगे हैं, इसके अलावा इनमें कोई सुधार नहीं हुआ है। फिर ये लोग क्यों आलोचना करते हैं? ये कैसे हमारे हित चिन्तक हुए? वे कहते हैं कि आपने अगर बौद्ध धर्म अपनाया तो आपको मिलनेवाली स्कॉलरशिप्स बन्द हो जाएँगी। मिलों में काम करनेवालों को स्कॉलरशिप्स की अहमियत क्या पता चलेगी? जो स्कूलों में पढ़ते हैं उनके लिए स्कॉलरशिप्स की अहमियत होती है।

पत्रकारों को ऐसा क्यों लगता है? कहते हैं, स्कॉलरशिप्स नहीं मिलेंगी। अरे उसे दिलाने के लिए मैं अभी ज़िन्दा हूँ ना! (तालियाँ) मेरे मरने के बाद जो होना है सो होता रहेगा। जब तक मैं ज़िन्दा हूँ तब तक डरने की कोई वजह नहीं। सिक्ख अस्पृश्यों को स्कॉलरशिप मिलती है। स्कॉलरशिप धर्म पर निर्भर नहीं है। वह दीनता पर निर्भर करती है। और आपने दी ही कितने दिन? 'यावच्चंद्रदिवाकरौ' ऐसा तो नहीं? चाँद-सूरज जब तक हैं, क्या तब तक स्कॉलरशिप्स मिला करेंगी? वे साल भर के लिए होती हैं या फिर दो साल, तीन सालों के लिए होती हैं। कुंकुम लगाना है तो पति ज़िन्दा रहेगा या नहीं, इसका भरोसा होना चाहिए। सरकारी नौकरी कितने सालों तक टिकेगी? मैंने कुछ कहा और पाँच सालों के बाद मुंशी साहब के पेट में दर्द होने लगा। उन्होंने मुसलमानों को दी गई रियायतें वापस लीं। ईसाइयों को भी रियायतें मिली हुई थीं। लेकिन उनका एक आदमी था जो गवर्नर बनना चाहता था। उन्होंने बताया कि मुझे कुछ नहीं चाहिए। फिर उनके काग़ज़ात मेरे पास आए। मैंने उसे फाड़कर फेंक दिया। और लोग सोने का हार पहनते हैं, तो क्या हम गले में फाँसी लटका लें? मैंने लिखकर दिया, नहीं हो सकता। आज तक हमने उसे रखा, लेकिन अब उसका कोई फ़ायदा नहीं।

हममें से एक व्यक्ति इंजीनियर बनने के क़ाबिल है। लेकिन अब तक उसे इंजीनियर नहीं बनाया गया है। हमारे मुख्यमंत्री भी इसमें शामिल हैं। राजा ही अगर प्रजा को मारने लगे तो प्रजा किसके पास जाए? भूस के लड्डू, जिसने खाए वह फँसा, जिसने नहीं खाए वह भी फँसा।

मैं पढ़े-लिखे लोगों से कहना चाहता हूँ। महार लोग क्या किया करते थे? रात में उठकर वे घूमते। सुबह का कुछ बचा-खुचा में खाते। फलटण गाँव में महार थे। उनके पास 24 बीघा ज़मीन थी। वहाँ एक मन्दिर था। उसमें भंडारा हुआ करता था। हमारे एक मंत्री थे। इस भंडारे में वह एक गाड़ी भर लड्डू, जलेबी, रोटियाँ आदि दिया करते थे। महार लोग मन्दिर के दरवाज़े के पास बैठते और जूठन लेकर जाते। इतना मिलने के बाद महारों को ज़मीन पाने की ज़रूरत ही क्या थी? कुछ दिनों के बाद खाना देना बन्द कर दिया गया तब इन महारों ने कहा, 'हमारी इतनी ज़मीन थी। मराठों ने वह हड़प ली।' मन्दिर से जूठन मिला करती थी, वह भी बन्द हुई। ऐसी उनकी हालत थी।

जलगाँव में श्राद्ध होता तो महार भिखारियों की तरह कचरे पर बैठते। लोग मुझसे कहते—ये तो ईसाई बना, इसका निवाला छिन गया। इसका गुज़ारा अब कैसे होगा? एक ब्राह्मण मेरा विरोधी था। वह हर रोज़ का हिसाब बताता। जानवरों

का मांस, सींग, चमड़ा, हड्डियाँ आदि की दो-चार हज़ार की क़ीमत बताता और कहता, 'डॉ. आंबेडकर ने महारों का इतना नुक़सान किया।' यह *केसरी* में छपकर आता। हालाँकि मैंने कभी इसका जवाब नहीं दिया।

एक बार संगमेश्वर में सभा थी। महारों की सभा में इस ब्राह्मण ने मेरी पूछताछ की। मैं खाना खाने बैठा था। मैंने कहलवाया, खाना खाने के बाद आता हूँ। यह भी कहलवाया कि अगर उनके पास समय हो तो वह अन्दर आ सकते हैं। उस आदमी ने कहा, काम थोड़ा है लेकिन महत्त्वपूर्ण है। उसने कहा, "आप इन सभी लोगों से कहते हैं कि मांस मत खाइए, मरे जानवरों को मत उठाइए, महारों का आप यह जो नुक़सान कर रहे हैं क्या यह ठीक है?" मैंने कहा, ठीक है। पूछा, आपके सवाल का जवाब मुझे अभी देना है या सभा में दूँ? उसने कहा, सभा में जवाब दीजिए। मैंने लोगों से कहा, इन्हें सवाल पूछने हैं, आप उनके सवालों पर ध्यान दीजिए। उन्होंने हिसाब लगाकर बताया कि आपका आन्दोलन नुक़सानदायी है। उसका हिसाब सही था। उनका कहना था कि उनका एक हज़ार रुपयों का नुक़सान हो रहा है। उनका यही सवाल था। मैंने उनसे कहा, मैं आपको एक हज़ार रुपये देने के लिए तैयार हूँ। आप अगर मरे जानवर ढोएँगे तो एक हज़ार रुपयों का इनाम भी दूँगा। लेकिन उनके साथ आपको काम करना होगा।

स्वाभिमान बहुत ज़रूरी है। कोई महिला का माटीपुरा जाए तो सोने-चाँदी के गहने लाती है और सुबह होटल वाले को पुकारकर कहती है—ए, आधा प्लेट कीमा, एक स्लाइस रोटी लाओ। चार बजे चाय। शाम को पाउडर लगाकर बैठना। वहाँ का जीवन सुखमय होता है। लेकिन वेश्या का कोई मान नहीं। उसकी कोई इज़्ज़त नहीं, इस बात को ध्यान में रखें।

हमें स्वाभिमान की ज़िन्दगी चाहिए। उसमें अगर दरिद्रता मिले तो भी कोई परवाह नहीं। मैं 48 नम्बर की चॉल में 50 नम्बर के कमरे में रहता था। सोने के लिए जगह नहीं। तकिया और धोती लेकर ऊपर छत पर सोने जाता था। खाने-पीने को मिलता है तो वह कोई महत्त्वपूर्ण बात नहीं है। स्वाभिमान की ज़िन्दगी का महत्त्व है। कीड़े-मकोड़ों की ज़िन्दगी हम नहीं जिएँगे। मेरे बौद्ध धर्म में जाने को लेकर कुछ लोग कहेंगे, पॉलिटिक्स का कीड़ा गया। लेकिन पॉलिटिक्स का यह कीड़ा कहीं नहीं जाएगा। रहेगा और इन लोगों को लेकर ही जाएगा।

बौद्ध धम्म के बारे में मेरी कल्पना अलग है। इस धर्म के लोग वकील, बैरिस्टर, प्रधानमंत्री होंगे ऐसा प्रावधान होना चाहिए। यह धर्म हमें पावन करेगा। पथभ्रष्ट करनेवाले लोगों की कोशिशों पर ध्यान न दें।

ये लोग कहते हैं कि हिन्दू धर्म और बौद्ध धर्म में कोई फ़र्क़ नहीं है। सो इसमें जो अच्छी बातें हैं, उनका अनुसरण क्यों नहीं करते? अच्छी बातों का अनुसरण हमें क्यों नहीं करने देते? कोई यह न बताएँ कि बौद्ध धर्म बुरा है। कोई यह कह नहीं सकता कि यह धर्म बुरा है। पूरे भारत देश को बौद्ध धर्म अपनाना चाहिए। बौद्ध धर्म और हिन्दू धर्म एक ही हैं यह सरासर ग़लत है। उसमें ज़मीन-आसमान का फ़र्क़ है। इसे साबित करने के लिए मैं पाँच-सात मुद्दे आपके सामने रखनेवाला हूँ। हिन्दू धर्म में कई भगवान हैं। तैंतीस करोड़ भगवान हैं। उनका भगवानों के बग़ैर काम नहीं चलता। सृष्टि कैसे बनी? कोई कहता है, किसी ने अंडा डाला लेकिन किसी को भी यह पता नहीं है। भगवान ने कहा, सृष्टि का निर्माण कैसे हुआ, कहा नहीं जा सकता। यह महत्त्वपूर्ण मसला नहीं है। किसी चीज़ से उसका निर्माण किया गया था जब कुछ भी अस्तित्व में नहीं था तब किया गया यह दो विकल्प हो सकते हैं, तीसरा कोई विकल्प नहीं है।

यह बात असम्भव है कि दुनिया में जब कुछ भी नहीं था तब उसका निर्माण किया गया। ईश्वर सृष्टि का निर्माणकर्ता नहीं था। हिन्दू धर्म में ईश्वर है, बौद्ध धर्म में नहीं है। यही प्रमुख भेद है। बौद्ध धर्म में आत्मा नहीं, हिन्दू धर्म में है। एक बार अर्जुन ने कृष्ण से पूछा, आत्मा कैसी है? जवाब मिला, आत्मा ऐसी है जिसे लोहे से काटने से भी घाव नहीं बनता। लोहे से लोहा काटा जा सकता है। क्या ऐसा हो सकता है कि आत्मा ऐसी चीज़ है कि जिस पर लोहे से घाव नहीं किया जा सकता। श्रीकृष्ण ने जवाब में यह भी कहा कि आत्मा को जलाया नहीं जा सकता। उसका कहना है कि आत्मा को क्लेश ही होते। बुख़ार-खाँसी आते हैं जुकाम भी होता है, यह सब झूठ है। इसमें कोई सत्यता नहीं। भगवान ने एक बार पूछा, आत्मा कितनी बड़ी है? उसकी साइज क्या है? लम्बाई-चौड़ाई कितनी है? आत्मा होती कहाँ है? याज्ञवल्क्य से हज़ारों सवाल पूछे गए। ब्राह्मणों ने ग्रंथ बनाकर ब्रह्म है, इस बात को लोगों के गले में ठूँसा है।

तीसरी बात—हिन्दू चार वर्णों को मानते हैं। लेकिन बौद्ध धर्म में चातुर्वर्ण्य या जातिभेद नहीं है। एक बार लोहित ब्राह्मण ने भगवान से पूछा, तुम शूद्रों को विद्या क्यों देते हो? असल में होना यह चाहिए कि जो योग्य है, उसे विद्या मिले और जो योग्य नहीं है, उसे नहीं मिले। लेकिन ब्राह्मण धर्म ऐसा नहीं है। एक बार बुद्ध ने अपनी माता से पूछा, संकट के समय हत्या करना ठीक कैसे हो सकता है? बौद्ध धर्म में ऐसा नहीं कहा गया है। वैश्य क्योंकर दग़ाबाज़ी कर सकते हैं? बौद्ध धर्म में जातिभेद, असमानता, चातुर्वर्ण्य नहीं हैं। जातिवाद समाप्त करने के

बारे में प्रस्ताव पारित किये जाते हैं। लेकिन वे बस उससे आगे नहीं बढ़ते। उस पर अमल करने के लिए कहो तो वे नहीं करते। जातिवाद के कारण अपरिमित हानि हुई है। जातिवाद को समाप्त कीजिए। सभी नेक राह अपनाएँ। लेकिन वे ऐसा नहीं चाहते।

भाइयो और बहनो, शिवाजी के अष्ट प्रधान ब्राह्मण थे। उसकी कहानी अलग है। वे मराठों को अपने साथ भोजन करने नहीं देते थे। शिवाजी ने बालाजी आवजी को यह बात बताई। उसने कहा, जब तक आप राज्याभिषेक नहीं करवा लेते तब तक आपका दर्ज़ा स्तर बढ़ेगा नहीं। आख़िर शिवाजी ने कहा, जो भी करना हो आप ही कीजिए। तब मोरोपंत पिंगले मुख्य प्रधान था। उसने कहा, 'क्यों रे बच्चू, तू हमारा राजा बनेगा!' उसने शिवाजी की बेइज़्ज़ती की। आख़िर बालाजी आवजी राजपूताने की ओर गया। वहाँ उसने शिवाजी की वंशावली बनाई। काशी से ब्राह्मणों को लाकर राज्याभिषेक करवाया।

जातिवाद के गोबर के कीड़े गोबर में ही रहेंगे। उनकी उससे उबरने की इच्छा नहीं। उनकी अकल जागेगी तब वे हमारे पास आएँगे। उन्हें लगता है, हिन्दू समाज से केवल दो ही लोग जाएँगे। डॉ. आंबेडकर और उनकी पत्नी। लेकिन बौद्ध धर्म को लेकर बहुत बार मत परिवर्तन हुए हैं। अगले साल सारनाथ में बुद्ध के शिष्य जमा होंगे। उनके ऊपर उत्तर प्रदेश सरकार 35 लाख रुपये ख़र्च करनेवाली है। भारत सरकार दो करोड़ रुपये ख़र्च करनेवाली है। उत्तर प्रदेश पिछड़ा प्रदेश है। उसे पूर्वी गोंडबन-आर्यावर्त कहते हैं। उत्तर प्रदेश सरकार के पैंतीस लाख रुपये यानी केवल कोंपलें हुईं। कोई कुछ करे या न करे बौद्ध धर्म इस देश में आएगा। कोई उसकी राह में नहीं आ सकता। इस बाढ़ में सभी बह जाएँगे। इस देश की सभी जनता अज्ञानी थी। ब्राह्मणों ने किताबों में क्या लिखा है, इसका उन्हें पता नहीं था। दो-चार आने में ये किताबें मिलती हैं। यहाँ आने से पहले मैं भागवत पढ़ रहा था। उस पर ज्ञानवान व्यक्ति ऐसी किताबें कैसे लिख सकते हैं?

आप अज्ञानी हैं। आपमें से जो पढ़े-लिखे बच्चे हैं, वे भी अज्ञानी हैं। दो-तीन दिनों पहले मैं उपनिषद पढ़ रहा था। उसमें से छांदोग्य उपनिषद में गुरु-शिष्य संवाद है। शिष्य अपनी शंका पूछता है। लेकिन उसका शक हटाने के लिए भी ज्ञान चाहिए। गुरु जवाब देते हैं कि तुम्हारे पास ज्ञान नहीं इसलिए तुम्हें शक करने का भी अधिकार नहीं है। तो बताइए, हमारे विद्वानों को इसका क्या ज्ञान हो सकता है?

बुद्ध ने आनन्द से यही कहा कि केवल मैं कहता हूँ इसलिए आप इस धर्म को न अपनाएँ। व्यवहार में यह धर्म चल सकता है, ऐसा अगर आपको लगे तभी

आप इस धर्म को अपनाएँ। अपनाएँगे तब आपको एक ज्ञान, एक चित्त बनकर रहना होगा। इसी राह से अपना उद्धार होगा।

बौद्ध धर्म में दो तरह के लोग हैं। इस धर्म का अनुसंधान करना मेरा मार्ग नहीं। हमारा मुख्य कार्य है, प्रचार करना हम लोगों को बुद्धिस्ट बनाना चाहते हैं यही हमारा कर्तव्य है। दो-चार दिनों पहले हमने एक संस्था की स्थापना कर उसे रजिस्टर करवाया है। आपसे विनती है कि आप इस सभा के सदस्य बनें। उच्च वर्ग के लोग चन्दा देंगे, ऐसी उम्मीद नहीं है। कार्य की शुरुआत होनी ज़रूरी है। इसीलिए सबको समिति का सदस्य बनना होगा। इसके लिए एक रुपया देना होगा। हमें विहार बनाने होंगे। वहाँ महिलाएँ और पुरुष जाकर भक्तिभाव से पूजा करेंगे। हममें कुछ मुफ़्तखोर लोग भी हैं, ऐसा अब यहाँ नहीं चलेगा। बिना रसीद के कोई पैसे न दें। आयु. बी. एस. गायकवाड़, आयु. का.वि. सवादकर, श्री बालू कबीर आपसे फॉर्म भरवाकर आपको रसीद देंगे।[1]

[*बाबासाहेब डॉ. अम्बेडकर सम्पूर्ण वाङ्मय,* खंड 40, पृ. 389-396]

1. *जनता,* 14 मई, 1955

66

विद्या, प्रज्ञा, करुणा, शील और मैत्री इन पाँच तत्त्वों के आधार से हर छात्र अपना चरित्र बनाए

औरंगाबाद के मिलिंद महाविद्यालय के बोधि मंडल की तरफ़ से 12 दिसम्बर, 1955 के दिन सभा बुलाई गई थी। इस सभा में मार्गदर्शन करने के लिए डॉ. बाबासाहेब आंबेडकर को बुलाया गया था। उन्होंने अपने भाषण में सबसे पहले आयु. शंकरराव देव द्वारा दिनांक 7 दिसम्बर के दिन महाविद्यालय में हुए भाषण में कहे गए एक वाक्य पर टिप्पणी की। आयु. शंकरराव देव ने भाषण में कहा था कि "महाविद्यालय का केवल 'मिलिंद' नाम देकर नहीं चलेगा। अक्रोध से क्रोध को जीतनेवाली बौद्ध शिक्षा का अगर पालन किया गया तो ही यह नाम सार्थक होगा।"

डॉ. बाबासाहेब आंबेडकर ने आयु. देव के इस कथन पर कहा—

मिलिंद ग्रीक था। उसे अपनी विद्वत्ता को लेकर घमंड था। उसे यह भी लगता था कि ग्रीकों की तरह के विद्वान दुनिया में और कहीं नहीं हो सकते। उसने दुनिया को चुनौती भी दी थी। उसे लगा कि किसी बौद्ध भिक्षु के साथ विचार-विमर्श करना चाहिए। लेकिन उसके साथ चर्चा के लिए कोई भी तैयार नहीं हुआ। मिलिंद औसत दर्जे का आदमी था। वह दार्शनिक नहीं था और न ही विद्वान था। उसे बस इस बात का पता था कि राज्य कैसे चलाया जाना चाहिए। लेकिन ऐसे मिलिंद के साथ विचार-विमर्श के लिए कोई भी तैयार नहीं हुआ। महती प्रयासों के बाद से नागसेन नामक भिक्षु को तैयार किया गया। सफलता मिले या न मिले, मिलिंद की चुनौती को स्वीकारना चाहिए ऐसा उसे लगा।

नागसेन ब्राह्मण था। उम्र के सातवें साल में उसने अपने माता-पिता का घर छोड़ दिया था। ऐसे नागसेन ने भिक्षुओं का आग्रह माना। फिर मिलिंद और नागसेन के बीच तर्क-वितर्क हुआ और उसमें मिलिंद हार गया। इस चर्चा पर बहस की एक किताब प्रकाशित हुई है। इस किताब का पालि भाषा में नाम है—'मिलिंद पन्ह'। इसका मराठी में अनुवाद भी उपलब्ध है जिसका नाम है—'मिलिंद प्रश्न'। इस किताब को अध्यापक और छात्र सभी अवश्य पढ़ें, ऐसी मेरी इच्छा है। उसमें यह बताया गया है कि अध्यापक में कौन से गुण होने चाहिए। इसीलिए मैंने और मेरी सोसाइटी ने इस कॉलेज का नाम 'मिलिंद महाविद्यालय' रखा है। इस जगह का नाम दिया है—'नागसेन वन।' उस बहस में मिलिंद हारा और उसने बौद्ध धम्म स्वीकारा, इसलिए मैंने यह नाम नहीं किया है। इस कॉलेज का मैंने जो नाम रखा है वह मेरी राय में आदर्श नाम है।

किसी शिक्षा संस्था को केवल पैसे दिये, इसलिए किसी अमीर का नाम देना सर्वथा अनुचित है।

बौद्ध धर्म के साथ जुड़े मिलिंद इस नाम का महाविद्यालय के नाम के लिए चुनाव करने के पीछे एक और कारण है। वह है, विद्या सभी इंसानों के लिए उसी प्रकार आवश्यक है जिस प्रकार अनाज आवश्यक होता है। प्रत्येक को लाभ मिलना चाहिए। इस उदार विचार को अगर पहली बार किसी ने उद्घोषित किया है तो वह हैं भगवान गौतम बुद्ध। जिन अनगिनत लोगों को कितने ही शतकों तक अज्ञान में दबाकर रखा गया, उन्हें सुविज्ञ बनाने की शुरुआत करते हुए बुद्ध का अथवा उसके शिष्य का नाम याद आना सहज स्वाभाविक है।

बंबई के सिद्धार्थ कॉलेज में 2900 और इस कॉलेज में 600 छात्र हैं। मैंने इस कॉलेज का भार बहुत वहन किया है।

कॉलेज का नाम मिलिंद दिये जाने को लेकर धम्मपद का एक श्लोक श्री शंकरराव देव ने आपको बताया। वह इस प्रकार है—'अक्रोधेन जेयत् क्रोधं'। उन्होंने कहा है कि क्रोध को अक्रोध से जीतना चाहिए। मैं बहुत गुस्सैल हूँ, यह पूरी दुनिया जानती है। आयु. देव कहते हैं, इंसान को अपने मन से क्रोध को निकाल देना चाहिए। आयु. देव कहते हैं, इंसान को क्रोध को निगलना चाहिए। मुझे लगता है कि आयु. देव का पठन कुछ अधूरा है। उन्होंने ठीक से पढ़ा नहीं है। (तालियाँ) भगवान बुद्ध ने राग यानी क्रोध पर जो व्याख्यान दिया है, उसे अगर वह पढ़ते तो इस प्रकार के उद्गार वह नहीं निकालते। इंसान अगर क्रोधी हो तो उसकी आलोचना नहीं करनी चाहिए। क्रोध दो तरह के होते हैं—द्वेषमूलक और प्रेममूलक। कसाई कुल्हाड़ी लेकर

जाता है। उसका गुस्सा द्वेषमूलक होता है। माँ अपने बच्चे को अगर चपत लगाती है तो उसके गुस्से को कोई क्या कहेगा? उसका गुस्सा प्रेममूलक होता है। बच्चा सदाचारी हो, इसलिए माता बच्चे को मारती है। मेरा गुस्सा भी प्रेममूलक है। आप समता से पेश आएँ, इसलिए मैं राजनीति में अपशब्द कहता हूँ। मेरी आलोचना करनेवाले लोगों की मैं बिलकुल परवाह नहीं करूँगा। (तालियाँ) मैंने जो कुछ भी किया है, सब संघर्ष से ही किया है।

पहले केवल ब्राह्मण जाति के लोग ही विद्या प्राप्त करते थे। हम विद्या प्राप्त नहीं कर पाए। हम विद्या चाहते थे, लेकिन ब्राह्मणों ने उसे हमें लेने नहीं दिया। भगवान बुद्ध ने यह परिपाटी तोड़ी।

एक बार भगवान बुद्ध से लोहित नाम के एक ब्राह्मण ने सवाल पूछा कि तुम सबको विद्या क्यों सिखाते हो? इस पर भगवान ने उससे कहा, 'जिस प्रकार मनुष्य प्राणी को अनाज की ज़रूरत है, उसी प्रकार सबको विद्या की ज़रूरत होती है।' इस ज़मीन पर सोच-विचार का यह तरीक़ा सबसे पहले भगवान बुद्ध ने ही शुरू किया। (तालियाँ) विद्या एक तरह की तलवार है। यह दोधारी तलवार है। उससे दुष्टों का संहार किया जा सकता है और दुष्टों से अपनी रक्षा भी की जा सकती है। कहा भी गया है कि—

स्वदेशे पूज्यते राजा।
विद्धान सर्वत्र पूज्यते॥

आप सब लोग विद्या सीखने के लिए आए हैं। लेकिन मेरी राय में केवल विद्या ही पवित्र नहीं हो सकती है। विद्या के साथ भगवान बुद्ध द्वारा बताई गई प्रज्ञा परिपक्वता चरित्र अर्थात् सदाचरण से सम्पन्न आचरण, करुणा अर्थात् सभी मानव-जाति के बारे में प्रेम का भाव और मैत्री अर्थात् सभी प्राणिमात्र के लिए आत्मीयता के चार पारमिताएँ भी होनी चाहिए। तभी विद्वत्ता का उपयोग है। विद्या के साथ अगर मानव के पास करुणा नहीं होगी तो वह कसाई ही है, ऐसा मुझे लगता है। करुणा अर्थात् मनुष्य का मनुष्य से प्रेम। मनुष्य को इससे भी आगे जाना चाहिए। उसे मैत्री प्राप्त करनी होगी। यह सोच भगवान बुद्ध ने ही रखी। मैं अपने जैसा विद्वान भारत में देखना चाहता हूँ।

सभी धर्मों में श्रेष्ठ धर्म अगर कोई होगा तो वह है भगवान बुद्ध का बौद्ध धर्म। अन्य धर्म निरर्थक हैं। मेरे धर्म में ईश्वर का कोई स्थान नहीं है। लोग बताते हैं कि ईश्वर ने सृष्टि का निर्माण किया। उसने निराकार से साकार और साकार से निराकार

निर्माण किये। लेकिन इस दुनिया में साकार चीज़ें पहले थीं और हैं, ईश्वर अगर होता तो वह इस बात की ओर ध्यान नहीं देता ऐसा नहीं ही होता। इसीलिए ईश्वर है, यह कल्पना ही झूठी है। भगवान अगर होगा भी तो रोज़मर्रा की ज़िन्दगी में उसका बेकार अड़ंगा क्यों रहे? मेरे धर्म में आत्मा का भी स्थान नहीं है। बौद्ध धर्म की नींव दुख दूर करना है। वही धर्म मेरी राय में सर्वश्रेष्ठ है जो मनुष्य का दुख दूर करता है। अन्य धर्म मनुष्य और ईश्वर के काल्पनिक सम्बन्धों के आधार से बने हुए हैं।

दुनिया में कुछ लोग डरपोक होते हैं। इंसान को अकेले चलने का साहस दिखाना होगा। मैं अकेले चलने का साहस करता हूँ (तालियाँ) मेरे पीछे भले हज़ारों लोग न हों, मैं उनकी परवाह नहीं करता या उनके बारे में बेकार की चिन्ता भी नहीं करता।

एक डॉ. पिक्विक और उसके चार दोस्त थे। उसने अपने दोस्तों से कहा, मैं आपको मेला दिखाता हूँ। अपने दोस्तों के साथ वह एक गाँव में गया। वहाँ उन्होंने दो-तीन कमरे किराए पर लिये। उस गाँव में चुनाव थे। डॉ. पिक्विक की कम्पनी से सैम वेलर नाम के लड़के को उसके साथ उसकी सेवा के लिए रखा गया था। चुनावों की धूमधाम देखने के लिए वह उस कमरे से बाहर देखने की कोशिश करने लगा। दरवाज़ा खोलने और बन्द करने लगा। डरपोक डॉ. पिक्विक ने उससे पूछा कि तुम यहाँ क्या कर रहे हो? उसने जवाब दिया, 'सर, वहाँ विशाल जनसमूह इकट्ठा हुआ है।' सैम वेलर बाहर निकलने की कोशिश करने लगा। तब डॉक्टर ने उसे चेताया कि 'विशाल जनसमूह के साथ जाना। छोटे विशाल जनसमूह के साथ नहीं जाना।' उसके बाद एक बार फिर बताया—'यह बड़ा विशाल जनसमूह जहाँ जाए वहाँ जाना, अथवा उसके पीछे जाना।' लेकिन मैं आपसे केवल इतना कहना चाहता हूँ कि ऐसे विशाल जनसमूह के पीछे नहीं जाना।

विद्या, प्रज्ञा, करुणा, चरित्र और मैत्री इन पाँच तत्त्वों के अनुसार मिलिंद महाविद्यालय के हरेक छात्र को अपना चरित्र बनाना होगा। इस राह से अकेले ही जाना पड़े तब भी धैर्य और निष्ठा बनाए रखकर जाना होगा। 'महाजनो येन गतः सपंथः' जैसी दूसरों के विवेक से चलनेवाली बुद्धि का त्याग कर विवेक के सहारे, अपने को जो राह ठीक लगती है, उसी राह से आगे बढ़ना चाहिए।[1]

[*बाबासाहेब डॉ. अम्बेडकर सम्पूर्ण वाङ्मय,* खंड 40, पृ. 397-400]

---

1. *जनता,* 17 दिसम्बर, 1955

67

बुद्ध धर्म में और जैन धर्म में अहिंसा के जो उपदेश अलग-अलग दिये गए हैं उनमें अन्तर है

महाबोधि सोसाइटी ऑफ़ इंडिया, नई दिल्ली के तत्त्वाधान में 5 फरवरी, 1956 को बुद्ध विहार में आयोजित एक सभा में डॉ. भीमराव आंबेडकर द्वारा दिये गए भाषण का सारांश।

कोई भी धर्म जो साम्यवाद का विकल्प नहीं प्रस्तुत करेगा बचा नहीं रह पाएगा। मेरी समझ से बौद्ध धर्म ही एकमात्र धर्म है जो साम्यवाद के रूप में कार्य कर सकता है।

मैं उन लोगों से सहमत नहीं हूँ जो हर पंथ में विश्वास करते हैं और हर जगह से थोड़ा-बहुत ग्रहण कर लेते हैं। भारत में इस तरह का दृष्टिकोण देखा जाता है। व्यक्ति को अपना चुनाव ख़ुद करना चाहिए और फिर उस चयन के साथ जुड़ा रहना चाहिए।

एक धर्म दूसरे से अलग हो सकता है। बौद्ध धर्म और जैन धर्म में अहिंसा के जो उपदेश अलग-अलग दिये गए हैं, उनमें अन्तर है। जैन धर्म में अहिंसा एकदम उत्कर्ष पर ला दी गई है।

पुनर्जन्म में मेरा पूरा विश्वास है। मैं वैज्ञानिकों के लिए यह सिद्ध कर सकता हूँ कि पुनर्जन्म तर्कसंगत है। मेरे ज़रिये में, मनुष्य नहीं बदला है, पदार्थ या तल बदल गए हैं।

[*बाबासाहेब डॉ. अम्बेडकर सम्पूर्ण वाङ्मय,* खंड 37, पृ. 487]

68

भारत में बुद्ध धर्म की लहर कभी कमज़ोर नहीं होगी

12 मई, 1956 को प्रबुद्ध भारत में एक पत्र प्रकाशित हुआ, जिसमें भारतीय बौद्ध परिषद की सभी शाखाओं से 2500वीं बुद्ध जयंती मनाने का निवेदन किया गया था। तदनुसार 24 मई, 1956 को बंबई के 'नारे पार्क' में एक ऐतिहासिक सभा की व्यवस्था की गई थी। इस सभा के लिए क़रीब पचहत्तर हज़ार लोग इकट्ठे हुए थे। सभा की अध्यक्षता बंबई राज्य के पूर्व प्रधानमंत्री श्री बालासाहेब खेर ने की। उन्होंने बुद्ध और बुद्ध के धम्म पर अपने विचार व्यक्त किये।[1]

उनके भाषण के बाद डॉ. आंबेडकर ने घोषणा की कि वह अक्टूबर 1956 में बौद्ध धर्म स्वीकार कर लेंगे। वीर सावरकर ने बुद्ध धर्म में उपदेशित अहिंसा पर कई लेख लिखे थे। डॉ. आंबेडकर ने अपने भाषण में सावरकर पर तीक्ष्ण प्रहार किये। क्रोध में आकर उन्होंने कहा कि—

अगर हमें ठीक-ठीक पता चल जाता कि सावरकर कहना क्या चाहते हैं तो वह उनका जवाब देते। ऐसा लग रहा था कि जैसा बौद्ध धर्म और हिन्दू धर्म के नेताओं के बीच भयंकर घमासान छिड़ गया हो। डॉ. आंबेडकर ने गरजते हुए कहा कि जो लोग उनके उत्थान के लिए प्रयास करना चाहते हैं, केवल उनको ही और उनके लोगों की आलोचना का अधिकार है। उनके आलोचक उन्हें अकेला रहने दें उन्हें और उनके लोगों को गर्त में गिरने दें।

1. *प्रबुद्ध भारत*, 2 जून, 1956

डॉ. आंबेडकर ने साथ-साथ कहा कि हाँ उनके लोग भेड़ हैं और वह उनके चरवाहे हैं उनसे बड़ा धर्मशास्त्री और कोई नहीं है। वे उनके पीछे-पीछे चलें और धीरे-धीरे उन्हें ज्ञान प्राप्त हो जाएगा।

उनके लिए बौद्ध धर्म, हिन्दू धर्म से काफ़ी अलग है। उन्होंने आगे कहा "हिन्दू धर्म ईश्वर में विश्वास करता है। बौद्ध धर्म में कोई ईश्वर नहीं है। बौद्ध धर्म के अनुसार आत्मा जैसी कोई चीज नहीं होती है। हिन्दू धर्म चातुर्वर्ण्य और जाति व्यवस्था में आस्था रखता है। बौद्ध धर्म में चातुर्वर्ण्य और जाति-व्यवस्था के लिए कोई जगह नहीं है।" उन्होंने अपने अनुयायियों को बताया कि बौद्ध धर्म पर उनकी पुस्तक जल्दी ही प्रकाशित होगी। बौद्ध धर्म के संगठन के सभी सूराख़ों को उन्होंने बन्द कर दिया है और अब वे इसे प्रकाशित करके रहेंगे। साम्यवादियों को बौद्ध धर्म का अध्ययन करना चाहिए, ताकि वे जान सकें कि मानवता की बुराइयों को कैसे समाप्त किया जाए।

अपने भाषण के दौरान डॉ. आंबेडकर ने अपनी तुलना मोजेज से की जिन्होंने अपने लोगों को मिस्र से स्वतंत्रता की धरती फिलीस्तीन पहुँचाया। उनके अनुसार किसी धर्म के पतन के तीन कारण होते हैं। उस धर्म में बाध्यकारी सिद्धान्तों का अभाव बहुमुखी प्रतिभा एवं मन जीतनेवाले वाचकों की कमी और आसानी से समझ आनेवाले सिद्धान्तों का अभाव।

उन्होंने यह घोषणा भी की कि वह बुद्ध का एक विशाल मन्दिर बनवानेवाले हैं।

बंबई में इस प्रकार उनके अन्तिम भाषण की समाप्ति हुई।[1]

[*बाबासाहेब डॉ. अम्बेडकर सम्पूर्ण वाङ्मय,* खंड 40, पृ. 490-91]

1. *कीर,* पृ. 492-93

69

मुझे बौद्ध धम्म क्यों प्रिय है?

मुझे जो अल्प समय दिया गया है, उसमें मुझे दो सवालों के बारे में विचार करना है—पहला, मुझे बौद्ध धम्म क्यों प्रिय है? और दूसरा, वर्तमान स्थितियों में वह दुनिया के लिए कैसे उपयोगी साबित हो सकता है?

अन्य सभी धर्म ईश्वर, आत्मा, मृत्यु के बाद की स्थिति आदि बातों की खोज करते हैं जबकि बौद्ध धम्म में इन तीनों तत्त्वों पर एक साथ विचार किया गया है। अन्य धर्मों में इस प्रकार की बात दिखाई नहीं देती। यह धम्म प्रज्ञा (अन्धविश्वास और अलौकिक घटनाओं के विरुद्ध आकलन शक्ति), करुणा (प्रेम) और समता की सीख देता है। मनुष्य को इस धरती पर सुखमय जीवन व्यतीत करने के लिए इसके अलावा और क्या चाहिए? इसीलिए ये तीन सिद्धान्तवाला बौद्ध धम्म मुझे आकर्षित करता है। दुनिया को उबारने का सामर्थ्य न ईश्वर में है और न आत्मा में—ये तीन सिद्धान्त ही दुनिया के उद्धार का सामर्थ्य रखते हैं।

एक और बात यह है कि दुनिया के ख़ासकर दक्षिण-पूर्व एशियाई देशों के सन्दर्भ में विशेष रूप में आकृष्ट करनेवाली साबित हो सकती है। फ़िलहाल दुनिया कार्ल मार्क्स और उसके पैदा किये साम्यवाद के तूफ़ान में फँसी है। यह बेहद गम्भीर चुनौती है। सभी देशों की धार्मिक व्यवस्था की बुनियाद इसके कारण हिली हुई है। इसकी वजह यह है कि मार्क्सवाद और साम्यवाद नास्तिक बातों से जुड़ा है। आज की धार्मिक व्यवस्था को इसने जो ठेस पहुँचाई है, उसे समझना बहुत मुश्किल नहीं है। आज की धर्मव्यवस्था नास्तिक रचना से अलग नहीं है फिर भी इसी प्रणाली के सहारे हर नास्तिक बात टिकी हुई है। परोक्ष रूप से ही सही जब तक धर्म की मान्यता न हो तब तक निधर्मी रचना का लम्बे समय तक टिका रहना सम्भव नहीं।

दक्षिण-पूर्व एशिया के बौद्ध राष्ट्रों की मानसिकता का साम्यवाद की तरफ़ झुकाव हुआ है। इस बात का मुझे बड़ा आश्चर्य होता है। मैं मानता हूँ कि उन्हें

बौद्ध धम्म का ठीक से आकलन नहीं हुआ है। मार्क्स और उसके साम्यवाद के लिए परिपूर्ण जवाब बौद्ध धम्म में है, यह मेरा पक्का विश्वास है। रशियन तरीक़े के साम्यवाद ने लहू के रंग में सनी क्रान्ति को समर्थनीय साधन मान ही लिया है। साम्यवादी प्रणाली को लागू करने के लिए आतुर लोगों को शायद यह पता ही नहीं है कि बौद्ध धम्म का 'संघ' एक साम्यवादी संगठन ही है। इसमें निजी सम्पत्ति का कोई स्थान नहीं और ख़ास बात यह कि यह परिवर्तन हिंसा की उपज नहीं है। मानसिक परिवर्तन से आया यह बदलाव पिछले 2500 सालों से टिका हुआ है। इस दीर्घ कालावधि में कुछ बदलाव हुए हों, शायद लेकिन उसमें स्थित आदर्श आज भी अनिवार्यत: दिखाई देते हैं। रशियन साम्यवाद को इन सवालों के जवाब देने होंगे।

उन्हें और दो सवालों के जवाब देने होंगे। पहला सवाल, क्या साम्यवादी रचना हमेशा रहना ज़रूरी है? रशियनों के लिए जो काम करना वैसे सम्भव नहीं था वे काम साम्यवाद के कारण पूरे हुए यह बात मैं मानता हूँ, लेकिन उन कामों के पूरे होने के बाद वहाँ के लोगों को बुद्ध द्वारा उपदेशित प्रेम के साथ आज़ादी क्यों नहीं मिलनी चाहिए? वह नहीं मिल रही, यह देखकर दक्षिण-पूर्वी एशियाई लोगों को सावधान होना चाहिए। रशियन साम्यवाद के जाल में फँसे नहीं। अन्यथा वे कभी भी उस जाल से निकल नहीं पाएँगे। बुद्ध की शिक्षा को वे अपनाएँ और उसे राजनीतिक रचना में सम्मिलित करें। दरिद्रता पहले भी थी और आगे भी रहेगी। इसलिए दरिद्रता की वजह को आगे कर मानव की आज़ादी की बलि चढ़ाना सही नहीं होगा।

दुर्भाग्य की बात यह है कि बुद्ध की शिक्षा का सही अर्थ लगाना या उसके आकलन होने की बात अब तक ठीक तरह से हुई ही नहीं है। उनके सिद्धान्त और सामाजिक पुनर्रचना के बारे में ग़लतफ़हमियाँ फैली हैं। बौद्ध धम्म एक सामाजिक सिद्धान्त प्रणाली है इसका पता सबको चलने के बाद ही उसका पुनरुत्थान शाश्वत साबित होगा क्योंकि, सबको आकर्षित करनेवाली या प्रभावित करनेवाली कोई महानता इस धम्म में है यह बात तब पूरी दुनिया को पता रहेगी।[1]

(हस्ताक्षर)
(बी. आर. आंबेडकर)
26, अलीपुर रोड, नई दिल्ली
दिनांक 12 मई, 1956

[*बाबासाहेब डॉ. अम्बेडकर सम्पूर्ण वाङ्मय,* खंड 40, पृ. 504-05]

1. 12 मई, 1956 के दिन ब्रिटिश ब्रॉडकास्टिंग कॉरपोरेशन के आकाशवाणी केन्द्र से दिये गए भाषण का अनुवाद। मराठी से हिन्दी में अनुवाद—संध्या पेडणेकर।

70

बौद्ध धर्म की लहर कभी भी वापस लौटेगी नहीं

24 मई 1956 के दिन बंबई में बड़े पैमाने पर बुद्ध जयंती मनाई जानेवाली थी। इसको लेकर भारतीय बौद्धजन समिति ने लोगों से अपील की थी कि हमारे एकमात्र नेता डॉ. बाबासाहेब आंबेडकर ने बहुजन समाज को सीधा मार्ग बताते हुए बौद्ध धर्म स्वीकारने का आदेश दिया है। सत्य, अहिंसा, समता अगर प्राप्त करनी हो तो बौद्ध धर्म स्वीकार करो, यह उनका आदेश है। उनकी आज्ञा को सिर आँखों पर लेते हुए भारत की अखिल अस्पृश्य जनता धर्मांतर करने के लिए तैयार हुई है। वे अपने-अपने क्षेत्र में 2500वीं जयंती धूमधाम से मनाएँ। इस प्रकार बम्बई की भारतीय बौद्ध जनसमिति की ओर से एक सूचना का पत्र का. वि. सवादकर, बा. कृ. कबीर, भ.स. गायकवाड़, चिटणीस ने जारी की। 'प्रबुद्ध भारत' के दिनांक 12 मई, 1956 के अंक में वह प्रकाशित की गई थी।

वहीं जनमानस में जिज्ञासा थी कि डॉ. बाबासाहेब कब और कहाँ धर्मांतर करनेवाले हैं? सार्वजनिक रूप से या सामूदायिक रूप से धर्मांतर का कार्यक्रम होगा? समारोह कहाँ और कैसे होगा? इन बातों को जानने के लिए सैकड़ों लोगों ने भारतीय बौद्धजन समिति को पत्र भेजे। इस सन्दर्भ में डॉ. बाबासाहेब आंबेडकर के साथ समिति का पत्राचार हुआ। सभी लोगों की जानकारी के लिए भेजे खत का आशय यहाँ दिया जा रहा है—

"मैंने पहले एक बार सार्वजनिक निवेदन किया था कि आगामी बैसाख पूर्णिमा के दिन धर्मान्तरण करने का इरादा घोषित किया था। उसके अनुसार अस्पृश्य वर्ग के तथा अन्य वर्गों के सैंकड़ों लोग धर्मान्तरण करने के लिए तैयार हुए हैं। यह बात सुनकर सन्तोष हुआ। धर्मान्तरण करने के लिए तैयार

सभी लोगों का मैं तहेदिल से अभिनंदन करता हूँ। आपकी सामुदायिक धर्मान्तरण की इच्छा पूरी हो, इसलिए मैं कई जगहों के दौरे भी करूँगा, आप ही की तरह मेरे पास उत्तर भारतीयों के भी सैंकड़ों खत आए हुए हैं। उनकी शाखाएँ स्थापित कर उनके जरिए प्रचंड संख्या में सभी को धर्मान्तरण का अवसर मिले, इसलिए यह कार्यक्रम चार-पाँच महीने आगे बढ़ाया जाए। इस प्रकार की विनती उनकी ओर से आने के बाद मैंने अपने धर्मान्तरण का कार्यक्रम अक्टूबर में करना तय किया है। इतने दिन आप रुके उसी प्रकार और कुछ दिन रुकेंगे, ऐसी मैं उम्मीद करता हूँ। आनेवाले बैसाख माह की पूर्णिमा को सभी पिछले साल की तरह ही 2500वीं बुद्ध जयंती मनाएँ।"

24 मई, 1956 के दिन 2500वीं भगवान बुद्ध जयंती महोत्सव के अवसर पर भारतीय बौद्धजन समिति की ओर से नरे पार्क में विशाल सभा का आयोजन किया गया। सभा में बंबई के ही नहीं, बाहर से आए लोग भी शामिल हुए थे। करीब पौन लाख महिला, बच्चे और पुरुष इस सभा में उपस्थित थे।

शाम साढ़े छह बजे डॉ. बाबासाहेब आंबेडकर का आगमन हुआ। उस समय समता सैनिक दल के करीब एक हजार स्वयंसेवकों ने उन्हें अनुशासनबद्ध सलामी दी। उस वक्त माहौल डॉ. बाबासाहेब की जयकार से गूँज उठा।

मंच पर बौद्धजन समिति के सभी सचिव, बम्बई प्रदेश शेड्यूल्ड कास्ट फेडरेशन के अध्यक्ष आयु. आर.डी. भंडारे, प्रो. वी. जी. राव, अंतुमामा गर्दे, विधायक कांबले, आयु. निकुंभ, मुं. प्र. शे. का. फे. के महासचिव वी. एस. पगारे आदि प्रतिष्ठित व्यक्ति और आयुष्मती माईसाहब आंबेडकर उपस्थित थे। सभा के अध्यक्ष बम्बई के पूर्व मुख्यमंत्री आयु. बालासाहब खेर का बुद्ध की वंदना के बाद बौद्ध धर्म और बुद्ध चरित्र पर भाषण हुआ।

ठीक साढ़े सात बजे डॉ. बाबासाहेब ने महत्त्वपूर्ण भाषण की शुरुआत की। क़रीब सवा घंटे तक उन्होंने अपने बौद्ध धर्म सम्बन्धित विचार लोगों के सामने रखे। उन्होंने कहा—

अध्यक्ष महोदय, बहनो, और भाइयो,

आज बैसाख पूर्णिमा के दिन बुद्ध के 2500वें परिनिर्वाण दिन पर ब्रह्मदेश सरकार के आमंत्रण के अनुसार मुझे रंगून में होना चाहिए था। लेकिन मैं आज यहाँ बंबई में इस सभा में उपस्थित हूँ।

पिछले पाँच सालों से मैं बौद्ध धर्म पर एक किताब लिखने में लगा हुआ था। मेरी धर्म दीक्षा से पहले बैशाख महीने में उसका प्रकाशन हो, यह मेरी इच्छा थी। इसी उद्देश्य को मन में रखकर मैं बंबई आया। लेकिन एक विचित्र बीमारी से ग्रस्त हुआ और वह किताब मुझसे पूरी नहीं हो पाई। इस किताब में 700 पृष्ठ हैं और वह ग्रंथ अंग्रेज़ी भाषा में होने के कारण हममें से कई उसे समझ नहीं पाएँगे। इसीलिए, जल्द ही मैं उसका मराठी में अनुवाद करवानेवाला हूँ। केवल इसी काम के कारण मैं रंगून नहीं जा पाया। हालाँकि, उपस्थित जनसागर को देखकर मुझे बहुत ख़ुशी हो रही है।

मैं 14 वर्ष का था तभी बंबई की एक सभा में आयु. दादासाहब केलुस्कर द्वारा पुरस्कार स्वरूप में भगवान बुद्ध के चरित्र की किताब दी गई थी। तभी से मेरे मन पर बौद्ध धर्म का असर है।

मैं जब छोटा था तभी से मेरे पिताजी हमसे रामायण-महाभारत आदि ग्रंथ पढ़वाते थे। पढ़े बग़ैर हमें छुटकारा नहीं मिलता था। लेकिन रामायण-महाभारत पढ़ने की ज़बरदस्ती हम पर क्यों? यह पूछने की हममें से किसी की हिम्मत नहीं थी। जिन पुराणों में शूद्र और अस्पृश्यों का वर्णन हर जगह दिखाई देता है, उन पुराणों के जीवन-चरित्र पढ़ने में हासिल ही क्या होनेवाला था? मेरे जितना धर्मशास्त्रवेत्ता कोई नहीं। मैंने जब पिताजी से पूछा कि हम पर इन ग्रंथों को पढ़ने की ज़बरदस्ती क्यों? तो उन्होंने जवाब दिया कि—भले हम अस्पृश्य हों, रामायण-महाभारत के पुराण-पुरुषों के जीवन-चरित्र पढ़ने के बाद हमारे मन की कुंठाएँ भाग जाती हैं। उन्होंने जो बताया उसे हालाँकि मैं ठीक से समझ नहीं पाया था।

महाभारत का द्रोणाचार्य अत्यन्त पराक्रमी राजगुरु था। कौरवों और पांडवों को उन्होंने शस्त्र विद्या सिखाई। इसके बावजूद महायुद्ध में द्रोणाचार्य ने सच का साथ देने के बजाय कौरवों का साथ दिया, वे उन्हीं की तरफ़ से लड़े क्योंकि वे कौरवों की नौकरी करते थे। असल में जिस कुंतीपुत्र कर्ण की हल्के कुल में पैदा होने के लिए अवहेलना की जाती थी, वही कर्ण असल में वीर था और नैतिकता जाननेवाला महापुरुष था।

रामायण के राम का हम एकवाणी, एकपत्नी कहकर सम्बोधन करते हैं। लेकिन बालि और सुग्रीव में से एक की पत्नी दूसरे को देकर, उसने एक का बाण मारकर वध किया। एक पत्नीव्रत की हाँकनेवाले राम की पत्नी का जब रावण ने अपहरण किया और उसे अशोकवन में ले जाकर रखा तब रावण से युद्ध करने से पहले राम पहले अशोक वन जाते और उसका हालचाल पूछते। लेकिन मारुति (हनुमान) के

बार-बार बताने के बावजूद रामचन्द्र ने सीता की तरफ़ जाकर उसका हाल नहीं पूछा। रावण के साथ द्रोह कर लंका का राज्य जीतने में उनकी मदद करनेवाले विभीषण का पहले राज्याभिषेक करना, यह कार्य राम की नज़र में अधिक महत्त्वपूर्ण था। इसलिए ऐसे पुराण पुरुषों से हमारा क्या लाभ होनेवाला है?

बौद्ध धर्म की तरफ़ में मेरा झुकाव बहुत पहले से है। वास्तव में 1951 की जनगणना में आपको सर्वधर्मीय और सर्वपंथीय लोग दिखाई देंगे। लेकिन पूरे भारत में एक भी बौद्धधर्मीय आदमी इस जनगणना में आपको दिखाई नहीं देगा। भारत में अगर एक भी बौद्धधर्मी नहीं तो आज 2500 सालों पहले हुए भगवान बुद्ध की हमें इतनी उत्कट याद क्यों आती है?

बौद्ध धर्म को खोदकर निकाल हम क्यों उसकी पूजा कर रहे हैं? भगवान बुद्ध का धर्म है। बौद्ध धर्म का प्रसार केवल भारत में ही नहीं पूरी दुनिया में है। धर्म प्रसार के क्षेत्र में राम और कृष्ण की पहुँच अधिक नहीं है।

कई लोग बौद्ध धर्म की शरारतपूर्ण आलोचना करते हैं। सावरकर उन्हीं में से एक हैं। असल में मैं नहीं जानता कि वे कहना क्या चाहते हैं? बुद्ध बुरे व्यक्ति थे? ऐसा उनका कहना है क्या? अगर वह कहना चाहते हैं कि बौद्ध धर्म का प्रसार करनेवाले राजा बुरे थे तो उन्हें अपनी राय साफ़ शब्दों में रखनी चाहिए। मैं उन्हें जवाब देने के लिए तैयार हूँ। केसरी में प्रकाशित किये गए—'बौद्धों की आततायी अहिंसा का शिरच्छेद' में उन्होंने कुछ साफ़ तौर पर कहा नहीं है। सावरकर ही नहीं, यदि किसी को भी बौद्ध धर्म के बारे में कुछ पूछना हो तो वे स्पष्ट शब्दों में मुझसे पूछें। उन्हें जवाब देने की हिम्मत मुझमें है।

भगवान बुद्ध का जो विशाल भिक्षुसंघ था, उसमें 75 प्रतिशत लोग ब्राह्मण थे। क्या सावरकर यह जानते हैं? सावरकर यह न भूलें कि सारीपुत्त मोग्गलायन जैसे विद्वान ब्राह्मण थे। सावरकर से मैं एक सवाल यह पूछना चाहता हूँ कि पेशवा कौन थे? क्या वे भिक्षु थे? लेकिन उनके हाथ से अंग्रेज़ों ने कैसे राज्य छीन लिया? सो, सावरकर जैसे नादान और ग़ैरज़िम्मेदार लोगों की बातों पर हमें ध्यान नहीं देना चाहिए। कुछ लोग कहते हैं कि सावरकर ने गरल वमन (ज़हर उगला) किया। लेकिन मेरा कहना है कि सावरकर ने अपने पेट के नरक को वमन किया। कोई भले कितनी ही दुर्भावना से प्रेरित आलोचना करें, मेरा मार्ग निश्चित है। मैं बौद्ध धर्म स्वीकार करने जा रहा हूँ। आपको ठीक लगे तो आप भी स्वीकारें। अब तक हिंसा के मार्ग से और अमानवीय अत्याचार से बौद्ध धर्म की लहर को उन्होंने लौटाया है। लेकिन अब बौद्ध धर्म की लहर आएगी। वह कभी भी लौटनेवाली नहीं है। इस

असीम सागर में ज्वार आएगा, भाटा कभी नहीं आएगा। भगवान बुद्ध के संगठन में कुछ त्रुटियाँ रह गईं। कुछ कमियाँ रह गई थीं। उन कमियों से बाहर का पानी अन्दर आया और बौद्ध धर्म का प्रवाह थोड़ा दूषित हुआ था। लेकिन अब मैं उस धर्म की मरम्मत कर वे छिद्र बन्द करनेवाला हूँ।

बुद्ध चरित्र पर मैंने जो किताब लिखी है, उसमें बुद्ध के स्थान का विवेचन किया है। ईसाई धर्म में ईसा अपने को ईश्वर का पुत्र मानता है। बाइबिल में वह यह भी कहता है कि मैं आपको ईश्वर का सन्देश बता रहा हूँ। मरने के बाद आप जब स्वर्ग में जाएँगे तब मुझे आपकी सिफ़ारिश भगवान के सामने करनी पड़ेगी। तब मैं सोचूँगा कि जब मैं पृथ्वी पर था तब आप क्या मुझे ईश्वर का पुत्र मानते थे? इस्लाम धर्म के मुहम्मद पैगंबर का भी यही हाल है। मुहम्मद भी ख़ुद को ईश्वर का दूत मानता है। लेकिन भगवान बुद्ध के उपदेश में कहीं ऐसा नहीं कहा गया है। भगवान ने कहा है कि केवल मैं कहता हूँ इसलिए नहीं, आपकी विचारशक्ति को अगर ठीक लगे तभी आप इस धर्म को ग्रहण कीजिए। बुद्ध द्वारा ढूँढ़कर निकाला गया मार्ग स्व-प्रयत्नों से, स्व-कष्टों से और स्वाध्याय से तैयार किया गया है। किसी दूसरे की पूँजी पर भगवान का धर्म आधारित नहीं है।

मार्क्सवादियों से क्या कहें? वे भगवान बुद्ध का दर्शन ज़रूर पढ़ें। दुखी, पीड़ित लोगों को दुख से मुक्ति दिलाने का सही मार्ग भगवान बुद्ध ने ढूँढ़ निकाला। हज़ारों पीड़ितों को उन्होंने स्वप्रकाश से दुखमुक्त किया। आलार-कालाम के ज्ञान से भगवान को सन्तोष नहीं मिला, क्योंकि उनकी शिक्षा अधूरी थी। सांख्य दार्शनिक कपिल महर्षि ने दर्शन के सहारे बताया कि धरती जड़ है, हिलती नहीं। फिर उसका विकास कैसे होता है? वह तरह-तरह के रूप कैसे धारण करती है? कपिल ने बताया कि धरती के पेट में जब रज, तम और सत्त्व गुण सन्तुलित होते हैं तब वह जड़ लगती है। लेकिन जब इन त्रिविध गुणों का सन्तुलन बिगड़ जाता है तब धरती अस्थिर होती है। तब वह अलग-अलग रूप धारण करती है। कपिल ने बस इतना ही बताया। लेकिन इससे लौकिक दुखों का निवारण नहीं होगा, यह भगवान बुद्ध के ध्यान में आया और इसीलिए उन्होंने चार आर्य सत्यों का आश्रय लिया।

मेरा हाल बाइबिल के मोझेस की तरह होने की सम्भावना है। पैलेस्टाइन के ग़ुलामों को सुखी करने के लिए मोझेस को बहुत परिश्रम करने पड़े। मोझेस इजिप्ट से ग़ुलाम ख़रीद लाता था और उन्हें पैलेस्टाइन में आज़ाद कर सुखी बनाता था। इस कोशिश में उसे बहुत कष्ट सहने पड़े। इजिप्ट से बाहर जाते समय मोझेस का बहुत बुरा हाल हुआ। हो सकता है मुझे भी बहुत अधिक यातनाएँ सहन करने की

नौबत आएगी। इसके बावजूद मैं अपने अस्पृश्य समाज को लेकर बौद्ध धर्म का स्वीकार करूँगा, यह तय है।

इस अक्टूबर में, मैं अपना धर्मान्तरण बंबई में करनेवाला हूँ। उससे पूर्व इस धर्म के बारे में मैं एक किताब प्रकाशित करनेवाला हूँ। भगवान के बौद्ध धर्म में जो त्रुटियाँ हैं उन पर इस किताब में, मैं विस्तार से विचार करनेवाला हूँ। बौद्ध धर्म में उपासक को दीक्षा नहीं दी जाती थी। संघ दीक्षा पर उसका विपरीत असर होता है। उपासक के मन की पूरी तैयारी नहीं हुई रहती। लेकिन मेरे धर्म में उपासकों को भी धम्म दीक्षा दी जाएगी। उससे पूर्व धम्म दीक्षा पर मैं एक किताब लिखनेवाला हूँ। यह किताब हर व्यक्ति को ख़रीदनी पड़ेगी और उस किताब के कुछ सवालों के जवाब भी हर व्यक्ति को देने पड़ेंगे। तभी बौद्ध धर्म में उसे प्रवेश मिलेगा। बौद्ध धर्म में प्रवेश पाने के लिए हरेक को शुभ्र वस्त्र धारण करने होंगे।

धर्म नष्ट क्यों होता है, इसका मिलिंद पन्ह किताब में खुलासा मिलता है। धर्म को तीन प्रमुख कारणों से ग्लानि आती है। पहला कारण है—धर्मतत्त्व अगर अबाधित न हो या पूरी तरह सोचे बग़ैर धर्म का गठन किया गया हो तो धर्म को ग्लानि आती है। दूसरी वजह है धर्म में उपस्थित दृढ़ धर्मिता। जिस तरफ़ वाक्पटु लोगों की संख्या अधिक होती है, उस धर्म पंथ की हमेशा विजय होती है। तीसरी वजह है कि ये सिद्धान्त सामान्य जनों को समझ में आनेवाला होना चाहिए।

पूरा अफ़ग़ानिस्तान किसी समय बौद्ध भिक्षुओं का देश था। भगवान बुद्ध की दुनिया की सबसे अधिक भव्य और ऊँची मूर्ति अफ़ग़ानिस्तान में है। लेकिन धर्मांध मुसलमानों ने 7 हज़ार बौद्ध भिक्षुओं की मुंडियाँ तोड़कर सड़क पर उनकी ढेरी लगा दी। इसीलिए वहाँ से बौद्ध भिक्षु डरकर भाग गए।

अब अगर बौद्ध धर्म की लहर आए तो वह कभी नहीं लौटेगी। धर्म की स्थापना के लिए मन्दिरों की बहुत ज़रूरत है। लेकिन मैं स्वकष्ट से एक ऐसा मन्दिर बनवाना चाहता हूँ, जो आपने कभी देखा नहीं होगा। लेकिन उसके लिए लाचार होकर मैं किसी अमीर के आगे हाथ नहीं फैलाऊँगा। आप अगर रुपया इकट्ठा करके देंगे तो मैं मन्दिर बनवाऊँगा और अच्छा मन्दिर बनवाऊँगा। अपने अथक प्रयास से बनवाऊँगा, दूसरों की सहायता से नहीं।[1]

[*बाबासाहेब डॉ. अम्बेडकर सम्पूर्ण वाड्मय,* खंड 40, पृ. 407-411]

---

1. *प्रबुद्ध भारत,* 2 जून, 1956

71

स्वतंत्र विचार, स्वतंत्र मनोवृत्ति और निर्भीक नागरिक बनें

10 जून, 1956 को दिल्ली के आंबेडकर भवन के मैदान में एक सभा का आयोजन किया गया था। इसमें तीस हज़ार से भी अधिक जन समुदाय उपस्थित था। दिल्ली की भारतीय बौद्धजन समिति की शाखा की ओर से 2500वाँ बुद्ध महापरिनिर्वाण दिन, जयंती और सम्बोधी दिन मनाने के लिए इस सभा का आयोजन किया गया था। कंबोडिया के आदरणीय वीर धर्मवीर महाथेरा सभा के अध्यक्ष थे। डॉ. बाबासाहेब आंबेडकर ने कहा—

बहनों और भाइयों,

ब्राह्मण धर्म अन्याय, निर्ममता, ग़रीबों के शोषण का जनक है। वर्ण व्यवस्था में ब्राह्मण सबसे ऊपर वाली पायदान पर हैं। उनके बाद क्षत्रिय, उनके बाद वैश्य और इन सबका बोझ अपने सिर लिये सबसे निचली पायदान पर शूद्र हैं। शूद्रों को अगर अपनी उन्नति करनी हो तो उसे ऊपरी तीन वर्णों के साथ संघर्ष करना पड़ेगा। इन तीनों वर्णों का ज़रा भी मन नहीं होता कि वे शूद्रों के कल्याण की चिन्ता करें। धर्म ने ब्राह्मणों को वैश्यों और क्षत्रियों से अधिक श्रेष्ठ बनाया है, इसलिए ये ब्राह्मण वर्ग के धार्मिक ग़ुलाम हैं। सीधे-सादे शब्दों में कहना हो तो शूद्रों की उन्नति की राह के रोड़े बने हुए ये तीन वर्ण उसके दुश्मन हैं।

जिस समाज में धार्मिक स्तर पर लोगों को नोचा-खसोटा जाता हो, वहाँ किसी प्रकार की उन्नति की आप कैसे उम्मीद कर सकते हैं? इसी कारण शूद्रों को हमेशा

पैरों तले दबाए रखा गया और जब-जब उन्होंने विरोध में लड़ने के लिए कमर कसी तब-तब उनके सिर को गर्दन से अलग किया गया।

इसके ठीक विपरीत बौद्ध धर्म की ओर देखें, इसमें जातिवाद और विषमता का कोई स्थान नहीं। सबको समान अधिकार। कोई उच्च नहीं, कोई निम्न नहीं। ख़ुद बुद्ध ने अन्याय के ख़िलाफ़ लड़कर 'बहुजन हिताय, बहुजन सुखाय' धर्म की स्थापना की।

पहले आर्य (ब्राह्मण) पूजा करते समय हज़ारों पशुओं की बलि चढ़ाया करते थे। पशु हत्या का इतिहास (गाय और भैंसों का कत्ल) अगर देखा जाए तो अंग्रेज़ों ने और मुसलमानों ने इस देश की जितनी गायें मारकर खाई होंगी उससे अधिक गायें उस युग के ब्राह्मणों ने खाई हैं।

पहले चार तरह के ब्राह्मण थे। समयान्तर से उनकी सत्रह अलग उपजातियाँ बनीं। ब्राह्मण धर्मग्रंथों से पता चलता है कि गोमांस के हिस्से को लेकर, गायों-भैंसों की चमड़ी पर मालिकियत को लेकर हमेशा ब्राह्मणों में युद्ध हुआ करते थे। ब्राह्मणों के देवताओं को प्रसन्न रखने के लिए जो पशुहत्या नहीं करते थे, उन्हें ब्राह्मण धर्मानुयायी नहीं माना जाता था। इसी कारण बौद्ध धर्म अस्तित्व में आया। बौद्ध धर्म ने मानव को सोचने की आज़ादी देकर, पूरी तरह सोचकर योग्य मार्ग अपनाने की आज़ादी दी है। नैतिकता पर आधारित अहिंसा का उपदेश बौद्ध धर्म में दिया गया है। इस बारे में आश्चर्य का कोई कारण नहीं है। लोगों ने अहिंसा का ग़लत अर्थ लगाया। इंसान को पशु हत्या नहीं करनी चाहिए या हाथ में तलवार लेकर देश की रक्षा के लिए लड़ना नहीं चाहिए यह अहिंसा नहीं है। अहिंसा दो बातों पर आधारित है। आवश्यकता के लिए हत्या और हत्या करने की इच्छा हुई इसलिए हत्या! राष्ट्र के लिए हथेली पर सिर लेकर युद्ध क्षेत्र में कूद जाना और दुश्मनों का सफ़ाया करना, उनकी हत्या करना, हर नागरिक का कर्तव्य है। इसका मतलब है कि यह हिंसा आवश्यक थी। उसे बौद्ध दर्शन में उच्चतम स्तर की अहिंसा कहा जाता है। दूसरी, मारने की इच्छा मन में पैदा होना। यानी कि अपने सन्तोष के लिए पशुबलि देना, पशु हत्या करना—इसे हिंसा कहा गया है।

बौद्ध दर्शन को जैसे का तैसा अपनाकर, उसी में अपने जातिवाद आदि के तत्त्व घुसेड़कर हिन्दू दार्शनिक उसे अपना दर्शन कहते हैं। ब्राह्मण धर्म के लेखक कहते हैं कि वेद प्रजापति ने दिये हैं। भगवान बुद्ध ने सवाल पूछा कि प्रजापति किस जगह से पैदा हुआ? हिन्दुओं के वेद और गीता का अध्ययन करें तो ध्यान में आता है कि भगवद्गीता और कुछ नहीं बल्कि 'धम्मपद' ही है। लेकिन ब्राह्मण धम्मपद की नकल करते हुए उसमें जाति व्यवस्था घुसेड़ना नहीं भूले। ख़ुद श्रीकृष्ण ने अपने शिष्यों को उपदेश दिया कि ब्राह्मणेतरों को कोई ज्ञान नहीं देना अथवा धर्मोपदेश नहीं देना।

प्रार्थना करने से या किसी के पैर पकड़ने से वे तुम्हें कुछ नहीं देंगे। लड़ना हो तो अपने अन्दर पहलवानों-सी ताक़त होनी चाहिए। पहलवान बहुत खाता है, उसे हजम भी करता है और उससे शक्ति प्राप्त करता है। उसी प्रकार आपकी मानसिक ताक़त बढ़नी चाहिए। सत्य और सही मार्ग के आश्रय से मानसिक शक्ति प्राप्त होती है। डरपोक कभी भी लड़ नहीं सकते। अस्पृश्यता की गन्दगी हटाने के लिए मैंने कई सालों से अथक मेहनत की है। लेकिन अभी तक मैं अपने उद्‌देश्य में सफल नहीं हुआ हूँ। मेरा मन मज़बूत है। इसलिए मैं आख़िर तक लड़ूँगा। ज़ुल्मों के ख़िलाफ़ लड़ने के लिए मानसिक बल और नैतिक साहस चाहिए। वह आपको प्राप्त हो इसके लिए मैं आपको नई राह बताता हूँ। आप अगर बुद्ध मार्ग का अनुसरण करें तो दुनिया में आपको प्रतिष्ठा प्राप्त होगी, इतना ही नहीं आपको बल प्राप्ति भी होगी और आपके बाल-बच्चों का भविष्य उज्ज्वल बनेगा। समानता और स्वाभिमान से जीने की राह दिखाने के लिए वे आपके प्रति कृतज्ञ रहेंगे।

मैंने सुना है कि लोग अन्याय के ख़िलाफ़ लड़ें नहीं, इसलिए उन्हें अपने दल में ले आने के लिए कांग्रेस उन्हें पैसा बांट रही है। सरकार मुझसे भी पैसा लेने के लिए कह रही थी। उद्‌देश्य उनका यह था कि मेरा मुँह बन्द रहे। लेकिन आप जानते हैं कि मैंने कभी पैसा नहीं लिया। अपना पेट पालने के लिए मैं मेहनत करके पैसा कमाऊँगा। अस्पृश्यों के अधिकारों की और हित की रक्षा के लिए आख़िर तक लड़ता रहूँगा। इसीलिए मैं आपसे विनती करता हूँ कि ध्यान रहे कि भले कुछ भी न हो जाए कोई आपका स्वाभिमान न ख़रीद पाए कांग्रेस के पैसा देकर ख़रीदने के षड्यंत्र को कुचल दो। समाज में गर्दन हमेशा ऊँची रहे, इसलिए हमेशा ख़बरदा़र रहें। सब-कुछ दाँव पर लगाकर अपना और समाज का स्वाभिमान कायम रखें। मैं कोई दूत नहीं हूँ या ईश्वर का प्रतिनिधि भी नहीं हूँ। मैं भगवान बुद्ध का विनम्र शिष्य हूँ। मैं आपको यह मार्ग दिखा रहा हूँ। यह मार्ग अगर आपको सही लगता हो तो आप उसका अनुसरण करें। लेकिन इस मार्ग को अपनाने से पहले उसके बारे में सभी पहलुओं पर सोचिए। भगवान बुद्ध ने अपने अनुयायियों से कहा कि किसी भी बात को स्वीकार पूरी तरह से सोच समझकर ही कीजिए। बिना सोचे-समझे किसी बात को ना स्वीकारें। प्रकृति में मानव स्वतंत्र है, इसीलिए मैं आपसे कहूँगा कि स्वतंत्र विचार-प्रणाली का स्वतंत्र रूप से निडर नागरिक बनें।[1]

[*बाबासाहेब डॉ. अम्बेडकर सम्पूर्ण वाङ्मय,* खंड 40, पृ. 412-414]

1. *प्रबुद्ध भारत,* 21 जुलाई, 1956

72

एक समय में पूरे अफ़ग़ानिस्तान में बौद्ध धर्म था

दिल्ली में डॉ. बाबासाहेब आंबेडकर के घर पर बुद्ध जयंती के अवसर पर 'बौद्धजन महासभा' (अखिल भारतीय बौद्धजन समिति की दिल्ली की शाखा) की ओर से 23 जून, 1956 के दिन आयोजन किया गया था। इस सभा में दिल्ली तथा आसपास के क्षेत्र से चुनिन्दा अस्पृश्य और बौद्धजन उपस्थित थे।

भव्य जुलूस

सभा से पहले दिल्ली में बुद्ध की प्रतिमा तथा छोटे बच्चों द्वारा अभिनीत बुद्ध के जीवन-प्रसंगों के सजीव दृश्यों के साथ भव्य शोभा यात्रा निकाली गई थी।

शोभा यात्रा में हिस्सा लेकर उसे सफल बनाने में सहयोग देनेवाले कार्यकर्ताओं और बाल अभिनेताओं को डॉ. बाबासाहेब के हाथों चाँदी का तमगा और भगवान बुद्ध की प्रतिमाएँ प्रदान की गईं।

इस समारोह में परम पूज्य बाबासाहेब आंबेडकर ने सम्बोधित किया और कहा—

बहनो और भाइयो,

बौद्ध धर्म यथार्थवादी धर्म है। केवल काल्पनिक बातों पर बुद्ध ने अपने धर्म का निर्माण नहीं किया। इसीलिए ईश्वर और आत्मा या इस प्रकार की अजीब बातों को बुद्ध नहीं मानते थे। बुद्ध अपने धर्म को धम्म कहते हैं। धम्म अर्थात् सदाचरण, सद्विरोध...हुआ...विचार शुद्ध आचरण। मानव जिसे अनुभव नहीं कर सकता या जिसका अस्तित्व सिद्ध नहीं किया जा सकता, ऐसी किसी बात पर बुद्ध का विश्वास नहीं था।

हर धर्म के दो पहलू होते हैं। एक विचारों पर आधारित सिद्धान्त और दूसरा नीति-नियमों से सम्बन्धित। इनमें से एक को दूसरे से अधिक महत्त्वपूर्ण नहीं कहा जा सकता। ब्राह्मण धर्म की ये दो बातें अगर देखें तो पता चलेगा कि यह धर्म नाशक है। हिन्दू धर्म का वैचारिक गठन मानव-मानवों के बीच की विषमता पर आधारित है। ब्राह्मण भ्रष्ट रहे या सर्वश्रेष्ठ रहे वही श्रेष्ठ है, यह इनकी सीख है। ब्राह्मणों से क्षत्रिय कनिष्ठ, क्षत्रिय से वैश्य और वैश्यों से शूद्र कनिष्ठ। आख़िरी तीन वर्णों को पढ़ने का अधिकार नहीं। ब्राह्मण को अध्ययन का अधिकार होने के कारण स्पष्ट है कि सभी वर्गों के लिए सोचने के अधिकार ब्राह्मणों के पास थे। अकेले क्षत्रिय पर देश की रक्षा का भार था। कैसी आत्मघाती व्यवस्था थी! एक वर्ग के हाथ में तलवार देकर अन्य सभी वर्गों को उस पर निर्भर रहने के लिए कहा। परिणामस्वरूप जब-जब क्षत्रिय परास्त हुए, तब-तब दुश्मन ने पूरे देश पर क़ब्ज़ा कर लिया।

मेरे इस कथन के लिए इतिहास साक्षी है। 1939 से 1945 के दूसरे विश्वयुद्ध के दौरान वाले समय में यूरोप में भी कमोबेश 100 लड़ाइयाँ लड़ी गईं। उनमें से कुछ में यूरोप की हार हुई तो कुछ में जीत। लेकिन हिटलर पूरे यूरोप में कभी भी अपना आधिपत्य स्थापित नहीं कर पाया। आख़िर हिटलर की हार हुई और यूरोप का संरक्षण हुआ। भारत की तरह वहाँ किसी एक वर्ग को सुरक्षा की ज़िम्मेदारी नहीं सौंपी गई थी। मुसलमानों ने जब-जब भारत पर आक्रमण किया और राजपूतों का कत्लेआम किया तब मानो जैसे पूरा देश ही अकर्मण्य असहाय हुआ।

देश में एक वर्ग ऐसा है जो केवल नफ़ा कमाना और सम्पत्ति इकट्ठा करना चाहता है। उन्हें हम बनिया, वणिक अथवा उत्तर की ओर उसे लाला के नाम से पहचानते हैं। देश के कल्याण की या किसी की भलाई की चिन्ता वे कभी नहीं करते। सम्पत्ति इकट्ठा करने में उनके जैसा महालोभी कोई और नहीं होगा। देश अगर युद्ध में हारता है तो कोई बात नहीं, लेकिन वे युद्ध के सामान में भी नफ़ा कमाएँगे।

बौद्धजन समिति चाहती है कि हर पूर्णिमा के दिन इस प्रकार के कार्यक्रमों का आयोजन किया जाए। पूर्णिमा के शान्त वातावरण में पूर्ण चन्द्रमा की शीतलता में मनुष्य को अपने कार्य का सिंहावलोकन शान्ति और गम्भीरता के साथ करने का मौक़ा मिलता है, पूर्णिमा की यही ख़ासियत है।

पुराने ज़माने में डायरी, कैलेंडर्स नहीं हुआ करते थे। तब समय का हिसाब रखने के लिए लोग पूर्णिमा के दिन व्रत रखते थे। अन्य धर्मियों की तरह बौद्ध धर्म यह सीख नहीं देता कि व्रत रखने में अपने सारे पाप धुल जाएँगे और स्वर्ग लाभ

होगा। बौद्ध धर्म में जिन्हें जाना नहीं जा सके, वैसी चीज़ें अथवा वर (बख़्शीश) का कोई स्थान नहीं है। जिन चीज़ों को आदमी अनुभव कर सकेगा, छू सकेगा, जिनके बारे में बोल सकेगा और जिनका नाश किया जा सकेगा ऐसा ही चीज़ों के अथवा बातों के बारे में बुद्ध ने उपदेश किया है।

हर किसी को धर्म जाँचना-परखना आना चाहिए। बाज़ार में हम सुनार की दुकान गें सोने का अलंकार ख़रीदने के लिए जाते हैं। तब आप क्या करते हैं? आप यही देखते हैं ना, कि सोना असली या नकली? इसकी पहचान के लिए सोने को कसौटी पर कसा जाता है। उसी प्रकार धर्म को भी कसौटी पर कसकर परखना चाहिए। धर्म के सिद्धान्तों की जाँच कर, सिद्धान्त और आधारों की हम जाँच-पड़ताल कर देखेंगे कि कौन-सा धर्म मनुष्य को सुख और सन्तोष दे सकता है।

इस नज़रिये से देखें तो ब्राह्मण धर्म मानव समाज के अस्तित्व के लिए नाशक ही नहीं, भयंकर जहरीला भी है। महाराष्ट्र में देवगिरी का रामराव यादव का प्रधानमंत्री हेमाडपंत नामक ब्राह्मण था। उसने आचार विधि कर्मकांड के सात सौ तरीक़े अपनी किताब में लिखकर रखे हैं। एक साल में कुल 365 दिन ही होते हैं, फिर ये 700 विधि किसलिए? हेमाडपंत ब्राह्मण थे, इसलिए उसने ये सात सौ 'आचार' के तरीक़े लिखकर ब्राह्मणों के पेट पालने का प्रबन्ध कर रखा है।

ऐसी ही एक और बात है, सत्यनारायण कथा की। सत्यनारायण की यह कथा और कुछ नहीं बस ब्राह्मणों के भोजन का प्रबन्ध के लिए किसी ब्राह्मण के उर्वर दिमाग़ से निकली खोज है। सत्यनारायण पूजा का समारोह देखें तो आप पाएँगे कि सत्यनारायण को अर्पण करने के लिए जो मेवा-मिठाई और फल होते हैं, वे केवल ब्राह्मणों के ही खाने के काम में आते हैं। किसी सार्वजनिक भोजन समारोह में किसी जाति के साथ बैठकर भोजन किया जाए अथवा नहीं यह तय करने का अधिकार भी ब्राह्मणों का ही होता है।

अपने से नीच समझकर ब्राह्मण अगर किसी जाति द्वारा तैयार किया हुआ भोजन खाने से इनकार कर दे तो उस खाने के बदले में क़रीब 20 रुपये और कुछ फल वह प्राप्त कर सकता है। खाना खाने के बदले में ब्राह्मण वे चीज़ें माँग ही लेता है, लेकिन शूद्र द्वारा तैयार किया हुआ भोजन करता नहीं। उसके बदले में अपने घर में पका कर खाया जा सके ऐसा सारा सामान ब्राह्मण उस शूद्र के घर से ले जाता है। शूद्र भले ही कितनी सफ़ाई से उन्हीं चीज़ों का प्रयोग कर खाना बनाए, लेकिन वह नहीं चलता क्योंकि वह जो सामान लेकर जाता है उसमें उसके पाँच-दस दिनों का इंतज़ाम हो सकता है।

अगर 'नारायण' ख़ुद सच है तो 'सत्य' शब्द और क्यों जोड़ा गया है? इनका यह 'नारायण' है ही नहीं। ब्राह्मण पंडितों की ही तरह वह लूटनेवालों की रक्षा करनेवाला है, बस। इनके बताए सारे आचार विधि निरर्थक हैं। यह मौखिक बातें और लफंगेबाज़ी हज़ारों वर्षों में पंडितों ने चलाई है।

कुछ लोग गंगा स्नान के लिए जाते हैं। गंगा किनारे ब्राह्मण बैठे हुए होते हैं। स्नान करने जानेवाले प्रत्येक से वे दक्षिणा (पैसा) लेने के लिए तैयार बैठे होते हैं। गंगा नदी सदियों से बहती है। वह नहाने का पैसा नहीं माँगती। न किसी से लेने के लिए क़हती है। ब्राह्मण को एक आना देने के बाद वह कुछ मंत्र बुदबुदाएगा और फिर गंगा स्नान के लिए आपको इजाज़त मिलेगी इसकी क्या कोई ज़रूरत है? भोले-भाले लोगों को लगता है कि इस प्रकार ब्राह्मणों को दक्षिणा देकर गंगा नदी में स्नान करने से सभी पाप धुल जाते हैं। कितने मूर्ख हैं वे सारे! गंगा नदी और लोगों के बीच ब्राह्मणों को दलाल माना जाता है। यह बहुत बड़ा आश्चर्य है।

पाप अगर ब्राह्मणों को दान देने से और गंगा नहाने से धुल जाता हो तो एक मनुष्य के मन में दूसरे मनुष्य के बारे में सहानुभूति बिलकुल नहीं बचेगी। एक-दूसरे से कोई प्रेम नहीं करेंगे। ऐसे हालात में क़ानून की ज़रूरत ही नहीं पड़ेगी और सरकार का भी कोई महत्त्व नहीं बचेगा। लेकिन इसे स्वीकारने के लिए कोई भी तैयार नहीं है।

मैं जब मंत्री था तब एक बार हरिद्वार गया था। मंत्री था, इसलिए मुझे वहाँ ऐसा एक छोटा मन्दिर दिखाया गया जिसके चारों तरफ़ पानी था। उसे 'हर की पौड़ी' कहते हैं। वहाँ के पानी में मनुष्य की हड्डियाँ और अन्य सभी गन्दी वस्तुएँ इकट्ठा हुई थीं। कोई नाला भी उससे साफ़ होगा, ऐसा लग रहा था। ऐसी उस हर की पौड़ी में हर महिला-पुरुष नहा रहे थे। उस पानी में मृतक की अस्थियाँ डालने से वह स्वर्ग जाएगा और उस पानी में उसके सगे-सम्बन्धियों के नहाने से उनके सारे पाप धुल जाएँगे जैसी मूर्ख श्रद्धा क्यों प्रचलित होगी, मेरी समझ में नहीं आता। मुझे लगता है कि इन सभी बातों के बारे में सोचा ज़रूर जाना चाहिए।

सोना कसौटी पर खरा उतरे बग़ैर कोई उसे ख़रीदता नहीं। धर्म भी मानव के लिए उपयोगी है अथवा नहीं इस कसौटी पर कसा जाना चाहिए। जब तक धर्म की ऐसी परीक्षा नहीं होती तब तक वह स्वीकार्य नहीं होता। हमारे पुरखे अशिक्षित थे इसलिए ब्राह्मणों के हर शब्द पर उन्होंने भोलेपन से विश्वास किया। अब ज़माना बदल गया है। अब आपको अच्छी तरह सोच-विचार के बाद ही धर्म स्वीकार करना चाहिए।

हिन्दू और बौद्ध धर्म में महान अन्तर है। मैं वह सब आपको समझा देता हूँ। मिलिंद राजा द्वारा भिक्षु आचार्य नागसेन के साथ की गई चर्चा प्रश्न-उत्तर रूप में 'मिलिंद पन्ह' ग्रंथ में दी गई है। इस अवसर पर मुझे उसकी याद आ रही है। लोग मुझसे पूछते हैं कि भारत से बौद्ध धर्म समाप्त क्यों हुआ? ऐसा ही एक सवाल मिलिंद राजा ने भिक्षु नागसेन से पूछा था। मिलिंद राजा ने कहा, धर्म का ह्रास क्यों होता है? तब आचार्य नागसेन ने जवाब दिया था कि धर्म के ह्रास के तीन कारण होते हैं—

1. जो धर्म तात्कालिक (सामयिक) होता है वह समाप्त हो जाता है। जब तक धर्म लोगों के मन पर छाया रहता है तभी तक वह ज़िन्दा होता है।
2. धर्मोपदेशक अगर विद्वान् नहीं हों और चर्चा के समय अगर वे अपने धर्म का बेहतर ढंग से प्रतिपादन कर सफल नहीं हो सकें तो धर्म लोप हो जाता है।
3. जब आम आदमी सच्चे धर्म पर निर्भर नहीं रहता, केवल नकल करता है तब धर्म लोप हो जाता है क्योंकि नकल कभी चिरंतन नहीं हो सकती।

भारत से बौद्ध धर्म के लोप होने के जो कारण हैं, उनसे इन कारणों का सीधा सम्बन्ध नहीं है। मैं इस बारे में किसी के भी साथ चर्चा करने के लिए तैयार हूँ।

मैं आपको बताता हूँ कि दुनिया के अखिल मानवों के कल्याण के लिए बौद्ध धर्म ही हमेशा के लिए रहेगा। मुसलमानों ने इस देश पर आक्रमण कर बौद्ध विहारों को ध्वस्त किया। बुद्ध मूर्तियों को तोड़ा। मूर्तियाँ तोड़ने के कारण उन्हें बुत शिकन यानी मूर्तियाँ तोड़नेवाले कहा जाता है। इसमें से बुत शब्द मूर्ति के लिए है। यह शब्द मूल बुद्ध शब्द का विकृत (अपभ्रंश) रूप है। मुसलमानों के बौद्ध धर्म पर आक्रमणों के बारे में मैं एक किताब लिख रहा हूँ।

किसी ज़माने में पूरा अफ़ग़ानिस्तान बौद्ध देश था। आक्रमणकारी मुलसमानों को वहाँ कुछ लोग पीत वस्त्र धारण कर यहाँ से वहाँ जाते हुए दिखाई दिये। मुसलमान उप सेनापति ने उन्हें इस्लाम धर्म स्वीकारने का सन्देश भेजा। लेकिन भिक्षुओं ने वैसा करने से इनकार किया। एक दिन यह उप सेनापति जंगल से गुज़र रहा था तब उसे वहाँ के पेड़ पर इंसानों के मुंड लटकते दिखाई दिये। उसे आश्चर्य लगा। क़रीब सात सौ भिक्षुओं का कत्ल करके उनके मुंड वहाँ के पेड़ों पर लटकाए हुए थे। यह देखकर अपने आदेश का ग़लत ढंग से पालन किये जाने का अहसास उसे हुआ और उसे बहुत ख़ेद हुआ। तब तक अपनी जान और धर्म को बचाने के लिए सभी भिक्षु आगे चीन, तिब्बत और अन्य देशों में भाग गए। वही भिक्षु आगे जापान भी पहुँचे।

मुसलमानों ने बौद्ध और हिन्दू धर्म पर आक्रमण किया था, यह सच बात है। उन्होंने हिन्दू और बौद्ध दोनों धर्मों के मन्दिर ध्वस्त किये। हालाँकि बौद्ध धर्म का जितना सम्बन्ध है, उस बारे में बस इतना ही कहा जा सकता है कि कई भिक्षुओं का कत्ल होने के बाद बचे हुए भिक्षुओं द्वारा दूसरे देशों में पलायन करने के कारण बौद्ध अनुयायी अन्धकार में टटोल रहे थे। चूँकि भिक्षु पैदाइशी भिक्षु नहीं होते उन्हें तैयार किया जाता है। उन पर कई तरह के संस्कार किये जाते हैं। ऐसे भिक्खु मुस्लिम आक्रमणों के बाद देश में नहीं बचे थे।

हर तरह के संकट से होकर भिक्षुओं को गुज़रना पड़ता है। भिक्षुओं की शिक्षा के अलग-अलग पायदान होते हैं। अठारह वर्ष के छात्र को ज्येष्ठ भिक्षु के पास उच्च विद्यार्जन के लिए भेजा जाता था। वहाँ अच्छी तरह से पढ़ाई करने के बाद उम्र के पच्चीसवें साल वह 'श्रामणेर' बनने की योग्यता हासिल करता। 'श्रामणेर' आगे पाँच सालों तक कठिन जीवन बिताने के बाद उसकी भिक्षु के रूप में 'उपसम्पदा' की जाती थी। यानी कि पच्चीस वर्ष की उम्र तक अच्छी तरह अध्ययन करने के बाद अच्छा आचरण रखने में क़ामयाब होने के बाद ही कोई भिक्षु बन सकता था।

पुरोहितों के लिए ऐसी कोई कसौटियाँ नहीं थीं। ब्राह्मण के घर पैदा होने भर से वह पुरोहित बन जाता था। उस पर विद्याध्ययन, अच्छा बर्ताव या अन्य किसी तरह की कोई शर्त नहीं थी। इसलिए ब्राह्मण धर्म पर भले हमला हुआ हो, उनके मन्दिर नष्ट किये गए हों तब भी ब्राह्मण जन्म लेते रहे और वे ब्राह्मण धर्म के कहलाते रहे।

भिक्षुओं का अस्तित्व न रहने के कारण आम लोग ऐसे ब्राह्मणों के चंगुल में फँसे। ब्राह्मणों को खुला मैदान मिला। वे अपने धर्म का प्रचार और प्रसार करने लगे।

ईश्वर क्या है? ग़रीब लोगों को लूटकर धर्म के नाम पर जो लूटनेवाले थे, उन्होंने ही ईश्वर का डर पैदा किया है।

इस सभा में महिलाएँ भी उपस्थित हैं, यह अच्छी बात है। लेकिन अपने चेहरे पल्लू से ढके रखना अच्छी बात नहीं है। निर्भयता से जीवन जीना सीखें। अस्पृश्य महिलाओं में सुधार के बग़ैर अस्पृश्य समाज में पूरी तरह सुधार सम्भव नहीं।[1]

[*बाबासाहेब डॉ. अम्बेडकर सम्पूर्ण वाङ्मय,* खंड 40, पृ. 415-420]

1. *प्रबुद्ध भारत,* 21 जुलाई, 1956

73

बौद्ध धर्म विश्व का उद्धारक होगा

डॉ. आंबेडकर ने बौद्ध धर्म अपनाने की घोषणा नई दिल्ली में जारी अपने इस वाक्य से की—

20, अलीपुर रोड
सिविल लाइन्स, दिल्ली
23 सितम्बर, 1956

मेरे द्वारा बौद्ध धर्म अंगीकार करने की तिथि एवं स्थान का निर्धारण अब अन्तिम तौर पर हो गया है। यह नागपुर में दशहरा के दिन, अर्थात् 14 अक्टूबर, 1956 को सुबह 9 बजे से 11 बजे के बीच होगा और शाम को उसी दिन मैं सभा को सम्बोधित करूँगा।

डॉ. बी.आर. आंबेडकर
23 सितम्बर, 1956

यह कार्यक्रम विस्तार से *प्रबुद्ध भारत* साप्ताहिक में प्रकाशित हुआ था। यह सूचित किया गया था कि धर्मान्तरण के इच्छुक व्यक्ति को 18 वर्ष से अधिक आयु का होना चाहिए।[1]

इस कार्यक्रम को आयोजित करने का पूरा उत्तरदायित्व 'भारतीय बौद्ध परिषद्' की नागपुर शाखा को सौंपा गया था। समिति के सचिव श्री डब्ल्यू.एम. गोडबोले ने तदनुसार यह पर्चा प्रकाशित कराया—

---

1. अशोक विजयादशमी

'सामूहिक धर्मान्तरण'

भारतीय बौद्ध समाज के संस्थापक एवं अध्यक्ष श्रद्धेय डॉ. बाबासाहेब आंबेडकर नागपुर में विजयादशमी के दिन रविवार, 14 अक्टूबर, 1956 को प्रात: 8 बजे बौद्ध धर्म अंगीकार करेंगे। यह धर्मान्तरण बर्मा के पूजनीय भिक्षु चन्द्रमनी महाथेरा, जो आजकल भारत में हैं, के द्वारा सम्पन्न किया जाएगा।

धर्मान्तरण के इच्छुक लोग धर्मानुष्ठान में ऐसा कर सकेंगे और उनको साफ़ तथा सफ़ेद वस्त्र पहनकर आना चाहिए।

कोष के लिए निवेदन

इस परोपकारी समारोह में लाखों के भाग लेने की आशा की जा रही है और वे भारतीय बौद्धजन समिति की स्थानीय शाखा को हरसम्भव सहायता प्रदान करेंगे। श्रद्धेय बाबासाहेब ने इस महान समारोह के प्रबन्ध का दायित्व इसी समिति को सौंपा है। वित्तीय सहायता प्रदान करते समय स्थानीय दान दाताओं को सम्बन्धित समिति से रसीद लेने का आग्रह करना चाहिए। बाहर के लोग अपना धन कृपया मनीऑर्डर से भेजें।

जो लोग समारोह के प्रबन्ध में सहायता देना चाहते हैं, वे 30 सितम्बर तक या उससे पहले अधोहस्ताक्षर से मिलें।

डब्ल्यू एम. गोडबोले
मंत्री
भारतीय बौद्धजन समिति
नागपुर शाखा, कोठारी मेंसन
सीताबुल्डी, नागपुर
दिनांक 21 सितम्बर, 1956

निम्न पत्र के द्वारा डॉ. बी.आर. आंबेडकर ने श्रद्धेय भिक्षु चन्द्रमणि से धर्मान्तरण सम्पन्न करने की प्रार्थना की।

26 अलीपुर रोड

24 सितम्बर, 1956

श्रद्धेय भिक्षु चन्द्रमणि

कुशीनारा, गोरखपुर ज़िला

उत्तर प्रदेश

श्रद्धेय भंते,

मैं आपको सूचित करना चाहता हूँ कि मैंने और मेरी पत्नी ने बौद्ध अंगीकार करने का निर्णय किया है। धर्मान्तरण समारोह 14 अक्तूबर, 1956 को नागपुर में होगा। समारोह का समय प्रात: 9 से 11 बजे का तय किया गया है। हमारी बड़ी इच्छा है धर्मानुष्ठान का कार्य आप करें। आप भारत के सबसे वयोवृद्ध भिक्षु हैं, अत: हमारे विचार से धर्मानुष्ठान आपके द्वारा ही उपयुक्त होगा।

हम महसूस करते हैं कि आपकी शारीरिक स्थिति के कारण आपके लिए नागपुर आना कठिन हो सकता है, परन्तु हम आपके लिए कुशीनारा से नागपुर तक की हवाई या रेल यात्रा का और नागपुर में आपके ठहरने का प्रबन्ध कर सकते हैं। हम किसी को भेज सकते हैं जो कुशीनारा से नागपुर तक आपके साथ रहे। कृपया सूचित करें कि क्या आप हमारा आमंत्रण स्वीकार कर सकते हैं। हार्दिक धन्यवाद सहित।

आपका

(हस्ता.) बी.आर. आंबेडकर[1]

इस अवसर पर प्रबुद्ध भारत ने 12 अक्टूबर, 1956 को एक विशेष परिशिष्ट प्रकाशित किया।

"सूचित किया गया था कि यह कार्यक्रम सबके लिए नि:शुल्क है, परन्तु समिति ने उनसे अनुरोध किया कि एक रुपये का चन्दा देकर वे सदस्य बन जाएँ। नागपुर के लोग समस्त व्यय वहन करेंगे। स्वागत समिति की सदस्यता 25 रुपये थी और यह सबके लिए खुली थी।

यह सूचित किया गया कि धर्मान्तरण का पंजीयन 11 अक्टूबर, 1956 से प्रारम्भ होगा और कार्यालय धर्मान्तरण स्थल पर भी चलता रहेगा। सभी पंजीकृत प्रतिनिधियों के लिए दो टिकट जारी किये गए हैं, जो धर्मान्तरण स्थल में प्रवेश के लिए उपयोगी हैं।

स्वयंसेवकों को सफ़ेद निकर और सफ़ेद क़मीज़ में आने का निर्देश दिया गया है। नागपुर में बाहर से आनेवाले स्वयंसेवकों का मार्गदर्शन करने का

1. *प्रबुद्ध भारत,* 29 सितम्बर, 1956

उत्तरदायित्व श्री के.वी. उम्रे, श्री सच्चिदानंद मानके और श्री आर.आर. पाटिल को सौंपा गया है।

लोगों की माँग को ध्यान में रखते हुए लोगों को बंबई से नागपुर लाने के लिए रेलवे द्वारा एक विशेष रेलगाड़ी का प्रबन्ध किया गया है। यह ट्रेन 12 अक्टूबर, 1956 को शाम को 9:15 मिनट पर बंबई वी.टी. से छूटेगी और उसी के अनुसार रेलवे अधिकारियों द्वारा एक नोटिस प्रकाशित किया गया है। इन सबके बावजूद नागपुर जानेवाली तमाम ट्रेनें लोगों से भरी थीं। जिस किसी स्टेशन पर ये ट्रेनें रुकतीं, उनमें और ज़्यादा लोग आ जाते थे। इन लोगों के रहने का प्रबन्ध नागपुर के स्कूलों में किया गया था।

कार्यक्रम की व्यवस्था नागपुर में वैक्सीन इंस्टीट्यूट, साउथ अम्बाझरी रोड के पास के खुले मैदान में की गई थी, मैदान को बाँसों की परतों से ढका गया था, और पूरे मैदान में 3000 से ज़्यादा बिजली के बल्ब लगाए गए थे। स्त्रियों के लिए अलग प्रबन्ध किये गए थे।

श्री रेवाम कावडे और श्री डब्ल्यू.एम. गोडबोले ने धर्मान्तरण समारोह विवरण देते हुए एक पुस्तिका निकाली।

शनिवार 13.10.1956

सायं 5-8 बजे, परित्राण 8.10 बजे

श्री वलीसिन्हा, महामंत्री, महाबोधि सोसाइटी का भाषण,

बुद्ध के जीवन और भारत के सुविदित बौद्ध स्थलों पर चित्रदर्शी लालटेन (मैजिक लेनटर्न) का प्रदर्शन

रविवार 14.10.1956

(अशोक विजयादशमी)

डॉ. बी. आर. आंबेडकर श्रीमती मेम साहिब आंबेडकर और अन्य लोगों का धर्मान्तरण समारोह

प्रातः 11-11:25

महाबोधि समाज, कलकत्ता द्वारा डॉ. बी.आर. आंबेडकर को बुद्ध की मूर्ति भेंट

सायं 6-7

महाबोधि समाज के महामंत्री, श्री डी. वलीसिन्हा का भाषण

सायं 8-11

मिलिंद कॉलेज, औरंगाबाद द्वारा, एक मराठी, नाटक 'युग यात्रा' का मंचन

सोमवार 15.10.1956

प्रात: 8-11 बजे

डॉ. बी.आर. आंबेडकर का भाषण
सायं 8-11 मैजिक लेटर्न प्रदर्शन
नवयुग दिनांक 21 अक्टूबर, 1956

14 अक्टूबर, 1956 को लोग जल्दी उठ गए और नारे लगाते हुए एक जुलूस की शक्ल में दीक्षा भूमि की ओर चल पड़े। 2-2.5 लाख की भीड़ से 7 बजे तक आधा पंडाल भर चुका था। समारोह की व्यवस्था नागपुर और बंबई के 'समता सैनिक दल' को सौंपी गई थी। इस समारोह के लिए केवल 10-15 पुलिसवाले तैनात किये गए थे। मीडिया के लिए विशेष प्रबन्ध किया गया था। भारत और अन्य देशों से लगभग 30 प्रेस रिपोर्टर थे। धर्मान्तरण के इच्छुक लोगों की संख्या इतनी अधिक थी कि सारे प्रवेश पत्र समाप्त हो गए थे और अन्त में व्यवस्थापकों को घोषणा करनी पड़ी कि समारोह सबके लिए खुला है।

धर्मान्तरण समारोह की शुरुआत हुई—

महास्थविर भिक्षु चन्द्रमणि के साथ डॉ. बी.आर. आंबेडकर स्थल पर 9:30 पर आए। उरा रागय तक वहाँ 5-6 लाख लोग जमा हो चुके थे। समारोह में उपस्थित अन्य भिक्षु ये थे—

1. थीरो पन्नाटिस, साँची विहार, भोपाल।
2. वेन भिक्षु सच सिद्धातिस्सा, पइए, श्रीलंका।
3. वेन एम. सोघरत्ना, सारनाथ, बनारस।
4. भिक्षु जी. प्रज्ञानद, बुद्धि विहार, लखनऊ।
5. रेव. परमसंधि।

समारोह का आरम्भ कुमारी इंदुताई वाराले के स्वागत गान के साथ हुआ। इस अवसर पर डॉ. बाबासाहेब आंबेडकर के पिता रामजी मालोजी सूबेदार को हार्दिक श्रद्धांजलि दी गई। तत्पश्चात डॉ. बाबासाहेब और माई साहिब करबद्ध भगवान बुद्ध की मूर्ति के सामने खड़े हुए। महास्थविर चन्द्रमणि ने उनके लिए पालि में त्रिशरन एवं पंचशील का पाठ किया- पाठ को आंबेडकर ने दुहराया

नमोतस्सा भगवतो अरहतो सम्मा सम्बुद्धासा
नमोतस्सा भगवतो अरहतो सम्मा सम्बुद्धासा
नमोतस्सा भगवतो अरहतो सम्मा सम्बुद्धासा

अर्थ—

(उसके सम्मान में जो पवित्र है, जो योग्य है, जो पूर्णतया प्रबुद्ध है)

बुद्धम् शरणम् गच्छामि

धम्मम शरणम् गच्छामि

संघम् शरणम् गच्छामि

दुतियाम्पी बुद्धम् गच्छामि

दुतियाम्पी धम्म शरणम् गच्छामि

दुतियाम्पी संघम् शरणम् गच्छामि

ततियाम्पी बुद्धम् गच्छामि

ततियाम्पी धम्म शरणम् गच्छामि

तियाम्पी संघम् शरणम् गच्छामि

अर्थ—

मैं बुद्ध का अनुसरण करता हूँ

मैं धम्म का अनुसरण करता हूँ

मैं संघ का अनुसरण करता हूँ

द्वितीय बार मैं बुद्ध का अनुसरण करता हूँ

द्वितीय बार मैं धम्म का अनुसरण करता हूँ

द्वितीय बार मैं संघ का अनुसरण करता हूँ

तृतीय बार मैं बुद्ध का अनुसरण करता हूँ

तृतीय बार मैं धम्म का अनुसरण करता हूँ

तृतीय बार मैं संघ का अनुसरण करता हूँ

पंचशील

1. पानातिपाता वेरामनि—सिक्कखापर् सिमादियामी
2. आदिन्नादाना वेरामनि—सिक्कखापर् सिमादियामी
3. कामेसु मिच्छकारा वेरामनि—सिक्कखापर् सिमादियामी
4. मुसावदा वेरामनि—सिक्कखापर् सिमादियामी
5. सुरामेगटया-मज्ज-पमादत्थावाना वेरामनि—सिक्कखापर् सिमादियामी।

अर्थ—

1. मैं जीवित प्राणियों की हत्या नहीं करने के नियम का पालन करने का वचन देता हूँ।
2. मैं उन चीज़ों को नहीं लेने के नियम का पालन करने का वचन देता हूँ जो मुझे दी नहीं गई है।
3. मैं लैंगिक दुराचार से दूर रहने के नियम का पालन करने का वचन देता हूँ।
4. मैं असत्य वचन से दूर रहने के नियम का पालन करने का वचन देता हूँ।
5. मैं नशीले द्रव्यों और औषधियों से दूर रहने के नियम का पालन करने का वचन देता हूँ।

इस प्रकार महास्थविर चन्द्रमणि ने डॉ. बाबासाहेब आंबेडकर और माई साहेब आंबेडकर को बौद्ध धर्म में दीक्षित किया।

तत्पश्चात् डॉ. बी.आर. आंबेडकर ने ख़ुद मूर्ति पर माल्यार्पण किया और इसके समक्ष तीन बार झुककर अभिवादन किया।

जनसामान्य के लिए धर्मान्तरण अनुष्ठान प्रातः 10 बजे शुरू हुआ। डॉ. बी.आर. आंबेडकर ने घोषणा की कि जो जो हिन्दू धर्म का परित्याग और बौद्ध धर्म को ग्रहण करना चाहते हैं, वे हाथ जोड़कर खड़े हो जाएँ और उनके पीछे-पीछे त्रिशरण एवं पंचशील का पाठ करें। इस घोषणा के प्रत्युत्तर में उपस्थित सारे लोग खड़े हो गए और डॉ. आंबेडकर ने उनको बौद्ध धर्म की दीक्षा दी।

धर्मानुष्ठान के अंग के रूप में डॉ. बी.आर. आंबेडकर ने 22 शपथों का पाठ पढ़ाया—

1. मैं ब्रह्मा, विष्णु और महेश में कोई विश्वास नहीं रखूँगा और न ही उनकी पूजा करूँगा।
2. मैं राम और कृष्ण में कोई आस्था नहीं रखूँगा और न ही उनकी पूजा करूँगा।
3. मैं गौरी, गणपति तथा हिन्दू धर्म के अन्य देवी-देवताओं में कोई आस्था नहीं रखूँगा और न ही पूजा करूँगा।
4. मैं देवताओं के अवतार के सिद्धान्त में विश्वास नहीं करूँगा।
5. मैं यह विश्वास नहीं करता और न ही करूँगा कि भगवान बुद्ध विष्णु के अवतार थे। मैं मानता हूँ कि यह शरारतपूर्ण और झूठा दुष्प्रचार है।

6. मैं श्राद्ध नहीं करूँगा और न ही पिंडदान दूँगा।
7. मैं किसी भी प्रकार से बुद्ध के सिद्धान्तों और शिक्षाओं के विपरीत काम नहीं करूँगा।
8. मैं ब्राह्मणों से कोई अनुष्ठान नहीं कराऊँगा।
9. मैं मानव मात्र की समानता में विश्वास करता हूँ।
10. मैं समानता स्थापित करने का प्रयास करूँगा।
11. मैं बुद्ध के सिखाए गए अष्टांगिक मार्ग का पालन करूँगा।
12. मैं बुद्ध द्वारा विरूपित 'दस पारमिताओं' पर चलूँगा।
13. मैं सभी जीवित प्राणियों के प्रति संवेदन का भाव रखूँगा और उनका सावधानी से पोषण करूँगा।
14. मैं चोरी नहीं करूँगा।
15. मैं झूठ नहीं बोलूँगा।
16. मैं सांसारिक पाप नहीं करूँगा।
17. मैं मद्यपान नहीं करूँगा।
18. मैं अपने जीवन को बुद्ध के तीन सिद्धान्तों अर्थात् प्रज्ञा, बुद्धि, शील (चरित्र) और करुणा के अनुरूप जीने का प्रयत्न करूँगा।
19. मैं उसके द्वारा अपने पहले के हिन्दू धर्म को जो मानव मात्र को समृद्धि के लिए हानिकर और इंसानों के बीच भेदभाव करता है तथा उनको नीचा मानकर व्यवहार करता है, परित्याग कर बौद्ध धर्म अंगीकार करता हूँ।
20. मैं दृढ़तापूर्वक विश्वास करता हूँ कि बौद्ध धर्म, सद्धर्म है।
21. मुझे विश्वास है कि मैं नये जीवन में प्रवेश कर रहा हूँ।
22. मैं शपथ लेता हूँ कि भविष्य में बुद्ध की शिक्षाओं के अनुसार आचरण करूँगा।

तत्पश्चात् अखिल भारतीय महाबोधि सोसाइटी के महामंत्री श्री वलीसिन्हा ने डॉ. बी. आर. आंबेडकर को बुद्ध की प्रतिमा भेंट कीं

बौद्ध धर्म को अंगीकार करनेवाले प्रमुख लोग ये थे—बार बी.डी. उर्फ़ राजाभाऊ खोबरागड़े, अनुसूचित जाति फेडरेशन के महासचिव बी.आर. उर्फ़ दादा साहेब गायकवाड़, अध्यक्ष बंबई राज्य, अ.जा. फेडरेशन आर.डी. भंडारे, अध्यक्ष अ.जा. फेडरेशन बंबई क्षेत्र शताबाई दानी, सी.एन. मोहिते, जी.टी. परमार, अध्यक्ष गुजरात शाखा अ.जा. फेडरेशन के.के. परमार, डी.जी. जाधव, सरोजिनी जाधव,

बी.आर. रनपिसे, पुणे, एम.एम. ससालकर, हरिदास अवाले, सदानंद फुलजेले अहोटे, वी.एस. पगारे, एस.ए. उपशाम, बी.एस. मोरे, बी.एच. वाराले, ढोंडीराम पगारे, यशवंत राव आंबेडकर (डॉ. बी.आर. आंबेडकर के पुत्र), मुकुंदराव आंबेडकर, बी.सी. काम्बले इत्यादि।

इस अवसर पर न्यायाधीश भवानी शंकर नियोगी, श्री बी.एम. कुलकर्णी, सचिव बुद्ध समिति, श्री एम.बी. चिटनिस, प्रधानाध्यापक, मिलिंद कॉलेज, औरंगाबाद और श्री बी.एस. कबीर जैसे उच्च जातियों के महानुभावों ने भी बौद्ध धर्म स्वीकार किया।

धर्मान्तरण समारोह के समापन के पश्चात् विभिन्न सन्देश पढ़े गए, जो डॉ. बी.आर. आंबेडकर की प्रशंसा में अभिनंदन के रूप में आए थे। कुछ चुने हुए सन्देश जिनकी ओर से प्राप्त हुए वे थे—यू.बी. स्वे, प्रधानमंत्री बर्मा, तथा यूनू भूतपूर्व प्रधानमंत्री बर्मा, कोलंबो के एच. डब्लू. अमरसूर्या, कलकत्ता के डॉ. अरविंद बरुआ, तथा रंगून से महाथेरो यू पन्नालोक इत्यादि। यह कार्यक्रम 11 बजे दिन में समाप्त हुआ।

14 अक्टूबर की शाम को औरंगाबाद के मिलिंद कॉलेज के छात्रों ने 'युग यात्रा' नामक नाटक प्रस्तुत किया।

15 अक्टूबर, 1956 को धर्मान्तरण के अवसर पर डॉ. आंबेडकर का मराठी भाषण। उन्होंने कहा—

मेरे समस्त बौद्ध साथियो एवं उपस्थित अतिथियो,

कदाचित् एक विचारक के लिए दीक्षा समारोह के महत्त्व को समझ पाना कठिन है, जो कल और आज सुबह सम्भव हुआ था। उनकी और मेरी भी राय में जो धर्मानुष्ठान कल हुआ था वो आज और आज के बाद कल होना चाहिए था। यह समझना ज़रूरी है कि हमने यह उत्तरदायित्व अपने कंधों पर क्यों लिया था और इसकी ज़रूरत क्या थी और फिर उसका परिणाम क्या होगा। उसको समझकर हमारे मिशन की आधारशिला मज़बूत हो जाएगी। समझने की इस प्रक्रिया की शुरुआत पहले हो जानी चाहिए थी। लेकिन कुछ चीज़ें इतनी अनिश्चित रहती हैं कि वे अपने आप होती चलती हैं। इस धर्मानुष्ठान के बारे में जो कुछ होना था वो हुआ। लेकिन दिनों के बदलने के सिवा कोई और नुक़सान नहीं हुआ।

अनेक लोगों ने पूछा है कि इस धर्मानुष्ठान के लिए आपने नागपुर को ही क्यों चुना? यह किसी अन्य स्थान पर क्यों नहीं किया गया? कुछ लोग यह कहेंगे कि

चूँकि राष्ट्रीय स्वयंसेवक संघ की बड़ी भारी टुकड़ी नागपुर में है और यह धर्मानुष्ठान उनको व्याकुल करने के लिए नागुपर में किया जा रहा है। यह क़तई सही नहीं है। यह धर्मानुष्ठान नागपुर में इस उद्देश्य से नहीं किया जा रहा है। हमारा मिशन इतना विशाल है कि जीवन का प्रत्येक क्षण कम है मेरे पास, अपनी नाक खुजाकर दूसरे का बुरा करने का समय नहीं है।

इस स्थान को चुनने का कारण कुछ और है। जिन लोगों ने बौद्ध इतिहास का अध्ययन किया है, उनको पता होगा कि भारत में बौद्ध धर्म का प्रचार करनेवाले लोग नाग थे। नाग लोग आर्यों के घोर शत्रु थे। आर्यों और अनार्यों के बीच अनेक भीषण युद्ध थे। पुराणों में इसके उदाहरण मिलते हैं जिनमें आर्यों ने नागों को जला दिया था। अगस्त मुनि केवल एक नाग को बचा पाए थे। हम उसी के वंशज हैं। नाग लोगों ने अत्याचार सहन किये थे और उनको उठाने के लिए किसी महान पुरुष की आवश्यकता थी, जो उनको गौतम बुद्ध में प्राप्त हुआ था। सम्पूर्ण भारत में गौतम बुद्ध की शिक्षाओं का प्रचार-प्रसार नागों ने किया था। यह नगर इसलिए नागपुर, नागों का नगर कहलाता है। इस स्थान से लगभग 27 मील की दूरी पर नागार्जुन पर्वत है। पास में बह रही नदी नाग नदी है। स्पष्ट है कि इस नदी का यह नाम वहाँ रहनेवाले लोगों के नाम पर पड़ा है। नागों के आवास के पास से बहनेवाली नदी नाग है। इस स्थान को, नागपुर को चुनने का मुख्य कारण यही है। किसी को चिढ़ाने की कोई बात नहीं, यह इरादा भी नहीं। आरएसएस का कारण तो मेरे दिमाग़ को छूकर भी नहीं गया था। किसी को यह व्याख्या नहीं करनी चाहिए।

विरोध शायद अन्य कारणों से हो सकता था। मैं यह पहले ही स्पष्ट कर चुका हूँ कि इस स्थान का चयन किसी विरोध के लिए नहीं किया गया था। उस मिशन को प्रारम्भ करने के लिए अनेक लोगों और समाचार-पत्रों ने मेरी आलोचना की है। कुछ की आलोचना बहुत बड़ी है। उनके विचार से मैं अपने ग़रीब अछूतों को ग़लत दिशा में ले जा रहा हूँ। यह कहकर वे हमारे लोगों को बहका रहे हैं कि आज के अछूत, अछूत ही रहेंगे। और जो अधिकार उनको मिले हैं, उनको वे खो देंगे। हमारे बीच से अनपढ़ लोगों को वे परम्परागत रास्ते पर चलते रहने की सलाह देते हैं। इसका असर हमारे कुछ युवा और वयस्क लोगों पर पड़ रहा हो सकता है। इससे लोगों के दिमाग़ में कुछ सन्देह पैदा हो गए हों तो उनको दूर करना हमारा कर्तव्य है और इन सन्देह को साफ़ करने से हमारे आन्दोलन का आधार मज़बूत होगा।

पहले एक आन्दोलन चला था, मांस नहीं खाने का। छूतों ने सोचा कि उनके लिए यह बिजली की कड़क है। क्या यह विचित्र चीज़ नहीं कि जीवित भैंस का

दूध वे पिएँ और उसके मरने के बाद उसकी लाश को हम अपने कंधों पर ढोएँ। हम उनसे पूछते हैं कि तुम अपनी मृत माँ को हमें क्यों नहीं ढोने देते? उन्हें अपनी मृत माँ को इस अपनी मरी हुई भैंस की तरह हमें दे देना चाहिए। पत्र व्यवहार द्वारा किसी ने 'केसरी' में लिखा है कि कुछ गाँवों में हर साल 50 मवेशी मरते हैं, जिनकी खालों, सींगों, खुरों, गोश्त, हड्डियों और पूँछों से 500 रु. कमाए जा सकते हैं और उस मरे हुए गोश्त की तो बात अलग जिसके लाभ से ये लोग वंचित रह जाएँगे। तो 'केसरी' के द्वारा इस तरह का कुप्रचार किया जा रहा है। सच तो यह है कि इस तरह के कुप्रचार का उत्तर देने की ज़रूरत ही क्या थी? हमारे लोगों को लगा कि हमारे साहेब (नेता) क्या कर रहे हैं, जो इस तरह के कुप्रचार का जवाब नहीं दे रहे हैं।

एक बार एक मीटिंग के लिए मैं संगमनेर में था। वहाँ रात के खाने का प्रबन्ध किया गया था। तब ही 'केसरी' का एक रिपोर्टर आया और एक पर्ची दी और पूछा, "आप लोगों को मरे हुए जानवरों का मांस नहीं खाने की सलाह दे रहे हैं। वे कितने ग़रीब हैं। उनकी औरतों के पास साड़ी नहीं, पहनने के लिए ब्लाउज नहीं, उनके पास खाना नहीं, खेत नहीं। जब उनकी हालत इतनी दयनीय है, तब आप उनके 500 रु. साल की आमदनी छोड़ देने को कह रहे हैं जो उनको खालों, खुरों, गोश्त से होती है। क्या यह आपके लोगों का नुक़सान नहीं?"

मैंने पूछा, "मैं तुम्हें जवाब दूँ? यहाँ इस गलियारे में या मीटिंग में? इसका जवाब लोगों के सामने देना बेहतर होगा।" मैंने उस आदमी से पूछा, "क्या आप यही जानना चाहते हैं या कुछ और भी?" उसने कहा, "यही काफ़ी है और बस इसका जवाब दीजिए।" मैंने उस आदमी से पूछा, "तुम्हारे कितने बच्चे हैं और तुम कितने लोग हो?" उसने कहा, "मेरे पाँच बच्चे हैं और मेरे भाई के पाँच-सात हैं।" मैंने कहा, "इसका मतलब है कि आपका बड़ा परिवार है। इसलिए तुम्हें और तुम्हारे रिश्तेदारों को उस गाँव के तमाम मुर्दा जानवरों को ढोकर ले जाना चाहिए और 500 रु. की आमदनी करनी चाहिए। आपको यह लाभ उठाना चाहिए। उसके अलावा मैं आपको 500 रु. देने का इंतज़ाम करूँगा। मेरे लोगों का क्या होता है, उनको खाना और कपड़ा मिलता है या नहीं, यह मैं देखूँगा। फिर आप यह फ़ायदा क्यों छोड़ रहे हैं? आप वह ख़ुद क्यों नहीं करते? अगर हम करें तो यह लाभप्रद है, अगर आप करें तो लाभप्रद क्यों नहीं है? चलिए मरे जानवरों को ढोइए।"

कल मेरे पास ब्राह्मण लड़का आया और बोला, "संसद और विधानसभा में आपको आरक्षित सीटें दी गई हैं। आप उनको छोड़ क्यों रहे हो?" मैंने कहा,

"आप महार बन जाइए और संसद तथा विधानसभा की उन सीटों को भर दीजिए। नौकरियों में ख़ाली जगहें भर गई हैं, आप ब्राह्मण लोग महार बनकर इन आरक्षित सीटों को वैसे ही क्यों नहीं भर देते जैसे कि आप नौकरियों के मामले में करते हैं?"

उनसे मेरा सवाल है कि हमारे नुक़सान पर आप क्यों रोते हैं? वास्तव में मनुष्य को आत्मसम्मान अधिक प्यारा है, भौतिक लाभ से। सद्गुणी और चरित्रवान स्त्री को पता होता है कि अनैतिक आचरण में कितना लाभ है। हमारी बंबई में वेश्याओं का मोहल्ला है। ये औरतें सुबह 8 बजे सोकर उठती हैं और पास के होटल में नाश्ते का ऑर्डर देती हैं। (डॉ. आंबेडकर ने इसकी आवाज़ बदलकर नकल उतारी) "ये सुलेमान एक प्लेट कीमा और रोटी देना।" सुलेमान चाय, केक के साथ यह लाता है। लेकिन मेरी ग़रीब बहनों को सादी चटनी खाकर (नमक-मिर्च की चटनी और रोटी) तक नसीब नहीं होती, पर वे सम्मान और चरित्र के साथ रहती हैं।

हम आदर और आत्मसम्मान के साथ लड़ रहे हैं। हम मानव मात्र को पूर्णता की ओर ले जाने को तैयार हो रहे हैं, और इसके लिए हम कोई भी बलिदान करने के लिए तैयार हैं। ये अख़बार के लोग (उनकी ओर इशारा करते हुए) मेरे पीछे चालीस साल से पड़े हैं। आज तक उन्होंने मुझे कितना बदनाम किया है। मैं उनसे कहता हूँ कि वे कम-से-कम अब तो विचार करें, इस बचपने को छोड़ें और समझदार बनें।

बौद्ध धर्म अंगीकार करने के बाद भी मुझे विश्वास है मुझे राजनीतिक अधिकार मिलेंगे (डॉ. बाबासाहेब आंबेडकर के नाम के नारे और ज़ोरदार तालियाँ)। मैं नहीं कह सकता कि मेरी मृत्यु के बाद क्या होगा। इस आन्दोलन के लिए हमें अधिक संघर्ष करना पड़ेगा। बौद्ध धर्म स्वीकार करने से क्या होगा, ये सारी कठिनाइयाँ हैं, इनसे कैसे बचा जा सकता है। मैंने इस पर विचार से सोचा है कि क्या कहना है और क्या प्रयास करने हैं। मेरी जेब (धर्मानुष्ठान के प्रत्यक्षदर्शियों का कथन है कि डॉ. आंबेडकर ने बैग शब्द के स्थान पर 'मेरे कोट की जेब में' शब्दों का इस्तेमाल किया था) भरा पड़ा है समाधानों से। ये कौन हैं, इन्हें मैं अच्छी तरह से जानता हूँ। जिन अधिकारों को मैंने अपने लोगों के लिए हासिल किया है, वह इनको फिर से हासिल कर लेगा। इन अधिकारों और सुविधाओं को अगर मैंने प्राप्त किया है, तो मुझे विश्वास है कि मैं उनको दोबारा प्राप्त कर लूँगा। इसलिए कम-से-कम अब तक तो मुझमें विश्वास बनाए रखना चाहिए कि विरोध प्रचार में कोई सच नहीं है।

मुझे इस चीज़ पर आश्चर्य है। हर जगह बड़े स्तर पर बहस चल रही है। लेकिन किसी ने मुझसे एक सवाल नहीं पूछा है कि मैंने बौद्ध धर्म क्यों अपनाया। मैंने यही धर्म क्यों अंगीकार किया, अन्य क्यों नहीं? धर्मान्तरण के किसी भी आन्दोलन में

यह सबसे मूल और महत्त्वपूर्ण सवाल है। धर्मान्तरण के समय यह प्रश्न किया जाना चाहिए—कौन-सा धर्म और इसे क्यों अंगीकार करना चाहिए। हिन्दू धर्म छोड़ने के आन्दोलन की शुरुआत हमने 1935 के येवला के प्रस्ताव के माध्यम से की थी। मैंने बहुत पहले यह प्रण किया था, "हालाँकि मेरा जन्म हिन्दू के तौर पर हुआ था, पर मैं हिन्दू के तौर पर मरूँगा नहीं", और इसे मैंने कल सिद्ध कर दिया। मुझे बहुत ख़ुशी है, मैं बहुत उत्साहित हूँ। मुझे लगता है कि मैं जेल से रिहा कर दिया गया हूँ। मैं अन्धभक्ति नहीं चाहता। जो लोग बौद्ध धर्म अपनाना चाहते हैं, उनको समझ-बूझ कर करना चाहिए।

मानव-जाति के विकास के लिए धर्म पूरी तरह से आवश्यक है। मैं जानता हूँ कि कार्ल मार्क्स को पढ़ने के बाद एक सम्प्रदाय पैदा हुआ था, जिसके अनुसार धर्म निरर्थक है। उनके लिए धर्म का कोई महत्त्व नहीं है। सुबह उनको डबल रोटी, मक्खन, क्रीम, मुर्गे की टाँग आदि का नाश्ता मिलता है। भरपेट भोजन और गहरी नींद मिलती है। वे फ़िल्में देखते हैं, और बस। उनका दर्शन यही है। मैं उस विचार का नहीं। मेरे पिता ग़रीब थे, मुझे इस तरह के ऐश नसीब नहीं हुए। मेरी तरह की सरल ज़िन्दगी किसी ने नहीं जी है। इसलिए मुझे यह समझ है कि ऐशो-आराम की ग़ैर मौजूदगी में मनुष्य का जीवन कितना सरल हो सकता है। मैं जानता हूँ कि आर्थिक प्रगति का आन्दोलन आवश्यक है। मैं उसके ख़िलाफ़ नहीं। मनुष्य को आर्थिक प्रगति करनी चाहिए।

लेकिन इस मामले में मैं एक महत्त्वपूर्ण अन्तर करता हूँ। भैंस, बैल और इंसान में अन्तर है। भैंस और बैल को हर दिन चारा चाहिए। इंसान को भी भोजन चाहिए। लेकिन दोनों में अन्तर यह है कि भैंस और बैल में मस्तिष्क नहीं होता। मनुष्य के पास शरीर और मस्तिष्क दोनों हैं। इसलिए विचार दोनों पर करना चाहिए। मस्तिष्क का विकास करना चाहिए। मस्तिष्क को सुसंस्कृत बनाना चाहिए। मैं ऐसे देश या ऐसे लोगों से कोई सम्बन्ध रखना नहीं चाहता जो कहते हैं कि मनुष्य और सुसंस्कृत मस्तिष्क के बीच भोजन के सिवा और कोई अन्तर नहीं। लोगों के साथ सम्बन्ध रखने के लिए जिस प्रकार मनुष्य के पास स्वस्थ शरीर होना चाहिए, उसी प्रकार शरीर को स्वस्थ बनाने के साथ-साथ मस्तिष्क को भी सुसंस्कृत करना ज़रूरी है। अन्यथा यह नहीं कहा जा सकता है कि मानव-जाति ने प्रगति की है।

मनुष्य का शरीर या मस्तिष्क बीमार क्यों है? इसका कारण यह है कि या तो उसका शरीर रोगी है अथवा उसके मस्तिष्क में कोई उत्साह नहीं है। अगर मस्तिष्क में उत्साह नहीं तो प्रगति सम्भव नहीं। वहाँ यह उत्साह क्यों नहीं है? पहला कारण

तो यह है कि इंसान को इस तरह से रखा गया है कि उसे उठने का कोई अवसर नहीं मिले या उसे कोई आशा न हो। ऐसे में वह उत्साहित कैसे रहेगा? वह बीमार रहेगा। जिस व्यक्ति को उसके कामों का फल मिलता है, वह उत्साहित रहेगा। यदि स्कूल का मास्टर कहने लगे, "यह कौन है? महार है। महार पहला दर्ज़ा कैसे पास करेगा? उसे पहला दर्ज़ा क्यों चाहिए? तीसरे में ही बने रहो, पहला दर्ज़ा ब्राह्मण के लिए है।" इस हालत में लड़के को क्या उत्साह मिलेगा? वह प्रगति कैसे कर सकता है? उत्साह पैदा करने की जड़ उस मस्तिष्क में है, जिसका शरीर और मस्तिष्क भी स्वस्थ है, जो साहसी है और जिसमें विपरीत परिस्थितियों को पार करने का विश्वास है, उत्साह उसी में पैदा होता है और केवल वह ही आगे बढ़ता है। हिन्दू धर्म में एक ऐसा दर्शन शामिल किया गया है जो कभी भी उत्साह को प्रोत्साहन नहीं दे सकता है। मनुष्य को उत्साहहीन बनाने की परिस्थितियाँ हज़ारों वर्ष से बनाए रखी गई हैं, जिनमें ज़्यादातर ऐसे लोग पैदा किये जाएँगे जो अपना पेट बाबूगीरी से पालेंगे। और क्या होगा? अपने बाबुओं को बनाए रखने के लिए एक बड़ा बाबू चाहिए।

मनुष्य के उत्साह के पीछे उसका मस्तिष्क है। आप मिल मालिकों को जानते हैं? अपनी मिलों के लिए वे मैनेजर रखते हैं और उनमें मज़दूर से काम मैनेजर द्वारा लेते हैं। मिल मालिक एक न एक बुरी आदतों में फँसे रहते हैं। उनका मस्तिष्क सांस्कृतिक रूप से विकसित नहीं होता। हमने अपने मस्तिष्क में उत्साह भरने का आन्दोलन प्रारम्भ किया, उसके बाद शिक्षा शुरू की जाएगी। मैंने अपनी पढ़ाई धोती-लँगोटी पहन शुरू की थी। स्कूल में मुझे पीने का पानी तक नहीं मिलता था। स्कूल में मैंने बहुत-से दिन पानी के बिना ही काटे थे। यह स्थिति बंबई के एलफिंस्टन कॉलेज तक में बनाए रखी गई थी। इन हालात में और क्या पैदा होगा—सिवाय क्लर्कों के, बाबुओं के।

जब मैं दिल्ली की कार्यपरिषद में था, तब वायसराय लॉर्ड लिनलिथगो थे। मैंने उनसे कहा, "आम ख़र्च के अतिरिक्त मुस्लिमों की शिक्षा के लिए अलीगढ़ मुस्लिम यूनिवर्सिटी पर आप हर साल तीन लाख रुपये ख़र्च करते हैं। उसी तरह से तीन लाख रुपये आप बनारस हिन्दू यूनिवर्सिटी को देते हैं। लेकिन हम न तो हिन्दू हैं न मुस्लिम। अगर आप हमारे लिए कुछ करने की सोचते हैं, तब उनकी तुलना में हमारे लिए हज़ार गुना अधिक करना चाहिए। कम-से-कम मुस्लिमों जितना तो करिए।" इस पर लॉर्ड लिनलिथगो ने कहा, "आपको जो कुछ कहना है लिखकर दीजिए।" तो मैंने एक स्मृतिपत्र (मेमोरंडम) तैयार किया, जो अब तक मेरे पास है।

यूरोपियन को बहुत सहानुभूति थी। उन्होंने मेरा प्रस्ताव मान लिया। समस्या यह थी कि पैसा किस मद में ख़र्च किया जाए? उन्होंने सोचा कि हमारी लड़कियाँ शिक्षित नहीं हैं, उनको शिक्षा देनी चाहिए। उनके लिए हॉस्टल शुरू किया जा सकता है और पैसा उस पर ख़र्च करना चाहिए। अगर हमारी लड़कियों को शिक्षा मिलती है और वे शिक्षित की जाती हैं तो हमारे घर पर तरह-तरह की चीज़ें बनाने का सामान कहाँ है? उनकी शिक्षा का कुल नतीजा क्या होगा? सरकार हमारे ऊपर ख़र्च करे और शिक्षा की राशि रोक ले। इसलिए शिक्षा पर ख़र्च पर बात करने के लिए मैं एक दिन लॉर्ड लिनलिथगो के यहाँ गया। मैंने कहा, "अगर आप नाराज़ न हों तो मैं आपसे एक सवाल पूछना चाहूँगा। मैं अकेला पचास ग्रेजुएटों के बराबर हूँ, हूँ ना?" उनको मानना पड़ा। फिर मैंने पूछा, "इसकी वजह क्या है?" उन्होंने कहा, "हम वजह नहीं जानते।" मैंने कहा, "मेरा ज्ञान इतना ज़्यादा है कि मैं महल की चोटी पर बैठ सकता हूँ।" मुझे ऐसे लोग चाहिए क्योंकि वहाँ से कोई पूरी निगरानी कर सकता है। हमारे लोगों को सुरक्षा चाहिए और फिर तेज़ नज़रवाले लोग पैदा करने चाहिए। कोई बाबू क्या कर सकता है? उस समय लॉर्ड लिनलिथगो मेरी बातों से सहमत हो गए और उच्च शिक्षा के लिए 16 लोगों को इंग्लैंड भेज दिया गया। जैसे कि मिट्टी के कुछ बर्तन अधपके रह जाते हैं और कुछ पक जाते हैं, वैसे ही यह अलग मामला है। बाद में सी. राजगोपालाचारी ने उच्च शिक्षा की इस योजना को ख़त्म कर दिया।

इस देश में ऐसे हालात हैं, जो हमें आनेवाले हज़ारों साल तक के लिए हताश कर देंगे। जब तक यह स्थिति है, तब तक हमारी प्रगति के लिए कोई उत्साह नहीं हो सकता है। इस मामले में इस धर्म में बने रहकर हम कुछ नहीं कर सकते हैं। मनुस्मृति में चातुर्वर्ण्य है। चातुर्वर्ण्य व्यवस्था मानव-जाति की प्रगति के लिए बहुत हानिकारक है। मनुस्मृति में कहा गया है कि शूद्र को केवल शारीरिक श्रम करना चाहिए। उनको शिक्षा की क्या ज़रूरत? ब्राह्मणों को शिक्षा लेनी चाहिए, क्षत्रियों को हथियार लेने चाहिए, वैश्यों को व्यापार करना चाहिए, और शूद्रों को सेवा करनी चाहिए। इस व्यवस्था को कौन खोलेगा। ब्राह्मणों, क्षत्रियों और वैश्यों को कुछ लाभ है, लेकिन शूद्रों को क्या? इन तीन वर्णों के सिवा क्या किसी अन्य को उत्साह होगा? चातुर्वर्ण्य व्यवस्था संयोगवश नहीं है, यह कोई रिवाज नहीं है, यह धर्म है। हिन्दू धर्म में कोई समानता नहीं। एक बार मैं श्री गांधी के पास था। उन्होंने कहा, "मैं चातुर्वर्ण्य में विश्वास करता हूँ?" मैंने कहा, "आप जैसे महात्मा चातुर्वर्ण्य में विश्वास करते हैं। लेकिन यह चातुर्वर्ण्य है क्या और कैसे है?" (डॉ. आंबेडकर ने

अपने हाथ उँगलियों को एक के ऊपर और हथेली को चौरस स्थिति में रखते हुए व्यक्त किया था)। यह चातुर्वर्ण्य ऊपर है या चौरस? चातुर्वर्ण्य कहाँ से शुरू होता है और कहाँ ख़त्म होता है? गांधी जी ने इसका उत्तर नहीं दिया और इसका क्या उत्तर देते? जिन्होंने हमें बर्बाद किया है, वे इसी धर्म से तबाह होंगे। मैं इस हिन्दू धर्म पर अनावश्यक आरोप नहीं लगाता। हिन्दू धर्म से कोई समृद्ध नहीं होगा। यह धर्म अपने आप में विनाशक धर्म है। हमारा देश, विदेशियों के शासन में क्यों पहुँचा? 1945 तक यूरोप ने युद्ध देखे हैं। चाहे जितने सैनिक मारे गए हों, उनकी जगह नई भर्ती से उतने ही सैनिक आ जाते थे। उस समय कोई यह नहीं कह सकता था कि हमने युद्ध जीत लिया। हमारे देश में सब कुछ अलग है अगर क्षत्रिय मारे जाते हैं, हमारा सत्यानाश हो जाता है। अगर हमारे पास हथियार रखने का अधिकार होता, तो इस देश को ग़ुलाम नहीं होना पड़ता। इस देश को कोई नहीं जीत पाता।

हिन्दू धर्म में बने रहकर कोई भी किसी तरह से सम्पन्न नहीं हो सकता। स्तरीकरण के चलते तथ्य यह है कि लाभ ऊँचे वर्णों और जातियों का होता है। लेकिन दूसरे? बच्चे को जन्म देते ही ब्राह्मण स्त्री की आँखें हाईकोर्ट के उस पद पर लग जाती हैं कि वो वहाँ ख़ाली पड़ा है। इसके विपरीत जब एक मेहतर स्त्री बच्चे को जन्म देती है, तो उसकी आँखें मेहतर के पद पर लगती हैं, कि वो कहाँ ख़ाली पड़ा है। इस प्रकार के विचित्र सामाजिक ढाँचे के लिए ज़िम्मेदार हैं हिन्दू धर्म की वर्ण व्यवस्था। इसमें क्या विकास हो सकता है? सम्पन्नता केवल बौद्ध धर्म से आ सकती है।

बौद्ध धर्म में पचहत्तर फ़ीसदी भिक्षु ब्राह्मण थे। शूद्र और अन्य पच्चीस फ़ीसदी थे। लेकिन भगवान बुद्ध ने कहा, 'हे भिक्षुओ, तुम भिन्न-भिन्न देशों और जातियों से आए हो। नदियाँ जब अपने-अपने क्षेत्रों में बहती हैं वे अलग-अलग बहती हैं, लेकिन जब वे सागर में मिलती हैं तो अपनी पहचान खो देती हैं, वे एक और एक समान हो जाती हैं। बौद्ध संघ एक सागर के समान है। इस संघ में सब बराबर हैं।" सागर में मिल जाने के बाद गंगा या महानदी के पानी को पहचाना नहीं जा सकता है। इस तरह से जब हम बौद्ध संघ में सम्मिलित होते हैं, हम अपनी जाति खो देते हैं और एक समान बन जाते हैं। इस प्रकार की समानता का उपदेश केवल एक महान व्यक्ति ने दिया था, और वह महान व्यक्ति हैं भगवान बुद्ध (तालियों की ज़ोरदार गड़गड़ाहट)।

कुछ लोग कहते हैं, 'धर्मान्तरण करने में आपने इतना समय क्यों लिया? इन तमाम दिनों आप क्या कर रहे थे?' यह महत्त्वपूर्ण प्रश्न है। धर्म को बदलना

आसान काम नहीं है। यह एक व्यक्ति का मिशन नहीं है। जो कोई धर्म के बारे में सोचता है, यह जनता है। दुनिया में किसी के कंधे पर इतनी ज़िम्मेदारी नहीं जितनी मुझ पर है। अगर मुझे लम्बा जीवन मिलता है, मैं अपना काम पूरा करूँगा। (डॉ. बाबासाहेब आंबेडकर अमर रहे' के नारे)।

कुछ लोग यह कहेंगे कि महार यदि बौद्ध बन जाते हैं तो क्या होगा। मैं उनसे कहता हूँ कि उनको ऐसा नहीं कहना चाहिए। उनके लिए यह ख़तरनाक होगा। उच्च और धनाढ्य वर्ग को धर्म की ज़रूरत महसूस नहीं होगी। उनके बीच के अफ़सरों के पास रहने को बँगले हैं, सेवा करने को नौकर-चाकर हैं, उनके पास पैसा है, सम्पत्ति है और सम्मान है। इस प्रकार के लोगों को धर्म के बारे में सोचने की ज़रूरत नहीं।

धर्म ग़रीब के लिए ज़रूरी है। धर्म उत्पीड़ितों, दलित लोगों के लिए आवश्यक है। ग़रीब आदमी आशा पर ज़िन्दा रहता है। जीवन का आधार आशा है। अगर आशा नहीं रहती है, तो जीवन का क्या होगा? धर्म आशावान बनाता है, और ग़रीबों तथा दलितों को सन्देश देता है, भयभीत मत हो। यह अवश्य होगा। ग़रीब और दलित इसीलिए धर्म से चिपके रहते हैं।

यूरोप में जब ईसाई धर्म ने प्रवेश किया, रोम और पड़ोसी देशों की स्थिति बहुत बुरी थी। लोगों को पर्याप्त भोजन नहीं मिलता था। ग़रीबों के बीच खिचड़ी बाँटी जाती थी। ईसा के अनुयायी कौन बने? ग़रीब और दलित। यूरोप के ग़रीब और निचले तबक़े के लोग ईसाई बन गए। गिब्बन ने कहा था कि ईसाइयत भिखारियों का धर्म है। गिब्बन इसका उत्तर देने को जीवित नहीं कि ईसाई धर्म यूरोप में सबका धर्म कैसे बन गया, अन्यथा उनको इसका उत्तर देना होता।

कुछ लोग कहेंगे कि बौद्ध धर्म महारों और मांगों का है। ब्राह्मण लोग भगवान को 'ओ गौतम' 'अरे गौतम' कहकर पुकारते थे। भगवान बुद्ध को ब्राह्मण इसी तरह से चिढ़ाते थे। उनको देखना चाहिए कि विदेशों में, राम, कृष्ण और शंकर की मूर्तियाँ यदि बेची जाएँ तो कितनी बिकती हैं। इसके विपरीत यदि भगवान बुद्ध की मूर्ति बेचने के लिए रखी जाती हैं तो एक भी मूर्ति नहीं बचेगी (ज़ोरदार तालियाँ)। भारत में यह बहुत है, कुछ चीज़ बाहर जाकर दिखाइए, दुनिया में जाना-पहचाना नाम बुद्ध का है। तो इस धर्म का प्रचार कैसे रोका जाएगा।

हम अपने रास्ते चलेंगे, आप अपने पर चलिए। हमने अपना रास्ता पा लिया है। यह आशा का दिन है। यह उत्थान और उन्नति का मार्ग है। यह नया रास्ता नहीं। यह कहीं से लिया गया नहीं है। यह रास्ता यहीं से है। यह पूर्णतया भारतीय

है। भारत में बौद्ध धर्म 2000 साल से है। सच तो यह है कि हमें ख़ेद है कि हमने बौद्ध धर्म पहले ग्रहण क्यों नहीं किया। भगवान बुद्ध की शिक्षाएँ अमर हैं। लेकिन भगवान बुद्ध ने ऐसा दावा नहीं किया था। समय के परिवर्तन के साथ परिवर्तन का प्रावधान है। यह उदारता किसी अन्य धर्म में नहीं।

बौद्ध धर्म के नष्ट होने का मुख्य कारण मुस्लिमों का आक्रमण है। अपने हमलों के दौरान मुसलमानों ने भगवान बुद्ध की मूर्तियों को नष्ट कर दिया। बौद्ध धर्म पर यह पहला आक्रमण था। उनके आक्रमण से भयभीत होकर बौद्ध भिक्षु भाग गए। कुछ तिब्बत चले गए, कुछ चीन तो कुछ अन्य स्थानों पर चले गए। धर्म की रक्षा के लिए समायोजन आवश्यक है। उत्तर-पश्चिम में मिलिंद नाम का एक राजा था। वह हमेशा बहस करता था। उसमें उसे आनन्द आता था। वह हिन्दुओं से कहता था जो बहस करनेवाला है, वह आगे आए और बहस करे।

एक दिन उसने बौद्ध लोगों से बहस का विचार किया। बौद्ध लोगों ने नागसेन से प्रार्थना की कि बहस में बौद्धों का प्रतिनिधित्व वह करें। नागसेन विद्वान था। पहले वह ब्राह्मण था। पुस्तक के द्वारा दुनिया भर को पता है कि नागसेन और मिलिंद के बीच क्या बहस हुई। पुस्तक का नाम 'मिलिंद पन्त' है। मिलिंद ने एक प्रश्न पूछा था, 'धर्म का पतन क्यों होता है?' नागसेन ने उसके तीन कारण बताए थे। पहला कारण यह है कि एक धर्म विशेष स्वयं में अपरिपक्व है। ऐसे धर्म के मूल सिद्धान्तों में कोई गहराई नहीं है। यह अस्थायी धर्म बन जाता है और ऐसे धर्म का जीवन बहुत कम होता है। दूसरा कारण यह है कि उस धर्म में जब कोई विद्वान उपदेशक नहीं होते, उस धर्म का पतन हो जाता है। विद्वानों को उस धर्म के दर्शन का उपदेश देना चाहिए, उस धर्म के उपदेशक यदि विरोधियों के साथ वाद-विवाद करने के लिए तैयार नहीं, तब धर्म का पतन हो जाता है। और तीसरा कारण यह है कि धर्म और धार्मिक सिद्धान्त केवल शिक्षित लोगों के लिए है। आम लोगों के लिए तो केवल मठ-मन्दिर है। वहाँ वे अलौकिक शक्ति की पूजा करने जाते हैं।

बौद्ध धर्म ग्रहण करते समय हमें यह बातें ध्यान में रखनी चाहिए, कोई यह नहीं कह सकता कि बौद्ध धर्म के सिद्धान्त अस्थायी हैं। आज 2000 साल बाद भी सारा विश्व बौद्ध धर्म का आदर करता है। अमेरिका में 2000 बौद्ध संस्थाएँ हैं। इंग्लैंड में तीन लाख रुपये की लागत से बौद्ध मन्दिर का निर्माण किया गया है। जर्मनी में भी 3-4 हज़ार बौद्ध संस्थाएँ हैं। बुद्ध के सिद्धान्त अमर हैं। फिर भी बुद्ध ने यह दावा नहीं किया है कि यह भगवान का धर्म है। बुद्ध ने कहा है कि उनके

पिता एक साधारण व्यक्ति थे और उनकी माँ एक साधारण स्त्री। अगर महसूस करते हैं, इस धर्म को स्वीकार करिए। यह धर्म आपके विवेक को सही लगता है तो इसे स्वीकार करिए। किसी अन्य धर्म में ऐसी उदारता नहीं।

बुद्ध धर्म का मूल आधार क्या है? बौद्ध धर्म और अन्य धर्मों में भारी अन्तर है। दूसरे धर्मों में परिवर्तन करना सम्भव नहीं, क्योंकि वे मनुष्य को ईश्वर से जोड़ते हैं। अन्य धर्म यह उपदेश देते हैं कि प्रकृति को ईश्वर ने पैदा किया है। आकाश, वायु, चन्द्रमा, सूरज आदि—सबकी रचना ईश्वर ने की है। भगवान ने हमारे करने के लिए कुछ नहीं छोड़ा है, इसलिए हमें भगवान की पूजा करनी चाहिए। ईसाई धर्म के अनुसार मृत्यु एक न्याय का दिन होता है, और सब कुछ उसके न्याय पर निर्भर है। बौद्ध धर्म में ईश्वर और आत्मा का कोई स्थान नहीं। भगवान बुद्ध ने कहा, समस्त विश्व में दुख है, 90 प्रतिशत लोग दुख झेल रहे हैं। इन ग़रीब और उत्पीड़ित लोगों को दुख से मुक्त करना ही बौद्ध धर्म का प्रमुख काम है। कार्ल मार्क्स उसे अलग क्या कहते हैं जो बुद्ध कह रहे हैं? भगवान बुद्ध ने कुछ भी टेढ़े-मेढ़े ढंग से नहीं कहा। भाइयो, जो मैं आपसे कहना चाहता था, वो कह चुका हूँ। यह धर्म हर मामले में परिपूर्ण है। इस पर कोई दाग नहीं है। हिन्दूवाद के सिद्धान्त ऐसे हैं कि जिनसे कोई उत्साह पैदा नहीं हो सकता। हज़ारों साल से आज तक हमारे समाज से एक भी स्नातक या शिक्षित व्यक्ति पैदा नहीं हुआ। मुझे यह बताने में कोई झिझक नहीं कि मेरे स्कूल में जो एक औरत झाड़ू लगाती थी, वो मराठा थी। वह मुझे छूती नहीं थी। मेरी माँ कहती थी कि बड़े व्यक्ति को मामा कहना चाहिए। मैं डाकिए को मामा कहता था (ज़ोर की हँसी)। बचपन में मुझे अपने स्कूल में प्यास लगी। मैंने अपने अध्यापक से कहा। अध्यापक ने मेरे बचाव के लिए चपरासी बुलाया और उससे मुझे नल तक ले जाने को कहा। हम नल तक गए। चपरासी ने नल खोला। मैंने पानी पिया। स्कूल में आमतौर पर मुझे पीने का पानी नहीं मिलता था। बाद में मेरे पास ज़िला जज बनने का प्रस्ताव मिला। लेकिन मैं उस तरह के काम पर आस्थावान नहीं था। मेरी समस्या थी—मेरे भाइयों का मिशन कौन आगे बढ़ाएगा। इसलिए मैं बंधन में नहीं पड़ा।

व्यक्ति के तौर पर मेरे लिए इस देश में कुछ भी असम्भव नहीं (तालियाँ)। आपके सिर पर वैश्य, क्षत्रिय और ब्राह्मण बिठाए हैं, वे नीचे गिरेंगे। यह असली सवाल है। अतः आपको इस धर्म से सम्बन्धित पूरी जानकारी देना मेरा कर्तव्य है। पुस्तकें लिखकर मैं आपके सारे सन्देहों और सारी आशंकाओं को समाप्त कर दूँगा

और आपको सम्पूर्ण ज्ञान की अवस्था तक ले जाने का प्रयास करूँगा। कम-से-कम इस समय तो आपको मुझ पर विश्वास करना चाहिए।

परन्तु आपका भी उत्तरदायित्व बड़ा है। आपका आचरण ऐसा होना चाहिए कि दूसरे लोग आपका आदर-सम्मान करें। यह नहीं सोचिए कि इस धर्म का अर्थ यह है कि हम अपने गले में लाश बाँधकर अकड़ जाएँ। जहाँ तक बौद्ध धर्म का सम्बन्ध है, भारत की धरती का कोई महत्त्व नहीं। हमें बौद्ध धर्म का पालन सबसे अच्छे ढंग से करने का संकल्प रखना चाहिए। यह नहीं होना चाहिए कि महार लोगों ने बौद्ध धर्म को अपमानित किया। हमें दृढ़ संकल्प रखना चाहिए। अगर हम यह प्राप्त कर लेते हैं, तब हम अपने राष्ट्र ही नहीं, बल्कि सम्पूर्ण विश्व में फले-फूलेंगे क्योंकि विश्व को केवल बौद्ध धर्म ही मुक्ति दिलाएगा। जब तक न्याय नहीं है, विश्व में शान्ति नहीं होगी।

यह नया रास्ता उत्तरदायित्वों से भरा है। नौजवानों को यह ध्यान में रखना चाहिए कि हमने कुछ संकल्प किये हैं और कुछ इच्छाएँ प्रकट की हैं, उनको स्वार्थी-आलसी नहीं बनना चाहिए। हमें यह तय करना चाहिए कि हम अपनी आय का कम-से-कम बीसवाँ हिस्सा उस उद्देश्य के लिए दें। मैं अपने साथ सबको लेना चाहता हूँ। प्रारम्भ में तथागत ने थोड़े-से लोगों को दीक्षा दी थी और उनको निर्देश दिया था, "उस धर्म का प्रसार करो।" उसके पश्चात् यश और उसके चालीस मित्रों ने बौद्ध धर्म ग्रहण किया था। यश धनी परिवार से था। भगवान बुद्ध ने उनसे कहा, "यह धर्म किस तरह का है?" धर्म "बहुजन हिताय, बहुजन सुखाय, लोकानुकम्पाय, धम्म आदि कल्यानम, मध्य कल्यानम, पर्यावसान कल्यानम" है। तथागत ने अपने धर्म का प्रचार करने का मार्ग उस समय की परिस्थितियों के अनुसार तय किया था। अब हमें कार्य विधि तैयार करनी है। इस धर्मानुष्ठान के पश्चात् प्रत्येक को दीक्षा देनी है, प्रत्येक को। मैं घोषणा करता हूँ कि "प्रत्येक बौद्ध को दीक्षा देने का अधिकार है।"

बौद्धों और आमंत्रितों की तालियों के बीच डॉ. आंबेडकर ने अपने भाषण को समाप्त किया।

...ख़ुशी के आँसू बह निकले

इस अवसर की शोभा बढ़ाने के लिए भारत के महाबोधि सोसाइटी के महामंत्री श्रद्धेय डी. वलीसिन्हा को विशेष रूप से आमंत्रित किया गया था। धर्मान्तरण समारोह का उनका प्रत्यक्षदर्शी वृत्तान्त उस उत्साह का प्रचुर प्रमाण है जो बौद्ध धर्म को अंगीकार

करते समय बाबासाहेब के अनुयायियों ने प्रदर्शित किया था। इस ऐतिहासिक घटना के बारे में श्रद्धेय डी. वलीसिन्हा लिखते हैं—

> आधुनिक भारत के इतिहास में 14 अक्टूबर, 1956 का दिन स्मरणीय था। अपने पाँच लाख अनुयायियों के साथ डॉ. आंबेडकर ने इसी दिन त्रिसरन एवं पंचशील का पाठ किया। इस महान घटना का स्थल महाराष्ट्र प्रदेश के नागपुर नगर में चालीस एकड़ ज़मीन का ख़ाली टुकड़ा था। उस पर समारोह के लिए एक विशाल पंडाल लगाया गया था। मुझे इसमें आमंत्रित किये जाने का सौभाग्य प्राप्त हुआ था, और त्रिसरन तथा पंचशील के प्रत्येक शब्द को दोहराती हुई मानवता के इतने विशाल समूह का अपूर्व दृश्य मेरी स्मृति में अभी तक स्पष्ट बना हुआ है। मैंने अपने जीवन में कभी इतने उत्साहित जनसमूह को नहीं देखा। पिछली पूरी रात को और 14 अक्टूबर को पूरी सुबह आकाश 'भगवान बुद्ध की जय' के नारे से गूँजता रहा था। पुरुषों, स्त्रियों और बच्चों के विशाल समूह, जिनमें से कुछ लोगों के हाथों में बच्चे थे और कुछ बौद्ध धर्म की पताकाओं को हाथ में लिये थे, देश के सभी भागों से अन्तहीन धाराओं में आकर अहाते में जमा होते जा रहे थे। अहाते में अपना स्थान पाने की प्रतीक्षा में हज़ारों सड़क के किनारे बैठे थे। हमने पूरे शहर का चक्कर लगाया और हम वहाँ भी गए। हमने एक के बाद एक जुलूसों को सभास्थलों की ओर बढ़ते देखा। उस समय तक पहुँचने के बाद स्वयंसेवकों ने बड़ी कठिनाई से हमारी कार को मंच के पीछे तक पहुँचने का रास्ता बनाया था। मंच से चारों ओर नज़र दौड़ाने पर मुझे मानव सिरों के सागर के अतिरिक्त और कुछ दिखाई नहीं पड़ रहा था। पूरा दृश्य वास्तव में हृदय में हिलोरें भरनेवाला था। यह अपूर्व था। जीवित स्मृति में इतने विशाल स्तर पर धर्मान्तरण कभी नहीं हुआ था। डॉ. आंबेडकर की सेहत बहुत अच्छी नहीं थी, पर बौद्ध धर्म को ग्रहण करने के कारणों को स्पष्ट करते हुए वह एक घंटे से अधिक तक बोले। वहाँ एकत्र जनसमूह को स्वयं उन्होंने पंचशील वचन दिये और उसने इन शब्दों को एक स्वर में दोहराया। वो आवाज़ अवश्य ही काफ़ी दूर तक गई होगी। महाबोधि सोसाइटी की ओर से डॉ. आंबेडकर को जब मैंने भगवान बुद्ध की प्रतिमा भेंट की और

माला पहनाई तो मेरे गालों पर ख़ुशी के आँसू बहने लगे। महाबोधि सोसाइटी की उनमें 70 वर्ष के अपने प्रयास सफल हुए थे।

डॉ. आंबेडकर का धर्मान्तरण भारत में बौद्ध शासन की पुनर्स्थापना है

इसी प्रकार से रंगून, बर्मा के सर्वोच्च न्यायाधीश यू चान ने भी उनके ऐतिहासिक धर्मान्तरण के लिए डॉ. आंबेडकर को हार्दिक बधाई दी, तथा 'बुद्ध और उनका धर्म' के प्रकाशन सम्बन्धी प्रयासों के बारे में सूचित किया। पत्र निम्नलिखित है—

सुप्रीम कोर्ट ऑफ़ यूनियन ऑफ़ बर्मा
दिनांक 22 अक्टूबर, 1956

प्रिय डॉ. आंबेडकर,

अपने उस महानतम योगदान के लिए कृपया मेरी हार्दिक बधाई स्वीकार करें, जो आपने भारत में बुद्ध शासन की पुनर्स्थापना करने की दिशा में किया है। इस जयंती वर्ष में आपकी स्मरणीय उपलब्धि के लिए बर्मा के सभी बौद्धों का हृदय उमड़ा पड़ता है। बुद्ध शासन कौंसिल और बर्मा के बौद्ध यह जानकर अत्यधिक प्रफुल्लित हैं कि आपके नेतृत्व में अब बुद्ध के देशवासी उस प्रकाश में आना प्रारम्भ कर रहे हैं, जिसको बुद्ध ने प्रज्वलित किया था। हमें विश्वास है कि भारत के सभी भागों में बुद्ध शासन पुनर्स्थापित हो जाएगा।

अपनी ओर से मैं छोटे स्तर पर उसका अनुगमन कर सका हूँ जो आपने बर्मा में तीसरे डब्लू.एफ.बी. सम्मेलन के दौरान प्रारम्भ किया था। पिछले महीने की 28 तारीख़ को संगायन ग्रेट केव में आयोजित एक अत्यन्त प्रभावोत्पादक समारोह में महाथेराओं की उपस्थिति में लगभग 5,000 तमिलों ने विधिवत बौद्ध धर्म स्वीकार कर लिया। केन्द्रीय मंत्री तथा बौद्ध नेता तथा रंगून और बर्मा के अन्य भागों से बहुत-से अन्य तमिल आपकी पहल का अनुसरण करने के लिए जागृत किये जा रहे हैं।

आपको पहले नहीं लिख पाने के लिए मुझे आपको बहुत-से स्पष्टीकरण देने हैं और हज़ारों बार क्षमा माँगनी है। इस बीच मैं छट्ट संगायन तथा विदेशों, विशेषतया जापान में बौद्ध धर्म का प्रचार करने सम्बन्धी गतिविधियों में बहुत व्यस्त रहा हूँ। आपको कदाचित् यह जानकर प्रसन्नता होगी कि जापान में थेरवाद बौद्ध धर्म की स्थापना के उद्देश्य से एक समिति का गठन करने के लिए मैंने जापान के प्रभावशाली बौद्ध नेताओं को राजी कर लिया है। वहाँ इस प्रकार जो केन्द्र मई 1957 तक स्थापित होने जा रहे हैं, उनमें लगभग 15 महाथेरा बर्मा से है।

मोजी और उसोशिरा में भवन निर्माण कार्य चल रहा है। जापानी समिति का एक प्रतिनिधिमंडल पहले से ही है। यहाँ और पिछले महीने की 27 तारीख़ से मेरे साथ प्रतिदिन चर्चा कर रहा है।

जहाँ तक बौद्ध धर्म पर आपकी रचना के प्रकाशन की लागत में योगदान का सम्बन्ध है, मैं आपको पहले ही लिख चुका हूँ कि मैं एशिया फ़ाउंडेशन से कोई सहायता प्राप्त न कर सकूँगा क्योंकि उसके प्रतिनिधि बदल गए हैं। जब आप यहाँ थे तब जिस प्रतिनिधि ने आपसे बात की थी, उसका मनीला ट्रांसफ़र हो गया है, और ऐसा लगता है कि नये प्रतिनिधि को इस प्रकार की चीज़ों में कोई दिलचस्पी नहीं है। मैं आशा कर रहा था कि...

निबन्ध प्रतियोगिता में चयनित विद्यार्थियों के लिए छात्रवृत्ति के विषय में प्रमुख सदस्यों के साथ मेरा वार्तालाप हुआ है और उन्होंने यह प्रस्ताव सिद्धान्ततः स्वीकार कर लिया है। मैं चाहता हूँ इसलिए आप या श्रीमती आंबेडकर एक विस्तृत योजना का प्रारूप भेज दें तो कौंसिल के समक्ष प्रस्तुत किया जाएगा। नौ व्यक्ति जिसमें यूनू, मुख्य न्यायाधीश यू थियन मौंग और मैं स्वयं नई दिल्ली जयंती समारोह में आ रहे हैं, जिसका निमंत्रण हमें भारतीय जयंती समारोह समिति द्वारा प्राप्त हुआ है। मैं, काठमांडू एक दस सदस्य प्रतिनिधिमंडल के साथ बर्मा से चतुर्थ डब्लू. एफ. बी. सम्मेलन में भाग लेने जा रहे हैं। मेरी पत्नी भी मेरे साथ जाएँगी। हम लुम्बिनी से नई दिल्ली आएँगे। इस माह की 22 तारीख़ को अथवा उसके आसपास हम नई दिल्ली पहुँच जाएँगे।

कृपया श्रीमती आंबेडकर और अपने अन्य साथियों को मेरी ओर से शुभकामनाएँ प्रेषित करें।

सेवा में

डॉ. बी. आर. आंबेडकर

सदस्य, राज्यसभा, नई दिल्ली

धम्मानुरागी आपका

यू चान हून

जज, सुप्रीम कोर्ट बर्मा संघ, रंगून।

[*बाबासाहेब डॉ. अम्बेडकर सम्पूर्ण वाङ्मय,* खंड 37, पृ. 498-528]

74

भिक्खु बुद्ध की सेवा उसके धम्म के उपदेशक बनकर करें

डॉ. बी.आर. आंबेडकर
एम.ए., पी-एच.डी., डी.एस.सी., एलएलडी, डी. लिट्., बैरिस्टर-एट-लॉ
सदस्य, राज्य परिषद
26, अलीपुर रोड, सिविल लाइन्स, दिल्ली
30 अक्टूबर, 1956

प्रिय वलीसिन्हा,

आपके दिनांक 25 अक्टूबर, 1956 के पत्र के लिए धन्यवाद। निश्चय ही यह बहुत बड़ा कार्यक्रम था और धर्म-परिवर्तन के लिए उमड़ा जनसमुदाय मेरी उम्मीद से अधिक था। शुक्र है बुद्ध का, कि सभी कुछ अच्छा हुआ।

मुझे ख़ुशी है कि आप यह समझते हैं कि कार्य बेहतर ढंग से प्रारम्भ हो जाने के कारण हमें भविष्य में इसकी निरन्तर प्रगति देखने को मिलेगी। हमें उस जनसमुदाय, जिन्होंने धम्म को स्वीकार किया है और मेरे कहने पर इसे स्वीकार करेंगे, को बौद्ध धर्म की जानकारी देने के तरीक़ों एवं साधनों पर विचार करना होगा। निस्सन्देह हमें काफ़ी संख्या में लोगों को धम्म की शिक्षा देने के लिए कार्यकर्ताओं को प्रशिक्षित करना होगा, परन्तु इस कार्य को बढ़ाने के लिए सर्वोत्तम कार्यकर्ता भिक्खु हैं। वे इस कार्य को अपनी प्रतिष्ठा के अनुरूप करेंगे जिसे सामान्य-जन द्वारा नहीं किया जा सकता।

मेरे मतानुसार भिक्खुओं को यह जानकर अत्यन्त प्रसन्न होना चाहिए कि काफ़ी कार्य जो उनके द्वारा किया जाना था, पूर्ण हो चुका है। भिक्खुओं के साथ

केवल एक समस्या है कि वे जन-समुदाय की भाषा सीखने पर ध्यान नहीं देते हैं। मेरा विचार है कि संघ को अपने दृष्टिकोण में परिवर्तन करना होगा और वैरागी बनने की बजाय उन्हें ईसाई धर्म प्रचारकों, सामाजिक कार्यकर्ताओं और सामाजिक प्रचारकों की भाँति बनना होगा। जैसाकि मैंने आज कहा कि वे न तो आर्य हैं और न ही समाज के उपयोगी सदस्य हैं। यह वास्तविकता उनके मस्तिष्क में डालनी होगी और उनको यह एहसास कराना होगा कि वे बुद्ध की सेवा भली-भाँति उसके धम्म के प्रचारक बनकर कर सकते हैं।

मुझे तर्कसंगत अध्ययन-गोष्ठी/सेमिनार आयोजित करने का आपका विचार पसन्द आया, जिसमें भिक्खुओं और ग़ैर-भिक्खुओं को बौद्ध धर्म के मूल सिद्धान्तों की शिक्षा दी जा सके और उन्हें विभिन्न भाषाएँ सिखाई जाएँ ताकि उन्हें विभिन्न भागों में भेजा जा सके।

जहाँ तक भारतीय युवाओं की मानसिकता के सम्बन्ध में मेरा विचार है, उनको मठवासीय जीवन के आदर्श सीखने के लिए प्रेरित करना बहुत कठिन है। इसके लिए उत्तम उपाय यह है कि हम जापानी विवाहित पुरोहितों की तरह एक वर्ग सृजित कर सकते हैं, जैसा प्रोटेस्टेंट ईसाइयों ने किया है। इसके लिए हमें उनके शैक्षणिक काल में ही सहायता के लिए साधन जुटाने होंगे और इसके पश्चात् वे अपना सार्वजनिक जीवन पुरोहित के रूप में यापन करेंगे।

बंबई में धर्म-परिवर्तन अनुष्ठान सम्भवत: दिसम्बर में होगा, इसके क्रिसमस की छुट्टियों के दौरान होने की अधिक सम्भावना है ताकि अनेक लोगों के पास यात्रा की सुविधा हो जो कि उनको इस अवधि के अलावा नहीं मिल सकती। मैं अपने बंबई के लोगों से परामर्श करने के पश्चात् आपको वास्तविक तिथि बताऊँगा।

मुझे आशा है कि आप *महाबोधि* पत्रिका में नागपुर अनुष्ठान का अच्छा प्रचार कर रहे होंगे। मैं चाहूँगा कि आप निम्नलिखित बिन्दुओं का विशष रूप से उल्लेख करें :

1. कि प्रथम दिन लगभग तीन लाख और अस्सी हज़ार लोगों ने अपना धर्म-परिवर्तन कर बौद्ध धर्म धारण किया। अनुष्ठान के पहले दिन के पश्चात् काफ़ी संख्या में लोग पहुँचे इसलिए अगले दिन कार्यक्रम के प्रारम्भ में ही दूसरा अनुष्ठान किया गया था।
2. कि 16 अक्टूबर, 1956 को चन्दा में एक और सम्मेलन का आयोजन शाम के समय किया गया। इसमें भी एक और धर्म-परिवर्तन अनुष्ठान किया गया और लगभग तीन लाख लोगों का धर्म-परिवर्तन किया गया।

3. कल के समाचार-पत्रों में छपे समाचार के अनुसार मेरे वहाँ से चले आने के पश्चात् अकोला में पुन: धर्म-परिवर्तन अनुष्ठान हुआ और दो हज़ार से अधिक लोगों का धर्म-परिवर्तन किया गया।
4. कि एक मराठी समाचार-पत्र *नवयुग* ने नागपुर में धर्म-परिवर्तन अनुष्ठान में उपस्थित भीड़ की बेहतरीन तसवीरें छापीं।
5. कि मुझे धर्म-परिवर्तन के लिए सभी दिशाओं से पत्र प्राप्त हो रहे हैं।

यदि आप *महाबोधि* सोसाइटी पत्रिका का विशेषांक छाप रहे हैं और फ़ोटो प्राप्त करने के इच्छुक हैं तो मैं फ़ोटो प्राप्त करने में आपकी सहायता कर सकता हूँ। कृपया मुझे सूचित करें।

हमारे दौरे के कार्यक्रम के सम्बन्ध में आपके पत्र के सन्दर्भ में मुझे बताया गया है कि इसकी एक प्रति आपको पहले ही भेजी जा चुकी है, इससे आपको ज्ञात हो जाएगा कि मैं सारनाथ में कब होऊँगा।

भवदीय
हस्ता./-
(डॉ. बी.आर. आंबेडकर)
श्री डी. वलीसिन्हा
महासचिव
भारत का महाबोधि संघ,
4-ए, बंकिम चटर्जी स्ट्रीट,
(कॉलेज स्क्वायर) कलकत्ता-2[1]

[*बाबासाहेब डॉ. अम्बेडकर सम्पूर्ण वाङ्मय,* खंड 35, पृ. 442-444]

1. *महाबोधि,* मई, 1957, संख्या 5, पृ. 226

75

बौद्ध धम्म का अन्तिम उद्देश्य है दुख निवारण का मार्ग दिखाना

भारत के पूर्व क़ानून मंत्री डॉ. बाबासाहेब आंबेडकर और आयुष्मती सविता आंबेडकर आज दिनांक 13 नवम्बर, 1956 को दोपहर दुनिया के बौद्धधर्मी लोगों की चौथी विश्व परिषद में भाग लेने के लिए काठमांडू में पधारे। काठमांडू हवाई अड्डे पर उनका भव्य स्वागत किया गया। नेपाल सरकार की ओर से चीफ़ ऑफ़ प्रोटोकॉल भिक्षु कौशल्यायन, विभिन्न संस्थाओं के प्रतिनिधि, स्वयंसेवक और महिला-पुरुषों के बड़े समूह उनके स्वागत के लिए उपस्थित था। डॉ. आंबेडकर पति-पत्नी के हवाई जहाज़ से उतरते ही 'आंबेडकर ज़िन्दाबाद' के ज़ोरदार नारे लगाते हुए जुलूस निकालकर उन्हें नेपाल सरकार के 'सीतल महल' ले जाया गया। नेपाल सरकार के ख़ास मेहमान बनकर वे वहाँ रहनेवाले हैं।

डॉ. आंबेडकर की सेहत अच्छी है और लगता है कि नेपाल का मौसम रास आया है। काठमांडू के अस्पृश्य समाज के प्रमुख कार्यकर्ताओं ने तथा महिला संगठनों के प्रमुखों ने आज रात डॉ. आंबेडकर से मुलाक़ात कर नेपाल के अस्पृश्यों के बारे में उन्हें जानकारी दी।

दुनिया के बौद्धधर्मीय लोगों की चौथी विश्व परिषद दिनांक 15 नवम्बर से शुरू हो रही है। इस परिषद में हिस्सा लेने के लिए दुनिया के विभिन्न देशों से बौद्ध भिक्षु, भिक्षुणी, प्रतिनिधि, विशेष आमंत्रित प्रमुख व्यक्ति, ऑब्जर्वर्स आदि को मिलाकर 625 लोगों को आमंत्रण भेजा गया है। परिषद का आयोजन काठमांडू की धर्मोदय सभा की ओर से किया गया। डॉ. बाबासाहेब आंबेडकर पति-पत्नी को नागपुर में बौद्ध धर्म की धर्म दीक्षा देनेवाले कुशीनगर के

83 साल के महाथेरो भिक्षु चन्द्रमणि आए हैं और उनकी तीसरी टुकड़ी में पाँच लोग थे। उनका नेतृत्व भिक्षु चन्द्रमणि ने ही किया था। भारत से आए भिक्षुओं में भिक्षु चन्द्रमणि के अलावा वर्धा के (नागपुर) भिक्षु भदंत आनन्द कौशल्यायन, वेणुवन विहार अगरतला (त्रिपुरा, कोलकाता) के आमंत्रित भिक्षु भी आज हवाई जहाज़ से काठमांडू में दाख़िल हुए हैं।[1]

पं. राहुल सांकृत्यायन परिषद के लिए आए थे। उन्होंने डॉ. बाबासाहेब आंबेडकर से मुलाक़ात की। उस वक़्त हुई बातों के बारे में वह लिखते हैं—

> नवम्बर 1956 का वह दिन नहीं भूल सकता। जबकि नेपाल में डॉ. बाबासाहेब आंबेडकर ने बड़े भावावेश में, पर गम्भीरता के साथ घोषित किया था—दो वर्ष और जी जाऊँ तो भारत में पाँच करोड़ बौद्धों को दीक्षा दूँगा। हज़ार अफ़सोस कि वह संकल्प पूरा नहीं हो सका।[2]

विश्व बौद्धधर्मीय सम्मेलन के चौथे साल में दुनिया के चौंतीस राष्ट्रों ने परिषद में हिस्सा लिया है और उनमें प्रमुख हैं बर्मा, कनाडा, सिलोन, चीन, चेकोस्लोवाकिया, इस्थोनिया, फार्मोसा, फ्रांस, जर्मनी, हांगकांग, हंगरी, भारत, इंडोनेशिया, इटली, जापान, कोरिया, लद्दाख, लैटिविया, लाओस, मलाया, नेपाल, पाकिस्तान, पेनांग, फिलीपीन्स, स्वीडन, सिक्किम, सिंगापुर, थाइलैंड, तिब्बत, यूनाइटेड किंगडम, यूएसए, यूएसएसआर और उन देशों के प्रतिनिधि, विशेष आमंत्रित मेहमान, बौद्ध भिक्षुणियाँ, ऑब्जर्वर्स आदि को मिलाकर क़रीब 400 आमंत्रित विदेशी प्रतिनिधि उपस्थित थे। काठमांडू के भव्य तुडखेल ग्राउंड पर यह समारोह होना था। डॉ. बाबसाहेब आंबेडकर ने आज भारतीय ढंग के कपड़े पहने थे—वुलन की पैंट, बन्द गले का कोट, और सिर पर बफ रंग की कढ़ाई वाली टोपी।

बौद्धधर्मीय लोगों की चौथी विश्व परिषद सफल होने की कामना व्यक्त करनेवाले तीस देशों और संस्थाओं ने अपने सन्देश भेजे थे। इन सन्देशों के पढ़ने के बाद डॉ. बाबासाहेब आंबेडकर का भाषण हुआ। उन्होंने अपने भाषण में कहा—

---

1. *प्रबुद्ध भारत*, 24 नवम्बर, 1956
2. आधुनिक संसार का महान व्यक्तित्व—डॉ. आंबेडकर : महापंडित राहुल सांकृत्यायन, पृ. 8

मैं अपने देश से या अपनी संस्था की ओर से सन्देश लेकर नहीं आया हूँ। इस देश में—नेपाल में, बुद्ध का जन्म हुआ। लेकिन 2500 सालों के बाद बौद्ध धर्म ग़ायब हो गया है। बौद्ध धर्म का वृक्ष अभी है। उसके पत्ते सूख गए हैं लेकिन उसकी जड़ सूखी नहीं है। मुझे यक़ीन है कि उसमें पानी देने से वह बढ़ेगा। इसीलिए मैं यहाँ सन्देश लेकर नहीं आया हूँ। लेकिन मैंने बौद्ध धर्म क्यों स्वीकारा यह मैं आपको बताना चाहता हूँ। क्योंकि, उसमें समता, बन्धुभाव और आज़ादी है। अन्य धर्मों में ईश्वर और आत्मा के अलावा कुछ नहीं। मनुष्य मात्र की उन्नति के लिए कारण बननेवाले इन तीन कारणों का अन्य धर्मों में समावेश नहीं किया गया है। दुनिया में दुख भरा है, इस तथ्य पर बौद्ध धर्म का आधार टिका हुआ है। ईश्वर और आत्मा पर नहीं। दुनिया में मनुष्य दुखी है इस दर्शन पर वह आधारित है। इतना ही नहीं, उस दुख का निवारण करना और उसके निवारण का मार्ग दिखाना धम्म का अन्तिम लक्ष्य है, ऐसा भगवान ने बताया है। जो धर्म इस कसौटी पर नहीं उतरेगा उसे धर्म नहीं कहा जा सकता ऐसा भगवान ने अपने पहले सूत्र में—धम्मचक्र प्रवर्तन में—बताया है। उनके अलावा इस प्रकार किसी धर्म के संस्थापक ने बताया नहीं है। इस कारण मैंने बौद्ध धर्म स्वीकारा है। दुख निवारण के लिए बुद्ध ने प्रज्ञा पारमिता बताई है।

उनके बाद नेपाल के प्रधानमंत्री आयु. टंका प्रसाद आचार्य ने समारोह में आए मेहमानों का स्वागत भाषण किया। उनके बाद गवर्नमेंट कमेटी के अध्यक्ष और नेपाल महाराज के प्रमुख निजी सचिव आयु. लोक दर्शन का स्वागत भाषण हुआ। उनके बाद नेपाल के राजा वीर विक्रम सहदेव का नाम अध्यक्ष पद के लिए और भिक्षु चन्द्रमणि का नाम धर्मशासक पद के लिए घोषित किया गया। उसके बाद नेपाल के राजा का भाषण हुआ।

सभा के आख़िर में महाथेरो भिक्षु चन्द्रमणि का भाषण हुआ। आख़िर नेपाल के राजासाहब ने सबके प्रति आभार प्रकट किया और बैंड पर नेपाल का राष्ट्रगीत बजाने के बाद उस दिन की सभा का कामकाज सम्पन्न हुआ।[1]

[*बाबासाहेब डॉ. अम्बेडकर सम्पूर्ण वाङ्मय,* खंड 40, पृ. 472-73]

1. *प्रबुद्ध भारत,* 24 नवम्बर, 1956

76

मुझे विश्वास है, मेरे लोग भारत में बौद्ध धर्म स्थापित करने के लिए सर्वस्व समर्पित कर देंगे

"डॉ. बी.आर. आंबेडकर और श्रीमती आंबेडकर, श्री बी.एच. वराले और डॉ. मावलंकर के साथ नेपाल में 17 नवम्बर, 1956 को होनेवाला विश्व बौद्ध सम्मेलन में भाग लेने के लिए रवाना हुए थे।

नेपाल के लिए 13 नवम्बर, 1956 को प्रस्थान करते समय श्री वाई.सी. शंकरानन्द शास्त्री ने हवाई अड्डा, नई दिल्ली पर बड़ी विनम्रता से पूछा, "बाबासाहेब, आपके गिरते स्वास्थ्य को देखते हुए आपके द्वारा धम्म के प्रचार के लिए भारत भ्रमण कितना सम्भव होगा?" बाबासाहेब ने थोड़ा क्रोधित होते हुए परन्तु दृढ़ता से कहा कि बौद्ध धर्म के प्रचार जैसे कार्य के लिए मैं बिलकुल भी बीमार नहीं हूँ। मैं अपने शेष जीवन का हर क्षण भारत में बुद्ध के धम्म के पुनरुद्धार और प्रचार के महान कार्य में लगाने को तैयार हूँ।

"मैं दिसम्बर मास में बंबई में लाखों लोगों को 'दीक्षा' देने जा रहा हूँ। नागपुर में दिनांक 14 अक्टूबर, 1956 को हुए महान पुनरुद्धार सम्मेलन की तरह बंबई में भी इसी तरह का सम्मेलन आयोजित किया जाएगा। जिसमें लाखों लोग बौद्ध धर्म में परिवर्तित किये जाएँगे। नागपुर की तरह धर्म-परिवर्तन की सभा भारत के अन्य शहरों में भी आयोजित की जाएँगी।"

"न केवल अस्पृश्य समझे जानेवाले लोग बल्कि सभी लोग बिना किसी जाति या धर्म के भेदभाव के, जो बुद्ध की शिक्षा में विश्वास रखते हैं, इस दीक्षा समारोह में भाग लें तथा बौद्ध धर्म धारण करें।"

वहाँ उपस्थित जन-समुदाय के साथ वार्तालाप करते हुए बाबसाहेब आंबेडकर ने दृढ़तापूर्वक कहा,

> यह विश्वास करना बिलकुल ग़लत है कि बुद्ध विष्णु का अवतार हैं।
> यह एक ग़लत और शरारतपूर्ण प्रचार है।

इस दुष्टतापूर्ण सिद्धान्त का प्रचार करनेवाले लोग ब्राह्मणवाद के अनुयायियों के अलावा और कोई नहीं है। उनका उद्देश्य असमानता और आपसी घृणा पर आधारित भेदभाव को बनाए रखना है ताकि समाज पर उनका प्रभुत्व बना रहे। मैंने अपने पूरे जीवन काल में जाति एवं पारस्परिक धृणा पर आधारित विभाजन की बुरी प्रथा को समाप्त करने के लिए संघर्ष किया है। वास्तव में मैं अपने आप को भारत में बौद्ध धर्म के पुनरुद्धार के कार्य को विलम्ब से प्रारम्भ करने का अपराधी समझता हूँ परन्तु इसके बाद भी मुझे आशा एवं विश्वास है कि मेरे लोग, जिन्होंने अपने स्वयं के सुखों का त्याग कर दिया है, निष्ठापूर्वक मेरा अनुकरण कर रहे हैं। मुझे आशा है और मैं विश्वास करता हूँ कि वे भारत में बौद्ध धम्म के प्रचार के लिए संघर्ष निष्ठापूर्वक जारी रखेंगे।"[1]

[*बाबासाहेब डॉ. अम्बेडकर सम्पूर्ण वाङ्मय,* खंड 35, पृ. 445-46]

---

1. *प्रबुद्ध भारत,* 17 नवम्बर, 1956/भगवान दास द्वारा अनूदित।

77

बुद्ध या कार्ल मार्क्स

"काठमांडू में विश्व बौद्ध परिषद में डॉ. बाबासाहेब आंबेडकर भी शामिल हुए थे। विभिन्न देशों से आए प्रतिनिधियों को सम्बोधित करने के लिए उनका विशेष भाषण 20 नवम्बर, 1956 को दिन रखा गया था। यह भाषण नेपाल के वैभवशाली राजदरबार में हुआ था। भारत में लोप होने के बाद कई सालों तक बौद्ध धर्म नेपाल में अपने पूरे चरम पर था, लेकिन वर्तमान में वहाँ मनुप्रणित विषमता पर आधारित हिन्दू धर्म कानूनी तौर पर जारी रखा गया है। ऐसे देश में डॉ. बाबासाहेब आंबेडकर द्वारा बौद्ध धर्म की श्रेष्ठता के बारे में भाषण देना एक अपूर्व क्रान्तिकारी घटना थी। इस भाषण में उन्होंने बौद्ध धर्म के बारे में अपना मौलिक दृष्टिकोण स्पष्ट किया था।"[1]

बौद्ध परिषद के आखिरी दिन विश्व बौद्ध परिषद का समापन समारोह दोपहर 3 बजे से शुरू हुआ। अध्यक्ष डॉ. जी.पी. मलालशेखर (सिलोन) ने बाबासाहेब से अनुरोध किया कि वे 'बौद्ध धम्म में अहिंसा का स्थान' विषय पर भाषण दें। डॉ. बाबासाहेब ने उनकी विनती स्वीकार की, लेकिन विश्व बौद्ध परिषद के बहुसंख्य प्रतिनिधियों ने आग्रह किया कि वह बुद्ध या कार्ल मार्क्स विषय पर भाषण दें। बाबासाहेब ने इसी विषय पर भाषण देने की बात मान ली। बाबासाहेब के आते ही विश्व बौद्ध परिषद के पूर्व अध्यक्ष और ब्रह्मदेश सुप्रीम कोर्ट के मुख्य न्यायाधीश ऊचॉन टून और उनकी पत्नी बाबासाहेब को आदरपूर्वक भव्य मंच की ओर ले गए। बाबासाहेब को सभी उपस्थिति प्रतिनिधियों ने सम्मानपूर्वक अभिवादन किया। मंच पर नेपाल के राजा महेंद्र वीर विक्रम सहदेव एक सजाई गई कुर्सी पर विराजमान हुए।

1. *प्रबुद्ध भारत,* 3 अगस्त, 1956

पड़ोस में पूज्य चंद्रमणि महास्थविर, जी.पी. मलालशेखर, पूज्य अमृतानंद महास्थविर और ऊचान टून ने स्थान ग्रहण किया। पहले पूज्य चंद्रमणि ने उपस्थित महानुभावों त्रिशरण ओर पंचशील दिया। उसके बाद विश्व बौद्ध परिषद के अध्यक्ष डॉ. जी.पी. मलालशेखर ने कहा—

"आज की विश्व बौद्ध परिषद में भगवान बुद्ध की भारत भूमि से एक महान पुरुष आया है। उसका नाम है डॉ. बी.आर. आंबेडकर (तालियों की बरसात), उन्होंने नागपुर में पाँच लाख दलित लोगों को बौद्ध धम्म की दीक्षा देकर महान धम्मक्रान्ति की है। आज इस विश्व बौद्ध परिषद में सम्पूर्ण विश्व के बौद्ध प्रतिनिधियों की ओर से मैं उनका हार्दिक स्वागत करता हूँ।"

इसके बाद उन्होंने रंग-बिरंगी फूलों की बहुत बड़ी माला बाबासाहेब को पहनाई।

डॉ. बाबासाहेब आंबेडकर खड़े हुए और एक बार फिर तालियों की गड़गड़ाहट हुई। सविताबाई बाबासाहेब के पीछे खड़ी हुईं। फिर धीर गम्भीर आवाज में बाबासाहेब ने 'बुद्ध या कार्ल मार्क्स' इस विषय पर अपना ऐतिहासिक भाषण दिया—

सम्माननीय अध्यक्ष महोदय आदरणीय भिक्षुगण और सज्जनो,

विश्व बौद्ध परिषद के बहाने नेपाल में आने के बाद भी परिषद के कामकाज में प्रतिनिधि की तरह भाग नहीं ले पाया, इसके लिए मैं बहुत क्षमाप्रार्थी हूँ। आज मैं यहाँ उपस्थित तो हूँ लेकिन शारीरिक तौर पर मेरे बीमार होने के कारण परिषद के कामकाज की गतिविधियाँ और परेशानियाँ मुझसे बर्दाश्त नहीं होनेवाली हैं, इसका अहसास प्रतिनिधियों को होगा इसका मुझे यक़ीन है। परिषद का अनादर करने के लिए मैं ग़ैर हारिज नहीं रहा। अपने स्वास्थ्य के कारण मैं परिषद के कामकाज आदि कर्तव्यों में पूरा नहीं उतर पाऊँगा, इसी कारण मैं उपस्थित नहीं रह सका। शायद परिषद में ग़ैरहाज़िर रहने के कारण हुए नुक़सान को भर देने के लिए ही आज भरी दुपहरी में भाषण के लिए मुझसे कहा गया है। भाषण के लिए मैंने हामी तो भरी है, लेकिन यहाँ उपस्थित होने के बाद ही मुझ पर यह ज़िम्मेदारी अचानक सौंपी गई है। आप लोगों के सामने भाषण देना पड़ेगा, इसका मुझे बिलकुल पूर्वाभास नहीं था। मैं किस विषय पर बोलूँगा इस बारे में पूछे जाने पर 'बौद्ध धम्म की अहिंसा'

विषय मैंने सुझाया था। लेकिन मुझसे कहा गया है कि परिषद के बहुसंख्य लोगों को लगता है कि सरसरी तौर पर मैंने जिस विषय का ज़िक्र किया था, उसी विषय पर यानी 'बौद्ध धम्म और साम्यवाद' पर मुझे बोलना चाहिए। इसलिए भाषण का विषय बदलने की भले मैंने अनुमति दी हो, लेकिन ईमानदारी के साथ मुझे यह बताना पड़ेगा कि अचानक यह विषय दिये जाने के कारण इतने महान और विस्तृत विषय पर बोलने की मेरी कोई तैयारी नहीं है। यह विषय केवल महान और विस्तृत ही नहीं है वरन् बेहद जटिल भी है। इस जटिल विषय के दबाव में आधे से अधिक दुनिया फँसी है। इतना ही नहीं वरन् बौद्ध राष्ट्रों के युवा छात्र भी इस विषय से अभिभूत हो चुके हैं। यह दूसरा मसला मुझे बेहद चिन्ताजनक लगता है।

साम्यवाद की जीवन प्रणाली जो बताती है, उससे बौद्ध धम्म द्वारा बताई गई जीवन शैली बेहतर है। ऐसी प्रशंसा जब तक बौद्ध राष्ट्र की युवा पीढ़ी नहीं करती तब तक यह नहीं कहा जा सकता कि बौद्ध धर्म का भविष्य उज्ज्वल है। बौद्ध धर्म की श्रद्धा दो पीढ़ियों तक भी नहीं टिक सकती। इसीलिए जिनका बौद्ध धर्म पर दृढ़ विश्वास है, उन्हें युवा पीढ़ी को बौद्ध धर्म की महत्ता के बारे में यक़ीन दिलाना होगा। साम्यवाद का पर्याय बौद्ध धर्म ही है, बल्कि बौद्ध धम्म ही एकमात्र सर्वोत्तम जीवन मार्ग है, यह बताना बेहद आवश्यक है। इस बात का यक़ीन दिलाने के बाद ही बौद्ध धर्म के बने रहने की उम्मीद की जा सकती है। हमें एक और बात ध्यान में रखनी होगी कि यूरोप के बहुसंख्य लोग और एशिया के बहुसंख्य युवाओं का यह नज़रिया है कि आज की दुनिया में केवल कार्ल मार्क्स ही पूजनीय महापुरुष या दूत हैं। साथ ही, वे ऐसा विचार भी प्रकट करते हैं कि बौद्ध भिक्खु संघ का बहुत बड़ा हिस्सा बेकार ही नहीं तो एक बहुत बड़ा गम्भीर संकट है। इस प्रकार की मानसिकता किस चीज़ का लक्षण है, इस बात की ओर भिक्षुओं को ध्यान देना होगा। उसकी पृष्ठभूमि को उन्हें समझना होगा। कार्ल मार्क्स के साथ तुलना की जा सके, इस प्रकार उन्हें अपने आप को ढाल लेने की पूरी-पूरी कोशिश करनी होगी। तभी बौद्ध धर्म की श्रेष्ठता साबित की जा सकती है।

इस भूमिका के बाद मैं आपको बौद्ध दर्शन और मार्क्सवाद या साम्यवाद के प्रमुख विशिष्ट मुद्दों के बारे में विस्तार से बताऊँगा। इसके तहत बुद्ध-दर्शन और मार्क्स दर्शन के आदर्शों में समानता और भेद के बारे में मैं आपको बताऊँगा। जीवन के उद्देश्यों की पूर्ति करने में साम्यवादी जीवन मार्ग से अधिक बौद्ध जीवन मार्ग चिरंतन हो पाएगा अथवा नहीं इसका भी मैं विस्तार से विवेचन करूँगा। जो जीवन मार्ग अल्पकालिक है, वह जंगलों में भटकानेवाला हो सकता है या

अराजकता की ओर ले जानेवाला हो सकता है। ऐसे जीवन मार्ग का पीछा करना उचित नहीं होगा।

लेकिन जिस मार्ग का भरोसा करने के लिए आपसे कहा जाए वह अगर मंद गति वाला हो और बहुत अधिक अन्तर वाला हो, लेकिन भरोसे लायक़, सुरक्षित और मज़बूत बुनियाद वाला हो; आपके आदर्श सिद्धान्तों के लिए सहायक हो, आपके जीवन को स्थायित्व देनेवाला हो तो उसी मार्ग को अपनाना योग्य रहेगा। कम दूरी वाला, 'शॉर्टकट' के तौर पर पहचाने जानेवाले कँटीले रास्ते से मंद गति वाला, लम्बी दूरी तय करानेवाले मार्ग पर चलते रहना ही योग्य साबित होगा। जीवन के शॉर्टकट हमेशा जोखिम भरे और धोखा देनेवाले होते हैं। केवल धोखेबाज़ नहीं, महाधोखेबाज़ होते हैं यह बात हमेशा ध्यान में रखनी होगी।

अब मैं अपने मुख्य विषय पर आता हूँ। मार्क्स की साम्यवादी विचारधारा में आख़िर है क्या? उसका बुनियादी दर्शन क्या है? साम्यवादी विचारधारा का मूल आरम्भ यह है कि इस दुनिया में शोषण हो रहा है। अमीरों द्वारा ग़रीबों का शोषण हो रहा है। चूँकि अमीरों को सम्पत्ति की लालसा है। वे अधिकाधिक धन-सम्पत्ति चाहते हैं और इसके लिए वे जनसमुदाय को ग़ुलाम बनाते जा रहे हैं। इस ग़ुलामी के कारण आख़िर यातना, दुख, ग़रीबी का निर्माण होगा। यही मार्क्सवाद के प्रारम्भ की जड़ है। मार्क्स ने शोषण शब्द का प्रयोग किया है। इस शोषण को समाप्त करने के लिए मार्क्स ने क्या उपाय बताए हैं? जिनका शोषण होता है उस एक वर्ग की दीनता और दुख नष्ट करने के लिए मार्क्स का कहना है कि निजी सम्पत्ति पर प्रतिबन्ध लगाया जाना चाहिए। व्यक्तिगत रूप से किसी की भी सम्पत्ति नहीं होनी चाहिए या सम्पत्ति इकट्ठा नहीं करनी चाहिए। कार्ल मार्क्स की तकनीकी भाषा में बताना हो तो कहा जा सकता है कि कामगारों के या मज़दूरों के परिश्रम से पैदा होनेवाले अतिरिक्त धन से ख़ुद की तिज़ोरी भरनेवाला निजी सम्पत्ति का मालिक बनता है, मज़दूर अपने गाढ़े परिश्रम से उत्पादन बढ़ाता है और अतिरिक्त धन प्राप्त करा देता है, लेकिन इस अतिरिक्त धन पर उन कामगारों का कोई अधिकार नहीं होता। उन्हें उसमें से कोई हिस्सा नहीं मिलता। सारा अतिरिक्त धन मालिक ही हड़प लेता है। इस बात को ध्यान में रखते हुए कार्ल मार्क्स ने पूछा कि कामगारों द्वारा अपनी श्रम शक्ति के बल पर निर्माण किये अधिक उत्पादित धन पर मालिक क्यों हक़ जताए? मार्क्स के मतानुसार उस सम्पत्ति पर केवल राज्य का ही अधिकार होना चाहिए और यह राज्य कामगारों का होना चाहिए। इसी कल्पना के आधार पर मज़दूर अथवा कामगार वर्ग की तानाशाही का सिद्धान्त मार्क्स ने स्थापित किया। मार्क्स द्वारा जो

सिद्धान्त स्थापित किये गए हैं, उनमें से यह तीसरा सिद्धान्त है। मार्क्स के अनुसार मजदूर वर्ग की तानाशाही का मतलब है कि प्रशासन शोषणकर्ताओं का नहीं बल्कि जिनका शोषण होता है उन मज़दूरों का होना चाहिए। कार्ल मार्क्स के मूलभूत सिद्धान्त ऐसे ही हैं। रूस में इन्हीं सिद्धान्तों पर आधारित साम्यवाद का प्रशासन लागू किया गया है। इस सिद्धान्त में, बाद में और बातें भी जुड़ती रही हैं और अभी भी जोड़ी जाती रही हैं। हालाँकि, बुनियादी सिद्धान्त पहले जैसे बताए हैं, वही हैं।

अब मैं पल भर के लिए बौद्ध दर्शन की ओर मुड़ता हूँ। कार्ल मार्क्स द्वारा उपस्थित किये गए बुनियादी सिद्धान्तों के बारे में बुद्ध का कुछ कहना है क्या, यह देखना ज़रूरी है। मार्क्स ने ग़रीबी के बारे में अथवा मज़दूरों के शोषण से सम्बन्धित विषय उपस्थित करके अपना मार्क्सवाद या साम्यवाद का सिद्धान्त बनाया है। बुद्ध क्या कहता है? उसने कहाँ से शुरुआत की है? बौद्ध दर्शन या बौद्ध धम्म की इमारत कौन-सी बुनियाद पर खड़ी है? कार्ल मार्क्स की तरह बुद्ध ने भी 2500 व़र्ष पूर्व यानी कार्ल मार्क्स से कई सालों पूर्व यही बात कही है। बुद्ध ने कहा—इस दुनिया में दुख है, बुद्ध द्वारा कार्ल मार्क्स जैसा शोषण शब्द का इस्तेमाल नहीं किया गया। लेकिन शोषण के कारण जिस दुख, दीनता का निर्माण होता है उसी दुख के बारे में जानकारी देकर बुद्ध ने अपने दर्शन की, अपने धम्म की स्थापना की। दुनिया में दुख है यह पूरे विश्व द्वारा माना गया सच है, यह कहकर बुद्ध ने दुख की अलग-अलग अर्थों में परिभाषा दी। बुद्ध ने दुख यानी पुनर्जन्म, दुख यानी जीवन-मृत्यु का चक्र भी कहा है। हालाँकि, मैं इस अर्थ से सहमत नहीं हूँ। दुख शब्द का इस्तेमाल दरिद्रता, ग़रीबी के अर्थ में भी किये जाने के उदाहरण बौद्ध साहित्य में मिलते हैं। इसलिए बौद्ध दर्शन की बुनियाद और कार्ल मार्क्स के दर्शन की बुनियाद में कोई फ़र्क़ दिखाई नहीं देता। इसका मतलब यह है कि कार्ल मार्क्स द्वारा स्थापित किया गया सिद्धान्त भी नया नहीं है। अब जीवन की मौलिक बुनियाद ढूँढ़ने के लिए किसी भी बौद्ध बन्धु को कार्ल मार्क्स का दरवाज़ा ठोंकने की ज़रूरत नहीं है। पहले प्रवचन के उपदेश में ही बुद्ध द्वारा यह बुनियाद पहले ही से बढ़िया ढंग से स्थापित कर रखी गई है। उनका यह प्रवचन बौद्ध साहित्य में 'धम्मचक्रप्रवर्तन सुत्त' के नाम से जाना जाता है। जिन लोगों के मन पर कार्ल मार्क्स के विचारों की पकड़ है, उनसे मैं बस यही कहना चाहता हूँ कि आप 'धम्मचक्रप्रवर्तन सुत्त' का अध्ययन कीजिए। बुद्ध ने क्या कहा है, यह समझिए। मुझे यक़ीन है कि आपको उसमें मानवीय जीवन संग्राम के बारे में जवाब ज़रूर मिलेगा। बुद्ध ने अपने दर्शन या धम्म का निर्माण ईश्वर, आत्मा अथवा ऐसी ही न समझ में आनेवाली मानवीय

बातें पर नहीं की है। मानव के वास्तविक जीवन की ओर ही अंगुलि निर्देश कर अपना पूरा दर्शन विशद किया है। मनुष्य यातना, दुख से परेशान होता है। मानवी जीवन की यह वास्तविकता है। केवल मार्क्स ने ही इन बातों का विवेचन किया हो ऐसी बात नहीं है। उसके जन्म से 2500 वर्ष पूर्व बुद्ध ने ये बातें जानीं और उन पर उपाय भी बताए। यह विशेष बात है। आपको यह सब जानना चाहिए। इसी प्रकार आप जान जाएँगे कि ग़रीबी के बारे में बुद्ध के और कार्ल मार्क्स के दर्शन में कमाल की समानता है।

मार्क्स के विचारों के अनुसार मज़दूरों के शोषण का विरोध करने के लिए उत्पादन से प्राप्त होनेवाली सम्पत्ति राज्य को अपने क़ब्ज़े में लेनी चाहिए। राज्य को सभी ज़मीनों का मालिक होना चाहिए। सभी उद्योगों पर राज्य का ही अधिकार हो। इससे निजी मालिक हुकूमत कायम नहीं कर पाएँगे। इसी प्रकार मज़दूरों की श्रम शक्ति से निर्मित उत्पादों पर मिलनेवाले अतिरिक्त मुनाफ़े मालिक को नहीं मिले, जिससे कि वह मज़दूर को लूट न सके। मज़दूरों के शोषण के सन्दर्भ में कार्ल मार्क्स के विचार इस प्रकार हैं।

आइए देखते हैं कि निजी मालिकाना हक़ों के सन्दर्भ में बुद्ध के क्या विचार हैं। इसके लिए हमें बौद्ध भिक्षु संघ के बारे में सोचना पड़ेगा और बुद्ध द्वारा भिक्षुओं के लिए लागू किये जीवन-नियमों के बारे में बारीकी से अध्ययन करना होगा। बुद्ध ने भिक्षुओं के लिए क्या नियम बनाए हैं? बुद्ध ने बताया है कि किसी भी बौद्ध भिक्षु को निजी सम्पत्ति नहीं बनानी या रखनी चाहिए। असल में सभी भिक्षुओं के पास अपनी सम्पत्ति न होने के बारे में कहा है, इसके बावजूद आज आपको कुछ अपवादस्वरूप उदाहरण मिलेंगे। कुछ देशों के भिक्षु वर्गों में अपनी सम्पत्ति होने के उदाहरण ख़ुद मैंने देखे हैं। लेकिन बहुसंख्यक भिक्षुओं के पास अपनी कोई सम्पत्ति नहीं है। सम्पत्ति रखने के मामले में बौद्ध धम्म के नियम जितने कठोर हैं, उतने कठोर रूस के साम्यवादियों द्वारा बनाए गए नियम भी नहीं होंगे। यह विषय आज तक किसी ने विचारार्थ नहीं लिया है और अगर कभी लिया भी है तो किसी निर्णय तक नहीं पहुँचा। इसीलिए मैंने आज यही विषय चुना है।

भिक्षु संघ बनाने के पीछे बुद्ध का क्या उद्देश्य रहा होगा? भिक्षुओं का संघ हो, ऐसा उसे क्यों लगा होगा? इतिहास पर नज़र डालें तो हमें पता चलेगा कि बुद्ध जब अपने धम्म का प्रचार-प्रसार कर रहा था तब जैन साधु कहे जानेवाले लोग यहाँ-वहाँ घूमा करते थे। वे बुद्ध के पहले से ही यहाँ-वहाँ घूमते रहे थे। जैन साधु शब्द का अर्थ निराश्रित होता है। यानी जिनके पास घर-बार नहीं है ऐसे लोग। आर्य

युग में आर्यों की अलग-अलग टोलियाँ अन्य जंगली टोलियों की तरह आपस में लड़ रही थीं। जीतनेवाली टोली स्थायी रूप से बस जाती। हारनेवालों में से कुछ टोलियाँ अपना घर-बार, सम्पत्ति छोड़कर केवल घुमक्कड़ी करती रहतीं। स्थायी जीवन उन्होंने कभी नहीं स्वीकारा। ऐसे ही घुमन्तू लोगों को बाद में जैन साधु कहा गया। बुद्ध ने इस प्रकार घूमते रहनेवाले जैन साधु लोगों को इकट्ठा कर उनका संघ बनाने का तथा उनके घुमन्तू जीवन को स्थिर बनाने का बड़ा काम किया। जिन नियमों के आधार से ऐसे जैन साधु को बौद्ध बनाया गया, उन सभी नियमों का ज़िक्र हमें 'विनयपिटक' में मिलता है। जैन साधु बौद्ध भिक्षु बने और विनयपिटक में बताए गए नियमों का कड़ाई से पालन करते हुए जीवन-यापन करने लगे। उन नियमों के अनुसार भिक्षुओं को सम्पत्ति या वस्तु रखने की इजाज़त नहीं थी। भिक्षुओं को केवल आगे गिनाई गई सात वस्तुएँ रखने की इजाज़त थी—एक उस्तरा, एक लोटा, एक भिक्षापात्र, तीन चीवर, और एक सूई। साम्यवाद के मूल आशय के अनुसार निजी सम्पत्ति नहीं होनी चाहिए यह नियम अगर था तो विनयपिटक में बौद्ध भिक्षुओं के लिए बताए गए इतने कठोर नियमों जैसे नियम क्या और कहीं होंगे? मेरी नज़र में तो ऐसे कठोर नियम अन्यत्र कहीं नहीं आए। इसीलए निजी सम्पत्ति न रखने के मामले में साम्यवादी मत प्रणाली का आज के युवक को आकर्षक लगता हो तो उसे निश्चित तौर पर बौद्ध दर्शन का विनयपिटक पढ़ना चाहिए। उसे जिस चीज़ की खोज होगी, वह उसमें उसे निश्चित तौर पर मिलेगी। लेकिन सवाल यह पैदा होता है कि निजी सम्पत्ति न रखने का नियम पूरे समाज पर कैसे लागू किया जा सकता है? स्पष्ट है कि ये सारी बातें समय, स्थितियाँ और मानवीय जीवन के विकास पर निर्भर करती हैं। सैद्धान्तिक तौर पर विचार करें तो क्या बौद्ध धर्म आड़े आएगा? निश्चित तौर पर नहीं। क्योंकि बौद्ध भिक्षु संघ बनाते समय बुद्ध ने कुछ रियायतें दी हैं। ज़रूरतें पूरी करनेवाली सम्पत्ति रखने के लिए बुद्ध ने मना नहीं किया है। इस बात पर ख़ास तौर से ध्यान देना ज़रूरी है।

अब इसी बात से दूसरे मुद्दों की ओर हम मुड़ते हैं। साम्यवाद लाने के लिए कार्ल मार्क्स या साम्यवादी लोग किस मार्ग का अनुसरण करने के लिए कहते हैं? यह सवाल बहुत महत्त्वपूर्ण है। साम्यवाद (यानी दुख के अस्तित्व को मानते हुए निजी सम्पत्ति को नष्ट करने का तत्त्व) को स्थापित करने के लिए साम्यवादियों का बताया मार्ग धर्म के आचरण के विरुद्ध है। विरोधियों की हत्या करने का मार्ग है। और इसी में बुद्ध और कार्ल मार्क्स के उपायों में मौलिक फ़र्क़ नज़र आता है। बौद्ध दर्शन या बौद्ध धम्म स्थापित करने के लिए लोगों को मनाने का मार्ग ही

सही होने की बात बुद्ध ने कही है। नैतिक शिक्षा और प्रेम से लोगों के मन जीतने पर बुद्ध ज़ोर देते हैं। विरोधियों को ज़ोर-ज़बरदस्ती से या सत्ता के सहारे वह नहीं जीतना चाहते बल्कि प्रेम और अपनेपन से जीतना चाहते हैं।

इस बुनियादी फ़र्क़ को अगर जान लें तो पता चलेगा कि दर्शन को प्रस्थापित करने के लिए बुद्ध को हिंसा या ख़ून-ख़राबा स्वीकार नहीं। साम्यवादियों को लेकिन बलात् मार्ग ही पसन्द है। इस मार्ग से साम्यवादियों को तुरन्त फल प्राप्ति होती है या उनके उद्देश्यों को पाने में उन्हें तुरन्त सफलता मिलती है, इसमें कोई दो राय नहीं। क्योंकि आप जब इंसान को निर्मूल करने के दर्शन के सहारे ही आगे बढ़ते हो तब तुम्हारा विरोध या प्रतिकार करने के लिए कोई बचता ही नहीं। अर्थात ऐसी सफलता केवल दिखावे की होती है। मार्क्सवाद की तुलना में बौद्ध धर्म का मार्ग मंद गति वाला और लम्बी दूरी वाला है। लोगों को यह उबाऊ लगने की भी सम्भावना है क्योंकि इस मार्ग से सफलता बड़ी देरी से प्राप्त होती है। लेकिन यह बात भी सच है कि यह मार्ग सुरक्षित है। आपकी ज़िन्दगी का भरोसा है। इसीलिए आदर्शों के मार्ग पर चलते हुए बुद्ध के बनाए सुरक्षित मार्ग पर आगे बढ़ना ही हितकारी होगा।

अपने साम्यवादी मित्रों से मैं हमेशा दो-तीन सवालों के जवाब माँगता रहता हूँ। लेकिन मैं ईमानदारी से बताता हूँ कि मेरे सवालों के जवाब उनके पास नहीं हैं। मज़दूर वर्ग की तानाशाही वे हमेशा रक्तपात से स्थापित करना चाहते हैं। उनके मतानुसार लोकसभा में प्रतिनिधित्व हो नहीं सकता। मताधिकार नहीं हो सकता। वे राज्य की एकतंत्री महाप्रज्ञा बनकर रहना चाहते हैं। सत्ता या अधिकारों का बँटवारा किये बग़ैर राज्य करना है। इसलिए मैं उनसे यह सवाल करता हूँ कि क्या तानाशाही लोगों पर शासन करने का सही तरीक़ा है? इस पर उनका जवाब होता है कि उन्हें तानाशाही कभी भी स्वीकार नहीं थी। मैं उनसे फिर पूछता हूँ कि वे मज़दूरों की तानाशाही क्यों सहें? इस पर उनका जवाब होता है कि चूँकि यह निर्णायक दौर है, इसलिए मज़दूरों की तानाशाही का निर्माण होना आवश्यक है।

मज़दूर वर्ग की तानाशाही बने बग़ैर स्थापित पूँजीपतियों की तथा अतिरिक्त धन हड़पनेवाले मालिकों का ख़ात्मा नहीं होगा। उनसे जब पूछा जाता है कि यह निर्णायक समय—तीस, चालीस या पचास सालों तक? कब तक चलेगा? इसका उनके पास कोई ठोस जवाब नहीं है। वे यूँ ही ढुलमुल-सा जवाब देते हैं कि साम्यवाद के स्थिर होने के बाद मज़दूर वर्ग की तानाशाही अपने आप ख़त्म हो जाएगी। ठीक है, मान लेते हैं कि वह अपने आप समाप्त हो गई। तो फिर आगे क्या? उसकी जगह कौन लेगा? इस सवाल का उनके पास कोई जवाब नहीं है।

इस सन्दर्भ में हम जब बुद्ध की तरफ़ मुड़ते हैं और उसके धम्म सम्बन्धी प्रश्न उठाते हैं तब वह क्या कहता है? बुद्ध ने दुनिया को एक बहुत महान बात बताई। बुद्ध की शिक्षा के अनुसार मनुष्य की मनोधारणा में बदलाव आए बग़ैर दुनिया में सुधार या उन्नति सम्भव नहीं। इंसान की मनोधारणा बदले और उसके अनुसार वह साम्यवादी विचारधारा को स्वीकार कर उस पर निष्ठा के साथ प्रेम करे, उसे अमल में लाने की कोशिश करे तो निश्चित रूप से उसे स्थायी स्वरूप प्राप्त हो सकता है। ऐसी स्थितियों में इंसान को क़ायदे-क़ानून की बेड़ियों में जकड़ने के लिए सैनिक या पुलिस कार्रवाई की ज़रूरत ही नहीं पड़ेगी। ऐसा क्यों होगा? इसका जवाब यह है कि बुद्ध जब नैतिक व्यवहार और सही रास्ते पर चलने के लिए आपके मन को तैयार करेंगे तो आपका मन हमेशा के लिए सतमार्ग पर चलनेवाला बनेगा, तब किसी बाहरी शक्ति की आपको सही मार्ग पर ठेलते रहने की ज़रूरत ही नहीं पड़ेगी।

साम्यवाद के निराकरण के सन्दर्भ में जो विचार हैं वे ज़ोर-ज़बरदस्ती पर आधारित हैं। कल्पना कीजिए कि कल अगर रूस की साम्यवादी तानाशाही नाकाम रही या ऐसे लक्षण दिखाई देने लगे तो क्या होगा? साम्यवाद की स्थिति क्या होगी, यह जानने की उत्सुकता मुझे रहेगी। मेरी कल्पना के अनुसार राज्य की मालिकाना हक़ वाली सम्पत्ति पर अधिकार करने के लिए रूसी लोगों के बीच ख़ूनी लड़ाइयाँ होंगी। यह अपरिहार्य परिणति रहेगी। क्योंकि रूस के लोगों ने स्वेच्छा से या सहज रूप से साम्यवाद को नहीं स्वीकारा है। उन पर वह ज़बरदस्ती लादा गया है। साम्यवाद को स्थापित करते समय उन्हें यह कहकर डराया गया कि अगर वे साम्यवादी विचार प्रणाली नहीं मानेंगे तो उन्हें फाँसी पर लटकाया जाएगा और इसीलिए वे अब तक साम्यवाद को चुपचाप झेल रहे हैं। ध्यान में रखना होगा कि डर के कारण कोई विचारधारा जड़ें नहीं पकड़ सकतीं। कोई विचारधारा ग्रहण की गई, लेकिन समयान्तर से उसकी धारण शक्ति नष्ट हुई तो उस विचारधारा का आगे क्या होगा, इस सवाल पर जब तक कोई जवाब नहीं दिया जाएगा तब तक वह लोगों के मन में जगह नहीं पा सकती। मनोभूमिका अगर नहीं बनाई जाए तो हमेशा सत्ता की ज़रूरत महसूस होगी। इसी कारण हमेशा मुझे बुद्ध का आकर्षण लगता रहा है। बुद्ध की विचारधारा प्रजातंत्र की विचारधारा है।

अजातशत्रु वज्जी को जीतना चाहते थे। यह बताने के लिए अजातशत्रु का सेनापति बुद्ध के पास आया। बुद्ध ने उससे कहा कि वज्जी जब तक अपनी पुरानी पद्धति के अनुसार राज्य चला रहे हैं, तब तक उन्हें परास्त करना सम्भव नहीं। बुद्ध

ने वज्जी की पद्धति का स्पष्टीकरण क्यों नहीं किया यह पता नहीं चलता है। लेकिन जिस बारे में वह बोले वह वज्जियों की प्रजातांत्रिक और गणतंत्र प्रधान राज्य शासन के बारे में ही कहा, इसमें कोई शक नहीं। इसीलिए बुद्ध ने कहा कि वज्जी जब तक अपने पुराने तरीक़ों पर चलेंगे तब तक वे कभी भी परास्त नहीं होंगे। इससे पता चलता है कि बुद्ध प्रजातंत्र के बड़े समर्थक थे।

अध्यक्ष महोदय अगर इजाज़त दें तो मैं आपका ध्यान इसी बात की ओर दिलाना चाहता हूँ कि मैं राजनीतिशास्त्र का छात्र था, मैं अर्थशास्त्र का भी छात्र था, इतना ही नहीं तो मैं अर्थशास्त्र का अध्यापक भी रहा। मेरे जीवन का बड़ा हिस्सा कार्ल मार्क्स, साम्यवाद और अन्य कई विषयों का अध्ययन करने में बीता है। साथ ही बुद्ध के धम्म के बारे में जानने में भी मैंने अपने जीवन का बहुत सारा समय व्यतीत किया है। बौद्ध दर्शन और मार्क्सवाद का जब मैंने तुलनात्मक अध्ययन किया तब मैं इसी निष्कर्ष तक पहुँचा कि दुनिया की एक बहुत बड़ी समस्या के बारे में—बुद्ध का मार्ग ही सर्वोत्तम मार्ग है। सुरक्षित और मज़बूत भी है। इसी कारण में बौद्ध राष्ट्रों के युवाओं को बताना चाहता हूँ कि वे बुद्ध के ही यथार्थवादी दर्शन पर ज़्यादा ध्यान दें। उसी का अनुसरण करें।

अगर कभी बौद्ध धम्म पर संकट का समय आए तो बौद्ध राष्ट्र के भिक्षुओं को ही ज़िम्मेदार ठहराना होगा क्योंकि मुझे व्यक्तिगत रूप से ऐसा लगता है कि जिन भिक्षुओं को तन-मन-धन से अपने कर्तव्यों का पालन करना चाहिए उन्होंने उसे नहीं किया, यही इसका मतलब निकलता है। आज कहाँ धर्म प्रसार हो रहा है? बौद्ध धम्म प्रचार की आज क्या स्थिति है? भिक्षु का असली कर्तव्य धम्म प्रसार करना होता है। तो आज भिक्षु क्या कर रहे हैं? आज का भिक्षु खा-पी कर विहार में बैठा रहता है। वह केवल एक बार भोजन लेता है, इस बारे में कोई शक नहीं। लेकिन उसका ज़्यादातर समय केवल आलस में ही बीतता है। वह थोड़ा-बहुत पढ़ता है, लेकिन वह ज़्यादातर सोता ही रहता है। शाम के समय संगीत से अपना मन रिझाता है। लेकिन यह कोई धम्म प्रसार का मार्ग नहीं है। मित्रो, किसी की आलोचना करने का मेरा उद्देश्य नहीं है। लेकिन अगर धम्म में समाज में नव जागृति लाने का नैतिक बल हो तो आपको धम्म की सोच हमेशा लोगों के कानों से टकराती रहनी चाहिए। बच्चे को स्कूल में कितने साल बिताने पड़ते हैं? आप केवल एक दिन के लिए बच्चे को स्कूल नहीं भेजते। उसके बाद उसे घर में बिठाकर उस बच्चे को सारा ज्ञान ग्रहण करना चाहिए, सारा ज्ञान प्राप्त कर लेना चाहिए, ऐसी उम्मीद आप उससे नहीं रखते। बच्चा हर रोज़ स्कूल गया, वहाँ पाँच घंटे उसने बिताए,

उसने लगातार पढ़ाई की तब ही वह थोड़ा-बहुत ज्ञान प्राप्त कर सकता है। भिक्षु एक भी दिन लोगों को विहार में नहीं बुलाते और न ही किसी विषय पर शिक्षा देते या धर्मोपदेश देते हैं। कम-से-कम मेरे देखने में ऐसी ही कोई बात है।

एक बार मैं सिलोन गया था। मैंने वहाँ के लोगों को बताया कि मैं देखना चाहता हूँ कि भिक्षु कैसे धम्म प्रसार करते हैं। उन्होंने मुझे बताया कि उनके यहाँ दान की पद्धति है। बाद में मुझे पता चला कि वणाक् के अर्थ में दान का प्रयोग किया जाता है। वे मुझे 11 बजे के आसपास एक जगह ले गए। वहाँ टेबिल के आकार की एक चारपाई थी। मैं ज़मीन पर बैठा। थोड़े समय बाद एक भिक्षु आए। कई उपस्थित महिला और पुरुषों ने पानी से उनके पैर धोए। फिर वे चौरंग पर बैठे। हवा करने के लिए उनके हाथ में एक हाथ पंखा था। वे कुछ बुदबुदाए। लेकिन क्या बुदबुदाए यह केवल उनको ही पता। अर्थात् उन्होंने वह धम्म प्रसार सिंहली भाषा में किया होगा। लेकिन वह भी केवल दो मिनटों तक ही! उसके बाद उठकर वह चले गए।

आप ईसाइयों के गिरजाघर में जाकर देखिए। वहाँ क्या होता है? वहाँ हर हफ़्ते लोग इकट्ठा होते हैं। वहाँ वे प्रार्थना करते हैं। उनका धर्मगुरु बाइबिल के किसी विषय पर प्रवचन करता है और बताता है कि ईसा ने क्या कहा है यह समझाता है। उस सदुपदेश का बार-बार स्मरण करने के लिए लोगों को आह्वान करता है। आपको यह सुनकर आश्चर्य लगेगा कि ईसाई धर्म का क़रीब 90 प्रतिशत हिस्सा तत्त्वत: और रचनात्मक नज़रिये से देखा जाए तो बौद्ध धम्म से ही लिया गया है। आप रोम जाएँगे और वहाँ का प्रमुख गिरजाघर देखेंगे तो आपको बरबस यहाँ के विश्वकर्मा मन्दिर की याद आएगी।

चीन में विशबिग्ने नाम का एक ईसाई धर्म प्रसारक था। उसने बौद्ध धर्म पर एक किताब भी लिखी है। बौद्ध धर्म और ईसाई धर्म में मौजूद कमाल की समानता के बारे में उसने आश्चर्य प्रकट किया है। ऊपरी तौर पर भले वह यह नहीं कह रहा कि बौद्धों ने ईसाइयों की नकल उतारी है तब भी ईसाइयों ने बौद्ध धर्म की नकल की है यह बात भी मानने के लिए वह तैयार नहीं है। इस बारे में बताने लायक़ बहुत कुछ है।

अब समय बहुत बदल गया है। ईसाइयों ने बौद्ध धर्म की नकल उतारी है, इसमें कोई शक नहीं। लेकिन धर्म प्रसार के लिए ईसाइयों द्वारा स्वीकृत मार्ग की बौद्ध लोग अपने धम्म प्रसार के लिए नकल करें तो इसमें कोई हर्ज़ नहीं होना चाहिए। भले वह अपनी राह से भटक जाएँ तो भी बुद्ध का धम्म उनके मार्गदर्शन के लिए किसी पुलिसवाले की तरह हमेशा खड़ा मिलेगा। यह बात जब तक लोग नहीं मानते

तब तक बौद्ध धम्म का ह्रास रोका नहीं जा सकता। आज भी बौद्ध राष्ट्रों में बौद्ध धर्म की बहुत बुरी हालत है। इसके बावजूद लोगों के मन पर आज भी बौद्ध धर्म की पकड़ कायम है, इसमें कोई शक नहीं।

चलते-चलते मैं एक मनोरंजक और महत्त्वपूर्ण बात बताना चाहता हूँ। मैंने वह बात ब्रह्मदेश में देखी। वहाँ मुझे एक परिषद के लिए बुलाया गया था। तब ब्रह्मदेश में गाँवों की पुनर्रचना किस प्रकार की जा रही है, यह दिखाने के लिए वे मुझे एक गाँव ले गए थे।

मुझे बहुत ख़ुशी हुई। वहाँ की एक कमेटी द्वारा गाँव की पुनर्रचना का ढाँचा बनाया हुआ था। उस गाँव के सारे रास्ते अन्य किसी भी गाँव की तरह टेढ़े-मेढ़े और अव्यवस्थित थे। उन्हें उन रास्तों को सीधा करना था। उसके लिए उस कमेटी ने लोहे के खम्भे गाड़कर सीधे रस्सियाँ बाँधीं और रास्तों को सीधे करने का मार्ग तय किया। मैंने देखा कि कमेटी द्वारा बनाया गया ढाँचा कई लोगों की निजी ज़मीन से होकर जा रहा था। मैंने उनसे पूछा कि ऐसे हाल में समिति रास्ता कैसे बना सकेगी? जिनकी निजी ज़मीनों से सड़क जाएगी उन्हें नुक़सान भरपाई के तौर पर देने के लिए क्या समिति के पास उतना पैसा है? तब उन्होंने मुझे बताया कि पैसों की माँग अब तक किसी ने नहीं की है। उलटे, रास्ता बनाने के लिए जगह की ज़रूरत हो तो ख़ुशी से ले ली जाए, यही उनका कहना है। सुनकर मैं आश्चर्यचकित हुआ क्योंकि मेरे देश में बिना क्षतिपूर्ति के किसी की अगर थोड़ी-सी भी ज़मीन ली जाए तो ख़ून-ख़राबा होता है। लेकिन ब्रह्मदेश में ऐसा नहीं होता, क्यों? ब्रह्मी लोग अपनी सम्पत्ति को लेकर इतने उदार कैसे हैं? क्या उन्हें अपनी ज़मीन से लोभ नहीं है? क्या उन्हें सम्पत्ति को लेकर चिन्ता नहीं है? इसकी वजह यही है कि बुद्ध के सब अनित्यम् का उपदेश उनके मन में अच्छी तरह से बसा हुआ है। दुनिया की कोई भी वस्तु नित्य नहीं, शाश्वत नहीं, वह नश्वर है तो फिर ऐसी अनित्य वस्तु के लिए झगड़े क्यों? ज़मीन अगर चाहिए तो बेशक लीजिए, ऐसा ही वे सोचते हैं।

भाइयो और बहनो, इसके अलावा और कुछ बताऊँ ऐसा कुछ बचा नहीं है। आपको कुछ मुद्दों के बारे में पता करवाऊँ इतना ही मेरा उद्देश्य था। साम्यवाद की विजयदुंदुभी से आप डर मत जाइए और न ही उनसे अभिभूत होइए। आप अगर बौद्ध सोच का और दर्शन का एक दशमांश भाग भी आत्मसात कर सकें तो साम्यवाद जो निर्माण करना चाहता है वह आप करुणा, न्याय और सद्भावना के बल पर कर पाएँगे इसमें कोई शक नहीं। धन्यवाद।[1]

---

1. *बुद्ध, मार्क्स और धम्म का भविष्य,* रत्नमित्र गणवीर, पृ. 29-44

"बाबासाहेब के ये विचार परिषद के कई प्रतिनिधियों को बौद्ध धर्म का एक अभिनव दर्शन जैसा ही लगा। बुद्ध के चार आर्य सत्यों में से एक सत्य, दुख की मार्क्स के आर्थिक शोषण से जो समानता दिखाई गई और बौद्ध धर्म को जो एक प्रेरक जीवंत सामाजिक शक्ति के रूप में जो उन्होंने प्रस्तुत किया वह एक नया दृष्टिकोण है। बुद्ध वचनों का उसे आधार भी है। कुछ बौद्ध भिक्षुओं ने बाबासाहेब से मिलकर अपनी प्रतिक्रिया व्यक्त करते हुए ऐसा कहा।"[1]

[*बाबासाहेब डॉ. अम्बेडकर सम्पूर्ण वाङ्मय,* खंड 40, पृ. 474-484]

1. *प्रबुद्ध भारत,* 3 अगस्त, 1957

78

'ब्रह्म सत्य जगन्मिथ्या' यह एक बौद्धिक चालाकी है

23 नवम्बर, 1956

रात 9 बजे आसनसोल पैसेंजर से डॉ. बाबासाहेब आंबेडकर बनारस आनेवाले थे, इसलिए स्टेशन पर उनके स्वागत में शहर के सम्माननीय व्यक्ति, काशी विश्वविद्यालय और हिन्दू विश्वविद्यालय के छात्र, महाबोधि सभा के कार्यकर्ता के साथ दलित वर्ग के बहुत सारे लोग वहाँ मौजूद थे। स्टेशन पर आए लोगों में आयु. प्रभु नारायण सिंह, एमएससी, भिक्षु धर्मरक्षित, भिक्षु संघरत्न, मेला अधिकारी आयु. जगदीश शरण सिंह, आयु. जगन्नाथ उपाध्याय आदि शामिल थे।

स्टेशन पर बैंड बज रहे थे और घोषणाएँ की जा रही थीं। बौद्ध पताका लेकर जनसमुदाय गाड़ी के आने का इन्तजार कर रहा था। गाड़ी के आते ही डॉ. बाबासाहेब की जय, आंबेडकर जिन्दाबाद के नारे लगाते हुए डॉ. बाबासाहेब आंबेडकर का स्वागत हुआ।

डॉ. बाबासाहेब आंबेडकर स्टेशन से 'होटल दी पेरिस' गए और खाना खाने के बाद वे सारनाथ के लिए रवाना हो गए। वह वहाँ के नव निर्मित अतिथि गृह में 23 नवम्बर, 1956 से 27 नवम्बर, 1956 की दोपहर तक रुकनेवाले थे।

24 नवम्बर, 1956 के दिन 3 बजे काशी हिन्दू विश्वविद्यालय संघ द्वारा आर्ट्स कॉलेज के मैदान में आयोजित सभा को उन्होंने सम्बोधित किया।[1] उन्होंने कहा—

1. *धर्मदूत* : महाबोधि सभा, सारनाथ का मासिक मुखपत्र, संपादक—त्रिपिटिकाचार्य भिक्षु धर्मरक्षित, दिसम्बर, 1956, पृ. 244, 257-258

मुझे किस विषय पर बोलना है यह मुझे बताया नहीं गया है। इसलिए आपके हिन्दू विश्वविद्यालय के परिसर में प्रवेश करते वक़्त जो विचार मेरे दिमाग़ में रहे हैं वही मैं आपके सामने व्यक्त करने जा रहा हूँ। हिन्दू समाज रचना का एक अध्ययनकर्ता इस नाते हिन्दू जीवन-विषय दर्शन का अध्ययन करते हुए मुझे विभिन्न विचार-पद्धतियाँ दिखाई दीं। बुद्ध काल में 92 दर्शन प्रचलित थे। उनमें से छह अध्ययन योग्य माने जाते थे। वर्तमान युग का आम हिन्दू समाज ज़्यादातर शंकराचार्य के दर्शन को प्रमाण मानता है। शंकराचार्य का प्रमुख सिद्धान्त है 'ब्रह्म सत्यं जगन्मिथ्या!' यानी कि ब्रह्म ही सत्य है और दुनिया मायामयी है। इन विचारों की पकड़ हिन्दू मन पर पक्की है। आपने इससे पहले इस बात पर सोचा है अथवा नहीं यह मैं नहीं जानता। मैं आपसे यह पूछना चाहता हूँ कि यह सिद्धान्त कहाँ तक मनुष्य के लिए मार्गदर्शक सिद्ध होता है? शंकराचार्य कहते हैं, ब्रह्म सत्य है। लेकिन इस सत्य की व्याख्या क्या है? व्यावहारिक जीवन में मनुष्य के पंचेन्द्रिय ही उसे सत्य-असत्य की पहचान बता देते हैं। ज्ञानेन्द्रिय ही उसके ज्ञानार्जन के अन्तिम साधन हैं।

फूलों की सुगंध का नाक से यानी घ्राणेन्द्रिय से पता चलता है। रंग, आकार आदि का दृष्टिन्द्रियों से पता चलता है। स्वाद का पता जिह्वा से चलता है। लेकिन शंकर का ब्रह्म 'नेति नेति' शब्द से ही वर्णित किया जाता है। शंकर के ब्रह्म की व्याख्या नकारात्मक है। इसके विपरीत महायान की ब्रह्मविहार की कल्पना चिन्तनीय है। उनके ब्रह्मविहार में दान, उपरेखा (त्याग), करुणा और मैत्री इन चार गुणों का परमोत्कर्ष सम्मिलित है। जहाँ-जहाँ ये चार गुण वास करते हैं उन-उन जगहों पर उनकी नज़र में ब्रह्म है। शंकर अपने ब्रह्म के ठौर-ठिकाने के बारे में पता नहीं लगने देता।

किसी विधान में (Proposition) वास्तविक सत्य नहीं होता, केवल काल्पनिक सत्य होता है तब भी व्यवहार में उसका उपयोग हो सकता है। क़ानून में हम सामाजिक हित के लिए क़ानूनन काल्पनिक सत्य (Legal Fiction) को मानते हैं। उदाहरण के लिए किसी व्यक्ति के पास ज़मीन का टुकड़ा है लेकिन वह उसने किससे ख़रीदा, या विरासत के अधिकार में पाया, इस बारे में उसके पास कोई काग़ज़ात या अन्य सबूत नहीं हैं तो ऐसे समय में कोर्ट एक सिद्धान्त बनाता है कि उसे वह ज़मीन राजा के द्वारा तोहफ़े में मिली होगी। इस प्रकार के काल्पनिक सत्य को मानकर चलने में कुछ भी ग़लत नहीं है। शंकर बताता है कि ब्रह्म सर्वत्र है। इस सार्वत्रिक ब्रह्म को काल्पनिक सत्य मानने में कोई हर्ज़ नहीं है। लेकिन फिर यह मुश्किल पैदा होती है कि ब्रह्म अगर हर जगह है तो सब समान माना जाना

चाहिए। ब्राह्मणों में अगर ब्रह्म है तो फिर उसे अस्पृश्यों में भी होना चाहिए। तो फिर ब्राह्मण श्रेष्ठ और अस्पृश्य शूद्र इस प्रकार भेद क्यों किया जाता है?

अगर शंकर ब्रह्म की सार्वत्रिकता के आधार से अखिल मानव-जाति एक होने की बात कह सकता है और समता मानता है तो उसके उस सिद्धान्त को, विचार को, और गम्भीर माना जाता। फिर तो शंकर से बहस करने का भी कोई कारण नहीं बचता। मेरा शंकर पर वही आरोप है कि वह 'ब्रह्म सत्यं' की बात केवल बौद्धिक स्तर तक ही सीमित रखता है। उसे सामाजिक स्तर पर लाने से वह हिचकता है।

'जगन्मिथ्या' यानी दुनिया नज़र का छलावा है। यह सिद्धान्त व्यावहारिक स्तर पर कितना साधार है? हमारे ज्ञानेन्द्रिय हमें दुनिया की वास्तविकता का अहसास करा रहे हैं। ऐसे में हम दुनिया का अस्तित्व कैसे नकार सकते हैं? अगर दुनिया का ही कोई अस्तित्व नहीं तो फिर आपका और मेरा अस्तित्व कैसे हो सकता है? और फिर मेरे अहसासों के (Consciousness) क्या मायने बचेंगे? एक कहानी बताई जाती है कि एक दिन एक पगलाया हाथी शंकर पर हमला करता है और शंकर अपना 'दुनिया मिथ्या है' वाला सिद्धान्त भूलकर भागने लगता है। उसे भागते हुए देखकर आसपास के लोग उससे बोले, 'अरे भाग क्यों रहे हैं? हाथी मिथ्या है।' शंकर ने भागते-भागते जवाब दिया, 'मेरा भागना भी मिथ्या है।' इस जवाब में शंकर की हाज़िरजवाबी दिखाई देती होगी, लेकिन उससे किसी बुद्धिवादी की सन्तुष्टि नहीं होती। कुल मिलाकर 'ब्रह्म सत्यं जगन्मिथ्या!' यह एक बौद्धिक झमेला, "षडयंत्र या तिकड़मबाज़ी ही है। जिस सिद्धान्त का सैद्धान्तिक परिणाम चातुर्वर्ण्य को गाड़ने में होता उस सिद्धान्त को शंकर ने बौद्धिक स्तर तक सच मानकर सामाजिक जीवन में उसके प्रवेश पर प्रतिबन्ध लगाया। विचार और आचार का यह फेर और बेईमानी शंकर से लेकर गांधी तक दिखाई देती है। गांधी से एक बार मैंने सवाल पूछा था कि आपके चातुर्वर्ण्य हाथ के खड़े पंजे की उँगलियाँ की तरह एक के ऊपर एक हैं या कि लेटी हथेली की उंगलियों की तरह एक ही स्तर पर है? मेरे सवाल का जवाब उन्होंने नहीं दिया। लेकिन नि:संशय उनकी श्रद्धा क्रमिक विषमता (Graded Inequality) पर आधारित थी। उनके 'वर्णव्यवस्था' और 'गांधी शिक्षण' ग्रंथ इसके साक्ष्य स्वरूप हैं।

हिन्दू लोग वेदों को मानते हैं और पुरुषसूक्त का तो वे नित्य पठन करते हैं इस सूक्त में अगर इतना ही बताया जाता कि समाज की रचना कैसी होती है तो वह अधिक आपत्तिजनक नहीं होता। समाज में चार अलग-अलग व्यवसाय करनेवाले लोग होते हैं, यह वाक्य केवल ऐतिहासिक सत्य साबित हो सकता है। लेकिन

इन चार तरह के व्यवसाय वाले लोगों को श्रेष्ठ-कनिष्ठता, उच्च-नीचता केवल धार्मिक नज़रिये के आधार से चिपका देना विशुद्ध क्रूरता है। इसीलिए विषमता को और उच्च-नीचता को धार्मिक अधिष्ठान दिलानेवाले हिन्दू समाज रचना का आद्य सिद्धान्त पुरुषसूक्त सभी प्रकार से निषेध योग्य है। इस पुरुषसूक्त को तथा उसका प्रतिपादन करनेवाले हिन्दू धर्मग्रंथों को आप मानेंगे या कि स्वतंत्रता, समता, बन्धुत्व और न्याय इन चार उदात्त तत्त्वों पर आधारित राज्य के संविधान को आप मानेंगे? विद्यार्जन क़ो आप केवल अपना पेट पालने का एक साधन न मानकर प्राप्त की गई विद्या से अपने मन को सुसंस्कारित करने की कोशिश अगर आप करते हो तो या तो आपको संविधान के ख़िलाफ़ विद्रोह करना होगा या फिर विषमता प्रधान वैदिक और ब्राह्मणों के धर्मग्रंथों को तिलांजलि देनी होगी। और उसे हमेशा के लिए कूड़ेदान में डालना होगा।

भारत का हर नागरिक संविधान के साथ निष्ठा रखने के लिए बँधा है। आप अगर ईमानदार हैं तो आपको अपनी निष्ठा के ख़िलाफ़ जानेवाली हिन्दू संस्कृति का विरोध करना चाहिए। उस विरोध को भुलाकर अगर आप ढुलमुल जीवन जिएँगे तो आपकी शिक्षा व्यर्थ है, ऐसा मानना पड़ेगा। इस प्रकार अपने विचार व्यक्त कर बाबासाहेब ने अपना भाषण पूरा किया।

हिन्दू संस्कृति को चिरस्थायी रूप देने के लिए पंडित मालवीय द्वारा स्थापित किये बनारस विश्वविद्यालय में दिया गया बाबासाहेब का उपयुक्त भाषण सभी श्रोताओं ने बड़ी शान्ति से सुना। बाबासाहेब की अधिकारपूर्ण वाणी का और ठोस सवालों का श्रोताओं पर इतना प्रभाव था कि कुछ अनुचित कर सभा को तितर-बितर करने के लिए आगे बढ़े छात्र भी ऐसे स्तब्ध थे मानो उन पर किसी जादू का असर हो। भाषण के बाद आयोजित जलपान के समय एक अध्यापक ने कहा भी कि ऐसे विवादित विषय पर इतनी निर्भयता से और इतना स्पष्टतापूर्ण भाषण बिना किसी विरोध के पूरा हो पाया यह विश्वविद्यालय की एक नूतन (नई) बात है।"[1]

[*बाबासाहेब डॉ. अम्बेडकर सम्पूर्ण वाङ्मय,* खंड 40, पृ. 485-488]

1. *प्रबुद्ध भारत,* 10 अगस्त, 1957

79

बौद्ध धर्म हिन्दू धर्म की शाखा है यह भ्रामक प्रचार है कहना एक शरारत और छलकपट है

25 नवम्बर, 1956 के दिन सुबह 10 बजे डॉ. बाबासाहेब आंबेडकर ने काशी विश्वविद्यालय की विद्यार्थी परिषद का उद्घाटन किया।[1] उन्होंने कहा—

आज हिन्दू माने जानेवाले कई लोग नागवंशीय हैं। जो नाग लोग आर्यों से पहले भारत में रहते थे, वे आर्यों से अधिक सुसंस्कृत थे। उन पर आर्यों ने विजय पाई। लेकिन इससे आर्यों की संस्कृति नागों की संस्कृति से श्रेष्ठ साबित नहीं होती। आर्यों की जीत का कारण था उनका वाहन। आर्य घोड़ों पर सवार होकर लड़ते थे और नाग पैदल लड़ते थे। आर्य-नागों के बीच की लड़ाई जान की बाज़ी लगाकर लड़ी गई। महाभारत का खांडववन और सर्पसत्र की कहानियों से कल्पना का आवरण अगर दूर किया जाए तो आर्य-नाग युद्ध का भयानक स्वरूप नज़र आता है। आर्यों ने खांडववन दहन की तरह यानी Scorched Earth Policy का इस्तेमाल कर नागों की बुरी हालत कर दी। इस विध्वंस से अगस्त ने एक नाग की रक्षा की ऐसी कहानी बताई जाती है। कहानी में भले अत्युक्ति हो लेकिन नागों की बस्तियाँ पूरी तरह नष्ट करने के लिए आर्य किस प्रकार लड़ाई कर रहे थे, इसकी जानकारी यहाँ मिलती है। पराजय के कारण नागों के मन में आर्यों के बारे में द्वेष था। परीक्षित की जान लेनेवाला तक्षक कोई सर्प नहीं बल्कि एक नागवंशीय नेता था। आर्यों के मन में नागों के बारे में जो द्वेष भावना थी, उसका उदाहरण देते हुए कर्ण और अनंत

1. *प्रबुद्ध भारत*, 24 अगस्त, 1957

के कर्णार्जुन युद्ध से पूर्व हुए संभाषण का ज़िक्र किया जा सकता है। कर्ण-अर्जुन युद्ध से पहले अनंत नाम का नागवंशीय योद्धा कर्ण से मिला और उसने कहा कि मैं अर्जुन के ख़िलाफ़ सहायता करने का आश्वासन देता हूँ। कर्ण ने उसकी सहायता लेने से इनकार किया क्योंकि कर्ण आर्य था और अनंत नाग था। आपसी लड़ाई में आर्यों द्वारा नागों की मदद लेना निषिद्ध था। ब्राह्मण और क्षत्रियों के बीच का संघर्ष, बौद्ध पूर्व समय का दूसरा संघर्ष था। इस लड़ाई के वर्णन आगे पुराणों में आए हैं। उसी प्रकार मनु द्वारा स्मृतियों में क्षत्रियों द्वारा ब्राह्मणों को आदरयुक्त बर्ताव क्यों करना चाहिए, इस विषय पर कारण देते हुए पूर्वकालीन ब्राह्मण-क्षत्रियों की लड़ाई का उदाहरण दिया है।

आर्य और नाग, ब्राह्मण और क्षत्रिय, इनमें संघर्ष जब जारी था, तब ब्राह्मणों ने ऋग्वेद में पुरुषसूक्त का अन्तर्भाव किया होगा। पुरुषसूक्त से पूर्व चातुर्वर्ण्य के चारों वर्ण समान स्तर पर थे। पुरुषसूक्त उच्च-निम्नता का तत्त्व समाज में ले आया। इसी समय भगवान बुद्ध ने भारतीय जीवन में प्रवेश किया। जिस शाक्य कुल में गौतम का जन्म हुआ, उन शाक्यों का गणराज्य प्रजातंत्र प्रधान था। प्रजातंत्र की इस परम्परा में बढ़े गौतम को चातुर्वर्ण्य व्यवस्था मान्य नहीं थी। आज बौद्ध धर्म कई सिद्धान्तों का महासागर बना है। लेकिन बौद्ध धर्म का केन्द्रीय सिद्धान्त अथवा बुद्ध मत समता पर ही आधारित है। बौद्ध धर्म को स्वीकार करनेवाले लोग ज़्यादातर नागवंशी और चातुर्वर्ण्य में हीन माने जानेवाले वर्णों में से थे। नागों को युद्ध करना प्रिय था, इसके बारे में मुचलिंद नाग की कहानी से पता चलता है। मुचलिंद की अग्निहोत्र काश्यपों से दुश्मनी थी। लेकिन काश्यपों के पास आतिथ्य के लिए आए बुद्ध का वह सेवक बना। बौद्ध धर्म की अभिवृद्धि का कारण शूद्रातिशूद्रों द्वारा बहुसंख्या से उसका किया स्वीकार ही है। बौद्ध साहित्य, ख़ासकर थेर और थेरीगाथा के आधार से यह साबित किया जा सकता है।

बौद्ध धर्म हिन्दू धर्म की ही एक शाखा है, इस मत का प्रसार आजकल काफ़ी बढ़ा है। वस्तुतः बुद्धप्रणीत धर्म समकालीन था। वह वैदिक अथवा ब्राह्मण धर्म से बहुत अलग था। वैदिक वेदग्रंथों को प्रमाण मानते थे और बुद्ध वेद ग्रंथों का विरोध करते थे। कलामसूक्तों में बुद्ध ने प्रतिपादन किया है कि मनुष्य को सोचने की आज़ादी होनी चाहिए और वेदों ने मनुष्यों के लिए हमेशा के लिए टिकाऊ सोच नहीं दी है। बुद्ध द्वारा वेद प्रामाण्य पर किये गए आघातों का आगे के समय में हिन्दुओं के भगवद्गीता जैसे ग्रंथ पर भी असर हुआ है। गीता में एक जगह वेद पाठकों की आलोचना करते हुए उन्हें मेढक कहा है। बुद्ध ने वेदों को मरुस्थल कहा

है। वेदों में इन्द्रादि देवताओं को उम्दे घोड़े, तेजस्वी अस्त्र-शस्त्र, शत्रु पर विजय आदि ऐहिक सुखों के लिए की गई प्रार्थनाएँ ही मुख्य रूप से हैं। उसमें उदात्त नीति तत्त्वों की सीख नहीं है। इसीलिए बुद्ध ने उसका धिक्कार किया।

यज्ञ संस्थाओं पर बुद्ध द्वारा किया गया आघात उनका समकालीन धर्म पर दूसरा आघात था। याज्ञिकों से उनका सवाल हुआ करता था कि गाय-बैलों को बलि चढ़ाकर आपको कौन-सा उच्च श्रेय मिलनेवाला है? यज्ञ संस्था पर बुद्ध द्वारा की गई आलोचना के कारण हिन्दुओं को इन्द्र-वरूण आदि देवताओं का त्याग करना पड़ा। थोड़ा विषय से हटकर मैं आपसे पूछता हूँ, हिन्दू धर्म में जो ईश्वर की कल्पना है क्या वह सच है? काशी के आपके पूजनीय महादेव को अगर भगवान मानें तो भी उसका ब्याह भी होता है और वह अपनी ब्याहता के साथ नाचता भी है। ब्रह्मा-विष्णु का भी वही हाल है। इन्हें कैसे भगवान कहा जा सकता है? आज सामान्य मनुष्य को भी शरम आए ऐसे बुरे कृत्य उनके हाथों हुए हैं, ऐसा आपके पुराण ही बताते हैं। ऐसा एक तो भगवान बताइए, जिसका निष्कलंक चरित्र आज के आदमी को आदर्श और अनुकरणीय लगे। हिन्दुओं के भगवान यानी राजाओं के कुल देवता। उनके पराक्रम यानी राजा का पौरोहित्य पाने के लिए ब्राह्मणों द्वारा रची गई, उनके भगवानों की ख़ुशामद के पुराण। इन्द्र, कृष्ण कैसे भगवान हैं? ऋग्वेद के आख़िरी हिस्से में इन्द्र की पत्नी द्वारा इन्द्र को दी गई गालियाँ गिनकर देखिए! दुर्योधन सम्पूर्ण वज्रदेही ना बने और गदायुद्ध में भीम की ही विजय हो, इसलिए कृष्ण का रचा कपट नाट्य देखिए। आपका पड़ोसी अगर इस तरह का बर्ताव करने लगे तो आप उसे क्या कहेंगे? ख़ैर। बुद्ध ने पशु हत्या की निन्दा की और यज्ञों की विफलता लोगों को समझा दी। इसीलिए ब्राह्मणों को अपने प्राचीन याज्ञिक आचार छोड़ने पड़े।

आश्रम व्यवस्था के बारे में भी बुद्ध का मत प्रचलित वैदिक धर्म से अलग था। ब्राह्मणों के मतानुसार ब्रह्मचर्याश्रम के बाद गृहस्थाश्रम स्वीकारना आवश्यक था। बुद्ध के मतानुसार ब्रह्मचर्य के बाद पारिव्रज्य स्वीकारा जाना चाहिए था। ब्रह्मचर्य का मूल अर्थ है ज्ञानार्जन की स्थिति।

अविवाहितावस्था यह अर्थ उसमें बाद में जोड़ा गया है। ब्राह्मणों ने गृहस्थाश्रम का समय बढ़ाने के लिए उसमें वानप्रस्थाश्रम जोड़ा। ब्रह्मचर्य के बाद संन्यास (परिव्रज्या) स्वीकारने पर ब्राह्मणों को आपत्ति थी। ग्यारह सौ सालों के बाद कुमारिल भट्ट ने बुद्ध पर लगाए आरोप में बुद्ध के परिव्रज्या की आज़ादी पर ही ज़ोर दिया है।

बुद्ध का वैदिक धर्म से चौथा विरोध चातुर्वर्ण्य के लिए था। उसके शिष्य उच्च-कनिष्ठ मानी गई, सभी जातियों में से थे। अपने शिष्यों के बीच उच्च-निम्नता की भावना को जगह न रहे, इसलिए वह बहुत दक्ष रहा करते थे। अपने चचेरे भाइयों को अपने क्षत्रियत्व का अभिमान न महसूस हो, इसलिए उसने उनके साथ आई उपाली को प्रथम दीक्षा दी। जिसकी दीक्षा पहले होती है, उसे बाद में दीक्षा लेनेवाला वंदनीय माना करता था। इसीलिए उनके क्षत्रिय शाक्यों को उनकी पुरानी नापित सेवक को अभिवादन करना पड़ता था। अपने जीवन के आख़िरी दिनों में चुंद नामक हीन जाति के माने जानेवाले लुहार के घर का खाना अपनी सेहत के लिए नुक़सानदेह है, यह जानते हुए भी उसने ग्रहण किया और सामाजिक समता के लिए अपने प्राणों से मोल चुकाया। इस प्रकार के कई चातुर्वर्ण्य विरोधी प्रसंग बुद्ध के जीवन में दिखाए जा सकते हैं। वह अपने संघ को सागर की उपमा दिया करते थे। जिस प्रकार सागर से मिलने के बाद नदी का अलग अस्तित्व नहीं बचता और सारा जल एकरूप हो जाता है, उसी प्रकार संघ में आनेवाले भिन्न वर्णीय भिक्षुओं का वर्णवैशिष्ट्य ख़त्म हो जाता है। जैन मत में भी चातुर्वर्ण्य निषिद्ध था। लेकिन इस मुद्दे पर वे झगड़ने के लिए तैयार नहीं थे। बुद्ध मात्र अपने मुद्दों के बारे में ढुलमुल मौन व्रत नहीं रखता था। अपने धर्म के हम वीर हैं और उसकी स्थापना को ले हमें अज्ञान के साथ लड़ना तो पड़ेगा ही, ऐसा उनका मानना था। बुद्ध की यह चातुर्वर्ण्य विरोध की भावना ब्राह्मणों के मन में हमेशा चुभती रही। इसीलिए चातुर्वर्ण्य के बारे में मूक रहनेवाले निराशावादी सांख्याचार्य कपिलमुनि को उन्होंने अपना कहा, लेकिन बुद्ध को हमेशा दुश्मन ही माना।

बुद्ध का वैदिक धर्म के लिए पाँचवाँ विरोध देवता और आत्मा के अस्तित्व के बारे में था। बुद्ध की राय में सर्वशक्तिमान, सर्वज्ञ, सर्वव्यापी, न्यायी और प्रेममय भगवान का अस्तित्व, ज्ञान के साधन पंचेन्द्रिय और तर्क की सहायता से साबित नहीं किया जा सकता। इसके अलावा धम्म का उद्देश्य दुख निवारण का है। भगवान को मानने से दुख कम नहीं होता। एक मनुष्य को दूसरे मनुष्य के साथ कैसे व्यवहार करना चाहिए, जिससे कि सभी लोग सुखी होंगे, यह सिखाना धर्म का प्रमुख काम है। इसीलिए धम्म का भगवान या ईश्वर से सम्बन्ध नहीं आता। भगवान का या ईश्वर अस्तित्व केवल खोखले तर्क पर (Speculation) आधारित है और अस्तित्व की श्रद्धा के कारण पूजा, प्रार्थना, पुरोहित आदि अष्टांग मार्ग की समदृष्टि के लिए घातक मूर्ख मान्यताओं का (Superstition) भंडार

खुलता है। मनुष्य के परस्पर सम्बन्ध प्रज्ञा, शील, करुणा, मैत्री से नियंत्रित होते हैं। भगवान के अस्तित्व के बारे में बुद्ध की आपत्तियाँ केवल व्यावहारिक ही थीं, ऐसा नहीं है। 'प्रतिच्च समुत्पाद' के उनके सिद्धान्त में भगवान के अस्तित्व पर आम तार्किक आपत्तियाँ उन्होंने उठाई हैं। इस सिद्धान्त के अनुसार भगवान है या नहीं यह मुख्य सवाल नहीं है। मुख्य सवाल यह भी नहीं है कि भगवान ने दुनिया का निर्माण किया या नहीं। मुख्य सवाल यह है कि भगवान ने दुनिया का निर्माण कैसे किया? भगवान के अस्तित्व का खंडन अथवा मंडन इस सवाल के जवाब से होगा। इस हिसाब से महत्त्वपूर्ण सवाल यह है—"भगवान ने इस दुनिया का निर्माण शून्य में से किया या पहले से अस्तित्व में होनेवाली किसी चीज़ से किया?" कुछ भी नहीं था, उसमें से कुछ निर्माण किया, इस बात पर मनुष्य की बुद्धि विश्वास नहीं कर सकती। अगर इस तथाकथित भगवान ने यह दुनिया पहले जो कुछ था, उसमें से निर्माण किया तो हमारी उत्पत्ति से भी पहले से यह अस्तित्व में थी, यह मानना पड़ेगा। तो फिर जो पहले से था उसके निर्माण का कर्ता भगवान को नहीं माना जा सकता। कुल मिलाकर अस्तित्व से सम्बन्धित सोच तर्काधारित होने के कारण भगवान के प्रति श्रद्धा बुद्ध के समदृष्टि प्रधान धम्म को मान्य नहीं।

वेदान्त का मोक्ष सिद्धान्त यानी आत्मा का ब्रह्म में विलीन होना भी तर्कसंगत क़रार देकर और मानवी जीवन सुखी करने के दृष्टिकोरण से निरुपयोगी मानकर बुद्ध ने उसका विरोध किया है। ब्रह्म के बारे में बुद्ध के विचार वशिष्ठ और भारद्वाज इन दो मुनियों के साथ उसके हुए संवाद से व्यक्त होते हैं। आत्मा के अस्तित्व के बारे में बुद्ध की व्यावहारिक आपत्तियाँ उसकी भगवान की कल्पना के बारे में जो आपत्तियाँ हैं, उसी प्रकार की हैं। साथ ही आत्मा के नाम पर दिखाए गए कार्य व्यापार को वह नामरूप सिद्धान्त के सहारे स्पष्ट कर दिखाता है। काया की उत्पत्ति के साथ ही अहसास (Consciousness) की भी शुरुआत होती है। इच्छात्मक, भावात्मक और विचारात्मक कार्य अहसास के ही हैं। इसलिए आत्मा के लिए अलग अस्तित्व को मानने की ज़रूरत ही नहीं है।

इस प्रकार वैदिक धर्म के विरोधी बौद्ध धम्म को नेस्तनाबूद करने के लिए ब्राह्मणों ने भले-बुरे सभी प्रकार के साधनों का प्रयोग किया। बौद्ध धम्म जिन बातों के कारण लोकप्रिय हुआ, वे बातें अपने पुराने ज़माने से चले आ रहे धर्म को मान्य न होने के बावजूद उन्होंने उनका उपयोग किया। इस प्रचार पद्धति को अपनाकर ही वेरूल की बौद्ध गुफाओं के पास उन्होंने अपने ब्राह्मण धर्म की

गुफाएँ उकेरीं। असल में ब्राह्मण गृहस्थाश्रमी थे। अग्निहोत्र उसका नित्यव्रत था। उसे परिमार्जित भिक्षुओं की तरह गुफाओं आदि में रहने की कोई वजह दिखाई नहीं दी। बरसात के तीन महीनों तक किसी सुरक्षित जगह वास करने का बुद्ध का आदेश था। सो उन्हें गुफाओं की आवश्यकता थी। गृहस्थाश्रम में रहनेवाले ब्राह्मण को वह नहीं थी। लेकिन बौद्धों की गुफाओं की ओर उपासकों का बड़ा समूह आकृष्ट होता है, केवल इसीलिए उनकी गुफाओं के पास ही उन्होंने अपनी गुफाएँ उकेरकर अपने धर्म की ओर उपासकों को खींचने की कोशिश की। हिन्दू पंडितों के अनुसार बौद्ध धर्म के लोप होने का मुख्य कारण यह नहीं था कि कुमारिल, शंकराचार्य आदि द्वारा बौद्ध मत का वाक्युद्ध के पराभाव किया गया था। क्योंकि दोनों ने बुद्ध की सीख का केन्द्रीय सिद्धान्त—यानी सामाजिक समता, दुनिया के दुख के परिहार के लिए हर व्यक्ति का मन परिवर्तन, नीति तत्त्वों की सामाजिक जीवन में स्थापना, बुद्धिवाद आदि पर इन पंडितों ने कोई आघात नहीं किया है। इन दोनों पंडितों के बाद बौद्ध धर्म भारत में कई सालों तक समृद्धावस्था में था। बौद्ध धर्म के ह्रास का मुख्य कारण था, जिन विभिन्न संस्कृतियों के और विभिन्न सांस्कृतिक स्तर के लोगों में उसका प्रसार हुआ, उनके आचार और मान्यताओं की बौद्ध धर्म पर हुई अनुचित प्रतिक्रिया। भारत के बौद्ध धर्म पर हुआ सबसे बड़ा आघात था, इस्लामी आक्रमण। भारत की ओर आते हुए इस्लामी आक्रामकों को जो परधर्मी लोग मिले, वे ज़्यादातर बौद्ध धर्मीय ही थे। उनकी भाषा में मूर्ति को बुत कहा जाता था। बुतशिकन यानी मूर्तिभंजक। यह उनके हिसाब से गाझीपन का लक्षण था। हिन्दुओं से अधिक बौद्धों पर उनके हमले अधिक हिंसक और विध्वंसक थे। उनके द्वारा किये गए बौद्ध भिक्षुओं के कत्लों के कारण 11 से लेकर 13वीं सदी के इतिहास के पन्ने रक्तरंजित हैं। नालंदा जैसे विश्वविख्यात बौद्ध विश्वविद्यालय का उन्होंने सर्वनाश किया। हिन्दुओं की तरह ही बौद्धों में भी धर्म प्रसार का काम पीढ़ी-दर-पीढ़ी करनेवाला ब्राह्मणों जैसा वर्ग नहीं होने के कारण भिक्षुओं के कत्ल के बाद बौद्ध धर्म का बड़ी तेज़ी से लोप होने लगा। सत्य की कभी-कभी पराजय होती है, इसका यह एक उदाहरण है। लेकिन आज उसके 600 सालों के बाद भारत को बुद्ध की याद आ रही है और आज अगर उसने बुद्ध की सीख स्वीकार नहीं की तो उसका भविष्य उज्ज्वल नहीं होगा।

भाषण के बाद छात्र और अध्यापक वर्ग द्वारा पूछे गए सभी सवालों के डॉ. बाबासाहेब आंबेडकर ने जवाब दिये। वे सवाल-जवाब एक अलग रिपोर्ट का

विषय बन सकते हैं। विषय ऐतिहासिक होने के बावजूद भाषण के नये नज़रिये के कारण प्रतिगामी माने गए काशी विश्वविद्यालय के छात्र और आचार्यगणों को जगाने वाला था।[1]

[*बाबासाहेब डॉ. अम्बेडकर सम्पूर्ण वाङ्मय,* खंड 40, पृ. 493-498]

1. *धर्मदूत,* मासिक, दिसम्बर, 1956, पृ. 245

80

मनुष्यों के बीच प्रेम, करुणा के आधार पर सम्बन्ध जोड़ने वाले बौद्ध धर्म का केन्द्रीय सिद्धान्त है समता

25 नवम्बर, 1956 के दिन शाम को सारनाथ के मूलगंध कुटी विहार के मैदान में महाबोधि सभा द्वारा डॉ. बाबासाहेब आंबेडकर के स्वागत में एक कार्यक्रम का आयोजिन किया गया था।

शुरू में मंगलाचरण के बाद लद्दाख के लामा लोबजङ् ने डॉ. बाबासाहेब आंबेडकर को 'खदा' यानी वस्त्र भेंट किये। उसके बाद वाराणसी की 18 संस्थाओं ने उन्हें फूलमालाएँ प्रदान कीं। सेवा संगम ट्रस्ट की ओर से डॉ. एन.एन. शर्मा ने डॉ. बाबासाहेब आंबेडकर को दो सुन्दर स्वर्ण स्मृतिचिह्न भेंट किये। डॉ. बाबासाहेब का भाषण सुनने के लिए सारनाथ के आसपास के ज़िलों से बड़े पैमाने पर जन समुदाय उपस्थित था।[1]

इस कार्यक्रम की ख़ासियत थी कि यह सभा महाबोधि के बुद्ध विहार के प्रांगण में धम्मेक स्तूप की छाया में थी। बुद्ध ने जहाँ पंचवर्गीय भिक्षुओं को अपना पहला उपदेश कर धम्मचक्र प्रवर्तन किया, उस जगह सम्राट अशोक ने एक स्तूप खड़ा किया था। उस स्तूप का नाम धम्मेक स्तूप है। वहीं डॉ. बाबासाहेब आंबेडकर का बहुजन जनता को सम्बोधित कर आख़िरी भाषण हो, यह अभिभूत कर देनेवाला और क्रान्तिकारी संयोग है।

बाबासाहेब के बारे में बताते हुए भिक्षु धर्मरहित ने कहा, बौद्ध देशों में एक श्रद्धामयी धारणा प्रचलित है कि बुद्ध के महापरिनिर्वाण के ढाई हज़ार सालों के बाद भारत में बौद्ध धर्म का पुनरुत्थान होनेवाला है। मेरी श्रद्धा है कि जो बोधिसत्व यह काम पूरा करेगा वह आज हमारे बीच डॉ. बाबासाहेब

1. *धर्मदूत*, सारनाथ, दिसम्बर 1956, पृ. 246-47

के रूप में उपस्थित है। इसी सारनाथ में पच्चीस शतक पूर्व पाँच भिक्षुओं के सामने आज जैसे ही एक रविवार के दिन इस सामनेवाले धम्मेक स्तूप की जगह भगवान ने धर्मचक्र का परिवर्तन किया। उसी धम्मचक्र को नागपुर में गति देकर पाँच लाख लोगों के हृदय में धम्म का पवित्र सन्देश पहुँचानेवाले महापुरुष का आज हम स्वागत कर रहे हैं।

प्रशांत और पवित्र स्मृति से भरा वातावरण, चारों ओर भक्ति भाव से ओत-प्रोत बैठी बहुजन जनता और लंका, तिब्बत, ब्रह्मदेश, जापान आदि देशों के कुछ लामा, भिक्षु और उपासक लोगों की उपस्थिति के कारण शायद डॉ. बाबासाहेब का मन भर आया। कंठ रूँध गया।

सजल आँखों और रूँधे गले से दिया गया वह एक करुणामय भाषण था। बाबा का वह अन्तिम सन्देश साबित हुआ। अपने स्वागत का जवाब देते हुए उन्होंने कहा।—

लम्बी यात्रा के कारण मुझे थोड़ी थकान हो रही है। मैं यहाँ केवल आपसे स्वागत में मिलनेवाली फूलमाला पाने के लिए आया था। लेकिन मुझसे मिलने की आपने जो उत्सुकता और आस्था प्रकट की है, उसके बदले में आपसे चार शब्द कहना मैं अपना कर्तव्य समझता हूँ। आपमें से कई लोगों को अस्पृश्य माना जाता है। भगवान बुद्ध के समय में अस्पृश्यता नहीं थी। संस्कृति के स्तर पर कमतर जमातें उस ज़माने में भी थीं, लेकिन उन्हें अस्पृश्य नहीं माना जाता था। अस्पृश्यता का शाप पिछले डेढ़ हज़ार सालों का है और उसके लिए ज़िम्मेदार है हिन्दू धर्म। अस्पृश्यता हमारा कलंक नहीं है, वह उच्च हिन्दू जाति के मस्तक का कलंक है। आज इतने साल हुए लेकिन ये कलंक धोकर हटाने की इच्छा हिन्दुओं के मन में ईमानदारी से कभी पैदा नहीं हुई। हमारे रहन-सहन या हमारे काम के कारण वे हमें अस्पृश्य नहीं मानते। हमने सफ़ाई रखी, साफ़ कपड़े पहने, उच्च व्यवसाय किये, मन को निश्छल और पवित्र रखा, निर्भयता से व्यवहार करने लगे तब भी ये हिन्दू हमें अस्पृश्य मानते हैं। इसलिए यह हिन्दू धर्म हमें छोड़ना ही होगा। भारत में जो बौद्ध धम्म पैदा हुआ और जिस धम्म ने मनुष्यों के बीच भेदभाव करने से इनकार किया, जिस धम्म का केन्द्रीय सिद्धान्त समता पर आधारित है, उसे अब हमें स्वीकारना होगा। भगवान ने अपने धम्म की स्थापना दुनिया के दुखों का नाश करने के लिए की। अन्य धर्म भगवान और इंसान के बीच सम्बन्ध जोड़नेवाले हैं।

मनुष्यों के आपसी सम्बन्ध प्रेम और करुणा के सिद्धान्तों के सहारे जोड़नेवाला एक ही धम्म है—बौद्ध धम्म। बुद्ध ने अपने धर्माचरण का आदर्श संघ के रूप में दुनिया के सामने रखा। उस समाज में कोई जाति-पाँति का भेदभाव नहीं। समंदर में मिलनेवाली नदी जिस प्रकार समंदर के साथ एक सार हो जाती है, उसी प्रकार बुद्ध के समाज में जातियाँ समाप्त होकर एकरूप हो जाती हैं।

आज डेढ़ हज़ार सालों से हिन्दू समाज में सुधार आएगा, उसमें समता आएगी, थोड़ी अकल आएगी, इसका हम गाँव की सीमा से बाहर बैठे इंतज़ार कर रहे हैं। लेकिन किसी के दिमाग़ में सुधार का ख़याल नहीं आया। किसी ने हमें गाँव के अन्दर नहीं बुलाया, उलटे धर्म के नाम पर हमारे साथ ज़्यादा से ज़्यादा अन्याय-अत्याचार होने लगे। कई कहते हैं कि समता भारत के लिए अज्ञात थी। पिछली शताब्दी में ही यहाँ समता के बारे में कानाफूसी शुरू हुई है। हो सकता है धीरे-धीरे हिन्दू धर्म में भी सुधार आएगा और वह समता का स्वीकार करेगा। हिन्दू धर्म में सुधार आएगा यह एक भ्रम है। इतिहास गवाह है कि ढाई हज़ार वर्ष पूर्व बुद्ध ने समता का उपदेश भारत को दिया था। लेकिन इस देश ने उस उपदेश को ही दबा देने की नीचता भरा काम जानबूझकर किया और उसके ठीक विरुद्ध विषमता आधारित और कुछ ख़ास वर्गों के हित के लिए ही हिन्दू धर्म प्रभावशाली बनाया गया। जब तक हिन्दू धर्म का पालन किया जाता है तब तक इस देश से सामाजिक विषमता हटेगी नहीं। हिन्दू धर्म द्वारा बौद्धिक स्तर पर भले जितने भी उदात्त सिद्धान्तों की घोषणा की जाए उनका आचार, वर्ण, जात-पाँत, स्पृश्यास्पृश्यता जैसी विषमता भरा ही होता है। चातुर्वर्ण्य उसकी रीढ़ है। इसलिए हिन्दू धर्म का त्याग करने के अलावा आपके सामने कोई रास्ता नहीं है। आप बौद्ध होंगे तो बन्धु माननेवाले कुछ लोग इस दुनिया में आपको मिलेंगे। आज हमारे देश में जो अन्याय हो रहा है उसके कारण हम बिलबिला रहे हैं। लेकिन हमें कहीं से सहानुभूति भरा साथ नहीं मिल रहा क्योंकि अन्याय करनेवाले हिन्दू हैं और उन्हीं के कहे अनुसार यहाँ का राजतंत्र काम करता है। आप बौद्ध बनेंगे तो विदेशी बौद्ध आपको अपना बन्धु मानेंगे। आपकी आवाज़ का वे आवाज़ दिये बग़ैर रहेंगे नहीं।[1]

[*बाबासाहेब डॉ. अम्बेडकर सम्पूर्ण वाङ्मय,* खंड 40, पृ. 499-501]

1. *प्रबुद्ध भारत,* 31 अगस्त, 1957

परिशिष्ट

1

बौद्ध धर्म सार की प्रस्तावना

तृतीय संस्करण

इस पुस्तक का लेखक प्रो. पी. लक्ष्मी नारासु था। जबकि मुझे इस पुस्तक का लोकार्पण करते हुए हार्दिक प्रसन्नता हुई। मैं मानता हूँ कि मैं लेखक से नहीं मिला था और उसके व्यक्तिगत जीवन के बारे में बहुत कम जानकारी थी। मैं उसके व्यक्तिगत जीवन तथा उसके साहित्यिक कार्य के बारे में जितना विवरण प्राप्त कर सका, उसे प्राप्त करने का प्रयास किया। इस कार्य हेतु मैंने स्रोत रूप में पट्टाभि सीतारमैया को चुना। वह प्रो. नारसु को व्यक्तिगत रूप से जानता थां तथा उसका मित्र था। डॉ. पट्टाभि द्वारा दी गई जानकारी के आधार पर मैं प्रो. के कुछ मुख्य तथ्यों को निम्न प्रकार से प्रस्तुत कर रहा हूँ।

प्रो. पी. लक्ष्मी नारासु, स्नातक (बी.ए.) पिछली शताब्दी का एक प्रतिभाशाली व्यक्ति था। वह मद्रास क्रिश्चियन कॉलेज से भौतिकी में स्नातक था। एक शिक्षक एवं निर्देशक होते हुए वे सन् 1897 तक सहायक प्राध्यापक (प्रोफ़ेसर) के पद पर प्रतिष्ठित हो गए। भौतिकी के स्थायी प्राध्यापक प्रो. मोफेट के अवकाश पर होने के कारण उनकी अनुपस्थिति में इन्हें स्नातक की कक्षाओं हेतु भौतिकी एवं रसायन का पूर्ण प्रभार सौंप दिया। प्रो. मोफेट, जो अपरिपक्व युवक थे, को प्रो. नारासु के ऊपर प्रोफ़ेसर के पद पर नियुक्त कर दिया गया जबकि प्रो. नारासु बेतार के क्षेत्र में भौतिकी में पहले से उपाधि प्राप्त कर चुके थे, यह उपाधि उन्होंने जीवन की प्रारम्भिक अवस्था में पिछली शताब्दी के नब्बे के दशक में प्राप्त कर ली थी। वर्ष 1898-99 के दौरान प्रो. नारासु जिनको उन दिनों इसी नाम से बुलाया जाता था, भौतिकी एवं रसायन हेतु स्नातक एवं स्नातकोत्तर परीक्षाओं के परीक्षक के रूप में कार्यरत थे। प्रो. नारासु विशेष रूप से डायनॉमिक में

दक्ष थे, जब एक बार डायनॉमिक के प्रश्न की सत्यता पर परिवर्तन प्रश्न उठा तो एक गर्ममिज़ाज अंग्रेज़ प्रो. विल्सन, जो प्रेजिडेंसी कॉलेज, मद्रास में रसायन का प्रोफ़ेसर तथा भौतिकी एवं रसायन में परीक्षकों के बोर्ड का अध्यक्ष था, ने डायनॉमिक की किसी समस्या के सम्बन्ध में प्रो. नारासु द्वारा अभिव्यक्त विचारों की सत्यता सम्बन्धी प्रश्न किया तो प्रो. नारासु ने उनकी चुनौती तत्काल स्वीकार कर ली। अहंकारी विल्सन ने पूछा, "मि. नारासु क्या तुम मुझे पढ़ाना चाहते हो? जिसके प्रत्युत्तर में प्रो. नारासु ने समस्या को हल करने के उपरान्त प्रत्युत्तर दिया—'मुझे प्रसन्नता है कि मैं डायनॉमिक में प्रो. विल्सन को कुछ पढ़ा रहा हूँ'। यह घटना इसके घटित होने के पचास वर्ष के उपरान्त भी हमारे लिए रुचिकर है, क्योंकि यह दर्शाती है कि प्रो. नारासु एक रूढ़िभंजक थे। प्रो. नारासु एक समाज सुधारक थे। उसने अपनी अधिकतम सकर्थता के साथ जातियों के विरुद्ध लड़ाई की एवं 18वीं शताब्दी के नौवें दशक में हिन्दूधर्म में इसके अत्याचारों के विरुद्ध विद्रोह को बुलन्द किया। वह बौद्ध धर्म का महान् अनुयायी था एवं इस विषय पर हर सप्ताह व्याख्यान भी देते थे। वे अपने विद्यार्थियों में अत्यधिक लोकप्रिय थे जिनके ऊपर वह अपने जादुई व्यक्तित्व का प्रभाव डालते थे ताकि उनके दृष्टिकोण एवं दूरदर्शिता में विस्तार हो। उनकी आत्मसम्मान की भावना व्यक्तिगत व राष्ट्रीय दोनों ऊँचे दर्ज़े की थी तथा वे अहंकारी नहीं थे। अपने यूरोपियन सहकर्मियों के साथ स्व-श्रेष्ठता के बोध की भावना भी नहीं रखते थे, जिसको वे सदैव छात्रवृत्ति का अपना देय देने को तत्पर रहते थे, लेकिन उनसे बेइज़्ज़त नहीं होना चाहते थे।

प्रो. नारासु ने शिक्षाविद् के रूप में सामान्य एवं व्यापक रूप से ख्याति प्राप्त करने में अधिक समय नहीं लिया, कि वह पडिंचापा कॉलेज के प्रधानाध्यापक पद पर पदोन्नत कर दिये गए।

प्रो. नारासु एक उच्च जन-भावना सँजोये नागरिक थे, जिन्होंने "राष्ट्रीय निधि एवं औद्योगिक संघ" के गठन में महत्त्वपूर्ण भूमिका अदा की। इसके अन्तर्गत छुटपुट दान एकत्रित किया जाता था, इस राशि से उच्च तकनीकी शिक्षा के लिए विदेश जाने के इच्छुक विद्यार्थियों को सहायता प्रदान की जाती थी। जापान एक ऐसा देश था जो युवाओं को आकर्षित करता था और यह उनकी महत्त्वाकांक्षा थी कि लघु उद्योगों एवं उत्पादनकर्ताओं की तकनीकी को सीखा जाए विशेष रूप से साबुन बनाना, ईनेमल एवं पेंट उत्पादन एवं इसी प्रकार के अन्य उत्पाद। लेकिन प्रोफ़ेसर का एक दोष यह था कि वह समाज सुधारक थे। बौद्ध धर्म

में उन्होंने आत्मशक्ति प्राप्त की। वह जाति प्रथा, छोटी उम्र में विवाह, विधवा विवाह निषेध जैसी बुराइयों को महसूस करनेवाले प्रारम्भिक व्यक्तियों में से एक थे एवं उस समय इनको सुधार क्षेत्र में कार्य के लिए पारितोषिक हेतु चुना गया था क्योंकि इनका एक भाई एक विधवा से विवाह कर वास्तविक रूप से समाज सुधारक बन गया था। यह वह युग था, जब ईसाई मिशनरी न केवल समाज सुधार आन्दोलन का अनुमोदन कर रहे थे बल्कि इसका ज़ोरदार समर्थन भी कर रहे थे एवं रूढ़िवादी हिन्दूवाद एवं ईसाई मत में परिवर्तन हेतु समझौते का मार्ग अपना रहे थे। इनके दृष्टिकोण में परिवर्तन करने में ज़्यादा समय नहीं लगा एवं ऐसे प्रगतिशील आन्दोलनों को धर्मान्तरण की वास्तविक बाधा के रूप में देखा जाने लगा। प्रो. नारासु 19वीं शताब्दी का नायक था, जिसने देशप्रेम के उत्साह से यूरोपियन अहंकार, रूढ़िभंजक जोश के साथ रूढ़िवादी हिन्दूवाद, राष्ट्रवादी दृष्टिकोण से वाममार्गी ब्राह्मणों और तर्कवादी दृष्टिकोण से आक्रामक ईसाई मत से संघर्ष महान् बुद्ध की शिक्षाओं में अपने दृढ़ विश्वास से प्रेरित होकर किया। वर्तमान में भारत के विभिन्न भागों से अधिकतर व्यक्ति मुझे बौद्ध धर्म पर एक अच्छी पुस्तक की संस्तुति करने के लिए कह रहे हैं। उनकी इच्छाओं के प्रत्युत्तर में मुझे प्रो. नारासु की पुस्तक का सुझाव देने में कोई संकोच नहीं हो रहा है। मेरे विचारानुसार अब तक उपलब्ध सभी पुस्तकों में से बौद्ध धर्म पर यह एक सर्वोत्तम पुस्तक है। दुर्भाग्यवश यह पुस्तक काफ़ी समय से उपलब्ध नहीं है। अतः मैंने इसे पुनर्मुद्रित कराने का निर्णय लिया ताकि उन व्यक्तियों की इच्छा पूर्ण हो जिनकी बौद्ध धर्म की शिक्षाओं में रुचि है, ताकि उनके हाथों में ऐसी पाठ्यपुस्तक हो जो इसकी विस्तृत व्याख्या में सुबोध होने के साथ-साथ प्रतिपादित रूप से पूर्ण है। मैं पुरानी फर्म वरदाचारी एंड कम्पनी, मद्रास के प्रतिनिधियों का आभार अवश्य व्यक्त करता हूँ जिनके पास पुस्तक के पुनर्मुद्रण की अनुमति हेतु मूल प्रकाशन का स्वत्वाधिकार है।

इस पुनर्मुद्रण की प्रस्तावना लिखने में मेरा आशय कुछ आलोचनाओं का उत्तर देने में है, जो पूर्व एवं वर्तमान में विरोधियों द्वारा बुद्ध की शिक्षाओं के प्रति की गई थी। मैंने इस आशय को दो कारणों से छोड़ दिया है। सबसे पहले तो मेरा स्वास्थ्य मुझे इस कार्य को करने की अनुमति नहीं दे रहा है। दूसरा, मैं स्वयं बुद्ध के जीवन पर कार्य कर रहा हूँ एवं मेरा विचार है कि मैं इस मामले में किसी अन्य व्यक्ति की पुस्तक की प्रस्तावना की तुलना में अपनी पुस्तक में इस मामले का समाधान अधिक न्यायोचित रूप से कर सकूँगा। मैंने इस निर्णय को विशेष रूप से इसलिए

लिया है। क्योंकि मैं आश्वस्त हूँ, कि प्रो. नारासु की पुस्तक के पाठक किसी भी प्रकार से मेरे इस निर्णय से निराश नहीं होंगे।

बी. आर. आंबेडकर

राजगृह, हिन्दू कॉलोनी, दादर, बंबई-14

[*बाबासाहेब डॉ. अम्बेडकर सम्पूर्ण वाङ्मय,* खंड 36, पृ. 436-470]

2

बुद्ध एवं उसका धम्म

तीन में से एक

'बुद्ध एवं उसके धम्म' की प्रस्तावना को डॉ. बी. आर. आंबेडकर ने 15 मार्च, 1956 को अपने हाथ से अत्युत्तम ढंग से 13 लम्बे काग़ज़ों पर लिखा है। इसे पूरा करने के लिए उन्होंने तीन बार पेन बदला। सन्देह के लिए कोई गुंजाइश न छोड़ते हुए इसे पूर्णतया स्पष्ट बनाने के लिए प्रस्तावना का निष्कर्षात्मक निम्न पैरा प्रस्तुत किया गया है और यह पैरा उन्होंने जो कुछ कहा है उसका साक्ष्य है :

मैं उल्लिखित करता हूँ यह तीन पुस्तकों में से एक है जो बौद्ध धर्म को उचित रूप से समझने के लिए एक समूह के रूप में है। अन्य दो पुस्तकें हैं—1. बुद्ध एवं कार्ल मार्क्स और 2. प्राचीन भारत में क्रान्ति एवं प्रति-क्रान्ति। ये खंडों में लिखी गई हैं। मैं इन्हें शीघ्र ही प्रकाशित करने की आशा करता हूँ।

15 मार्च 1956

हस्ता./बी. आर. आंबेडकर

[*बाबासाहेब डॉ. अम्बेडकर सम्पूर्ण वाङ्मय,* खंड-36, पृ. 538]

3

'बुद्ध और उनका धम्म' पुस्तक के सम्बन्ध में जवाहरलाल नेहरू को पत्र

डॉ. बी.आर. आंबेडकर ने 'बुद्ध और उनका धम्म' पर एक पुस्तक के सम्बन्ध में पं. जवाहरलाल नेहरू को 14 सितम्बर, 1956 को एक पत्र लिखा था। यह निम्न प्रकार से है : सम्पादक

मेरे प्रिय पंडित जी,

मैं 'बुद्ध और उनका धम्म' पर पुस्तक, जिसे मैंने अभी हाल ही में पूर्ण किया है, की विषय-सूची को दर्शाती एक मुद्रित-पुस्तिका की दो प्रतियाँ इस पत्र के साथ संलग्न कर रहा हूँ। विषय-सूची से आप अनुमान लगा लें कि पुस्तक कितनी व्यापक है। पुस्तक सितम्बर, 1956 में बाज़ार में आ जाने की सम्भावना है। मैंने इस पुस्तक पर पाँच वर्ष का समय लगाया है। पुस्तिका कार्य की गुणवत्ता व्यक्त करती है।

मुद्रण की लागत अत्यधिक है और लगभग 20,000 रुपये आएगी। यह मेरी क्षमता से बाहर है और इसलिए मैं सभी से सहायता के लिए अनुरोध करता हूँ।

मैं चाहता हूँ कि भारत सरकार विभिन्न पुस्तकालयों तथा विद्वानों, जिनको बुद्ध की 2500वीं वर्षगाँठ के समारोह के लिए इस वर्ष के दौरान आमंत्रित किया जाएगा, में वितरित करने के लिए 500 प्रतियाँ क्रय कर लें।

मुझे आपकी बौद्ध धर्म में रुचि की जानकारी है। इसलिए मैं आपको लिख रहा हूँ। मुझे आशा है कि आप इस मामले में कुछ सहायता करेंगे।

आपका

(हस्ता.) डॉ. बी.आर. आंबेडकर

पं. नेहरू का उत्तर

पं. जवाहरलाल नेहरू ने डॉ. बी.आर. आंबेडकर के पत्र का प्रत्युत्तर दिया। उसने 'बुद्ध और उनका धम्म' पुस्तक क्रय करने में अपनी असमर्थता व्यक्त की। मैंने इसे डॉ. राधाकृष्णन, सभापति बुद्ध जयंती समिति को संप्रेषित कर दिया है। पं. जवाहरलाल नेहरू द्वारा निम्नलिखित उत्तर दिया गया : सम्पादक।

श्री जवाहरलाल नेहरू

प्रधानमंत्री भारत

नई दिल्ली

सं. 2196-पी.एम.एच./56

नई दिल्ली

15 सितम्बर, 1956

मेरे प्रिय आंबेडकर

आपका 14 सितम्बर का पत्र।

मुझे सन्देह है कि आपके द्वारा सुझाई गई आपकी पुस्तक की प्रतियाँ काफ़ी संख्या में क्रय करना सम्भव हो सकेगा। हमने बुद्ध जयंती के अवसर पर प्रकाशन के लिए कुछ राशि अलग रख दी थी। यह राशि व्यय हो चुकी है और वास्तव में इससे अधिक व्यय हो चुका है। बौद्ध धर्म से सम्बन्धित पुस्तकों के लिए कुछ प्रस्तावों, जिनके लिए वित्त प्रदान किया जा रहा है, को रद्द करना पड़ेगा। फिर भी मैं आपका पत्र डॉ. राधाकृष्णन, सभापति बुद्ध जयंती समिति को भेज रहा हूँ।

मैं आपको सुझाव देता हूँ कि बुद्ध जयंती समारोह के समय आपकी पुस्तक दिल्ली एवं अन्य स्थानों पर बिक्री के लिए रखी जाए और उस समय विदेश से अनेक लोग आएँगे। मुझे आशा है कि उस समय बिक्री अच्छी होगी।

आपका

(हस्ता.) जवाहरलाल नेहरू

डॉ. बी. आर. आंबेडकर

26, अलीपुर रोड, सिविल लाइन्स, दिल्ली

डॉ. राधाकृष्णन ने डॉ. बी.आर. आंबेडकर को टेलीफ़ोन पर इस सम्बन्ध में कुछ कर पाने की अपनी असमर्थता की सूचना दी।[1]

[बाबासाहेब डॉ. अम्बेडकर सम्पूर्ण वाङ्मय, खंड 35, पृ. 440-41]

आभार

कोरोना काल के दौरान 25 मार्च, 2020 को प्रथम राष्ट्रव्यापी लॉकडाउन की शुरुआत हुई, दुनिया के तमाम देशों में लॉकडाउन की घोषणा हुई। भविष्य का तो पता नहीं, लेकिन अतीत में ऐसी कोई अप्रत्याशित घटना नहीं देखी गई। दुनिया रुक सी गई। परिवार सहित कोरोना के शिकार हुए, लेकिन जल्दी ठीक भी हो गए। ऐसी स्थिति में ऑनलाइन क्लास लेने और पढ़ने के अलावा कोई काम बचा नहीं था। ऐसे में मेरे पुत्र ईशान लाल ने एक पुराने से मोबाइल में एक यूट्यूब चैनल खोला और बोला इस पर बोलिए। इस तरह आंबेडकरनामा का जन्म हुआ। तय हुआ कि इस चैनल पर अकादमिक चर्चा हो। डिज़िटल मीडिया और टीवी पर बोलने की आदत थी, लेकिन यह अलग तरह का अनुभव था। सात दिन के अन्दर ही एक हज़ार सब्सक्रिप्शन हुआ और चार हज़ार घंटे से ज़्यादा देखा गया। हौसला बढ़ा।

दिल्ली विश्वविद्यालय का छात्र रहा। प्राचीन भारत में एम.ए. और फिर काशी प्रसाद जायसवाल पर पीएच.डी.। पढ़ते-पढ़ाते समय मार्क्सवाद-लेनिनवाद, समाजवाद और गांधी को थोड़ा-बहुत पढ़ने का मौक़ा मिला, लेकिन आंबेडकर को पढ़ने का मौक़ा नहीं मिला। कारण यह था कि सिलेबस में कहीं आंबेडकर नहीं थे और आंबेडकर के विचारों पर उस समय वैसी चर्चा नहीं थी, जैसे आज है। आंबेडकर के बारे में जो भी जानकारी थी, छिट-पुट लेखों के अध्ययन के माध्यम से ही थी। लॉकडाउन ने आंबेडकर को पढ़ने-समझने का मौक़ा दिया। आंबेडकर को पढ़ने की एक और वजह थी—सोशल मीडिया

में एक्टिव 'आंबेडकरवादी', जिन्हें हर बात पर सर्टिफ़िकेट बाँटने की आदत है। मसलन, चाहे वे आंबेडकर की मौलिक पाठ को पढ़े हों या न हों, लेकिन यदि असहमति है तो तत्काल आपको सर्टिफ़िकेट दे देंगे—'आप आंबेडकरवादी नहीं हो!' यह मेरे लिए बड़ी चुनौती थी।

आंबेडकर विविध विषयों पर ख़ूब लिखते थे और ख़ूब बोलते थे। लेकिन विविध विषयों पर उनके लेखन, व्याख्यान, ज्ञापन, साक्षात्कार तक़रीबन पन्द्रह हज़ार पृष्ठ के स्थूलकाय खंडों में प्रकाशित हैं। यह इतने विस्तृत और विखंडित हैं कि एक आम पाठक के लिए एक ही विषय पर एक ही जगह सभी सामग्री प्राप्त करना मुश्किल है। एक ही विषय पर उनके विद्वत्तापूर्ण शोध भी हैं, आम लोगों के बीच दिया गया व्याख्यान भी हैं और पत्र-पत्रिकाओं में प्रकाशित लेख भी। हिन्दू धर्म की उनकी कटु आलोचना और बौद्ध धर्म में उनके धर्मान्तरण की प्रक्रिया ऐसा ही विषय है। योजना बनी कि सबसे पहले धर्मान्तरण के सम्बन्ध में आंबेडकर के विचारों को पढ़ा जाए और उन्हें एक जगह एकत्रित कर प्रकाशित किया जाए, जिससे कि आम पाठक आसानी से उनके धर्मान्तरण की यात्रा को पढ़ और समझ सकें। यह संकलन इसी योजना का प्रयास है। इसमें 1920 से लेकर 1956 तक आंबेडकर के धर्मान्तरण सम्बन्धी विचारों को तिथिवार संकलित किया गया है और मैंने एक विस्तृत भूमिका लिखने की कोशिश की है। इस क्रम में कई और सम्पादित पुस्तकें लाने का विचार भी है।

यूट्यूब पर पढ़ते और बोलते समय न तो हमारे पास कोई तकनीकी ज्ञान था, न माइक और न ही कैमरा। ईशान ने न केवल यूट्यूब बनाया बल्कि माइक का इस्तेमाल करना, बेटी आद्या और पत्नी शालिनी के साथ तीन तरफ़ से इमरजेंसी लाइट और मोबाइल टॉर्च पकड़कर चेहरे पर पर्याप्त लाइट की व्यवस्था की। जब मैंने अपने गुरु प्रोफ़ेसर कृष्ण मोहन श्रीमाली को अपनी योजना के बारे में बताया तो उनकी दिलचस्पी बढ़ी क्योंकि वे लम्बे समय से अपने रिटायरमेंट तक दिल्ली विश्वविद्यालय में धर्मों का इतिहास पढ़ाते रहे हैं और मैं भी उनका छात्र रहा हूँ। आंबेडकर के धर्मान्तरण सम्बन्धी विचारों को लेकर प्रो. श्रीमाली समय-समय पर अपने विचार साझा करते रहे हैं, भूमिका पर अपनी सारगर्भित टिप्पणी की, जिसका लाभ मुझे मिला। प्रो. संजीव कुमार

(देशबंधु कॉलेज) और डॉ. रविकांत (सीएसडीएस) ने भूमिका को पढ़कर उसे और अधिक बेहतर किया। आदित्य चौधरी (एडवोकेट सुप्रीम कोर्ट) और उनके सहयोगियों ने केस-मुकदमों और अदालती कार्रवाइयों से बिलकुल मुक्त रखा। प्रूफ रीडिंग में हमारे शोध-सहयोगी अमर चन्द्र सोनू ने महत्त्वपूर्ण भूमिका निभाई। पुष्पा, गीता, जसवंत सिंह, चंद्रा, शिवप्रसाद यादव, राजू वाल्मीकि, महेश रजक, अर्जुन कोली ने घरेलू कार्यों से मुक्त रखा, जिससे पढ़ना-लिखना आसान हो पाया। राजकमल प्रकाशन की सहमति के बिना यह संकलन आप तक पहुँचना सम्भव नहीं हो पाता। आप सभी का शुक्रिया।

अन्त में सोशल मीडिया में सर्टिफिकेट बाँटू दोस्तों का भी शुक्रिया, जिनकी चुनौतियों ने मुझे आंबेडकर को पढ़ने के लिए प्रेरित किया।

अनुक्रमणिका